www.ingramcontent.com/pod-product-compliance
Lightning Source LLC
Chambersburg PA
CBHW071854090426
42811CB00004B/607

تاریخ مستند افغانستان

جلد دوم

افغانستان در عصر جدید:
روند ظهور و تکامل دولت ملی
(۱۷۰۹ ــ ۲۰۲۱)

دوکتور نوراحمد خالدی

بسم الله الرحمن الرحیم

مجموعهٔ تاریخ مستند افغانستان:

جلد اول
افغانستان از عصر عتیق تا سده هجدهم:
از آریانا و خراسان تا ظهور هوتکیان

جلد دوم
افغانستان در عصر جدید:
روند ظهور و تکامل دولت ملی
(۱۷۰۹ ـ ۲۰۲۱)

در مورد این کتاب

اسم کتاب: تاریخ مستند افغانستان
جلد دوم: روند ظهور و تکامل دولت ملی (از ۱۷۰۹ تا ۲۰۲۱)
نویسنده: داکتر نوراحمد خالدی
ناشر: انجمن تاریخ افغانستان
قطع: ٦ در ۹ انچ
حروف (فونت): ۱۳(Arial (Body CS
مطبعه: انگرام سپارک
سال چاپ: ۱۴۰۴ هجری شمسی مطابق ۲۰۲٦
ISBN: ۹۷۸-۰-٦٤٦-۷۲۰٤۹-٤

ابراز قدردانی

برای دسترسی آسان هموطنان که در خارج افغانستان زندگی میکنند، این کتاب از طریق آمازون به فورمتهای پشتی سخت و پشتی کاغذی در دو جلد عرضه میگردد.

قبلا این کتاب زیر عنوان "تاریخ مستند آریانا، خراسان، افغانستان" در یک جلد و قطع بزرگ در چین چاپ و عرضه گردیده بود. چاپ قبلی این کتاب به تشویق و کمک مالی محترم شاه ولی منگل و محمد انور منگل از افغانهای علم پرور و وطندوست مقیم شهر سدنی، آسترالیا در سال ۲۰۲۵ امکان پذیر شده بود که بدینوسیله از همکاری ایشان به نمایندگی از طرف انجمن تاریخ افغانستان ابراز سپاسگذاری مینماییم.

همچنان پروفیسر زمان ستانیزی و پوهاند بشیر دودیال زحمت مرور مسودهٔ کتاب را قبل از چاپ قبول نموده با نظریات مفید شان متن کتاب بهبود یافته و تقریظ های عالمانه نوشته اند که بدین وسیله از ایشان ابراز قدردانی می گردد.

جا دارد از محترمه درخانئ ذهین عضو هیئت تحریر مجلهٔ تاریخ و تمدن افغانستان و مدیر مسؤل مجلهٔ وزین لمر که پشتی کتاب را برای چاپ قبلی طراحی و دیزاین کرده بودند، ابراز سپاسگذاری نماییم.

امید است این کتاب به مثابه یک مرجع مستند آخرین دست آوردهای رشتهٔ تاریخ و مطالعات علوم بشری افغانستان مورد استفاده دانش پژوهان و محققان قرار گیرد.

دکتور نوراحمد خالدی

رئیس انجمن تاریخ افغانستان

پیشگفتار جلد دوم

از تاسیس دولت ملی تا
فراز و نشیب های معاصر

کتاب تاریخ مستند افغانستان که در سال ۲۰۲۵ زیر عنوان «تاریخ مستند آریانا، خراسان، افغانستان» در قطع بزرگ در یک جلد با پشتی سخت نشر شده بود، سفری است در اعماق تاریخ عصر عتیق و معاصرافغانستان. جلد دوم شامل دورهای هایی است که در آن ها هویت سیاسی افغانستان در جغرافیای کنونی شکل گرفت و با طوفانهای سهمگین داخلی و بینالمللی روبهرو شد. اگر در جلد اول، ریشههای کهن این سرزمین را در اعماق تاریخ آریانا و خراسان جستجو کردیم، در این مجلد بر آنیم تا چگونگی تولد و تکامل «افغانستان معاصر» را به بررسی بگیریم.

روایت این جلد از سال ۱۷۰۹ میلادی آغاز میشود؛ نقطهای عطف که با قیام میرویس خان نیکه در قندهار، نخستین خشتهای استقلال از سلطه بیگانگان بنا نهاده شد. این مسیر با ظهور احمدشاه درانی در ۱۷۴۷ تداوم یافت و افغانستان را به عنوان یک قدرت منطقهای در قلب آسیا تثبیت کرد.

در این اثر، تلاش شده است تا با نگاهی تحلیلی و مستند به موارد زیر پرداخته شود :

تداوم هویت تاریخی : تبیین این واقعیت که افغانستان نه یک پدیده تصادفی، بلکه تداوم منطقی و تاریخی تمدنهای آریانا و خراسان در قالبی نوین است؛

بازی بزرگ و تقابل قدرتها :بررسی چگونگی ایستادگی این ملت در برابر امپراتوریهای استعماری قرن نوزدهم و بیستم که با وجود از دست دادن بخشهایی از خاک خود، حاکمیت ملی و روحیه استقلالطلبیاش را حفظ کرد؛

تلاش برای مدرنیته و دولت‌سازی : واکاوی دوره‌های اصلاحات، از عصر امانی تا دهه‌ی دموکراسی، و معضلات عنعنات و تجدد گرایی که مسیر توسعه کشور را تحت تاثیر قرار داد؛

تلاطم‌های نیم قرن اخیر : مستندسازی وقایع از کودتای ۱۳۵۲ تا سقوط نظام در سال ۲۰۲۱؛ دوره‌ای که افغانستان را به کانون بحران‌های جهانی مبدل ساخت.

هدف اصلی از تالیف این مجلد، ارائه روایتی "افغان‌محور" از تاریخ معاصر است؛ روایتی که به دور از غرض‌ورزی‌های سیاسی و با تکیه بر اسناد معتبر، نشان دهد که چگونه این ملت در برابر آزمون‌های سخت تاریخ، حاکمیت ملی و هویت واحد خود را حفظ نموده است.

امید است این تحقیق، نه تنها برای پژوهشگران و محصلان، بلکه برای هر افغانِ تشنه حقیقت، به عنوان منبعی برای درک ریشه‌های دیروز و چراغی برای مسیر فردا قرار گیرد.

دوکتور نوراحمد خالدی

برزبن، آسترالیا

جنوری ۲۰۲٦

فهرست مندرجات

تقریظ به قلم پروفیسر زمان ستانیزی

مسرورم که به نسخهٔ قبل از چاپ کتاب "تاریخ مستند آریانا، خراسان، افغانستان" اثر داکتر نوراحمد خالدی دسترس پیدا کرده آن را با علاقه مندی و دقت مرور نمودم. این اثر یک کاوش جامع و مستند در تاریخ، جغرافیه، مردم‌شناسی و زبان‌های افغانستان است.

این نوشته با برخورد علمی، اتکا بر اسناد، شواهد معتبر تاریخی و احصائیه های ترکیب نژادی طوری به بررسی مسائل تمدن و فرهنگ منطقه پرداخته که واقعیت سیاسی افغانستان در آن شکل گرفته است. نویسنده با دقت مطالب نژادی و هویتی را با استدلال و استناد معتبر در بستر تاریخ افغانستان طوری به بحث میگیرد که به پیچیده گیهای موضوعات حاد روز روشنی می اندازد. این کار به نحوی مبارزه است با تحریفات و تبلیغات رسانه های تمویل شده توسط بیگانه گان که میکوشند با نقض واقعیت های تاریخ افغانستان با به کار بردن تخریشی ترین اصطلاحات وارداتی مغرضانه حساسیتهای هموطنان ما را در مقابل یکدیگر برافروزند.

بخش‌های خاص این کتاب به زبان‌ها، ادبیات، اسطوره ها، رسوم، ادیان و اعتقادات مردم افغانستان اختصاص داده شده و غنای فرهنگی این سرزمین کهن را به تصویر کشیده است. این بخش نشان می‌دهد که چگونه این منطقه، همواره چهارراه تمدن‌ها و بستر ارتباط، مقابله و مقاوله فرهنگ‌ها بوده است. بخشی از این کتاب دریچهٔ را به سوی گنجینه‌های پنهان تاریخ افغانستان قدیم و معاصر می‌گشاید: اعم از دیانت های کهن زرتُشتی، هندویی و بودایی تا تأثیرات معاصرتر تمدن، فرهنگ و دین اسلام. "تاریخ مستند آریانا، خراسان، افغانستان" نه تنها برای علاقه‌مندان تاریخ و فرهنگ افغانستان، بلکه برای محققان رشته‌های مردم‌شناسی، زبان‌شناسی، و مطالعات منطقه‌ای نیز منبع ارزشمند خواهد بود.

داکتر خالدی مسائل را طوری در محراق نقد و بررسی قرار می‌دهد، که خواننده را به درک عمیق‌تر از پیچیدگی‌های هویت مردمان این سرزمین رهنمون میکند.

شناخت سالم و مقایسوی از ساختار و نوعیت ژنتیکی ملت افغان و تفاوت یا مشابهت های آن با ملل همسایه گام مهم در روشن ساختن پیوندهای تاریخی و مهاجرتهای اقلیمی، لشکرکشیهای نظامی و امتزاجهای فرهنگی است که در ساخت و بافت جوامع و فرهنگهای سیاسی منطقه نقش داشته‌اند و میتوانند صرفنظر از هویتهای قومی زبانی و منطقوی مردم افغانستان را با هم نزدیکتر سازند، به شرط آنکه ملت افغان درایت آن را داشته باشد که غیرت شان دست غیریت را شناخته بتواند و نگذارد در بین گروه های مختلف یک ملت واحد افغان رخنه ایجاد کنند.

ملت افغان در یک مقطع حساس تاریخ قرار دارد. تاریخ بر آنها حکم میکند تا با موضوعات محتاطانه برخورد کنند چون گاه معصومیت و جهالت در نقابهای عوضی یکدگر به تظاهر میبرایند. آنهائیکه با تعمق، ژرفنگری و ملی گرایی عاقبت اندیشانه میتوانند کاه را از گندم جدا کنند با این کتاب مشکلی نخواهند داشت، ولی آنهائیکه در ناپاکی های بیگانه پرستی شستشوی مغزی شده اند، حتماً به چند و چندین بار وضو، طهارت، تیمم و غسل مکرر ضرورت خواهند داشت.

"تاریخ مستند آریانا، خراسان، افغانستان" سفرنامهٔ است در دشت و دامان سرزمین حماسه ساز افغانستان طی روزگاران متمادی که خواننده را به هر خان و خوان و به هر سفرهٔ «پیاز و نان» دعوت میکند تا شاهد درج و درک وقایع تاریخ باشد. تاریخ سرزمین بحران زده که باشنده گان آن در این برههٔ تاریخ به سبب افراط در گرایشهای قومی، زبانی و سمتی با بحران شدید هویت سیاسی دست و گریبان اند و ناخودآگاه در سیاه روزی و سیاه بختی پیهم خود را خورد و خمیر میسازند که نفاق شان فرصت را برای بهره برداری بیگانه گان مساعد تر میسازد.

این اثر تلاش ستودنی است برای مستندسازی وقایع تاریخ معاصر و حفاظت میراث فرهنگ سیاسی ملت افغان که خواننده را به تأمل عمیق در هویت ملی فرامیخواند. ملتی که در طلاطم چنین بحران هویت راه را از چاه گم کرده، و چاه را از چاره گم کرده است.

زمان ستانیزی
استاد علوم سیاسی در پوهنتون دولتی کلیفورنیا
۲۰ جون ۲۰۲۵

تقریظ به قلم پوهاند بشیر دودیال

زموږ ګران وطن افغانستان وروستیو کلونو کې د اوږدې جګړې په بهیر کې د پردیو مُغرضانه مداخلو سره مخامخ و. دا یواځې نظامي او سیاسی لاسوهنې نه، بلکې تر دې هم خطرناکه او زهرجن فعالیتونه زموږ د تاریخ او ملی هویت په اړه و. د تاریخي دښمنانو هڅه دا وه چې زموږ ځوانان خپل اغېز لاندې راولي او د دوی تاریخ ورته مسخ او افتخارات یې مسخره کړي. ډېر ځله دغو تاریخي دښمنانو زموږ تاریخی ویاړونه او نامتو څېرې په خپل نوم معرفی کړې دي او زموږ ډېر تاریخی اثار یې لوټ کړل. تر دې هم مُهمه دا چې یو لوی ګواښ د دوی لیکنې او جعلی تاریخ جوړول دي. دملی وفاق او ولسی وحدت دښمنانو قومی او مذهبی نفاق ته ملا وتړله او د فدرالیزم ترعنوان لاندې یې د هېواد د تجزیې څخه هم انکار ونه کړ. د دغه ډول بالقوه ګواښونو د رفع اودفع په خاطر بالاخره دهېواد د ملی فکر لرونکي وطنپال منورین اړ شول چې د هېواد د ملی ارزښتونو او یووالي دساتنې او د واقعی علمی تاریخ د تدوین، زموږ د خوږو ژبو داصالت او د ملی کلتور د ساتنې په خاطر سره یو ځای شي، نو ځکه یې یوکال مخکې (په۱۴۰۳ل./۲۰۲۴م.کې) د افغانستان د تاریخ ټولنه (Afghan Historical Society/AHS) جوړ کړ. ټولو غړو د رایو په یووالی ښاغلی دکتور نوراحمد خالدی د دې څېړنیزې ټولنې(انجمن) د رئیس په توګه غور کړ.

له تېر یو کال راهیسی(AHS) هره میاشت سیمینارونه او کنفرانسونه دایر کړي، رسنیو سره یې مرکې کړې، دخپلې مجلی له لارې یې غوره تاریخی مقالې خپرې کړی دی او څو کتابونه یې نشر کړي دي. دا دی نږدې ورځو کې د دې تولنې کالیزه ده، چې په دی مناسبت د(تاریخ مستند آریانا- خراسان- افغانستان) ترعنوان لاندې ستاسو ترمخې پرانیستی کتاب هم خپریږي، ما ترچاپ مخکې داکتاب ولوست. ټولو ته یې مبارکي وایم. دوکتور نوراحمدخالدی دیو ولسی روڼاند، معتمد څېړونکی، دملی ارزښتونو د پالونکي او د تاریخ د تیاره ګوټونو د روښانه کوونکي په توګه ارزښتناکه مقالې او کتابونه خپاره کړي دي.

دغه نوی اثر یې چې د تاریخ مستند اریانا-خراسان-افغانستان په نوم دی، له لرغونوختونو یې زموږ دهېواد جغرافیه، سیاسی، اقتصادی او طبیعی جوړښتونه او بدلونونه، نفوس، اقتصاد، ژبې، قومونه او جینیتکی تنوع روښانه کړي دي. کتاب کې ډېرې داسې عجیبې او مهمې پېښې راغلي چې ډیرو نورو آثارو کې نشته. د طلاتپې له آثارو نیولې بیا تر پرله پسې سیاسی بدلونو او د هغو ترشا پټ حقایق یې ښودلي، آن دا چې ډېر تازه بدلونونه او د دریم جمهوری نظام د پرځیدو تر پېښو یې پټ او حیرانوونکی مسایل څېړلي دي. زموږ د ډېرو قیمتی تاریخی لرغونو آثارو دلوټ تراژیدي، د ګران وطن د ځمکنی بشپړتیا، ملی مفاخرو، خپلواکي، پت او عزت د ساتنی اتلان په دې کتاب کې لیدلای او پېژندلای شو، چې لوستل یې ځوانانو ته ضرور دي. کتاب هر څېرکي کې د اخځ لست لري. په کتاب کې په څرګند ډول د مترقی او شاتګپالو جدال، د نیاو او ناروا ترمنځ مبارزه، ناخوالې او ویاړونه ټول شته.

په داسې حال کې چې د دې کتاب د بشپړېدو او نشر ته دچمتو کېدو له امله خپله خوشحالی او مبارکي څرګندوم، لوستل یې درنو هېوادوالو؛ په تېره ځوانانو ته واجب او ضروري بولم.

په درنښت

پوهاند محمد بشیر دودیال

مکلنبورګ- المان

۲۳،۰۶،۲۰۲۵ / د۱۴۰۴ ل. دچنګاښ څلورمه

مقدمه

وقتی ما در مکتب بودیم به شاگردان درس داده می شد که افغانستان قلب آسیا و یما اولین پادشاه اسطوره ای آن در عصر قبل از تاریخ است. امروزه اکثر خبرنگاران معتبر جهان از افغانستان به عنوان چهار راهی تمدنها و گورستان امپراتوری ها یاد میکنند. بسیاری از دانشمندان در جهان برداشت های فوق را باور دارند که بی‌دلیل هم نیست. موقعیت استراتژیک آن، افغانستان را به چهارراه واقعی امپراتوری‌ها، فرهنگ‌ها و تمدن‌ها در طول تاریخ تبدیل کرده بود.

اما آیا تا به حال به این فکر شده است که ملت افغانستان واقعاً چه کسانی هستند؟ آنها از کجا آمده‌اند؟ ریشه‌های واقعی این مردم که از تهاجم‌ها و دگرگونی‌های بی‌شماری جان سالم به در برده‌اند، چیست؟ در فصول بعدی ما کشوری را معرفی میکنیم که ریشه‌های تمدنی مردمان آن به عصر برونز میرسد. همچنین در بخش‌های مربوط به زبان‌ها، ادبیات، اساطیر و ادیان این سرزمین، غنای فرهنگی آن را به تصویر می‌کشیم و نشان می‌دهیم که چگونه این منطقه، همواره چهارراه تمدن‌ها و بستری برای تبادل فرهنگ‌ها بوده است. از اساطیر زرتشتی و بودایی گرفته تا تأثیرات گسترش اسلام و حضور زبان‌های متعدد، هر بخش این کتاب دریچه‌ای به سوی گنجینه‌های پنهان تاریخ افغانستان خواهد بود.

افغانستان کشوری محصور به خشکه است که در چهارراهی آسیای مرکزی و آسیای جنوبی واقع شده است. این کشور از شرق و جنوب با پاکستان، از غرب با ایران، از شمال غربی با ترکمنستان، از شمال با ازبکستان، از شمال شرقی با تاجیکستان و از شمال شرقی و شرق با چین هم سرحد است. قلمرو افغانستان عمدتاً کوهستانی است و رشته‌کوه‌های با ابهت هندوکش، این کشور را از شمال شرقی تا جنوب غربی قطع می‌کند. با این حال، دشت‌های حاصلخیز وسیعی نیز در شمال و جنوب غربی وجود دارد که نقش مهمی در زراعت و اقتصاد محلی ایفا می‌کنند. پایتخت و بزرگترین شهر افغانستان، کابل است، یک مرکز تاریخی و فرهنگی که زمانی نقطه‌ای استراتژیک در امتداد مسیرهای تجارتی راه ابریشم باستانی بود. این کشور تقریباً ۳۵ میلیون نفر نفوس دارد که از تنوع قومی قابل

توجهی تشكیل شده است. پشتون‌ها بزرگترین گروه قومی اند كه حدود ۴۲ فیصد از نفوس را تشكیل می‌دهند. در مرحله بعد، تاجیک‌ها تقریباً ۲۷ فیصد از كل جمعیت را تشكیل می‌دهند. هزاره‌ها، یك گروه تاریخی كه وطن شان منزوی در دل دره‌های مركزی كشور، ۹ فیصد را تشكیل می‌دهند، در حالی كه ازبک‌ها نیز در حدود ۹ فیصد نفوس را تشكیل می‌دهند. سایر گروه‌ها شامل تركمن‌ها، ۳ فیصد و بلوچ‌ها ۲ فیصد در جملهٔ جوامع كوچكتر از سایر اقوام مانند پشه‌ای‌ها، نورستانی‌ها، ایماق، سادات، قزلباش، هندوها، سیك‌ها و غیره هستند. البته منابع این ارقام را در این مجموعه بطور انتقادی بررسی و معرفی خواهیم كرد.

افغانستان علاوه بر جغرافیای مغلق، تنوع فرهنگی، تاریخ غنی دارد كه با تمدن‌های باستانی، امپراتوری‌های قدرتمند و درگیری‌های ژئوپلیتیكی كه هویت آن را در طول قرن‌ها شكل داده‌اند، مشخص شده است. حدود ۷۳فیصد از نفوس افغانستان متعلق به گروه‌هایی اند كه به عنوان آریایی‌ها نیز شناخته می‌شوند. این مردمان بخشی از خانواده هندواروپایی هستند كه از نظر زبانی و تاریخی با تمدن‌هایی كه طی هزاره‌ها در سراسر شرق میانه، شرق، جنوب آسیا و اروپا گسترش یافته‌اند، مرتبط هستند. علاوه بر مردمان هندوآریایی، حدود ۲۱فیصد از جمعیت افغانستان ریشه در جمعیت‌های ترک دارند كه ریشه‌های اجدادی آنها به شرق آسیا بازمی‌گردد. این میراث ژنتیكی توضیح می‌دهد كه چرا برخی از گروه‌های قومی در منطقه خصوصیات آسیایی مانند چشمان بادامی شكل و موهای بسیار صاف را نشان می‌دهند. افغانستان كه از نظر تاریخی به عنوان گورستان امپراتوری‌ها شناخته می‌شود، در طول قرن‌ها صحنه تهاجم‌ها و نبردهای بی‌شماری بوده است. فارس‌ها، یونانیان، هندیها، مغول‌ها، اعراب و بریتانیایی‌ها تلاش كردند تا بر سرزمین‌های آن تسلط یابند، اما با مقاومت شدید مردم آن به ناكامی مواجه شدند. شایان ذكر است كه به دلیل منشأ هندوآریایی آن، اكثر افغان‌ها پیوندهای عمیق تاریخی و فرهنگی با نیمقارهٔ هند و ایران دارند. این مردمان ریشه‌های زبانی و ژنتیكی مشتركی دارند و اغلب در طیف وسیع‌تری از تمدن‌های باستانی منطقه، برادران یكدیگر محسوب می‌شوند. افغانستان علاوه بر نفوذ پارس، محل تهاجم‌ها و سلطه برخی از قدرتمندترین نیروها در تاریخ نیز بوده است. اسكندر كبیر، امپراتوری موریای هند، مسلمانان عرب، مغول‌ها، ازبكان، بریتانیایی‌ها، اتحاد جماهیر شوروی و اخیراً در قرن بیست ویكم، ائتلافی به رهبری ایالات متحده، از جمله قدرت‌هایی هستند كه در طول قرن‌ها تلاش كردند این سرزمین استراتژیک را كنترل كنند.

با این حال، افغانستان نه تنها سرزمینی مورد تهاجم بود، بلکه زادگاه تمدن‌ها و امپراتوری‌ها نیز بود. از این منطقه بود که یونانیان-باختری و مغول‌ها، در کنار دیگران، ظهور کردند و تاریخ جهان را شکل دادند. تلاقی فتوحات و تأثیرات فرهنگی در طول هزاره‌ها، افغانستان را به نقطه تلاقی سنت‌های آریایی و هندی تبدیل کرد. در نتیجه، این منطقه به یک مرکز معنوی و فلسفی با اهمیت فراوان تبدیل شد و سنت‌هایی مانند زرتشتی‌گری، بودیسم، هندوئیسم را در خود جای داد و بعدها به یکی از پایگاه‌های اصلی اسلام تبدیل شد.

ریشه‌شناسی نام افغانستان نیز ردپایی از تاریخ غنی آن را در خود جای داده است. برخی از محققان معتقدند که ریشه کلمه افغان از اصطلاح سانسکریت اشواکان گرفته شده است که به ساکنان باستانی منطقه هندوکش اشاره دارد. معنای تحت‌اللفظی اشواکان اسب‌سوار است. افغانستان، پرورش‌دهندگان اسب یا به سادگی جنگجویان سواره نظام، از کلمه اشوا گرفته شده است که در سانسکریت و اوستایی به معنای اسب است. این نام این ایده را تقویت می‌کند که مردم این منطقه نه تنها به خاطر شجاعتشان در نبرد، بلکه به خاطر سنت قوی سوارکاری خود نیز شناخته می‌شدند، که هم در جنگ و هم در فرهنگ محلی ضروری است.

آریایی‌ها، هرگاه برای آسانی کار ما مردمان عصر عتیق این سرزمین را به این نام یاد کنیم، اولین کسانی بودند که اسب‌ها را اهلی کردند، دستاوردی حیاتی که جنگ، تجارت و تحرک را در جهان باستان متحول کرد. اجداد مستقیم آنها، قوم یا منایا، مسئول این اهلی‌سازی بودند که به آنها مزیت استراتژیکی داد که ظهور تمدن‌هایشان را شکل داد. از نظر تاریخی، در گذشته اصطلاح افغان به طور خاص برای اشاره به پشتون‌ها، بزرگترین گروه قومی در کشور، استفاده می‌شد. شکل عربی و فارسی این نام، افغان، اولین بار در قرن دهم در کتاب جغرافیایی حدود العالم ظاهر شد. کلمه افغانستان از دو عنصر تشکیل شده است: افغان، که به پشتون‌هایی اشاره دارد که قرن‌ها بر منطقه تسلط داشته‌اند. ستان، پسوندی فارسی دری به معنای سرزمین یا مکان. بنابراین، افغانستان به معنای واقعی کلمه به سرزمین افغان‌ها یا سرزمین پشتون‌ها ترجمه می‌شود که نشان دهنده نقش محوری این گروه در هویت تاریخی و فرهنگی کشور است. در این نام‌گذاری پشتون‌ها دخالتی نداشتند وآنها قوم خودرا کماکان بنام پشتون خطاب میکنند. با گذشت زمان بعد از ایجاد امپراتوری درانی، کلمهٔ افغان نظر به ماهیت فرهنگی و سیاسی دولت حاکم بدون بار قومی بالای تمام اتباع این سرزمین عمومیت یافت.

زبان‌های رسمی افغانستان پشتو و دری هستند که هر دو به طور گسترده در سراسر کشور صحبت می‌شوند. با این حال، تنوع زبانی این منطقه با حضور لهجه‌ها و زبان‌های اقلیت‌های مختلف مانند ازبکی، ترکمنی، بلوچی، پشته ای و نورستانی قابل توجه است که نشان دهنده ترکیب پیچیده قومی و فرهنگی این کشور است.

در حدود ۲۰۰۰ سال پیش از میلاد، امواج متوالی از مردمان نیمه‌کوچی از آسیای مرکزی شروع به مهاجرت به جنوب کردند و سرزمینی را که اکنون به عنوان افغانستان می‌شناسیم، اشغال کردند. در آن زمان، این منطقه با نام آریانا شناخته می‌شد، نامی که در منابع باستانی ویدی و اوستایی، و بعدها یونانی، آمده و به سرزمینی که مردمان آریایی در آن ساکن بودند، اشاره دارد. در میان این گروه‌ها، بسیاری از هندو-آریاییان، متکلمین زبان‌های هندواروپایی، حضور خود را در آسیای جنوبی، شرق میانه و حتی اروپا گسترش دادند و از مراتع وسیع شمال دریای خزر عبور کردند. آریانا مرکز مهم تجارت و فرهنگ بود و مسیرهای بین هند، ایران، بین‌النهرین و سرزمین‌های آسیای مرکزی را به هم متصل می‌کرد. حدود ۵۵۰ سال پیش از میلاد، امپراطوری قدرتمند هخامنشی به رهبری کوروش کبیر، مادها را شکست داد و سرزمین‌های وسیعی از جمله آراکوزیا، آریا و باختر، مناطقی که امروزه بخشی از افغانستان را تشکیل می‌دهند، را به خود ملحق کرد. اراکوزیا، واقع در منطقه قندهار امروزی، یک مرکز مهم فرهنگی و مذهبی در آن زمان بود. دین زرتشت، دینی که توسط زرتشت بنیان نهاده شد، در افغانستان شکوفا شد و اعتقاد بر این است که اوستا، کتاب مقدس زرتشتیان، از سرزمین های افغانستان به ایران حفظ و منتقل شده است و افغانستان را به یکی از مهدهای معنوی این دین تبدیل کرده است.

علاوه بر این، موقعیت جغرافیایی افغانستان آن را به نقطه همگرایی امپراتوری‌ها و تمدن‌های مختلف از فارسها و یونانیان گرفته تا مغول‌ها و بریتانیایی‌ها تبدیل کرده بود و تضمین می‌کرد که تاریخ آن با جریان مداوم فتوحات، مقاومت و تبادل فرهنگی مشخص شده باشد. در سال ۳۳۰ قبل از میلاد، اسکندر کبیر و نیروهای مقدونی او پس از شکست دادن داریوش سوم، پادشاه فارس، به افغانستان حمله کردند. پس از اشغال کوتاه مدت توسط اسکندر، این منطقه در سالهای ۲۵۰ تا ۱۲۵ قبل از میلاد توسط امپراتوری یونانو-باختری از مرکزیت بلخ یا باکتریا اداره میشد که علاوه بر افغانستان بر قلمروهای تاجیکستان، ازبکستان، ترکمنستان، و مناطقی از ایران، پاکستان و هند حکومت می کرد. نظریه‌ای وجود دارد که ادعا می‌کند که نورستانیها و پشه ای ها که با مشخصاتی مانند موهای طلایی یا قرمز، چشمان آبی و پوست روشن

مشخص می‌شوند، از نوادگان سربازان یونانی اسکندر کبیر هستند. با این حال، این ایده هیچ پایه و اساسی در واقعیت ندارد. در واقع، جمعیت‌های هندو-آریایی یا به طور ساده، آریایی‌ها، از قبل این مشخصات را به طور طبیعی داشتند. موهای بور، قهوه‌ای و حتی قرمز، همراه با چشمان سبز و آبی، از خصوصیات مشترک جمعیت‌های آریایی هستند که به گروه هندو-اروپایی تعلق دارند. افغان‌ها این مشخصات را به عنوان بخشی از تبار و ژنتیک خود دارند. تنوع در افغانستان فراتر از مشخصات فیزیکی است و همچنین منعکس کننده تنوع فرهنگی مناطق مختلف آن است.

کشفیات باستانشناسی موجودیت فرهنگ یونانو-باختری را در قرون بعد از آنها در سرزمینهای افغانستان تایید مینماید منجمله کتیبه های سرخ کوتل و رباطک در بغلان و سمنگان که نشانگر موجودیت زبان دری با حروف یونانی در عصر کوشانی ها می باشد. اما در افغانستان هیچگونه اثر تاریخی و باستانی نداریم که که حضور و حتی "چاپ پای" هخامنشیان را در خاکهای افغانستان امروزی اثبات کند. آنچه از موجودیت هخامنشی های فارس قبل از یونانیان میدانیم از نوشته های یونانیها و بخصوص هرودت است که اصالت آنها تأیید نشده است.
عصر باستان تاریخ افغانستان، تاریخ اسلامی سرزمین و مردم افغانستان را در بر می گیرد که از مرکزیت خراسان آغاز گردیده به سایر مناطق افغانستان گسترش یافته و متعاقبا توسط افغانها به نیمقارهٔ هند گسترش یافته است. از این رو عصر باستان تاریخ کشور را در این مجموعه زیر عنوان خراسان مورد بررسی قرار می دهیم.

در آثار محققین، نویسندگان و مورخین افغانستان و ایران، خراسان به عنوان یک نقطه عطف برای تحولات سیاسی، اجتماعی و فرهنگی مورد توجه قرار گرفته است. این منطقه نه‌تنها مکانی برای تردد کاروان‌ها و تجارت بین‌المللی بلکه به عنوان زادگاه بسیاری از سلسله های تاریخی، علمای بزرگ، شاعران و فلسفه‌پردازان در تاریخ منطقه و افغانستان نیز معروف است. شهرهای مهم خراسان، از جمله نیشابور، مشهد، هرات، بلخ و مرو، نقش کلیدی در تاریخ منطقه و پرورش علمای اسلامی داشته‌اند. به‌طور کلی، خراسان نشان‌دهنده یک میراث فرهنگی غنی است که همچنان بر هویت مردم افغانستان و ایران و منطقه تأثیر می‌گذارد و به عنوان پل ارتباطی میان شرق و غرب محسوب می‌شود.
اما توصیفات مکرر خراسان به عنوان منطقه‌ای "وسیع" با "سرحدات طبیعی نامشخص" و "سرحدهای سیاسی متغیر" در منابع مختلف صرفاً حقایق جغرافیایی نیستند. این سیالیت بازتاب مستقیمی از نقش تاریخی آن به عنوان یک منطقه سرحدی و چهارراه است. این منطقه به دلیل موقعیت خود، همواره محل تلاقی و تعامل فرهنگ‌ها و قدرت‌های مختلف بوده است. مذا مداوم بر سر

سرحدهای آن توسط امپراتوری‌های متوالی (ساسانی، اموی، عباسی) و بعدها توسط دولت‌های مدرن بر اهمیت استراتژیک و فرآیندهای مداوم تعاملات فرهنگی و سیاسی تأکید دارد.

جامعه افغانستان عمیقاً تحت تأثیر ساختار خانواده قرار دارد و خانواده ستون اساسی زندگی اجتماعی است. اغلب، این خانواده‌ها توسط یک پدر سالار با حس احترام و اقتدار قوی رهبری می‌شوند. در مناطق جنوبی و شرقی، مردم از فرهنگ پشتون پیروی می‌کنند که مبتنی بر اصول پشتونولی یا راه و رفتار پشتون است. این اصول فرهنگی شامل ارزش‌هایی مانند مهمان‌نوازی متنوع، محافظت از کسانی که به دنبال پناهندگی هستند و انتقام‌جویی است، نوعی از قانون مدنی که افتخاری پایدار محسوب شده از نسلی به نسل دیگر منتقل می‌شود. ریشه مردم افغانستان بسیار پیچیده‌تر و چندوجهی‌تر از آن چیزی است که در ابتدا تصور می‌شود و منعکس‌کننده‌ی بافت تاریخی و فرهنگی غنی این منطقه است.

با این مدخل، افغانستان را در قلب آسیا در نقش چهارراهی واقعی امپراتوری‌ها، فرهنگ‌ها و تمدن‌ها در طول تاریخ مدون جهان مورد بررسی قرار می‌دهیم. در این راستا می کوشیم سوالاتی را که در آغاز پیشگفتار مطرح کردیم پاسخ دهیم که افغان‌ها واقعاً چه کسانی هستند، آنها از کجا آمده‌اند، ریشه‌های واقعی این مردم که از تهاجم‌ها و دگرگونی‌های بی‌شماری جان سالم به در برده‌اند، چیست. ما ریشه‌های آنها، ارتباطات آنها را با تمدن‌های باستانی به کمک آخرین دستاورد های علوم بشری مانند علوم تاریخ، جغرافیه، باستان شناسی، دموگرافی، جامعه شناسی، انسان شناسی، زبان شناسی و ژنتیک بررسی خواهیم کرد. این بر رسی ما را از عصر اسطوره ها به آریانای عهد عتیق، خراسان اسلامی و بالاخره افغانستان امروزی راهنمایی می کند.

داکتر نوراحمد خالدی

شهر بریزبن، آسترالیا

۲۰ جون ۲۰۲۵

فصل اول
تحقیق در تاریخ افغانستان

سرزمین افغانستان، با موقعیت ژئوپلیتیک حساس خود در قلب آسیا، شاهد تحولات شگرف، درگیری‌های خونین و مقاومتهای شگفت‌انگیز در طول تاریخ بوده است. این فصل، با تکیه بر پژوهش‌های مورخان برجسته و منابع معتبر، کوششی است برای ترسیم سیری تاریخی از افغانستان، از اوج امپراتوری‌ها در دل تاریخ تا چلنج های دولت‌سازی مدرن و جنگ‌های ویرانگر قرن بیستم و بیست و یکم.

در این مجلد وقایع کلیدی تاریخ کشور مستقل افغانستان از آغاز ایجاد دولت هوتکی در سال ۱۷۰۹م تا دور دوم حاکمیت طالبان در آگست ۲۰۲۱م مورد بررسی تاریخی، اجتماعی و سیاسی گرفته میشود. در این بررسی با ترکیب یافته‌های اکادمیک (مانند جاناتان لی، بارفیلد، کاکړ، هاپکینز، دوپری)، تحلیل‌های ژورنالیستی عمیق (رشید، کال)، روایات تاریخی مبتنی بر اسناد (دالریمپل، مک‌این‌تایر)، مشاهدات دست اول (استوارت، فورستر، الفنستن) و روایت‌های ادبی شخصی (عمر) کوشیده است تصویری جامع و چند بعدی از تاریخ افغانستان ارائه گردد. منابع تحقیقاتی آنلاین و پژوهش‌های محققانی چون دکتر خالدی، سنگروال نیز بر غنای این تصویر افزوده‌اند.

پایه های ایجاد کشور افغانستان معاصر با قیام میرویس خان هوتکی در ۲۱ اپریل سال ۱۷۰۹م در قندهار گذاشته شد و در سال ۱۷۴۵م توسط احمد خان ابدالی تکمیل گردید و از آن زمان تا امروز پا برجاست.

اجماع آکادمیک مدت‌هاست که بر این باور است که موقعیت استراتژیک افغانستان در چهارراه آسیای مرکزی و جنوبی، آن را هم مطلوب و هم غیرقابل تسخیر کرده است. دکتر سارا میچل، استاد مطالعات آسیای مرکزی در پوهنتون جورج تاون، توضیح می‌دهد: «افغانستان در جایی قرار دارد که جغرافی‌دانان آن را «محور آسیا» می‌نامند - کنترل مسیرهای تجاری که بیش از دو هزاره حیاتی بوده‌اند.»

شواهد باستان‌شناسی این ادعا را تأیید می‌کند. کاوش‌ها در مکان‌هایی مانند آی‌خانم، شهرهای پیشرفته هلنیستی را که پس از فتح اسکندر کبیر در ۳۳۰

پیش از میلاد تأسیس شده‌اند، آشکار می‌کند. با این حال، حتی اسکندر که نبوغ نظامی‌اش سرزمین‌هایی از یونان تا هند را فتح کرد، افغانستان را یک مشکل مداوم یافت. منابع باستانی شورش‌های مداوم و اتحاد معروف ازدواج با رخشانه را مستند می‌کنند که نشان دهنده ضرورت سیاسی به جای تسلط نظامی است.

در چیزی که مورخان نظامی اکنون آن را یکی از فاجعه‌بارترین عقب‌نشینی‌ها در تاریخ امپراتوری بریتانیا می‌دانند، دکتر ویلیام برایدن امروز به عنوان تنها بازمانده از یک تخلیه ۱۶،۵۰۰ نفری از کابل، تلوتلوخوران وارد جلال‌آباد شد. جنگ اول انگلیس و افغانستان که با اعتماد به نفس در سال ۱۸۳۹ برای مقابله با نفوذ روسیه آغاز شد، با فاجعه‌ای کامل پایان یافته است.

پروفسور احمد رشید، نویسنده‌ی چندین اثر معتبر درباره‌ی تاریخ افغانستان، خاطرنشان می‌کند: «غرور و تکبر تفکر نظامی دوران ویکتوریا در منابع اولیه مشهود است. فرماندهان بریتانیایی پیوسته هم توانایی نظامی افغانستان و هم پویایی پیچیده‌ی قبیله‌ای را که قرن‌ها از خصوصیات این منطقه بوده است، دست کم می‌گرفتند.»

الگویی که در دوران بریتانیا ایجاد شد - موفقیت نظامی اولیه و به دنبال آن جنگ شورشیان و خروج نهایی - در طول تاریخ مدرن افغانستان تکرار شد. آرشیف‌های شوروی که پس از سال ۱۹۹۱ باز شدند، محاسبات اشتباه مشابهی را در طول اشغال آنها از سال ۱۹۷۹ تا ۱۹۸۹ آشکار می‌کنند.

ماریا رودریگز قبل از ترک سیم خاردار، برای آخرین بار تجهیزات خود را بررسی می‌کند. او در همان دره‌هایی گشت‌زنی می‌کند که ۱۷۰ سال پیش سواره نظام بریتانیا در آنجا رفت و آمد می‌کرد، جایی که پیاده نظام مکانیزه شوروی سه دهه پیش با مجاهدین می‌جنگید.

دکتر توماس بارفیلد، که چهار دهه کار انسان‌شناسی‌اش در افغانستان طول کشیده است، توضیح می‌دهد: «هر امپراتوری فکر می‌کند که اوضاع متفاوت خواهد بود. آمریکایی‌ها معتقد بودند که فناوری برتر و کمک‌های توسعه‌ای در جایی که دیگران شکست خوردند، موفق خواهند شد. اما مقاومت افغانستان فقط نظامی نیست - فرهنگی است، در ساختارهای اجتماعی ریشه دارد که به طور خاص برای مقاومت در برابر کنترل خارجی تکامل یافته‌اند.»

تحلیل احصائیوی داده‌های مربوط به درگیری‌ها از برنامه داده‌های درگیری اوپسالا این الگو را نشان می‌دهد. میانگین مدت مداخلات خارجی در افغانستان

از سال ۱۸۳۹: ۸.۷ سال. میزان موفقیت در دستیابی به اهداف سیاسی اعلام شده: صفر درصد.

ادبیات علوم سیاسی معاصر چارچوب‌هایی را برای درک این الگوی دایروی ارائه می‌دهد. مفهوم «قدرت زیرساختی» مایکل مان - توانایی دولت‌ها برای نفوذ در جامعه - به توضیح مقاومت افغانستان در برابر کنترل خارجی کمک می‌کند. زمین‌های کوهستانی، ساختار قبیله‌ای و اقتصاد معیشتی این کشور، چیزی را ایجاد می‌کند که محققان آن را «مناطق پناه» می‌نامند که در برابر اقتدار متمرکز مقاوم هستند.

سرزمینی که امروز افغانستان نامیده می‌شود، از دیرباز شاهراه تمدن‌ها بوده است. امپراتوری‌های بزرگی چون هخامنشیان، یونانیانِ باختر، کوشانیان، ساسانیان و صفویان بر این منطقه حکمرانی کردند. آثار باستانی مانند بامیان و بلخ گواهی بر غنای فرهنگی این سرزمین هستند. جاناتان لی در اثر جامع خود، "افغانستان: تاریخ از ۱۲۶۰ تا کنون"، به خوبی این گذار طولانی از حکومت‌های پیشامدرن و تأثیرات عمیق فرهنگ‌های آریایی، هندی، ترکی و مغولی را بر بافت اجتماعی و سیاسی افغانستان برجسته می‌سازد.

قرن هجدهم شاهد ظهور افغانستان به عنوان یک موجودیت سیاسی مستقل بود. احمدشاه درانی، بنیانگذار افغانستان مدرن، با اتحاد قبایل پشتون و ایجاد امپراتوری درانی (۱۷۴۷-۱۸۲۳) قدرت قابل توجهی در منطقه ایجاد کرد. این دوره، نقطه عطفی در هویت ملی افغانستان بود، هرچند ساختار قبیله‌ای همچنان نیرومند باقی ماند. توماس بارفیلد در "افغانستان: یک تاریخ فرهنگی و سیاسی"، ماهیت "دولت قبیله‌ای" درانی را تحلیل می‌کند، دولتی که بر وفاداری شخصی و شبکه‌های قومی متکی بود و میراثی پایدار بر ساختار سیاسی کشور گذاشت. محمدحسن کاکر در "تاریخ سیاسی و دیپلماتیک افغانستان، ۱۸۶۳-۱۹۰۱" به طور خاص به تحولات داخلی و عوامل دیپلماتیک دوران امیران بعدی، به خصوص امیر شیرعلی خان و عبدالرحمان خان می‌پردازد.

افغانستان به صحنه اصلی "بازی بزرگ"، رقابت استعماری بریتانیا و روسیه، تبدیل شد. ویلیام دالریمپل در "بازگشت شاه" (تمرکز بر جنگ اول افغانستان ۱۸۳۹-۱۸۴۲)، با نثری جذاب و تحقیقی موشکافانه، فاجعه اشغال کابل توسط بریتانیا و قیام ویرانگر افغان‌ها به رهبری اکبرخان را روایت می‌کند. این اثر، تصویری روشن از مقاومت سرسختانه افغان‌ها در برابر قدرت‌های خارجی و پیچیدگی‌های جامعه افغانی ارائه می‌دهد. سفرنامه‌های جورج فورستر و گزارش‌های مونت استوارت الفنستن (اولین فرستاده بریتانیا به دربار

شجاع‌الملک درانی) منابع دست اول ارزشمندی از اوضاع اجتماعی و سیاسی آن دوره هستند.

"امیر آهنین": پس از جنگ دوم افغانستان (۱۸۷۸-۱۸۸۰) و قرارداد ننگین گندمک امیر یعقوب خان، و شکست انگلیسها در مستعمره سازی افغانستان، عبدالرحمان خان (۱۸۸۰-۱۹۰۱) با حمایت بریتانیا به قدرت رسید. بنجامین هاپکینز در "ساخت افغانستان مدرن"، نقش محوری عبدالرحمان را در ایجاد دولتی متمرکز، هرچند بسیار مستبد، بررسی می‌کند. او با سرکوب شدید شورش‌ها (از جمله هزاره‌ها)، ایجاد بوروکراسی اولیه، تعیین سرحدات مدرن (منجمله خط دیورند) و نوسازی محدود اردو، اساس دولتی را بنا نهاد که شکل امروزی افغانستان را تعریف می‌کند. کاکر نیز جزئیات سیاست‌های داخلی و خارجی مشکل انگیز این دوره را مستند کرده است. بارفیلد تأکید می‌کند که استراتژی عبدالرحمان "حکومت از طریق اختلاف" بین گروه‌ها، گرچه در کوتاه مدت موثر بود، شکاف‌های قومی را عمیق‌تر کرد.

قرن بیستم با تلاش‌هایی برای نوسازی تحت امان‌الله خان (۱۹۱۹-۱۹۲۹) آغاز شد که استقلال خارجی افغانستان را به دست آورد. اصلاحات سریع و سکولار او منجر به قیام‌های مذهبی و سقوطش شد. دوره نسبتاً آرام ظاهرشاه (۱۹۳۳-۱۹۷۳) شاهد توسعه اقتصادی محدود و سیاست بی طرفی بود، اما نهایتاً با کودتای محمد داود خان (۱۹۷۳) به پایان رسید. لی و بارفیلد تحولات اجتماعی و ظهور جنبش‌های چپ و اسلامی در این دهه‌ها را پیگیری می‌کنند.

کودتای حزب دموکراتیک خلق (۱۹۷۸) و مداخله نظامی شوروی (۱۹۷۹)، افغانستان را به میدان جنگ سرد تبدیل کرد. احمد رشید در "سقوط به سوی هرج و مرج" و استیو کال در "جنگ اشباح" (تاریخ سیا و القاعده)، به شکلی مستند و تحلیلی، پیامدهای فاجعه‌بار این دوره را شرح می‌دهند: میلیون‌ها کشته و آواره، زیرساخت‌های نابود شده، گسترش بنیادگرایی اسلامی (با حمایت آمریکا و پاکستان از مجاهدین)، ظهور "جهادی" به عنوان نیرویی سیاسی-نظامی و بنیان‌گذاری شبکه‌های بین‌المللی مبارز. لویی دوپری، انسان‌شناس مشهور، در آثارش (مانند "افغانستان") به تحلیل عمیق ساختارهای اجتماعی و تأثیر جنگ بر آن‌ها پرداخته است. دکتر نور احمد خالدی و منابع تحقیقاتی آنلاین معتبر نیز بر جنبه‌های خاصی از مقاومت و پیامدهای داخلی تمرکز دارند.

فروپاشی دولت و جنگ داخلی (۱۹۹۲-۱۹۹۶): خروج شوروی منجر به جنگ داخلی خونین بین گروه‌های مجاهدین سابق شد. کابل ویران گردید و اتحادهای قومی-نظامی بی‌ثباتی را به ارمغان آورد. قیس اکبر عمر در "قلعه نه برج"،

روایتی تکان‌دهنده و انسانی از زندگی تحت سلطه جنگ‌سالاران در این دوره ارائه می‌دهد. این اثر ادبی، وحشت و مقاومت مردم عادی را با جزئیاتی بی‌نظیر به تصویر می‌کشد.

طالبان، متشکل از طلاب مدارس مذهبی پاکستان (بسیاری پشتون)، با پشتیبانی بینظیر بوتو صدراعظم وقت پاکستان و کمکهای ایالات متحدهٔ امَریکا و عربستان سعودی بوجود آمده با وعده برقراری امنیت و اجرای شریعت، به سرعت پیشروی کردند. احمد رشید در "طالبان" (کتابی پیش‌گامانه)، ریشه‌ها، ایدئولوژی، ساختار و سیاست‌های شدیداً سرکوبگرانه آن‌ها، به خصوص علیه زنان و اقلیت‌ها، و پیوندهای آن با القاعده را تحلیل می‌کند. حکومت آن‌ها با انزوای بین‌المللی و نقض فاحش حقوق بشر همراه بود.

حملات ۱۱ سپتامبر ۲۰۰۱ منجر به حمله به رهبری آمریکا برای سرنگونی طالبان و نابودی القاعده شد. دولتی تحت حمایت غرب به رهبری حامد کرزی و سپس اشرف غنی تشکیل گردید. احمد رشید در "سقوط به سوی هرج و مرج" به طور مفصل به مشکلات بازسازی، فساد گسترده، بازگشت تدریجی طالبان، نقش مخرب پاکستان، و اشتباهات استراتژیک آمریکا و ناتو می‌پردازد. روری استوارت، با تجربه حضورش در افغانستان پس از ۲۰۰۱ (منعکس شده در "مکان‌های میان راه")، درکی ظریف از پیچیدگی‌های جامعه افغانی و محدودیت‌های مداخله خارجی ارائه می‌دهد. بن مک‌این‌تایر در "افپک" (عملیات نجات یک نظامی اسیر توسط طالبان)، نمایی از واقعیت‌های پیچیده جنگ در میدان نبرد را نشان می‌دهد.

تاریخ افغانستان روایتی است از مقاومت سرسختانه در برابر اشغال خارجی (همانگونه که دالریمپل و دیگران در نبردهای انگلیس و شوروی نشان می‌دهند)، تلاش‌های مکرر برای ایجاد دولتی متمرکز و فراگیر (همانطور که در کارهای کاکر، هاپکینز و بارفیلد بررسی شده است)، و تأثیر ویرانگر جنگ‌های طولانی بر ساختارهای اجتماعی و روان جمعی ملت (که به شکل ملموسی در روایت عمر و تحلیل‌های رشید و کال دیده می‌شود). ساختارهای قبیله‌ای و قومی عمیق، جغرافیای دشوار، موقعیت ژئوپلیتیک حساس (همیشه در معرض "بازی بزرگ" قدرت‌ها)، و نوسان بین سنت و تجدد، چلنج های بنیادینی هستند که همچنان پابرجا هستند. جاناتان لی و توماس بارفیلد به درستی بر این تداوم‌ها در بستر تحولات تاریخی تأکید می‌کنند.

پس از خروج شتابزده آمریکا و ناتو در آگوست ۲۰۲۱ و بازگشت طالبان به قدرت، افغانستان بار دیگر در یک نقطه عطف تاریخی قرار گرفته است. درک عمیق تاریخ پر فراز و نشیب این سرزمین - با همه شکوه، تراژدی، مقاومت و

پیچیدگی‌هایش - همانگونه که آثار مورخانی چون لی، بارفیلد، کاکر، رشید، دالریمپل، هاپکینز و روایات شخصی مانند عمر روشن می‌سازند، برای درک مشکلات حال حاضر و مسیر احتمالی آینده آن ضروری است. آینده افغانستان همچنان در گرو توانایی مردم آن برای آشتی ملی، ایجاد حکومتی مشروع و فراگیر، و یافتن راهی برای همزیستی مسالمت‌آمیز در منطقه‌ای بی ثبات است، مسیری که ریشه در درس‌های عمیق تاریخ پرتلاطم این کشور دارد.

در حالی که افغانستان بار دیگر با آینده‌ای نامعلوم تحت حکومت طالبان روبروست، نگاه تاریخی هم هشدار می‌دهد و هم بینش. این کشور نه تنها از طریق قدرت نظامی، بلکه از طریق آنچه مورخان «مقاومت تطبیقی» می‌نامند - توانایی جذب، منحرف کردن و در نهایت مقاومت در برابر نفوذ خارجی در عین حفظ هویت فرهنگی اصلی - از ظهور و سقوط امپراتوری‌ها جان سالم به در برده است.

اینکه آیا افغانستان می‌تواند این انعطاف‌پذیری تاریخی را به یک حکومت پایدار تبدیل کند؟ همچنان سوال اصلی پیش روی ۴۰ میلیون اتباع آن است. تاریخ نشان می‌دهد که پاسخ، مانند همیشه در افغانستان، توسط خود افغان‌ها نوشته خواهد شد.

در فصل های قبلی تاریخ عصر عتیق و تاریخ ادوار باستانی سرزمین و مردم افغانستان را زیر عناوین آریانا و خراسان به تفصیل مرور کردیم. در این فصل به معرفی عصر حاضر تاریخ افغانستان می پردازیم.

قصد ما پیشکش کردن تاریخ مکمل افغانستان نیست. تاریخ افغانستان توسط مورخین افغان و غیر افغان به شکل گسترده‌ای ثبت شده است که مشهورترین آنها عبارت اند از:

مورخین افغان:

برخی از مهمترین آثار تاریخی که توسط مورخین افغان نوشته شده‌اند و اهمیت بالایی در شناخت تاریخ این کشور دارند، در ذیل معرفی می شوند:

تاریخ افغانستان سرشار از فراز و نشیب‌ها و حوادث مهم است و نویسندگان افغان نقش مهمی در ثبت و تحلیل این تاریخ داشته‌اند. در اینجا به برخی از مهمترین کتاب‌ها و نویسندگان افغان در حوزه تاریخ اشاره می‌شود:

۱. افغانستان در مسیر تاریخ - میرغلام‌محمد غبار:

این کتاب به عنوان یکی از مهمترین و جامع‌ترین آثار در تاریخ معاصر افغانستان شناخته می‌شود. میرغلام‌محمد غبار، تاریخ‌نگار و روشنفکر برجسته افغان، در این کتاب به بررسی تحولات سیاسی، اجتماعی و اقتصادی افغانستان از زمان احمدشاه ابدالی تا اواسط قرن بیستم می‌پردازد. این کتاب با رویکردی انتقادی و با تکیه بر اسناد و مدارک تاریخی، به مبارزات مردم افغانستان علیه استبداد داخلی و اشغالگران خارجی اولویت می‌دهد.

۲. سراج‌التواریخ - فیض‌محمد کاتب هزاره:

فیض‌محمد کاتب هزاره از برجسته‌ترین تاریخ‌نگاران دوره امیر عبدالرحمن خان و حبیب‌الله خان است. "سراج‌التواریخ" اثری سه جلدی است که به دستور حبیب‌الله خان نوشته شده و وقایع دوران احمدشاه ابدالی تا عصر خود کاتب را پوشش می‌دهد. این کتاب به دلیل جزئی‌نگری و ثبت دقیق رویدادها، منبعی بسیار ارزشمند برای مطالعه تاریخ افغانستان است.

۳. تاریخ افغانستان پس از اسلام - عبدالحی حبیبی:

عبدالحی حبیبی، از دیگر مورخان و نویسندگان معاصر افغانستان، در این کتاب به بررسی تاریخ افغانستان پس از ورود اسلام می‌پردازد. این اثر با تکیه بر منابع معتبر تاریخی، اوضاع سیاسی، اداری، فکری، اجتماعی و اقتصادی افغانستان را در دوران پایانی کوشانیان و آغاز نفوذ اسلام تحلیل می‌کند.

۴. تاج‌التواریخ - امیر عبدالرحمن خان:

این کتاب، که در واقع سوانح عمری، سفرنامه و خاطرات امیر عبدالرحمن خان، یکی از قدرتمندترین پادشاهان افغانستان، است، منبعی دست اول برای درک تاریخ اواخر قرن نوزدهم افغانستان و دیدگاه‌های خود او درباره مسائل سیاسی و اجتماعی است.

۵. افغانستان در پنج قرن اخیر – میر صدیق فرهنگ (۱۹۹۳): این کتاب تحولات سیاسی و اجتماعی افغانستان در ۵۰۰ سال گذشته را بررسی می‌کند. اهمیت: تحلیل‌های دقیقی درباره نقش قبایل، دولت‌های محلی و مداخلات خارجی ارائه می‌دهد. .

۶. حسن کاکړ (Hasan Kakar): اثر مشهور: « A Political and Diplomatic History of Afghanistan, ۱۸۶۳–۱۹۰۱»، او یکی از مورخان معتبر در مورد تاریخ معاصر افغانستان است.

۷. شهسوار سنگروال: اثر مشهور «افغانستان د معاصر تاریخ په رڼا» (۱۳۹۶ ه. ش)، تاریخ افغانستان را از احمدشاه ابدالی تا حامد کرزئ به زبان پشتو بیان می کند.

۸. داکتر نوراحمد خالدی: اثر مشهور ‹‹افغانستان: تاریخ، مردم و سیاست›› (۲۰۲۰م)، در این کتاب کوششهای که در جهت جعل و تحریف تاریخ افغان و افغانستان صورت گرفته افشأ و رد شده اند.

۹. محمد نسیم ارغندیوال: اثر مشهور- هویت، فرهنگ و تمدن آریانا دیروز یا افغانستان امروز، مارچ ، سیدنی، استرالیا، مارچ ۲۰۲۱ World Print.

۱۰. تاریخ مُلکِ افغان (تاریخ احمدشاهی) – میرزا محمد حسین مستوفی (قرن ۱۲ هجری/۱۸ میلادی) : این اثر به تاریخ دوران احمدشاه درانی، بنیانگذار افغانستان مدرن، می‌پردازد. اهمیت: یکی از اصلی‌ترین منابع درباره تشکیل حکومت درانی و گسترش قلمرو افغانستان است.

مورخین غیر افغان:

۱. ویلیام کیلپاتریک (William Kirkpatrick): اثر مشهور: « Account of the Kingdom of Nepal» (حاوی اطلاعاتی درباره افغانستان در قرن ۱۸ و ۱۹) او از نخستین اروپاییانی بود که درباره افغانستان نوشت.

۲. مونت استوارت الفنستون (Mountstuart Elphinstone): اثر مشهور: «An Account of the Kingdom of Caubul» (۱۸۱۵) این کتاب یکی از بهترین منابع درباره افغانستان در دوره پیش از امیر دوست محمد خان است.

۳. سر پرسی سایکس (Sir Percy Sykes): اثر مشهور: « A History of Afghanistan» این کتاب تاریخ افغانستان را از دوران باستان تا قرن بیستم پوشش می‌دهد.

۴. لویی دوپری (Louis Dupree): اثر مشهور: « Afghanistan ۱۹۷۳ » یک بررسی جامع تاریخی، فرهنگی و مردم‌شناسی از افغانستان است.

۵. توماس بارفیلد (Thomas Barfield): اثر مشهور: « Afghanistan: A Cultural and Political History» (۲۰۱۰) تحلیل عمیقی از تاریخ سیاسی و فرهنگی افغانستان ارائه می‌دهد.

۶. ژوزف فریر (Joseph Ferrier): اثر مشهور: « History of the Afghans» ۱۸۵۸» یکی از منابع قدیمی درباره افغانستان است.

۷. جاناتان لی (Jonathan L. Lee): اثر مشهور: « Afghanistan A History from ۱۲۶۰ to the Present ۲۰۱۸ » این کتاب جامعی در مورد افغانستان در سالهای اخیر است.

اهمیت این آثار:

- منابع دست‌اول تاریخی: بسیاری از این کتاب‌ها بر اساس مشاهدات مستقیم یا اسناد رسمی نوشته شده‌اند.

- شناسایی هویت ملی: این آثار به شکل‌گیری درک روشنی از تاریخ و هویت افغانستان کمک کرده‌اند.

- تحلیل تحولات سیاسی و اجتماعی: برای فهم جنگ‌ها، حکومت‌ها و روابط خارجی افغانستان ضروری هستند.

چه چیزهایی این کتاب را برجسته می سازد؟

آنچه امروز کار ما را به مقایسهٔ مؤرخین قبلی آسان تر، دقیق تر و مستندتر می سازد موجودیت انبوه معلومات از بزرگترین و غنی ترین کتابخانه های دنیا بطور دیجیتال آنلاین است که عصارهٔ تحقیقات متخصصین تاریخ History ، جغرافیه Geography کاوشهای باستان شناسی Archaeology، مطالعات مردم شناسی Anthropology ، مطالعات جامعه شناسی Sociology، مطالعات نفوس شناسی Demography ، مطالعات سلول شناسی یا ژنتیک Genetics و زبان شناسی Linguistics را که در مطالعهٔ تاریخ کشورها، انسانها و فرهنگها ضروری اند، به دسترس ما قرار میدهد و به کمک برنامه های هوش مصنوعی مختلف دسترسی به آنها بطور سریع امکان پذیر می باشد.

در این کتاب ریشه‌های تاریخ سرزمین و مردم افغانستان با تمدن‌های باستانی به کمک آخرین دستاورد های علوم بشری که در بالا ذکر شد مورد بررسی قرار گرفته و تقدیم خواننده میگردد.

سعی صادقانه بعمل آمده تا شرح رویدادها، برداشتها و نتیجه گیریها بر پایه های مستحکم دانش تاریخی و علمی مستند جهان استوار باشد. برای تحقق این اصل، با استفاده از دانش پیشرفته عصر ما، در این سفر به کتابخانه ها، آرشیف ها، وبسایتها، مقالات و نشریات متنوع، از هوش مصنوعی نیز کمک گرفته شده تا خوانندگان بی طرفانه و بدون پیش داوری قبلی، با جنبه های گوناگون، و گاهی متناقض قضایا، آشنا گردند. علاوه بر معرفی بیش از ۶۰۰ منبع و ماخذ که در

نوشتن این مجموعه از آنها استفاده شده، کوشش گردیده لنکهای اینترنتی نسخه های برقی آنلاین این منابع نیز تقدیم خوانندگان گردد تا هرگاه لازم بدانند خود مستقیما این منابع را مطالعه کنند.

فصل دوم:
روند تشکیل افغانستان معاصر

افغانستان به‌عنوان کشوری با تاریخ کهن، جغرافیای متنوع و تنوع قومی-زبانی غنی، همواره مورد توجه محققین بوده است. در این مجموعه می کوشیم به اختصار افغانستان معاصر را به معرفی بگیریم و تاریخ پر تلاطم آن را مرور کرده دورنمای آیندۀ آنرا تصوّر نماییم.

این دوران از قیام میرویس خان هوتکی و ایجاد امپراتوری هوتکیان (۱۷۰۹-۱۷۳۵م) و متعاقبا امپراتوری درانی (۱۷۴۷ م) به‌عنوان بنیان‌گذاران افغانستان امروزی یاد می‌شود. متعاقبا جنگ‌های داخلی و مداخلات قدرت‌های خارجی (انگلیس، شوروی، آمریکا) در قرون ۱۹–۲۱ میلادی، که موضوع تحقیقاتی کتاب‌هایی مانند "افغانستان در پنج قرن اخیر" اثر میرمحمد صدیق فرهنگ، "افغانستان در مسیر تاریخ" اثر میر غلام محمد غبار، و "افغانستان، تاریخ، مردم و سیاست" اثر داکتر نوراحمد خالدی است و با استفاده از سایر منابع مورد بررسی قرار می گیرد.

حوادث کلیدی این عصر:

١. قیام میرویس خان هوتکی و ایجاد امپراتوری هوتکیان (۱۷۰۹-۱۷۳۵م)

٢. جرگۀ شیر سرخ قندهار و پادشاهی احمدشاه ابدالی (١٧٤٧م)

٣. حملۀ دولت قاجاری به حمایت شهزاده محمود (۱۸۰۰م)

٤. امیر دوست محمد خان و زمامداری بارکزاییان (۱۸۲۳م)

٥. امیر عبدالرحمن خان (۱۸۸۰م)

۶. امیر امان الله خان (۱۹۱۹م)
۷. محمد نادر خان (۱۹۲۹م)
۸. کودتای ۲۶ سرطان ۱۳۵۲ محمد داوود خان آخرین زمامدار بارکزاییان (۱۹۷۳م)
۹. کودتای ثور ۱۳۵۷ (۱۹۷۸م)
۱۰. دولت مجاهدین (۱۹۹۱-۱۹۹۶م)
۱۱. دولت طالبان بار اول (۱۹۹۶-۱۹۲۱م)
۱۲. دولت جمهوری اسلامی (۱۹۲۱-۲۰۲۱م)
۱۳. دولت طالبان بار دوم (+۲۰۲۱م تا امروز ادامه دارد)

قیام میرویس خان و ایجاد دولت هوتکی

میرویس مشهور به حاجی میر خان نیکه در سال ۱۶۷۳-م در یکی از قبیله های هوتکی غلجایی در قندهار تولد یافت- پدرش خالم خان و مادرش نازو دختر یکی از خان های عشیره توخی بود. میرویس سه برادر داشت بنام های میرعبدالعزیز میر یحیی و عبدالقادر و هم وی دو پسر داشت بنام های میر حسین و میر محمود و زوجه میرویس دختر جعفر خان از قبیله سدوزایی بود. میرویس در محیط شهر قندهار رشد و نمو کرد و دربار صفوی او را به کلانتری همان شهر گماشت و شاه صفوی ریاست او را در قبایل غلجایی رسما تصدیق نمود.

میرویس خان نقش حماسی در تاریخ افغانستان نعاصر دارد. تعدادی دانسته از روی فتنه انگیزی و یا نادانسته از روی غفلت میرویس خان را تاتار بخارایی قلمداد میکنند تا به تعبیر خودشان نقش حماسی میرویس خان هوتکی را در تاریخ افغانستان و در حماسهٔ قوم پشتون کمرنگ جلوه دهند. از یک طرف پشتونها را قبیلوی میگویند بعد یادشان میرود که یک فرد قبیلوی پشتون تا چند نسل شجره خودرا میداند. هیچ آدم غیر پشتون نمیتواند به دروغ خودرا پشتون

قلمداد کند وریيس قبیله هم شود بخصوص شخص معروفیکه از فامیل امرای بخارایی بوده باشد.

"شهزاده پارسي" نام قهرمان یک کتاب داستانی و تخیلی بنام "کروموپل پارسی" نوشته یک افسر سویدنی بی نام است که هم عصر میرویس خان بوده در سال ۱۷۲۴م در لندن چاپ شده است. این کتاب را عبدل لعلزاد در سال ۲۰۱۲ به دری ترجمه کرده است. نویسندهٔ کتاب در مقدمه مینویسد که به قسطنطنیه سفر کرده بود و در ارزروم ترکیه توسط رهزنان داغستانی و تاتاتر گرفتار شده و به قسم تحفه به شهزادهٔ پارسی که باقر پادشاه داستانی قندهار و پدر داستانی میرویس خان است به قندهار ارسال شده است. این شهزاده پارسی به اساس داستان کتاب پسر یکی از امرای بخارا بوده که سرزمین خودرا از دست داده و به بلخ فراری بود. بر اساس این داستان تخیلی پدر بخارایی میرویس (باقر یا شاهزاده پارسی) شهر قندهار را بعد از یک جنگ از پارسیان میگیرد و پادشاه قندهار میشود و بعدا میرویس در سال ۱۶۸۷م تولد میشود و بعد از فوت پدر زمام امور قندهار را بدست میگیرد و میرویس در سال ۱۷۲۲م شهر اصفهان را تسخیر میکند. درحالیکه میرویس خان در سال ۱۷۱۵م در قندهار چشم از جهان پوشیده بود. در این کتاب اسمی از گرگین بیگلربیگی (والی) صفوی گرفته نشده است

در این کتاب حوادث حقیقی تاریخی با چهره ها و افسانه های تخیلی نویسنده مخلوط شده و مانند سناریوی یک داستان خیالی فلمی به خواننده عرضه شده است. اگر کسی به استناد به این کتاب به اصلیت قومی میرویس خان شک کند در حقیقت ناآگاهی مطلق خودرا از تاریخ نمایش میدهد!

وقتی میرویس خان هوتک بتاریخ ۲۱ اپریل ۱۷۰۹م در قندهار بر ضد صفویها قیام میکند (۱۷۰۹م) ، امپراطوری صفوی در حال زوال بود. در مغرب و شمال غرب ترکهای عثمانی مناطق آذربایجان، ارمنستان، گرجستان ققفاز، سوریه و عراق امروزی را از صفویها گرفته تا همدان پیشروی میکنند. در شمال روسها اطراف بحیره کسپین را در سال ۱۷۲٤ اشغال میکنند. ازبکهای بخارا همچنان از شمال شرق بالای خراسان حمله میکردند.

بعد از اینکه میرویس خان هوتک اعلان خودمختاری میکند (۱۷۰۹م) اقدامات مکرر شاه حسین صفوی برای پس گرفتن شهر ناکام میماند. شاه حسین حتی تا فراه برای گرفتن دوباره قندهار پیشروی کرده بود. بالاخره با لشکر کشی شاه محمود هوتکی پسر میرویس خان به ایران و اشغال اصفهان در سال ۱۷۲۲م که شاه حسین صفوی تاج و تخت ایران را به او واگذار میکند امپراطوری دوصد ساله صفوی سقوط میکند.

با استفاده از همین ضعف دولت صفوی، ابدالیهای هرات نیز در سال ۱۷۱۷م تحت قیادت اسدالله خان ابدالی در هرات قیام کرده حاکم صفوی را میکشند و اعلان خودمختاری میکنند. آنها تا ماورای مشهد را اشغال میکنند.

راجع به اینکه قبل از احمدشاه، میرویس خان هوتک در قندهار اعلان پادشاهی کرده بود یا نه روایات مختلف موجود است. از آنجمله سر جان ملکم در کتاب تاریخ ایران مینویسد از قول هانوی که معاصر میرویس بود مینویسد که میرویس خان اعلان پادشاهی کرد و دستور داد بنامش سکه ضرب بزنند (سر جان ملکم، تاریخ ایران لندن، ۱۸۱۵م، جلد اول ص ٦۰٦). و ترجمه انگلیسی بیت سکه اش را هم ذکر میکند. مضمون بیت بزبان دری تا این اواخر مجهول بود تا اینکه در سال ۱۹۷۴م استاد خلیل اله خلیلی که در بغداد سفیر بود مضمونی را در مجله ژوندون از قول تذ نویسان عرب نشر میکند که مضمون شعر چنین است:

"سکه زد بر در هم دار القرار قندهار — خان عادل شاه عالم میرویس نامدار"

بنابر آن طوریکه میبینیم پروسهء ایجاد دولت مستقل در افغانستان امروزی با میرویس خان هوتک آغاز گردیده توسط احمدشاه ابدالی تکمیل میگردد.

بعد از این که میرویس‌خان هوتک اعلان خودمختاری می‌کند (۱۷۰۹م) اقدامات مکرر شاه حسین صفوی برای پس گرفتن شهر ناکام می‌ماند. شاه حسین حتی تا فراه برای گرفتن دوباره قندهار پیشروی کرده بود. بالاخره با لشکرکشی شاه محمود هوتکی پسر میرویس‌خان به ایران و اشغال اصفهان در سال ۱۷۲۲م که شاه حسین صفوی تاج و تخت ایران را به او واگذار می‌کند امپراطوری دوصد ساله صفوی سقوط می‌کند.

میرویس خان هوتکی (میرویس نیکه) با قیام خود در ۲۱ اپریل ۱۷۰۹ م سلطهٔ دوصد سالهٔ صفویان فارس را بر سرزمینهای افغانستان امروزی بر انداخت[۱] و برای اولین بار بعد از شاهرخ میرزای تیموری که از هرات حکومت می کرد یک دولت مستقل را به مرکزیت قندهار ایجاد نمود که در حقیقت سنگ تهداب کشور و دولت افغانستان معاصر محسوب میگردد.

---

[۱] An outline of the history of Persia during the last two centuries, (AD1722-1922) Edward Granville Browne, London, p29. Persian printed books in the British Museum (London, 1922).

این ماهیت استقلال سیاسی، اسلام حنفی و فرهنگ افغانی است که مشخصه دولت‌های افغانستان از زمان میرویس‌خان هوتک تا اشرف غنی می‌باشد، نه اسم کشور. قبل از احمد شاه ابدالی نادر افشار شاه ایران بود نه شاه خراسان که سرزمین افغانستان امروزی را نیز در تصرف داشت. در وقت احمد شاه ابدالی خراسان یک ولایت شامل قلمروهای او بود. نواسه نادر افشار اسمش شاهرخ بود و از طرف احمد شاه ابدالی به حیث والی خراسان مقرر شده بود.

اگر احمد شاه ابدالی آخرین شاه خراسان باشد آیا کسی گفته می‌تواند قبل از احمد شاه ابدالی کدام شخص آخرین شاه کشور خراسان مستقل بود؟ حقیقت آن است که قبل از احمد شاه بابا نادر افشار این مناطق را از تصرف شاه اشرف هوتکی خارج کرد به امپراطوری هوتکی پایان داد و به عنوان شاه ایران حکومت می‌کرد. طوری که می‌بینیم هرگز در تاریخ کدام کشور مستقل به نام خراسان و کدام شاه مستقل خراسان وجود نداشته است.

با استفاده از همین ضعف دولت صفوی، ابدالی‌های هرات نیز تا مشهد را اشغال می‌کنند. نادرقلی یکی از افسران اردوی صفوی از قوم ترکمن افشار بعد از هشت سال حکومت افغان‌ها در ایران ظاهراً به کمک شاه طهماسب پسر شاه حسین صفوی آمده شاه اشرف هوتکی را شکست داده (۱۷۳۰م) و تا دهلی سپاهیان شاه اشرف را تعقیب کرده به بهانه این که به افغان‌ها پناه داده اند، دهلی را تاراج کرده مردم دهلی را قتل عام می‌کند (۱۷۳۹م).

نادرقلی افشار متعاقباً شاه طهماسب را برکنار کرده طفل کم سن او را به پادشاهی می‌گمارد و بالاخره در سال ۱۷۳۶م خودش اعلان پادشاهی می‌کند. نادر شاه افشار تمام دوران زمامداری خود را به مقابله با عثمانی‌ها می‌پردازد. گرچه در اوایل محبوب بود، اما در اواخر زمامداری خود بسیار خشن شده بود که حتی دستور کور کردن فرزند خود را صادر کرد.

نادرشاه افشار در سال ۱۷۴۷م در نزدیکی‌های مشهد کشته می‌شود. در مورد جریان قتل او در سایت انترنتی ایرانی (http://tamadonema.ir/نادرشاه-افشار) چنین می‌خوانیم:

" نادرشاه در اواخر عمر تغییر اخلاق داد و پسر خود رضاقلی میرزا را کور کرد. سپس از کار خود پشیمان شد و برخی از اطرافیان خود را که در این کار آن‌ها را مقصر می‌دانست کشت. نادر برای تأمین هزینه جنگ‌های خود مجبور بود تا مالیات گزافی از مردم بگیرد، به همین دلیل شورش‌هایی در جای‌جای کشور روی می‌داد. زمانی که نادر برای رفع یکی از این شورش‌ها به خراسان رفته بود جمعی از سردارانش به رهبری علی‌قلی‌خان شبانه به چادر وی حمله

کردند و او را به قتل رساندند. به گفته لارنس لاک‌هارت مورخ انگلیسی ماجرا از این قرار بوده: نادر در ماه‌های پایانی عمر در اوج خشونت حکومت می‌کرد و به دلایلی چند به تمامی سرداران اش سوءظن داشت. نادر شبی رئیس آن‌ها را احضار کرد و چنین گفت: "من از نگهبانان خود راضی نیستم و از وفا و دلیری شما آگاهم. حکم می‌کنم فردا صبح همه آنان را توقیف و زنجیر کنید و اگر کسی مقاومت کند ابقا نکنید. حیات من در خطر است و برای حفظ جان فقط به شما اعتماد دارم." نوکر گرجی این موضوع را به اطلاع سرداران نادر رساند و ایشان مصمم شدند تا دیر نشده نادر را از میان بردارند. تا پاسی از شب رفت، مواضعین به خیمه چوکی، دختر محمد حسین خان قاجار، که نادر آن شب را در سراپرده او بود رو آوردند. ترس به آنان چنان غلبه کرد که اکثرشان جرأت ورود به خیمه نکردند. فقط محمد خان قاجار، صالح خان و یک شخص متهور دیگر وارد شدند و چوکی تا متوجه آن‌ها شد نادر را بیدار کرد. نادر خشمناک از جای برخاست و شمشیر کشید. پایش در ریسمان چادر گیر کرد و در افتاد. تا خواست برخیزد صالح خان ضربتی وارد آورد و یک دست او را قطع کرد. سپس محمد خان قاجار سر نادر شاه را از تن جدا ساخت. (بامداد یکشنبه ۱۱ جمادی‌الثانی ۱۱۶۰ قمری/۲۸ خرداد ۱۱۲۶ شمسی، لاکهارت از قول جیمز فریزر انگلیسی)."

نادر زمینه را برای جانشینی مناسب از بین برده بود. او بسیاری از اطرافیان خود را از پای درآورد. پس از مرگ وی سرداران او نیز در گوشه و کنار علم استقلال بر افراشتند. در خراسان نیز علی‌قلی‌خان افشار (برادرزاده نادر) بسیاری از اولاد و خانواده نادر را قتل‌عام کرد و خود را "عادلشاه" نامید و شروع به حکومت کرد. وی که مردی خونریز و عیاش بود، محمدحسن خان قاجار را شکست داده، پسرش آقامحمد خان را مقطوع‌النسل کرد، اما سرانجام توسط برادر خود ابراهیم خان، کور و سپس کشته شد. بزرگان افشار، نوه نادر به نام شاهرخ میرزا را به قدرت رساندند. او نیز یکسال بعد مخلوع و کور شد اما دوباره به قدرت رسید، ولی این بار توسط شاه سلیمان ثانی (از خاندان صفوی که مورد احترام عموم بود) شکست خورد. شاهرخ نابینا چهل و هشت سال سلطنت کرد، اما فقط بر خراسان. پس از مرگ کریم خان، آقا محمدخان به قدرت رسید و به خراسان حمله کرد و شاهرخ را با شکنجه کشت. نادر میرزا فرزند شاهرخ، پدر پیر و نابینا را در دست آقا محمدخان رها کرد و به افغانستان گریخت و در زمان فتحعلی شاه ادعای سلطنت کرد که دستگیر و کور شد. زبانش را بریدند و او را کشتند و آخرین مدعی سلطنت از خاندان افشار از میان برداشته شد (سایت http://tamadonema.ir /نادرشاه-افشار).

جدول ۱: سلسلهٔ هوتکیان

شماره	نام پادشاه	نسبت با پادشاه قبلی	مرکز حکومت	دوره حکومت (میلادی)
۱	میرویس خان هوتک	مؤسس سلسله هوتکیان	قندهار	۱۷۰۹-۱۷۱۵
۲	امیر عبدالعزیز هوتک	برادر میرویس خان هوتک	قندهار	۱۷۱۵-۱۷۱۷
۳	شاه محمود هوتکی	پسر میرویس خان هوتک	قندهار-اصفهان	۱۷۱۷-۱۷۲۵
۴	شاه اشرف هوتکی	پسر امیر عبدالعزیز هوتک	اصفهان	۱۷۲۵-۱۷۲۹
۵	شاه حسین هوتکی	پسر میرویس خان هوتک	قندهار	۱۷۲۹-۱۷۳۸

در این شرایط است که احمدخان ابدالی یکی از سپهسالاران سپاه نادر افشار که قوماندانی لشکریان افغان و اوزبیک را به دوش داشت عازم قندهار می‌گردد و کشور مستقل افغان را در آنجا تشکیل می‌دهد.

امپراتوری درانی

بعد از اشغال قندهار توسط نادرشاه افشار و سقوط سلسلهٔ هوتکیان در سال ۱۷۳۵م، سرزمینی که امروز بنام کشور مستقل افغانستان در جهان معروف و مشهور است یک بار دیگر بدست بیگانگان افتاد. شهر های هرات و قندهار و اطراف آنها به عنوان دو بیگلربیگی جداگانه جزٔ قلمرو حاکمیت نادرشاه افشار اداره می گردید. مناطق شرقی کشور بشمول کابل توسط دولت مغولی هند اداره میشد. این دوران دوازده سال طول کشید تا آنکه با کشته شدن نادر افشار در قوچان خراسان در سال ۱۷٤۷م بدست درباریان او، به خصوص به رهبری محمد خان قاجار که سر نادرشاه را از تن جدا کرد، قشون افغان شامل قوای نادرشاه تصمیم به بازگشت به قندهار گرفته و در بازگشت به قندهار به درخواست قوماندان قوای افغان نورمحمد خان غلزایی و سایر بزرگان قومی قندهار تصمیم به ایجاد یک کشور مستقل و انتخاب شاه گرفته شد و بدین کشوری به میان آمد که بعدها به مرور زمان نظر به هویت دولت آن بنام افغانستان در جهان معروف و مشهور عام و خاص شد.

کتاب «تاریخ مُلکِ افغان (تاریخ احمدشاهی)» اثر میرزا محمد حسین مستوفی، یکی از اولین و مهم‌ترین منابع تاریخی درباره تشکیل حکومت درانی و به قدرت رسیدن احمد خان ابدالی (بعدها احمدشاه درانی) است. بر اساس این منبع، چگونگی صعود احمد خان به قدرت را می‌توان به شرح زیر توضیح داد:

پس از کشته شدن نادرشاه افشار در سال ۱۱۶۰ قمری (۱۷۴۷ میلادی)، امپراتوری گسترده او دچار هرج و مرج شد. نادرشاه پیش از مرگ، احمد خان ابدالی (از قبیله ابدالی/درانی) را به عنوان یکی از سرداران خود تربیت کرده و به او مقاماتی داده بود. احمد خان فرماندهی گروهی از افغان‌ها در سپاه نادرشاه را بر عهده داشت.

با مرگ نادرشاه، احمد خان و سایر سرداران افغان حاضر در سپاه ایران، از اردوی نادر جدا شدند. احمد خان به دلیل شجاعت، تدبیر و نفوذ در میان قبایل ابدالی مورد توجه قرار گرفت. او در قندهار با رؤسای قبایل پشتون (به خصوص ابدالی و غلزایی) مشورت کرد و با حمایت آن‌ها، به عنوان رهبر جدید افغان‌ها معرفی شد.

در لویه جرگه‌ای که در قندهار تشکیل شد، بزرگان قبایل پشتون، احمد خان را به عنوان «شاه» انتخاب کردند. بر اساس روایت تاریخ احمدشاهی، صابر خان کابلی (یکی از عارفان مشهور) پیشنهاد داد که احمد خان عنوان «درِ درانی» (مروارید دوران) مقام پادشاهی را احراز کند و از آن پس، قبیله ابدالی به درانی تغییر نام یافت.

تثبیت قدرت و فتوحات اولیه

احمدشاه درانی بلافاصله پس به قدرت رسیدن، به تثبیت حکومت خود پرداخت. او قندهار را پایتخت خود قرار داد و با سازماندهی نیروی نظامی قوی، حملات خود را به سمت هندوستان، خراسان و ماوراءالنهر آغاز کرد. او توانست کابل، پیشاور، لاهور و دهلی را فتح کند و امپراتوری درانی را تأسیس نماید.

بر اساس تاریخ مُلکِ افغان (تاریخ احمدشاهی)، عوامل زیر در به قدرت رسیدن احمد شاه درانی نقش اساسی داشتند:

۱. مرگ نادرشاه و هرج و مرج پس از آن

۲. رهبری طبیعی احمد خان در میان قبایل ابدالی/درانی

۳. حمایت روحانیون و بزرگان قبیله‌ای در لویه جرگه قندهار

٤. توانایی نظامی و سیاسی احمدشاه در ایجاد اتحاد میان افغان‌ها

این کتاب به تفصیل شرح می‌دهد که چگونه احمدشاه با درایت و سیاست، یک حکومت مقتدر افغان را پایه‌گذاری کرد که به عنوان نخستین دولت مدرن افغانستان شناخته می‌شود.

بنا بر آن طوری که دیدیم بعد از قتل نادرشاه افشار در ۱۰ جون ۱۷٤۷م به دست چند تن از سرداران سپاهش در قوچان خراسان[۲] احمدشاه ابدالی با استفاده

---

[۲] قتل نادرشاه به دست نیروهای خودی، روزنامه تعادل، : ۲۰۲۰ June ۹
https://www.taadolnewspaper.ir/fa/news/۱۶۷۸۷۸/کودتای-قوچان-قتل-نادرشاه-و-تغییر-مسیر-تاریخ-ایران-زمین

از فرصت پایه های کشور مستقلی را بر خرابه های قلمروهای دولت صفوی در شرق و خرابه های دولت مغولی در شمال-غرب هند، بنیاد نهاد که به مرور زمان تا ختم پادشاهی تیمورشاه نظر به هویت آن بنام افغانستان شهرت یافت.

در این ارتباط در مجلهٔ اینترنتی هود می خوانیم که:

"احمدخان ابدالی از طایفه سدوزی قندهار بود که در۱۷۲۲ در ارگ هرات تولد یافته بود و در ۱۷۳۱ بعد از شکست برادر بزرگ خود ذوالفقارخان سدوزائی از دست نادر افشار به قندهار زادگاه آبایی خود رفت ولی درآنجا از طرف شاه حسین هوتکی به زندان افتاد و مدت ۸ سال را در زندان سپری کرد ودرسال ۱۷۳۸ وقتی نادر افشار شهر قندهار را فتح نمود، او و برادرش را از زندان به مازندران ایران تبعید نمود.

در سال۱۷۴۰ هجری نادر افشار از هند به ایران برگشت و به خاطر بازگشت فاتحانه خود مدت یک هفته در مشهد جشن و شادمانی اعلام کرد. احمدخان ابدالی هم برای دیدن این جشن از مازندران به مشهد آمد. چون مردم را غرق شادمانی وشادباشی از پیروزی عساکر نادر دید در دلش شور سربازی جوش زد و به قوماندان قطعه محافظ نادرشاه که نورمحمد خان غلزایی مشهور به میر افغان بود مراجعه کرد و آمادگی خود را به خدمت در اردوی نادر ابراز نمود. میرافغان او را در صف سپاهیان گارد نادر قبول کرد. دراین زمان او سن ۱۸سالگی را پوره کرده بود. احمدخان ابدالی از ۱۷۴۰ تا ۱۷۴۷ میلادی در کنار دسته نظامی افغانی در لشکرکشی های نادر افشار، شرکت جست و از آزمون جنگ و پیروزی سربلند بدر آمده بود. باید خدا را شکر گفت و از احمدشاه درانی (بابا) تشکر نمود که بعد از قتل نادر افشار بدست سران لشکر خود، اوبا سربازان افغان از خبوشان (قوچان) ایران به قندهار بازگشت و بجای اینکه لشکریان را رخصت دهد تا با خانه های خود بروند، در فکر آینده مردم خود افتاد و برای نجات دائمی شان از زیر ستم بیگانه، سران لشکر افغانی را برای جرگه ای در شیر سرخ فرا خواند تا یک نفر را از میان خود به حیث پادشاه و زعیم ملی تعیین کنند که منبعد مسئولیت رهبری و دفاع از سرزمین افغانها را بدوش داشته باشد. سرانجام بعد از هشت روز بحث و مذا و تبادل نظر بالاخره

افغانهای شامل جرگه موفق به تعیین پادشاه وتشکیل کشوری مستقلی گردیدند.[۳]

احمد خان ابدالی که بود؟

احمد شاه فرزند زمان خان ابدالی، در سال ۱۷۲۲ میلادی، همزمان با مرگ پدر در قبیله ابدالی قوم پشتون، در شهر هرات زاده شد. زمانی که محمد خان ابدالی، رقیب پدرش، شهر هرات را به تصرف خود در آورد و در آنجا حکومت می‌کرد، مادر احمد شاه همراه با کودک خود به شهر فراه کوچ کرد. وی در همان شهر به فراگیری دانش پرداخت و به هر دو زبان دری و پشتو مسلط شد. چنان که به‌گفتهٔ میر غلام‌محمد غبار، حتی در زبان پشتو شعر می‌سرود.

احمد شاه برادر کوچك‌تر ذوالفقار خان سدوزايي بود که در دوره ابدالیان هرات، رياست آن شهر را براي مدت کوتاه به عهده داشت. مادر او "زرغونه الکوزي" خواهر "عبدالغني" بود که از جانب نادر شاه پس از فتح قندهار به حکومت آنجا منصوب گردید. طوری که در بالا گفته شد در ۱۷۳۱ بعد از شکست برادر بزرگ خود ذوالفقارخان سدوزائی از دست نادر افشار به قندهار زادگاه آبایی خود رفت ولی در آن جا از طرف شاه حسین هوتکی به زندان افتاد و مدت ۸ سال را در زندان سپری کرد ودرسال ۱۷۳۸ وقتی نادر افشار شهر قندهار را فتح نمود، او و برادرش را از زندان به مازندران ایران تبعید نمود. در سال ۱۷۴۰ هجری نادر افشار از هند به ایران برگشت و به خاطر بازگشت فاتحانه خود مدت یک هفته در مشهد جشن و شادمانی اعلام کرد. احمدخان ابدالی هم برای دیدن این جشن از مازندران به مشهد آمد. چون مردم را غرق شادمانی وشادباشی از پیروزی عساکر نادر دید در دلش شور سربازی جوش زد و به قوماندان قطعه محافظ نادرشاه که نورمحمد خان غلزایی مشهور به میر افغان بود مراجعه کرد و آمادگی خود را به خدمت در اردوی نادر ابراز نمود. میرافغان او را در صف سپاهیان گارد نادر قبول کرد. دراین زمان او سن ۱۸سالگی را پوره کرده بود. احمدخان ابدالی از ۱۷۴۰ تا ۱۷۴۷ میلادی در کنار دسته نظامی افغانی در لشکرکشی های نادر افشار، شرکت جست و از آزمون جنگ و پیروزی سربلند بدر آمده بود.

---

[۳] https://www.howd.org/likene/۳۰٦۸-rohat-shad-ahmadshababa.html هود سیاسی ټولنیزه او کلتوری خپرونه

هنگامی که احمدخان ابدالی برای تحکیم یک دولت مرکزی اقدام نمود سرزمینی که امروز افغانستان نامیده میشود دچار استیلای نیروهای اجنبی، پارچه پارچه و دچار رکود اقتصادی بود. اوضاع نابسامان اجتماعی و تحولات سیاسی در کشورهای همسایه زمینهٔ تشکیل یک حکومت مرکزی را در سرزمین آماده ساخته بود. ناگفته نماند که یک بخش بزرگ اردوی نادر افشار را قشون افغان‌ها تشکیل می‌داد که تحت قومانده نورمحمد خان غلزایی که به لقب میرافغان یاد می‌شد، فعالیت داشت. شمار آن‌ها تقریباً به چهار هزار غلزایی و دوازده هزار ابدالی و ازبک می‌رسید. نظر به پیشنهاد قوماندان عمومی نورمحمد خان غلزایی و احمد خان ابدالی قطعات افغان از ایران به قندهار سوق داده شدند. بعداً سران اقوام غلزایی، پوپلزایی، نورزایی، سدوزایی (ابدالی)، ازبک و هزاره خواهان تشکیل یک جرگه قومی شدند تا یکی از اعضای جرگه (مجلس) به حیث پادشاه تعیین شود و برای ادارهٔ امور کشور تازه حکومتی را تشکیل دهد که تشکیل اینچنین جرگه‌ای مورد قبول همه سران اقوام واقع شد[٤].

جرگهٔ شیر سرخ قندهار (جولای ۱۷۴۷م):

جرگه‌ای شیر سرخ در ماه جولای سال ۱۷٤۷م در عمارت مزار شیر سرخ در قلعه نظامی نادر آباد در حومه قندهار تشکیل شد و پس از ۹ روز بحث و مذاء، به پیشنهاد درویش صابر شاه کابلی، احمدخان ابدالی که از قبیلهٔ سدوزایی بود در مقام پادشاه برگزید. براساس روایت تاریخ احمدشاهی، صابر خان (یکی از عارفان مشهور) پیشنهاد داد که احمد خان عنوان «درِ درانی» (مروارید دوران) را کسب کند که از آن پس، قبیله ابدالی به درانی تغییر نام یافت. در این جرگه یکی از کاندیدان برای مقام پادشاهی حاجی جمال خان بارکزایی بود که بعد ها اولادهٔ از طریق سردار پاینده خان و سایر پسران او در تاریخ افغانستان نقش بزرگی ایفا کرده اند.

در کتاب «افغانستان در مسیر تاریخ» اثر غلام محمد غبار، جرگهٔ شیر سرخ قندهار (اکتوبر ۱۷۴۷ میلادی) به عنوان یکی از رویدادهای تأثیرگذار در تشکیل دولت مدرن افغانستان توصیف شده است. غبار با تأکید بر جنبه های ملی گرایانه و وحدت بخش این رویداد، شرح آن را بدینگونه ارائه میدهد:

---

[٤] بیژن عمرانی-کارشناس تاریخ افغانستان (۲۱ آذر ۱۳۹۸). «احمدشاه درانی و برخورد او با امپراطوری‌های فارس و مغول». بی‌بی‌سی فارسی.

۱. زمینه تاریخی و علل تشکیل جرگه:

- پس از کشته شدن نادرشاه افشار (۱۷۴۷)، خلا قدرت در مناطق شرقی امپراتوری او (شامل قندهار) به وجود آمد.

- رهبران قبایل پشتون (قبیله ابدالی/سدوزایی/وبارکزایی و غلجایی) برای تعیین سرنوشت سیاسی و انتخاب رهبر جدید، در محلی به نام «شیر سرخ» (سنگی سرخ رنگ در دشت قندهار) گرد هم آمدند.

۲. شرکت کنندگان:

- نمایندگان سرشناس قبایل مهم مانند پوپلزی، بارکزی، الکوزی، نوروزی، اسحق زی و برخی سران غلجایی.

- چهره های مذهبی و روحانیون، از جمله میرویس صابرشاه کابلی که نقش واسطه و مشروعیت دهنده داشت.

۳. انتخاب احمدشاه درانی:

- پس از چند روز بحث، احمدخان ابدالی (بعدها احمدشاه درانی) به دلیل شجاعت، تدبیر و نَسَبِ مشترکِ مورد قبول قبایل، به رهبری برگزیده شد.

- نماد مشروعیت: صابرشاه، خوشه های گندم (نماد برکت و وحدت) را به کلاه احمدخان وصل کرد و او را «احمدشاه بَخْت» (احمدشاه خوشبخت) نامید. این عمل به عنوان تاجگذاری نمادین توصیف شده است.

۴. نتیجه و اهمیت جرگه از نگاه غبار:

- تاسیس امپراتوری درانی: این جرگه سنگ بنای ایجاد نخستین دولت مستقل افغانستان تحت فرمانروایی احمدشاه درانی شد.

- نماد وحدت ملی: غبار جرگه شیر سرخ را نمونهٔ تاریخی همبستگی قبایل افغان در برابر تهدیدهای خارجی و نقطهٔ آغاز هویت ملی میداند.

- نفی سلطه خارجی: تصمیم جرگه بر خودگردانی و قطع وابستگی به امپراتوریهای ایران یا هند، مورد تأکید غبار قرار گرفته است.

۵. رویکرد غبار در روایت:

- غبار با نگاه ملی گرایانه، این رویداد را به عنوان «نخستین جرگهٔ ملی افغانها» معرفی میکند که مشروعیت حکومت را بر پایهٔ خواست مردمی (ولو نخبگان قبیله ای) استوار کرد.

- او بر نقش قندهار به عنوان مرکز ثقل وحدت افغانها و هوشمندی احمدشاه در ایجاد اتحاد بین قبایل تأکید دارد.

نقد رویکرد غبار:

اگرچه غبار این جرگه را با عینک ایدئولوژی ملی گرایی تحلیل میکند، مورخان امروزی معتقدند او برخی تنشهای قبیلهای (مثل رقابت ابدالیها و غلجایی ها) را کمرنگ کرده و روایتی یکدست از اجماع ارائه داده است. با این حال، شرح او هنوز به عنوان مرجع اصلی در تاریخنگاری معاصر افغانستان مورد استناد است. برای مطالعه دقیقتر، رجوع به جلد اول کتاب (فصل تشکیل دولت درانی) توصیه میشود.

در کتاب «افغانستان در مسیر تاریخ» اثر غلام محمد غبار، شرح جرگهٔ شیرسرخ قندهارعمدتاً مبتنی بر منابع تاریخی شفاهی و مکتوبِ رایج در سنت تاریخ نگاری افغانستان است. غبار در تدوین این بخش، از منابع زیر بهره برده است:

۱. منابع اصلی مورد استناد غبار:

- «تاریخ احمدشاهی» (یا «تحفةالاحمدیه») اثر میرزا محمد حسین مستوفی (دبیر و مورخ رسمی احمدشاه درانی):

این منبع کهن ترین گزارش مکتوب از تشکیل جرگه شیر سرخ است و غبار از آن به عنوان سند محوری استفاده کرده است. نسخه های خطی این اثر در کتابخانه های کابل و لاهور موجود است.

- «سِراج التواریخ» اثر فیض محمد کاتب هزاره: غبار روایت کاتب (مورخ دوره عبدالرحمان خان و حبیب الله خان) از وحدت قبایل درانی را تایید و تکمیل کرده است.

- شاهنامه های محلی قندهار: اشعار و روایات شفاهی پشتو دربارهٔ احمدشاه درانی که غبار آنها را در تحقیقات میدانی گردآوری کرد (بخصوص در چاپهای نخست کتاب).

۲. منابع ثانوی و تحقیقات مدرن (برای تحلیلهای غبار):

- «تاریخ سلطانی» اثر سلطان محمد خان بَلَدکی: شرح مفصلی از ساختار سیاسی-قبیله ای دوره درانی.

- خاطرات نظامی مغولان هند (مثل «تاریخ احمدشاهی» اثر ابوالحسن اصفهانی): برای تایید رویدادهای همزمان در هند و ایران.

۳. منابع غربی مورد اشاره غبار:

- «تاریخ افغانستان» اثر مونت استوارت الفنستون (۱۸۱۵): غبار از توصیفات او دربارهٔ ساختار جرگه های قبیلوی استفاده کرد.

- «امپراتوری مغولان هند» اثر ویلیام اروین (۱۸۸۱): برای بررسی زمینهٔ فروپاشی نادرشاه افشار.

انتخاب احمدخان ابدالی (بعداً احمدشاه درانی) به عنوان شاه در جرگهٔ شیر سرخ قندهار در جولای ۱۷۴۷م و تاسیس دولت مستقل ابدالی (درانی) در منابع معتبر ایرانی معمولاً به عنوان نقطهٔ عطفی در تاریخ منطقه و پایان حکومت افشاریان بر قلمروهای اشغالی در شرق ایران (مخصوصاً افغانستان امروزی) توصیف شده است. در این منابع جرگهٔ شیر سرخ قندهار و انتخاب احمدخان ابدالی معمولاً به عنوان آغاز جدایی سیاسی افغانستان از ایران و تشکیل یک حکومت مستقل افغان (درانی) ثبت شده است. این رویداد اغلب در چارچوب فروپاشی امپراتوری افشاری و هرج و مرج پس از قتل نادرشاه تحلیل میشود.در اینجا به برخی از منابع و نحوهٔ انعکاس این رویداد اشاره میشود:

۱. منابع تاریخی دوران قاجار و پس از آن:

- "تاریخ عالم آرای نادری" (میرزا مهدیخان استرآبادی): این منبع که به دوران نادرشاه افشار میپردازد، به اختلافات میان سرداران افشاری و ظهور احمدخان

ابدالی پس از ترور نادرشاه (۱۷۴۷م) اشاره میکند. هرچند جزئیات جرگهٔ قندهار به طور مستقیم ذکر نشده، اما استرآبادی از قدرت گیری احمدخان به عنوان یکی از سرداران شورشی علیه جانشینان نادر یاد میکند.

- "تاریخ روضه الصفای ناصری" (رضاقلی خان هدایت): این کتاب به شکل مختصر به تشکیل حکومت مستقل احمدخان ابدالی پس از فروپاشی افشاریان اشاره دارد و آن را نتیجهٔ هرج و مرج پس از مرگ نادرشاه میداند. هدایت از احمدخان به عنوان یکی از سرداران افغان نام میبرد که با استفاده از ضعف دولت مرکزی ایران، حکومت جداگانه ای تاسیس کرد.

۲. منابع معاصر دانشگاهی ایران:

- "تاریخ ایران دوره افشاریه" (غلامحسین زرگری نژاد): در این کتاب، تأسیس حکومت درانی توسط احمدخان ابدالی به عنوان نتیجهٔ فروپاشی ساختار سیاسی افشاریان و تمایل قبایل افغان به استقلال از ایران تحلیل شده است. نویسنده به جرگهٔ قندهار اشاره میکند و آن را آغاز رسمی جدایی سیاسی مناطق شرقی از ایران می داند.

- "افغانستان در مسیر تاریخ" (میر غلام محمد غبار، ترجمهٔ فارسی): اگرچه این کتاب توسط یک مورخ افغان به زبان دری نوشته شده، اما در ایران نیز به عنوان منبعی معتبر استفاده میشود. غبار به تفصیل دربارهٔ جرگهٔ شیر سرخ و انتخاب احمدخان به عنوان شاه صحبت میکند و تأکید دارد که این رویداد نقطهٔ آغاز حکومت مستقل افغانستان است.

۳. تحلیلهای سیاسی-تاریخی:

در منابع ایرانی معمولاً تأسیس دولت ابدالی به دو شکل روایت میشود:

- روایت ملی گرایانه: برخی مورخان ایرانی (مانند علی اکبر ولایتی در "تاریخ روابط خارجی ایران") این رویداد را بخشی از تجزیه طلبی قبایل افغان و کاهش حاکمیت ایران بر مناطق شرقی میدانند.

- روایت علمی-تاریخی: منابع دانشگاهی جدیدتر (مانند آثار دکتر رضا شعبانی) آن را نتیجهٔ طبیعی ضعف دولت مرکزی ایران پس از نادرشاه و رشد هویت مستقل قبایل پشتون قلمداد میکنند.

در مورد چگونگی انتخاب احمدشاه ابدالی (درانی) به عنوان بنیانگذار افغانستان مدرن در جرگهٔ شیر سرخ قندهار (۱۷۴۷ میلادی)، بر اساس کتاب "گزارش سلطنت کابل" (Account of the Kingdom of Caubul) نوشته مونت استوارت الفنستون (Mountstuart Elphinstone) و سایر منابع معتبر تاریخی به شرح مفصل توضیح شده است. او می نویسد رهبران قبایل پشتون (به خصوص ابدالی/درانی، غلزایی، بارکزایی، پوپلزایی و...) در محلی به نام شیر سرخ (نزدیک قندهار) گرد آمدند تا رهبر جدیدی برای اتحاد قبایل و ایجاد حکومت مستقل انتخاب کنند. الفنستن در کتاب خود تاکید میکند که این جرگه بر اساس سنن پشتونولی و اصول دموکراسی قبیله ای برگزار شد. شرکت کنندگان شامل خانها، ملکها و ریش سفیدان قبایل بودند.

معیارهای انتخاب احمدخان:

- شایستگی نظامی: احمدخان به دلیل رهبری درخشان در سپاه نادرشاه و شجاعتش شناخته شده بود.

- تبار والا: او از خاندان سَدُوزایی، شاخه ای اصیل از قبیله ابدالی بود.

- مهارت دیپلماتیک: توانایی او در ایجاد اجماع میان قبایل رقیب (به خصوص ابدالی و غلزایی) کلیدی بود.

- ثروت و غنیمت: احمدخان گنجینه نادرشاه (از جمله الماس کوه نور) را در اختیار داشت که امکان جلب حمایت مالی از قبایل را فراهم میکرد.

- حمایت روحانیون: صابر شاه کابلی، صوفی مشهور، پیشگویی کرد که احمدخان "شاه آینده" است و تاجی از گندم (نماد برکت) بر سر او گذاشت.

اتفاق نظر در جرگه:

- با وجود رقابتهای قبیله ای، اکثریت اعضا به احمدخان رای دادند. الفینستن نقل میکند که او ابتدا با فروتنی پیشنهاد را رد کرد، اما اصرار مجمع او را متقاعد کرد.

- تغییر نام قبیله: احمدخان پس از تاجگذاری، نام قبیله ابدالی را به درانی (در دوران) تغییر داد تا هویت جدیدی برای اتحاد قبایل ایجاد کند.

تاجگذاری و تأسیس افغانستان:

- در اکتبر ۱۷۴۷، احمدخان با عنوان "احمدشاه درانی" تاجگذاری کرد و سلسله درانی را بنیان نهاد. او قلمرو خود را از مشهد تا دهلی گسترش داد و اولین حکومت مستقل افغان را ایجاد کرد. پایتخت او ابتدا قندهار و سپس کابل بود. الفنستن تصریح میکند که "افغانستان" به عنوان یک واحد سیاسیِ مستقل، محصول مستقیم این اتحاد قبیله ای و رهبری احمدشاه بود.

استناد به منابع کلیدی:

- الفنستن (۱۸۱۵): "احمدخان... با شجاعت و تدبیرش اعتماد قبایل را جلب کرد. در جرگه شیر سرخ، او نه با زور، بلکه با اجماعی برآمده از سنت پشتونها به قدرت رسید." (جلد ۱، فصل ۴: ظهور سلسله درانی).

منابع مکمل الفنستن عبارت اند از: "تاریخ سلطانی" (سلطان محمد خالسی) ، "پادشاهان متوکل" (میرزا مهدی خان استرآبادی) و "تاریخ احمدشاهی" (محمود الحسینی).

الفنستن نتیجه می گیرد که احمدشاه درانی نه با زور، بلکه از طریق مکانیسم دموکراتیک سنتیِ جرگه، مبتنی بر شایستگی، نسب اصیل و حمایت روحانیون به قدرت رسید. الفنستن این رویداد را نقطه عطفی میداند که هویت سیاسی مدرن افغانستان را شکل داد.

قصهء جلوس احمدشاه ابدالی به سلطنت از کتاب "تاریخ حسین شاهی"، که در عصر سلطنت شاه زمان (پسر تیمورشاه و نواسه احمد شاه ابدالی) توسط امام الدین حسینی در ۱۷۹۶م تکمیل شده در ۱۷۹۸م چاپ شده نقل قول شده است این نقل قول قصه جلوس سلطنت احمد خان ابدالی را که در تاریخ مرحوم غبار و سایر مورخین آمده است تکمیل میکند به این معنی که در حقیقت احمدشاه ابدالی و صابرشاه کابلی جلوس سلطنت احمد شاه را در نیمه راه مشهد به قندهار مطرح نموده در جرگه سران قبایل و اقوام پشتون در قندهار عملی می نمایند. قصه از این قرار است:

[تاریخ حسین شاهی، تالیف امام الدین حسینی در سنه ۱۲۱۳ هجری (۱۷۹۸ م).

فصل دوم- احمد شاه درانی: جلوس فرمودن حضرت خاقان گیتی ستان، احمد شاه در درانی با فر و شوکت و جهانبانی بر سریر بی نظیر سلطنت و کامرانی.

چون نادرشاه بعد تحقیق مذاهب و نابینا کردن فرزند سعادتمند قره العین خلافت، رضا قلی میرزا نوعی وحشت و قهاری بر مزاج غالب شده بود که مردم بسیار از قزلباش و افشار را هر روز بی صدور جرایم به قتل می رسانید، بنا بران مردم قوم او با علی قلیخان حاکم هرات سازش نموده، کشتن آن شهنشاه عدیم المثال و قهرمان جلال را با خود ها قرار دادند.

هنگامی که رایات نادری رونق افزای فتح آباد، دو فرسخی خبوشان بود، در شب یکشنبه یازدهم جمادی الاخر سال هزار و صد و شصت هجری محمد خان قاجار ایروانی و موسی بیک ایرلوی افشار خلجانی و کوچه بیک کوندوزلوی افشار ارومی بصلاح محمد صالح خان قرقلوی ابیوردی و محمد قلیخان افشار ارومی کشیکچی باشی و جمعی از کشیکان که پاسبان سراپرده دولت بودند، نیم شب داخل خوابگاه نادری شده، سری را که مسجود سران عالم و گردنکشان جهان جهان بود، بریده در اردوی معلی انداخته، گوی چوگان طفلکان ساختند.

احمد شاه را یکی از خدام حرم سرای نادری از این معنی مطلع نمود. او معه سه، چهار هزار سوار دسته ابدالی مسلح و مکمل تمام شب بر اسپان سوار ایستاده ماندند. صبح از اوباش افشاریه و فتنه جویان قزلباشیه جنگ و جدال نموده، آن گروه را هزیمت داده، با مال و اموال اردوی نادری روانه قندهار شد.

نقل است که سابق از این به سه سال، صابر شاه نام درویشی مجذوبی از سکنای لاهور وارد اردوی نادرشاه شده، اکثر خیمه های خود را از کرباس ایستاده کرده و اسپان گلی بسیار در پیش آن بسته، مثل طفلان به بازی مشغول می بود. هرگاه که احمد شاه برای سلام نادرشاه از آن راه می گذشت و سلام به درویش هم می کرد، او می فرمود که ای احمد خان من به تیاری سامان سلطنت تو ام. احمد شاه را از این سخن ها اعتقاد تمام به خدمت آن درویش پیدا شده بود و در روز قتل نادرشاه، احمد شاه آن درویش را همراه گرفته، به قندهار روانه شد و به تهوری و جلادت تمام از آن مکان پر شور و فغان خود را به کنار کشید.

چون یک دو منزل از اردوی نادری برآمد، درویش گفت که اکنون تو بادشاه شو. احمد شاه گفت که من لیاقت سلطنت و اسباب حشمت آن ندارم. درویش مذکور صفه از گل ساخته، دست پادشاه را گرفته بر آن نشینند و گفت، این تخت سلطنت تست و کاه سبز بر سر گذاشت که این جیغه خلافت تو، بعد فرمود که تو بادشاه درانی. از آنروز پادشاه قوم خود را به درانی ملقب ساخت. سابق از این ابدالی بودند، چنانچه مذکور شد و خود را به در درانی موسوم فرمود و در همان سه، چهار هزار کس شاه ولی خان بامی زای را به خطاب اشرف الوزرا و رتبه بلند وزارت سرفراز فرمود و سردار جهان خان را میر بزن و سپه سالار و شاه پسند خان را امیر لشکر و همچنین هر کس را فراخور حوصله به خدمات و مراتب سربلند ساخت.

از آنجا کوچ بکوچ چون به نواحی هرات رسید، اول اراده داشت که شهر و قلعه هرات را به حیطه تصرف خود درآورد، اما فراست و دانایی را کار فرموده، به خاطر آورد که تا الی الان همین فوج قلیلی که همراه دارم، خوب دریافت نشده که موافق اند یا منافق. پس از هرات جنگ کردن و برای نفع قلیل خلش کثیر برپا نمودن بعید العقل می نماید. راه شهر هرات گذاشته، بالا بالا به دارالقرار نادر آباد قندهار رسیدند.]

به استناد به این منبع تعدادی مخالفین افغان و افغانستان می خواهند وانمود نمایند که جرگۀ شیر سرخ قندهار واقع نشده بلکه احمدشاه ابدالی در طول راه از مشهد به قندهار نظر به مشاوره و توصیۀ صابرشاه کابلی تصمیم به اعلان پادشاهی میکند و به مجرد رسیدن به قندهار پادشاهی خود را توسط جارچیان در شهر اعلام می نماید[5]. در حالیکه تمام منابع دیگر در این مورد متفق القول هستند که احمدخان ابدالی بنا به تصمیم جرگۀ شیر سرخ در قندهار به پادشاهی انتخاب و تاجگذاری کرد اما این منبع از جرگۀ شیر سرخ قندهار یاد نمیکند. در بالا دیدیم که مونت استوارت الفنستون نتیجه می گیرد که احمدشاه درانی نه با زور، بلکه از طریق مکانیسم دموکراتیک سنتیِ جرگه، مبتنی بر شایستگی، نسب اصیل و حمایت روحانیون به قدرت رسید. فقط یک فرد نا آگاه از رسوم پشتون ولی می تواند تصور کند که احمد خان ابدالی یک جوان ۲۵ ساله که هشت سال در زندان و دوازده سال از قندهار دور بوده بدون داشتن زعامت

---

[5] عبدالخالق لعلزاد، کتاب افغان و افغانستان، چاپ لندن ۲۰۲۵م.

قبیلۀ ابدالی، می توانست بدون توافق بزرگان قبایل پشتون رهبری پشتونها را کسب کند. باید به خاطر داشت که اردوی احمد خان یک اردوی قومی بود و تابع بزرگان قوم. در عین زمان قوماندانی قوای افغان که به جانب قندهار روانه شد به دوش نورمحمد خان غلزایی بود نه احمد خان ابدالی. در قصه بالا گفته میشود که "شاه گیتی ستان در قندهار به مراسم جلوس سلطنت پرداخته..." که تایید تاجگذاری در قندهار است. تاجگذاری قندهار و شرکت سران پشتون، هزاره، قزلباش و ازبک را در آن ۱۵۰ سال قبل از غبار مونت استوارت الفنستون در کتاب گزارش سلطنت کابل نگاشته بود. از جمله رهبران هزاره درویش علی خان هزاره بود که از طرف احمدشاه بابا والی هرات مقرر شد.

پس از انتخاب احمد شاه به عنوان شاه، موصوف با کمک شورایی متشکل از ۹ مشاور از اقوام مختلف امور مملکت تازه تاسیس را اداره میکرد. مرحوم حمید مبارز رییس اتحادیه ژورنالیستان افغانستان لست والی‌های احمد شاه بابا را در یک مصاحبه تلویزیونی چنین می‌خواند: "هرات، درویش علی خان هزاره، نیشابور عباسقلی خان بیات، قلات اشرف خان غلزایی، شکارپور دوست محمد خان کاکړ، مشهد شاهرخ افشار (نواسه نادر افشار)، کشمیر خواجه عبدالله، پتیاله امیر سنگ، بلوچستان نصیرخان بلاض، پنجاب زین خان مهمند، سند نورمحمد خان سندی، دیره اسماعیل خان موسی خان، ملتان شجاع خان ابدالی و در مرکز دارالانشاء میرزا هادی خان قزلباش بود. به این ترتیب تنوع اقوام کشور را در اداره کشور در زمان احمدشاه ابدالی می‌بینیم". (عبدالحمید مبارز، مصاحبه با تلویزیون نور در گفتگوی باز، ۲۰۱۱م)

بعد از تشکیل و تحکیم حکومت خود نخست احمدشاه درانی به سمت شرق به سمت امپراتوری گورکانی و مرهته هند، غرب به سمت امپراتوری افشاریه ایران در حال تجزیه و شمال به سمت خانات بخارا در ترکستان پیش رفت. در عرض چند سال، او کنترل خود را از خراسان در غرب به کابل و کشمیر و لاهور در شمال هند در شرق، و از آمو دریا در شمال تا دریای عمان در جنوب گسترش داد. شهرهای مهم خراسان، از جمله هرات، مرو و بلخ را ضمیمه کشورش ساخت. او مشهد و نیشابور را نیز اشغال کرد، اما به دلیل احترامی که به نادر افشار داشت، ادارۀ خراسان ایران را به شاهرخ نواسۀ نادرشاه افشار واگذار کرد.

او به سرعت به یک نیروی قدرتمند تبدیل شد و توانست امپراتوری درانی را تاسیس کند. این امپراتوری که شامل بخش‌های وسیعی از افغانستان امروزی، پاکستان و ایران و شمال غربی هند بود، به یکی از بزرگ‌ترین و نیرومندترین امپراتوری‌های منطقه تبدیل شد. احمد شاه با استفاده از توانایی‌های نظامی و

دیپلماتیک خود، به سرعت نفوذ خود را در منطقه گسترش داد و امپراتوری‌اش را تثبیت کرد[۶].

آیا احمدشاه درانی دولت مستقل و یک کشور مستقل ایجاد کرد؟

پاسخ کوتاه این است: بله، احمدشاه دُرانی (احمد شاه ابدالی) یک دولت مستقل و به معنای تاریخیِ کلمه، یک «کشور مستقل» ایجاد کرد، اما باید تفاوت آن را با دولت‌های ملیِ مدرن درک کرد. در ادامه با استناد به منابع معتبر تاریخی توضیح می‌دهم:

۱. تأسیس یک دولت مستقل

- سال تأسیس: ۱۷۴۷ میلادی (۱۱۲۶ ه.خ) پس از مرگ نادرشاه افشار.

- خاستگاه: احمدشاه، از رهبران قبیله‌ای ابدالی (دُرانی)، با اتحاد سائر قبایل پشتون و دیگر نیروها، حکومتی مستقل در قندهار بنیان گذاشت.

- استقلال عملی:

- او هیچ خراج‌گزار یا دست‌نشاندهٔ قدرت خارجی (مانند صفویان، گورکانیان یا افشاریان) نبود.

- سیاست خارجی مستقل داشت: با امپراتوری گورکانی و مرهته در هند جنگید (نبرد پانی پت، ۱۷۶۱)، با ایران زندیه درگیر شد، و با خانات ماوراءالنهر مرز تعیین کرد.

- ضرب سکه به نام خود (با عنوان «احمدشاه بهادر، شاه دُرانی» سکه ضرب زد.

- لقب «شاه» را برگزید که نشان‌دهندهٔ حاکمیت کامل بود.

> منبع:

---

[۶] Dupree, Louis. *Afghanistan*. Princeton University Press, 1973.

> Thomas Barfield در کتاب "Afghanistan: A Cultural and Political History" (۲۰۱۰) تأکید می‌کند:

> "احمدشاه دُرانی نه تنها یک امپراتوری قبیله‌ای ایجاد کرد، بلکه برای نخستین بار پس از قرن‌ها، یک حکومت کاملاً مستقل با مرکزیت سرزمین‌های افغانستان امروزی بنیان نهاد."

۲. آیا این حکومت یک «کشور مدرن» بود؟

نخیر!

خصوصیاتی که آن را از دولت‌های ملی مدرن متمایز می‌کند:

- ساختار قبیله‌ای/امپراتوری: حکومت دُرانی بر پایهٔ اتحاد قبایل پشتون و سیستم اقطاع‌داری (واگذاری زمین به سرداران در ازای سپاه) استوار بود، نه بوروکراسی متمرکز.
- مرزهای سیال: مرزها ثابت نبود (مثلاً بخش‌هایی از پنجاب یا سند گاه ضمیمه می‌شد و گاه مستقل می‌شد).
- عدم وجود «ملیت واحد»: مردم تحت حکومت او خود را «افغان» نمی‌دانستند؛ هویت غالب، قبیله‌ای یا محلی بود.
- جانشینی مشکل‌دار: پس از مرگ احمدشاه (۱۷۷۲)، و پسرش تیمورشاه رقابت‌های قبیله‌ای موجب تضعیف امپراتوری شد.

منابع:

Vartan Gregorian در "The Emergence of Modern Afghanistan" (۱۹٦۹) می‌نویسد: "دولت دُرانی یک امپراتوری پیشامدرن بود که استقلال سیاسی داشت، اما فاقد نهادهای اداری، مالیاتی، و نظامیِ متمرکزِ لازم برای تبدیل به یک دولت-ملت بود."

۳. چرا دولت احمدشاه درانی نقطهٔ آغاز «کشور مستقل» افغانستان محسوب می‌شود؟

- اولین حکومت بومیِ پایدار: پیش از او، افغانستان امروزی بخشی از امپراتوری‌های ایرانی (صفوی/افشاری) یا هندی (گورکانی) بود.

- پیش‌زمینهٔ دولت مدرن: ساختار حکومت دُرانی، اساس تشکیل دولت‌های بعدی (مثل امارت‌های بارکزایی و سلطنت محمدظاهرشاه) را فراهم کرد.

- مبنای هویت ملی: ملی‌گرایان افغانستان (از دوره امان‌الله خان تا امروز) تأسیس دولت دُرانی را به عنوان سرآغاز استقلال سیاسی تبلیغ کرده‌اند.

> منبع:

> Shah Mahmoud Hanifi در "Connecting Histories in Afghanistan" (۲۰۱۱) اشاره می‌کند:

> "احمدشاه با ایجاد شبکه‌ای از روابط اقتصادی-نظامی بین قبایل و شهرها، زیرساختی ایجاد کرد که بعدها توسط حکومت‌های مرکزی برای ملت‌سازی مورد استفاده قرار گرفت."

منابع کلیدی برای مطالعهٔ بیشتر

۱. Barfield, T. (۲۰۱۰). Afghanistan: A Cultural and Political History (فصل ۴: "Founding the Durrani Empire").

۲. Hanifi, S.M. (۲۰۱۱). Connecting Histories in Afghanistan (فصل ۳: "Durrani State Formation").

۳. Gommans, J.J.L. (۱۹۹۵). The Rise of the Indo-Afghan Empire, c.۱۷۱۰–۱۷۸۰ (تحلیل امپراتوری دُرانی در بستر جهانی).

۴. میرغلام‌محمد غبار. (۱۳۴۶). افغانستان در مسیر تاریخ (نگاه ملی‌گرایانه به دوره دُرانی).

۱

آزاد خان افغان

آزاد خان افغان، یکی از شخصیت‌های مهم و تأثیرگذار در دورهٔ آشوب و خلاء قدرت پس از قتل نادرشاه افشار در سال ۱۱۶۰ هجری قمری (۱۷۴۷ میلادی) در ایران بود. او به مدت اضافه از یک دهه یکی از اصلی‌ترین مدعیان سلطنت در ایران به شمار می‌رفت و با کریم‌خان زند و محمدحسن‌خان قاجار (پدربزرگ آقامحمدخان قاجار) رقابت می‌کرد.

او که بود؟

- تبار: آزاد خان پسر سلیمان خان غلزایی (غَلجایی) از قوم پشتون بود. او اهل اندر غزنی در افغنستان امروزی بود.- از مطالعات که به عمل آمده روابط نزدیک بین آزاد خان و شاه اشرف هوتکی، شاه حسین هوتکی و سیدال خان ناصری وجود داشته است.
- پیشینه نظامی: او فعالیت نظامی خود را در سپاه نادرشاه افشار آغاز کرد. در زمان فتح کابل توسط نادرشاه (۱۱۵۰ قمری/۱۷۳۷ میلادی)، به اردوی نادر پیوست و در لشکرکشی‌های نادر به هند و سایر نقاط ایران مشارکت داشت و به یکی از فرماندهان مورد اعتماد نادر تبدیل شد.

فتوحات او در ایران و آذربایجان

پس از قتل نادرشاه و فروپاشی امپراتوری افشار، احمد خان ابدالی با چهار هزار لشکر افغانی به قندهار برگشت و تاسیس افغانستان نوین را گذاشت مگر آزاد خان با دوازده هزار لشکر افغانی در غرب ایران به فکر تاسیس دوباره و تامین حکومت از دست رفته هوتکیان باقی ماند و به یکی از قدرت‌های اصلی در غرب و شمال غرب ایران تبدیل شد. او هزاران لشکر افغانی را که در

ایران بی سرنوشت باقی مانده بودند به دور خود جمع کرد و از آشفتگی اوضاع بهره برد و به گسترش قلمرو خود پرداخت:

- آغاز قدرت در آذربایجان: پس از قتل نادرشاه، او ابتدا به نیروهای ابراهیم‌شاه (برادرزاده نادر) پیوست و از او لقب "خانی" دریافت کرد. اما با تضعیف قدرت ابراهیم‌شاه، آزاد خان با ۱۵,۰۰۰ سوار از او جدا شد و به آذربایجان رفت. او با اتحاد با رهبران محلی ترک و کرد و همچنین بعد از شکست و توافق با اراکلی دوم، پادشاه گرجستان (کارتیل و کاختی)، توانست کنترل تمامی نواحی بین ارومیه و اردبیل را به دست بگیرد و ارومیه را به پایگاه اصلی خود تبدیل کند.
- گسترش قلمرو: قدرت او تا سال ۱۷۵۲ میلادی به اوج خود رسید و بر بخش‌های وسیعی از آذربایجان، کردستان، و بخش‌هایی از غرب و مرکز ایران (شامل زاگرس مرکزی و گیلان) تسلط یافت.
- فتح اصفهان: آزاد خان توانست در نوروز سال ۱۱۶۶ ه مطابق سال ۱۷۵۳ میلادی، کریم خان زند را در منطقه کرمان شکست فاهش بدهد و اصفهان، پایتخت سابق صفویه را تصرف کند و برای مدت دو سال سه ماه به تخت شاهی اصفهان تکیه زند و به نام خود سکه ضرب کند. او مدعی تاج و تخت ایران بود و تلاش داشت سلسلهٔ هوتکیان را در ایران احیا کند.
- درگیری با رقبا: او در طول دوران قدرتش درگیر نبردهای طولانی با مدعیان دیگر سلطنت ایران، به ویژه کریم‌خان زند و محمدحسن‌خان قاجار بود.
  - او بر کریم‌خان زند پیروزی‌هایی به دست آورد و سه بار کریم خان زند را شکست داد حتی شیراز و اکثر مناطق شمال و غرب ایران را اشغال کرد (۱۷۵۴-۱۷۵۶ میلادی).
  - اما محمدحسن‌خان قاجار لشکرکشی های خود را در غیابت آزاد خان بطرف آذربایجان متوجه ساخت و ارومیه پایگاه اصلی آزاد خان را که حرم آزادخان در

آنجا بودوباش داشتند مورد حمله قرار داد. آزاد خان اصفهان را ترک نمود و برای دفع حسن خان قاجار به طرف آذربایجان حرکت نمود و اما متاسفانه با خیانت و عهد شکنی همکاران آزاد خان چون فتح علی خان افشار و شهباز خان دنبلی لشکر آزاد خان شکست خورد و اصفهان، تبریز و ارومیه را از دست داد (۱۷۵۷ میلادی).

نقش او در تاریخ افغانستان

آزاد خان افغان به طور مستقیم نقشی در تأسیس امپراتوری درانی (که توسط احمدشاه ابدالی، یکی دیگر از فرماندهان افغان نادرشاه در قندهار تأسیس شد) نداشت. در واقع، پس از مرگ نادرشاه، دو جریان اصلی افغان در صحنه سیاسی ظهور کردند: یکی احمدشاه ابدالی که به قندهار بازگشت و دولت افغانی را در شرق فلات ایران (افغانستان امروزی) بنیان نهاد، و دیگری آزاد خان که در غرب ایران (آذربایجان) به دنبال ایجاد قدرت و احیای حکومت افغان‌ها در ایران بود.

نقش او در تاریخ افغانستان را می‌توان از جنبه‌های زیر ارزیابی کرد:

- یکی از مدعیان قدرت افغان در دوران خلاء نادرشاهی: آزاد خان نشان داد که افغان‌ها (به خصوص غلزایی‌ها) پس از سقوط نادرشاه همچنان از توانایی نظامی و سیاسی برای ادعای حکمرانی بر ایران برخوردارند، هرچند مسیر او با مسیر احمدشاه ابدالی (که به سوی شرق رفت) متفاوت بود.

- نماد پراکندگی قدرت افغان‌ها: احمدشاه درانی به دنبال ایجاد یک دولت متمرکز در شرق بود. گنداسنگ مورخ هندی در کتاب خود بنام «احمد شاه درانی» می نویسد که آزادخان اهداف بزرگتر از افغانستان داشت: او می خواست ایران افغانستان و هندوستان را زیر یک چتر آورده و یک امپراطوری بزرگی را به وجود بیاورد. او آرزو داشت به قندهار برگردد و با احمدشاه درانی در تاسیس یک امپراطوری بزرگ افغانی مشوره کند مگر گرفتاری های مبارزه با سرداران یاغی در ایران چون کریم خان زند و حسن خان قاجار این موقع را میسر نساخت.

- پایان حضور مؤثر افغان‌ها در مرکز ایران: با پراگندگی قوای آزاد خان و سفر او به عراق غرض جمع آوری لشکر تازه نفس حضور مستقیم نظامی و سیاسی افغان‌ها به عنوان مدعیان سلطنت در مرکز ایران تضعیف گردید. این امر زمینه را برای تثبیت قدرت زندیه و سپس قاجاریه در ایران فراهم کرد.

سرنوشت او

پس از خیانت های دوستان نزدیک آزادخان و جانب داری این سر افسران از حسن خان قاچار و بعد از آن از کریم خان زند، آزاد خان در سال ۱۷۶۰ میلادی به تفلیس به دعوت شاه گرجستان اقامت پیدا نمود و در دربار اراکلی دوم، پادشاه گرجستان، مورد احترام قرار گرفت. در نهایت، کریم‌خان زند که نگران بازگشت آزادخان به طرف ایران بود و از سمت شمال غرب ایران به تشویش بود، دعوت نامه ای به آزادخان فرستاد و از او خواست به ایران برگردد و در تشکیل یک دولت مشترک در ایران کمک کند. در سال ۱۱۷۶ قمری (۱۷۶۲ میلادی) او را با احترام با یک دعوت نامه دوستانه توسط خانان شاملو و تضمین شاه گرجی به شیراز دعوت کرد. آزاد خان باقی عمر خود را با عزت و احترام در شیراز، پایتخت زندیه، گذراند و در سال ۱۱۹۵ قمری (۱۷۸۱ میلادی) در همانجا درگذشت و به خاک سپرده شد.

منابع:

۱. دانشنامه بزرگ اسلامی (مرکز دائرةالمعارف بزرگ اسلامی): مدخل "آزادخان افغان".

۲. ویکی‌پدیا: مدخل "آزادخان افغان" (فارسی و انگلیسی).

۳. گلستانه، ابوالحسن غفاری کاشانی: مجمل التواریخ پس از نادر. (از منابع اولیه مهم این دوره).

٤. مروی، محمدکاظم: عالم‌آرای نادری. (برای پیشینه آزاد خان در سپاه نادر).

٥. پری، جان (John R. Perry): *Karim Khan Zand: A History of Iran, 1747-1779*. (برای درگیری‌های آزاد خان با کریم‌خان زند).

٦. مقالات علمی: مانند "جایگاه و نقش آزادخان افغان در منازعات قدرت، در دوره ی گذار از افشاریه به زندیه" در نشریات تخصصی تاریخ ایران.

٧. رستم التواریخ: محمد هاشم آصف رستم الحکما، کتاب و نشرات پارس، جولای ۱۳۸۸: جولای ۲۰۰۹.

تیمورشاه و دولت او از دیدگاه جورج فورستر

در مورد نوشته‌های جورج فورستر، جهانگرد و کارمند کمپنی هند شرقی بریتانیا، دربارهٔ دولت افغانستان و تیمورشاه، و همچنین ارزیابی او از قلمرو و نظام تیمورشاه، می‌توان به سفرنامهٔ او با عنوان (سفری از بنگال به انگلستان، از طریق بخش شمالی هند، کشمیر، افغانستان، و ایران، و به روسیه، از طریق دریای خزر)[٧] که در سال‌های ۱۷۹۸-۱۷۹۹ منتشر شد، استناد کرد.

جورج فورستر در سال ۱۷۸۳-۱۷۸۴ میلادی از بخش‌هایی از قلمرو تیمورشاه درانی از کشمیر تا مشهد (دومین فرمانروای امپراتوری درانی) عبور کرد و مشاهدات خود را ثبت نمود. او در این سفر از پیشاور (پایتخت زمستانی تیمورشاه) نیز بازدید کرد.

فورستر در مورد دولت تیمورشاه دیدگاهی دوگانه و با احتیاط ارائه می‌دهد. او اذعان دارد که تیمورشاه توانسته بود تا حدی آرامش و نظم را در قلمرو خود برقرار کند، اما این آرامش را ناشی از قدرت واقعی حکومت مرکزی نمی‌دانست، بلکه بیشتر حاصل ماهیت قبایلی و سست‌بنیان بودن دولت مرکزی می‌دانست:

- دولت مرکزی ضعیف و پادشاهی در خطر: فورستر به ضعف نسبی تیمورشاه در کنترل کامل بر قلمرو وسیعش اشاره می‌کند. او مشاهده می‌کند که تیمورشاه بیشتر از طریق تدابیر دیپلماتیک و ایجاد تفرقه میان قبایل، و نه لزوماً با قدرت نظامی بلامنازع، حکومت می‌کند. او در بخش‌هایی از سفرنامه‌اش به ناتوانی پادشاه در اعمال کامل قدرت بر والیان محلی و روسای قبایل اشاره می‌کند. فورستر می‌نویسد که

---

[٧] "A Journey from Bengal to England, Through the Northern Part of India, Kashmire, Afghanistan, and Persia, and into Russia, by the Caspian Sea 1782-84", Originally 1798, London, by R. Foulder, Reprint by Munshiram Publishers, New Delhi, 1997.

پادشاه (تیمورشاه) "به ندرت کنترل مؤثری بر تمام قلمرو خود داشت" و در بسیاری از مناطق، قدرت واقعی در دست رهبران قبایل بود.

● خطر مداوم شورش: او به عدم ثبات داخلی و شورش‌های مکرر در قلمرو درانی اشاره می‌کند. تیمورشاه در طول سلطنت خود بارها با شورش‌های محلی، به خصوص از سوی قبایل پشتون و همچنین در مناطق غیرپشتون (مانند پنجاب و خراسان) مواجه بود. فورستر این شورش‌ها را نشانه‌ای از ضعف پادشاهی مرکزی و عدم وفاداری قبایل می‌دانست.

● عدم تمرکز بر آبادانی: فورستر به جای توسعه و آبادانی، بیشتر به ماهیت جنگاوری و خراج‌گیری دولت درانی اشاره می‌کند. این دولت، بیش از آنکه بر عمران و توسعه داخلی تمرکز داشته باشد، میراث‌دار سیاست‌های فتوحات و غارت از دوران احمدشاه بود.

● شخصیت تیمورشاه: فورستر تصویری از تیمورشاه ارائه می‌دهد که نشان‌دهندهٔ شخصیتی خونسرد، کمتر جنگجو از پدرش (احمدشاه) و مایل به آرامش بود. او پادشاه را فردی می‌داند که بیشتر به دنبال جمع‌آوری ثروت و لذت‌های شخصی بود تا ادارهٔ قاطعانهٔ امور امپراتوری.

۲. تعریف فورستر از قلمرو تیمورشاه

فورستر قلمرو تیمورشاه را بسیار گسترده توصیف می‌کند، اما این گستردگی را با ضعف ذاتی همراه می‌داند. او این قلمرو را به شرح زیر تعریف می‌کند:

● گستردگی جغرافیایی: قلمرو درانی در زمان تیمورشاه شامل بخش‌هایی از شرق ایران (خراسان)، تمام افغانستان امروزی، بخش‌های وسیعی از پاکستان کنونی (پنجاب، سند، بلوچستان، سرحد شمال غربی) و کشمیر بود.

● ماهیت ناهمگون: فورستر به ناهمگون بودن این قلمرو از نظر قومی و فرهنگی اشاره می‌کند. او مناطق مختلف با اقوام متفاوت (پشتون‌ها، تاجیک‌ها، هزاره‌ها، ازبک‌ها، بلوچ‌ها، سیک‌ها و...) را از هم متمایز می‌کند. این تنوع، به گفتهٔ او، یکی از دلایل اصلی عدم انسجام و ضعف کنترل مرکزی بود.

- مرزهای سست: او به مرزهای ناپایدار و سست اشاره می‌کند، به خصوص در غرب (با ایران قاجاری) و شرق (با سیک‌ها در حال قدرت‌گیری).

۳ . ارزیابی فورستر از نظام تیمورشاه

فورستر نظام حکومت تیمورشاه را به عنوان یک "نظام سلطنتی ضعیف و فدرالی ناقص" ارزیابی می‌کند:

- وابستگی به قبایل: او توضیح می‌دهد که قدرت پادشاه به شدت به حمایت روسای قبایل (به خصوص درانی‌ها) وابسته بود. این روسا خود دارای خودمختاری زیادی در مناطق تحت کنترل خود بودند.

- عدم وجود اردوی منظم و دائمی: بر خلاف امپراتوری‌های اروپایی، تیمورشاه فاقد یک اردوی منظم و دائمی بزرگ بود. اردوی او بیشتر متشکل از نیروهای قبیله‌ای بود که بر اساس وفاداری (یا گاهی پاداش) گرد می‌آمدند و پس از عملیات، به قبایل خود بازمی‌گشتند. این ساختار، توانایی پادشاه را در اعمال قدرت قاطعانه در سراسر قلمرو محدود می‌کرد.

- اقتصاد متزلزل: او به ضعف اقتصادی دولت اشاره می‌کند که عمدتاً بر خراج‌گیری و مالیات از مناطق تحت کنترل یا غنایم فتوحات گذشته متکی بود. با توقف فتوحات بزرگ در زمان تیمورشاه، این منابع کاهش یافتند و اقتصاد دولت با مشکل مواجه شد.

- سیاست خارجی انفعالی: در مقایسه با احمدشاه، تیمورشاه سیاست خارجی انفعالی‌تری داشت و بیشتر به دنبال حفظ قلمرو موجود بود تا گسترش آن. این امر، اگرچه به آرامش نسبی در برخی مرزها منجر شد، اما به از دست رفتن برخی مناطق (مانند پنجاب به سیک‌ها) نیز کمک کرد.

به طور خلاصه، جورج فورستر تصویری از یک امپراتوری رو به زوال ارائه می‌دهد که هرچند نامی بزرگ و قلمرو وسیعی دارد، اما از درون دچار ضعف، عدم انسجام، و تکیه بر ساختارهای قبایلی است که در نهایت به سقوط آن کمک خواهد کرد. او این وضعیت را ناشی از شخصیت خود پادشاه و ساختار ذاتی دولت درانی می‌دانست.

۴ . بکار گرفتن اسم افغانستان

جورج فورستر در سفرنامهٔ خود با عنوان " A Journey from Bengal
to England, Through the Northern Part of India,
Kashmire, Afghanistan, and Persia, and into Russia, by
the Caspian Sea (۱۷۹۸-۱۷۹۹)، کلمهٔ "Afghanistan" را در
عنوان کتاب و در متن سفرنامه به کار می‌برد.

نکتهٔ مهم دربارهٔ کاربرد این اصطلاح در زمان فورستر، این است که در آن
دوره، مفهوم "دولت-ملت" به شکل امروزی آن هنوز به طور کامل در این
منطقه شکل نگرفته بود. امپراتوری درانی که فورستر از قلمرو آن می‌گذشت،
یک دولت قبایلی-فدرال بود که قلمرو وسیعی را شامل می‌شد.

فورستر، "افغانستان" را عمدتاً به عنوان منطقهٔ جغرافیایی محل سکونت قبایل
افغان (پشتون‌ها) به کار می‌برد، نه لزوماً به عنوان یک واحد سیاسی کاملاً
تعریف‌شده با مرزهای مشخص ملی به شیوهٔ دولت‌های مدرن. او در متن خود
به "کشور افغان‌ها" یا "افغانستان" اشاره می‌کند در واقع، این اصطلاح در آن
زمان بیشتر جنبهٔ اتنو جغرافیایی داشت تا یک مفهوم صرفاً سیاسی و ملی مدرن.
با این حال، استفاده از این نام در عنوان کتاب و توصیف او از این منطقه، نشان
می‌دهد که در اواخر قرن هجدهم، اصطلاح "افغانستان" به تدریج برای اشاره
به این منطقهٔ خاص در چهارراه آسیای مرکزی و جنوبی، به خصوص بخش‌های
شرقی و جنوبی امپراتوری درانی، رایج شده بود. این امر به تثبیت تدریجی نام
"افغانستان" برای این سرزمین در نگاه جهان خارج و در نهایت برای مردمان
خود آن کمک کرد.

به عبارت دیگر، فورستر نه تنها از اصطلاح "افغانستان" استفاده می‌کند، بلکه
این استفاده خود بخشی از فرایند رسمیت یافتن و جا افتادن این نام برای قلمرویی
است که بعدها به دولت-ملت افغانستان تبدیل شد.

تعمیم اسم افغانستان

این اشتباه و همچنان مغرضانه است که به دنبال کدام فرمان رسمی از جانب
میرویس‌خان یا احمد شاه ابدالی بگردیم که اسم افغانستان را رسماً بالای
قلمروهای سلطنت خود گذاشته باشند. طبیعی است که دولت‌ها به اسم قومی که
بیشترین نفوس را دارد و قوم حاکم است نامیده می‌شود. درست است که قلمرو
سلاطین ابدالی در اول افغانستان نامیده نمی‌شد، اما این اسم بصورت طبیعی به

تدریج بالای سرزمین‌های تحت قیومیت شان به رسمیت شناخته شد و در اسناد رسمی منعکس گردید. فراموش نکنیم که این ماهیت استقلال سیاسی، اسلام حنفی و فرهنگ افغانی است که مشخصه تداوم دولت‌های افغانستان از زمان میرویس‌خان هوتک تا امروز می‌باشد نه اسم کشور. بسیاری کشورها اسم پرنفوس‌ترین قوم (و یا دین) خود را بالای خود گذاشته اند مانند هندوستان، تاجیکستان، اوزبیکستان، ترکمنستان، قزاقستان، عربستان، ترکیه، جرمنی، فرانسه، روسیه و غیره و سایر اقوام ساکن این کشورها کدام مشکلی با این نامگذاری طبیعی ندارند.

طوری‌که قبلاً نوشتیم سه صد و نه سال قبل، در اوایل قرن هژدهم میلادی، وقتی میرویس‌خان هوتک با قیام خود بر ضد سلطهٔ صفوی‌ها شالوده یک دولت مستقل بومی را در این سرزمین نهاد، و به تعقیب او در سال ۱۷۴۷م احمدشاه ابدالی یک دولت مستقل در این سرزمین ایجاد کرد، سرزمینی را که امروز به نام افغانستان می‌شناسیم اسم مشخصی نداشت بلکه متشکل از حوزه های مختلف جغرافیایی بود. نام افغانستان فقط از اواسط قرن هیجدهم میلادی یعنی از هنگامی که وحدت سیاسی کشور در یک دولت مستقل با هویت افغانی میسر گشت به واسطه کثرت نفوس قوم پشتون به مرور زمان به تمام کشور اطلاق شد و سرانجام در قرن نوزدهم میلادی شهرت یافت. اگرچه اصطلاح افغانستان، به عنوان نام رسمی این کشور بار اول در سال ۱۷۸۲ میلادی در کتاب سفرنامهٔ جورج فورستر، در مورد قلمرو دولت درانی به کار رفته، اما کلمهٔ افغانستان، به مثابهٔ جا و مکان قبایل افغان (پشتون‌ها)، نخستین‌بار در تاریخنامهٔ هرات، تألیف سیف هروی در اوایل سدهٔ چهاردهم میلادی، ذکر شده است.

کرونولوجی مختصر اشاره به اسم کشور، ملت و دولت افغانستان

۱) در سال ۱۷۸۲م در زمان سلطنت تیمورشاه جورج فورستر حین عبور از افغانستان از کشور و ملت افغانستان نام می‌برد (جورج فورستر، مسافرت از بنگال به انگلستان از طریق شمال هندوستان، افغانستان، فارس و روسیه، چاپ لندن، ۱۷۸۹م).

۲) در سال ۱۷۸۹م حاجی ابراهیم وزیر اعظم دولت قاجار در مکتوب رسمی از کشور افغانستان نام می‌برد (صدیق فرهنگ، افغانستان در پنج قرن اخیر).

۳) در سال ۱۷۸۹م وفادار خان وزیر اعظم شاه زمان در مکتوب رسمی به پاسخ وزیر اعظم قاجار از کشور افغانستان نام می‌برد (صدیق فرهنگ، افغانستان در پنج قرن اخیر).

٤) میرزا اسدالله خان غالب شاعر شهیر هندوستان و همچنان تاریخ‌نگار دربار مغولیه که در اواخر قرن هژده تقریباً ۲۵ سال بعد از وفات احمد شاه بابا کبیر تولد شده، در یکی از نامه‌های خود به زبان اردو (که به نام «خطوط غالب» شهرت دارند) شرح کلمه "خان" را بیان می‌کند و می‌نگارد که: "خان" به صورت عام به مردمان افغانستان اطلاق می‌شود.

۵) در سال ۱۸۸۰م در معاهده دولت قاجار با انگلیس‌ها از دولت افغانستان نام می‌برد (محمود محمود، تاریخ روابط انگلیس با ایران در قرن نزدهم).

٦) در سال ۱۸۰۹م الفنستون از کشور افغانستان نام می‌برد (مونتستوارت الفنستون، گزارش سلطنت کابل و قلمروهای تابعهٔ آن در فارس، کشمیر و تاتاری، چاپ لندن ۱۸۴۲م).

۷) در سال ۱۸۳۷م شاه قاجاری در هنگام عزیمت بعد از شکست محاصره هرات در منشور خود از افغانستان نام می‌گیرد (محمود محمود، تاریخ روابط انگلیس با ایران در قرن نزدهم).

۸) در سال ۱۸۳۸م وایسرای هند بریطانوی قبل از شروع جنگ اول افغان و انگلیس از کشور و دولت افغانستان نام می‌برد (صدیق فرهنگ، افغانستان در پنج قرن اخیر).

منابع این بخش:

فرهنگ، میر محمد صدیق: افغانستان در پنج قرن اخیر. (یکی از جامع‌ترین و معتبرترین منابع به زبان فارسی دربارهٔ تاریخ معاصر افغانستان).

غبار، میر غلام محمد: افغانستان در مسیر تاریخ. (منبع مهم دیگر که به تحلیل عمیق رویدادها می‌پردازد).

تاج، سلطان محمد: تاریخ احمدشاهی (یا تاریخ درانیان) - از منابع اولیه در دورهٔ احمدشاه درانی.

الفیستون، مونت‌استوارت (**Mountstuart Elphinstone):** *An Account of the Kingdom of Caubul and Its Dependencies in Persia, Tartary, and India*. (گزارشی دست اول از اوضاع افغانستان در اوایل قرن ۱۹ و اطلاعاتی دربارهٔ زمانشاه و شاه شجاع).

کی، سر ویلیام جان (**Sir John William Kaye):** *History of the War in Afghanistan*. (منبع مهم دربارهٔ جنگ‌های افغان و انگلیس و سیاست‌های بریتانیا).

فرای، ریچارد نلسون (**Richard N. Frye):** *The Heritage of Central Asia*. (به تحلیل کلی تاریخ منطقه می‌پردازد).

باسورث، کلیفورد ادموند (**C.E. Bosworth):** *The Islamic Dynasties*. (مختصر و مفید در مورد سلسله‌ها).

دانشنامه ایرانیکا (**Encyclopædia Iranica):** مدخل‌های تخصصی در مورد "Durrani Dynasty", "Ahmad Shah Durrani", "Timur Shah Durrani", "Zaman Shah Durrani", "Mahmud Shah Durrani", "Shuja al-Mulk", "Sadozai", "Barakzai", "Anglo-Afghan Wars", و "Great Game".

Forster, George. *A Journey from Bengal to England, Through the Northern Part of India, Kashmire, Afghanistan, and Persia, and into Russia, by the Caspian Sea*. London: R. Faulder, ۱۷۹۸. (جلد اول، بخش مربوط به افغانستان و تیمورشاه)

محمود محمود، تاریخ روابط انگلیس با ایران در قرن نزدهم.

پشتون، افغان و افغانستان

پشتون و افغان

قوم پشتون، پختون، پښتون (پشتانه، پښتانه، یا پختانه، در جمع) قوم بزرگی است که وطن اصلی شان سرزمین وسیعی از چترال و کنر و اتک و پشاور در شمال دریای سند تا ملتان و کویته، قندهار، هلمند و فراه، ارزگان، کابل و لغمان و ننگرهار میباشد. پشتون‌ها بزرگترین قوم مناطق جنوب هندوکش از غور تا دریای سند هستند. در سال ۲۰۲۳م تعداد مجموعی نفوس پشتونها در افغانستان و پاکستان ۵۸ ملیون تخمین شده است[۱]. هرگاه تخمینهای منتشر شده ۱۹ مرجع معتبر را در مورد ترکیب قومی نفوس افغانستان در نظر بگیریم، میزان متوسط سهم پشتونها در نفوس افغانستان ۵۵ فیصد میباشد[۲] که با برداشت عوام سازگاری دارد.

بر اساس تحقیقات ژنیتیکی (مجله پلوس وان سال ۲۰۱۲م) [i]پشتونها حد اقل از عصر شروع زراعت و تمدن مسی (از دوازده هزار سال به اینطرف) در سرزمین‌های واقع جنوب هندوکش تا دریای سند مسکون بوده اند.

پشتونها در هندوستان به نام پتان، افغان و همچنان روهیله معروف اند اما در ایران تنها بنام افغان شهرت دارند. کلمۀ افغان گرفته شده از اسم تاریخی آوه‌گان، اپگان میباشد که از زمانه‌های عتیق به سوارکاران و نجیب زادگان در این سرزمین‌ها داده شده است. فارس‌ها، ترکتبارها و اعراب پشتون‌ها را که بزرگترین قوم مناطق جنوب هندوکش را از غور تا دریای سند تشکیل میدهند اسم تاریخی و بالاخره افغان را که می‌شد اعطا نموده و آن‌ها را "افغان" خطاب کرده و قلمرو شان را "افغانستان" نامیدند. در سفرنامۀ ابن بطوطه حین سفرش به کابل آمده است: "پس به کابل سفر کردیم در اینجا طایفه‌ای از عجم زنده‌گی می‌کند که افغان نامیده می‌شوند... کابل از قدیم پایتخت پادشاهان افغان بوده است ... (ابن بطوطه متن عربی صفحه ۴۰۶ سفر به کابل ۱۳۲۰م)"[ii]. این برداشت ناشی از آن است که فارسها، ترکتبارهای شمال هندوکش و فارسیوان های ساکن شمالی و کابل و از زبان آنها اعراب پشتونها را "افغان" میگفتند. متعاقب او سیف هروی در کتاب تاریخ هرات[iii] که در قرن هفتم هجری (۷۲۱هجری شمسی معادل ۱۳۲۱م) نوشته شده از "رفتن ملک شمس الدین به افغانستان" به تفصیل یادآوری میکند.[۳] به همین ترتیب در کتاب بابرنامه یا توزک بابری شخص ظهیرالدین محمد بابر[iv] از قول مردم کابل در سال ۱۵۲۸م مینویسد که جنوب کابل همه "افغانستان" است.

به تأسی از آن‌ها و با استفاده از کتاب‌هایی مانند کتاب ابن بطوطه، سیف هروی و بعداً تاریخ فرشته[v] که در زمان مغول‌ها توسط یک نویسنده مهاجر فارسی زبان به نام ابوالقاسم فرشته در هندوستان چاپ شده بود و همچنان بابرنامه یا

توزک بابری که در عصر امپراطوری اکبر در هندوستان چاپ شده بود انگلیس‌ها و سایر اروپاییان پشتون‌ها را "افغان" خطاب کردند و سرزمین آن‌ها را افغانستان گفتند.

اما باید توجه داشت که برای فارس‌ها (ایرانی‌ها) تمام مردم جنوب هندوکش "افغان" و قلمرو شان "افغانستان" بوده است. در کتب تاریخی ایرانی در اشاره به مردم افغانستان از اسم‌های پشتون و تاجیک هرگز استفاده نشده بلکه از کلمه افغان و جمع آن افاغنه استفاده شده است. بنابر آن طبیعی است که بعد از ایجاد دولت احمد شاه ابدالی اسم افغانستان و ملت افغان در اشاره به قلمرو و مردم دولت ابدالی در منطقه رواج یافت تا جایی که هفده سال بعد از وفات احمد شاه درانی حاجی ابراهیم وزیر اعظم دولت قاجار در سال ۱۷۸۹م در مکتوب رسمی عنوانی وزیر اعظم زمانشاه از کشور افغانستان نام گرفت (صدیق فرهنگ، افغانستان در پنج قرن اخیر)[vi]. تا جایی که من اطلاع دارم این اولین کاربرد رسمی اسم افغانستان توسط یک دولت خارجی است. به جواب این مکتوب رسمی در همان سال وفادار خان وزیر اعظم زمان شاه نیز در مکتوب رسمی خود از کشور افغانستان نام می‌برد (صدیق فرهنگ، افغانستان در پنج قرن اخیر)، که اولین کاربرد رسمی و ثبت شده اسم افغانستان توسط دولت افغانستان نیز شمرده می‌شود.

حامد نوید می‌نویسد[vii]: "با مراجعه به منابع دست اول تاریخی، کلمهٔ افغان ریشه گرفته شده از اصطلاح اسوه کان (Aśvakan) به معنی سوارکار در زبان سانسکریت، اوه گانا در زبان پرکریت، آوه‌گان در زبان کهن اوستایی، ابگان در زبان پهلوی ساسانی می‌باشد که در ادوار اسلامی به گونهٔ افغان تلفظ گردید و نگاشته شد و در هردو زبان یعنی پشتو و دری معمول گشت ... اصطلاح 'افغان' به اساس مطالعات مؤرخین و زبانشناسان معروفی چون جان مارتن *Martin John*، ایری کلیوس *Reclus-E* فرانسوی، کریستن لیسن *Lassen Christian* نارویجی، مک کرندل *McCrindle* و الکساندر کنینگهم *Cunningham Alexander* بریطانوی لقبی بود که از دیر زمانه‌ها به سوارکارن داده می‌شد، این نظر را *Agrawala* آگره وال محقق معروف هند در زبان سانسیکریت نیز تائید کرده و به نظر او کلمهٔ افغان معرف نام قوم و تباری خاص نبود. از اینرو در میان عشایر پشتون مانند زدران، منگل، غلزی، درانی، هوتک، اندر، کاکر، احمدزی، سربنی، پوپل، سوری، گدون، لودی، احمدزی، ستانکزی، محمدزی، یوسفزی، بنوچی، خروطی، سواتی، سهاک، شینوار، ابدالی، توخی، بارکزی و اقوام دیگر پشتون چون اروکزی، بامی زی، هوت خیل و تره خیل قبیله و یا قومی به نام افغان زی و یا افغان

خیل وجود ندارد (حامد نوید، آریانا افغانستان آنلاین، ریشه یابی کلمه افغان، ۲۰۱۸/۲/۲۷م)".

بنابر آن اشخاصی مانند عبدالخالق لعلزاد که بیانات و نوشته های خود منشأ کلمهٔ افغان را مربوط به زبان فارسی به معنی "فغان و ناله" بیان میدارند کاملاً نادرست بوده و از محتوای تحقییر آمیز و توهین آمیز در زمرهٔ سایر اقدامات پشتون ستیزانه آنها تبارز مینماید.

در هندوستان کلمهٔ "افغان" مترادف است با "خان"، با مقام و منزلت و پادشاهی که سلطنت‌های غزنوی، غوری، لودی و سوری را در خاطر مردم هندوستان زنده می‌کند. در هندوستان تمام این سلسله‌ها به نام سلسله‌های "افغان" در مکاتب و پوهنتون‌ها درس داده می‌شوند. حتی در زمان سلسله‌های صفوی، افشاری و قاجاری ایرانی‌ها ما را خراسانی نمی‌گفتند بلکه افغان و جمع ما را "افاغنه" می‌گفتند. متأسفانه در ایران برعکس هندوستان از اسم افغان و افاغنه با نفرت و تحقییر و تبعیض ضد انسانی یاد می‌گردد و صد افسوس که در سال‌های اخیر افغان‌های هزاره تبار ما در معرض این این تنفر و تبعیض قرار گرفته اند.

امروز اسم "افغان" معرف تمام مردم افغانستان در دنیا است و هویت ملی کشور و دولت‌های "افغانستان" در بیش از سه صد سال گذشته، از زمان میرویس‌خان به اینطرف میباشد. دنیا ما را به این نام می‌شناسد، جنگ‌های سه گانهٔ انگلو-افغان، (۱۸۳۸-۱۸٤۲م، ۱۸۷۸م-۱۸۸۰م و ۱۹۱۹م) جنگ‌های انگلو-خراسان نبودند و در هیچ کتابی به عنوان جنگ‌های انگلو-خراسان درج نشده اند. نمی‌توان بالای تاریخ معاصر کشور خود بخاطر خوشنودی مشتی ستمی سکتاریست و جدایی‌طلب تازه به دوران رسیده خط بطلان کشید.

اعراب، سلطان محمود غزنوی، غوریان در جنگ‌ها از گروه این قوم (سوری‌ها) در لشکر خود استفاده نمودند. اولاده‌های شنسب (فخرالدین)، امیر پولاد امیر امیرکرورو باقی شاهان سوری در کوهسار تخارستان و غور و هرات و خراسان حکمرانی داشتند و به نام غرشاه یاد می‌شدند. امکان آن می‌رود که غرزوی، غرزی و غلجی از همین دودمان نام گرفته باشد. اکثرا سوریان غور با غزنویان متحد شده در لشکر کشائی غزنویان به هندوستان سهیم بودند. درین لشکرکشائی غوریان که به آل شنسب هم معروف اند صاحب قدرت شده نسل آن‌ها تا هندوستان رسید. کنون تعداد شاخه‌های ملیت پشتون زیاد بوده در هرگوشه وکنار افغانستان پاکستان وهندوستان زنده‌گی دارند." (کریم پوپل، افغان، وبسایت مشعل).

باید نوشت که تیوری مهاجرت اجداد پشتونها را از آسیای میانه به سرزمینهای جنوب هندوکش الی کنار دریای سند هیچ منبع باستانشناسی، زبانشناسی و ژنیتیک تأیید نمیکند. بر عکس معلومات ژنیتیکی قدامت موجودیت این مردم را در این سرزمینها به بیش از دوازده هزار سال ثابت مینماید.

در مورد منشأ اقوام پشتون یک دوست فیسبوکی سوال کرد:

سوال: "خالدی صاحب بزرگوار بعضی از پشتون‌ها خودشان ادعا دارند که ما از قوم بنی اسراییل هستیم و ادعا آن‌ها مبنی از استناد کتاب به نام خورشید جهان است ... نویسندهای معاصر ما پشتون‌ها را آریایی معرفی نموده به دلیل اینکه از لحاظ زبان شناسی هیچ حرف عبری در زبان پشتو یافت نمی‌شود، درحالیکه کلمات آریایی فروان است تا در مورد رد ویا تأیید این ادعا یک مقاله بنویسید با احترام." (عبدالله حبیب سرحدی).

حقیقت آنست که ادعاهای فوق با معلومات دست داشتهٔ تاریخی، مهاجرت‌ها و معلومات ژنیتیکی تطابق ندارد که در زیر به اختصار به آن پرداخته می‌شود:

اول - افرادی بنابر عقاید مذهبی اسم‌های قیس و خالد را که اصلاً دو قوماندان عرب در خراسان بودند و بعد از ختم ماموریت شان در مناطق پشتون نشین اقامت گزین شده در همین مناطق با پشتونها ازدواج کرده از بازگشت به عربستان خودداری کردند و از آنها نسلهای بعدی باقیماند؛ با خالد بن ولید یکی فرماندهان معروف صدر اسلام اشتباه گرفته و شایعات بی اساس منشأ بنی اسراییلی بودن قوم پشتون را بنیاد نهادند.

دوم - مطالعات ژنیتیکی (سلول شناسی) سالهای اخُیر موجودیت پشتون‌ها را در تمدن وادی سند و شمال هند و پاکستان در هزاران سال گذشته ثابت کرده است. از کوه‌های غور تا چترال و بلوچستان اقوام پشتون مسکن دارند. مطالعات ژنیتیکی قرابت اجدادی پشتونها را در تمدن وادی سند و شمال هند و پاکستان ثابت کرده است. این مردم حد اقل از دوازده هزارسال به اینطرف یعنی از شروع زراعت در این سرزمین‌ها بوده اند.

سوم - تعداد نفوس پشتون‌ها در افغانستان و در پاکستان به بیش از پنجاه و هشت میلیون نفر می‌رسد و در حدود ده میلیون پشتون مزید نیز در سایر کشورها منجمله هندوستان، ایران، امارات متحده و سراسر جهان زندگی می‌کنند. با این حساب نفوس پشتون‌ها در جهان در حدود شصت و ٭شت ملیون نفر تخمین می‌گردد. در حالیکه تمام نفوس یهودیان در اسرائیل و سراسر جهان به بیش از پانزده میلیون نمی‌رسد. چگونه امکان دارد که یک شاخه کوچک یک قوم

بیشتر از پنج برابر تمام یک قوم باشد و تاریخ شاهدی برای مهاجرت این کتله بزرگ انسانی از مصر و فلسطین به حوزه دریاهای هلمند و سند نداشته باشد؟

چهارم - از جانب دیگر تاریخ نشان می‌دهد که پشتون‌ها و غوری‌ها دین اسلام و زبان دری را به شمال هند گسترش دادند و در سال ۱۲۲۰م اولین زمامدار پشتون تبار، سلطان جلال الدین (که شهر جلال آباد بنام او مسمی است) ، در هندوستان به قدرت می‌رسد یعنی در کمتر از ۶۰۰ سال بعد از معرفی اسلام. این خود نشان می‌دهد که اقوام پشتون از نظر تعداد نفوس و سابقه زندگی و نفوذ سیاسی در سرزمین‌های میان دریاهای هلمند و دریای سند آن قدامت و پختگی لازم را داشته بودند که آنها را قادر به تشکیل حکومت در هندوستان ساخت.

بنابر آن با توجه به دلایل فوق نظریهٔ بنی اسراییلی بودن قوم پشتون با مهاجرت از شرق میانه به این سرزمین‌ها اساس علمی ندارد.

پنجم - بعضی محققین، از جمله کهزاد و ارغندیوال، به این عقیده هستند که قهرمان اسطورهٔ "گرشاپ" گرشاسپنامه اسد طوسی و شاهنامه فردوسی طوسی همان چهرهٔ افسانوی "غرغشت" پشتون است. علاوه بر آن این‌ها معتقد اند که صفاری‌ها از اقوام پشتون بودند.

تصادفی نیست که در سرزمین‌های ما پشتون‌ها جاگزین دولت‌های مغولی، صفوی و نادر افشار شدند. آن‌ها بزرگترین کتلهٔ واحد قومی این سرزمینها را تشکیل داده قبل از تأسیس دولت افغانستان، بیش از چهار صد سال در هندوستان حکومت کردند و حکومت‌های آن‌ها از غلجی‌ها تا لودی‌ها و سوری‌ها، از بنگال تا کابل و قندهار امتداد داشت. این پشتون‌ها بودند که به عنوان نظامیان غوری‌ها اسلام را در شمال هند گسترش دادند.

افغانستان

الفنستون در کتاب خود می‌نویسد که "افغان‌ها برای کشور خود اسم مشخصی ندارند بعضی‌ها آن را خراسان می‌گویند بعضی‌ها افغانستان و برخی هم پختون‌خوا. خراسان درست نیست چون بخش کم آن در این قلمرو است. پختونخوا را هم من شخصاً نشنیده ام." الفنستون هیچ اسمی را پیشنهاد نمی‌کند، اما در سراسر کتاب خود به قلمروهای تحت حاکمیت شاه کابل را از قول جورج فورستر که ۲۶ سال قبل از او در سال‌های ۱۷۸۲ – ۱۷۸۳م به این سرزمین‌ها

سفر کرده بود "افغانستان" می‌گوید. الفنستون در هر فصل کتاب خود اسم افغانستان را به کار می‌برد.

جورج فورستر انگلیسی که در زمان تیمورشاه به کابل، قندهار و هرات سفر کرد در کتاب خود قلمرو دولت افغانستان را شامل مناطقی می‌کند که در آن‌ها در وقت نماز جمعه خطبه به نام تیمورشاه خوانده می‌شود. موصوف در سال‌های ۱۷۸۲ - ۱۷۸۳م یعنی درست ۲۶سال قبل از الفنستون در زمانی پادشاهی تیمورشاه از طریق کشمیر-کابل-قندهار-هرات، مشهد به روسیه و لندن سفر کرده بود. عنوان کتاب اوست: "سفر از بنگال به انگلستان از طریق شمال هند، کشمیر، افغانستان، فارس و روسیه".

نه تنها اسم افغانستان در عنوان کتاب سفرنامه جورج فورستر مشخص است بلکه در داخل کتاب بارها اسم افغانستان نوشته شده است. جورج فورستر می‌نویسد "افغان‌ها مردمان بومی کشوری هستند که از کوه‌های تارتاری تا خلیچ کامبای (نزدیک گجرات در هند)، رود سند و فارس امتداد می‌یابد (جورج فورستر، ص ۷۴ جلد دوم)." توجه کنید که فورستر در اینجا تمام اقوام این سرزمین را "افغان‌ها" خطاب می‌کند. در جای دیگر فورستر می‌نویسد که: "نادر افشار بعد از ختم زمامداری افغان‌ها بر فارس شاه طهماسب صفوی را خلع می‌کند و با قوای بزرگی وارد افغانستان می‌گردد (جورج فورستر، ص ۹۲ جلد دوم)". این نقل قول بخاطری مهم است که فورستر قلمرو زیر نام "افغانستان" را از خراسان افغانی به حساب می‌آورد.

محمود محمود مؤرخ ایرانی در کتاب، تاریخ روابط سیاسی ایران و انگلیس اعلامیه شاه قاجاری ایران را نشر می‌کند که شاه قاجار بعد از عدم پیروزی در محاصره هرات و گرفتن آن از دست ابدالی‌های هرات برای مردم خود منتشر می‌کند و در آن واضحاً از کشور افغانستان اسم می‌برد (به کتاب محمود محمود، تاریخ روابط سیاسی ایران و انگلیس توجه کنید). حالا می‌توان ادعا کرد که شاه ایران را انگلیس‌ها گفته بودند به قلمرو افغان‌ها "افغانستان بگوید؟" واضح است که نخیر.

در کتاب بابرنامه توزک نوشته ظهیرالدین محمد بابر اولین پادشاه مغولی هند ساحة را که پشتون‌ها در آن زندگی می‌کنند افغانستان می‌نامد و حدود آن منطقه را از جنوب کابل تا دریای سند یاد می‌کند. این کتاب در سال ۱۵۳۰م نوشته شده و هنوز انگلیس‌ها بالای هند حاکم نشده بودند.

مطلب مهم این است که نام‌گذاری کشورها به شکل فعلی آن تعامل اروپایی‌ها است. کسی می‌تواند بگوید کشور سلطان محمود غزنوی به چه نامی یاد می‌شد؟

کسی می‌تواند بگوید کشور غوری‌ها به چه نامی یاد می‌شد؟ تیموری‌ها مناطق تحت حاکمیت خود را چه می‌گفتند؟ ما تا امروز از مملکت بخارا یاد میکنیم در حالی‌که بخارا شامل فرغانه و سمرقند یعنی شامل کشورهای قرغیزستان، تاجیکستان، اوزبیکستان و ترکمنستان فعلی بود.

وقتی بابر در کابل حکومت می‌کرد قلمرو او از هرات تا دره سند و از دریای آمو تا بلوچستان بود. بابر این کشور را به چه نامی یاد می‌کرد؟ بنابر آن از میرویس‌خان هوتک و به تعقیب آن احمد شاه ابدالی توقع گذاشتن یک اسم رسمی بالای قلمرو تحت حاکمیت شان یک اشتباه محض است. دولت به مفهوم اروپایی آن که شامل یک قلمرو معین، محدودهٔ جغرافیائی با اسم معین و ملت معین باشد یک پدیده ناشناخته در مشرق زمین بود.

قلمروهای احمد شاه ابدالی از نیشاپور در غرب تا پنجاب در شرق و از دریایی آمو تا بحیرهٔ عمان وسعت داشت. درین قلمرو بخش‌های جنوب شرقی خراسان شامل بود. بخش شمال آن جز قلمرو اوزبیک‌ها بود و بخش غربی آن مربوط ایران افشاری و متعاقباً ایران قاجاری بود. شمال افغانستان که از فاریاب تا بدخشان امتداد داشت به نام ترکستان معروف بود که در سال‌های بعد از استحکام دولت افغانستان به نام ترکستان افغانی در نقشه‌های دنیا موجودیت داشت.

کابلستان را بابر در خاطرات خود از پنجشیر تا لغمان، ننگرهار، پشاور و سوات یاد می‌کند. افغانستان بابری هم قبلاً گفتیم که از جنوب هندوکش تا دریای سند شامل تمام مناطق کوهستانی شرقی افغانستان فعلی و مناطق قبایلی پاکستان فعلی بود. البته کشمیری‌ها، پنجابی‌ها و سندی‌ها هم در قلمرو احمد شاه ابدالی زندگی می‌کردند، اما این مناطق حوزه‌های زیر نفوذ بود.

بر اساس تحقیقات الفنستون در اول در کوهستان‌های غور جاگزین بودند که به تدریج به سایر نقاط کوچیدند و در زمان ایجاد دولت افغانستان توسط میرویس‌خان هوتک و احمد شاه ابدالی نفوس قابل ملاحظهٔ پشتون‌ها بر علاقه سرزمین‌های اصلی جنوب شرق هندوکش در خراسان، سیستان (ولایت فراه فعلی) و شمال کشور نیز مسکونی شده بودند. ابدالی‌های هرات و قدرت حکومت شان در خراسان در زمان صفوی‌ها به همه معلوم است. تعداد کثیر ابدالی‌ها در ملتان که در پاکستان فعلی موقعیت دارد نیز مسکونی بود از این گسترش پشتون‌ها یا بقولی افغان‌ها را بر اکناف کشور مجیب رحیمی هم طوری‌که شنیدیم تائید می‌کند. الفنستون در کتاب خود اقوام تحت قلمرو پادشاهی شاه شجاع را در سال ۱۸۰۸م بر اساس تخمین تعداد متوسط نفوس در یک کیلومتر مربع تخمین می‌کند که در جدول الفنستون مشاهده می‌کنیم (الفنستون، گزارش پادشاهی

کابل...، چاپ لندن ۱۹٤۲م ص ۱۱٤). حالا اگر ما کشمیری‌ها، هندوها و سندی‌ها که قلمرو تحت نفوذ خارج از حوزه طبیعی افغان‌ها بودند در نظر نگریم می‌بینیم که نفوس افغان‌ها پشتون‌ها به مراتب بیشتر از سایر اقوام است.

طبیعی است که دولت‌ها به اسم قومی که بیشترین جمعیت را دارد و قوم حاکم است نامیده می‌شود. درست است که قلمرو سلاطین ابدالی در اول افغانستان نامیده می‌شد، اما این اسم بصورت طبیعی به تدریج بالای سرزمین‌های تحت قیومیت شان به رسمیت شناخته شد و در اسناد رسمی منعکس گردید.

در کتاب "تاریخ روابط ایران و انگلیس" محمود محمود می‌نویسد که بزرگترین خطر برای هند برتانوی بعد از گرفتن دهلی؛ افغانستان بود. برای این که مهاراجه‌های هندوستان بارها از پادشاه افغانستان تقاضا کرده بودند تا برای راندن انگلیس‌ها بالای آن‌ها حمله کند. مهاراجه‌های هندوستان حاضر بودند تمام مخارج اردوی افغان را در مقابله با انگلیس‌ها بپردازند. بنابراین دعوت هندی‌ها بود که زمانشاه افغان بالای هند لشکرکشی کرد و تا دروازه‌های دهلی پیشروی نمود، اما انگلیس‌ها با فرستادن یک نماینده به دربار شاه قاجار او را وادار کردند تا از غرب بالای افغانستان حمله کند. زمان شاه مجبور به بازگشت به قندهار شد.

این که افغانستان بعدها در قرن نزدهم بعد از اشغال بخارا توسط روسیه تزاری و پیشروی هند برتانوی تا دریای سند و سرحدات فعلی افغانستان بعد از معاهده دیورند، عملاً از لحاظ جغرافیایی به یک کشور حایل میان امپراطوری انگلیس آنوقت و روسیه تزاری مبدل گردید موضوع جداگانه است. این زمانی که دولت افغانستان به تدریج تضعیف شده و حدود جغرافیایی آن کوچک و کوچکتر شده است. پنجده آخرین ساحة بود که از افغانستان جدا ساخته شد و توسط روسیه تزاری در سال ۱۸۸۵م اشغال گردید.

موضوع مهم این است که دولت مقتدر افغانستان، به هر اسم و نامی که یاد می‌شد، قبل از آغاز The Great Game "بازی بزرگ" میان انگلستان و روسیه تزاری وجود داشت و دولت انگلستان آن را خطری برای هند برتانوی می‌دانست. افغانستان در جریان این بازی بزرگ و تا امروز عملاً به عنوان یک کشور حایل باقیمانده است. امروز افغانستان یک کشور حایل میان گروه‌های بین‌المللی افراطی مذهبی (جیش محمدی/لشکر طیبه/طالبان/گروه حقانی/القاعده) مستقر در پاکستان از یکطرف و آسیای میانه از طرف دیگر است. کوشش های روسیه و چین را در جهت توافق با طالبان باید در همین راستای حفظ موقف حائل افغانستان ملاحظه کرد.

عناصر ایران‌پرست در افغانستان مذبوحانه می‌کوشند تاریخ افغانستان را با برداشت ایرانی‌ها تطابق دهند. از این جهت دولت افغانستان را ساخته و پرداخته استعمار انگلیس دانسته ایجاد آن را با تثبیت سرحدات افغانستان که با حکمیت انگلیس‌ها در زمان دولت امیر عبدالرحمن خان صورت گرفت، مربوط سازند. بدین ترتیب ایران‌پرستان افغان دولت‌های هوتکی و امپراطوری ابدالی را یکسره نادیده می‌گیرند چون اگر مبدأ تاریخ افغانستان سال‌های ۱۷۰۹ یا ۱۷۴۷ باشد در آنصورت تیوری استعمار و نقش استعمار در ایجاد دولت مستقل افغانستان باطل می‌گردد، زیرا در آن سال‌ها هنوز استعمار بریطانیه بالای هندوستان شکل نگرفته بود.

الفنستون بنابر تعامل اروپایی‌ها که از دولت‌ها با نام پایتخت شان یاد می‌کنند؛ مانند لندن چنین گفت و واشنگتن چنان اقدام کرد، اسم کتاب خود را "گزارش حکومت کابل و توابع آن در فارس، تارتاری و هندوستان" می‌گذارد در حالی که در هر صفحهٔ کتاب اسم افغانستان بارها تکرار شده مانند دریاهای افغانستان، کوه‌های افغانستان، نفوس و اقوام افغانستان، حدود اربعهٔ افغانستان و غیره ... .

امپراتوری درانی وجود داشت و به هر اسمی که در آن زمان یاد می‌شد هیچ اهمیت عملی ندارد. انگلیس‌ها این دولت را در مقابل توسعهٔ نفوذ خود در هندوستان خطرناک می‌دانستند و آرزو داشتند تا از قدرت این دولت برای جلوگیری از حمله احتمالی فرانسوی‌ها بالای هندوستان به نفع خود استفاده کنند. از این لحاظ می‌خواستند با نشان دادن احترام لازم به شاه شجاع با دولت او روابط دوستانه برقرار نمایند.

محمود محمود در کتاب تاریخ روابط سیاسی ایران و انگلیس می‌نویسد:

> "زمانشاه پسر تیمورشاه پسر و جانشین احمدخان درانی که یک شهریار جنگجوی و جهانگیر به شمار می‌رفت در این هنگام ۱۷۹۸-۱۷۹۹ جداً در صدد بود سرحدات پادشاهی خود را تا رود گنگ امتداد دهد، به سبب عدم رضایت راجه‌های هند از تجاوزات انگلیس‌ها در هندوستان زمانشاه را به داخل هندوستان دعوت می‌نمودند و حاضر بودند از روزی که زمانشاه وارد هندوستان شود روزانه یک لک روپیه مخارج جنگی او را بدهند. زمانشاه نیز مرد میدان این مبارزه بود و با قشون‌های نیرومند به هندوستان حمله‌ور می‌شود تا لاهور پیش رفته بود. پادشاه افغانستان در این تاریخ بزرگترین خطر

برای دوستان انگلیس به شمار می‌رفت و نزدیکی او به هندوستان ابگلیس‌ها را فوق‌العاده به وحشت انداخت. چارۀ که به نظر آن‌ها رسید فرستادن یک نمایندۀ فوق‌العاده بود که با اعتبارات مالی زیاد به دربار شاهنشاه ایران روانه شد... که زمامدار ایران را به جلوگیری از زمانشاه بر انگیزد و... اظهار دوستی و مودت کرد و ضمناً تمنی نمود که دولت علیه ایران را با دولت بهیه بهیه انگلیس موافقتی باشد که افاغنه قصد تسخیر هندوستان ننمایند و سپاه ایران شاه آن طایفه را فارغ و آسوده نگذارند که به فکر عزیمت هندوستان در افتد. خود مهد علی خان می‌نویسد: "اگر پادشاه ایران از تجاوزات پادشاه افغان جلوگیری کند به خداوند لایزال و عالم انسانیت خدمت کرده است". زمانشاه به پشت دروازه‌های هندوستان رسیده بود که خبر حملۀ فتح علیشاه قاجار به طرف افغانستان به او می‌رسد".[٤]

محمود محمود در جای دیگر کتاب تاریخ روابط سیاسی ایران می‌نگارد: "باید که این حقیقت مسلم را در خاطر داشت که به عقیده انگلیس‌ها ایران و افغانستان هردو برای هندوستان خطرناک بودند. چشم سکنه هند به طرف ایران و افغنستان بود تا شاید روزی افغان‌ها یا ایرانی‌ها برای استخلاص آن‌ها قدم بردارند به همین دلیل محو و زوال قدرت ایران و افغان هردو لازم بود (ص ٣٧٥)". بیجهت نبود که زمانشاه پادشاه افغانستان به دعوت مهاراجه‌های هند برای ختم استیلای انگلیس‌ها در هندوستان لشکرکشی می‌کند (١٧٧٩م). قشون‌های زمانشاه به پشت دروازه‌های لاهور رسیده بود که خبر حملۀ فتح علیشاه قاجار به کمک و تحریک مستقیم انگلیس‌ها به طرف افغانستان به او می‌رسد و ناچار به قندهار بر می‌گردد.

تنها با توجه به دو یادداشت بالا از خود منابع ایرانی می‌توانیم به وضاحت ببینیم که صرف یک مغز مریض می‌تواند بگوید کشور افغانستان در پی سیاست‌های حایل‌سازی انگلستان میان هند و سرزمین‌های مجاورش، از ایران جدا گردید.

منابع و مأخذ این بخش

١. اولیور روی، اسلام و مقاومت در افغانستان، متن انگلیسی، چاپ دوم، یونیورستی کمبرج، ١٩٩٠م

٢. اولیوررو‌ی اسلام و نوگرایی سیاسی در افغانستان، ترجمه ابوالحسن سروقد، سال١٣٦٩،ص٣١

۳. بابرنامه، خاطرات ظهیرالدین محمد بابر پادشاه غازی، ترجمه انگلیسی از روی متن ترکی توسط انت سوزانا بیوریج، لندن سال ۱۹۲۲م.

٤. بی بی سی فارسی، میزگرد پرگار درباره آریایی‌ها

٥. پرویز مشرف، ۲۰۱۳م، به نقل از آلِشیبیا وتمیر، What Went Wrong in Afghanistan، ژورنال فارن پالیسی.

٦. محمود محمود، تاریخ روابط سیاسی ایران و انگلیس در قرن نزدهم میلادی، چاپ چهارم، تهران ۱۳٥۳ه. ش.

۷. توزک بابری ص ۲۷۱، چاپ بمبئ.

۸. توماس بارفیلد "تاریخ فرهنگی و سیاسی افغانستان".

۹. توماس بارفیلد "تاریخ فرهنگی و سیاسی افغانستان"، چاپ یونیورستی پرنستون، ۲۰۱۰م.

۱۰. جلال بایانی .Larawbar.com ۲۰۱٥-۰۸-۲٥

۱۱. جورج فورستر، "یک سفر از بنگال به انگلستان از طریق قسمت‌های شمال هندوستان، کشمیر، افغانستان و فارس به روسیه از طرتق بحیرهٔ کسپین، لندن، ۱۷۹۸م.

۱۲. چنگیز پهلوان، کتاب "شعرای معاصر افغانستان" چاپ تهران. ۱۳۷۱.

۱۳. حامد نوید، آریانا افغانستان آنلاین، ریشه یابی کلمه افغان، ۲۰۱۸/۲/۲۷م

۱٤. خطابهٔ احمد شاه مسعود به شاگردان خود (ویدیو کلپ بدون تاریخ)

۱٥. داریرهٔ المعارف بریتانیکا، ۱۹۱٤م

۱٦. رزاق مامون." کابل پرس" یکشنبه ۲٦ جون ۲۰۱۱م.

۱۷. رزاق مأمون، "تقدیم به حبیب الله، نخستین خط شکن پس از هزار سال"، شنبه ۱۳ سنبله ۱۳۹٥ هجری شمسی سایت انترنتی "گزارش نامهء افغانستان".

۱۸.روزنامه اکسپرس تریبیون پاکستان

۱۹.ریچارد ارمیتاژ، Sep ۱۸ ,FP ۲۰۱۳ انترویو

۲۰.ژورنال پلوس یل، Plus One دانشمندان پوهنتون پورت سموث انگلستان، هشتم مارچ سال ۲۰۱۲م

۲۱.سر جان ملکم، تاریخ ایران لندن، ۱۸۱۵م، جلد اول

۲۲.سفرنامه ابن بطوطه (که در سال ۷۵۴ هجری قمری پایان یافت و درمجموع ۲۹ سال و نیم به طول انجامید. این سفرنامه به ۴۰ زبان ترجمه شده است)

۲۳.سیف فاضل (فیسبوک) ۲۰۱۸م.

٢٤.صاحبنظر مرادی جریده انترنتی "خراسان زمین چاپ ۲۸ قوس ۱۳۹۰ ه.ش

۲۵.عبدالحمید مبارز، مصاحبه با تلویزیون نور در گفتگوی باز، ۲۰۱۱م

٢٦.عبدالحي حبيبي، تاريخ مختصر افغانستان، چ. سوم ۱۳۷۷ هـ.ش دانش کتابخانه پیشاور

۲۷.عبدالحئ حبیبی Habibi, Abdul Hai, Khaljies are Afghan, Pashtun Forums, ۰۷-۲۲-۲۰۱۳, http://www.pashtunforums.com/pashtun-history-/۳۸٦٤۱-khilji-ghizais-ghaljis-pashtuns-afghans-abdul-hai-habibi.html

۲۸.عبدالحئ خراسانی (مقالات نشر شده در فیسبوک)

۲۹.غیاث آبادی، رادیو فرانسه بخش فارسی.

۳۰.فیض محمد کاتب، سراج التواریخ: ۱۳۳۱شمسي، طبع دارالسلطنه کابل.

۳۱.کابل پرس، تجزیه افغانستان، جون ۲۰۱۱.

۳۲.کابل پرس، نتایج پرسش در مورد تجزیهٔ افغانستان، ۲۰ سپتمبر ۲۰۱۳م.

۳۳.کتاب خاطرات امیر عبدالرحمن خان

٣٤. کلونل رالف پیتر. نقشه شرق میانه نو، MAP OF THE NEW MIDDLE EAST Lit-Colonel Ralph Peters ٢٠٠٦

٣٥. لطیف پدرام مصاحبه ویدیویی بعد از واقعهٔ سقوط شهر قندز- ٢٠١٥م

٣٦. لطیف پدرام، مصاحبه با بی بی سی فارسی، میزگرد پرگار تلویزیون فارسی بی بی سی درباره ایرانیان و افغانی‌ها ٢٠١٣م.

٣٧. لهکارت، انقراض سلسله صفویه نوشته لکهارت

٣٨. مجیب الرحمن رحیمی، مصاحبه با تلویزیون نور در گفتگوی باز، ٢٠١١م

٣٩. مجیب مهرداد، روزنامهٔ هشت صبح، پنجشنبه, ١٩ جدی ١٣٩٨.

٤٠. محبوب الله کوشانی به نقل از دستگیر پنجشیری، وبسایت آریائی، هفتم ثور ١٣٨٢ مطابق ٢٧ اپریل ٢٠٠٣ میلادی.

٤١. محبوب الله کوشانی، سخنرانی ایکه بمناسبت بیستمین سال‌گرد شهادت م ط بدخشی در دوشنبه مرکز تاجیکستان

٤٢. محمد ابراهیم عطايي، نگاهي به تاريخ معاصر افغانستان، مترجم: جمیل الرحمن کامگار بنگاه انتشارات میوند، چ. اول ١٣٨٣ هـ.ش.

٤٣. محمد احمد پناهی سمنانی. شاه سلطان حسین صفوی تراژدی ناتوانی حکومت. چاپ اول. انتشارات کتاب نمونه، ١٣٧۴.

٤٤. محمد اکرام اندیشمند، " کابل پرس"، تاجیک‌ها و زبان فارسی دری؛ بازندهٔ اصلی نظام فدرالی در افغانستان پانزدهم مارچ سال ٢٠١٢م

٤٥. محمد سعیدی، هزارستان از اقتدار تا افتخار، (سایت انترنتی http://urozgan.org/fa-AF/article/٨٢٨٤/).

٤٦. محمد سعیدی،"هزارستان، از اقتدار تا افتخار" هزاره پیوند

٤٧. محمد محقق، شفقنا، دوشنبه, ۱۸ اسفند ۱۳۹۳ (www.shafaqna.com/persian.)

٤٨. محمد مهدی، دانشنامهٔ آریانا، انترنت (http://database-aryana-encyclopaedia.blogspot.com.au/p/blog-page_۱۰.html)

٤٩. محمد نظیف شهرانی، خراسان زمین› ۲۱ جدی ۱۳۹۲.

٥٠. مصاحبه جنرال پرویز مشرف رییس جمهور اسبق پاکستان با تلویزیون طلوع، ۲۰۱۶م.

٥١. مصاحبه ویدیویی لطیف پدرام با تلویزیون فارسی بی بی سی-۲۰۱۴م

٥٢. مقایسة تاریخ هندوستان و اندونیزیا. مجموعة مقالات، بلوسه و ان بوت، نیویارک ۱۹۷۸، ص

٥٣. مونستوارت الفنستون "گزارش پادشاهی کابل و توابع آن در تارتاری، فارس و هندوستان"، در دو جلد به زبان انگلیسی، چاپ لندن، ١٨٤٢م

٥٤. میرغلام محمد غبار، افغانستان در مسیر تاریخ، جلد اول، صحافي احساني، قم ١٣٧٥شمسي

٥٥. میرغلام محمد غبار، احمدشاه بابا، دانش کتاب‌خانه، چاپ دوم، پیشاور ١٣٧٦شمسي

٥٦. میر محمد صدیق فرهنگ، افغانستان در پنج قرن اخیر، جلد اول، انتشارات محمدوفايي، چاپ دوم قم ١٣٧٤شمسي.

٥٧. نک کلگ رهبر حزب لیبرال دموکرات و معاون صدراعظم بریتانیا سپتمبر سال ۲۰۰۹ در روزنامه گاردین، پلان B

٥٨. نادر شاه افشار، وبسایت تمدن ما (tamadonema.ir/)

٥٩. نوراحمد خالدی، "نتایج انتخابات دور اول ریاست جمهوری از تقسیم آرأ بر اساس خطوط قومی حکایت می‌کند" فیسبوک، ۲۷ اپریل ۲۰۱۴م.

٦٠. هوشنگ مهدوی، تاریخ روابط خارجی ایران، ۱۳۷۵ تهران ص ۶۳.

٦١. وبسایت مشعل Karim Popal, Mashal.org, http://mashal.org/blog/نژاد-وملی های-افغانستان/

٦٢. وبسیات انگلیسی گندهارا تاریخ ۱۱اپریل ۲۰۱۸

٦٣. ی ای بوسورث، دایرة المعارف ایرانیکا، ۲۰۱۲

---

[١]نفوس پشتونها مطابق رسالهٔ فکت بَوک سی آی ای در سال ۲۰۲۳ در حدود ۱۸ ملیون در افغانستان وحدود ٤٠ ملیون نفر در پاکستان مطابق آخرین سرشماری نفوس پاکستان. تخمین شده است.

[٢] اکادیمیا، https://www.academia.edu/١٢١٣٥٦٤١١/ترکیب_قومی_و_زبانی_نفوس_افغانستان_کامل

[٣] تاریخنامه هرات، نویسنده سیف بن محمد بن یعقوب الهروی (-٦٨١ ٧٢١؟ق)، به تصحیح غلامرضا طباطبایی مجد. کتاب تاریخ-نامه هرات را نخستین بار «محمد زبیر صدیقی»، مدرّس زبان‌های شرقی در پوهنتون کلکته بر اساس یگانه نسخه باقی-مانده از آن در کتابخانه شاهی کلکته که گویا به قرن هشتم هجری تعلّق دارد، تصحیح و با مقدمه‌-ای مبسوط به انگلیسی و فارسی و به کوشش «خان بهادر خلیفه محمد اسدالله» در سال ١٣٦٢ در کلکته به چاپ رساند. سپس «غلامرضا طباطبایی مجد» بر اساس همین تصحیح دوباره این کتاب را در ۱۳۸۳ در تهران منتشر کرد.

[٤] محمود محمود در کتاب تاریخ روابط سیاسی ایران و انگلیس در قرن نزدهم، چاپ انتشارات اقبال، تهران اول جلد چهارم صفحات ۱۱- ۱۴."

---

[i]تحقیقات ژنیتیکی پوهنتون پورت سموث، پروفیسور مازیار (مجله پلوس وان سال ۲۰۱۲م)

[ii]ابن بطوطه متن عربیسفر به کابل ١٣٢٠م ، ترجمه انگلیسی،

[iii]تاریخنامه هرات، نویسنده سیف بن محمد بن یعقوب الهروی (٦٨١- ٧٢١؟ق)، به تصحیح غلامرضا طباطبایی مجد، تهران، ١٣٨٣

[iv]بابرنامه یا توزک بابری، ظهیرالدین محمد بابر، ترجمه انگلیسی از اصل ترکی، انت سوزانا، لندن

[v]تاریخ فرشته، ابوالقاسم محمد فرشته، انتشار اسلام در هندوستان، ترجمه انگلیسی از روی متن اصلی فارسی، جان برگز، چاپ کلکته

[vi] میر محمد صدیق فرهنگ، افغانستان در پنج قرن اخیر، انتشارات عرفان، تهران ١٣٥٨

[vii]حامد نوید، آریانا افغانستان آنلاین، ریشه یابی کلمه افغان، ٢٠١٨/٢/٢٧م.

فصل سوم
مداخلات استعماری

امپراتوری دُرّانی (یا ابدالی) که توسط احمدشاه درانی در سال ۱۷۴۷ میلادی تأسیس شد، بنیان‌گذار افغانستان نوین محسوب می‌شود. این امپراتوری در اوج قدرت خود، قلمرو وسیعی از خراسان در غرب تا کشمیر و دهلی در شرق و از آمودریا در شمال تا اقیانوس هند در جنوب را در بر می‌گرفت. با این حال، این امپراتوری به سرعت دچار ضعف شد و نهایتاً در اوایل قرن نوزدهم به پایان رسید. به این حساب امپراتوری درانی شامل سلطنتهای احمدشاه، تیمورشاه، زمانشاه، شاه محمود و شاه شجاع دور اول می‌باشد.

۱. چگونگی تضعیف و سقوط امپراتوری درانی

ضعف و سقوط امپراتوری درانی یک فرایند پیچیده و چندوجهی بود که ریشه‌های داخلی و خارجی داشت:

عوامل داخلی:

- نزاع‌های جانشینی و درگیری‌های خانوادگی: این مهمترین عامل تضعیف بود. احمدشاه درانی برخلاف نادرشاه افشار، سیستم منظم جانشینی را پایه‌ریزی نکرد و همین امر پس از او به درگیری‌های خونین میان پسران و نوادگانش منجر شد.

  - کثرت فرزندان تیمورشاه و عدم تعیین ولیعهد سبب شد که بر سر جانشینی وی آشوب بر پا شود.

- طی بیست و پنج سال، فرزندان تیمورشاه (زمانشاه، محمودشاه، شجاع‌الملک) مشغول توطئه و تحریک برای دست یافتن به حکومت کابل بودند و هر یک برای چند صباحی به قدرت رسیدند و قربانی توطئه‌های یکدیگر شدند. این درگیری‌ها، کشور را در آشوب فرو برد و قدرت مرکزی را به شدت تحلیل برد.

- سیستم اداری غیرمتمرکز و ماهیت قبایلی: امپراتوری درانی بر اساس اتحاد سست قبایل پشتون (به خصوص قبیله سدوزایی) شکل گرفته بود. احمدشاه تا حدودی توانست این قبایل را متحد نگه دارد، اما پس از او، وفاداری قبایل به پادشاه مرکزی کاهش یافت و قدرت رهبران قبیله‌ای (خان‌ها و سرداران) افزایش یافت. این امر منجر به گسترش خودمختاری‌های محلی و نافرمانی از مرکز شد.
- اقتصاد وابسته به غارت و فتوحات: اقتصاد امپراتوری درانی تا حد زیادی به غارت‌های هند و خراج‌گیری از مناطق فتح شده (به خصوص پنجاب و کشمیر) وابسته بود. با توقف فتوحات در زمان تیمورشاه و از دست رفتن مناطق هندی در زمان جانشینان او، منابع مالی امپراتوری به شدت کاهش یافت. این ضعف مالی، توانایی پادشاهان درانی را برای پرداخت به سربازان، حفظ اردو و خرید وفاداری قبایل مختل کرد.
- شورش‌های داخلی: ضعف پادشاهان و عدم توانایی در کنترل کامل بر مناطق وسیع، منجر به شورش‌های مکرر در سراسر امپراتوری شد:
  - سیک‌ها در پنجاب: سیک‌ها که پس از نبرد پانی‌پت تضعیف شده بودند، با ضعف درانیان در هند قدرت گرفتند و پنجاب را از دست آن‌ها خارج کردند.
  - بلوچ‌ها و ازبک‌ها: شورش‌های محلی در بلوچستان و مناطق ازبک‌نشین شمال آمودریا نیز بر ضعف امپراتوری افزود.

عوامل خارجی:

- قدرت‌گیری سیک‌ها در پنجاب: در حالی که درانیان درگیر نزاع‌های داخلی بودند، رنجیت سینگ، رهبر قدرتمند سیک‌ها، پنجاب را به یک امپراتوری مستقل تبدیل کرد و به تدریج کشمیر و پیشاور را نیز از درانیان گرفت.

- ظهور قدرت‌های جدید منطقه‌ای:
  - قاجارها در ایران: قاجارها در ایران به قدرت رسیدند و به دنبال بازپس‌گیری خراسان و هرات بودند. این امر منجر به درگیری‌های مکرر در مرزهای غربی امپراتوری درانی شد.
  - امپراتوری بریتانیا در هند: بریتانیایی‌ها به تدریج در هند به قدرت غالب تبدیل شدند و از ضعف درانیان برای گسترش نفوذ خود استفاده کردند.

۲. نقش بریتانیا در تضعیف امپراتوری درانی

نقش بریتانیا (شرکت هند شرقی بریتانیا) در تضعیف امپراتوری درانی به تدریج و با استراتژی‌های مختلفی صورت گرفت:

- جلوگیری از لشکرکشی به هند (به خصوص زمانشاه:) بریتانیایی‌ها از بازگشت قدرت درانی به هند (به سبک احمدشاه) و اتحاد مسلمانان هندی علیه آن‌ها به شدت نگران بودند.
  - آن‌ها از طریق دیپلماسی و ارسال نمایندگان به دربار درانی (مانند مونت‌استوارت الفینستون در زمان شاه شجاع) سعی کردند مانع از پیشروی درانیان به سمت هند شوند.
  - در مواقع لزوم، با حمایت از رقبا و مخالفان داخلی درانیان در افغانستان (مانند محمودشاه درانی علیه زمانشاه)، یا تحریک ایران قاجاری برای حمله به خراسان، باعث مشغول شدن پادشاهان درانی در داخل کشورشان می‌شدند.
  - سید محمد صدیق فرهنگ در کتاب "افغانستان در پنج قرن اخیر" به صراحت اشاره می‌کند که انگلیسی‌ها برای جلوگیری از لشکرکشی زمانشاه به هند، دو راه در پیش داشتند: اعزام قوا به دهلی یا ایجاد نفاق در افغانستان تا پادشاه درانی درگیر مسائل داخلی شود. آن‌ها بیشتر بر راه دوم تمرکز کردند.
- رقابت "بازی بزرگ": در اوایل قرن نوزدهم، با نزدیک شدن نفوذ روسیه به آسیای مرکزی و مرزهای شمالی افغانستان، بریتانیا به شدت نگران نفوذ روسیه به هند از طریق افغانستان شد (بازی بزرگ). این

نگرانی باعث شد که بریتانیا به دنبال یک دولت دوست یا دست‌نشانده در کابل باشد.

- این سیاست، به مداخله‌های مستقیم بریتانیا در امور داخلی افغانستان انجامید. جنگ اول افغان و انگلیس (۱۸۳۹-۱۸۴۲) که به منظور نشاندن شاه شجاع (پادشاه درانی فراری و دست‌نشانده بریتانیا) بر تخت کابل انجام شد، نشان‌دهندهٔ این مداخله‌گری بود.

- تشدید بی‌ثباتی داخلی: حمایت بریتانیا از یک شاهزاده درانی در مقابل دیگری، یا تحریک قبایل، به تشدید نزاع‌های داخلی و هرج و مرج در افغانستان کمک کرد. این وضعیت، خود به تضعیف بیشتر قدرت مرکزی درانیان انجامید و راه را برای سقوط آن‌ها هموار کرد.

۳. نقش تیمور شاه درانی و زمانشاه درانی

الف) تیمور شاه درانی (حکومت: ۱۷۷۲ - ۱۷۹۳ میلادی): تیمور شاه، پسر احمدشاه درانی، پس از مرگ پدرش به پادشاهی رسید. نقش او در تضعیف امپراتوری درانی، عمدتاً به دلایل زیر بود:

- انتقال پایتخت از قندهار به کابل و سپس پیشاور: احمدشاه قندهار را به عنوان پایتخت خود برگزیده بود که از نظر جغرافیایی در مرکز مناطق پشتون‌نشین و به قبیله درانی نزدیک بود. تیمور شاه پایتخت را ابتدا به کابل و سپس به پیشاور (پایتخت زمستانی) منتقل کرد. این امر فاصلهٔ پادشاه از پایگاه قدرت قبیله‌ای در قندهار را افزایش داد و به تدریج به تضعیف وفاداری قبایل درانی به مرکز کمک کرد.

- کاهش فتوحات و منابع مالی: برخلاف پدرش، تیمور شاه به دنبال فتوحات جدید در هند نبود و بیشتر به تحکیم مرزهای موجود و سرکوب شورش‌های داخلی پرداخت. این امر باعث کاهش جریان غنایم و خراج از هند به خزانهٔ امپراتوری شد، که خود به ضعف مالی و در نتیجه، عدم توانایی در نگهداری ارتشی قدرتمند و خرید وفاداری قبایل انجامید.

- عدم تعیین ولیعهد: تیمور شاه دارای ۳۳ پسر بود و به دلایل نامعلومی، ولیعهدی برای خود تعیین نکرد. این بی‌تدبیری یا بی‌میلی، پس از مرگ او به جنگ‌های جانشینی خونین و خانمان‌سوز بین پسرانش منجر شد که اساس امپراتوری را از درون پوساند.

ب) زمانشاه درانی (حکومت: ۱۷۹۳ - ۱۸۰۰ میلادی): زمانشاه، یکی از پسران تیمورشاه، پس از نبردهای خونین جانشینی به قدرت رسید و نقش او در تسریع سقوط امپراتوری از جنبه‌های زیر بود:

- تمرکز بر لشکرکشی به هند: زمانشاه آرزوی احیای شکوه پدربزرگش احمدشاه را داشت و چندین بار به قصد لشکرکشی به پنجاب و دهلی اقدام کرد. او می‌خواست مسلمانان هند را از سلطه سیک‌ها و بریتانیا نجات دهد.

- غفلت از مشکلات داخلی و غرب امپراتوری: تمرکز زمانشاه بر هند، باعث غفلت او از شورش‌های داخلی و تهدیدات در مرزهای غربی (از سوی قاجارها) شد. این امر به برادرش، محمودشاه درانی (که والی هرات بود و توسط ایران و بریتانیا تحریک می‌شد)، فرصت داد تا علیه او توطئه کند.

- درگیری با بریتانیا و ایران: لشکرکشی‌های زمانشاه به هند، بریتانیا را به شدت نگران کرد و آن‌ها را به مداخله بیشتر در امور داخلی افغانستان تشویق نمود. بریتانیا و ایران قاجاری با تحریک محمودشاه و دیگر مخالفان داخلی، زمانشاه را از درون مشغول نگه داشتند و او هرگز نتوانست به طور کامل به اهداف خود در هند دست یابد.

- سقوط توسط برادرش: سرانجام، زمانشاه در سال ۱۸۰۰ میلادی (۱۲۱۵ هجری قمری) توسط برادرش محمودشاه و با کمک سردار بزرگ قبیله بارکزی، فتح‌خان بارکزی، از سلطنت خلع شد و چشمانش را کور کردند. این سقوط، آغاز یک دورۀ طولانی هرج و مرج و جنگ‌های داخلی (عصر "فتنه" یا "زوال سدوزایی") بود که به طور کامل به قدرت امپراتوری درانی پایان داد و راه را برای ظهور سلسله بارکزایی (امارت افغانستان) هموار کرد.

مداخلات استعماری انگلیس در افغانستان

مداخلات استعماری انگلیسها در امور افغانستان از سال ۱۷۹۶م در زمان سلطنت زمانشاه نواسهٔ احمدشاه بابا آغاز گردیده و برای ۱۲۳ سال بعدی تا سال ۱۹۱۹م ادامه می یابد. در طول این مدت سیاست انگلیسها در برابر افغانستان سه مرحلهٔ آتی را در بر داشت:

۱. تضعیف، گسست و زوال امپراطوری ابدالی از داخل و با کمک رقبای منطقوی آن (۱۷۹۸-۱۸۳۷م)؛

۲. اقدام مستقیم در مستعمره ساختن افغانستان (۱۸۳۸-۱۸٤۲، و ۱۸۷۸-۱۸۸۰م)و

۳. تبدیل افغانستان به یک کشور حایل تحت الحمایه (۱۸۸۱-۱۹۱۹م).

مرحله اول- (۱۷۹۸-۱۸۳۷م)

بر خورد اول افغانها با استعمارگران انگلیسی با آنکه بصورت غیر مستقیم صورت گرفت اما برای ملت افغانستان مرگبار بود.

در سال ۱۷۹۸م مردم هندوستان و مهاراجه های آن از گسترش استعمار انگلستان توسط کمپنی هند شرقی در بنگال، مدراس، میسور و بمبئ به تشویش بوده از زمانشاه پادشاه افغانستان دعوت میکنند تا برای راندن انگلیسها از هندوستان به هند لشکرکشی کند. مهارجه های هندوستان حاظر شدند روزانه یک لک روپیه مصارف اردوی زمانشاه را بپردازند. زمانشاه با قوای بزرگی به هند لشکر کشی میکند.

انگلیسها دست و پاچه شده به فکر چاره می افتند و آنها مهد علیخان بهادر جنگ را با اعتبارات زیاد به دربار فتح علیشاه قاجار به ایران اعزام میکنند و از شاه قاجاری میخواهند تا بالای افغانستان لشکر کشی کند. در این زمان شاه قاجار از حکومت درانی بالای مشهد و خراسان ایران نیز ناراضی بود و در صدد بهانه میگشت. مهدعلی خان خودش مینویسد که او از شاه خواست تا شاهزاده شاه محمود برادر زمانشاه و پسر او کامران را کمک کند تا جانشین زمانشاه

گردد. قوای زمانشاه در نزدیکی های دهلی رسیده بود که خبر لشکر کشی ایرانیها به قندهار به او میرسد. او ناگذیر به قندهار بر میگردد که در آنجا گرفتار و از دوچشم نا بینا شده شاه محمود به عوض او به تخت مینشیند.

بدین سان با توطئهء انگلیسها و کمک ایرانیها برادر کشیها و جنگهای خانگی میان شاهزاده گان و بزرگان قومی سدوزاییها، بارکزاییها در افغانستان آغاز و دامن زده میشود و برای چهل سال تا جنگ اول افغان و انگلیس در سال ۱۸۳۸م در زمان پادشاهی امیر دوست محمد خان ادامه میابد.

استعمار گران انگلیسی بعد از چهل سال دسیسه، و اتحادهای نامقدس با همسایگان منجمله رنجیت سنگ در شرق، دولت قاجاری فارس در غرب، و تحریک شاهزاده گان برضد یکدیگرموفق به تضعیف دولت مقتدر ابدالی میگردند. رنجیت سنگ در طول ۱٦سال از ۱۸۱۸م تا ۱۸۳٤م به کمک انگلیسها کشمیر، ملتان، سند را تصرف کرده در سال ۱۸۲۰م از دریای سند عبور میکند مناطق پشتون نشین دیره غازی خان، را تصرف میکنند تا اینکه در سال ۱۸۳٤م پشاور را اشغال میکنند.

در سال ۱۸۳۸م از امپراطوری ابدالی چهار قدرت محلی باقیمانده بود: کابل، امیر دوست محمد خان، قندهار سردار کهندل خان، هرات شهزاده کامران میزا (پسر شاه محمود) و ترکستان افغانی که از دریای آمو تا کوههای هندوکش بود بدست حکام محلی افتاده بود. به اینصورت در سال ۱۸۳۹م شرایط برای اشغال افغانستان توسط انگلیسها کاملاً فراهم بود.

مرحلهٔ دوم ــ ۱۸۳۸-۱۸٤۲، و ۱۸۷۸-۱۸۸۰م

انگیسها دوبار کوشیدند افغانستان را مانند هندوستان به یک مستعمرهٔ تمام عیار مبدل نمایند. بار اول انگلیسها به بهانهء پیشگیری از روسها، در ماه مارچ سال ۱۸۳۹م جنگ اول افغان و انگلیس را برای اشغال و مستعمره ساختن بالای افغانستان تحمیل میکنند.

نتیجه نهایی آن شد که در نتیجه مقاومت مردم افغانستان انگلیس ها در سال ۱۸٤۲م مجبور به عقب نشینی بسوی جلال آباد میشوند که در منطقهء گندمک از طرف افغانها طرف حمله قرار گرفته همه به استثنی محدودی زندانی کشته میشوند و تنها شخصی بنام داکتر برایدن خودرا به جلال اباد رسانیده خبر نابودی قوای انگلیسی را به قوای انگلیسی مستقر در آنجا میرساند.

افغانها اختلافات قومی و زبانی خودرا یکطرف گذاشته و برای اخراج انگلیسها از پایتخت خود متحد شدند.

در کابل شاه شجاع کشته میشود و انگلیسها ناگذیر امیردوست محمد خان را از اسارت ازاد کرده او دوباره به امارت افغانستان میرسد.

امیردوست محمد خان بعد از وفات سردار کهندل خان، قندهار را تابع مرکز میکند و ترکستان افغانی را در سالهای ۱۸۵۰م تا ۱۸۵۵ دوباره به دولت مرکزی متحد ساخت، متعاقباً در سال ۱۸۶۱م بالای هرات لشکر کشیده بعد ازده ماه محاصره شهر را تسلیم میشود و به اینصورت اتحاد تمام سرزمینهای فعلی افغانستان بار دیگر تآمین میشود.

بار دوم انگلیسها مطابق استراتژی استعماری فوروارد پالیسی خود خواستند بزور سفیر خودرا در کابل مستقر کنند. بیاد بیاوریم که در سپتمبر سال ۱۸۷۸م امیر شیرعلی خان، به پیروی از امیر دوست محمد خان (۱۸۴۳م)، بازهم از قبولی سفیر انگلستان بدربار کابل اجتناب میکند. با وجود آن لارد لایتن وایسرای هند برطانوی بدون موافقهء امیر به اعزام سفیر خود به کابل اقدام میکند. مآمورین سرحدی افغان در شرق درهء خیبر از ورود نیول چمبرلن Neville Bowles Chamberlain که، بعدها صدراعظم بریتانیای کبیر شد، به عنوان نمایندهء اعزامی دولت انگلستان به خاک افغانستان جلوگیری میکنند. در مقابل لارد لیتن وایسرای هند برطانوی میخواهد بزور سفیر خودرا در کابل نصب کرده افغانستان را به یک مستعمرهء تمام عیارمبدل نماید. برای این منظور قوای برطانوی از سه محاذ مشرقی، جنوبی و قندهار در سال ۱۸۷۸ بالای افغانستان حمله نموده و با آغاز جنگ دوم افغان و انگلیس کابل را در محاصره میگیرند. امیر شیرعلی خان برای جلب حمایت روسها به بخارا میرود اما مآیوسانه به مزارشریف برگشته در همانجا وفات میکند وپسرش محمد یعقَوب خان در کابل جانشین او میگردد.

انگلیسها به خونخواهی نابودی کامل اردوی انگلستان در جنگ اول افغان و انگلیس که در سال ۱۸۴۲م درمنطقهء گندمک بین کابل و جلال آباد واقع شده بود، در همان محل خیمه زده و معاهدهء گندمک را در۲۸ مئ ۱۸۷۹ بالای امیرمحمد یعقوب خان تحمیل کردند.

معاهدهء گندمک دو شرط اساسی داشت:

۱ دولت افغانستان سفیر دولت هند برطانوی را که اروپایی نژاد خواهد بود در کابل قبول کند؛ و

۲ دولت افغانستان روابط خودرا با کشور های خارجی به مشوره سفیر انگلیسی اجرآ نماید و در بدل آن دولت هند برطانوی سالانه یک سبسدی به افغانستان میپردازد.

سر لویی کیوناری که معاهده گندمک را با امیر امضا کرده بود با حمایت قوای انگلیسی به حیث سفیر بریتانیا وارد کابل میشود. طئ دو ماه اقامت خود در کابل، کیوناری به وضاحت نشان داد که نقش او نه تنها مشوره دادن در امور خارجی بوده بلکه در عمل به مثابه زمامدار اصلی فعالیت خواهد کرد. به این ترتیب شرایط تبدیل کشور به یک مستعمره مستقیم بریتانیا فراهم شده بود.

اما مردم افغانستان خیالات دیگری داشته دست به قیام زدند و با تار و مار کردن قوای انگلیسی مقیم کابل و کشتن سر لوئی کیوناری، دو ماه بعد از آمدن او، پاسخ لازم را به بریتانیا دادند. خارجیها نمیتوانند بالای مردم افغانستان مستقیما حکومت کنند!

متعاقبا قوای انگلیسی وارد کابل شده به تنبیه مردم شهر میپردازند. امیرمحمد یعقوب خان از سلطنت دست شسته و انگلیسها اورا به هندوستان تبعید میکنند. اغتشاش و نا آرامی ادامه می یابد و در این گیرو دار سر کلاوه از دست انگلیسها گم میشود.

مردم شمالی و رهبرانی مانند میرمسجدی خان و برادرش میر درویش به جمع آوری قوا میپردازند و تحت زعامت میر بچه خان قوای انگلیسی را در شمالی مورد حمله قرار میدهند در حالیکه برادران جنوبی آنها به رهبری ملا مشک عالم از جنوب شهر کابل را طرف حمله قرار میدهند.

تا آنکه انگلیسها در مقایسه با شرایط هرج و مرج و اغتشاش به امارت عبدالرحمن خان برادر زاده امیر شیرعلی خان بالای تمام کشور موافقه نموده موصوف از بخارا بکابل آمده در جولای سال ۱۸۸۰م به حیث امیر زمام امور کشور را بدست میگیرد. به تعقیب آن انگلیسها در جنگ میوند شکست فاحش خورده از افغانستان خارج میگردند.

در مقایسه با شرایط هرج و مرج و اغتشاش در سرحدات شمال غرب هند برطانوی انگلیسها ناگذیر امارت امیر عبدالرحمان خان را ترجیح داده از تاکید به داشتن سفیر در کابل صرف نظر کرده اما نظارت بر امور خارجی افغانستان را به عهده میگیرند.

مرحلۀ سوم – (۱۸۸۱-۱۹۱۹م).

سیاست انگلیسها در مقابل افغانستان که عبارت از ایجاد یک دولت حایل و تحت الحمایه است از این زمان آغاز میگردد. متاسفانه پیروزی افغانها در جنگ دوم افغان و انگلیس به پیروزی دپلوماتیک مبدل نگردید و به عوض آنکه امیر عبدالرحمان خان شرایط افغانستان را به انگلیسها دیکته نماید از انگلیسها خواست که آنها چه میخواهند. در نتیجه انگلیسها قادر شدند با وجود شکست در جنگ، افغانستان را به یک کشور حایل تحت حمایت خود مبدل نمایند که این حالت تا ۸ آگست ۱۹۱۹ و امضای معاهده راولپندی ادامه یافت.

در این مرحله انگلیسها منجمله تعیین سرحدات کشوررا با توافق امیر عبدالرحمن خان به عهده میگیرند و در مقابل به پرداخت سبسدی سالانه برای ۳۹ سال آینده تا معاهده راولپندی ادامه میدهند.

بر همین اساس در زمان امیر عبدالرحمان خان و متعاقب او امیر حبیب اله خان انگلیسها در تعیین خطوط سرحدی افغانستان با همسایگان به حکمیت میپردازند اما در اداره‌ء امور داخلی کشور نقشی ندارند.

خلاصهٔ جنگ‌های افغانستان و انگلیس (۱۸۳۹–۱۹۱۹)

علل، جریان و عواقب نظامی و سیاسی

جنگ‌های افغانستان و انگلیس در قرن نوزدهم و اوایل قرن بیستم، بخشی از رقابت استعماری بریتانیا و روسیه (معروف به "بازی بزرگ") بودند. این جنگ‌ها تاثیر عمیقی بر افغانستان و منطقه گذاشتند.

۱. جنگ اول افغانستان و انگلیس (۱۸۳۹-۱۸۴۲م)

جنگ اول افغانستان و انگلیس (معروف به "فاجعه افغانستان" در منابع بریتانیایی) یکی از خونبارترین و شرم آور ترین شکستهای نظامی بریتانیا در قرن نوزدهم بود. این جنگ در پی رقابت استعماری بین بریتانیا و روسیه (معروف به "بازی بزرگ") رخ داد و عواقب سیاسی و نظامی عمیقی برای هر دو طرف داشت.

علل جنگ شامل:

الف) رقابت استعماری (بازی بزرگ)

- تهدید روسیه: بریتانیا نگران بود که روسیه تزاری با نفوذ به افغانستان، هند بریتانیا را تهدید کند.

- حکومت دوست محمدخان: امیر افغانستان، دوست محمد خان، به روسیه نزدیک شد و بریتانیا را نگران کرد.

ب) اهداف بریتانیا

- نصب حکومت دست نشانده: بریتانیا میخواست شاه شجاع (شاه پیشین) را به قدرت بازگرداند تا مطیع منافع آنها باشد.

- کنترل راههای تجاری و نظامی: افغانستان به عنوان "حائل استراتژیک" در برابر روسیه و ایران اهمیت داشت.

جریان جنگ

الف) حمله بریتانیا (۱۸۳۹)

- اردوی بریتانیا (شامل سربازان هندی) به رهبری سر جان کین وارد افغانستان شد.

- سقوط قندهار و کابل: بریتانیا به سرعت کابل را تصرف کرد و شاه شجاع را به قدرت رساند.

ب) شورش افغانها (۱۸۴۱–۱۸۴۲)

- مردم افغانستان تحت رهبری اکبرخان (پسر دوست محمدخان) علیه اشغالگران قیام کردند.

- کشتار نیروهای بریتانیایی: در جنوری ۱۸۴۲، حدود ۱۶,۵۰۰ سرباز و غیرنظامی بریتانیایی در حال عقب نشینی از کابل به سمت جلال آباد قتل عام شدند. تنها یک نفر (دکتر ویلیام برایدن) زنده ماند!

ج) انتقام بریتانیا (۱۸۴۲)

- بریتانیا با اردوی جدید به کابل حمله کرد، شهر را ویران کرد، اما در نهایت مجبور به خروج شد.

عواقب جنگ

الف) عواقب نظامی

- شکست سنگین بریتانیا: این جنگ نشان داد که افغانستان با وجود تکنالوژی نظامی پایین، قابل تصرف نیست.

- تلفات بالا: بیش از ۴,۵۰۰ سرباز بریتانیایی و ۱۲,۰۰۰ همراه هندی کشته شدند.

ب) عواقب سیاسی

- بازگشت دوست محمدخان: پس از خروج بریتانیا، دوست محمدخان دوباره به قدرت رسید.

- تغییر سیاست بریتانیا: بریتانیا به جای اشغال مستقیم، به سیاست حائل نگهداشتن افغانستان روی آورد.

- افزایش مقاومت افغانها: این جنگ روحیه ضد استعمار را در افغانستان تقویت کرد.

ج) تأثیر بر "بازی بزرگ"

- روسیه و بریتانیا متوجه شدند که افغانستان "گورستان امپراتوری ها" است.

- بریتانیا بعدها در جنگ دوم افغانستان (۱۸۷۸–۱۸۸۰) نیز با مقاومت شدید روبرو شد.

۵. نتیجه گیری

جنگ اول افغانستان و انگلیس نشان داد که اشغال افغانستان غیرممکن است ــ درسی که قدرتهای بعدی (شوروی و آمریکا) نیز نادیده گرفتند. این جنگ آغازگر سنت دیرینه مقاومت افغانها در برابر اشغال خارجی بود.

۲. جنگ دوم افغانستان و انگلیس (۱۸۷۸–۱۸۸۰)

علل جنگ

- نفوذ روسیه: بریتانیا نگران بود که افغانستان تحت امیر شیرعلی خان به روسیه نزدیک شود.

- معاهدهٔ گندمک (۱۸۷۸): شیرعلی خان با روسیه پیمان دوستی بست و سفیر بریتانیا را نپذیرفت. در نتیجه انگلیسها حمله کرده در گندمک معاهدهٔ ننگینی را بالای امیر یعقوب خان که بعد از وفات ناگهانی امیر شیرعلی خان به تخت نشسته بود تحمیل نمودند.

- هدف بریتانیا: وادار کردن افغانستان به پذیرش سیاست‌های خارجی تحت کنترل بریتانیا.

جریان جنگ

- ۱۸۷۸: حمله بریتانیا از سه جبهه (قندهار، جلال‌آباد، پیشاور).

- ۱۸۷۹: امضای معاهده گندمک که افغانستان را تحت نفوذ بریتانیا قرار داد.

- ۱۸۷۹—۱۸۸۰: شورش افغان‌ها و قتل سفیر بریتانیا در کابل.

- ۱۸۸۰: نبرد میدان شهید (نیروهای بریتانیا شکست خوردند اما با سیاست‌گذاری جدید، عبدالرحمن خان را به قدرت رساندند).

عواقب

- افغانستان مستقل اما تحت نفوذ بریتانیا (کنترل سیاست خارجی توسط بریتانیا).

- عبدالرحمن خان به عنوان امیر مستبد اما مورد حمایت بریتانیا بر تخت نشست.

- خط دیورند (۱۸۹۳): تقسیم مناطق پشتون‌نشین بین افغانستان و هند بریتانیا (پاکستان امروزی).

منابع:

- "The Second Anglo-Afghan War" — برایان رابسون

- "افغانستان در قرن نوزدهم" — حسن کاکر

۳. جنگ سوم افغانستان و انگلیس (۱۹۱۹)

علل جنگ

- استقلال‌طلبی افغانستان: پس از جنگ جهانی اول، امان‌الله خان خواهان استقلال کامل شد.

- حمایت افغانستان از جنبش‌های ضد استعماری در هند.

- هدف افغانستان: لغو کنترل بریتانیا بر سیاست خارجی افغانستان.

جریان جنگ

- مه ۱۹۱۹: حمله افغان‌ها به سرحدات تحت کنترل هند برتانوی.
- جنگ هوایی: اولین استفاده بریتانیا از بمب‌افکن‌ها در افغانستان.
- آتش‌بس آگست ۱۹۱۹: پس از سه ماه جنگ، افغانستان استقلال کامل یافت.

عواقب

- معاهده راولپندی (۱۹۱۹): بریتانیا استقلال افغانستان را به رسمیت شناخت.
- افغانستان اولین کشور مستقل منطقه شد.
- امان‌الله خان اصلاحات مدرنیستی را آغاز کرد (که بعدها به شورش‌های داخلی انجامید).

منابع:

"The Third Anglo-Afghan War -" – ادوارد جی. اریکسون
- "تاریخ معاصر افغانستان" – میر غلام محمد غبار

۴. نتیجه‌گیری کلی

- افغانستان هرگز کاملاً مستعمره نشد، اما تحت نفوذ بریتانیا قرار گرفت.
- رقابت روسیه و بریتانیا ("بازی بزرگ") تأثیر زیادی بر افغانستان گذاشت.
- خط دیورند تا امروز مناقشه‌برانگیز است.
- افغانستان به عنوان "گورستان امپراتوری‌ها" شناخته شد (درس‌هایی که شوروی و آمریکا نیز نادیده گرفتند).

منابع معتبر این بخش

۱. کتاب "افغانستان در بازی بزرگ" – پیتر هوپکرک
۲. "The First Anglo-Afghan War" – جورج پاتنگر
۳. اسناد آرشیو ملی بریتانیا (از جمله گزارشهای نظامی ۱۸۴۲)
٤. خاطرات دکتر ویلیام برایدن (تناز بازمانده عقب نشینی کابل)
٥- "افغانستان در مسیر تاریخ" – میر غلام محمد غبار
٦- افغانستان در پنج قرن اخیر - میر محمد صدیق فرهنگ

فصل چهارم
ایجاد خط دیورند

در سالهای اخیرا دولت پاکستان مناطق قبایلی را ضمیمه ایالت خیبر پختون‌خوا، که از زمان هند بریطانوی تا سال‌های اخیر ایالت شمال غربی نام داشت، نمود و بدین طریق مناطق مذکور را رسما ضمیمه خاک پاکستان نمود. پارلمان پاکستان اخیرا یک لایحه را تصویب کرد که طبق آن مناطق قبایلی آنطرف خط دیورند با ایالت خیبر پختون‌خواه منضم می‌شود.فاتا FATA یا فدرالی ادمنسترد تراییل ایریاز[۱] (مناطق قبایلی) در حقیقت مناطقی اند که بر اساس معاهده دیورند اداره امور امنیتی و اداری آن را دولت هند بریطانوی به عهده گرفت بدون آنکه شامل قلمرو های هند بریطانوی گردند. بعد از ایجاد پاکستان این مناطق از نظر حقوقی خارج قلمرو رسمی ایالات متشکله پاکستان (ایالات شامل قلمروهای هند بریطانوی سابقه) باقیماندند چون پاکستان تنها وارث قلمروهای مربوطه هند بریطانوی گردید اما اداره این مناطق توسط دولت فدرال پاکستان مانند زمان استعمار بریتانیا همچنان ادامه یافت.

در آنطرف خط دیورند اعضای حزب جمعیت علمای اسلام به رهبری مولانا فضل الرحمن وحزب پشتونخوا ملی عوامی به رهبری محمود خان اچکزی از اشتراک در نشست پارلمان پاکستان خود داری کردند. وزارت سرحدات اقوام وقبایل افغانستان انضمام مناطق قبایل به ایالت خیبر پختون‌خواه پاکستان را اقدام یکجانبه خوانده رد کرد. طبق اخبار نشر شده معین وزارت اقوام وقبایل افغانستان به رادیو آزادی گفت که اسلام آباد دراین اقدام خود نظر مردم قبایل را نگرفته و ضمن تلاش های خود برای به رسمیت شناسی خط دیورند گام برداشته است.

یکبار دیگر نظریات متضاد در باره خط دیورند و موقف امروزی آن موضوع داغ تفسیر های سیاسی رسانه‌ها در افغانستان گردید. برخی از برداشت‌ها و سوالاتی راکه در مورد معاهده دیورند دوستان فیسبوکی طرح کرده اند چنین می‌توان جمعبندی کرد:

- در زمان حکمروایی عبدالرحمن خان، افغانستان یک کشوار آزاد و مستقل نبود. ایا حکام یک کشور اشغال شده صلاحیت قانوني امضای قرارد مانند موافقتنانمه خط دیورند را دارند؟
- آیا این ادعا که هدف معاهده دیورند در زمان انعقاد تعیین خط سرحدی میان افغانستان و هند بریطانوی بوده و با ایجاد دولت پاکستان به مثابه وارث قلمروهای هند بریطانوی در غرب نیم قاره هند خط دیورند اکنون سرحد شناخته شده بین‌المللی پاکستان و افغانستان را تشکیل می‌دهد درست است؟·
- در تلویزیون‌ها اسنادی را نشان داده اند که گویا زمامداران پشتون بشمول امان‌الله خان خط دیورند را برسمیت شناخته اند، شما در این مورد چه نظر واسناد می‌توانید ارایه کنید ؟
- آیا ادعای احمد سعیدی درست است که گویا مطابق به مواد ۶۹ و مادة ۷۴ منشور سازمان ملل متحد معاهده دیورند تابع زمان است و چون بیش از صد سال از آن گذشته یک موضوع حل شده می‌باشد؟[۲]
- برعکس فوق،آیا ادعای کسانی‌که می‌گویند معاهده دیورند بعد از صد سال قابل تجدید نظر است درست است؟
- موقف رسمی و غیر رسمی دولت افغانستان در مورد خط دیورند چیست؟
- موقف پاکستان، رسمی و غیبر رسمی، در مورد خط دیورند چیست؟
- هرگاه اختلاف افغانستان و پاکستان بالای خط دیورند به یک حکمیت بین‌المللی ارجاع شود آیا شانس پیروزی موقف افغانستان موجود است؟
- آیا به رسمیت شناختن خط دیورند می‌تواند تضمین کننده توقف مداخله پاکستان در افغانستان باشد؟
- آیا با به رسمیت شناختن خط دیورند وسیله یک فشار بر دولت پاکستان را از دست نخواهیم داد؟
- آیا طرح کننده‌گان موضوع خط دیورند، واقعا به این عقیده اند که به رسمیت شناختن این خط حلال مشکلات موجود در کشور است؟ یا اینکه در زیرکاسه آن‌ها نیم کاسه قرار دارد؟
- آیا "فتوای حقوقی"، ساختهٔ آقای غلام محمد محمدی، شخصیت تنظیمی شورای نظار، در مورد خط فرضی دیورند، که به نفع پاکستان صادر نمودند، به مثابهٔ "خیانت ملی" تلقی نمی‌گردد؟
  - موضوع معاهدهٔ خط دیورند با مسلهٔ شناخت حق مردمان پشتون و بلوچ آنطرف خط دیورند در تعیین سر نوشت شان چه ارتباط دارد؟

- ایا پشتون‌های پاکستانی خواهان متصرف شدن سرزمین شان توسط افغانستان هستند؟
- ·یکتعداد پشتون‌های آنطرف خط دیورند از موقف پاکستان در موضوع حمایت می‌کنند شما در این مورد چه می‌گویید؟
- آیا بخاطر عقد معاهدهٔ دیورند می‌توان امیرعبدالرحمن خان را وطن فروش نامید؟

تعدادی هم معتقد اند که در هیچ سندی امضأ امیر عبدالرحمن خان موجود نیست بنا بر آن چنین معاهدهٔ از نظر حقوقی اصلا وجود ندارد.

در اینجا هدف از بررسی موضوع معاهدهٔ خط دیورند دانستن بهتر خود معاهدهٔ دیورند و موقف موجودهٔ آن است. در این مقاله کوشش می‌گردد تا جای امکان به سوالات فوق برویت اسناد معتبر پاسخ داده شود.

سابقه تاریخی

وقتی مونتستیوارت الفنستون به عنوان نمایندهٔ سیاسی استعمارگران انگلیسی در سال ۱۸۰۹م بدربار شاه شجاع پادشاه افغانستان در پایتخت زمستانی او در پشاور مشرف شد تا یک معاهده اتحاد بر ضد تجاوز احتمالی ناپلیون با موصوف امضأ کند قلمروهای سلطنت کابل تا کشمیر، پنجاب و سند امتداد داشت (الفنستون، گزارش سلطنت کابل و ملحقات آن در هندوستان، تارتاری و فارس[۳]). در آنزمان دولت افغانستان یک تهدید بالقوه در برابر گسترش سلطهٔ استعماری بریتانیا در نیمقارهٔ هندوستان محسوب می‌گردید. قابل یادآوری است که مهاراجه های هندوستان در سال‌های اخیر قرن هژدهم از زمانشاه پادشاه افغانستان طلب کمک کرده بودند و حاظر شده بودند مصارف قوای افغانی را برای بیرون راندن انگلیس‌ها از هندوستان بپردازند (مراجعه شود به کتاب محمود محمود، تاریخ روابط سیاسی انگلیس و ایران در قرم ۱۹، چاپ تهران). از این جهت انگلیس‌ها برای تضعیف دولت افغانستان با رنجیت سنگ در پنجاب همکاری نمودند تا رنجیت سنگ یک دیوار باشد تا افغان‌ها نتوانند به مردم هند در مقابل انگلیس‌ها کمک نمایند. موجودیت چنین یک دیوار به انگلیس‌ها موقع داد تا اول تمامی مناطق هند جنوبی را در تحت کنترل آورده پس از آن دیوار رنجیت سنگ را که هردو طرف دشمن درانتظارش بودند ازبین برده خود در مقابل یک دولت ضعیف شده در کابل قرار بگیرند.

بر این اساس از سال ۱۸۱۸م به بعد اول در نتیجه تجاوزات مسلحانهٔ رنجیت سنگ (۱۸۱۸-۱۸۳۸ م) و متعاقباً تجاوزات انگلیس‌ها طی جنگ‌های متعدد منجمله جنگ اول افغان و انگلیس (۱۸۳۸-۱۸٤۲م) و جنگ دوم افغان و انگلیس (۱۸۷۹-۱۸۸۲ م) مناطق و قلمروهای دولت افغانستان در دو طرف دریای سند از طریق جنگ و تحمیل معاهدات استعماری (معاهده جمرود ۱۸۵۵م در زمان امیردوست محمد خان[٤] و متعاقباً معاهده گندمک ۱۸۷۹ م با امیر محمد یعقوب خان) از پیکر افغانستان جدا گردیدند. (به این ارتباط لازم به یادآوری است که معاهده سه جانبه۲٦ جون سال ۱۸۳۸م شاه شجاع با رنجیت سنگ و انگلیس‌ها در لاهور و توافق او در واگذاری قلمروهای متبوعهٔ افغانستان در پنجاب به رنجیت سنگ فاقد اعتبار است زیرا موصوف در آنزمان امیر و یا شاه برحال افغانستان نبود و این توافق را به عنوان زعیم خانواده سدوزایی عقد کرده بود نه پادشاه افغانستان[٥].)

عقد معاهده دیورند

دلایل عقد معاهده دیورند

بعد از ختم جنگ‌های دوم افغان و انگلیس در سال ۱۸۸۲م مناطق زیادی از چترال در شمال تا چمن در جنوب در دست قوای متجاوز انگلیس قرار داشت که خارج از حدود قلمروهای رسمی هند بریطانوی بودند. از انجاییکه حوزه‌های نفوذ دولت‌های افغانستان و هند بریطانوی در مناطق سرحدی واضح نبودند برای جلوگیری از بروز اختلافات میان جانبین معاهده دیورند در دوازدهم نوامبر سال ۱۸۹۳ م میان امیر عبدالرحمن خان و سر هنری مورتمر دیورند (Sir Mortimer Durand) وزیر خارجه دولت هند بریطانوی در کابل به امضا رسید. در آن زمان مطابق به معاهده تحمیلی استعماری سال ۱۸۷۹ گندمک افغانستان در اجرای امور سیاست خارجی خود وابسته به هند بریطانوی بود.

هدف عقد معاهده دیورند

معاهده دیورند حوزه‌های نفوذ دو دولت را بالای قبایلی که در غرب دریای سند از چترال تا بلوچستان زنده‌گی می‌کردند تعیین می‌کند. این مناطق از یکطرف در نتیجه تجاوزات رنجیت سنگ و انگلیس‌ها از حیطهٔ نفوذ دولت افغانستان خارج گردیده بود اما در عین زمان از لحاظ اداری رسما شامل قلروهای هند بریطانوی (۱۹۳۵ م) نیز نبودند. ایالت سرحدی شمال‌غرب در سال ۱۸۴۹م ایجاد گردید و بر اساس معاهده دیورند مناطق آزاد قبایلی (چترال، سوات، دیر، باجور، خیبر، کرم وزیرستان) که بدون سرنوشت بودند از سال ۱۸۹۳م به بعد به مثابه مناطق حایل میان قلمروهای هند بریطانوی و قلمروهای دولت افغانستان تحت نفوذ امنیتی هند بریطانوی قرار گرفتند بدون آنکه از لحاظ اداری رسما شامل قلروهای هند بریطانوی گردند.

سوال اساسی اینجاست که آیا خط دیورند سرحد رسمی بین‌المللی میان افغانستان و پاکستان است؟ برویت اسناد از خود منابع انگلیسی بخصوص با تأیید شخص دیورند هدف معاهده دیورند تعیین خط سرحدی میان افغانستان و هند بریطانوی نبوده بلکه هدف آن تعیین حدود نفوذ این دو بالای اقوام ساکن مناطق قبایلی غرب دریای سند بود که تا امروز اکثر این مناطق به نام مناطق آزاد قبایلی یاد می‌گردند. مهمتر از همه اینکه شخص خود سر هنری مورتمر دیورند که در سال ۱۸۹۳ وزیر خارجهٔ دولت هند بریطانوی بود و معاهده دیورند را با امیر

عبدالرحمن خان امضا کرد و معاهده به نام او معروف است این نظر را تأیید می‌کند، دیورند در یک مصاحبه در سال ۱۸۹۷ با ایشیاتیک کوارترلی جورنال می‌گوید: "اقوامی راکه در طرف هندوستان واقع شده اند نباید در محدودهٔ قلمرو دولت هند بریطانوی قلمداد کنیم. آن‌ها صرفاً، تا جاییکه به امیر مربوط است، در زیر نفوذ ما به معنی تخنیکی کلمه قرار دارند، آنهم تا جاییکه خودشان به این نفوذ تن در دهند و یا ما این نفوذ را تحمیل کنیم". همچنان دایره المعارف بریتانیکا می‌نویسند که "معاهده سال ۱۸۹۳ دیورند مناطق نفوذ دولت هند بریطانوی و دولت افغانستان را برای تطبیق قانون مشخص می‌کند و هرگز به عنوان یک سرحد بین‌المللی بطور دیجوره مد نظر نبوده است.[٦]"

مدت اعتبار معاهده دیورند

بر اساس تعامل دولت انگلستان، معاهدات با امیران افغانستان معاهدات شخصی با امیر مربوطه از طرف دولت هند بریطانوی پنداشته شده و با مرگ امیر و یا عزل او این معاهدات از اعتبار خارج بودند. برای همین منظور اگر دولت هند بریطانوی تمدید میعاد معاهده را مطابق به منافع خود میدید ناگذیر به تعهد رسمی امیر جدید نیاز داشت. به همین دلیل بعد از وفات امیر عبدالرحمن خان انگلیس‌ها تعهد امیر حبیب الله خان را برای تمدید اعتبار معاهده دیورند در سال ۱۹۰۵م گرفتند و بعد از کشته شدن او توافق امیر امان‌الله خان را در مورد ادامهٔ اعتبار معاهده دیورند در معاهده هشتم آگست سال ۱۹۱۹م راولپندی بدست‌آورده اعلان کردند که با استقلال کامل افغانستان در امور خارجی خود تمام معاهدات قبلی با امیران افغانستان منسوخ و از اعتبار خارج می‌گردند.

طوری‌که گفته شد بعد از وفات امیر عبدالرحمن خان پسر او امیرحبیب اله خان در سال ۱۹۰۵م تعهد پدر خود را در مورد معاهدهٔ دیورند تأیید می‌کند. در معاهدهٔ ۱۹۰۵ که توسط امیر حبیب‌اله خان امضا شد "ادامهٔ معاهدات میان امیر عبدالرحمن خان و دولت هند بریطانوی" تأیید شده و در پاراگراف دوم گفته می‌شود که "من مطابق به این معاهدات عمل کرده ام، عمل می‌کنم، وعمل خواهم کرد و در هیچ معامله با آن‌ها مخالفت نخواهم کرد."

متعاقب او دولت امیر امان‌الله خان تعهد امیر حبیب‌اله خان به ارتباط خط دیورند را در معاهده آتش بس هشتم آگست سال ۱۹۱۹م راولپندی دوباره تأیید کرد. اما برویت مکتوب سر الفرد همیلتون گرانت گرانت وزیر خارجه دولت هند بریطانوی و رییس هیأت انگلیس[٧] که به حیث ضمیمهٔ دوم معاهده رسما عنوانی علی احمد خان رییس هیات افغانی[٨] نوشته شده تمام معاهدات قبلی امیران افغانستان با دولت هند بریطانوی فسخ شده اعلان گردیدند.

موافقتنامه ۸ اگست سال ۱۹۱۹ راولپندی

معاهدهٔ راولپندی در ذات خود یک معاهدهٔ موقتی آتش بس بود و قرار بود بعداً به امضای یک معاهدهٔ دوستی میان دوطرف در کابل به انجامد. بعد از توافق بالای متن معاهدهٔ راولپندی رییس هیات افغانی علی احمد خان اعتراض می‌کند که در مسوده معاهده هیچ اشاره به استقلال افغانستان نشده است. در مقابل سر الفرد همیلتون گرانت گرانت وزیر خارجه دولت هند بریطانوی و رییس هیات انگلیسی در مکتوبی عنوانی علی احمد خان رییس هیات افغانی که به حیث ضمیمهٔ شماره دوم رسما به معاهده اضافه شد مواد آتی را تأیید می‌کند که با امضأ معاهده آتش بس راولپندی در ۸ اگست سال ۱۹۱۹:

- انگلستان آزادی افغانستان را در اجرای امور داخلی و خارجی خود برسمیت شناخته؛
- سبسدی یا کمک پولی دولت انگلستان به افغانستان خاتمه یافته؛
- تمام معاهدات قبلی امیران افغانستان با دولت هند بریطانوی فسخ شده اعلان گردیدند؛ و
- واردات اسلحه توسط افغانستان از طریق هندوستان ممنوع اعلان شد.

سر الفرد همیلتون گرانت گرانت (Foreign Secretary of the Government of India ۱۹۱۴-۱۹۱۹ Grant Sir Alfred Hamilton) وزیر خارجه دولت هند بریطانوی رییس هیات انگلیسی در مذاکرات صلح راولپندی بود و ریاست هیات افغانستان را علی احمد خان)پسر کاکای امان‌الله خان) به عهده داشتند. یکتعداد نویسنده‌گان منجمله لویی دوپری معتقد اند که گرانت به عنوان یک دیپلومات کارگشته قادر شد از علی احمد خان امتیازات بگیرد.. بخصوص پشتون‌های مناطق غرب دریای سند با این توافق راضی نبودند. حتی گفته می‌شود که امان‌الله خان با مفاد این توافق کاملاً خوشنود نبود و علی احمد خان را از وظیفه اش برکنار کرد و از خسر خود محمود طرزی خواست تا منبعد ریاست مذاکرات با انگلیس‌ها را بگیرد. علی احمد خان سرنوشت نافرجامی دارد و به امرامیر حبیب‌اله کلکانی در سال ۱۹۲۹ در کابل به توپ پرانده و اعدام شد.

در مادۀ پنجم موافقتنامه راولپندی معاهدۀ دیورند "طوری‌که از جانب امیر متوفی قبول شده بود" باز هم تأیید می‌گردد (.Historical Dictionary of Afghanistan, p ٤٦٥, Ludwig W. Adamec:).

باید بخاطر آورد که معاهدۀ راولپندی زیر تهدیدهای شدید دولت هند بریطانوی به امضأ رسید. تهدید های انگلستان در مذاکرات راولپندی شامل اقدامات آتی بود:

- اشغال جلال آباد؛
- ادامۀ کنترول سیاست خارجی توسط بریطانیه؛
- قطع راه‌های تجارتی افغانستان؛ و
- قبولی بریطانیه به مثابه دولت برتر و ترجیحی در تمام روابط خارجی.

کنفرانس میسوری هند ۱۷ اپریل تا ۱۸ جولای ۱۹۲۰

معاهدۀ راولپندی در ذات خود یک معاهدۀ موقتی آتش بس بود و تمام مسایل مورد اختلاف جانبین را نتوانست احتوا نماید. در حقیقت برای رسیدگی به این مسایل یک کنفرانس در میسور میان نماینده گان دولت افغانستان، بریاست محمود طرزی وزیر خارجه و خسر امان‌الله خان، دولت هند بریطانوی دایر شد که بکدام نتیجه نرسید.

قبایل آنطرف خط دیورند معاهدۀ اگست سال ۱۹۱۹ را به مثابه یک معاهدۀ آتش بس نگریسته و انتظار داشتند هرگاه انگلیس‌ها به تقاصاهای دولت افغانستان گردن ندهد جنگ دوباره اغاز شود.

در حقیقت برای رسیدگی به این تقاضاها یک کنفرانس در میسور میان نماینده گان دولت افغانستان، بریاست محمود طرزی وزیر خارجه و خسر امان‌الله خان، دولت هند بریطانوی دایر شد که بکدام نتیجه نرسید.

معاهدۀ سال ۱۹۲۱م کابل میان دولت‌های انگلستان و افغانستان

معاهدهٔ ۲۲ نوامبر سال ۱۹۲۱ میان دولت‌های انگلستان و افغانستان (Anglo-Afghan Treaty of[۹] ۱۹۲۱) اولین معاهده ایست که میان دولت افغانستان و دولت بریطانیه انعقاد میبابد. تمام معاهدات قبلی میان دولت هند بریطانوی و امیران افغانستان منعقد می‌گردید نه با دولت افغانستان و از همین لحاظ از جانب انگلستان این ها معاهدات شخصی با امیران افغانستان تلقی شده و با عزل یا مرگ امیران منتفی تلقی می‌گردیدند. هدف انگلیس‌ها از این پالیسی آن بود که خود را مقید به هیچ معاملهٔ قبلی ندانسته با رویکار آمدن هر امیر جدید نظر به تقاضای وقت امتیازات بیشتری کسب کنند.

ماده دوم معاهده سال ۱۹۲۱ کابل تعهد ماده پنجم معاهده راولپندی را در مورد خط دیورند تأیید می‌نماید. اما مطابق به ماده چهاردهم، معاهده مذکور موقتی بوده صرف برای سه سال اعتبار داشت و طرفین با اطلاع قبلی یکساله می‌توانستد آن را ملغی اعلان کنند. [۱۰] بر همین اساس در ماه جون سال ۱۹۲۵م لارد بیرکنهد وزیر مستعمرات بریطانیا (Lord Birkenhead in a memorandum circulated in June ۱۹۲۵) بعد از ختم سه سال از معاهده ۱۹۲۱م کابل طئ یک یادداشت رسمی به پارلمان انگلستان تأیید می‌کند که "این معاهده برای سه سال اعتبارداشت و اکنون بعد از گذشت سه سال این معاهده از جانب طرفین با ارائهٔ یکسال یادداشت قبلی قابل فسخ می‌باشد"[۱۱].

آیا معاهده دیورند هنوزهم مورد اعتبار است؟

قبلاً توضیح گردید که معاهده دیورند با وفات امیرعبدالرحمن خان از اعتبار افتاد و زیر فشار انگلیس‌ها امیر حبیب الله خان ناگذیر به تعهد اعتبار آن درسال ۱۹۰۵م گردید که با مرگ وی این تعهد در سال ۱۹۱۹م نیز از اعتبار ساقط می‌شود و انگلیس‌ها تمدید اعتبار آن را در توافق آتش بس ۸ آگست ۱۹۱۹م راولپندی میگنجانند. متعاقباً معاهده موقت سه سالهٔ ۱۹۲۱ کابل جانشین معاهده راولپندی می‌گردد. دولت‌های بریتانیا و افغانستان تا سال ۱۹۴۹م به تطبیق معاهدهٔ سال ۱۹۲۱م کابل وفادار باقی بودند تا اینکه بعد از ایجاد دولت پاکستا،ن و بخصوص در اعتراض به بمباران قسمت‌هایی از ولایت پکتیا توسط پاکستان، دولت افغانستان در لویه جرگه سال ۱۹۴۹م دولت افغانستان تمام معاهدات با دولت هند بریطانوی را ملغی اعلام کرد. در همان وقت نماینده افغانستان کوشید تا موضوع در شورای امنیت ملل متحد مطرح گردد اما با مخالفت امریکا از طرح آن جلوگیری شد. بنابر آن با تطبیق ماده چهاردهم معاهده سال ۱۹۲۱کابل

دولت افغانستان این معاهده را ملغی اعلان نموده و بر این اساس میعاد اعتبار معاهدهٔ دیورند و توافقهای مربوطهٔ بعدی خاتمه میابد.

ادعای احمد سعیدی که گویا مطابق به مواد ۶۹ و مادهٔ ۷۴ منشور سازمان ملل متحد معاهده دیورند تابع زمان است و چون بیش از صد سال از آن گذشته یک موضوع حل شده می‌باشد یک ادعای کاملاً غلط و بی بنیاد است. در مواد مذکور و هیچ ماده و بخش دیگر منشور سازمان ملل متحد آن چه که آقای احمد سعیدی در مورد میعاد معاهدات بین‌المللی ادعا می‌کند وجود ندارد. آقای سعیدی این مواد را شخصاً نخوانده و یا اینکه از دیگران اشتباه شنیده است. ماده ۶۹ تا به ماده ۷۲ منشور سازمان ملل متحد به فصل دهم تعلق دارند که مربوط به شورای اقتصادی و اجتماعی ملل متحد می‌شود.[۱۲] ماده ۷۴ هم به موضوع میعاد معاهدات ارتباط ندارد.[۱۳]

آنچه را که می‌توان در نظر گرفت کنوانسیون ۱۹۶۹ ملل متحد منعقدهٔ ویانا مربوط معاهدات می‌باشد (VCLT - United Nations (١٩٦٩) ('Vienna Convention of Law of Treaties', Treaty Series که مادهٔ ۴۵ آن معاهدات منعقده بعد از سال ۱۹۶۹ را تابع زمان می‌نمایند. این کنوانسیون به ماقبل خود رجعت نمی‌کند بنابر آن بالای معاهده دیورند و معاهده سال ۱۹۲۱ کابل قابل تطبیق نیست.[١٤]

موقف دولت‌های بعدی افغانستان و سایر ممالک در مورد خط دیورند

موقف دولت‌های افغانستان

بعد از گذشت نزدیک به هفتاد سال اعلامیهٔ ١٩٤٩ دولت افغانستان در مورد لغو معاهدات با هند بریطانوی هنوز هم به قوت خود باقیست. در آنزمان دولت امریکا از ارجاع این منازعه به سازمان ملل متحد جلوگیری نمود. از آنسال به این طرف هیچ دولت افغانستان بشمول دولت‌های سلطنتی، جمهوری داوود خان، جمهوری دموکراتیک پرچم-خلق-وطن، جمهوری اسلامی مجددی، جمهوری اسلامی ربانی-مسعود، امارت اسلامی طالبان، دولت جمهوری اسلامی موجوده افغانستان خط دیورند را به عنوان سرحد رسمی بین‌المللی افغانستان برسمیت نشناخته اند

موقف دولت بریطانیه

پس از آنکه شاه محمود خان در سال ١٩٤٦ به صدارت رسید، نامه‌هایی به دولت بریتانیا فرستاد و خواستار تعیین سرنوشت پشتون‌های آن طرف خط دیورند شد، او در بحبوحهٔ تقسیم و استقلال هندوستان در نامه‌های خود از بریتانیا خواسته بود: "برای پشتون‌ها و بلوچ‌ها هم فرصت داده شود تا حکومت خود را تشکیل دهند یا به افغانستان بپیوندند".

اما دولت بریتانیا در برابر درخواست‌های شاه محمود نوشت: "سؤال سرحدات آزاد حل و فصل شده‌است و خط دیورند به حیث یک سرحد و حد فاصل بین‌المللی شناخته شده‌است. پیمان ۱۹۲۱ (۱۳۰۰ هجری شمسی) هنوز مورد تطبیق و موجود است که خط قبلی دیورند را دوباره تأیید می‌کند" و همچنین به افغانستان هشدار داده بود، "پس از تحویل قدرت از حکومت هند بریتانیایی به هند و پاکستان، از هرگونه دخالت و اعمال تحریک‌آمیز خود داری کند".

موقف دولت پاکستان در مورد خط دیورند

کشور پاکستان نیز در نخستین روزهای تشکیل خود در برابر ادعای افغانستان اعلان کرد:

"خط دیورند که در معاهده سال ۱۸۹۳ مشخص شده است، به حیث مرز بین‌المللی قابل اعتبار است که متعاقباً در چندین موارد، جانب افغانستان آن را تأیید نموده‌است. نقشه این خط بین‌المللی به هرگونه ادعای جانب افغانی در مورد خودمختاری ارضی یا نفوذ برمردم شرق دیورند نقطه پایان گذاشته است. پاکستان بمثابه دولت جانشین هند بریتانوی مالک کامل این منطقه و مردم آن می‌باشد، حق و مسئولیت یک دولت جانشین را بدوش دارد"

افغانستان تنها کشوری بود که به عضویت پاکستان در سازمان ملل رای منفی داد. عبدالحسین عزیز نماینده افغانستان در سازمان ملل ابتدا در ۳۰ سپتامبر ۱۹۴۷ به عضویت پاکستان در سازمان ملل رای منفی داد و ادعا کرد افغانستان ایالت سرحد شمال غربی را به عنوان بخشی از خاک پاکستان نمی‌پذیرد و تا زمانی‌که شرایط آزاد برای خودمختاری مردم این ایالت در پیوستن به پاکستان یا استقلال سرزمین شان مساعد نشود، افغانستان از این موقف خود دست نخواهد کشید. اما سپس نماینده مذکور در ۲۰ اکتبر ۱۹۴۷ به عضویت پاکستان در

سازمان ملل رأی مثبت داد و ابراز امیدواری کرد که هر دو کشور اختلافات خود را از راه مذا و دیپلماتیک حل کنند.

در اواسط نوامبر ۱۹۴۷ گفتگوهایی میان افغانستان و پاکستان در خصوص منازعه دیورند در **کراچی** صورت گرفت. در این گفتگوها **نجیب‌الله خان** نماینده افغانستان از عدم شناسایی موافقت نامه دیورند و بازگردانی سرزمین‌های از دست رفته در این معاهده صحبت نکرد و اکثر خواسته‌ها در محور اعطای حق خود مختاری به قبایل آزاد سرحدی، ارتقای سطح مادی و معنوی زنده‌گی **پشتون‌ها** در پاکستان و نامگذاری ایالت شمال غربی به نامی که معرف هویت قومی آن‌ها باشد، خلاصه می‌شد.

با افزایش جنگ سرد میان افغانستان و پاکستان، کشور پاکستان در ۱۲ جون ۱۹۴۹ **قریه مغلگی پکتیا** را بمباران کردند که در اثر آن ۲۳ نفر کشته شدند. سپس شورای ملی افغانستان و لویه جرگه تمام معاهدات قبلی افغانستان به شمول توافقنامه دیورند با حکومت هند بریتانیایی را ملغی اعلان کرد.

با آنکه دولت پاکستان رسما در ظاهر قضیه دیورند را حل شده و مسدود می‌داند (خط دیورند یک قضیهٔ حل شده است، روزنامه تریبیون اکسپرس پاکستان به نقل از وزارت خارجه پاکستان ۲۰۱۲ [۱۵]) اما در باطن همواره کوشیده است دولت‌های افغانستان رسما این خط را به عنوان سرحد بین المللی میان دو کشور برسمیت بشناسند.

موقف امریکا

کشور ایالات متحده آمریکا در خصوص مسئله دیورند از پاکستان حمایت کرده و از افغانستان همواره خواسته تا به مسئله دیورند پایان ببخشید. همچنین دولت آمریکا در سال ۱۹۴۹ از ارجاع این منازعه به سازمان ملل متحد که از سوی افغانستان ارائه شده بود، جلوگیری به‌عمل آورد. در زمان داوودخان کشور آمریکا حمایت خود را از دولت او مشروط به رسمیت شناختن مرز دیورند ساخت.

موقف افغانستان در یک محکمهٔ بین‌المللی

یکی از بیننده گان برنامه دورنما تلویزیون زرین سوال کرده بود که آیا موقف افغانستان در یک محکمهٔ بین‌المللی امکان پیروزی دارد؟ جواب من به این سوال مثبت است. بلی اگر دولت افغانستان در یک محکمهٔ حکمیت بین‌المللی تقاضا

کند سرزمین‌هاییرا که بر اساس معاهدۀ دیورند از دست داده بود دوباره به خاک خود ضمیمه کند شانس پیروزی ادعای او فوق العاده زیاد است؟ چگونه؟ و چرا چنین ادعایی تا حال نکرده است؟ اگر افغانستان ضمیمه کردن مناطق قبایل آزاد سرحدی را به قلمرو خود از یک محکمۀ بین‌المللی تقاضا کند امکان پیروزی این ادعا چگونه خواهد بود؟

مشورۀ کتبی مشاور حقوقی خود دولت بریتانیا!

به تأیید لودویک ادامک، معاهدۀ کابل برای سه سال قابل اعتبار بود. طرفین می‌توانند با اطلاع قبلی یکسال این معاهده را فسخ نمایند. بنابر همین نکته انگلستان همیشه از فسخ یکجانبۀ معاهدۀ دیورند توسط دولت افغانستان ترس داشت (لودویک دبلیو ادامک، پروفیسور در پوهنتون آریزونا، دکشنری تاریخی افغانستان). [١٦]

بر اساس "قانون آزادی هندوستان سال ١٩٤٧" دولت مستقل هندوستان و دولت جدید پاکستان متشکلۀ ١٥ آگست ١٩٤٧ وارث هند بریطانوی آنچنانکه در "قانون ١٩٣٥ دولت هندوستان" تعریف شده است، می‌باشند. بر اساس قانون دولت هندوستان منعقدۀ سال ١٩٣٥، مناطق آزاد قبایلی آنطرف خط دیورند شامل قلمرو هند بریطانوی نبودند. این مطلب را طوری‌که قبلاً دیدیم شخص خود مورتمر دیورند بعد از عقد معاهدۀ دیورند نیز تأیید کرده بود. مناطق آزاد قبایلی بصورت مناطق حایل در فاصله میان سرحدات ایالت شمال-غرب دولت هند بریطانوی و خط دیورند در شرق و جنوب قلمرو افغانستان واقع شده اند.

بنابر آن با ایجاد کشور پاکستان به حیث وارث قلمروهای هند بریطانوی در غرب هندوستان مناطق قبایلی شامل قلمرو کشور پاکستان نمی‌باشند.

شواهد نشان می‌دهد که این مطلب حساس را مشاور حقوقی دولت بریتانیا در ٥ نوامبر سال ١٩٤٧ نیز نمیدانست. مشاور حقوقی دولت بریتانیا در انزمان به دولت خود مشوره داد که هرگاه از یک محکمۀ بین‌المللی تقاضا شود که آیا پاکستان وارث سرحدات بین‌المللی مطابق به مادۀ دوم معاهدۀ سال ١٩٢١ کابل می‌باشد یا خیر، به نفع پاکستان نظریه داد.

در ٢٨ اپریل سال ١٩٤٩ طیٔ یک نامه اشد محرمانه دفتر روابط کامنولث دولت بریتانیا مشاور حقوقی دولت بریتانیا را را مطلع ساخت که "...ایالت شمال‌غرب دولت هند بریطانوی تا سرحد افغانستان امتداد ندارد و مناطق قبایلی یک خالیگاه میان سرحد دولت هند بریطانوی و سرحد هندوستان را تشکیل می‌دهند". از

مشاور حقوقی تقاضا شد که با در نظر داشت این موضوع بالای مشورهٔ سال ۵ نوامبر سال ۱۹۴۷ خود تجدید نظر کرده در مورد نظریه تازه ارایه کند.

در ۲۸ اپریل سال ۱۹۴۹ مشاور حقوقی دولت بریتانیا مجددا نظریه داد که:

"در ۱۵ آگست سال ۱۹۴۷ (زمان تشکیل کشور و دولت پاکستان)، بنابر آن، مناطق قبایلی ایالت شمال‌غرب در حالت بین‌المللی سردرگم قرار گرفته، مربوط به هیچ دولتی نشدند. در چنین حالتی مناطق قبایلی مستقل از پاکستان بوده باوجودیکه یک سلسله روابط گمرکی، مخابراتی و غیره از این قبیل با آن دارد، معلوم می‌شود که پاکستان نمی‌توانست وارث سرحدی باشد که در معاهده سال ۱۹۲۱ با افغانستان تعیین شده بود و یا وارث هرگونه حقی باشد مطابق مادهٔ دوم این معاهده باشد. باوجود آن این به این معنی نیست که خط دیورند بعد از این سرحد بین‌المللی افغانستان نمی‌باشد....اما این امکان وجود دارد که پاکستان نتواند کدام اعتراض قانونی نماید در صورتیکه قبایل خود را تحت حمایت افغانستان قرار دهند و یا با توافق اقوام، افغانستان این مناطق را ضمیمهٔ خاک خود کند...." (منبع: لودویک دبلیو ادامک، دکشنری تاریخی افغانستان، سال، ۲۰۱۲)[۱۷].

چارت ۱: مناطق قبایلی فتا

Dosya:Map of FATA in Pakistan
https://diq.m.wikipedia.org/wiki/Dosya:Map_of_FATA_in_Pakistan.PNG

خط دیورند و مناسبات سیاسی با پاکستان

اهمیت قضیة خط دیورند

از سال ۱۸۹۳ م به اینطرف و بخصوص بعد از ایجاد پاکستان تا امروز مسلهٔ خط دیورند به حیث یک عنصر اساسی سیاست خارجی دولت افغانستان باقیمانده است. برای افغانستان از دست دادن مناصفة قلمروهای پشتون‌نشین و از دست رفتن دو سوم حصة نفوس بزرگترین قوم کشوراست. بر اساس احصاییه‌های رسمی پاکستان نفوس پشتون‌های آنطرف خط دیورند در حدود ٤٠ میلیون نفر حساب شده است که بعد از پنجابی‌ها دومین قوم پرنفوس در پاکستان به شمار می آیند. برعلاوه با از دست دادن بلوچستان، افغانستان دسترسی به آبهای بحیرة

عرب و بحر هند را بجز از طریق خاک پاکستان از دست داد. طوری‌که دیدیم دولت‌های متواتر افغانستان در طول ۱۲۵ سال گذشته خط دیورند را به عنوان سرحد بین‌المللی قبول نکرده و آزادی رفت و آمد مردم قبایل دو طرف خط را تأمین کرده اند. بعد از ایجاد دولت جمهوری اسلامی افغانستان در سال ۲۰۰۱ سیاست رسمی دولت در مورد قضیهٔ دیورند آن بو که حل قضیهٔ دیورند مربوط به اقوام دو طرف خط بوده و دولت افغانستان صلاحیت تصمیم‌گیریی را در موضوع ندارد. رییس جمهور کرزی روز شنبه ١٤ ثور ۱۳۹۲ در یک کنفرانس خبری در کابل گفت حملات سرحدی از سوی پاکستان دو دلیل دارد: یکی جلوگیری از پیشرفت و ترقی افغانستان و دومی، فشار برای به رسمیت شناخته شدن خط دیورند. کرزی گفت: "دلیل دوم شاید این باشد که مردم افغانستان مجبور شوند تا سر خط دیورند به مذا بنشینند و این خط دیورند را به رسمیت بشناسند".

آقای کرزی تاکید کرد تمام تلاش ها برای جلوگیری از پیشرفت افغانستان و همچنین به رسمیت شناختن خط دیورند، نتیجه ای نخواهد داد: "آن هایی که به این اقدامات وحشت و دهشت دست می زنند، کامیابی حاصل نمی‌کنند. ملت افغانستان از روزی که انگلیس‌ها این خط را ایجاد کردند، آن را نپذیرفته اند" (به نقل قا وبسایت صدای آلمان).

برای پاکستان مسلهٔ دیورند یک مسلهٔ حیات و ممات است. مناطق مورد دعوا در حدود ٦٠ خاک پاکستان را احتوا می‌کند. احتمال اینکه پاکستان فیصلهٔ یک محکمهٔ بین‌المللی را برای واپس دادن مناطق غضب شده خط دیورند به افغانستان داوطلبانه قبول کند بسیار کم خواهد بود. از جانب دیگر قدرت‌های جهانی منجمله امریکا، انگلستان و چین نیز در دفاع از پاکستان شدیداً با این موصوع مخالفت خواهند کرد.

در طول سال‌های جنگ سرد، تبارز افغانستان به عنوان دوست شوروی و پاکستان به مثابه هم پیمان نظامی امریکا و اختیلافات این دو در قضایای جهانی و منطقوی، سبب آن شد تا مسلهٔ دیورند هم چنان لاینحل باقیمانده و به آن توجه جدی صورت نگیرد.

کودتا های ٢٦ سرطان ۱۳۵۳، متعاقب آن کودتای ۷ ثور ۱۳۵۷ و پناهندگی یکتعداد چهره‌های سیاسی افغانستان بدولت پاکستان برای دولت پاکستان یک شانس طلایی فراهم کرد تا دولت‌های افغانستان را بی ثبات نموده، ساقط کند و دولت و اردوی افغانستان را نابود نماید و افغانستان آنقدر قوی نسود که بتواند یکجانبه سرحدات فعلی با پاکستان را تعدیل نماید.

با ایجاد دولت مجاهدین در سال ۱۹۹۲ پاکستان عملاً به این آرزوی خود دست یافت، قادر شد ساحتمان ادارهٔ دولت و نیروهای امنیتی افغانستان را کاملاً تخریب نموده در نهایت یک رژیم قرون وسطایی طالبان را در افغانستان مستقر نماید. بعد از ایجاد دولت جمهوری اسلامی افغانستان بر اساس کنفرانس بن، با وجود تظاهر به حسن نیت، پاکستان هیچ فرصتی را برای بی ثبات کردن افغانستان و دولت جدید آن از دست نداد.

سیاست لوی افغانستان

کسانی هم هستند که آرزومند "لوی افغانستان" با اتحاد اقوام پشتون و بلوچ آنطرف خط دیورند می‌باشند. با توجه به آنکه پاکستان شش برابر افغانستان نفوس دارد و دارای یک اردوی بسیار قوی و همچنان اقتصاد بزرگتر است راه‌هاییکه افغانستان قادر خواهد شد سرزمین‌های از دست رفته خود را باز پس بگیرد عبارت خواهند بود از:

- سقوط دولت پاکستان؛
- به احتمال زیاد در نتیجهٔ جنگ چهارم با هندوستان؛
- بروز یک جنگ داحلی در پاکستان؛
- بروز یک انقلاب داخلی در پاکستان؛
- و یا تمام امکانات فوق.

برای پیشگیری از سناریوهای فوق پاکستان همچنان به یک حامی خارجی نیاز دارد و این حامی خارجی زمانی امریکا بود و امروز این نقس را چین به عهده گرفته تا از موجودیت پاکستان در مقابل هندوستان ضمانت نماید.

اخیرا قیام میلیونی پشتون‌های آنطرف خط دیورند تحت عنوان "جنبش حفاظت پشتون‌ها" تحت قیادت منظور پشتین امیدواری‌های فراوانی را در میان طرفداران جنبش "لوی افغانستان" ایجاد کرده است. این قیام در حالت نطفوی بوده تاکنون تشکل لازم با اهداف مشخص را نیافته است. اهداف اعلان شدهٔ جنبش برابری پشتون‌ها در تمام زمینه ها با سایر اقوام ساکن پاکستان می‌باشد. رهبران این جنبش از مسدود شدن پیهم راه‌های تجارتی ومواصلاتی با افغانستان شکایت کرده و مدعی اند که این سیاست پاکستان منجر به ورشکستگی اقتصاد مناطق آزاد قبابلی یا فاتا (FATA) شده است. آن‌ها می‌گویند رهبران پنجابی با وجود اختلافات سیاسی با هندوستان همیشه بندر واگه را با هند باز نگهداشه

اند در حالی‌که برعکس بنادر با افغانستان را متواتر مسدود می‌کنند. آصف غفور سخنگوی اردوی پاکستان گسترش این جنبش را کار ادارهٔ امنیت ملی افغانستان قلمداد کرده از حمایت گسترده پشتون‌های ساکن افغانستان که در رسنه های اجتماعی منعکس شده درهراس هستند. (وبسیات انگلیسی گندهارا تاریخ ۱۱اپریل ۲۰۱۸).

یک تعداد افغانها معتقدند که معاهدهٔ دیورند وجود ندارد!

به گفته این گروه معاهدهٔ خط دیورند اصلا وجود ندارد چون سند امضا شده آن نشر نشده است و موجود نیست. در حالیکه پاکستان میگوید اصل سند امضآ شده در آرشیف ملی پاکستان محفوظ است. بهر صورت بر اساس ادعای این گروه چون معاهدهٔ خط دیورند وجود ندارد، بنابر آن منطقآ کدام قضیهٔ خط دیورند هم وجود نخواهد داشت !

سوالی مطرح میگردد که اگر قضیهٔ دیورند موجود نباشد پس این همه سر و صدا برای چیست؟ پس دعوای ما در مورد غضب مناطق پشتون نشین آنطرف خط دیورند با چه کسی است؟ همه می دانیم که مناطق دوطرف دریای سند شامل کشمیر، پنجاب، سند و شرق اتک بشمول پشاور قبل از ایجاد پاکستان از قلمروهای افغانستان توسط رنجیت سنگ جدا شده بودند. آنچه را بعدا انگیسها در جنگ دوم افغان و انگلیس و بر اساس معاهدهٔ دیورند جدا کردند مناطق آزاد قبایلی یا فتا FATAبود .بنابر آن اگر ادعای این گروه را اساس قرار دهیم چه کسی را باید افغانستان به محکمه بین المللی عدالت یا ICJ بکشاند؟ دعوای ما چه خواهد بود؟ اینکه انگلیسها مناطق قبایلی را بزور و با حیله گرفته اند؟ اینکه رنجیت سنگ مناطق قلمروهای افغانستان را در جنگ و معاهده جمرود جدا کرده بود؟ این دو ادعا برای ICJ قابل شنیدن نیست زیرا کدام قانون و توافقنامه بین دو دولت را نقض نکرده اند..

لطفا" بدقت این مطلب را مطالعه کنید. ادعای اینکه اصلاً چیزی بنام معاهدهٔ خط دیورند وجود نداشته افغانستان را در عمل از دعوای حق مالکیت بر سرزمینهای پشتون نشین جدا شده از افغانستان محروم میکند زیرا اگر معاهده دیورند موجود نباشد بنابر آن قضیهٔ معاهدهٔ خط دیورند هم موجود نخواهد بود !

اما اگر ادعای ما این باشد که معاهدهٔ دیورند بین عبدالرحمن خان و مورتمر دیورند در سال ۱۸۹۳ انعقاد یافته بود که بعد از مرگ عبدالرحمن خان تَوسط معاهدات ۱۹۰۵ حبیب الله خان و معاهدات ۱۹۱۹ و ۱۹۲۱ امان الله خان تایید گردید .اما چون معاهدهٔ سال ۱۹۲۱ کابل موقتی بود و مطابق ماده ۱٤ معاهده مذکور صرف برای سه سال اعتبار داشت، این معاهده طبق فیصله لویه جرگه

سال ۱۹٤۹ فسخ شد و بعد از آن کدام الزام قانونی ندارد. آنچه افغانستان از محکمهٔ بین المللی عدالت میخواهد آن است که دولت پاکستان وارث مناطقی نیست که شامل قلمروهای هند برطانوی نبودند. بر طبق معاهدهٔ دیورند یک منطقهٔ حایل یا Buffer Zoneمیان قلمروهای هند برطانوی و افغانستان بوجود امد که بنام مناطق قبائلی آزاد یاد می شدند. که بنابر تایید خود سر مورتمر دیورند و هم تایید انسایکلوپیدیا بریتانیکا شامل قلمروهای هند برطانوی نبودند و هدف ترسیم خط دیورند هم بنابر تائید این دو مرجع ایجاد سرحد بین المللی نبود بلکه صرف یک ترتیب اداری برای حفظ امنیت و ادارهٔ مناطق آزاد قبائلی و تعیین حدود نفوذ دو جانب بود. بنابر آن پاکستان وارث این سرزمینها نبوده و نیست.

تقاضای افغانستان از محکمهٔ بین المللی عدالت این است که بر اساس معاهدهٔ خط دیورند پاکستان وارث مناطق قبایلی آنطرف خط دیورند نمیباشد بلکه افغانستان وارث اصلی این مناطق بوده باید به افغانستان برگردانده شوند..

دولت بریطانیا بعد از ایجاد پاکستان این موضوع را میدانست که پاکستان وارث مناطق آزاد قبائلی نمی باشد و افغانستان قانونا حق دارد آنها را به خاک خود ملحق نماید از طرق استفاده از زور نظامی و یا با مراجعه به محکمهٔ بین المللی. از همین جهت آمادگی های لازم قانونی اتخاذ کرد که چگونه در مقابل ادعای احتمالی افغانستان دفاع نماید. وزیر مستعمرات برطانیا از لوی ثارنوال بریطانیا یا وزیر عدلیه خواست تا یک مشورهٔ قانونی در این مورد تهیه نماید. چنین یک مشورهٔ قانونی در لندن تهیه شد. اما متاسفانه حکومتهای افغانستان به جز از اعتراض های میان خالی، اعزام ملیشه های قومی به باجور، و کوبیدن به دهل "دا پښتونستان زمونږ"، موضوع را به کدام محکمهٔ بین لمللی راجع نکردند و بدین طریق هفتاد و هفت ۷۷ سال ضایع گردید و مناسبات افغانستان و پاکستان تیره و تار باقیماند و پاکستان هم تا دستش رسید به تخریب افغانستان و بی ثباتی سیاسی آن پرداخت.

نتیجه و راه‌های عملی حل قضیه

شناخت رسمی خط دیورند یا همه‌پرسی عمومی در میان اقوام پشتون و بلوچ پاکستان

شناختن خط دیورند از جانب افغانستان در بدل ختم حمایت پاکستان از طالبان و سایر گروه‌های تروریستی. امکانات این راه حل بسیار کم است. مسلهٔ خط دیورند برای دولت افغانستان به مثابه یک مسلهٔ ناموسی است. از جانب دیگر دولت پاکستان هرگز قبول ندارد که حامی عملیات نظامی طالبان می‌باشد.

حل این مسئله از طریق مذاکرات جانبین و رسیدن به یک راه حل؛ بطور مثال توافق به تطبیق یک ریفراندم یا همه پرسی عمومی در میان اقوام پشتون و بلوچ پاکستان تحت نظارت ملل متحد و دادن حق انتخاب به آن‌ها برای برگزیدن

- دوام حاکمیت پاکستان،
- پیوستن به افغانستان و یا
- استقلال سیاسی.

راه حل دومی یگانه راه منطقی به نظر می‌آید و با توجه به ادعای پاکستان که اقوام پشتون و بلوچ ساکن پاکستان در ۱۲۵ سال حاکمیتهای هند بریطانوی و پاکستان کاملاً با سایر مردم پاکستان، منجمله پنجابی‌ها و سندی‌ها از جهات فرهنگی، سیاسی، اداری مدغم شده اند، پاکستان نباید در این مورد کدام مشکلی را ببیند. اما امکان اینکه مردمان پستون و بلوچ راه حل استقلال سیاسی و ایجاد کشور مستقل خود را انتخاب کنند بسیار زیاد موجود است. از این رو توافق پاکستان در این مورد بسیار نا ممکن به نظر میخورد.

ایجاد یک پارتنرشپ فعال همکاری افغانستان و پاکستان

بنابر آن یگانه راه منطقی در مقابل سیاست‌مداران افغانستان و پاکستان آن است تا با ایجاد یک پارتنرشپ فعال همکاری منطقوی در زمینه‌های انکشاف اجتماعی قبایل سرحدی، انرژی، ترانسپورت، تعلیم و تربیه، تجارت، ساینس و تکنالوژی، ایجاد بازارهای ازاد تجارتی، باز کردن بیش از پیش نقاط عبور و مرور بندری برای اقوام سرحدی، مسلهٔ خط دیورند را عملاً از اهمیت به اندازند. من این پیشنهاد را بیش از دوسال قبل کرده بودم.

شواهد نشان می‌دهد که رییس جمهور اشرف غنی نیز به همچون راه حلی عقیده دارد. اشرف غنی به مجرد گرفتن زمام قدرت برای ایجاد همچو یک پارتنر شب با پاکستان اقدام کرد و با دادن دست دوستی و امتیازات بدولت پاکستان، با وجود مخالفت‌های زیاد داخلی اولین گام را بجلو گذاشت. متأسفانه این ابتکارات همکاری نزدیک سازمان های اردو و امنیتی دو کشور و آمادگی برای ایجاد

طرح‌های مشترک اقتصادی و ترانسپورتی با پاکستان از جانب پاکستان عکس‌العمل مناسب دریافت نکرد. در نتیجه نتایج مطلوبی را در تقلیل میزان جنگ در افغانستان و فعالیت‌های تروریستی طالبان به میان نه آورد؛

برعکس پاکستان از یکطرف به بی ثبات ساختن مزید افغانستان از طریق تشدید فعالیت‌های تروریست طالبان و سایر گروه‌ها مبادرت کرد تا ز خلای ایجاد شده با خروج قوای ناتو حد اکثر استفاده را در قسمت نظامی بکند. از جانب دیگر به ایجاد موانع ویزه و پاسپورت، احداث دیورها و خندق‌ها و موانع سیم خار دار در طول خط دیورند پرداخت.

راه حل مشکلات سرحدی دوکشور موانع ویزه و پاسپورت، احداث دیورها و خندق‌ها و موانع سیم خار دار نیست. این پالیسی‌ها نه در میان دو آلمان موفق شدند و نه در کوریا موفق هستند. اگر حسن نیت موجود باشد و تروریزم از جانب دستگاه‌های امنیتی دولت‌ها حمایه نگردد تزیید تعاملات و آزادی رفت و آمدها و معاملات تجارتی و اجتماعی به مرور زمان مسئلهٔ خط دیورند را در عمل حل می‌کند.

بزرگترین میراث استعمار گران اروپایی ایجاد سرحدات مصنوعی بر منبای منفع نظامی و سیاسی استعماری زمان گذشته می‌باشد که با توجه به تاریخ و فرهنگ و تقسیمات قومی کشورها امروز قابل فهم نیستند. مشکل خط دیورند یکی از مثال‌های بارز این چنین خطوط سرحدی غیر عادلانه استعناری است که در هفتاد سال گذشته بر مناسبات دو کشور افغانستان و پاکستان سایه انداخته و هرکاه از طرف سیاست‌مداران این دوکشور آگاهانه باآن مقابله نشود، همچنان سایه خواهد انداخت.

---

[۱] Federally Administered Tribal Areas (FATA)

[۲] CHAPTER X: THE ECONOMIC AND SOCIAL COUNCIL -Article ٦٩: The Economic and Social Council shall invite any Member of the United Nations to participate, without vote, in its deliberations on any matter of particular concern to that Member.

CHAPTER XI: DECLARATION REGARDING NON-SELF-GOVERNING TERRITORIES Article ٧٤ Members of the United Nations also agree that their policy in respect of the territories to which this Chapter applies, no less than in respect of their metropolitan areas, must be based on the general principle of good-neighbourliness, due account being taken of the interests and well-being of the rest of the world, in social, economic, and commercial matters.

[۳]مونتستیوارت الفونستون، گزارش سلطنت کابل و ملحقات آن در هندوستان، تارتاری و فارس.

[٤]رنجیت را در عقب انگلیس‌ها همکاری نمود تا یک دیوار باشد تا افغان‌ها نتوانند به مردم هند در مقابل انگلیس‌ها کمک نمایند. مهاراجه‌های هندوستان در سال‌های اخیر قرن هژدهم از زمانشاه پادشاه افغانستان طلب کمک کرده بودند. دلیل ان این بود که انگلیس‌ها موقع یابد تا اول تمامی مناطق هند جنوبی را در تحت کنترل آورده پس از آن دیوار رنجیت سنگ را که هردو طرف دشمن در انتظارش است ازبین خواهد برد؛ انگلیسی‌ها همین عمل را اجرا کردند. زمانی‌که رنجیت فوت نمود. انگلیس‌ها اولاً دولت افغان را ضعیف ساختند پس از ان بالای پنجاب حمله نموده توسط معاهده جمرود با امیر دوست محمد خان پنجاب را از خاک افغان جدا کردند. سپس مناطق پشتون‌خواه امروزی را توسط معاهده دیورند در ۱۸۹۳ از خاک افغانستان جدا کردند.

[٥]بعد از اشغال جلال آباد، کابل و قندهار توسط قوای انگلیسی در سال ۱۸۹۸م استعمارگران انگلیسی معاهده معروف به گندمک را بالای امیر محمد یعقوب خان که بعد از وفات پدرش امیر شیرعلی خان جانشین او شده بود تحمیل کردند. بر اساس این معاهده ده ماده‌ای معاهده گندمک که سر لویس کیوناری، نماینده سیاسی انگلیس آنرا بالای یعقوب خان تحمیل کرده بود، انگلیس‌ها علاقه کرم تا

ابتدای جاجی، درهٔ خیبر تا کناره شرقی هفت چاه، لندی کوتل وسیبی وپشین را تا کوه کوژک غضب نموده استقلال افغانستان را در امور خارجی نیز بدست گرفتند.

[٦] In an interview with Durand quoted by Leitner, G. W. (١٨٩٧) 'The Amir, the Frontier Tribes and the

Sultan', *The Asiatic Quarterly Review Series* ٣, p.٤, ٢٣٧, quoted by Kakar, M. H. (٢٠٠٦) *A Political and Diplomatic History of Afghanistan, 1863-1901,* London: Brill, Omrani, B. and Ledwidge, F, *op. cit*.

[٧] Sir Alfred Hamilton Grant Foreign Secretary of the Government of India ١٩١٤-١٩١٩

[٨] Ali Ahmad Khan, commissary for home affairs.

[٩] Also called " Treaty of Kabul" because it was negotiated and signed at Kabul by Henry R. C. Dobbs, the British envoy, and Mahmud Tarzi, chief of the Afghan delegation, after arduous, eleven month negotiations.

The treaty restored "friendly and commercial relations" between the two governments after the third Anglo-Afghan War and negotiations at the Mussoorie Conference and Rawalpindi.

The negotiations proceeded in four phases:

١. During the first session, January ٢٠ to April ٩, ١٩٢١, the Afghan Amir unsuccessfully demanded territorial concessions, while Britain wanted the exclusion of Russian consular offices from southeastern Afghanistan.

٢. In the second phase, from April ٩ to mid-July, ١٩٢١, Britain asked Afghanistan to break the newly established diplomatic with Russia in exchange for a subsidy of ٤ million rupee and weapons, as well as guarantees from unprovoked Russian aggression. (۲٦ May ۱۹۲۱, Treaty between USSR and Afghanistan; diplomatic representatives exchanged.)

۳.   When in the third stage, from mid-July to September ۱۸, the British foreign office informed the Italian government that it was about to conclude an agreement which would, "admit the superior and predominant political influence of Britain" in Afghanistan, the Afghans refused to accept an "alliances." An exclusive treaty was impossible after Afghanistan announced ratification of the Russian-Afghan treaty of ۱۹۲۱.

٤.   In the fourth and final stage of negotiations, from September ۱۸ to December ۸, ۱۹۲۱, the British mission twice made preparations to return to India, when finally an agreement was signed at Kabul on November ۲۲, ۱۹۲۱. Ratifications were exchanged on February ٦ of ۱۹۲۲.

In the treaty both government

·   "mutually certify and respect each with regard to the other all rights of internal and external independence."

·   Afghanistan reaffirmed its acceptance of the boundary west of the Khaibar, subject to minor "re-alignment."

·   Legations were to be opened in London and Kabul, consulates established in various Indian and Afghan towns, and

·   Afghanistan was permitted to import arms and munitions through India. No customs duties were to be charged for goods in transit to Afghanistan and

·   each party agreed to inform the other of major military operations in the frontier belt.

·   Representatives of both states were to meet in the near future to discuss conclusion of a trade convention, which was signed in June ١٩٢٣. [Source: The A to Z of Afghan Wars, Revolutions and Insurgencies, By Ludwig W. Adamec, pages ٦١-٦٣. Scarecrow Press Inc, Maryland, ٢٠٠٥.]

[١٠] Treaty of Kabul signed in ١٩٢١ was made for three years

Not all pending anomalies were resolved and there remained yet more territorial disputes between the two Governments, along with other diplomatic issues of conflict. Therefore, this treaty included a clause which gave either of the "High Contracting Parties" the right to unilaterally denounce the Treaty after giving one year's notice. The treaty was made for three years in the first instance, and is now subject to denunciation by either party with ١٢ months' notice. As the Treaty was only a temporary arrangement and that the provisions of this treaty shall come into force from the date of its signature, and shall remain in force for three years from that date. In case neither of the High Contracting Parties should have notified ١٢ months before the expiration of the said three years the intention to terminate it, it shall remain binding until the expiration of one year from the day on which either of the High Contracting Parties shall have denounced it. (National Archives of India (١٩٢١) 'Texts of the Treaty of Kabul, ١٩٢١', Foreign Department, Sec. F, ١٤٧/٧٨, pp.١٤٦٩.)

[١١] Lord Birkenhead in a memorandum circulated in June ١٩٢٥ assessed the same when he mentioned that "the treaty was made for three years in the first instance, and is now subject to denunciation by either party with ١٢ months' notice." (Source: National Archives of UK (١٩٢٥) 'Afghanistan', Record Type: Memorandum, ٩ June, Reference: CAB, ٢٤/١٧٣/٨٨.)

[١٢]ماده ۶۹: شوراي اقتصادي و اجتماعي از هر يك از اعضاي ملل متحد براي اشتراک در مذاکرات مربوط به هر موضوعي که آن عضو به نحو خاصي در آن ذينفع است دعوت خواهد کرد بدون آنکه عضو مزبور حق راي داشته باشد. ماده ۷۳ تا به ماده ۷۴ شامل فصل يازدهم اند که مربوط به «اعلاميه راجع به سرزمين‌هاي غير خود مختار» ميشود.

[١٣]ماده ۷۴: اعضاي سازمان ملل متحد همچنين موافقت مي‌کنند که خط مشي آنها چه در سرزمين‌هاي مشمول مقررات اين فصل و چه در قلمر خاك اصلي خود آنها در امور اجتماعي، اقتصادي و تجارتي با رعايت ملاحظات لازم از حيث منافع و رفاه ساير نقاط جهان بر اساس اصل کلي حسن همجواري استوار باشد.

[١٤] Article ٤٥(a) of the VCLT does not apply in the case of Treaty of Kabul and the dispute over it between Afghanistan and Pakistan. It applies to treaties entered into after ١٩٦٩. Thus, the Treaty of Kabul is subject to International Laws independently and therefore, Afghanistan had never lost the legal right to denounce and repudiate the arrangements made under Treaty of Kabul, as per Article XIV of the Treaty.

Source: VCLT - United Nations (١٩٦٩) 'Vienna Convention of Law of Treaties', *Treaty Series*, vol. ١١٥٥, p.٣٣١.   Available   online   at http://untreaty.un.org/ilc/texts/instruments/english/conve ntions/١_١_١٩٦٩.pdf, accessed, ١٨ February ٢٠١٣.

[١٥] The Express Tribune (٢٠١٢) 'Splintering Relations: Durand Line is a 'settled issue', says FO'.

[١٦] The A to Z of Afghan Wars, Revolutions and Insurgencies, By Ludwig W. Adamec, pages ٦١-٦٣. Scarecrow Press Inc, Maryland, ٢٠٠٥.

[١٧] Ludwig W. Adamec, ١٩٦٧, Afghanistan ١٩٠٠-١٩٢٣, A Diplomatic History, Berkeley University Press, USA.

Afghanistan: A "Spy" Guide, By International Business Publications Staff, Global Investment and Business Center, Inc. Staff, USA

فصل پنجم
گذار از امپراتوری به یک دولت ملی

پروسهٔ گذار از عصر امپراتوری درانی به یک دولت ملی مطابق مفهوم امروزی دولت-ملت ها در افغانستان در زمان امیر دوست محمد خان آغاز می گردد. از همین سبب است که ما امیر دوست محمد خان را در قطار میرویس خان هوتکی، احمدشاه ابدالی، امیر عبدالرحمن خان و شاه امان الله خان، زمرهٔ بانیان دولت معاصر افغانستان محسوب می نماییم.

اما قبل از پرداختن به ایجاد دولت ملی در افغانستان در عصر امیر دوست محمد خان لازم دانسته شد پدیدهٔ اروپایی دولت-ملت مدرن را بهتر بشناسیم.

پدیده دولت-ملت (Nation-State)

یکی از مهمترین تحولات سیاسی در تاریخ مدرن اروپا است که پیامدهای عمیقی بر ساختار سیاسی و اجتماعی جهان داشته است. برای بررسی چگونگی شکلگیری، مشخصات، تفاوتها با دولتهای آسیایی و بحث وراثت دولتهای ملی از دولتهای تاریخی، به منابع مختلفی مراجعه میکنیم.

۱. شکلگیری مقوله دولت-ملت در اروپا

شکلگیری دولت-ملت در اروپا یک فرآیند طولانی و پیچیده بود که ریشههای آن را میتوان در قرون وسطی یافت و اوج آن را در قرون ۱۷ تا ۱۹ میلادی،

به ویژه پس از معاهده وستفالیا (۱۶۴۸) و انقلاب فرانسه (۱۷۸۹)، مشاهده کرد. این فرآیند نتیجه همگرایی عوامل مختلفی بود:

- معاهده وستفالیا (۱۶۴۸): این معاهده که به جنگ‌های سی ساله در اروپا پایان داد، به عنوان نقطه عطفی در تاریخ روابط بین‌الملل و شکل‌گیری مفهوم حاکمیت (Sovereignty) شناخته می‌شود. در وستفالیا، اصل عدم مداخله در امور داخلی دولت‌ها به رسمیت شناخته شد و ایده‌هایی مانند حاکمیت سرزمینی و برابری حقوقی دولت‌ها پایه‌گذاری شد. این امر به تضعیف قدرت پاپ و امپراتوری مقدس روم و تقویت استقلال دولت‌های محلی انجامید.

- عقل‌گرایی و رنسانس: رنسانس و عصر روشنگری، با تأکید بر عقل، فردگرایی، و جدایی دین از دولت، بستری فکری برای ظهور دولت‌های سکولار و مبتنی بر قانون فراهم آوردند.

- انقلاب فرانسه (۱۷۸۹): این انقلاب نقش تعیین‌کننده‌ای در گسترش مفهوم "ملت" به عنوان منبع حاکمیت ایفا کرد. پیش از آن، حاکمیت در شخص پادشاه تجلی می‌یافت، اما انقلاب فرانسه ایده "ملت" را به عنوان مجموعه شهروندان آزاد و برابر مطرح کرد که دارای اراده جمعی هستند. این ایده، ملی‌گرایی را به عنوان یک نیروی سیاسی قدرتمند به صحنه آورد.

- تغییرات اقتصادی و اجتماعی: رشد تجارت، شهرنشینی، و ظهور طبقه بورژوازی، به تضعیف فئودالیسم و تمرکز قدرت در دست پادشاهان کمک کرد. نیاز به بازارهای داخلی یکپارچه و قوانین واحد، به تقویت دولت‌های مرکزی و تشکیل واحدهای سیاسی بزرگتر انجامید.

- اصلاحات نظامی: توسعه ارتش‌های ملی (به جای ارتش‌های مزدور فئودالی) که وفاداری آن‌ها به دولت بود، نقش مهمی در تحکیم قدرت دولت مرکزی و کنترل قلمرو آن داشت.

- ایجاد زبان‌های ملی: ترویج زبان‌های بومی (به جای لاتین) در طول قرون وسطی و پس از آن، به ایجاد یک هویت فرهنگی مشترک در میان مردم و تسهیل ارتباطات درون مرزهای یک دولت کمک کرد.

۲. مشخصات دولت-ملت

دولت-ملت، ساختاری سیاسی است که در آن، سرحدات سیاسی یک دولت با سرحدات فرهنگی و هویتی یک ملت (گروهی از مردم که خود را دارای هویت مشترک می‌دانند) منطبق است. مشخصات اصلی آن عبارتند از:

- حاکمیت (**Sovereignty):**: دولت-ملت دارای قدرت عالی و بامهارت بر قلمرو خود است و هیچ قدرت خارجی یا داخلی دیگری نمی‌تواند در امور آن دخالت کند. (این مفهوم از معاهده وستفالیا سرچشمه می‌گیرد).
- قلمرو (**Territory):**: دولت-ملت دارای سرحدات مشخص و کنترل بر یک قلمرو جغرافیایی تعریف‌شده است.
- نفوس (**Population):**: دولت-ملت بر جمعیتی از مردم حاکمیت دارد که خود را به عنوان یک ملت با هویت مشترک (زبان، فرهنگ، تاریخ، ارزش‌ها) تعریف می‌کنند.
- حکومت (**Government):**: وجود نهادهای مرکزی و سازمان‌یافته که دارای انحصار استفاده مشروع از زور در قلمرو خود هستند (نظریه ماکس وبر در مورد دولت).
- ملی‌گرایی (**Nationalism):**: به عنوان یک ایدئولوژی، ملی‌گرایی حس وفاداری و تعلق افراد به ملت و دولت-ملت خود را تقویت می‌کند. این حس ملی‌گرایی است که "ملت" را به "دولت" پیوند می‌زند.
- قانون اساسی و شهروندی: در ایران از کلمۀ شهروند که ترجمۀ تحت اللفظی ستیزن فرانسوی است استفاده میگردد. اما در افغانستان از کلمۀ اتباع استفاده میشود. دولت-ملت‌ها معمولاً بر اساس قوانین اساسی بنا شده‌اند که حقوق و وظایف شهروندان (اتباع) را مشخص می‌کند. مفهوم "شهروند" (Citizen) در اینجا بسیار مهم است، زیرا به جای "رعیت" (Subject) پادشاه، فرد به عنوان عضوی از ملت دارای حقوق و مسئولیت‌ها است. اما در افغانستان از اصطلاح اتباع به مفهوم (Citizen) استفاده میشود و در قانون اساسی سال ۱۳۴۳ (۱۹٦٤م) تبعه به عنوان عضوی از ملت که دارای حقوق و مسئولیت‌ها است استفاده گردید.
- اقتصاد ملی: دولت-ملت‌ها اغلب به دنبال توسعه یک اقتصاد ملی یکپارچه و کنترل شده هستند که منافع ملی را تأمین کند.

۳. تفاوت با سلسله‌های تاریخی دولت‌های اروپایی و کشورهای آسیایی

تفاوت با سلسله‌های تاریخی دولت‌های اروپایی (پیش از دولت-ملت):

- **مبنای مشروعیت**: در دولت‌های پیش از دولت-ملت (مانند امپراتوری‌های قرون وسطی یا پادشاهی‌های فئودالی)، مشروعیت حکومت عمدتاً الهی (پادشاهی از سوی خدا) یا مبتنی بر وراثت و سنت بود. در دولت-ملت، مشروعیت از "ملت" (مردم) نشأت می‌گیرد.

- **همگنی فرهنگی**: دولت‌های پیشین اغلب شامل مردمان مختلف با زبان‌ها و فرهنگ‌های گوناگون بودند که لزوماً حس هویت مشترک ملی نداشتند. سرحدات سیال‌تر بودند و بر اساس مالکیت زمین یا وفاداری‌های شخصی به اربابان محلی تعریف می‌شدند. دولت-ملت به دنبال همگنی فرهنگی و هویتی در داخل سرحدات خود است.

- **حاکمیت**: در گذشته، حاکمیت اغلب بین قدرت‌های مختلف (پادشاه، کلیسا، اربابان فئودال) تقسیم شده بود و مفهوم حاکمیت مطلق دولت بر قلمرو خود کمتر رایج بود.

- **نقش مذهب**: در بسیاری از دولت‌های پیش از دولت-ملت، کلیسا (به خصوص در اروپا) نقش بسیار مهمی در امور سیاسی و اجتماعی داشت. دولت-ملت‌ها عمدتاً سکولار هستند یا به دنبال جدایی نسبی دین از دولت هستند.

تفاوت با سلسله‌های تاریخی کشورهای آسیایی:

- **مفهوم ملت**: در بسیاری از امپراتوری‌های بزرگ آسیایی (مانند امپراتوری عثمانی، مغول هند، یا سلسله‌های چین)، هویت اصلی اغلب بر پایه وفاداری به سلسله، دین (مثلاً اسلام)، یا امپراتور بود، نه مفهوم انتزاعی "ملت" به معنای اروپایی. این امپراتوری‌ها غالباً چندملیتی و چندفرهنگی بودند و بر اساس همگونی فرهنگی تعریف نمی‌شدند.

- **تمرکز بر خاندان/شخص**: در بسیاری از تمدن‌های آسیایی، قدرت و مشروعیت بیشتر به شخص حاکم و خاندان او گره خورده بود تا به یک نهاد انتزاعی به نام "دولت" یا "ملت". (به عنوان مثال، مفهوم "پسر آسمان" در چین یا "ظل‌الله" در ایران).

- سرحدات انعطاف‌پذیر: مرزهای امپراتوری‌های آسیایی اغلب سیال‌تر و کمتر تعریف‌شده بودند و بیشتر بر اساس میزان نفوذ و کنترل نظامی تعیین می‌شدند تا خطوط جغرافیایی ثابت.

- عدم وجود جنبش‌های ملی‌گرایی به معنای اروپایی: در حالی که وفاداری‌های محلی و هویتی وجود داشت، ایدئولوژی ملی‌گرایی به عنوان یک نیروی سازمان‌دهنده و مشروعیت‌بخش دولت (آن‌گونه که در اروپا شکل گرفت) تا زمان مواجهه با استعمار و تأثیرات غربی در قرون ۱۹ و ۲۰، کمتر مشاهده می‌شد.

- نقش دین و امپراتوری‌های جهانی: برخی امپراتوری‌های آسیایی (مانند خلافت اسلامی) به دنبال ایجاد یک جامعه جهانی بر مبنای دین بودند که فراتر از سرحدات جغرافیایی و هویتی خاص عمل می‌کرد.

۴. آیا دولت‌های ملی ایجاد شده مطابق الگوی دولت-ملت اروپایی را می‌توانیم وارثین دولت‌های تاریخی این ممالک بدانیم؟

این یک پرسش پیچیده و محل بحث است و پاسخ آن به دیدگاه نظری و مورد خاص هر کشور بستگی دارد:

الف) استدلال "بله، تا حدی وارث هستند":

- استمرار سرزمینی و جغرافیایی: بسیاری از دولت‌های ملی کنونی بر روی قلمروهای تاریخی پیشین خود بنا شده‌اند. مرزهای امروزی (هرچند با تغییراتی) اغلب ریشه در قلمروهای تاریخی دارند.

- استمرار فرهنگی و زبانی: حتی اگر "ملت" به مفهوم مدرن وجود نداشته، بسیاری از دولت‌های ملی سعی می‌کنند هویت ملی خود را بر پایه عناصر فرهنگی، زبانی، و تاریخی مشترک گذشته بنا کنند. زبان فارسی در ایران یا زبان عربی در کشورهای عربی، نمونه‌هایی از این استمرار فرهنگی هستند.

- استمرار نهادی (با تغییر): برخی نهادها، هرچند با تغییرات اساسی، ممکن است ریشه‌هایی در ساختارهای حکومتی پیشین داشته باشند (مثلاً سیستم دیوان‌سالاری).

- ناسیونالیسم تاریخی‌گرا: بسیاری از جنبش‌های ملی‌گرایی در آسیا برای مشروعیت بخشیدن به دولت-ملت جدید خود، به تاریخ باستان و سلسله‌های گذشته خود ارجاع می‌دهند و آن‌ها را "اجداد" دولت مدرن معرفی می‌کنند. (مثلاً ناسیونالیسم ایرانی که به هخامنشیان و ساسانیان

ارجاع می‌دهد، یا ناسیونالیسم ترکی که به امپراتوری عثمانی) و ناسیونالیسم افغانی که ریشه های خودرا به دولتهای یونانو-باختری، سلسله های کوشانی، یفتلی، غزنوی و غوری و سلسله های هوتکیها و درانیها که در همین سرزمین یا قلمرو افغانستان کنونی به قدرت رسیدند می‌رساند.

ب) استدلال "خیر، تفاوت‌های اساسی دارند":

● تفاوت در مبنای مشروعیت: همانطور که اشاره شد، مشروعیت دولت-ملت از "ملت" نشأت می‌گیرد، در حالی که دولت‌های تاریخی مشروعیت خود را از منابع دیگری (الهی، سلسله‌ای، فئودالی) می‌گرفتند. این یک گسست اساسی است.

● مفهوم "ملت": مفهوم "ملت" به معنای اروپایی که بر هویت مشترک و شهروندی تأکید دارد، تا قرون ۱۹ و ۲۰ در بسیاری از نقاط آسیا وجود نداشت. دولت‌های تاریخی آسیایی غالباً "امپراتوری‌های چندملیتی" بودند تا "دولت-ملت".

● تحمیل از خارج: بسیاری از دولت‌های ملی در آسیا و آفریقا، نه از یک فرآیند ارگانیک داخلی (مانند اروپا)، بلکه تحت تأثیر مستقیم استعمار و مرزکشی‌های استعماری یا پس از استقلال از قدرت‌های استعماری، و با الگوبرداری از مدل اروپایی شکل گرفتند. این "تلقین" بیرونی، باعث می‌شود که وراثت مستقیم دشوار باشد.

● گسست‌های انقلابی: در برخی موارد، مانند انقلاب‌ها یا فروپاشی امپراتوری‌ها، یک گسست واضح و بنیادین بین دولت‌های تاریخی و دولت‌های ملی مدرن وجود دارد.

به طور کلی، می‌توان گفت که دولت‌های ملی در آسیا و دیگر نقاط جهان، همزمان "وارث" و "ناوارث" دولت‌های تاریخی خود هستند. آن‌ها از لحاظ سرزمینی و برخی عناصر فرهنگی، استمرار دارند و برای مشروعیت خود به گذشته می‌نگرند. اما از نظر مبنای مشروعیت، ساختار نهادی، و مفهوم "ملت" و "شهروندی"، تفاوت‌های بنیادینی با دولت‌های پیشین خود دارند و بیشتر محصول تقلید یا اقتباس از الگوی اروپایی دولت-ملت و فشارهای جهانی هستند. این فرآیند اغلب با چلنج های هویتی و ثبات سیاسی همراه بوده است، زیرا "ملت"

مورد نظر ممکن است در واقعیت وجود نداشته باشد یا از گروه‌های هویتی متعددی تشکیل شده باشد.

مقولهٔ دولت-ملت و تاریخ افغانستان

اول از همه باید واضح کنیم که در افغانستان هیچ زمامداری الگوی دولت-ملت اروپایی را در مقابل خود قرار نداده تا مطابق آن دولت مدرن افغانستان را پایه ریزی نماید. این آقایانی مانند مجیب رحیمی و خالق لعلزاد هستند که می خواهند دولت افغانستان را از نظر مفهوم انتزاعی دولت-ملت اروپایی تعریف نمایند و چون این تعریف با الگوهای اروپایی سازگاری ندارد منکر پایه ریزی کشور و دولت افغانستان با ایجاد امپراتوری درانی میگردند. این عمل کوششی در جهت جعل کاری و تحریف تاریخ افغانستان طوری که توسط دانشمندان تاریخ در جهان مسجل گردیده می باشد و هدف آن تیشه زدن به ریشه های تاریخی مملکت و دولت افغانستان است.

آیا دولت‌های ملی ایجاد شده مطابق الگوی دولت-ملت اروپایی را می‌توانیم وارثین دولت‌های تاریخی ممالک آسیایی بدانیم؟ این یک پرسش پیچیده و محل بحث است و پاسخ آن به دیدگاه نظری و مورد خاص هر کشور بستگی دارد. اما بررسی تاریخ افغانستان نشان میدهد که بلی میتوان مملکت و دولت افغانستان را وارث دولتهای تاریخی که از این سرزمین برخاسته اند دانست، بنابر آن افغانستان امروزی به دلایل زیرین ادامهٔ منطقی تاریخ بیش از پنج هزار سالهٔ مردم این سرزمین است:

• استمرار سرزمینی و جغرافیایی: مملکت افغانستان کنونی بر روی قلمروهای تاریخی پیشین خود بنا شده. مرزهای امروزی (هرچند با تغییراتی) ریشه در قلمرو های تاریخی یونانو-باختری، کوشانی، یفتلی، غزنوی، غوری، هوتکی و درانی دارند. تغییر نام، کوچک شدن قلمرو جغرافیایی و تغییر سرحدات به استمرار تاریخ کشورها نقطهٔ پایان نمی گذارد. ایران امروزی، ترکیهٔ امروزی، سریلانکا، هندوستان، روسیه و غیره هیچکدام نام های تاریخی، قلمرو تاریخی و سرحدات تاریخی خود را ندارند اما تاریخ آنها استمرار تاریخ باستانی این کشور ها است. از جانب دیگر قلمروهای دولت معاصر افغانستان در عصر امپراتوری درانی کاملاً مشخص بود. جورج فورستر که در زمان تیمورشاه در سال ۱۷۸۲م به کابل آمد اسم دولت افغانستان را بکار می گیرد و قلمروهای تحت تابعیت تیمورشاه را منطقی میداند که در آنها در نماز جمعه خطبه بنام تیموشاه خوانده میشد[۱]. مونت ستیوارت

الفونستن قلمرو افغانستان را در عنوان کتاب معروف خود چنین معرفی میکند: "گزارش سلطنت کابل و قلمروهای متبوعۀ او در هندوستان، فارس و تارتاری"[۲]. در اینجا می بینیم که الفونستون یک آگاهی کامل از قلمرو یا سرحدات اصلی امپراتوری درانی دارد و هم قلمروهای متبوعۀ آنرا در هندوستان، فارس و تارتاری (دولت بخارا) میداند. اگر قلمروهای متبوعه مانند نیشابور، مشهد، پنجاب، کشمیر، بلوچستان و سند را از قلمرو امپراتوری درانی جدا کنیم قلمرو افغانستان زمان شاه شجاع عبارت از نقشۀ فعلی افغانستان به علاوه مناطق پشتون نشین غرب دریای سند است که توسط خط دیورند بعدا از افغانستان جدا شدند. بنابر آن سرحدات فعلی افغانستان استمرار قلمروهای تاریخی آن بوده که نظر به مداخلات استعماری تغییر یافته است. این تغییر دلیل ایجاد یک مملکت تازه نبوده بلکه نتیجۀ منطقی استمرار تاریخی آن می باشد.

·استمرار فرهنگی و زبانی: "ملت" به مفهوم یک قوم حتی در کشورهای امروزی اروپا هم وجود ندارد و تمام این ممالک چند-ملیتی شده اند. بنابر آن این عنصر پدیدۀ "دولت-ملت" اروپایی در هیچ کشوری قابل تطبیق نیست. بنا بر آن حتی اگر "ملت" به مفهوم مدرن اروپایی وجود نداشته، بسیاری از دولت‌های ملی سعی می‌کنند هویت ملی خود را بر پایه عناصر فرهنگی، زبانی، و تاریخی مشترک گذشته بنا کنند. زبان فارسی در ایران یا زبان عربی در کشورهای عربی، نمونه‌هایی از این استمرار فرهنگی هستند. در افغانستان نیز چنان است. دین اسلام حنفی، زبانهای ملی پشتو و دری، مبارزات تاریخی ضد استعماری مبانی هویت ملی افغانستان را تشکیل میدهند.

- استمرار نهادی (با تغییر): برخی نهادها، هرچند با تغییرات اساسی، ریشه‌هایی در ساختارهای حکومتی پیشین دارند (مثلاً سیستم اداره و دیوان‌سالاری دولت).

ناسیونالیسم تاریخی‌گرا: بسیاری از جنبش‌های ملی‌گرایی در آسیا برای مشروعیت بخشیدن به دولت-ملت جدید خود، به تاریخ باستان و سلسله‌های گذشته خود ارجاع می‌دهند و آن‌ها را "اجداد" دولت مدرن معرفی می‌کنند. در افغانستان تاریخ باستان و سلسله هایی که از این سرزمین بر خواستند مانند غزنویان، هوتکیان و درانی ها مبنای مشروعیت دولت معاصر افغانستان است

همانطور که ناسیونالیسم ایرانی که به هخامنشیان و ساسانیان ارجاع می‌دهد، یا ناسیونالیسم ترکی که به امپراتوری عثمانی تکیه دارد.

---

[۱] جورج فورستر، "یک سفر از بنگال به انگلستان از طریق قسمت‌های شمال هندوستان، کشمیر، افغانستان و فارس به روسیه از طریق بحیرهٔ کسپین، لندن، ۱۷۹۸م."

[۲] مونت استوارت الفنست :"گزارش پادشاهی کابل و توابع آن در تارتاری، فارس و هندوستان"، در دو جلد به زبان انگلیسی، چاپ لندن، ۱۸۴۲م

Mountstuart Elphinstonen “An Account of the Kingdom of Caubul and Its Dependencies in Persia, Tartary, and India, London, ۱۸۴۲.

منابع این بخش

منابع عمومی و تخصصی:

۱. برنده‌ی، کارولین و استنلی، جیمز. (۱۳۹۴). جامعه‌شناسی تاریخی دولت. ترجمه ناصر عظیمی. تهران: نشر مرکز. (این کتاب به تحولات دولت در اروپا و شکل‌گیری دولت-ملت می‌پردازد).

۲. گیدنز، آنتونی. (۱۳۹۴). جامعه‌شناسی. ترجمه منوچهر صبوری. تهران: نشر نی. (فصل مربوط به دولت و ملت).

۳. هابسبام، اریک. (۱۳۸۰). ملل و ملی‌گرایی از ۱۷۸۰ تاکنون: برنامه، اسطوره، واقعیت. ترجمه علی یزدی‌نژاد. تهران: نشر ثالث. (کلاسیک در زمینه ملی‌گرایی و شکل‌گیری ملت‌ها).

٤. تیلی، چارلز. (۲۰۰۶). ***Coercion, Capital, and European States, AD 990-1992*. Blackwell Publishing.** (تحلیل جامعه‌شناختی تاریخی از چگونگی شکل‌گیری دولت در اروپا).

٥. وِبِر، ماکس. (۱۳۷۳). اقتصاد و جامعه. ترجمه عباس منوچهری. تهران: مولی. (مفهوم انحصار مشروع زور و بوروکراسی).

۶. اس. پ. هانتینگتون. (۱۳۷۲). برخورد تمدن‌ها و بازسازی نظم جهانی. ترجمه حمیدرضا شریفی. تهران: مرکز چاپ و نشر بین الملل. (اشاره به تفاوت‌های بنیادین در ساختارهای سیاسی تمدن‌های مختلف).

۷. آنتونی اسمیت. (۱۳۸۳). نظریه‌های ملی‌گرایی. ترجمه مسعود مدنی. تهران: دانشگاه تهران. (مفاهیم ملت و ملی‌گرایی و ریشه‌های آن‌ها).

۸. متون تخصصی در مورد تاریخ ایران و عثمانی: برای درک تفاوت‌های دولت‌های آسیایی، مطالعه کتب تاریخ سلسله‌های صفوی، قاجار، عثمانی، یا مغول هند می‌تواند مفید باشد. (به عنوان مثال، تاریخ ایران از عباس امانت یا ناری و مورفی برای تاریخ عثمانی).

این منابع می‌توانند چارچوبی جامع برای درک چگونگی شکل‌گیری دولت-ملت در اروپا، مشخصات آن، و مقایسه آن با ساختارهای سیاسی دیگر فراهم کنند.

امیر دوست محمد خان

امیر دوست‌محمد خان (۱۷۹۳-۱۸۶۳ میلادی)، بنیان‌گذار سلسلۀ بارکزایی (محمدزایی) در افغانستان است که برای دو دوره بر این کشور حکومت کرد: ابتدا از ۱۲۴۲ تا ۱۲۵۴ هجری قمری (۱۸۲۶ تا ۱۸۳۸ میلادی) و سپس از ۱۲۵۸ تا ۱۲۸۰ هجری قمری (۱۸۴۲ تا ۱۸۶۳ میلادی). او یکی از مهم‌ترین و تأثیرگذارترین شخصیت‌های تاریخ افغانستان است که نقشی محوری در گذار این کشور از یک امپراتوری رو به زوال به یک دولت ملی نوپا ایفا کرد و در بحبوحۀ "بازی بزرگ" میان امپراتوری‌های بریتانیا و روسیه، به تثبیت نسبی استقلال افغانستان کمک کرد.

۱. نقش امیر دوست‌محمد خان در تاریخ افغانستان

- تاسیس سلسلۀ بارکزایی: پس از فروپاشی امپراتوری درانی سدوزایی، که به دلیل ضعف پادشاهان و کشمکش‌های داخلی به ولایات متعدد تقسیم شده بود، دوست‌محمد خان از میان برادران قدرتمند بارکزایی (معروف به "برادران محمدزایی") به قدرت رسید و پایتخت را در کابل تثبیت کرد. او توانست کابل و غزنی را تحت کنترل خود درآورد و سپس به تدریج قندهار و هرات را نیز ضمیمه کند و هستۀ دولت نوین افغانستان را شکل دهد. او اولین حاکم افغان بود که لقب "امیرالمؤمنین" را برای خود برگزید و به جای "شاه" یا "پادشاه" خود را "امیر" نامید، که این نشان‌دهندۀ رویکرد دینی و سنتی‌تر او در مقایسه با شاهان درانی بود.

- احیای وحدت ملی: در دوره‌ای که افغانستان به ولایات و خانات کوچک تجزیه شده بود، دوست‌محمد خان با توانایی‌های نظامی و سیاسی خود توانست بخش‌های عمده‌ای از آن را متحد سازد. او جنگ‌های متعددی را برای تثبیت قدرت مرکزی و بازپس‌گیری مناطق از دست‌رفته (مانند هرات) انجام داد.

- معمار سیاست خارجی افغانستان: او در بحبوحۀ "بازی بزرگ" (رقابت استعماری بریتانیا و روسیه در آسیای مرکزی) به قدرت رسید. دوست‌محمد خان تلاش کرد تا با ایجاد موازنه میان این دو قدرت،

استقلال نسبی افغانستان را حفظ کند. او با سیاست‌های هوشمندانهٔ خود، گاهی به سمت بریتانیا و گاهی به سمت روسیه و ایران گرایش می‌یافت تا از استقلال کشورش دفاع کند.

- مقاومت در برابر بریتانیا (جنگ اول افغان و انگلیس): برجسته‌ترین نقش او، مقاومت در برابر نفوذ بریتانیا بود که منجر به جنگ اول افغان و انگلیس (۱۸۳۹-۱۸۴۲) شد.

۲. تفاوت‌های زمامداری او با زمامداران قبلی

زمامداری دوست‌محمد خان تفاوت‌های عمده‌ای با دورهٔ درانیان (احمدشاه و جانشینانش) و همچنین دورهٔ هرج و مرج پیش از خود داشت:

- پایان امپراتوری و آغاز دولت ملی: درانیان بیشتر یک امپراتوری بودند که شامل بخش‌هایی از ایران، هند و آسیای مرکزی می‌شد. اما دوست‌محمد خان، اگرچه تلاش‌هایی برای بازپس‌گیری برخی مناطق انجام داد، اما عمدتاً به تأسیس و تحکیم یک دولت-ملت در محدوده‌های جغرافیایی افغانستان امروزی تمرکز کرد.
- قدرت متمرکزتر در کابل: برخلاف درانیان که پایتخت‌های زمستانی و تابستانی (قندهار و سپس کابل و پیشاور) داشتند و قدرتشان بیشتر بر اساس وفاداری قبیله‌ای و غنایم بود، دوست‌محمد خان تلاش کرد تا قدرت را در کابل متمرکز کند و ادارهٔ داخلی را تا حدی سازماندهی کند.
- رویکرد دینی‌تر و عنوان "امیر": همان‌طور که اشاره شد، او لقب "امیرالمؤمنین" را برگزید که نشان‌دهندهٔ تکیه بیشتر او بر مشروعیت دینی بود. این در مقایسه با "شاه" سدوزایی‌ها، رویکرد متفاوتی بود.
- واقع‌گرایی در سیاست خارجی: در حالی که برخی از پادشاهان درانی هنوز رؤیای امپراتوری‌های بزرگ را در سر داشتند، دوست‌محمد خان با درک واقعیت‌های ژئوپلیتیک زمان خود، به خصوص بازی بزرگ، سیاست خارجی محتاطانه و واقع‌گرایانه‌تری را در پیش گرفت و سعی کرد از افغانستان به عنوان یک کشور حائل محافظت کند. او پس از شکست‌های اولیه در جنگ اول، به این نتیجه رسید که رویارویی مداوم با بریتانیا به ضرر افغانستان است و به دنبال اتحاد با آنها رفت.

- بنیان‌گذار یک سلسلهٔ پایدارتر: با وجود جنگ‌ها و مشکلات، سلسلهٔ بارکزایی که توسط دوست‌محمد خان تأسیس شد، تا زمان سقوط پادشاهی در سال ۱۹۷۳، طولانی‌ترین سلسلهٔ حاکم در تاریخ مدرن افغانستان بود.

۳. نقش او در مقابله با نفوذ انگلیسی‌ها

امیر دوست‌محمد خان نقشی کلیدی در مقابله با نفوذ بریتانیا ایفا کرد، که اوج آن به جنگ اول افغان و انگلیس (۱۸۳۹–۱۸۴۲) انجامید:

- سیاست موازنه و بی‌طرفی: دوست‌محمد خان در ابتدا تلاش کرد تا سیاست بی‌طرفی و موازنه را میان بریتانیا و روسیه (و نیز ایران قاجاری) حفظ کند. او از هر دو قدرت برای منافع خود امتیاز می‌خواست.

- مذاکرات ناموفق با بریتانیا: بریتانیا از او می‌خواست که روابط خود را با روسیه و ایران قطع کند و از ادعای خود بر پیشاور (که در دست سیک‌ها بود) دست بردارد. دوست‌محمد خان که به دنبال بازپس‌گیری پیشاور بود و از حمایت کافی بریتانیا برخوردار نمی‌شد، نتوانست خواسته‌های بریتانیا را بپذیرد.

- جنگ اول افغان و انگلیس: بریتانیا که از رویکرد دوست‌محمد خان ناراضی بود و او را متمایل به روسیه می‌دانست، به بهانهٔ بازگرداندن شاه شجاع (پادشاه سابق سدوزایی و دست‌نشاندهٔ بریتانیا) به تخت، در سال ۱۸۳۹ به افغانستان حمله کرد. دوست‌محمد خان نتوانست مقاومت گسترده‌ای سازمان دهد و در نهایت در سال ۱۸۴۰ تسلیم بریتانیا شد و به هند تبعید گشت.

- بازگشت به قدرت و تجربه اندوزی: اما پس از فاجعهٔ عقب‌نشینی بریتانیا از کابل و کشتار نیروهایشان در سال ۱۸۴۲ (که توسط پسرش، محمد اکبر خان، رهبری شد)، و قتل شاه شجاع، بریتانیا او را به قدرت بازگرداند. این تجربه، درس بزرگی برای دوست‌محمد خان بود. او از برتری تکنولوژیکی بریتانیا آگاه شد و به این نتیجه رسید که درگیری مداوم با آن‌ها به ضرر افغانستان است.

- سیاست هم‌پیمانی و صلح پس از جنگ: در دورهٔ دوم حکومت خود، او سیاست هم‌پیمانی و نزدیکی با بریتانیا را در پیش گرفت. معاهداتی با بریتانیا امضا کرد (از جمله در سال ۱۸۵۵ و ۱۸۵۷) که به او کمک

کرد تا قدرت خود را در قندهار و بلخ تثبیت کند و حتی از حمایت
بریتانیا در مقابل ایران در قضیهٔ هرات برخوردار شود. این چرخش
سیاست، نه به معنای تسلیم، بلکه به معنای یک استراتژی بقا برای
حفظ استقلال افغانستان در برابر فشارهای خارجی بود.

۴. عواقب امارت امیر دوست‌محمد خان

دوران امارت دوست‌محمد خان پیامدهای مهمی برای تاریخ افغانستان داشت:

- تثبیت دولت افغانستان: مهم‌ترین عواقب، تثبیت نسبی حدود جغرافیایی
  افغانستان و ایجاد یک دولت مرکزی قوی‌تر در کابل بود. او با الحاق
  قندهار و هرات در اواخر عمرش، تقریباً حدود امروزی افغانستان را
  به دست آورد.

- آغاز "بازی بزرگ": دوران او آغاز رسمی درگیری‌های استعماری
  بریتانیا و روسیه بر سر افغانستان بود که تا قرن بیستم ادامه یافت.
  دوست‌محمد خان مهارت خود را در حرکت در این صحنهٔ پیچیده نشان
  داد.

- جنگ و فاجعهٔ ملی: جنگ اول افغان و انگلیس یک فاجعه بزرگ برای
  افغانستان بود که ویرانی و کشتار زیادی به بار آورد. اما این جنگ
  همچنین مقاومت مردم افغانستان در برابر اشغال خارجی را به نمایش
  گذاشت و به نوعی به تقویت حس هویت ملی کمک کرد.

- پایه‌گذاری سلسله پایدار: او بنیان‌گذار سلسله‌ای بود که برای بیش از
  یک قرن بر افغانستان حکومت کرد و نقش مهمی در شکل‌گیری دولت
  و جامعهٔ مدرن افغانستان داشت.

- سیاست داخلی و اختلافات خانوادگی: او با انتصاب پسران متعددش به
  ولایات کلیدی، هرچند به تحکیم قدرت مرکزی کمک کرد، اما بذر
  اختلافات جانشینی را نیز کاشت که پس از مرگش، منجر به جنگ‌های
  داخلی میان فرزندانش (شیرعلی خان، محمد افضل خان، محمد اعظم
  خان) شد و افغانستان را بار دیگر درگیر بی‌ثباتی کرد.

منابع این بخش:

۱. فیض‌محمد کاتب هزاره: سراج‌التواریخ. (مهمترین منبع تاریخ افغانستان در قرن نوزدهم، شامل جزئیات فراوان دربارهٔ دورهٔ دوست‌محمد خان).

۲. مهن لال کشمیری: زندگی امیر دوست‌محمد خان، امیر کابل. (نوشتهٔ یک جاسوس و دیپلمات بریتانیایی، حاوی اطلاعات دست اول و چشم‌انداز بریتانیایی).

۳. فرهنگ، میر محمد صدیق: افغانستان در پنج قرن اخیر. (تحلیل جامع و دقیق از دورهٔ دوست‌محمد خان).

۴. غبار، میر غلام محمد: افغانستان در مسیر تاریخ.

۵. دالریمپل، ویلیام (**William Dalrymple**): بازگشت شاه: جنگ اول افغان و انگلیس ۱۸۳۹-۱۸۴۲ (*Return of a King: The Battle for Afghanistan 1839-42*). (اثری جدید و بسیار جامع و پرفروش دربارهٔ جنگ اول و نقش دوست‌محمد خان).

۶. یونسی، غلامرضا: تاریخ روابط سیاسی ایران و افغانستان. (برای درک روابط منطقه‌ای و جایگاه دوست‌محمد خان).

۷. ادمی، لودویگ (**Ludwig W. Adamec**): *Historical Dictionary of Afghanistan*. (برای اطلاعات فشرده و مرجع دربارهٔ شخصیت‌ها و رویدادها).

۸. دانشنامه ایرانیکا (**Encyclopædia Iranica**): مدخل‌های تخصصی در مورد "Dōst Moḥammad Khān", "Anglo-Afghan Wars", "Barakzay", و "Great Game".

۹. ویکی‌پدیا فارسی و انگلیسی: مقالات مرتبط با "دوست‌محمد خان" و "جنگ اول افغان و انگلیس".

این منابع کمک می‌کنند تا درک عمیق‌تری از نقش و دورهٔ زمامداری امیر دوست‌محمد خان در تاریخ افغانستان به دست آوریم.

حوادث سرنوشت ساز از شیرعلی خان تا ختم حبیب الله خان

دورهٔ زمامداری امیر شیرعلی خان تا پایان امارت امیر حبیب‌الله خان (تقریباً ۱۸۶۳ تا ۱۹۱۹ میلادی) یکی از پرحادثه‌ترین و سرنوشت‌سازترین دوران تاریخ افغانستان است. این دوره شاهد تلاش‌های متعددی برای مدرنیزاسیون، درگیری‌های شدید با قدرت‌های استعماری (به خصوص بریتانیا)، و تثبیت سرحدات نوین افغانستان بود.

۱. امارت امیر شیرعلی خان (۱۸۶۳-۱۸۶۶ و ۱۸۶۸-۱۸۷۹ میلادی)

حادثات کلیدی:

- جنگ‌های داخلی (۱۸۶۳-۱۸۶۸): پس از مرگ دوست‌محمد خان، شیرعلی خان برای تثبیت قدرت خود با برادرانش (محمد افضل خان و محمد اعظم خان) و برادرزاده‌اش (عبدالرحمن خان) وارد جنگ‌های داخلی شد که برای چند سال کشور را در هرج و مرج فرو برد. او یک بار قدرت را از دست داد و سپس دوباره به دست آورد.
- تلاش برای اصلاحات و مدرنیزاسیون: در دورهٔ دوم امارتش (پس از ۱۸۶۸)، شیرعلی خان تحت تأثیر سید جمال‌الدین افغان و دیدگاه‌های اصلاح‌طلبانهٔ خود، تلاش‌هایی برای نوسازی افغانستان آغاز کرد. این اصلاحات شامل:
    - تأسیس اردوی منظم: او اقدام به ایجاد یک اردوی آموزش‌دیده و مجهز به سلاح‌های جدید نمود، هرچند که در عمل موفقیت محدودی داشت.
    - تشکیل دولت مدرن: ایجاد ادارات دولتی، تقسیم‌بندی منظم ولایات (کابل، هرات، ترکستان افغانی، قندهار و فراه).
    - تأسیس اولین خدمات پستی: معرفی پوسته و خدمات پستی بین کابل و پیشاور.

- گسترش آموزش و نشر: گام‌های اولیه برای ترویج آموزش نوین و تأسیس مطبعه لیتوگرافی و نشریه دولتی "شمس‌النهار" در کابل.

- سیاست خارجی و بازی بزرگ: شیرعلی خان تلاش کرد سیاست بی‌طرفی را در قبال رقابت بریتانیا و روسیه (بازی بزرگ) حفظ کند. او نه به روسیه کاملاً اعتماد کرد و نه به بریتانیا. اما نهایتاً تمایل او به روسیه و عدم پذیرش فرستادهٔ بریتانیایی در کابل، بریتانیا را خشمگین کرد.
- جنگ دوم افغان و انگلیس (۱۸۷۸-۱۸۸۰): بریتانیا در سال ۱۸۷۸ به افغانستان حمله کرد. شیرعلی خان نتوانست مقاومت مؤثری را سازمان دهد و برای یافتن کمک از روسیه به سوی شمال رفت. او در سال ۱۸۷۹ در مزار شریف درگذشت و پسرش، یعقوب خان، جانشین او شد.

عواقب:

- ضعف پادشاهی: جنگ‌های داخلی و خارجی باعث تضعیف شدید دولت مرکزی و نابودی بخش‌های زیادی از زیرساخت‌های نوپا شد.
- اشغال خارجی و از دست دادن استقلال خارجی: افغانستان با امضای معاهدهٔ گندمک عملاً تحت الحمایه و کنترل بریتانیا قرار گرفت و سیاست خارجی آن به بریتانیا واگذار شد.
- بذر اصلاحات: با وجود شکست‌های سیاسی، تلاش‌های شیرعلی خان برای نوسازی، بذر اصلاحاتی را کاشت که در دوران عبدالرحمن خان و حبیب‌الله خان ادامه یافت.

تبدیل افغانستان به قلمرو تحت الحمایه بریتانیا

۱- امیر عبدالرحمن خان (۱۸۸۰ –۱۹۰۱ م)

امیر عبدالرحمن خان، سومین پسرامیر محمدافضل خان، نواسهٔ امیر دوست محمدخان، امیر افغانستان۱۸۸۰ –۱۹۰۱ از دودمان بارکزایی که در سال ۱۸۴۰ متولد شد. وی در زمان زمامداری پدرش بحیث والی قطغن و بدخشان ایفای وظیفه می کرد. وی بر ضد کاکایش (عمویش) امیر شیرعلی خان برخاست

و پس از شکست به بخارا فرار نمود. در سال ۱۸۶۶ به افغانستان بازگشت و شیر علی خان را شکست داده، پدرش محمد افضل خان را بر تخت سلطنت نشاند. پس از سه سال شیر علی خان بار دوم قدرت را بدست گرفت وی پا به فرار نهاد. پس از وفات شیر علی خان و استعفای پسرش محمد یعقوب خان از سلطنت در سال ۱۸۸۰ با لقب "ضیاءالمله والدین" (روشنی بخش ملت ودین) زمام امور کشور را در دست گرفت.

قسمیکه قبلاً گفته شد متاسفانه پیروزی افغانها در جنگ دوم افغان و انگلیس به پیروزی دپلوماتیک مبدل نگردید و به عوض آنکه امیر عبدالرحمان خان شرایط افغانستان را به انگلیسها دیکته نماید از انگلیسها خواست که آنها چه میخواهند. در نتیجه انگلیسها قادر شدند با وجود شکست در جنگ، افغانستان را به یک کشور حایل تحت حمایت خود مبدل نمایند که این حالت تا ۸ آگست ۱۹۱۹ و امضای معاهده راولپندی ادامه یافت.

امیر عبدالرحمن خان که به امیر پنجه آهنین معروف است در دوران بیست سال سلطنت خود به تنظیم اداره‌ء دولت پرداخت، سیستم مالیات را اصلاح کرد، اردوی نظامی قوی و منظم ایجاد کرد، تقویت دولت مرکزی پرداخت و در زمان او کشور از لحاظ اداری به ولایات و حکومت های کلان تقسیم شد که نائیب الحکومه ها و حکمرانان از مرکز تعیین میشدند و به این ترتیب به استیلای ملوک الطوایفی در اطراف کشور پایان داده شد و رهبران قومی را که سرکشی کردند با زور مطیع ساخت، مناطق هزاره جات را که دعوی خودمختاری داشتند به زیر اداره دولت مرکزی آورد. پس از چندی بر ضد کافرستان که درآنزمان مسلمان نبودند، لشکر کشی نمود و آنها را جبرا به دین اسلام وادشت و مناطق آنها را "نورستان" نامید. در دوران سلطنت وی معاهده خط دیورند در سال ۱۸۹۳م با هند برطانوی عقد شد، روسهای تزاری پنجده را اشغال کردند و خطوط سرحدات افغانستان با روسها و ایران در زمان سلطنت او ترسیم و تعیین گردید. وی در سال ۱۹۰۱م در باغ بالای کابل درگذشت و در آن شهر دفن گردید.

عبدالرحمان با چتر مشروعیت الهی، عهده‌دار تاج و تخت سرزمینی گردید که سرحدات مشخصی نداشت، منازعات داخلی به شدت دوام داشت، مراکز و راه‌های تجارتی از طرف قبایل به طور دایم در تهدید بود. تمام سیستم نیم بند حکومتی توسط افراد ذی نفوذ، مذهبیون، فئودال‌ها و سران قبایل از بین رفته بود. به عبارتی اقتدار حکومت تنها در چند نقطه متمرکز بود و مرکز دیگر توانایی کنترل را نداشت. روح حاکم بر سرزمین آنروز ملوک‌الطوایفی بود.

مهمتر از همه اینکه جنگ بر سر تقسیم قدرت میان دربار به صورت متداوم حکومت را فلج کرده بود. امیر عبدالرحمان خان در بدل انصراف از آزادی خارجی خودرا از تشویش مداخلات انگلیس ها رهانید و به تثبیت موقعیت داخلی خویش پرداخت. همین همسویی‌ها باعث گردید که افغانستان شاهد گذار از بی ثباتی و هرج و مرج به ثبات نسبی باشد.

شیوه حکومتداری عبدالرحمان

بعد از شکست جنگ اول و دوم انگلیس ها به سیاست تفرقه انداز و حکومت کن در افغانستان رو آوردند که در این مرحله فئودالیسم را در افغانستان تقویت کردند. تقویت فئودال‌ها به دو رویه انجام یافت؛ یکی از طریق مخالفت با انگلیس و دیگری از راه موافقت با انگلیس. عده‌ای با جنگ انگلیس به نان و نوایی رسیدند و عده‌ای با موافقت در انعام گیری سبقت می‌جستند. علت تمایل انگلیس به این نوع سیاست استفاده ابزاری خوانین علیه هم دیگر بود تا با این نوع سیاست بتواند مرام‌های خویش را بر جامعه افغانی تحمیل نماید. با روی کار آمدن عبدالرحمان خان سیاست حکومت مرکزی و تمرکز قدرت دنبال شد و این سیاست با تضاد قدرت سران و خوانین محلی روبرو گردید که در صدد حفظ موقعیت خویش بودند.

امیر با اداره سازی مستحکم و متمرکز توانست اصلاحات اداری، قانونی و اجتماعی را صورت بندی کند. «امیر» برنامه فروش مقام‌های عمومی را متوقف کرد. کشور به چهار ولایت بزرگ ترکستان، هرات، قندهار و کابل و همچنین به هفت حکومت کلان (ولسوالی) تقسیم گردید و بدی سان افغانستان نوین در حقیقت ظهور نمود. در این زمینه امیر به توفیقاتی دست یافت که در نوع خود بی سابقه بود. عبدالرحمان شفافیت در تقسیم کار را با ایجاد ضابطه‌هایی مثل اساس-القضات، نصایح-الصبیان، شهاب-الحساب و غیره را بنیان نهاد و توانست فقدان قانون در ادارات گذشته را جبران کند.

پایه‌های قدرت عبدالرحمان زور بود که با آن توانست حکومت استبدادی خویش را ادامه دهد. ابزار پایداری حکومت نیز اردو بود. عبدالرحمان توانست برای استحکام پایه های قدرت آهنینش یک اردوی قوی به وجود آورد که قبلاً اسلافش از آن محروم بود. قبل از امیر اردو شکل فئودالی و قبیلوی داشت که به نیروی انسانی سران قبایل، زمین داران و ملاها متکی بود که با فرمان خدمت می‌توانست مقداری نیروی مسلح آماده سازد. امیر عبدالرحمان با حفظ این شیوه به مدرن کردن اردو نیز پرداخت. او اردو را به سه شاخه تقسیم کرد: توپچی، سواره نظام و پیاده نظام. این اصل روش‌های قبلی اردو ملغی گردید و سیستم

هشت نفری اجباری از هر قبیله را برای اردو منظم ساخت. بدین ترتیب امیر برای هر سرباز مقداری وجه نقد و لباس نیز تدارک دید.

عبدالرحمان برای حفظ سلطنت خود حدوداً (به گفته کتاب ظهور افغانستان نوین- گریگوریان وارتان) ۵۰۰۰۰ تا ۶۰۰۰۰ نیروی آماده به خدمت و انبارهای نظامی کافی در اختیار داشت. عبدالرحمان بعد از سرکوب قبایل و اقوام غلزائی که مطیع نبودند تلاش داشت اردویی یک میلیون نفری داشته باشد که به بهترین و پیشرفته‌ترین سلاح‌ها مجهز باشد.

در بعد اقتصادی می‌توان بر افزایش مالیات مستقیم اشاره کرد که مردم پنجشیر، پکتیا و قبیله غلزایی را وادار به قیام کرد. مردم غلزایی که قبلاً هیچ وقت مالیات مستقیم به دولت نپرداخته بود، بلکه مالیات توسط خان‌ها حاصل می‌شد و متنفذین و ملاها نیز از مالیه معاف بودند. اما این بار امیر مالیات مستقیم سه کوت در مورد زمین‌های کاریزی، زکات، مالیات ازدواج و مالیات میراث را وضع کرد و همین امر زمینه ساز قیام‌های گسترده گردید.

امیرشمشیرخودرا علیه ملاها که اوآنان را "رهبران دروغین دین، ودلیل آفت ملت های مسلمان درتمام کشورها" می خواند، بکارگرفت. امیر"آهنین" دوراه دربرابرآنان قرارداد، تسلیم یا ترک کشور: "یکی ازین دو، درتبعید بودن، یا کوچیدن به جهان دیگر". ملاهای که اطاعت امیرراپذیرفتند ومطابق هدایت او وعظ وتبلیغ می کردند، برایشان معاش مقرر نمود؛ مدارس دینی با مصارف دولتی تعیین کرد.

با تلاش های امیر عبدالرحمن خان پروسه "ملت سازی" براساس سرزمین مشترک ما افغانستان- دین مشترک ما اسلام، وزبان های ملی ما پشتو و فارسی (دری) تحکیم یافت. به قول بارفیلدازسال ۱۸۸۱ تا سال ۱۸۸۸عبدالرحمان خان بیشترین عملیات خودرامتوجه عناصر یاغی های پشتون، بخصوص غلزایی ها کرد. · بعد آن، عملیات خودرامتوجه غیرپشتون ها درمناطق شمال وغرب و مرکز کشورساخت. درکتاب تاج التواریخ فرهنگ سیاسی که دولت افغان ظاهرساخته ودرباره جامعه افغان، بسیارغنی وآگاهی دهنده است. درین آئینه اواستعاره "بناکردن یک خانه" رابکارگرفته به عقیده او "ضروربودکه خانه مذکورازوجودعقرب های مضروموذی که درآن جاگرفته اند، پاک سازی گردد...تمام آن صدها سردسته خورد وکوچک، غارتگران، دزدان وآدم کشان، آنانی که موجودیت شان موجب زحمت ورنجوری همیشگی افغانستان بود."

اولویت حکومتداری امیر بهم آوردن قطعات اراضی بامردم سرکش آن به منظور تاسیس یک دولت متمرکز ویک پارچه بود. طی دودهه حکومت چندین تهاجم رادرساحات مختلف کشورازابل و قلات تا بدخشان تاهزاره جات ونورستان به خاطرختم ملوک الطوایفی و تحکیم حکومت مرکزی انجام داد.

دردوره او نظام های پراگندهء ملوک الطوایفی به دولت متمرکز فیودالی تغیر یافت، وامیرنشین های شمال کشور (بدخشان، قطغن وبلخ) ومردمان هزاره که تابعیت حکومت مرکزی افغانستان را قبول نداشتند، به اطاعت ازدولت اودرآورده شدند. ومردم کافرستان بالشکرکشی های متعدد بنام مسلمان سازی به تابعیت از حکومت مرکزی مجبور شدند ونام سرزمین شان از"کافرستان" به "نورستان" تبدیل گردید.

امیر عبدالرحمن خان تمامیت ارضی کشورش را از سه طریق استحکام بخشید: وی متعاقب احراز قدرت از طریق اسکان مجدد و اجباری، با تطبیق سزای شدید، حتی اعدام، توانست تمام نیرو های یاغی، متمرد و مرکز گریز را سرکوب نماید. امیرعبدالرحمن از طریق پالیسی ناقلین کمر نیرومند ترین مرکز اقوام پشتون را در هم شکستاند. غلجی ها یکی از رقبا و دشمنان سرسخت امیر بودند؛ امیر از طریق انتقال اجباری آنها از جنوب و صفحات مرکزی – جنوبی به شمال کوهپایه های هندوکش، که عمدتاً ساحات غیر پشتون نشین بود، توانست این دژ مقاوم را ضعیف سازد. سرانجام امیر توانست دژ های اتحاد قومی قدیم را در هم شکسته و جای آنرا به سیستم تازهٔ ولایتی بسپارد. والیان، دارای نیروی نظامی قوی ساحوی بودند که از مرکز اداره می شدند و درقسمت جمع آوری مالیات و کوبیدن یاغیان و معاندین دولت مرکزی سعی می کردند. امیر عبدالرحمن خان تمام والیان کشور را از طریق سیستم استخباراتی خیلی مستحکم و مؤثر از نزدیک زیر کنترول خود داشت. در زمان امیر عبدالرحمن خان بود که سیستم قدیمی حکومات محلی - قومی به فرسایش گرایید و درواقع از طریق همین سیستم بود که اقوام از مرز های اداری قومی خود بیرون آمده و درتحت سیستم جدید ولایتی در محوطه دولت وارد عرصه داد وستد گردیدند.

مدرنیزه ساختن و انکشاف بنیاد های اقتصادی کشور علی الرغم یک افغانستان متلاشی و کوبیده شده، امیرعبدالرحمن خان دست به ایجاد یک نظام عسکری و نظم اداری مدرن کشور زد. امیر عبدالرحمن خان علی الرغم شخصیت اتوکراتیک خویش لویه جرگه را فراخواند که در آن شهزاده ها، شخصیت های ناب و متنفذ و روحانیون شرکت داشتند. مطابق به سطور زندگینامهٔ امیر عبدالرحمن خان، سه هدف عمده درداِیر نمودن آن در نظر بود: سرکوبی اقوام یاغی، بسط و استحکام دولت مرکزی از طریق یک اردوی قابل روئیت و تقویت

حکام و خانوادهٔ سلطنتی. امیر عبدالرحمن خان توجه خاصی به ابعاد انکشافی و تنکالوژی در کشور مبذول داشت. موصوف اطبأ، انجنیران (به خصوص معدن شناسان)، زمین شناسان و متخصصین مطابع خارجی را به کشور دعوت نمود. امیر ماشینری اروپایي را وارد کشور ساخت و دست به ایجاد فابریکه های کوچک صابون سازی، شمع سازی، تولیدات چرمی و اسلحه سازی زد. امیر به جلب تکنیشن ها و مشاورین صنعتی، ارتباطات، مواصلات و آبیاری به سیستم های اروپایي توجه خاص مبذول نمود.

از لحاظ تاریخی تنها دو حادثه قوم پشتونرا در مقابل سایر اقوام قرار داد. یکی از این حوادث حمله امیرعبدالرحمن خان به هزاره جات بود و حادثه دومی حمله امیرعبدالرحمن خان به کافرستان که امروز بنام نورستان یاد میگردد. باوجودیکه هردو عملیات در حقیقت در قطار سایر عملیات امیرعبدالرحمن خان در سایر نقاط کشور برای تحکیل سلطه دولت مرکزی و ایجاد یک اداره ملکی سرتاسری در کشور بود، بآنهم در این دو عملیات، بخصوص در حمله به هزاره جات نیروهای محلی قومی پشتون در مقابل مردم هزاره دست به جنایات بسیاری زدند و قوم هزاره صدمه های جبران ناپذیری خورد. این زیاده رویها تا جایی بود که بعد از به قدرت رسیدن امیر حبیب الله خان در نامهٔ عنوانی خانوده های هزاره رسماً از آنها معذرت خواسته از آنها دعوت کرد دوباره به حانه های شان برگردند.

در سالهای نزدیک حملات طالبان و کشتار مردم هزاره در یکاولنگ و بامیان و مزارشریف را میتوان ناشی از تعصب قومی آنها که با تعصب مذهبی ضد شیعه گره خورده دانست. همچنان آتش زدن باغها و مزارع مردم شمالی توسط طالبان از جنایات دیگری است که لکهٔ ننگ آن بر جبین طالبان برای ابد باقی خواهد ماند. در زمان امیر عبدالرحمان خان و متعاقب او امیر حبیب اله خان انگلیسها در تعیین خطوط سرحدی افغانستان با همسایگان به حکمیت میپردازند اما در ادارهٔ امور داخلی کشور نقشی ندارند.

اشغال پنجده توسط روسهای تزاری

وزرای خارجه انگلستان و روسیه تزاری به ترتیب (لورد گرینویل)(Lard Granville) و (پرنس گورچکوف)برای تثبیت سرحدات افغانستان و روسیه تعیین گردیده در سال ۱۸۷۳م مطابق با ۱۲۹۰هـ به موافقه رسیدند و مرزهای شمالی افغانستان با روسیه تزاری روی کاغذ تثبیت گردید . زمانیکه امیر عبدالرحمن خان در سال (۱۸۸۰م) مطابق (۱۲۹۷هـ) به اقتدار رسید در دوران

حکمروایی او مرزهای افغانستان تعیین و تثبیت شد بدین ترتیب با انگلیس و روسیه تزاری مذا آغاز شد و موافقه به عمل آمد تا هیأت مشترک سه کشور فوق الذکر در مان نومبر سال (۱۸۸٤م) در سرخس حاضر شوند. مگرعساکر تزاری پیشروی خودرا در آسیای میانه ادامه دادند تا به نزدیک پنجده رسیدند واز پل خاتون که بالای دریای هریرود موقعیت دارد به حیث یک پایگاه نظامی استفاده کردند. در سال (۱۸۸٥) پنجده و آقتیپه توسط عساکر روسی اشغال گردید . پس از این واقع برای بار دوم مذاکرات میان نماینده گان بریتانیا و روسیه تزاری در لندن آغاز شد و برای تثبیت مرزهای شمالی افغانستان چندین بار میان هیأت های کشورهای مذکور مذا صورت گرفت . تا بالآخره در سال (۱۸۸۷م) پروتوگول شش فقره یی به امضاء رسید که به اساس آن سرحدات شمال غربی که به نام خط ریجوی (ُ Ridge way) موسوم است توسط هیأت تزاری وانگلیس (کاپیتان کامروف و چارلس یت) برای مدت چهار سال به طول (٥٦۰) کیلومتر از دره ذوالفقار تا خماب توسط خط کوتاهی ذریعه نصب پیلرها تثبیت و تعیین گردید.

معاهدهٔ خط دیورند[۱]

معاهده دیورند بتاریخ ۱۲ نوامبر ۱۸۹۳م میان امیر عبدالرحمن خان و سر هنری مورتمر دیورند، وزیر خارجه دولت هند برطانوی در کابل به امضا رسید. در آن زمان مطابق به معاهده تحمیلی استعماری سال ۱۸۷۹م گندمک، افغانستان در اعمال امور سیاست خارجی خود وابسته به هند برطانوی بود. معاهده دریورند ۷ ماده دارد و حوزه های نفوذ دو دولت را بالای اقوام قبایلی که در غرب دریای سند از چترال تا بلوچستان زندگی میکردند، تعیین میکند. با آنکه این مناطق در حقیقت قبلاً با تجاوزات رنجیت سنگ و انگلیسها از زیر اداره‌ء دولت افغانستان بیرون شده بودند اما در آنزمان این مناطق از لحاظ اداری شامل هند برطانوی نبودند.

معاهده ۱۹۲۱م کابل که بعد از حراز استقلال سیاسی میان دولت بریتانیا و افغانستان عقد شد معاهده‌ء دیورند را تآیید میکند اما این معاهده صرف برای سه سال مدار اعتبار بود و بعد از سه سال هرکدام جانبین میتوانند با یکسال اطلاع قبلی این معاهده را فسخ نمایند. افغانستان در لویه جرگه‌ء ۲٦ جولای سال ۱۹٤۹ این معاهده را یکجانبه فسخ کرد. این ادعا که افغانستان مطابق کنوانسیون جنیوا در مورد معاهدات بین المللی حق ملغی کردن یکطرفه معاهده سال ۱۹۲۱م کابل را ندارد نیز نادرست است زیرا کنوانسیون جنیوا در سال ۱۹٦۹م منعقد شد و به معاهدات بعد از آن تاریخ اعتبار دارد و به ماقبل خود

رجعت نمیکند. بنابر آن افغانستان هرگز حق خودرا در باز گرفتن مناطق از دست رفته پشتون نشین غرب دریای سند از دست نداده است.

---

[۱] معاهدهٔ دیورند نظر به اهمیت آن در تاریخ افغانستان و اثرات آن بالای روابط افغانستان با پاکستان در فصل دوازدیم این کتاب به تفصیل مورد ارزیابی قرار گرفته است،

دوران عبدالرحمان در واقع دوران ثبات توأم با خشونت بود. انعقاد معاهده دیورند زمینه های تسلط داخلی را بدون تشویش از مداخات انگلیسها فراهم نمود. با از بین رفتن آزادی خارجی افغانستان زمینه ساز ثبات همه جانبه داخلی گردید. تأثیرات سیاست سرکوب، از بین رفتن نظم ملوک الطوایفی، کمرنگ شدن نظم فئودالی، رنگ باختن نقش روحانیت به دلیل ایجاد اساس-القضات (بدست گرفتن اوقاف) بود. امیر قوی پنجه توانست با متمرکز کردن قدرت، ساختن اداره مستحکم، اردوی پایدار نظم دولتی را در جامعه متکثر القوم افغانستان به یادگار بگذارد.

حادثات کلیدی:

- جنگ دوم افغان و انگلیس (ادامه): پس از مرگ شیرعلی خان و تبعید یعقوب خان، بریتانیا عبدالرحمن خان (که در تبعید روسیه بود) را به قدرت رساند. عبدالرحمن خان در ازای شناسایی توسط بریتانیا، کنترل سیاست خارجی افغانستان را مطابق معاهده گندمک که توسط امیر یعقوب خان امضأ شده بود به آنها واگذار کرد.
- حاکمیت "امیر آهنین" و تثبیت داخلی: عبدالرحمن خان با قدرت بی‌رحمانهٔ خود، به سرکوب شورش‌های داخلی و تحکیم قدرت مرکزی پرداخت. او:
    - یکپارچگی و تثبیت سرحدات: قبایل متمرد و مناطق خودمختار (مانند، غلجاییان زابل و غزنی، هزاره جات و کافرستان/نورستان) را با خشونت سرکوب کرد و آن‌ها را تحت فرمان کابل درآورد. این اقدام، با وجود خونین بودن، به یکپارچگی افغانستان کمک کرد.

- مدرنیزاسیون اردو و دولت: به سازماندهی مجدد اردو، تأسیس کارخانه‌های اسلحه سازی، و ایجاد یک شبکهٔ اداری متمرکز و یک سیستم جاسوسی گسترده پرداخت.
- محدودیت نفوذ خارجی: با وجود وابستگی در سیاست خارجی به بریتانیا، او با جدیت مانع از نفوذ اروپاییها در داخل افغانستان شد و از ورود راه آهن و تلگراف که می‌توانستند نفوذ بریتانیا را بیشتر کنند، جلوگیری کرد.

- تعیین سرحدات افغانستان: در دوران او، مرزهای شمالی با روسیه (با توافق با بریتانیا) و در شرق و جنوبی با هند بریتانیا معاهدهٔ خط دیورند، ۱۸۹۳حدود نفوذ دو دولت از نظر اداری و تطبیق قانون تعیین شد.
  - خط دیورند: این خط، نیمهٔ شرقی سرزمین‌های پشتون‌نشین را از افغانستان جدا کرد و ادارهٔ آن را به هند برتانوی سپرد بدون آنکه به قلمرو رسمی هند برتانوی ملحق گردد. از این نظر این معاهده یک میراث بحث‌برانگیز و ریشه‌دار برای مناقشات مرزی میان افغانستان و پاکستان امروزی (وارث قلمروهای هند برتانوی غرب هند) به جا گذاشت.
- سرکوب هزاره‌ها (۱۸۸۸-۱۸۹۳): عبدالرحمن خان قیام‌های مردم هزارهٔ شیعه را با خشونت بی‌سابقه‌ای سرکوب کرد که منجر به کشتار، بردگی و آوارگی بخش بزرگی از جمعیت هزاره شد.

عواقب:

- ایجاد دولت مدرن افغانستان: عبدالرحمن خان به عنوان "امیر آهنین" یا "سازندهٔ افغانستان مدرن" شناخته می‌شود، زیرا او توانست یک دولت مرکزی قوی را در افغانستان پایه‌گذاری کند و کشور را از تجزیه نجات دهد.
- وابستگی خارجی: افغانستان به یک دولت حائل تحت‌الحمایهٔ بریتانیا تبدیل شد و استقلال خارجی خود را از دست داد و در نتیجه حکمیت تعیین سرحدات غربی و شمالی آن به برتانیه واگذار گردید.
- میراث خونین: سیاست‌های خشونت‌آمیز و سرکوب اقلیت‌ها (به خصوص هزاره‌ها و کافرستان/نورستان) میراثی از رنج و شکاف‌های قومی و مذهبی عمیق در جامعهٔ افغانستان برجای گذاشت.

- مناقشهٔ خط دیورند: این خط، منشأ درگیری‌های بی‌شمار در آینده شد و تا به امروز به عنوان یک زخم ناسور در روابط افغانستان و پاکستان باقی مانده است.

۳. امارت امیر حبیب‌الله خان (۱۹۰۱-۱۹۱۹ میلادی)

امیر حبیب‌الله خان (ملقب به سراج الملة و الدین)، پسر امیر عبدالرحمن‌خان. امیر افغانستان، در سال ۱۲۸۸ ه.ق مطابق سوم جون ۱۸۷۲م در سمرقند متولد و در ۱۳۱۹ ه.ق مطابق اکتوبر ۱۹۰۱م به جای پدر بر کرسی امارت نشست. حبیب‌الله در دوره پادشاهی‌اش با شورش‌هایی در مناطق پکتیا (۱۹۱۲—۱۳) و قندهار (۱۹۱۲) روبرو شد.

در ۱۹۱۸ توطئهٔ سوء قصد علیه امیر حبیب‌الله خان در شهر کابل صورت گرفت. مستوفی الممالک محمدحسن‌خان در پایان عهد امیر حبیب‌الله خان گزارش سرّی به شاه تقدیم و نقشهٔ سوء قصد علیه امیر حبیب‌الله خان را بیان کرده بود. به‌طوری‌که شهزاده امان‌الله خان و علیا حضرت مادر وی در آن دخیل بودند. امیر این گزارش را بی‌اهمیت تلقی کرد و سرانجام در شب ۱۹ فبروری ۱۹۱۹م در هنگام شکار در کله‌گوش لغمان به قتل رسید. هرچندامان‌الله خان فرزند وی شخصی به اسم کلنل علیرضا خان را به جرم قتل حبیب‌الله خان محکوم و اعدام کرد اما بعضی مورخین شجاع الدوله خان فراشباشی و سردار نادر خان را از متهمان قتل وی می‌دانند. این دو شخص پس از ترور حبیب الله خان به ترتیب سمت های ریاست امنیت کابل و وزارت دفاع رسیدند.

امیر حبیب الله خان مدت ۱۸ سال در افغانستان حکمرانی کرد. او برخلاف پدرش نرم خو، حلیمتر و انسانی فرهیخته بوده و بقول میر محمد صدیق فرهنگ، «از نظر دانش شخصی امیر باسوادترین و با مطالعه ترین پادشاه سلسه محمدزایی از عصر امیر دوست محمد خان تا به امیر امان الله خان بود.»

از جمله کارهای قابل تذکر امیر حبیب الله خان عفو زندانیان و قربانیان استبداد امیر گذشته بود. چنانچه وی طی فرمانی «مقرر نمود تا کسانی که در دوره امیر ماضی به داخل یا خارج تبعید گردیده و یا از ترس متواری شده بودند، به وطنشان مراجعه نمایند و نه تنها کسی از بابت اتهامات گذشته مزاحم ایشان نشود بلکه ملک و جایداد شان هم اعاده گردد.

راجع به مردم هزاره که از همه بیشتر زجر و عقوبت کشیده بودند، فرمان جداگانه مورخ دوازدهم رمضان ۱۳۲۲ (۱۹۰۴میلادی) صدور یافت در آن

تذکار رفته است: «ملک و زمین شما مردم که تا حال به مردمان مهاجر و ناقل داده می شد، حکم کردیم که بعد از این به دست خود شما باشد و هر قدر ملکی که از مردم هزاره قبلاً به افغان داده شده باشد... در بدل آن از زمینهای خالصهء نو آباد سرکاری ملک و زمین داده شود.».

او انسانی با دید گسترده تر نسبت به مسایل خارجی و داخلی بوده ولی شوربختانه در زندگی شخصی اش عیاش، زنباره و خوشگذران بود.

کارهای برجستهٔ امیر حبیب الله خان را میتوان بطور آتی خلاصه کرد که اثرات آنها سالهای سال و حتی تاکنون در افغانستان باقیمانده اند:

۱. گشایش نخستین مکتب رسمی دولتی بنام حبیبیه در کابل در سال ۱۹۰۳م: در این مکتب برعلاوهء معلمین داخلی برخی معلمینن خارجی (از هند برتانیایی) نیز مشغول تدریس بودند. بتدریج مکتب حبیبیه مورد توجه روشنفکران وآزادیخواهان قرار گرفته و در سالهای ۱۹۰۶-۱۹۰۸ به مرکز فعالیتهای سیاسی موسوم به جنبش مشروطیت افغانستان تبدیل شد.

۲. شاه نامبرده همچنان نخستین دستگاه برق آبی و فابریکهء نساجی را در «جبل السراج» در سالهای ۱۹۱۲-۱۹۱۵ بنا نهاد که در واقع آغاز تولید انرژی برق و بکارگیری کارخانه های نساجی در کشور بود.

۳.افغانستان تا سال ۱۹۰۶ در عرصهء مطبوعات دستآوردی نداشته (باستثنای چند شماره شمس النهار در دورهء سلطنت امیر شیر علیخان) و اطلاعات و اخبار دولتی توسط فرمانهای جداگانه و یا بگونه شفاهی (بوسیلهء جارچیها) به آگهی مردم رسانیده میشدند. مگر به اجازهء امیر حبیب الله خان در ماه جنوری سال ۱۹۰۶ نخستین جریدهء رسمی بنام «سِراج الاخبار» انتشار یافت ولی نشر آن فقط به یک شماره محدود شد، چون شاه مواد منتشرهء آنرا نپسندیده اجازهء انتشار بعدی آنرا تا سال ۱۹۱۱ نداد.

۴. درسال ۱۹۰۹ نخستین بار دولت سراجیه اقدام به ایجاد تعلیمگاه عسکری زده در همان سال مکتب حربیه توسط امیر حبیب الله خان بنیانگذاری شد. درمیان استادان این مکتب استادان از هندوستان و ترکیه بودند. بنیانگذاری این تعلیمگاه نظامی نقش مهمی در راستای تقویت اردوی منظم افغانستان داشت.

۵. در سالهای آغازین قرن بیست امیر حبیب الله نخستین موترها را از هند برتانیایی برای استفادهء دربار وارد کرد. همچنان او به بهبود راههای مواصلتی توجه کرده و بدین منظور راههای خامه (خاکی) کابل- جلال آباد (از راه لته بند) ، کابل- پروان (تا غوربند) و همچنان کابل- غزنی تا قندهار را برای استفاده

موتری آماده ساخت. این کار در واقع آغاز فعالیت ترانسپورت زمینی افغانستان بود.

۶. امیر عبدالرحمن خان در اواخر سلطنتش که صلاحیتهای دربار و حکومت را به فرزندانش و در گام نخست به شهزداه حبیب الله خان واگذار کرده بود، زمینهء برگشت یکی از سرداران تبعیدی محمد زایی یعنی سردار غلام محمد خان (طرزالدوله) و اخلافش را که در راس فرهیخته گان شان محمودبیگ طرزی بود، از دمشق و سایر نقاط دولت عثمانی به کابل، مساعد ساخت. سردار محمود بیگ طرزی بعد از آمدن به کابل با اتکا به دانش و تجربهء اندوخته در شرق میانه و بخصوص در ترکیه (او همسر ترکی- شامی داشته و جهانبینی اش متاثر از جریانهای فکری آنزمان ترکیه بود) خود، بسرعت در دربار امیر حبیب الله سراج الملته والدین نفوذ کرد. یکی از عوامل نزدیکی بیشتر این سردار با امیر نامبرده برعلاوهء دانش و توانایی های شخصی اش، پیوندهای زنا شویی وی با دربار بود. چنانچه محمود بیگ طرزی دو دخترش را به حبالهء نکاح دو پسر امیر یعنی شهزاده عنایت الله خان و شهزاده امان الله خان در آورد. او پسانها بکمک دامادش شهزاده عنایت الله خان که سرپرستی امور فرهنگی و معارف کشور را دارا بود، دست به کارهای با ارزش روشنگرانه از طریق جریدهء سراج الاخبار زد.

محمود بیگ طرزی که نویسنده ماهری بوده و در ادبیات و ترجمه دست توانایی داشت، اعتماد بیشتر امیر حبیب الله را بدست آورده و شاه نامبرده در سال ۱۹۱۱ وی را به مدیریت سراج الاخبار گماشت. او در نبشته ها، برگردانها و سرودههایش مسایل استقلال، ترقی و معارف را تبلیغ میکرد که در آنزمان از جذبهء بالایی برخوردار بوده و حتی باعث هراس انگلیسها در هند برتانوی میشد. از لابلای نبشته ها و تصنیفهای طرزی خصلت ضدانگلیسی و روحیهء آزدایخواهی وی آشکاراست. بیجا نیست که به دلیل نقش برجسته طرزی در مطبوعات نوپای آنزمان افغانستان (بخصوص نشر فعالانه سراج الاخبار) محمود طرزی را «پدر ژورنالیزم» افغانستان نامیده اند.

محمود طرزی باآنکه مانند بسیاری از محمد زاییها شخصا بر پشتو تسلط نداشت اما اولین خدمات ارزنده را برای تقویت زبان پشتو (که آنرا بنا برسم معمول آنزمان دری زبانها زبان افغانی میگفت) رویدست گرفت. وی در یکسلسله مقالات خود در سراج الاخبار به ترویج کتبی و رسمی زبان پشتو باری نوشته بود:

«از آغاز تاسیس دولت افغانیه، زبان دولتی ما زبان فارسی شده مانده است. بعد از اینها هم بسبب بعضی عوامل خارجی، و اختلافات داخلی، هیچ کس در پی اصلاح و ترقی زبان افغانی و تبدیل دادن رسومات دولتی را از زبان فارسی بزبان افغانی و زبان رسمی ساختن آن نیافتاده اند.. طرزی در یک مقالهء دیگرش در مورد «ملت افغان» چنین اشاعه مینماید:

«مارا ملت افغان، و خاک پاک وطن عزیز ما را افغانستان میگویند. چنانچه عادات، اطوار، اخلاق مخصوص داریم، زبان مخصوصی را نیز مالک میباشیم که آن زبان را «زبان افغانی» میگویند. این زبان را مانند حرزجان باید محافظه کنیم، در ترقی و اصلاح آن جدا کوشش کنیم. تنها مردمان افغانی زبان نی، بلکه همه افراد اقوام مختلفه ملت افغانستان را واجب است که زبان افغانی وطنی ملتی خود را یاد بگیرد. در مکتبهای ما، اهمترین آموزشها، باید تحصیل زبان افغانی باشد. از آموختن زبان انگلیزی، ترکی و حتی فارسی تحصیل زبان افغانی را اهم و اقدم باید شمرد.

متاسفانه از چند سال به اینطرف و بخصوص بعد از به قدرت رسیدن جمعیت اسلامی و شورای نظار در سال ۱۹۹۲م تعدادی از روی تعصب در مقابل زبان پشتو این پندار محمود طرزی و این اقدامات بسیار ابتدائی در راه انکشاف زبان پشتو را نادرست دانسته و اورا به ترویج "سیاستهای تبعیضی و فارسی- دری ستیزانهء دولتهای بعدی افغانستان" متهم میکنند. در حالیکه در حقیقت امر زبان دری/فارسی همچنان به عنوان زبان رسمی خط و کتابت دولت افغانستان و زبان تعلیمی مؤسسات تعلیمات عالی در کشور تا امروز پا بر جا بوده است.

۷. بر علاوهء خاندان طرزی امیر حبیب الله سراج الملته والدین یک خاندان دیگر محمدزایی را نیز اجازهٔ برگشت به وطن داد که بنام آل یحیی مشهور اند. این خاندان که در راس آن سردار یحیی خان بود، با فرزندان و نبیره گانش از دیره دون هند برتانوی برگشتند که مهمترین آنها سردار نادر خان بود که پس از برگشت بکابل با اتکا به تواناییها و اندوخته های خود و برادرانش به دربار حبیب الله خان نفوذ ریشه یی کرد. نادر و بردارانش (شامل سردار محمد عزیز خان، سردار محمد هاشم خان، سردار شاه محمود خان و سردار شاه ولیخان) که همه زاده در هند بودند، بسرعت پستهای مهم دربار را بدست آورده و از رازداران و مشاوران خاص امیر نامبرده شدند. از همینجا بود که آنها بنام «مصاحبان خاص» امیر شهره گردیدند. در نزدیکی بیش از حد «مصاحبان» با امیر حبیب الله نقش مهمی را وصلت خانوادگی یعنی ازدواج خواهر آنها با امیر حبیب الله (مشهور به علیاجانب که همچنان زادهء دیره دون هند بوده و از

زیبایی و دانش کافی بر خوردار بود میباشد. امیر حبیب الله خان معاهدهء دیورند را با انگلیسها تآیید کرد.

حادثات کلیدی:

- ادامه سیاست‌های پدر: حبیب‌الله خان، پسر و جانشین عبدالرحمن خان، در ابتدا سیاست‌های پدرش را در حفظ استقلال داخلی و وابستگی خارجی به بریتانیا ادامه داد.
- اصلاحات تدریجی و مدرنیزاسیون محدود: او گام‌هایی در جهت مدرنیزاسیون برداشت:
  - تاسیس مکتب حبیبیه (اولین مکتب به سبک نوین): که بستر آموزش نسل جدیدی از نخبگان را فراهم کرد.
  - تاسیس شفاخانه و مطبعه.
  - گسترش جاده‌ها و ارتباطات: ایجاد جاده‌های جدید و اولین برق‌رسانی و استفاده از اتومبیل در کابل.
  - تاسیس جریدهٔ "سراج‌الاخبار افغانیه": به سردبیری محمود طرزی (پدر معنوی اصلاح‌طلبان بعدی) که نقش مهمی در آگاهی‌بخشی و ترویج افکار مدرن داشت.
- بازی بزرگ و بی‌طرفی در جنگ جهانی اول: حبیب‌الله خان به طور هوشمندانه‌ای سیاست بی‌طرفی افغانستان را در جنگ جهانی اول (۱۹۱۴-۱۹۱۸) حفظ کرد، علیرغم فشارهای شدید از سوی آلمان، عثمانی (به دلیل پان‌اسلامیسم) و همچنین گروه‌های داخلی ضد انگلیسی. او معتقد بود که پیوستن به هر یک از طرفین، افغانستان را در معرض حملهٔ مشترک بریتانیا و روسیه قرار می‌دهد.
- امیر عبدالرحمن خان در اواخر سلطنتش که صلاحیتهای دربار و حکومت را به فرزندانش و در گام نخست به شهزداه حبیب الله خان واگذار کرده بود، زمینهء برگشت یکی از سرداران تبعیدی محمد زایی یعنی سردار غلام محمد خان (طرزالدوله) و اخلاقش را که در راس فرهیخته گان شان محمودبیگ طرزی بود، از دمشق و سایر نقاط دولت عثمانی به کابل، مساعد ساخت. سردار محمود بیگ طرزی بعد از

آمدن به کابل با اتکا به دانش و تجربهء اندوخته در شرق میانه و بخصوص در ترکیه (او همسر ترکی- شامی داشته و جهانبینی اش متاثر از جریانهای فکری آنزمان ترکیه بود) خود، به سرعت در دربار امیر حبیب الله سراج الملته والدین نفوذ کرد. یکی از عوامل نزدیکی بیشتر این سردار با امیر نامبرده به علاوه دانش و توانایی های شخصی اش، پیوندهای زناشویی وی با دربار بود. چنانچه محمود بیگ طرزی دو دخترش را به حبالهء نکاح دو پسر امیر یعنی شهزاده عنایت الله خان و شهزاده امان الله خان در آورد. او بعد ها بکمک دامادش شهزاده عنایت الله خان که سرپرستی امور فرهنگی و معارف کشور را دارا بود، دست به کارهای با ارزش روشنگرانه از طریق جریدهء سراج الاخبار زد.

- محمود بیگ طرزی که نویسنده ماهری بوده و در ادبیات و ترجمه دست توانایی داشت، اعتماد بیشتر امیر حبیب الله را بدست آورده و شاه نامبرده در سال ۱۹۱۱ وی را به مدیریت سراج الاخبار گماشت. او در نبشته ها، برگردانها و سروده هایش مسایل استقلال، ترقی و معارف را تبلیغ میکرد که در آنزمان از جذبهء بالایی برخوردار بوده و حتی باعث هراس انگلیسها در هند برتانوی میشد. از لابلای نوشته ها و تصنیفهای طرزی خصلت ضدانگلیسی و روحیهء آزدایخواهی وی آشکاراست. بیجا نیست که به دلیل نقش برجسته طرزی در مطبوعات نوپای آنزمان افغانستان (بخصوص نشر فعالانه سراج الاخبار) محمود طرزی را «پدر ژورنالیزم» افغانستان نامیده اند.

- محمود طرزی باآنکه مانند بسیاری از محمد زاییها شخصا بر پشتو تسلط نداشت اما اولین خدمات ارزنده را برای تقویت زبان پشتو (که آنرا بنا برسم معمول آن زمان دری زبانها زبان افغانی میگفت) روی دست گرفت. وی در یک سلسله مقالات خود در سراج الاخبار به ترویج کتبی و رسمی زبان پشتو باری نوشته بود: «از آغاز تاسیس دولت افغانیه، زبان دولتی ما زبان فارسی شده مانده است. بعد از اینها هم بسبب بعضی عوامل خارجی، و اختلافات داخلی، هیچ کس در پی اصلاح و ترقی زبان افغانی وتبدیل دادن رسومات دولتی را از زبان فارسی به زبان افغانی و زبان رسمی ساختن آن نیفتاده اند..

- طرزی در یک مقالهء دیگرش در مورد «ملت افغان» چنین اشاعه مینماید: «مارا ملت افغان، و خاک پاک وطن عزیز ما را افغانستان میگویند. چنانچه عادات، اطوار، اخلاق مخصوص داریم، زبان

مخصوصی را نیز مالک می باشیم که آن زبان را «زبان افغانی» میگویند. این زبان را مانند حرز جان باید محافظه کنیم، در ترقی و اصلاح آن جدا کوشش کنیم. تنها مردمان افغانی زبان نی، بلکه همه افراد اقوام مختلفه ملت افغانستان را واجب است که زبان افغانی وطنی ملتی خود را یاد بگیرد. در مکتبهای ما، مهمترین آموزشها، باید تحصیل زبان افغانی باشد. از آموختن زبان انگلیسی، ترکی و حتی فارسی تحصیل زبان افغانی را اهم و اقدم باید شمرد.

- بر علاوهٔ خاندان طرزی امیر حبیب الله سراج الملته والدین یک خاندان دیگر محمدزایی را نیز اجازهٔ برگشت به وطن داد که بنام آل یحیی مشهور اند. این خاندان که در راس آن سردار یحیی خان بود، با فرزندان و نبیره گانش از دیره دون هند برتانوی برگشتند که مهمترین آنها سردار نادر خان بود که پس از برگشت به کابل با اتکا به توانایی ها و اندوخته های خود و برادرانش به دربار حبیب الله خان نفوذ ریشه یی کرد. نادر و برادرانش (شامل سردار محمد عزیز خان، سردار محمد هاشم خان، سردار شاه محمود خان و سردار شاه ولی خان) که همه زاده در هند بودند، به سرعت پستهای مهم دربار را بدست آورده و از رازداران و مشاوران خاص امیر نامبرده شدند. از همینجا بود که آنها بنام «مصاحبان خاص» امیر شهره گردیدند. در نزدیکی بیش از حد «مصاحبان» با امیر حبیب الله نقش مهمی را وصلت خانوادگی یعنی ازدواج خواهر آنها با امیر حبیب الله (مشهور به علیاجانب که همچنان زادهٔ دیره دون هند بوده و از زیبایی و دانش کافی برخوردار بود میباشد. امیر حبیب الله خان معاهدهٔ دیورند را با انگلیسها تآیید کرد.

- ترور: در سال ۱۹۱۹، امیر حبیب‌الله خان به طرز مرموزی در یک سفر شکار ترور شد. انگیزه‌های این ترور مبهم ماند، اما گمانه‌زنی‌ها به توطئه‌های داخلی مرتبط با نارضایتی از سیاست بی‌طرفی او در جنگ و عدم پیگیری استقلال کامل افغانستان اشاره دارد.

عواقب:

- بستر برای اصلاحات امان‌الله خان: تلاش‌های حبیب‌الله خان در آموزش و مدرنیزاسیون (به خصوص مکتب حبیبیه و سراج‌الاخبار) نسلی از روشنفکران جوان را پرورش داد که خواهان استقلال کامل و اصلاحات گسترده‌تر بودند (مانند امان‌الله خان).

- **حفظ استقلال نسبی:** سیاست بی‌طرفی او در جنگ جهانی اول، افغانستان را از ویرانی‌های مستقیم جنگ دور نگه داشت و از اشغال بیشتر توسط بریتانیا و روسیه جلوگیری کرد.

- **انتقال قدرت به امان‌الله خان:** ترور او راه را برای به قدرت رسیدن امان‌الله خان باز کرد که بلافاصله پس از آن، جنگ سوم افغان و انگلیس را آغاز کرد و استقلال کامل افغانستان را در سیاست خارجی به دست آورد.

- **میراث دیکتاتوری:** با وجود برخی اصلاحات، نظام او همچنان یک دیکتاتوری سلطنتی بود و فساد اداری و ظلم بر مردم ادامه داشت.

تهداب گذاران افغانستان معاصر

در ختم این فصل کتاب جا دارد تا از پنج بنیان گذار یا تهداب گذار مملکت افغانستان معاصر که از آنها در این فصل و فصلهای قبلی نام گرفته شد یاد کنیم. هریک به نحو چشمگیری در ظهور این کشور در جهان معاصر بر خرابه های امپراطوریهای صفوی و مغولی و تحکیم آن و هویت مشخص آن نقش داشته اند.

اول ـ میرویس خان هوتکی:

میرویس خان در حقیقت جورج واشنگتن افغانستان است که به استیلای دوصد سالۀ امپراطوریهای صفوی و مغولی در سرزمین ایکه امروز بنام افغانستان در جهان معروف است خاتمه داد و یک قدرت سیاسی به زعامت افغانی ایجاد نمود.

دوم – احمدشاه ابدالی:

با استفاده از ضعف دولتهای صفوی و مغولی به ایجاد امپراطوری ابدالی با هویت مشخص افغانی و اسلام حنفی پرداخت که افغانستان امروزی وارث آن بوده تا امروز بعد از نزدیک به سیصد سال همچنان پابرجاست.

سوم – امیردوست محمد خان:

افغانستان را که با دسایس انگلیسها، ایرانیها و روسها به حکومتهای خودمختار در قندهار، مزارشریف و هرات تقسیم شده بود و به حکومت مرکزی در کابل وفادار نبودند دوباره متحد ساخت و وحدت و تمامیت ارضی کشور را اعاده نمود پایه های یک دولت-ملت نوین را ایجاد کرد.

چهارم – امیر عبدالرحمان خان:

شیرازهٔ مملکت را که با جنگ دوم انگلیسها بر افغانستان از هم گسیخته بود دوباره یکجا نموده سیستم ملوک الطوایفی را با یک زعامت پنجه آهنین از میان برداشته یک دولت مرکزی با نظام اداری ملکی و عسکری مطابق نیازمندیهای عصر ایجاد نمود.

پنجم – امیر امان الله خان:

وقتی به امارت رسید مملکت یک کشور تحت الحمایۀ بریطانیای کبیر محسوب میگردید که تمام روابط خارجی و امور مربوط به سرحدات آن توسط دولت هند برطانوی اداره میشد. امان الله خان با اعلان استقلال کامل در سیاست خارجی کشور و شناخت رسمی آن توسط بریطانیا به این حالت برای همیشه خاتمه داد و پایه های مدرنیزه کردن کشور را بر جای نهاد و به عنوان سمبول ملی برای ترقی خواهان تا امروز باقی مانده است.

چارت ۲: بنیانگذاران افغانستام معاصر

AFGHANISTAN
FIVE FOUNDING FATHERS

بنیان گذاران افغانستان

منابع:

۱. فیض‌محمد کاتب هزاره: سراج‌التواریخ. (منبع دست اول و بسیار مهم برای تمامی این دوران، به ویژه دوران عبدالرحمن خان و حبیب‌الله خان).

۲. محمود طرزی: سراج‌الاخبار افغانیه. (نوشته‌ها و مقالات او دیدگاه‌های روشنفکران زمانه را نشان می‌دهد).

۳. عبدالرحمن خان: تاج‌التواریخ (خود زندگی‌نامه عبدالرحمن خان).

٤. فرهنگ، سید محمد صدیق: افغانستان در پنج قرن اخیر. (جامع‌ترین و تحلیلی‌ترین اثر به زبان فارسی در این زمینه).

٥. غبار، میر غلام محمد: افغانستان در مسیر تاریخ.

٦. پولادی، حسن: هزاره‌ها: تاریخ، فرهنگ، سیاست. (برای درک سرکوب هزاره‌ها در زمان عبدالرحمن خان).

۷. دالریمپل، ویلیام (**William Dalrymple):** بازگشت شاه: جنگ اول افغان و انگلیس ۱۸۳۹-۱۸۴۲ (*Return of a King: The Battle for Afghanistan 1839-42).* (هرچند مربوط به جنگ اول است، اما برای درک پیش‌زمینه‌های آن و تداوم رقابت بریتانیا مهم است).

۸. آدامی، لودویگ و. (**Ludwig W. Adamec):** *Historical Dictionary of Afghanistan.* (منبع مرجع برای اطلاعات فشرده).

۹. هاول، پاتریک (**Patrick Howarth):** *The Great Game: On Secret Service in High Asia.* (برای درک رقابت استعماری).

۱۰. گرانت، کریستینا (**Christina Grant**): *The Afghan Wars: The Second Anglo-Afghan War and the Rise of Abdur Rahman Khan.*

۱۱. دانشنامه ایرانیکا (**Encyclopædia Iranica**): مدخل‌های تخصصی در مورد "Shir Ali Khan", "Abdur Rahman Khan", "Habibullah Khan", "Anglo-Afghan Wars", "Durand Line", و "Hazara".

۱۲. وب‌سایت‌های تاریخی معتبر مانند History.com و دانشنامه ۱۹۱٤-۱۹۱۸ Online برای جزئیات مربوط به جنگ جهانی اول و سیاست‌های حبیب‌الله خان.

فصل ششم
ظهور و سقوط نهضت امانی

امیر امان الله خان

امیر امان‌الله خان مشهور به غازی امان‌الله خان فرزند سوم امیرحبیب‌الله خان و نواسهٔ امیرعبدالرحمان خان و نبیره‌ی امیردوست‌محمد خان از دودمان بارکزایی بود. وی در اول ماه جون ۱۸۹۲ میلادی در پغمان کابل به دنیا آمد. امان الله در لیسهء افسری آموزش دید و با اردو ارتباط نزدیک داشت. وی پس از کشته شدن پدرش حبیب‌الله خان در ۲۸ فبروری ۱۹۱۹م به قدرت رسید.

وی در سال ۱۹۱۹ میلادی جنگ استقلال و سومین جنگ افغان- انگلیس را آغاز کرد که منجر به معاهدهء راولپندی شد و بربنیاد آن بریتانیا افغانستان را به حیث یک کشور مستقل به رسمیت شناخت.

سلطنت شاه امان‌الله در ۱۹۲۰ میلادی پیمان دوستی با شوروی و سپس با ایتالیا، ترکیه و ایران امضا کرد. شاه امان‌الله سپس در سال ۱۹۲۱ میلادی پیمانی با دولت شوروی بست و امتیاز خط تلگرافی کشک هرات، قندهار و کابل را به روسیه داد. وی در ۱۰ دسامبر ۱۹۲۷ سفری ۶ ماهه را به کشورهای آسیایی اروپایی و آفریقایی آغاز کرد و در سال ۱۳۰۷ هجری شمسی از راه ایران به افغانستان بازگشت و دست به اقدامات اصلاحی زد.

امان الله در ۱۹۲۶ سلطنت مشروطه اعلام نمود و خودش را شاه اعلام کرد.

برگزاری لویه جرگه و تصویب نخستین قانون اساسی، از میان رفتن برده داری، استقرار نظام شاهی مشروطه، تفکیک قوا، اجباری شدن آموزش، آوردن اصلاح در نظام مالی، ممنوع شدن کار اجباری. فرستادن شماری از محصلین به خارج کشور به منظور ادامه تحصیل، تأسیس نخستین کتابخانه عامه در کابل، افزایش چشمگیر روزنامه نگاری و مانند این‌ها از مهمترین تحولات این دوره خوانده می‌شوند و در کل از دوره شاه امان‌الله خان به حیث یک دوره درخشان کشور یاد می‌شود.

از آنجایی که اقدامات اصلاحی وی با تندروی‌هایی همراه بود و با روحیه بعضی از اقشار جامعه و مردم سازگاری نداشت، زمینه را برای شورشگری در برابر سلطنت وی فراهم ساخت و حبیب‌الله کلکانی بر او شورید و او را وادار به کناره گیری کرد و به ایتالیا رفت.

باید بخاطر آورد که قبل از حبیب الله کلکانی، در سال ۱۳۰۳ (۱۹۲٤م) شماری از ملاها و روحانیون افراطی به سرکردگی ملا لنگ علیه دولت امان‌الله خان دست به تبلیغ زده مردم را به شورش واداشتند. آنان تمامی اصلاحات دوره امانی را خلاف دین اسلام خوانده، این شاه مترقی و وطندوست را کافر و جهاد علیه او را فرض اعلان کردند. مگر این ملا در دستی قرآن و در دست دیگر قانون جزاء امان اله خان را گرفته در میان قبایل که متأسفانه از سواد و دانش بی‌بهره بودند فریاد نمیزدند که: کدامیک را قبول دارید! قرآن یا قانون را؟ و طبعاً مردم میگفتند: قرآن را. باید بخاطر آورد که انگلیسها که خود را در این توطئه پیروز می‌دانستند دست به مداخله مستقیم زده و یک تن هندو به نام عبدالکریم را زیر نام پسر امیر محمد یعقوب خان داخل قوم خُدران پکتیا نموده که رهبری اغتشاش را به دست گرفت. در آغاز جنگ به نفع شورشیان پیش می‌رفت چون از یک سو بودجه دولت به اتمام رسید و از سوی دیگر ۸۰۰ عسکر دولت به یکبارگی کشته شدند که این ضربه سختی بر پیکر رژیم نوپای امانی بود. در همین دوره بود که عبدالکریم با حمایت انگلیس‌ها در پکتیا دعوای امارت نمود. از آنجایی که اکثریت مردم افغانستان از خدمات دولت امانی راضی بودند، جمع وسیع یک‌صدا علیه این اغتشاش جاهلان برخاستند که منجر به سرکوب آن شد. میر غلام محمد غبار در «افغانستان در مسیر تاریخ» (جلد اول، ص ۸۰۹) می‌نویسد: «...همینکه دانستند اغتشاش پکتیا ماهیت مذهبی نی، بلکه ماهیت سیاسی و آنهم به مداخله دولت انگلیس دارد، همه به حمایت دولت برخاستند و بر ضد نفوذ خارجی متحد گردیدند." مهار این شورش که بیش از یکسال به طول انجامید بار سنگینی بر دولت امانی بود. تقریبا مالیات یکساله در آن به هدر رفت و متعاقبا در لویه جرگه پغمان شاه امان‌الله مجبور شد که با

روحانیون مرتجع از راه مماشات پیش رفته بخشی از برنامه اصلاحاتش را کنار گذارد. در نتیجه این زحمات و همکاری وسیع مردم، شورش سرکوب و سران باغی فراری شدند. درین میان ملای لنگ و ملا عبدالرشید که به کوه‌ها پناه برده بودند توسط مردم دستگیر و تسلیم دولت داده شدند. به تاریخ ۴ جوزای ۱۳۰٤ ملای لنگ و ملا عبدالرشید با ۵۱ تن از همدستان شان بعد از اینکه حکم اعدام بر آنان صادر شد، طی مراسمی در تپه مرنجان اعدام شدند و چندصد تن دیگر به ولایات شمالی تبعید شدند.

شاه امان الله در ۲۲ جون ۱۹۲۷ منار یاد گاری بنام "منار علم وجهل"را که دردهمزنگ کابل درکنار دریای کابل بخاطرختم شورش ملای لنگ بناکرده بود دریک طرف آن این شورش توضیح شده ودرسه طرف دیگرآن اسامی سه صد نفرافسرانی که در جنگ شهید شده بودند تحریر گردیده است.

از شاه امان الله به عنوان شاه روشنفکر و ترقی خواه یاد می‌شود و افغانستان در دوران وی شاهد اصلاحات و تحولات بزرگی بوده است. سرانجام وی در ۲۵ اپریل ۱۹۶۰ در زوریخ سوئیس در گذشت. جنازه وی به جلال‌آباد انتقال داده شد و در کنار مزار پدرش به خاک سپرده شد.

وقتی در سال ۱۹۱۹ امان اله خان به پادشاهی رسید دولت هند برتانوی حتی سفارت در کابل نداشت صرف یکنفر بنام حافظ سیف اله تحت عنوان "واقعه نگار" حافظ منافع انگلستان در کابل بود و او هم در حالت نظر بند بسر میبرد. در حالیکه شخصی بنام سردار عبدالرحمان در مقام رسمی سفیر افغانستان در دهلی ایفای وظیفه میکرد.

افغانستان چگونه مستعمرهٔ بود که استعمار گران در این کشور نه نمایندهٔ داشتند و نه سربازی و نه کدام اداره چی؟ در حالیکه در هندوستان مامور مالیه، مدیر گمرک، قومندان امنیه و حتی مامور پوسته خانه همه انگلیس بودند! پاسخ به این سوال را در شرایط ختم جنگ دوم افغان و انگلیس ومعاهدهٔ گندمک باید جستجو کرد.

حصول استقلال در سیاست خارجی

جنگ سوم افغان و انگلیس که از دوم مئ تا دوم جون سال ۱۹۱۹م دوام کرد، با امضای توافقتنامهٔ آتش بس به تاریخ هشتم اگست سال ۱۹۱۹ در راولپندی، رسماً به پایان میرسد.

سر هملتن گرانت رییس هیات انگلیسی که وزیر خارجه حکومت هند برطانوی نیز بود طئ مکتوبی عنوانی علی احمد خان وزیر داخله و رییس هیات افغانی

تآیید میکند که حکومت انگلستان استقلال افغانستان را در امور داخلی و خارجی برسمیت میشناسد. او هم چنان در این نامه تآکید میکند که "با این جنگ و این موافقتنامه، تمامی معاهدات قبلی میان دوجانب فسخ شده محسوب میگردند".

به این اساس امان الله خان وعده ایرا که حین تاجگذاری خود در ۳ مارچ ۱۹۱۹ به مردم افغانستان داده بود جامهء عمل میپوشاند. امان اله خان گفته بود:

"به آن شرط این تاج و تخت را میپذیرم که شما با اندیشه ها و افکار من همکاری کنید. حکومت افغانستان باید از نگاه داخلی و خارجی کاملاً مستقل و آزاد باشد."

مردم افغانستان همه ساله از ۲۸ اسد به عنوان روز استقلال کشور تجلیل نموده و معمولا مراسم جشن را در ماه سنبله برپا میکنند.

با آنکه موضوع استقلال افغانستان و جنگ سوم افغان-انگلیس از سوی بریتانیا کم اهمیت و خیلی کوچک جلوه داده شد، باوجود آن این جنگ از جمله جنگهای بزرگ به شمار میرود که دران بیش از ۱۶ میلیون پاوند خسارات مالی به هند برطانوی وارد شد و حدوداً ۲۰۰۰ افراد نظامی آنها نیز درین جنگ هلاک شدند.

تعدادی در مورد تاریخ استقلال افغانستان فتنه انگیزی کرده و با بیشرمی میکوشند در مورد ابهام ایجاد کرده جوانان کشور را فریب دهند. حقیقت آن است که معاهده راولپندی و ضمایم آن بتاریخ ۸ آگست سال ۱۹۱۹م استقلال افغانستان را تایید کرد که ۱۶ اسد ۱۲۹۸ هجری شمسی میشود به برش زیرین از روزنامه آنروز لندن توجه کنید. و متعاقب آن امان اله خان ۱۲ روز بعد ۲۸ اسد ۱۲۹۸ را روز رسمی استقلال و رخصتی عمومی اعلان کرد

در تمام معاهده راولپندی کلمه استقلال نیست. استقلال در مکتوب رسمی سرهملتن گرانت رییس هیات انگلیسی و وزیر خارجه هند برتانوی عنوانی علی احمد خان رییس هیات افغانی تایید شده که به حیث ضمیمه رسمی معاهده ۸ آگست سال ۱۹۱۹ راولپندی است. معاهده سال ۱۹۲۱ کابل معاهده دوستی بوده معاهده راولپندی وضمایم آن را تکرار و تایید میکند

تاریخ ۸ آگست سال ۱۹۱۹م که ۱۶ اسد ۱۲۹۸ هجری شمسی میشود روز برسمیت شناختن استقلال توسط انگلستان است،. تایید پیمان صلح راولپندی از جانب امان‌الله خان ۲۸ اسد ۱۲۹۸ بوده و تصدیق استقلال است. چون امان‌الله خان این پیمان را در ۱۹ آگوست ۱۹۱۹ برابر با ۲۸ اسد ۱۲۹۸ تایید کرد به دلیل این که برای نخستین بار نماینده انگلیس در سند پیوست این پیمان، استقلال افغانستان را پذیرفته بود. به همین استدلال مبنای انتخاب ۲۸ اسد به عنوان روز

استقلال تاریخ درست است. بیانات قبل از آگست امان اله خان در حوت و حمل قبل از تصدیق استقلال توسط انگلستان بوده و منطقا مبدآ استقلال شده نمیتوانند. این بیانات تبلیغات برای احراز استقلال بودند.

در حقیقت ۲۸ اسد روز خلاصی ملت افغانستان از شر ۱۲۳ساله استعمار گران برطانوی است.

حصول استقلال خارجی به قهرمان استقلال شاه امان الله خان اجازه داد تا به تطبیق پروگرامهای گستردۀ انکشاف ساختمانی، فرهنگی، اجتماعی-سیاسی و دپلوماتیک دست زند تا افغانستان بتواند در قطار کشورهای پیشرفته جهان عرض وجود نماید.

در این روز بالاخره بزرگترین قدرت استعماری جهان قبول کرد که ملت افغان را نمیتوان مانند دگران مستعمره ساخت!

۲۸ اسد سمبول ناسیونالیزم یک قوم نیست، سمبول وحدت ملی و پیروزی یک ملت است، در دفاع از وطن مشترک. سمبول ناسیونالیزم ملت افغانستان است. صرف نظر از اختلافات طبیعی سیاسی و سلیقوی و محلی، تجلیل از استقلال افغانستان، تجلیل از روز ملی افغانستان واحد ووحدت مردم آنست در زیر یک بیرق ملی.

احترام به استقلال ملی، احترام به تمامیت ارضی، احترام به قانون اساسی و احترام به بیرق ملی،از وجایب هر شهروند افغانستان است. هرگاه ما با استفاده از نعمت دموکراسی تضمین شده در قانون اساسی حقوق مساوی شهروندی را برای هر فرد این کشور تقاضا داریم در عین زمان نمیتوانیم وجایب خودرا در برابر این قانون اساسی در احترام به استقلال کشور، در احترام به قانون اساسی کشور، احترام به ملت افغانستان، و احترام به بیرق ملی کشور نادیده بگیریم!

نهال استقلال به خونهای پاک افراد این کشور چه پشتون، چه تاجیک، چه هزاره، چه ازبک و چه سایر اقوام برادر آبیاری شده است. از این جهت در افتخارات این کشور هم همه سهم دارند. جا دارد در این روز ملی در کنار شهدای راه استقلال از تمام شهدای مردم افغانستان، بدون توجه به عقاید سیاسی، مذهبی و تنظیمی، چه سرباز و پولیس، مجاهد و بیگناهانی که تصادفآ شهید شده اند یاد کنیم.

حتی امیر حبیب الله کلکانی که دولت امان الله خان را ساقط کرد باآنکه مخالف دولت و اصلاحات امان الله بود ولی بعد از این که به قدرت رسید در سخنرانی خود از پادشاه سابق به خاطر تلاش در جهت گرفتن استقلال افغانستان از او

ستایش کرد ولی گفت که: "استقلال نه از من است و نه از امان الله، بلکه از شما مردم است."

امروز صد سال بعد از حلول استقلال ما با همان مسایلی و همان عناصری روبرو هستیم که سبب شکست پروگرامهای اصلاحی شاه امان الله خان گردید. جا دارد این مطلب مورد دقت و ارزیابی قرار بگیرد که چرا زمان در افغانستان منجمد شده است؟

با آنکه موضوع استقلال افغانستان و جنگ سوم افغان-انگلیس از سوی بریتانیا کم اهمیت و خیلی کوچک جلوه داده شد، باوجود آن این جنگ از جمله جنگهای بزرگ به شمار میرود که دران بیش از ۱۶ میلیون پاوند خسارات مالی به هند برطانوی وارد شد و حدوداً ۲۰۰۰ افراد نظامی آنها نیز درین جنگ هلاک شدند.

سوالی که نزد بسیاریها مطرح است و بخصوص در سالهای اخیر مورد مباحثه زیاد قرار دارد این است که آیا افغانستان هرگز مستعمره بوده است یا خیر؟ حتی شخصیتهایی در سطح جواهر لعل نهرو در آنزمان تعجب کرده بود که چرا افغانستان بالای هند برطانوی حمله کرده بود (نهرو، نگاهی بتاریخ جهان).

وقتی در سال ۱۹۱۹ امان اله خان به پادشاهی رسید دولت هند برتانوی حتی سفارت در کابل نداشت صرف یکنفر بنام حافظ سیف اله تحت عنوان "واقعه نگار" حافظ منافع انگلستان در کابل بود و او هم در حالت نظر بند بسر میبرد. در حالیکه شخصی بنام سردار عبدالرحمان در مقام رسمی سفیر افغانستان در دهلی ایفای وظیفه میکرد.

افغانستان چگونه مستعمرهء بود که استعمار گران در این کشور نه نمایندهء داشتند و نه سربازی و نه کدام اداره چی؟ در حالیکه در هندوستان مامور مالیه، مدیر گمرک، قومندان امنیه و حتی مامور پوسته خانه همه انگلیس بودند!

با این سابقه میتوان به وضاحت گفت که افغانستان هرگز مستعمره به تعریف کلاسیک آن نبوده است.

نهضت تجدد طلبی یا مدرنیته

روند تجدد طلبی، ترقیخواهی یا "مدرنیته" همزمان با پیشرفتهای علمی و تخنیکی در سه قرن گذشته در تمام جهان سرعت واهمیت بیشتر یافته است. وقتی شاه امان الله خان خواست بعد از حصول استقلال در سال ۱۹۱۹م نهضت تجدد طلبی را در کشور توسعه دهد افغانستان دو قرن از این جنبش بدور مانده

بود. دست آوردهای نهضت مدرنیته در کشورهای پیشرفته که عموماً کشورهای غربی بشمول امریکا بودند عبارت بود از:

- استفاده وسیع از تکنولوژی در تولید محصولات، امتعه، ترانسپورت، تولید و مصرف انرژی، اتصالات؛
- استفاده وسیع از تکنولوژی در زندگی روزمره مردم؛
- الغای بردگی، مبارزه علیه تبعیض نژادی؛
- داخل شدن زن در جامعه وتساوی حقوقی زن و مرد؛
- اشاعهٔ دموکراسی و حقوق شهروندی، سهمگیری بیشتر مردم در دولت، مکلف ساختن دولت ها و سازمانها به رعایت ازحقوق بشر و آزادیهای فردی و تهیهٔ وسیع خدمات اجتماعی و خدمات صحی از طرف دولت؛
- جدایی دین از دولت و رسیدن به عصرحاکمیتْ قوانین مدنی در جامعه؛

نتایج نهضت مدرنیته سبب بهبود قابل ملاحظهٔ سطح زندگی مردمان کشورهای غربی و غنی شدن دولتهای آنها شده و این کشورها را قادر ساخت با استفاده از تکنولوژی به قدرت نظامی خود پرداخته مستعمرات وسیعی را در جهان بدست آورند که بذات خود سبب افزایش ثروت ش شدرت آنها گردید.

از جمله کشورهای شرقی یگانه کشوری که اهمیت تجدد طلبی یا مدرنیته را درک کرد و کوشش کرد با استفاده از آن با کشورهای پیشرفته صنعتی غربی همگام شود کشور جاپان بود.

تجدد خواهی منحصر به تمدن غرب نیست ودر فرهنگ اصیل جامعهء ما نیز ریشه و پایه دارد و نباید آن را در انحصار تمدن غرب قرار داد. فراموش نکنیم اسلام زمانی به اوج قدرت خود رسید که از سرزمینهای عرب به سرزمینهای مشرق زمین منجمله سرزمینهای افغانستان و آسیای میانه رسید و با تمدن تاجر پیشه این سرزمینها آشنا شد و دوران شگوفان خلافت عباسی را به میان آورد که دانشمندان بیشماری را به جهان ساینس و معرفت ، منجمله بزرگترین مفسرین اسلامی را، ارزانی داشته است. بیجهت نیست که گروههای تکفیری سلفی عرب مخالف سرسخت این دوران میباشند.

این موضوع را باید بخاطر داشت که عقاید اسلامیستها و طالبان در بر خورد با مظاهر تمدن بشر از سنتهای عنعنوی مردم این سرزمینها نمایندگی نمیکند.

به قول میر عبدالواحد سادات "اسلام سنتی افغانستان در بیشتر از هزار سال و تا آمدن پای استعمار و تاسیس مدرسه دیوبند، اسلام متساهل و آمیخته با عرفان بوده است و به شهادت تاریخ بزرگترین فرهنگ سالاران که در عین حال شخصیت های بزرگ اسلامی نیز میباشند همانند حضرت سنایی، مولانا، جامی و ... رحمن بابا، امیر علی شیر نوایی و ... بستر فرهنگی را بوجود آوردند که تساهل ، تسامح ، تحمل و ... مظاهر عالی آن بوده و باعث همدیگر پذیری در جامعه ایکه بذات متکثرو کثیرالقوامی است، گردیده است . در صد سال اخیرو با خلق اسلام سیاسی و بخصوص در اوج جنگ سرد که افغانستان بحیث میدان آن جنگ استعمال گردید و تا کنون، ما شاهد دگرگونی دراسلام واقعی و سنتی افغانستان و منطقه میباشیم وضرور است تا این موضوع مورد نقد گسترده دانشمندان ما قرارگیرد وبه این سوال پاسخ داده شود که اسلام سیاسی همان دین اسلام است؟ و یا ایدیالوژی سیاسی میباشد؟"

مردم سرزمین افغانستان با آنکه به دین اسلام مشرف شدند اما در برابر سلطه جویی های فرهنگی اعراب مهاجم مقاومت نموده و نگذاشتند که به عوض زبانهای مادری شان، لسان عربی ترویج و رسمیت بیآبد. در هرات، بلخ و غزنی آثارمهم علمی وفرهنگی به رشتهءتحریر درآمد ودانشمندانی چون ابوریحان بیرونی، بوعلی سینای بلخی و صدها ادیب و شاعربزرگ در آنجاها زنده گی داشتند که دست آورد های علمی و فرهنگی شان، در مجموع تمدن بشری قابل درک بوده و امروز هم میتواند راه مارا به سوی تمدن و تجدد بگشاید.

همچنان در عرصه اجتماعی جرگه و مشوره از عصر تمدن بلخ در تاریخ این سرزمین وجود داشته جرگه ها در نقش محاکم عمل کرده، مسئلهء جنگ و صلح و انتخاب پادشاه از صلاحیت های آن بود. به عبارت دیگر، جرگه نوعی از نمایندگی مردم در حل مسایل مربوط به سرنوشت شان بود. طوریکه میدانیم جرگه ها که خود نوعی از تبارز دموکراسی قومی و و لویه جرگه ها که تبارز دموکراسی در سطح ملی است در فرهنگ پشتونولی و در مجموع در فرهنگ مردم افغانستان مقام بالایی دارد و مرجع مشروعیت اقدامات زعیم کشور و دولت را فراهم میکنند.

همچنان تضاد درونی جنبش طالبان با سیستم عنعنوی قومی پشتونها را نباید از نظر انداخت. آنانیکه جنبش طالبان را جنبش متکی بر فرهنگ قوم پشتون میدانند از تضاد نهفته درونی میان ارزشهای کود مدنی "پشتونولی" و ماهیت عمیقآ مذهبی جنبش طالبان بی خبر اند. یک محقق هزاره تبار بنام صاحبنظر مرادی

در مورد مقررات وضع شده توسط احمدشاه ابدالی نوشته بود که: "احمد خان ...برای رهنمود سران قبایل مربوط خویش همچو اساسنامه دینی، سیاسی، ونظامی به کارگرفت. ازتدوین مقررات نامبرده به خوبی برمی آید که احمد خان به فقه وشریعت سرتاسری اسلام اکتفا نکرده برای تنظیم نظام قبیلوی خویش به وضع مقررات ویژه قبیلوی نیازمندی احساس نموده است." دلیل وضع مقررات توسط احمدشاه ابدالی آن بود که اصول "پشتونولی" به قول اولیور روی، که از یکطرف یک ایدیولوژی بوده و از جانب دیگر یک مجموعهء حقوق مدنی را تشکیل میدهد، در ذات خود غیر مذهبی بوده و درسطح قانون با "شریعت" در تضاد قرار دارند. اولیور روی مینویسد در جوامع غیر پشتون چوکات اصلی اصول جزایی را "شریعت" تشکیل میدهد اما در شرایطی که پیروی از شریعت صرف در حد شعار باقیست، هیچ سیستم دیگری موجود نیست که جای آنرا بگیرد". نتیجه طبیعی چنین حالتی در روستاهای غیر پشتون نشین بوجود آمدن حاکمیت مطلقه خوانین و زورگویان محلی و رهبران دینی میباشد که اشکال افراطی آنرا در دهات هزاره نشین هزاره جات مشاهده میکنیم.

در جوامع سنتی پشتونها، در دهات، مقام ملا در آن سطحی نیست که در قرا و قصبات غیر پشتون نشین افغانستان، بخصوص در میان اقوام هزاره وجود دارد. مظاهر آنرا همه روزه در بوسیدن دستهای محمد محقق توسط هواداران هزارهء او در صفحات تلویزیوبها مشاهده میکنیم. مقام ملا و روحانی در هزاره جات، در میان شیعیان، در سطح پیشوا، و مرجع تقلید است. ملا چنین مقامی در جامعه پشتون ندارد. اکثر این ملاها حتی در جرگه های قومی دعوت نمیشوند. نقش ملا در جوامع سنتی پشتونها نقش مشورتی است نه نقش تصمیم گیرنده. از این رهگذر یک تضاد درونی میان جنبش طالبان و سیستم عنعنوی قومی پشتونها موجود است. فراموش نکنیم که طالبان دست آورد مدرسه های دیوبندی در مناطق قبایلی و پشتون نشین در پاکستان میباشند. اکثر این افراد در کمپهای مهاجرین در خاک پاکستان تولد یافته بزرگ شده و با ایدیولوژی وهابی تطبیق بدون چون و چرای "شریعت محمدی" تدریس شده اند که با پول عربستان سعودی و با امامان سعودی و وهابی پاکستانی طرف اجرا قرار گرفته است. در وجود اکثر این افراد آن احساس تاریخی تعلق داشتن به افغانستان، ارزشهای ملی افغانستان، اصول پشتونولی و ناسیونالیزم افغانستان وجود ندارد. یک مثال آنرا در تخریب مجسمه های بودایی بامیان میتوانیم ببینیم. مجسمه های بامیان در طول حیات نزدیک به سه صد سال دولتهای عنعنوی پشتون در افغانستان، به حیث سمبولهای ملی و باستانی کشور دست نخورده باقی ماندند. در حالیکه طالبان بنا بر تعصب مذهبی خود و بخصوص با همدستی با متعصبین آی اس آی در ضدیت با هندوستان، از تخریب آنها لذت بردند. باآنهم، در زمان حاکمیت

خود طالبان جرآت مداخله در اموری راکه بر اساس اصول پشتونولی در دهات و روستاهای پشتون نشین اداره و اجرا میگردید، نداشتند.

بنابر آن با توجه به این سابقهٔ تاریخی تجدد خواهی نباید پیشرفت و اصلاح جامعه را منحصر به تمدن جوامع غربی نمود.

در عصر امان الله خان در میان کشورهای اسلامی در منطقهٔ ما دوکشور در راه تجدد طلبی گام برداشته بودند: ترکیه تحت رهبری کمال اتاتورک و فارس تحت رهبری رضا خان.

شاه امان الله خان از اهمیت نهضت تجدد طلبی در ترکیه و فارس بخوبی مطلع بود. خانم او ملکه ثریا در سوریه تولد شده بود که همراه با فامیل روشنفکر خود (فامیل طرزی) در شکل گیری نهضت تجدد طلبی دوره امانی نقش بسیار برازنده داشت. از فیض رهنمایی های سید جمال الدین افغان، شناخت پدر محمود طرزی و خودش از ماهیت استعمار به درجهء کمال رسیده بود. مادر ملکه ثریا اولین جریده نسوان کشور (سراج النسوان) دوره امانی را نظارت میکرد.

پروگرامهای تجدد طلبی دوره امانی شامل ساحات متعدد میگردید که منجمله میتوان از اینها نام برد:

- توسعهٔ تعلیم و تربیه برای همه بشمول زنان؛
- اعزام شاگردان افغان، منجمله دختران، به اروپا برای کسب دانش عصر از جمله طبابت؛
- سهم دادن زنان در امور اجتماعی و رفع حجاب؛
- انکشاف مطبوعات؛
- اصلاحات مالیاتی؛
- اعمار ساختمانهای ادارات دولتی؛
- معرفی خط آهن؛
- معرفی قانون اساسی جدید؛
- معرفی قوانین مدنی جزائی؛ و
- ترویج پوشیدن لباسهای اروپائی بخصوص در میان مامورین دولت.

پروگرامهای مدرنَته دورهٔ امانی با سه قیام ارتجاعی مواجه شد:

۱. قیام ۱۹۲٤م ملای لنگ در جنوبی؛

۲. قیام قوم شینوار در سال ۱۹۲۸ در مشرقی؛ و

۳. شورش حبیب الله کلکانی سال ۱۹۲۹

شورش حبیب الله کلکانی که از حمایت نزدیک رهبران عنعنوی مذهبی در شمالی و منجمله فرقه نقشبندیه مستقر در شوربازار کابل بر خوردار بود موفق گردید. امان الله خان از حکومت دست کشید و به قندهار رفت. باآنکه در قندهار کوشید با جمع آوری قوه دوباره کابل را اشغال کند اما در غزنی شکست خورد و مجبور به ترک کشور گردید.

تمام این شورشها یک وجهه مشترک باهم داشتند؛ مخالفت با اقدامات اصلاحی و بازگشت به حاکمیت شریعت! در تمام این شورشها شاه را کافر و منحرف از دین اسلام مي دانستند. هیچکدام جنبش طبقاتی، ضد استبدادی، ضد استعماری و ضد برتری جویی و حاکمیت قومی نبودند. در صفوف آنها افراد وابسته به اقوام مختلف شرکت داشتند و حامیان آنها را ملاها و رهبران عنعنوی مذهبی تشکیل میدادند. بیشتر سران قبایل پشتون به اسم مبارزه با پادشاه کافر، با حبیب الله تاجیک تبار همکاری کرده بودند .در حالیکه شورشهای جنوبی و مشرقی سرکوب شدند، شورش حبیب الله کلکانی که از حمایت نزدیک رهبران عنعنوی مذهبی در شمالی و منجمله فرقه نقشبندیه مستقر در شوربازار کابل بر خوردار بود موفق گردید.

شورش مردم شینوار بسرکردگی دو نفرخان بنامهای محمدعلم ومحمدافضل آغاز گردید. نیروهای نظامی کابل به آنسو سوق شدند. و وقتی کابل از قوتهای نظامی خالی گردید، آنگاه حبیب الله کلکانی (بچۀ سقاو) از سمت دست به اغتشاش زد و با نیروهای خود برکابل حمله کردند. مطابق کتاب فیض محمد کاتب بتاریخ ۱۲ دسمبر ۱۹۲۸وقتی که بچۀ سقو برکابل حمله کرد، محمدولی خان وکیل مقام سلطنت وعبدالعزیز وزیردفاع ، فقط ۸۰ نفر از محافظان دیپوهای اسلحه را جمع کردند تا به مقابل ۲۰۰۰ نفر لشکر ایلجاری سقاوی که ۲۰۰ تن آنها مسلح بودند و بقیه چوب و تبر بدست داشتند به مقاومت بپردازند!

اغتشاش سقوی

اقدامات اصلاحی امان‌الله شاه با تندرویهایی همراه بود و با روحیۀ مردم ده نشین و سنتی افغانستان سازگاری نداشت، به شورش قبایل، مخالفت روحانیان و مردم و سرانجام سقوط او انجامید که در عوام بنام "اغتشاش سقوی" معروف است. حبیب‌الله کلکانی، که بنابر پیشۀ سقاوی پدر به بچۀ سقأ یا عامیانه "بچۀ سقاو"

معروف است، در اول یک سرباز معمولی در اردوی شاه امان‌الله بود عملکردهای امان‌الله خان را مغایر سنتها و ارزش‌های مردمی دانسته و با پشتیبانی علما و رهبران نقشبندیه که نفوذ بسیار داشتند، دست به شورش زده و در کلکان خود را فرمانروای افغانستان خواند و با قوای خود روی به کابل نهاد. از این‌رو، امان‌الله از مواضع خود دست برداشت و اصلاحات را متوقف کرد. امان‌الله خان برای اولین بار در تاریخ کشور زنش را با لباس به سبک اروپایی روی صحنه آورد و از مردم خواست تا آن شیوهٔ را به عنوان الگو بپذیرند. اما با واکنشهای مردمی مواجه شد.

شورشیان حملهٔ نهایی بر کابل را در شب (۱۴ جنوری ۱۹۲۹) آغاز کردند. شاه سلطنت را به برادرش عنایت‌الله سپرد و خود به قندهار رفت. عنایت‌الله خان هم سرانجام پس از سه روز پادشاهی با خانواده‌اش کابل را ترک گفت. از آن سوی حبیب‌الله مقر سلطنت را متصرف شد و در ۲۸ جدی (دی) ۱۳۰۷ (۱۸ جنوری ۱۹۲۹) بر تخت سلطنت نشست و خود را به امیر حبیب‌الله مسمی‌کرد. امان‌الله کوشید تا دوباره خود را به کابل برساند، اما شکست خورد. حضرت نورالمشایخ مجددی د ریکتیا با چند هزار مرید مسلح خود امرمارش به استقامت غزنی و حمله علیه نیروهای نظامی امان الله را که به صوب کابل درحالت پیشروی بودند، شکست داد. قوای اعزامی نورالمشایخ (سلیمان خیلها) درغزنی بر روی قوت های تعرضی امان الله خان آتش کشودند و بدستیاری سبوتاژکننده گان داخل دربار، اردوی شاه را ازپیشروی به سمت کابل باز داشته، تبلیغاتی را سازمان دادند که درنتیجه قوای وفاداربه شاه امان الله پراگنده شده وخودش مجبوربه عقب نشینی گردید و سرانجام از طریق هند به ایتالیا رفت.

عوامل شکست نهضت امانی

بسیاریها علل سقوط نهضت امانی را کاملاً بسته به دسایس استعمارگران انگلیسی میدانند. انداختن گناه تمام بدبختیهای یک کشور به گردن خارجیها در میان تعداد زیادی از نویسندگان افغان و سایر کشورهای رو به انکشاف به یک عنعنهٔ مبدل شده است. به وفرت خوانده میشود که انگلیسها عبدالرحمان خان را آوردند، انگلیسهاامان الله خان را ساقط کردند، انگلیسها نادر خان را به قدرت رسانیدند، شورویها در کودتای داوود خان دست داشتند، شورویها کودتای هفتم ثور را طرح ریزی کردند، پیلوتهای روسی بر ارگ حمله کردند، امریکاییها طالبان و داعش را ایجاد کرده اند و غیره از این قبیل. در بسیاری از نوشته ها

به حد مشمئز کننده اینگونه برداشتها و برجسته کردن آنها به عنوان عوامل تعیین کننده حوادث داخلی تکرار میگردند. به یقین که در تاکید بی اینگونه برداشتها ما افغانها تنها نیستیم، دیگران، بخصوص ایرانیها، نیز دست کمی از ما ندارند.

در این هیچ جای شکی نیست که استعمار و امپریالیزم در امور ممالک رو به انکشاف همیشه مداخله میکنند و در بیانات فوق نیز شمه هایی زیادی از حقایق نهفته اند. تا صد سال قبل، استعمار کهن با توجه به منافع استعماری خود در تقابل با بنیادگرائی مذهبی از روش دوگانهٔ مقابله و حمایت کار میگرفتند. از یکطرف با مدرسه های دیوبندی در هندوستان مخالفت میکردند اما از روحانیون وابسته به همان مکتب فکری با جنبشهای ترقیخواهانه در افغانستان مخالفت میکردند. اما انداختن گناه تمام بدبختیهای یک کشور به گردن خارجیها پندار ساده لوحانه و دگم بوده عوامل، محرکها و دینامیزم داخلی وقایع را نادیده گرفته و کمرنگ جلوه میدهد.

در رابطه با عوامل شکست نهضت ترقیخواهانهٔ امان الله خان نیز تاکید بر همچو برداشتها عوامل عینی داخلی را کمرنگ جلوه داده سبب انحراف فکری و در نهایت خود فریبی میگردد. واقعیت آنست که متاسفانه مغالطه و اختلاط و درهم آمیختن مفاهیم و اهداف تجدد طلبی Modernism دورهٔ امانی با Western-ism یا غرب زدگی و شتابزدگی در تطبیق برنامه ها، در کنار دسایس آشکار و پنهان استعمارگران انگلیسی که پیشرفت یک افغانستان مستقل را خطر برای ادامهٔ تسلط استعماری خود در هند میدانستند، عوامل شکست نهضت ترقیخواهانهٔ امان الله خان فراهم نمود. کشور جاپان دست به تجدد طلبی وسیع زد بدون آنکه مظاهر غرب زدگی را در جامعهٔ عنعنوی خود معرفی کند و از همین جهت پیروز شد.

در حالیکه برنامه های تجدد طلبی در ترکیه با موفقیت مورد تطبیق قرار گرفته بود، آنچه را امان الله خان و همکاران او نتوانستند تشخیص نمایند این بود که در ترکیه، تحولات اجتماعی سابقه داشته و طبقهء متوسط از یک توانمندی معین بر خورداربود. همین طوریک اردوی منظم در اختیار دولت قرارداشت. در حالیکه شاه امان الله نه یک طبقهء پرتوان شهری و نه یک اردوی نیرومند را در کنار خود داشت.

یک مثال از وقایع عینی انزمان را که نمونهٔ از درک نادرست مفاهیم و اهداف تجدد طلبی Modernism دورهٔ امانی با Western-ism یا غرب زدگی است از قول فیض محمد کاتب در کتاب تذکرالانقلاب چنین میخوانیم: "احمدعلی خان (رییس بلدیه شهر کابل) اهالی شهر را از قوی وضعیف ووضیع وشریف ودکاندار وحرفه ور بازار و ذکور واناث عرصهٔ دو هفته در زیر انواع فشار

وانزجار پوشیدن لباس رسمی وکلاه اروپائی وغیره وغیره آورده عموم را دست دعا به درگاه کبریا برداشتن و زوال سلطنت امیر امان الله خان را از اوتعالی خواستن،کشانیده بود،« (فیض محمدکاتب، تذکرالانقلاب، علی امیری کلن آلمان).

جای تعجب نیست که در چنین حالت که فرهنگ عنعنوی عوام طرف تحقییر قرار میگیرد روحانیون بنیاد گرا فرصی میبابند تا علیه اصلاحات امانی وارد میدان شده وبا تحریک اذهان مردم، اغتشاشات پراگنده و بعداً سرتاسری را به وجود آورند. به یقیین که عمال استعمار انگلیس نیز از همچو شرایط استفادهٔ سؤ نموده به آتش طغیان مردم هیزم میریزند.

جدول ۲ :زمامداران خانوادهٔ سراج

نام امیر	نسبت با امیر قبلی	پایتخت	دوره حکومت (میلادی)
امیر عبدالرحمن‌خان	پسر محمدافضل‌خان	کابل	۱۸۸۰- ۱۹۰۱
امیر حبیب‌الله خان ملقب به سراج الملة و الدین	پسر عبدالرحمن‌خان	کابل	۱۹۰۱- ۱۹۱۹
امیر نصرالله خان	پسر عبدالرحمن‌خان	جلال آباد	۱۹۱۹ چند روز
امیر امان‌الله شاه	پسر حبیب‌الله خان	کابل	۱۹۱۹- ۱۹۲۹
سردار عنایت‌الله خان	پسر حبیب‌الله خان	کابل	۱۹۲۹ (سه روز)

امیر حبیب الله کلکانی

حبیب اله کلکانی (مشهور به بچهٔ سقآو نظر به کسپ پدر) در سال ۱۳۰۸ ه ش (۱۹۲۹م) دولت امیر امان اله خان را که نزد عامهء مردم افغانستان تا امروز

به عنوان شاه آزادی خواه، تجدد طلب، و ترقی خواه شهرت دارد با شعار های "کفر" و "لاتی" سرنگون کرد.

امیر حبیب‌الله کلکانی پادشاه تاجیک تبار افغانستان بود. وی در سال ۱۹۲۹ میلادی، با شورش علیه حکومت امان الله خان و با خلع امان‌الله خان به مدت ۹ ماه قدرت را در افغانستان در دست گرفت، اما پس از به قدرت رسیدن نادرخان، با وجود داشتن عهد نه کشتن شان و مهر نمودن در قرآن باهمراه جمعی از یارانش اعدام شد و این گونه نادرخان در میان هواخواهان حبیب الله کلکانی لقب غدار کسب نمود.

امیر حبیب الله کلکانی یگانه پادشاه تاریخ معاصر تاجیکان در افغانستان بود که تاجیکان را بعد از هفت صد سال در راس قدرت سیاسی آورد.

حبیب‌الله کلکانی پس از به قدرت رسیدن، قانون اساسی وقت افغانستان را لغو کرد و خواستار اعمال قوانین شریعت اسلامی شد چونکه امان‌الله خان می‌خواست فرهنگ غربی را در افغانستان ترویج دهد و او قیام نمود چون این عمل را مخالف فرهنگ و ارزش‌های اسلامی می‌دانست.

امیر حبیب‌الله خان کلکانی که خود را «خادم دین رسول‌الله» می‌گفت، بر اصلاحات غربگرایانه امان‌الله خط بطلان کشید. قوانین مصوب بخصوص قانون اساسی را ملغی ساخت و مالیات و عوارض را غیرشرعی خواند و همه را برچید. در آغاز کار بیشتر مردم به امید ادارهٔ اسلامی‌تر کشور از حبیب‌الله استقبال کردند؛ اما مشکلات اقتصادی و امنیتی کشور به تدریج باعث آشفتگی اوضاع شد.

بازگشت به عصر افراطیت مذهبی

در دوران حکومت ۹ ماههء امیر حبیب اله کلکانی زیر القاب "خادم دین رسول اله" تمام پرَوگرامهای اصلاحی و انکشافی امان اله خان متوقف شد، قوانین مصوب به خصوص قانون اساسی را ملغی ساخت و مالیات و عوارض را غیرشرعی خواند و همه را برچید. در آغاز کار مردم به امید ادارهٔ اسلامی‌تر کشور از حبیب‌الله استقبال کردند؛ اما مشکلات اقتصادی و امنیتی کشور به تدریج باعث آشفتگی اوضاع شد. معارف و تعلیم و تربیه عصری و مکاتب ممنوع اعلان گردید. در طول تاریخ افغانستان چیزی شبیه این نوع سیاست رسمی دولت حاکم تنها در دوران حاکمیت استبدادی پنجسالهء طالبان در سالهای ۱۹۹۶-۲۰۰۱م میتوان مشاهده کرد باآنکه در دوران حاکمیت آنها حد اقل حق معارف و تعلیم و تربیه برای پسران و مردان ممنوع اعلان نشده بود. همانگونه که برای اکثریت قاطع مردم افغانستان اعم از هر قوم محبوبیت امیر امان اله

خان ناشی از استقلال طلبی، تجدد خواهی و ترقی پسندی اوبود نه وابستگی قومی موصوف، که حتی قادر به تکلم بزبان پشتو نبود، به همان اندازه تنفر از طالبان برای اکثریت قاطع مردم افغانستان اعم از هر قوم، ناشی از خصلت ارتجاعی ضد تجدد و ضد ترقی آنها بود تا وابستگی آنها به عنوان عناصر سنتی قوم پشتون. همانطوریکه امروز تعداد معدودی از شورش ارتجاعی "سقاوی" بخاطر وابستگی حبیب اله کلکانی و سایر رهبران آن به قوم تاجیک حمایت میکنند، هستند تعداد افرادیکه از طالبان بخاطر پشتون بودن آنها حمایت میکنند.

تعدادی زمامدادی حبیب الله کلکانی معرف به "بچهٔ سقآو" را بخاطر پایان بخشیدن به حالت "حذف در تاریخ" هزار ساله تاجیکان تمجید میکنند (رزاق مآمون۱۳۹۵). این مطلب اشاره به ظهور مجدد قوم تاجیک به قدرت سیاسی بعد از حاکمیت سامانیان ماوراالنهر، هرچند کوتاه نه ماهه میباشد. رزاق مآمون بتاریخ شنبه ۱۳ سنبله ۱۳۹۵ هجری شمسی در سایت انترنتی خود "گزارش نامهء افغانستان" در مقالهء تحت عنوان "تقدیم به حبیب الله, نخستین خط شکن پس از هزار سال"، اصطلاح "سقاوی" را به عنوان یک جنبش سیاسی "در استفاده از فرصت سیاسی در مبارزه با غدر و حذف درتاریخ" بیان میکند.

او مینویسد "درحال حاضر، نسل جدید "سقاوی" از مقاومت همه جانبۀ سیاسی چهل ساله علیه بیدادگری نسب میگیرد و بدین سان، ترمینولوژی یک مجموعۀ فراگیر با همین واژه استفهام می شود. اختراع کلمه "سقاوی" برسبیل کم زنی، دشمن شماری ونجس پنداری مخالفان در زمان نادرخان، و سپس احیای آن در ادبیات قدرت در دورۀ طالبان، به جای آن که دربرابر ذخیره بغض و سرکوفت خورده گی ده ها سال مردم، بازدارنده باشد، به نمادی ازپیگیری وعزم در گفتمان قدرت، بازبینی تاریخ، به پا ایستاندن تاریخ جعلی به فرق ایستاده، بازی درمیدان «تاج وتخت» وپایان ابدی سنت تک اندیشی سیاسی مبدل گشته است. این واژه در شرایط کنونی و اوج گیری مطالبات "عصری برای عدالت" از زهر طعن وترس، تهی گشته است." رزاق مآمون " بدون ترس از "زهر طعن"، نسل خودرا "نسل پسین سقاوی" میداند که رسالت دارند اصطلاح "سقاوی" را " به رمز عبور هویت سیاسی و گفتمان تاریخی ریشه دار وضد تک قطبی" مبدل کنند.

سوال این جاست که این، به گفتهء رزاق مآمون، "حذف در تاریخ" و یا بهتر تر بگوییم کمرنگی نقش تاجیکها در تاریخ هزار سالهء سیاسی این سرزمین ناشی از چه عواملی است؟ آیا ناشی از کمتر بودن نسبی تعداد نفوس آنهاست؟ مبرهن است که تعداد نفوس تاجیکها کمتر از نفوس پشتونها است اما نفوس تاجیکها به

مراتب بیشتر از ترکتبارها میباشد در حالیکه ترکتبارها نقش بسیار برازنده تر و چشمگیری در تاریخ این سرزمین بازی کرده اند. بنابر آن علل آنرا در سایر زمینه ها باید جستجو کرد که این خود یک مباحثهء جدی و مهمی را نیاز دارد و باید بر اساس یک تحقیق دقیق حوادث تاریخی و اجتماعی به آن پرداخته شده عوامل ان مشخص شوند. اما آنچه از بررسی تاریخ یکهزار سالهء منطقه مبرهن است این کمرنگی ناشی از تخویف و اعمال سیستماتیک زور و تشدد توسط قوم پشتون نبوده است.

بر اساس نوشتهء رزاق مآمون جنبش "سقاوی" را به چهار مرحله آتی میتوان تقسیم کرد:

۱. سقاوی اول (جدی ۱۳۰۷- میزان ۱۳۰۸ ه ش) یا زمان حاکمیت حبیب اله کلکانی؛

۲. سقاوی دوم (۱۳۷۱-۱۳۷۵ ه ش) حکومت ربانی-مسعود؛

۳. سقاوی سوم (۱۳۸۰-۱۳۹۳ ه ش) دوران مقاومت ضد طالبان شورای نظار؛ و

٤. سقاوی چهارم (۱۳۸۱ ه ش -) بازگشت شورای نظار و شرکت در قدرت سیاسی.

به گفتهء رزاق مآمون "پیدایش «سقاوی اول» در شرایط ویژه سیاسی و اجتماعی دهه اول ۱۳۰۰ خورشیدی، چیزی در مقیاس نخستین اقامۀ نیم بند وتوان سوز تاریخی (کمترآگاهانه) در نبرد عدالت خواهانه برای اثبات حضور و سهم در قدرت بود. سقاوی اول، برای پاشیدن خشم و خروش، و خط سرنوشت خویش، تئوری مدون نداشت؛ واکنون که قریب نود سال از آن می گذرد، نیز از داشتن تئوری مبتنی برارزیابی انتقادی و طبقه بندی شده محروم است. درآن ایام، ابزار نقد وضعیت و روش مقابله، با یک رشته قواعد مذهبی وعامیانه صورت می گرفت."

آیا این تئوری بافی درست است؟ آیا شورش "سقاوی اول" واقعآ "نبرد عدالت خواهانه برای اثبات حضور و سهم در قدرت بود" یا یک شورش ضد ترقی و ضد تجدد ارتجاع سیاه مذهبی که برای برگرداندن چرخ زمان و چرخ معارف و تعلیم و تربیه عصری بدوران تاریک پندارهای قرون وسطایی؟ این شورش از شورش سلف خود شورش ملای لنگ در پکتیا در سال ۱۹۲٤م چه تفاوتی داشت؟ حالا اگر ما شورش "سقاوی اول" را "نبرد عدالت خواهانه" میدانیم آیا شورش سلف او شورش ملای لنگ هم نبرد عدالت خواهانه است یا خیر؟ یا

اینکه افتخار "نبرد عدالت خواهانه" را تنها یک تاجیک میتواند داشته باشد و نه سایر اقوام؟

فصل هفتم
زمامداری خانوادهٔ آل یحیی

مقدمه

میگویند قدر عافیت را کسی داند که به مصیبتی گرفتار شود! با توجه به مصیبتی که ملت افغانستان در طول ٤٥ سال اخیر به آن گرفتار است قدر عافیت ٤٩ سالهٔ دوران ۱۹۲۹-۱۹۷۸ را امروز مردم ما با گوشت و استخوان خود احساس میکند.

با آنکه دوران سلطنت محمد نادر خان کوتاه بود، با آنهم موصوف در طول چهار سال زمامداری با اجرای حاکمیت نظم و دسپلین، تهداب نظامی را برجای نهاد که نزدیک به نیم قرن بعدی، حتی تا پایان جمهوری محمد داوود خان، با ثبات کم نظیری در تاریخ افغانستان برقرار بود.

سلسلهٔ آل یحیئ در بحبوحهٔ جدال ارتجاع با ترقی ودر اوج شرارت ارتجاع مذهبی که با هرنوع پدیدهٔ تجدد و ترقیخواهانه مخالفت میکرد و همچنان زمانیکه نیروهای ترقی طلب شکست خورده، بدنام و تجرید شده بودند، به قدرت رسیدند.

یک پارادوکس دردناک نیز این بود که در آن مقطع زمان، اندک نیروهای ترقی پسند روشنفکر کشور به عوض همکاری با زعامتی که نمایندهٔ ارتجاع مذهبی را از قدرت خلع کرده بود، به سپردن قدرت به حاکمیتی پافشاری میکردند که بعضی پروگرامهای ناشیانهٔ غرب زدگی آن آشکارا عامل سقوط خودش گردید.

در چنین شرایطی وظیفهٔ اساسی دولت نادری از یکطرف تحکیم و استقرار نظام دولت بود بدون ایجاد شرایطی که بار دیگر به مداخلهٔ ارتجاع مذهبی موقع دهد. از جانب دیگر وظیفهٔ این نظام معرفی تدریجی پروگرامهای اصلاحی برای بهبود سطح زندگی مادی و معنوی مردم کشور محسوب میگردید.

زمانیکه سلسلهٔ آل یحیی به قدرت رسید (سال ۱۹۲۹م) هیچ مکتبی در کشور موجود نبود، هیچ شفاخانهٔ در کشور فعال نبود، هیچ سرکی در کشور بطور

اساسی مساعد برای عبور و مرور عراده جات موجود نبود، هیچ دستگاه تولید برقی فعال نبود، بانکی وجود نداشت.

به یقیین که دست آورد زمامداری ٤۹ سالهٔ سلسلهٔ آل یحیی، نادر خان، ظاهر خان و داوود خان، در عصر انکشاف تکنالوژی قرن بیستم برای کشور ما در دهه های ۵۰، ٦۰ و ۷۰ میلادی کافی نبودند. اما فراموش نکنیم که پیشرفتهای خارق العادهٔ اقتصادی کشورهای روبه انکشافی مانند چین، هند، ویتنام، تایلند، مالیزیا، اندونیزیا و امثالهم در دههٔ هشتاد ۸۰ و نود ۹۰ میلادی بوقوع پیوست زمانیکه این کشورها دگمهای ایدیولوژیکی دهه های قبل را بدور انداخته شامل کاروان جهانی شدن اقتصاد، تجارت، صنایع و سرمایه شده با استفاده از داشته های خود و دروازه های باز ورود و خروج سرمایه و تکنولوژی گردیدند.

دگمهای ایدیولوژیکی روشنفکری عصر از یکطرف و انزجار و دوری گزیدن از قدرتهای استعماری گذشته از جانب دیگر کشورهای روبه انکشاف را برای مبارزه با استثمار وادار به انزواگرائی نموده هرگونه روابط تجاری و انکشافی با جهان صنعتی را با دیدهٔ شک و تردید می نگریستند. مقامات دولت ما در طول سالها به گرفتن کمکهای بلاعوض عادت کرده بودند و دینامیزم تجارت اقتصاد بازار آزاد را نمیتوانستند درک نمایند. نتیجه آن شد که از ورود سرمایهٔ خارجی که برای انکشاف اقتصادی ضرورت است جلوگیری بعمل آمد.

کشورهای روبه انکشاف امروز که پا به جهان پیشرفته گذاشته اند باید مدیون رهبران دور اندیش و ملی گرای چین مانند چوین لای، دین شیاپنگ و متعاقبین آنها باشند که با درایت شگفت انگیزی دروازه های بستهٔ اقتصاد سوسیالیستی کشور خودرا بروی سرمایه، صنعت، تکنالوژی و تجارت جهانی باز کردند بدون آنکه نظام سیاسی و اجتماعی کشور خودرا قربانی تمایلات انارشیستی فرهنگ غربی نمایند و قادر شدند یک توازن لازم را در سیاست و اقتصاد به نفع مردم خود برقرار نمایند که نتیجهٔ آن تبدیل شدن کشور ملیارد نفری چین به یک ابر قدرت اقتصادی در جهان، بالابردن ٤۰۰ ملیون نفر از خط پایان فقر، گردیده بسیاری از کشورهای در حال رشد را با خود بطرف پیشرفت اقتصادی سوق دادند.

کشوریکه صد سال قبل قدمهای اولیهٔ زمامداران آن برای معرفی تمدن معاصر جهان، بخصوص تعلیم و تربیه و حقوق زنان، تحت شعار تطبیق شریعت با مقاومت سرسختانهٔ روحانیون و اکثریت قاطع نفوس بیسواد با شکست مواجه شد، امروز باز در سال ۲۰۲۳ هنوز هم زیر سایهٔ شوم محدودیتهای یک رژیم اپارتاید جنسیتی، تحت شعار تطبیق شریعت، زندگی میکند که نیم نفوس کشور

را از حقوق مشروع مدنی آنها مانند حق کار، تعلیم، تحصیل و اشتراک در جامعه محروم کرده است. بیجهت نیست که دست آورد های انکشاف اقتصادی و اجتماعی کشور نه تنها در دوران زمامداری آل یحیی بلکه تا امروز همچنان درخشان نبوده است.

دوران حاکمیت ٤۸ سالۀ سلسلۀ آل یحیی آئینه ایست از جدال ترقی با ارتجاع که با وجود آن و با توجه به دوره های قبلی و بعدی، به نظر بیشماری از مردم کشور دوران طلائی تاریخ کشور محسوب میگردد.

در این مجموعه سعی زیاد بعمل آمده تا در مرور وقایع تاریخی حقایق آنچه واقع شده منعکس گردند تا تاریخ واقعی کشور زیر تأثیر قضاوتهای شخصی نویسنده قرار نگیرد.

سلطنت محمد نادر خان

محمد نادر خان، در ۱۵ اکتوبر ۱۹۲۹م مطابق ۲۳ میزان ۱۳۰۸ هجری شمسی با بیعت سران قبایل و اعیان پایتخت زمام امور کشور را به حیث پادشاه افغانستان بدست گرفت و سلسلۀ زمامداری آل یحیی را بنیان نهاد که برای نزدیک به نیم قرن زمام امور دولت افغانستان را به عهده داشتند.

سلطنت نادر خان و بقیه اعضای خاندان اورا بخاطری سلسلۀ آل یحیی خطاب میکنیم که محمد نادر خان پسر ارشد سردار محمد یوسف خان و نواسۀ سردار یحیی خسر امیر محمد یعقوب خان بود. یحیی خان پسر سلطان محمد خان طلائی آخرین حکمران افغان در پشاور، بود که با تنی چند از بقیه سردارانی که به محمد یعقوب خان نزدیکی داشتند در زمان جنگ دوم افغان و انگلیس در سال ۱۸۸۱توسط انگلیسها نخست به امرتسر و بعد در دیره دون هند برتانوی تبعید شدند.

در زمان به قدرت رسیدن نادر خان، در نتیجه حکومت نه ماهۀ حبیب الله کلکانی، نظام ملکی و عسکری دولت فروریخته وبیت المال تهی شده بود. اما با درایت و دور اندیشی نادر خان در دورۀ چهارساله سلطنت او نظام از هم پاشیده دولتی مجددا احیأ و با بنیاد مستحکم قانونی و اجرائی ایجاد گردید. نظم و امنیت اعاده شد و لویه جرگه به مثابه نماد عنعنوی اتحاد ملی تمام اقوام کشور دائر گردید که در آن اصولنامۀ اساسی یا قانون اساسی پیشنهادی حکومت مورد مباحثه قرار گرفته و با سائر لوایح و قوانین تصویب شدند (۱۳۰۹ ه ش). مطابق

به آن قوای سه گانه اجرائیه، مقننه و قضائیه دولت فعال شدند، شورای ملی و مجلس اعیان به میان آمده و محاکم فعال شدند. حکومت بدون سروصدا ریفورمهای عصر امان الله خان را که با عنعنات کشور در تضاد نبود مورد اجرأ قرار داد.

مشکل عمدۀ سیاسی در این زمان تلاش یکتعداد روشنفکران برای اعادۀ زمامداری امان الله خان بود که متأسفانه روابط دولت را با این قشر مهم جامعه تیره کرده بود.

اما نادرخان در ۸ نوامبر ۱۹۳۳ به گلولۀ عبدالخالق، یکی از شاگردان مکتب نجات و فرزند یکی از خدمتگاران خانواده چرخی، به قتل رسیده نتوانست دوران ثمر دهی برنامه ها و سیاستهای خودرا مشاهده کند.

بعد از کشته شدن نادر خان، برخلاف تعامل انتقال قدرت سلسله هاي پیشین و رقابت شدید بین برادران شاه متوفی، این بار در این خاندان سلطنتی هیچ یک از سه برادر نادر خان برای تاج و تخت تمایل نشان نداده و در عوض فورا وارث تعیین شده، یعنی محمد ظاهر پسر ۱۹ ساله نادرشاه، را مطابق مادۀ پنجم قانون اساسی در ۸همان روز یعنی هشتم نوامبر ۱۹۳۳به عنوان پادشاه جدید معرفی کردند.

با آنکه دوران زمامداری و اقدامات ترقیخواهانۀ شاه امان الله خان با استعفای او از سلطنت پایان رسید و متعاقب او حکومت سه روزۀ برادر بزرگترش سردار عنایت سراج نیز با استعفا و خروج از کشور پایان یافت و تغییر عقیده امان الله خان و کوشش کوتاه مدت برای گرفتن دوباره تاج و تخت از قندهار نیز ناکام و با خروج امان الله خان از کشور و انزوای سیاسی در خارج، دوران شاه امان الله خان و نهضت ترقیخواهانۀ او به تاریخ سپرده شد، اما امیدواری حامیان امان الله خان برای بازگشت او به تاج و تخت سلطنت کابل هرگز فروکش نکرد. این افراد که شامل معروفترین روشنفکران آن عصر افغانستان بود به تخت نشستن محمد نادر خان را به عوض تفویض تاج و تخت به امان الله خان مقصر و مانع برگشت امان الله خان میدانند. با این طرز دید عقده مندانه در مقابل نادر خان، در طول نیم قرن متعاقب تبلیغات گستردۀ برضد محمد نادر خان، مطبوعات سیاسی روشنفکرانۀ افغانستان را احتوا کرده بود که تا امروز هنوز هم ادامه دارد.

نمونۀ این نوع تبلیغات را در کتاب های "میر محمد صدیق فرهنگ، افغانستان در پنج قرن اخیر، تهران چاپ اول، ۱۹۹۲"، "افغانستان در مسیر تاریخ، جلد

دوم، حشمت خلیل غبار، ویرجینیا، ایالات متحده، ۱۹۹۹" و "سیدال یوسفزئ، نادر چگونه به پادشاهی رسید، پشاور، ۱۹۹۹). طوریکه دیده میشود این کتابها تبلیغات گستردهٔ ضد محمد نادر خان را که در طول ٦۳ سال بعد از به قدرت رسیدن نادر خان انباشته شده بود خلاصه میکنند.

روایت عام در این کتابها و سائر نشرات ضد نادر خان بدین گونه است که انگلیسها با دشمنی با امان الله خان بخاطر کسب استقلال سیاسی افغانستان توسط امان الله خان در صدد سقوط دولت او و ختم پروگرامهای اصلاحی او بودند و برای این کار یک ماستر پلان استخباراتی طرح کرده اول پروگرامها و اقدامات اصلاحی امان الله خان را در نظر مردم و ملا ها با نشرات خصمانه و دروغین بدنام کردند، بعد به کمک روحانیون امان الله خان را کافر اعلان کرده زمینهٔ سقوط دولت اورا توسط حبیب الله کلکانی مشهور به بچهٔ سقأو فراهم کردند، متعاقب آن شخص مورد نظر خودرا که محمد نادر خان بود و با خانوادهٔ او در زمان تبعید در هندوستان از نزدیک دوستی داشتند، به صحنه آورده و به او کمک کردند تا با سقوط دولت عبوری حبیب الله کلکانی، زمام امور دولت افغانستان را بدست گرفته و از طریق او تمام هواخواهان امان الله خان و دشمنان انگلیسها را از صحنه سیاست افغانستان اخراج کردند. بدین ترتیب این پلان استخباراتی انگلیسها از زمان طرح تا تطبیق و پیروزی ده سال را در بر گرفت.

نباید فراموش کرد که این تبلیغات علاوه بر طرفداران امان الله خان، از نارضایتی قشر روشنفکران تاجیک تبار حامی حبیب الله کلکانی که از آنچه ناجوانی و عدم احترام به تعهد بخشودن بچهٔ سقأو توسط نادر خان در حاشیهٔ قرآن میدانند، به عنوان نادر غدار، نیز متأثر میباشد.

سوال اساسی آن است که آیا این ادعا ها متکی بر اسناد و شواهد تاریخی اند و یا صرف عقده گشائی مخالفان سیاسی محمد نادر خان را بدون دلائل قانع کننده منعکس میکنند؟ بیائید مندرجات سه کتاب فوق الذکر را بررسی کنیم.

کتاب اول کتاب با ارزش "افغانستان در پنج قرن اخیر" نوشته میر محمد صدیق فرهنگ است که من نسخهٔ چاپ هژدهم آنرا با ویراستاری محمد کاظم کاظمی چاپ سال ۱۳۸۵ تهران در اختیار دارم، این کتاب بار اول در سال ۱۳۷۱هجری شمسی (۱۹۹۲م) در تهران چاپ شد.

صدیق فرهنگ در این کتاب خود تصدیق میکند که "... از قرائن چنین بر می آید که انگلیسها و بخصوص کارمندان آنها در هند که همفریز (وزیرمختار انگلیس برای افغانستان-نویسنده) را نیز از آنجمله باید محسوب نمود راجع به زمامدار آیندهٔ افغانستان نظر مشخصی داشتند،حبیب الله در نظر شان (بچهٔ سقأو-

نویسنده) به حکم وسیلهٔ بود که که با پرکردن خلأ سیاسی در مرحلهٔ انتقالی، آنها را به شخص مطلوبشان که به اغلب احتمال محمد نادر خان بود می رساند. از همین جاست که در این دوره از تقویت تمام مدعیان دیگرپادشاهی اعم از شاه سابق و امیر لاحق خودداری نمودند و به شخص مورد نظر فرصت دادند تا قدم به قدم نفوذش را در کشور گسترش دهد. هر چند سند قاطع در این باره در دست نیست. (فرهنگ، صفحات ٦٤٣-٦٤٤)." فرهنگ در ادامه برای ثبوت فرضیهٔ خود ادعا میکند که سر همفریز وزیر مختار دولت بریتانیا در کابل در ملاقات با نادر خان در پشاور به او مشوره داده که گویا نادر خان "... از تعهد اعادهٔ پادشاهی امان الله خان خودداری کند..." (افغانستان در پنج قرن اخیر ص. ٦٤٤). من همچو مطلبی را در مورد ملاقات نادر خان با سر همفریز در کتاب آتش در افغانستان نوشتهٔ خانم ستیوارت امریکایی که تمام اسناد آرشیف دولت هند برطانوی را در مورد اوضاع آنوقت افغانستان گزارش کرده نخوانده ام. اما برعکس آنچه را خانم ستیوارت گزارش کرده این است که در این ملاقات "همفریز به نادر خان مشوره داد تا جرگه قومی را دعوت کند تا در مورد انتخاب پادشاه، چه امان الله خان باشد و چه شخص دیگری تصمیم بگیرد" (ستیوارت، آتش در افغانستان، ص. ٥٢٠).

با توجه به مطالب بالا در مورد این ادعا که نادر خان با تشویق و حمایت و برنامهٔ استخباراتی انگلیسها به افغانستان آمده و قدرت را غضب کرده به نوشتهٔ خود فرهنگ "سند قاطع در این باره در دست نیست." (فرهنگ، ص ٦٤٤) و قرینهٔ غیر مستقیمی را که از اسناد آرشیف دولت هند برطانوی هم فکر میکند دال بر این فرضیه است نادرست ثابت شد.

در کتاب دوم "افغانستان در مسیر تاریخ، جلد دوم، ویرجینیا، ایالات متحده، ۱۹۹۹" می خوانیم که "...پس از آنکه شاه امان الله خان واداشته شد که افغانستان را ترک و براه قلمرو دشمن (هند) به اروپا (ایتالیا) مقیم گردد، وظیفهٔ نخستین بچهٔ سقأ بانجام رسید ... اینک نوبت به اجرای وظیفهٔ غائی حکومت اغتشاشی رسید و آن اینکه، توسط بچهٔ سقأ، راه انهدام خودش و ورود یک دولت جدید که مد نظر بود باز گردد، پس فعالیت تازه آغاز گردید و عمال خارجی – که ماشین نهانی تدویر چرخ حکومت اغتشاشی بودند – حرکت معکوس در پیش گرفتند ... واقعاً این نقشهٔ سیاسی در افغانستان چنان به مهارت تطبیق گردید گو اینکه درامه در ستیج تیاتر بدون مانعی چنان با سهولت بازی میشود، گرچه ده سال زمانه را برای مساعد ساختن زمینه در برگرفت. دولت انگلیس البته نمیخواست در همسایگی هند طلایی یک افغانستان قوی و مترقی و آنهم مخالف امپراطوری بریتانیا وجود داشته باشد". (افغانستان در مسیر تاریخ، جلد دوم،

ویرجینیا، ایالات متحده، ناشر حشمت خلیل غبار، ۱۹۹۹). وقتی در صفحهٔ
اول فصل اول یک کتاب که مدعی بیان مسیر تاریخ است سناریوی یک درامهٔ
سیاسی را، حتی بدون قرائن و فرایض، با قاطعیت کامل از حوادث تاریخی
میخوانیم، دیگر جای شکی باقی نمی ماند که این نوشته یک اثر تاریخی نمیباشد
که هدف آن آگاه کردن خواننده با امانت داری و بیطرفی از آنچه در زمانه های
گذشته واقع گردیده باشد. بلکه هدف این کتاب تفسیر وقایع سیاسی افغانستان از
زمان اغتشاش سقاوی تا ختم صدارت محمد هاشم خان به قلم یکی از مخالفین
سرسخت اعلیحضرت محمد نادر شاه و از هواخواهان شاه امان الله خان است.
بنابر آن این کتاب به هیچصورت به قلم یک تاریخ نویس معتبری مانند میر
غلام محمد غبار نوشته نشده و به عنوان یک کتاب مؤخذ تاریخی قابل اعتبار
نیست.

کتاب سوم در واقع یک جزوهٔ کوچک در ۸۳ صفحه با قطع کوچک است زیر
نام سیدال یوسفزئ "نادر چگونه به پادشاهی رسید، پشاور، ۱۹۹۹" که در سال
۱۳۵۷ معادل ۱۹۷۸ بعد از کودتای ثور در شماره های ۱۳۵ تا ۱۷۶ روزنامهٔ
انیس بچاپ رسیده بود. به گمان زیاد اسم سیدال یوسفزئ هم یک اسم مستعار
به عوض نام نویسندهٔ اصلی، که به احتمال زیاد یکی از نویسندگان وابسته به
جناح پرچم حزب دموکراتیک خلق است، که نمیخواسته در آنزمان شناخته گردد
چون کسی بنام سیدال یوسفزئ در مطبوعات آنزمان کشور موجود نبود.

مبرهن است که در آغاز زمامداری خود دولت کودتائی هفت ثور، که بنام انقلاب
به مردم فروخته میشد، موضوع مشروعیت بخشیدن به ضرورت انقلاب پیوند
نا گسستنی با سلب مشروعیت از نظام "آل یحیی" داشت. طوریکه ببرک کارمل
در اولین بیانیهٔ خود به از میان رفتن سردار محمد داوود خان رییس دولت
جمهوری به عنوان "آخرین زمامدار آل یحیی" اشاره کرد.

سلب مشروعیت از زمامداری نیم قرنهٔ آل یحیی در صورتی در انظار عامهٔ
ملت افغانستان واقع میگردد که تخم خیانت به وطن توسط این خاندان در اذهان
عامه بذر گردد و اتهامات کافی در به قدرت رسیدن غیر مشروع از طریق
کمک بیگانه، در این حالت استعمارگران انگلیسی، و برای تطبیق اهداف بیگانه
وارد شود. بنابر آن طوریکه در بالا گفته شد روایت عام ضد خاندان نادری در
این کتابها و سائر نشرات ضد نادر خان بدین گونه است که:

انگلیسها با دشمنی با امان الله خان بخاطر کسب استقلال
سیاسی افغانستان توسط امان الله خان در صدد سقوط دولت او
و ختم پروگرامهای اصلاحی او بودند و برای این کار یک
ماستر پلان استخباراتی طرح کرده اول پروگرامها و اقدامات

اصلاحی امان الله خان را در نظر مردم و ملا ها با نشرات خصمانه و دروغین بدنام کردند، بعد به کمک روحانیون امان الله خان را کافر اعلان کرده زمینهٔ سقوط دولت اورا توسط حبیب الله کلکانی مشهور به بچهٔ سقأو فراهم کردند، متعاقب آن شخص مورد نظر خودرا که محمد نادر خان بود و با خانوادهٔ او در زمان تبعید در هندوستان از نزدیک دوستی داشتند، به صحنه آورده و به او کمک کردند تا با سقوط دولت عبوری حبیب الله کلکانی، زمام امور دولت افغانستان را بدست گرفته و از طریق او تمام هواخواهان امان الله خان و دشمنان انگلیسها را از صحنه سیاست افغانستان اخراج کردند. بدین ترتیب این پلان استخباراتی انگلیسها از زمان طرح تا تطبیق و پیروزی ده سال را در بر گرفت.

باتوجه به هدف فوق، تصادفی نیست که بلافاصله سلسله مقالات "نادر چگونه به پادشاهی رسید؟" در روزنامهٔ معروف انیس ظاهر شدند که با جملات آتی آغاز میگردد: "همه میدانیم که پادشاهی نادر یک امر اتفاقی و صرف نتیجهٔ از صحنه برآمدن دیگر مدعیان سلطنت و غلبهٔ او بر حبیب الله کلکانی نبوده است، بلکه مقدمات این کار سالها پیش از طرف دستگاه استعماری انگلیس فراهم شده بود و فقط پرورش دادن و پیش آوردن و به شهرت رساندن این نامزد منتخب شان بود که مدتی را در بر گرفت." (سیدال یوسفزئ، نادر چگونه به پادشاهی رسید، پشاور، ۱۹۹۹، ص ۱".

جملات فوق بسیار شباهت به بیانیهٔ افتتاحیهٔ اقامهٔ دعوای یک ثارنوال سیاسی در محکمهٔ یک متهم به جرم خیانت ملی -توطئهٔ انگلیسها برای بر اندازی دولت امان الله خان و دست داشتن نادر خان در این توطئه- دارد. این ثارنوال به مجرم بودن متهم، در اینجا نادر خان، حتی قبل از بررسی شواهد، متیقن بوده و حالا میکوشد باور های خودرا به عنوان باور های عام یا حقیقت مطلق به هیات منصفه ابلاغ کند. این مجموعه نشان میدهد که ثارنوال در جستجوی حقیقت نمیباشد طوریکه در بقیه صفحات جزوه برای اثبات باورهای خود از اسناد آرشیف حکومت هند برتانوی و دولت برطانیه یاد میکند بدون اینکه حتی یکبار به برای اثبات ادعای خود یک رفرنس قابل اعتبار با صفحه و مأخذ ارائه کند.

بیایید ببینیم اسناد آرشیف ادارهٔ هند برتانوی در مورد امان الله خان و نادر خان چه میگویند.

همفریز وزیر مختار انگلستان در کابل بتاریخ ۲۵ جون سال ۱۹۲۵ در یک مکتوب رسمی عنوانی سرآستن چمبرلن، وزیر خارجهٔ دولت بریتانیا کبیر مینویسد که "اهمیت بین المللی افغانستان در منافع متضاد دولتهای روسیه و بریتانیا نهفته است... موضوع مهم درجه اول حفظ امیر در مقام خودش است. باوجودیکه رضایت کامل نداریم، اما شخص بهتر دیگری وجود ندارد؛ در شرایطیکه بولشویکها در صدد ایجاد یک انقلاب هستند." (آتش در افغانستان، ص. ۳۱۰).

بتاریخ ۳۱ آگست ۱۹۲۶ امان الله خان یک معاهدهٔ دوستی جدید با اتحاد شوروی امضأ کرد. در هفتهٔ بعد او یک ملاقات طولانی دو بدو با سرهمفریز وزیر مختار برطانیه در کابل به ارتباط این معاهده دوستی داشت. در اخیر این ملاقات امان الله خان به سرهمفریز اطمینان داد که "صرف نظر از اینکه ظاهراً اهداف من چگونه به نظر می آیند، پالیسی دوامدار من از یکطرف ادامهٔ روابط خوب با روسیه اما نزدیکی هرچه بیشتر با انگلستان است هرگاه آن دولت اجازهٔ این کار را بدهد". این جمله به نوشتهٔ خانم ستیوارت "کاملاً انعکاس وعدهٔ دوستی است که پدر او به انگلیسها در زمان جنگ جهانی اول داده بود و به آن عمل کرد". (آتش در افغانستان، ص. ۳۱۲). در این ملاقات امان الله خان از وزیر مختار انگلستان میخواهد که در اعمار شاهراه موتر رو خیبر تا کابل کمک نمایند که این تقاضا از طرف انگلیسها پذیرفته میشود.

در کتاب "نادر چگونه به سلطنت رسید" به توطئه یک کودتا در کابل در غیاب امان الله خان اشاره شده است و عوامل این کودتا را نادر خان، شاه محمود خان و حضرت شوربازار و دوستان آنها در افغانستان و در مناطق قبائلی قلمداد میکند. در این مورد در اسناد آرشیف دفتر هند دولت انگلستان نوشته شده زمانیکه امان الله خان برای بازدید ولایات شمالی عازم مزارشریف شده بود علی احمد خان والی کابل، و شوهر همشیرهٔ امان الله خان، بتاریخ ۱۴ میٔ ۱۹۲۶ باسیل ج گولد، شارژدافیر انگلستان را در کابل که در غیاب سر همفریز از وزیر مختار نیابت میکرد به نان شب مهمان کرده بود. در این ملاقات علی احمد خان به صراحت شکایت میکند که "افغانستان از افراد، مشاورین و روشهای امان الله خان عمیقاً عصبانی است. تمام آنها تابع منافع روسیه هستند... این ناراحتی به بخشهای عمده اردو، ادارهٔ دولت و بسیاری از نفوس کابل، جلال آباد، قندهار و سائر مناطق و قبائل سرحدی سرایت کرده است....در حالیکه شخص خود من در میان قبائل سرحدی بسیار معروف هستم. وقت آن نزدیک است که وطن دوستان مسؤل و گروه طرفدار انگلیس وارد صحنه شوند. پلانهای یک کودتا بسیار پیشرفته اما تکمیل نیست. هرگاه مداخلهٔ خارجی نباشد یک چنین کودتا کاملاً بدون خونریزی موفق خواهد شد. آیا در صورت اجرای یک

کودتا انگلستان جلو مداخلهٔ روسیه را خواهد گرفت؟".   (آتش در افغانستان، ص. ۳۱٤).   از قرار معلوم باسیل گولد در جواب علی احمد خان به او در مورد اهمیت وفاداری یادآوری کرده به لندن نوشته بود که "من در حیات خود چنین یک توطئه گر رسوا ندیده بودم".

خوب به این حساب مطابق اسناد آرشیف دولت انگلستان توطئه گر واقعی علی احمد خان والی کابل و شوهر همشیرهٔ امان الله خان از آب در آمد که در کابل بود نه نادرخان که در آنوقت هزاران فرسنگ دور در جنوب فرانسه زندگی میکرد و به کدام تلفون و یا تلگراف دسترسی نداشت تا با کابل یا جلال آباد یا پشاور تماس بگیرد.

قرار اسناد متذ شاه محمود خان برادر محمد نادر خان که به حیث والی جلال آباد ایفای وظیفه میکرد بعد از مشاجره ایکه با وزیر محاکم داشت از وظیفهٔ خود استعفی داد اما امان الله خان به او هدایت داد تا به وظیفهٔ خود ادامه دهد (همانجا ص. ۳۱۹). در حالیکه این واقعه در کتاب "نادر خان چگونه به سلطنت رسید؟" کاملاً نادرست گزارش شده است.

چه کسانی در توطئهٔ پنیاله دست داشتند؟

یکی از اتهامات کلیدی در پیوند دادن نادر خان به توطئه بر ضد امان الله خان به همکاری و هدایت انگلیسها اسم بردن از نادر خان در قطار مسؤلین و برگزار کنندگان مجلس پنیاله که از تاریخ ۲۸ جنوری تا اول فبروری ۱۹۲۸ در پنیاله واقع در شمال دیرهٔ اسمعیل خان در مناطق قبائلی آنطرف خط دیورند برگزار گردید، میباشد. در این رابطه در کتابچهٔ "نادر چگونه به پادشاهی رسید؟" می خوانیم که:

"پلانی که از طرف نادر به مشورهٔ انگلیس و به همکاری عدهٔ از اشخاص با نفوذ دیگر بشمول سرداران سمتی، از روحانیون و مامورین بزرگ دولت وابسته به دستگاه استعمار و اتجاع داخلی برای بر انداختن رژیم ترقی پسند امان الله خان پیشنهاد شده بود و در اسناد محرمانهٔ دولت برتانیه بنام "توطئهٔ پنیاله" ذکر شده است، زیرا در محلی به همین نام واقع دیرهٔ اسماعیل خان طرح ریزی گردیده بود، کودتائی را در افغانستان در جریان سفر اروپایی امان الله خان پیشبینی میکرد که به اثر آن محمد ولی خان وکیل سلطنت و پارتی جدید خیالان دستگیر و اقتدار بدست طرفداران نادر بیفتد و سپس اورا از اروپا به افغانستان بکابل جلب نمایند تا به حیث پادشاه ادارهٔ مملکت را بدست گیرد... چنانچه تاریخ و رویداد مجالسی که در قریهٔ پنیاله با حضور یک روحانی بزرگ فراریو عدهٔ

از سران قبائل و حصوصاً قبائل کوچی برای این مقصد انعقد می یافت و اسمای کسانیکه در کابل، جلال آباد، خوست و قندهار با آنها رابطه و همکاری داشتند و قاصدانی که بین طرفین رفت و آمد میکردند، همه در راپورهای رسمی مامورین استخباریه انگلیس درج است ... اما طبیعی است که مرکز اصلی عملیات جلال آباد و شخصیکه رول درجه اول را در این توطئه بدوش داشت، شخص شاه محمود حاکم اعلی مشرقی بود که در عین زمان به حیث حلقهٔ وصل بین توطئه کنندگان و نادر و دیگر برادران خود در جنوب فرانسه ایفای وظیفه مینمود" (نادر چگونه به پادشاهی رسید؟ صفحات ۱۰ و ۱۱).

طوریکه خواندیم نویسنده ادعا میکند که تمام آنچه او در بالا نوشته در "راپورهای رسمی مامورین استخباریهٔ انگلیس درج است!". اتفاقا منبع راپورهای رسمی مامورین استخباریه انگلیس که نویسنده به آن اشاره میکند عبارت است از کتاب "افغانستان در آتش" منتشرهٔ سال ۱۹۷۳ خانم امریکائی ری ستیوارت که برای چهار سال، با اجازهٔ دولت انگلستان، تمام منابع دست اول چاپ نشده و چاپی را در آرشیف اسناد محرم دولت انگلستان (India Office Library and India Office Records[۱]) بررسی کرده و تائید میکند که هر روایت در این کتاب به یک سند اصلی میتواند راجع گردد و هیچ جملهٔ خیالی و برداشت شخصی و یا تصوٌر شخصی نویسنده نیست. بنابر آن منبع نقل قول نویسندهٔ سلسله مقالات "نادر چگونه به پادشاهی رسید" در روزنامه انیس سال ۱۹۷۸ همان منبعی است که اکنون بدست ما قرار دارد.

از آنجائیکه به گمان اغلب نویسندهٔ اصلی سلسله مقالات روزنامه انیس در سال ۱۹۷۸ یکی از اعضای برجستهٔ جناح پرچم حزب حزب دموکراتیک خلق است، در اینجا من از اعضا و هواخواهان سابق و موجودهٔ حزب دموکراتیک خلق و حزب وطن تقاضا میکنم که این بخش را بدقت لازم مطالعه کنند تا متوجه شوند چگونه رهبری حزب برای رسیدن به اهداف تبلیغاتی خود برای بدنام کردن محمد نادر خان و خانوادهٔ وی، و برای مشروعیت زدائی از نظام زمامداری سلسلهٔ آل یحیی، به دروغ و جعلکاری آشکار دست زده جملات خیالی، برداشتها وتصوٌرات شخصی نویسنده را زیر عنوان "راپورهای رسمی مامورین استخباریه انگلیس" به خوانندهٔ نا آگاه، بخصوص اعضای حزب خود، تلقین میکند.

حالا بیایید ببینیم که اسناد رسمی محرمانهٔ دولت انگلستان راجع موضوع "توطئهٔ پنیاله" چه میگویند و با آنچه نویسندهٔ گمنام (سیدال یوسفزئ) در روزنامهٔ انیس نوشته مطابقت دارند یا خیر؟

تمام اسناد محرمانه در موضوع "توطئهٔ پنياله" به تفصيل در صفحات ۲۲۹ تا ۳۳۵ کتاب آتش در افغانستان درج شده اند. در این اسناد میخوانیم که یکی از مامورین دفتر استخبارات انگلیسها در بلوچستان از آرامش نسبی و رفت و آمدهای مرموز در اطراف دیرهٔ اسماعیل خان که در نزدیکی سرحد با افغانستان قرار دارد مشکوک شده گزارش میدهد که چیزی در حال وقوع است که در آن حضرت صاحب شیرآقا (حضرت شوربازار) دخیل است. حضرت صاحب بعد از وقایع خوست توسط امان الله خان تبعید شده در سرهند زندگی میکرد اما از هژدهم دسمبر به اینطرف به دیرهٔ اسماعیل خان آمده بود تا در میان مردم وزیری در مناطق قبایلی سرحد زندگی کند جاییکه در میان مردم وزیری و مردم غلزائی سلیمان خیل، اعم از کوچی و غیر کوچی در جانب افغانستان مرید های زیادی دارد مذا کند. دیرهٔ اسماعیل خان را برای آن انتخاب کرده بود تا مخالفت خودرا با پروگرامهای مدرنیزه سازی امان الله خان در میان مردم قبایل و همچنان کوچی هاییکه عازم افغانستان بودند برساند و همفکران خود مشوره کند. در این وقت سال هزاران کوچی در کاروانهای بزرگ عازم مناطق چراه گاههای تابستانی خود در بلندیهای مرکزی افغانستان بودند. خانم ستیوارت مینویسد که انگلیسها از ماه آگست گذشته بعد از راپور اجنت خود در بلوچستان مشکوک بودند که در آن گفته شده بود که حضرت صاحب با اشخاص مهم آتی بطور منظم در تماس است: شیر احمد رییس شورای ملی، محمد عثمان والی سابقهٔ قندهار و آمر مدرسهٔ دینی در کابل، عبدالعزیز سرپرست وزارت دفاع، کسیکه با محمد ولی خان در رقابت بود، زلمئ نام یک ملک منگل و یک حکیم غلزائی سلیمان خیل از غزنی. بر اساس گزارشهای استخبارات انگلیسها تمام این افراد از جملهٔ مریدان حضرت صاحب بودند. مامور استخبارات انگلیسها در بلوچستان نوشته بود که به نظر او "شیر آقا میخواهد توطئهٔ را بر ضد دولت افغانستان ترتیب نماید". راپورهایی هم در میان بود مبنی بر دعوت شدن از پسر ارشد سردار ایوب خان توسط حلقه هایی تا به قندهار آمده از شرایط مساعد در قندهار برای ادعای پادشاهی استفاده نماید. با توجه به این راپورها در ماه مارچ انگلیسها به چند ایالت خود در هند هدایت دادند تا "چهره های مهم سیاسی افغان مقیم هند را بیشتر مورد مراقبت قرار دهند". حالا از طریق کویته تعدادی از چهره هایی که در اغتشاش قبلی خوست اشتراک داشتند عازم دیره اسماعیل خان بودند. خود حضرت نیز به معیتی تعدادی از روحانیون که از کابل آمده بودند به دیرهٔ اسماعیل خان آمده بود.آنچه مامورین استخباراتی انگلیسها شنیده بودند آن بود که "قرار بود مجلسی دایر گردد که در آن پلان از میان برداشتن حزب جدید (حزب تجدد طلب) در کابل از میان برداشته شود. او

(شیرآقا) اظهار داشت که علما و مردم عامهٔ افغانستان مخالف حزب جدید بوده و پروگرامهای اصلاحی آنها را خلاف منافع افغانستان و ضد اسلام میدانند. آنها کاملاً مخالف شاه نمیباشند اما میخواهند در زمان غیابت شاه از افغانستان حزب جدید را با انجام یک کودتا نابود کرده و کار انجام شده را به شاه تقدیم کنند تا از پروگرامهای ضد اسلامی خود صرف نظر نماید. و هرگاه شاه این امر را قبول نکند آنها حاضر هستند تا یک دولت جمهوری ایجاد نمایند" . مجلس پنیاله از ۲۸ جنوری تا اول فبروری ۱۹۲۸ دائر شده بود. پنیاله قریهٔ کوچکی در شمال دیرهٔ اسماعیل خان میباشد. معلومات داخل مجلس را یکی از ملاها که اجنت استخبارات انگلیسها بود به مقامات مربوطهٔ خود گزارش میداد.

با وجوددقت شیر آقا در طرح پلانهای خود، بازهم تعدادی میخواستند خواسته های خودرا شامل آن کنند. از جمله تعدادی، از جمله غوث الدین خان (که بعد از استعفای امان الله خان دعوی پادشاهی کرد) میخواستند دوپسر سردار محمد ایوب خان را عازم افغانستان نموده تا مدعی تاج و تخت باشند چنانچه عبدالکریم پسر یعقوب خان در سال ۱۹۲٤ در جریان اغتشاش خوست قیام کرده بود. دو نفر از افراد غوث الدین اظهار آمادگی کردند که پسران سردار ایوب خان را یکی به جلال آباد و دیگری به خوست در شب هفتم فبروری در جریان یک مراسم مذهبی ببرند. شیر آقا داخل کردن اعضای خانواده های سلطنتی در پلانهای خود مناسب ندانسته دلیل می آورد که با معرفی این اشخاص مردم مغشوش گسته از هدف اصلی فاصله میگیرند. بعدها زمانی فرا میرسد که مردم این موضع گیری شیرآقا را، که از هیچ نامزد دیگری حمایت نمی کند، دلیل به علاقمندی شخص او برای احراز مقام سلطنت تلقی خواهند کرد. او اظهار داشت "که خوست آمادهٔ طغیان است و مردم این طغیان را بخاطر دین میکنند نه بخاطر تبدیل یک خاندان سلطنتی با خاندان دیگر". اوبالاخره موافقه کرد که یکی از شهزاده های سردار ایوب خان به جلال آباد برود اما خوست قلمرو خود اوست. متعاقباً شیر آقا وظایف مشخصی به ملاها و اشخاصیکه در توطئه شامل بودند داد که چگونه عمل کنند. این ملای جاسوس همچنان گزارش کرد که شیرآقا گفت اشخاص مهمی در دولت از موقف او حمایت میکنند بشمول شاه محمود خان والی جلال آباد، عبدالعزیز سرپرست وزیر دفاع و محمد عثمان سرپرست مدرسهٔ کابل.

در اسناد محرمانهٔ دولت انگلستان آمده است که با گرفتن این گزارشها اجنتهای انگلیسی مراقبت از اکرم و اعظم، شهزاده های سردار ایوب خان، دوچند کرده مطمئن شدند که آنها در لکنهو مسابقات اسپ دوانی را تماشا میکردند و بتاریخ هفتم نوامبر، یعنی روز تعیین شده برای قیام شیرآقا، آنها به عوض کوشش برای عبور به افغانستان، هنوز هم در لکنهو بودند. همچنان مقامات لندن کوشیدند

بدانند نادر خان در آنروزها در کجا است و اطمینان حاصل کردند که موصوف در جنوب فرانسه اقامت دارد و برای معالجه در سویس است.

در کابل باسیل گولد سرپرست نمایندگی انگلیسها با محمد ولی وکیل السطنت ملاقات کرده موضوع مجلس پنیاله را به او اطلاع میدهد تا نظر اورا بداند. محمد ولی خان از باسیل گولد بخاطر اطلاع دادن مجلس توطئهٔ شیرآقا تشکر نموده اظهار داشت تا اندازهٔ از فعالیتهای او اطلاع دارد و در مورد او بعدا بطور مفصل با گولد مذاکرده خواهد کرد.

متعاقباً انگلیسها خود در مورد شیرآقا تصمیم لازم اتخاذ کردند. "معاون کمشنر دیرهٔ اسماعیل خان به شیر آقا هدایت داد تا به حضور او ظاهر شود. اما شیر آقا که به امر کردن عادت داشت نه قبول کردن اوامر، از امر معاون کمشنر ابأ ورزید و در نتیجه توسط انگلیسها گرفتار شده... به او هدایت داده شد تا از مناطق قبایلی سرحد خارج گردد و اورا به لاهور اعزام کردند." در یک یادداشت سر نورمان بولتون کمشنر صوبه سرحد گفته شده که موصوف "بخاطری اخراج شد تا از قلمرو این ایالت برضد افغانستان استفاده نکند". انگلیسها تقاضای شیرآقا را برای اجازه بازگشت به افغانستان قبول نکرده بنابر تقاضای دولت افغانستان مراقبت از شیر آقا را در هند همچنان ادامه دادند. (افغانستان در آتش، ص ۳۳٦).

بدین صورت خواننده گان به عمق جعلکاری مخالفان محمد نادر خان واقف میگردند. در قضیهٔ توطئهٔ پنیاله سلسله مقالات "نادر چگونه به پادشاهی رسید؟" در روزنامه انیس سل ۱۹۷۸ سردستهٔ توطئه گران را نادر خان به همکاری انگلیسها معرفی میکند و اسمی از شیر آقا حضرت شوربازار نگرفته بصورت ضمنی از شمولیت یک روحانی نیز در توطئه یادآوری میکند در حالیکه در اسناد محرمانه دولت سردستهٔ توطئه گران شیر آقا حضرت شوربازار است که با شمولیت هر فرد خاندان سلطنتی چه موجوده و چه سابقه برای احراز مقام سلطنت به عوض امان الله خان مخالفت میکند. همچنان در این اسناد به وضاحت از حفظ دولت امان الله خان به مثابه بهترین گزینه در شرایط آنروز برای حفظ منافع هند برتانوی سخن زده شده و از این جهت، نظر به هدایت مقامات امپراطوری، وکیل وزارت مختاری انگلستان در کابل موضوع جلسهٔ پنیاله را به سرکردگی نورالمشایخ حضرت شورِبازار به اطلاع وکیل سلطنت در کابل میرساند.

مشروعیت سلطنت محمد نادر خان

مباحثه میان هواخواهان شاه امان الله خان و هواخواهان اعلیحضرت محمد نادر خان و زمامداری ٤۹ سال خانوادهٔ ایشان (سلسلهٔ آل یحیی) در هفتاد سال گذشته همچنان ادامه دارد. برای دانستن بهتر حقایق این جدال چند حقیقت تاریخی را باید پذیرفت:

حقیقت اول

آنکه دوران زمامداری و نهضت ترقیخواهانهٔ شاه امان الله خان با استعفای او از سلطنت پایان رسید و متعاقب او حکومت سه روزهٔ برادر بزرگترش سردار عنایت سراج نیز با استعفا و خروج از کشور پایان یافت و تغییر عقیده امان الله خان و کوشش کوتاه مدت برای گرفتن دوباره تاج و تخت نیز ناکام و با خروج امان الله خان از کشور و انزوای سیاسی در خارج، دوران شاه امان الله خان و نهضت ترقیخواهانهٔ او به تاریخ سپرده شد.

حقیقت دوم

این که سقوط نهضت امانی و ختم دوران سلطنت شاه امان الله خان و خانوادهٔ سراج توسط حبیب الله مشهور به "بچهٔ سقاؤ" به کمک ارتجاع داخلی، که بازگشت به حاکمیت شریعت و ختم نهضت امانی را تقاضا داشتند، صورت گرفت که برای نه ماه بالای این کشور حکومت نمودند. این شکست و ختم سلسله حکومتهای خاندان سراج هیچ ارتباطی با اعلیحضرت محمد نادر خان نداشت.

حقیقت سوم

آنکه خاتمه دادن به رژیم ارتجاع مذهبی وانارشی سقاوی به یک مسولیت تاریخی برای مردم افغانستان مبدل گردید که تنها دو نفر رهبری مقاومت و قیام علیه ارتجاع مذهبی وانارشی مجاهلین سقاوی را بدوش گرفتند: محمد نادر خان و برادران ایشان؛ و غلام نبی خان چرخی.

شخص دومی نیز، با مطلع شدن از خروج امان الله خان از کشور، از قیام و مقاومت صرف نظر نموده با قوای افغانی و حامیان روسی خود دوباره به اتحاد شوروی برگشت.

حقیقت چهارم

اینکه این تنها محمد نادر خان بود که مسولیت تاریخی قیام علیه ارتجاع مذهبی وانارشی را تا نتیجهٔ منطقی آن که سقوط دادن نظام ارتجاع سقوی بود ادامه داد پیروز شد و خودرا پادشاه اعلان کرد.

حقیقت پنجم

اینکه محمد نادر خان نه از لحاظ اخلاقی، نه از لحاظ قانونی و نه از لحاظ مشروعیت وراثت نظام سلطنتی، هیچگونه مسولیتی برای سپردن دوبارهٔ دولت به شاه مستعفی نداشت. موصوف با رد تقاضای امان الله خان در پیوستن به او در قندهار و غزنی اعلام کرد که شکست نظام سقوی را با امکانات خود و مطابق سلیقه و برنامهٔ خود انجام میدهد نه زیر بیرق و هدایت امان الله خان. اینکه به هواخواهان امان الله خان گاهگاهی اطمینان داده بود که خواهان سلطنت برای خود نیست، صرف ادامهٔ یک جنگ روانی و تاکتیکی بود که همیشه در سیاست واقع شده است. همچنان باتوجه به اختلاف نظرها با شاه امان الله خان در ادارهٔ دولت، چند سال قبل از پست وزارت دفاع و متعاقبا سفارت فرانسه استعفی کرده بود و کدام مسولیتی در مقابل امان الله خان نداشت. از نظر مشروعیت موروثی همچنانکه خانوادهٔ سراج این مشروعیت را از امیر دوست محمد خان از طریق محمد افضل خان کسب کرده بودند، نادر خان هم این مشروعیت را از جد بزرگ خود سردار سلطان محمد خان طلایی که برادر امیر دوست محمد خان بود و یحیی خان پسر سلطان محمد خان که پدر کلان نادر خان و خسر یعقوب خان میباشد با امیر یعقوب خان یکجا به هندوستان تبعید شده بود کسب کرده بود (به چارت ضمیمه مرجعه گردد).

حقیقت ششم

اینکه نهضت امانی در دوران سلطنت محمد نادر خان و پسرش محمد ظاهر شاه دوباره با سرعت، کیفیت و کمیت متفاوت اعاده شد و ادامه پیداکرد.

حقیقت هفتم

اینکه با توجه به حقایق بالا، ادامهٔ جدال لفظی هفتاد ساله میان هواخواهان شاه امان الله خان و هواخواهان اعلیحضرت محمد نادر خان هیچگونه محتوای منطقی ندارد و به عوض آن باید به عوامل شکست نهضت ترقی خواهانهٔ امانی، و تسلسل این جدال علم و جهل که تا امروز ادامه دارد، تمرکز نمود.

پروگرام اصلاحی نادر خان

دومین قانون اساسی افغانستان

محمد نادرشاه چون قدرت را به دست گرفت، در اوایل اصلاحات و نظامنامه‌های دورهٔ امان‌الله خان را به کنار نهاد و محاکم را دوباره به عالمانِ دین سپرد؛ زنان را نیز به رعایت حجاب مکلف ساخت. اما در دورهٔ او اردوی منظمی بنیاد نهاده شد و با تأسیس فاکولته طب هستهٔ اصلی نخستین پوهنتون کشور ایجاد گردید.

هرچند او عضوی از جناح جنگ ضد بریتانیایی بود و خودش را به حضور در جنگ استقلال مفتخر می‌دانست، مشروطه‌خواهان و هواداران امان‌الله، شاه معزول، او را یک طرفدار بریتانیا می‌دانستند و نسبت به انتصاب او به سلطنت به جای امان‌الله، اعتراض کردند. نادر زمانی در سرکوب مخالفت‌ها موفق بود. در ۱۳۱۰ شمسی/۱۹۳۱، قانون اساسی جدید (اصول اساسی دولت عالیهٔ افغانستان)، توسط لویه‌جرگه تصویب شد. تفاوت‌های عمدهٔ این قانون اساسی از قانون اساسی یک‌دهه پیش در مورد حساب‌دهی کابینه (به استثنای صدراعظم) به مجلس منتخب شورای ملی و مجلس اعیان که اعضای آن توسط شاه انتخاب می‌شدند، از این قرار است: در عمل، هیئت‌ها برای انتخابات مجلس نیز دست‌چین حکومت بودند. دیگر انحراف، رسمیت بخشیدن برتری مکتب فقه حنفی و تضمین استقلال محکمه شریعت بود (گریگوریان، ص ۳۰۵). برای اولین‌بار، رهبران مذهبی در شماری از پست‌های وزارت گماشته شدند. با این وجود، قدرت حکومتی در انحصار خاندان سلطنتی قرار داشت و افغانستان تنها به نام سلطنت مشروطه بود.

محمد نادرشاه برای مطبوعات ارزش خاصی قائل بود. روزنامه اصلاح را در ۱۳۰۸ ش / ۱۹۲۹ م در کابل بنیاد نهاد و روزنامهٔ انیس را دولتی ساخت. دیگر انتشارات دولتی را تقویت کرد. انجمن ادبی کابل هم در همین دوره تأسیس شد که مجلهٔ ماهانهٔ کابل را نیز انتشار می‌داد. سالنامه افغانستان هم از ۱۳۱۱ش به انتشار آغاز کرد. جاده‌های کهنه تعمیر و جاده‌های نو تأسیس گردید. نخستین بانک کشور در ۱۳۱۰ ش/ ۱۹۳۱م تأسیس شد.

سرانجام محمد نادرشاه در ۱۷ عقرب ۱۳۱۲ ش/ ۸ نوامبر ۱۹۳۳ م به ضرب گلولهٔ یک متعلم لیسه امانی (نجات) بنام عبدالخالق در مراسم توزیع شهادتنامه‌ها به خون خواهی غلام نبی خان چرخی کشته شد. عبدالخالق که در قوم هزاره بود یکی از نوکران غلام نبی خان چرخی بوده که از طرفداران امان الله خان

و بخاطر مخالفت آشکار با به تخت نشستن محمد نادر خان از طرف نادر خان به قتل رسیده بود.

در سال ۱۹۲۹م دولت امانی به اثر تبانی نیروهای مرتجع و عقبگرا و همکاری استعمار از بین رفت و متعاقبا دوره امارت ۹ ماهه امیر حبیب الله کلکانی به پایان خونینی رسید. نیروهای آزادیخواه، مشروطه خواهان ملی گرا و تجدد طلبان از عرصه سیاسی رانده شدند و در عوض رهبران محافظه کار مذهبی، روسای قبایل، زمینداران بزرگ، اشرافیت درباری ضد شاه امان الله در کنار و در راس آن خانواده سپه سالار نادر خان گرد آمدند.

نادر خان به قول میر محمد صدیق فرهنگ مورخ افغان، شخصیت ممتاز گروه محافظه کار در دولت امانی بود و همچنین اطرافیان مذهبی، قومی و درباری او مخالف بخش اعظم اصلاحات حقوقی، قانونی، اقتصادی و فرهنگی شاه امان الله بودند. مخالفت با بسیاری از آزادی های اساسی مندرج در نظامنامه اساسی دولت و به خصوص مخالفت با آزادی مطبوعات در میان آنها آشکار بود.

تعدادی زیادی از روشنفکران در دوره نادر خان زندانی شدند و خصوصاً در دورهٔ صدآت هاشم خان هر روشنفکری که پیدا میشد از بین می رفت و یا زندانی میشد .

میر غلام محمد غبار در این خصوص نکته جالبی را حکایت می کند و می گوید که حکومت افغانستان امر کرد که : " در آینده در مطبوعات افغانی عکس هیچ افغان سر برهنه چاپ نشود. و هنگام ناچاری توسط آقای برشنا رسام دولتی، عکس های سر برهنه با کلاه مرسومه پوشانیده شود. هکذا تمام مراسم ارتجاعی و خرافاتی زنده و تشویق گردید."

در این دوره به جراید آزاد و شخصی اجازه انتشار داده نشد. شماری از روزنامه نگاران آزاد اندیش زندانی و اعدام شدند. حبیب الله رفیع روزنامه نگار و پژوهشگر افغان می گوید که با وجود که در آن زمان امکان نشر برای هر کسی داده نمی شد ولی مبارزانی بودند مانند عبدالرحمان لودین که در مقابل نادرخان مقاومت کرد و بالاخره کشته شد و دیگران نیز بودند که آنها زندانی شدند. "تعدادی زیادی از روشنفکران در دوره نادر خان زندانی شدند و خصوصا در دورهٔ هاشم خان روشنفکری که پیدا می شد از بین می رفت و یا زندانی می شد."

اما علی رغم آنچه گفته شد برخی از پژوهشگران تاریخ و افرادی که شاهد حوادث آن روزگار بودند، تصویر دیگری از نادرشاه و عصر او ارائه می کنند.

و به این نظر اند که خط مشی او به تناسب وضعیت آن زمان مترقی بود. در خاطرات سیاسی سید قاسم رشتیا یکی از صاحبنظران افغان، می خوانیم:

"در این شکی نیست که خط مشی محمد نادر شاه طوری ترتیب یافته بود تا با افکار مردم محافظه کار تصادم نه کرده باشد. اما اساسا استقامت مترقی داشته و اساسات عمده ای را که عبارت از توجه به معارف و توسعه عمومی مملکت باشد در بر می گرفت. اما جوانانی که خاطره دوران پر هیجان امان الله خان را بیاد داشتند و طبعا ملاحظات محیطی و مقتضیات وقت را درست درک نمی توانستند، نسبت به این خط مشی به هر وسیله ای که می توانستند، در مجالس و محافل با گفتار ها و نوشته ها و بعضا ذریعه شبنامه ها اظهار عدم موافقت می کردند".

به قول عبدالله شادان گویندهء بی بی سی "عزیز نعیم برادر زاده نادرشاه که از استادان رشته تاریخ سیاسی در پوهنتون کابل بود به این عقیده بود که در داوری بر وضعیت مطبوعات این دوره باید وضعیت کلی آن زمان و تغییرات و تحولات تاریخی و اولی بودن ثبات و استقرار سیاسی باید در نظر گرفته شود". اما برخی دیگر او را فرد منتقم، خشن و بیرحم توصیف کرده اند که از کشتار مخالفان خود هراسی نداشت.

قتل شخصیت های نامداری چون غلام نبی خان چرخی، عبدالرحمان خان لودین و شمار دیگری از آزادیخواهان و مشروطه طلبان و همین گونه زندانی شدن صدها تن دیگر در زندان های مخوف آن دوره به نا آرامی های سیاسی افزود و سر انجام خود نادر خان در ۱۶عقرب ۱۳۱۲ نوامبر ۱۹۳۳ به ضرب گلوله عبدالخالق از شاگردان لیسه نجات، به قتل رسید و پسرش محمد ظاهر شاه بر تخت نشست و دوره جدیدی آغاز شد.

سلطنت محمد ظاهر شاه

پس از کشته شدن اعلیحضرت محمد نادرخان پادشاه افغانستان در ۸ نوامبر ۱۹۳۳، محمد ظاهر پسر ۱۹ ساله نادرشاه، در همان روز یعنی هشتم نوامبر ۱۹۳۳به عنوان پادشاه جدید افغانستان با لقب اعلیحضرت معظم همایونی محمد ظاهرشاه به تخت نشست.

ظاهر شاه چهل سال پادشاهی کرد و بالاخره نظام سلطنتی او در ۲۶ سرطان ۱۳۵۲ مطابق ۱۷ جولای ۱۹۷۳ با کودتای نظامی سردار محمد داوود خان صدراعظم اسبق و پسر کاکای شاه ساقط شد. در آنزمان شاه برای تداوی در ایتالیا بسر میبرد و متعاقبا برای ۲۹ سال در همانجا در تبعید بسر برد. ظاهر

شاه پس از ایجاد جمهوری اسلامی در آگست سال ۲۰۰۲ به کابل برگشت تا لویه جرگهٔ اضطراری را که برای تشکیل دولت انتقالی مابعد طالبان تشکیل می شد افتتاح نماید و بدینوسیله به نظام جدید مشروعیت بخشید. موصوف از طرف لویه جرگه به "پدر ملت" لقب گرفت .بسیاری از مردم، سلطنت او را طلایی‌ترین، آرام‌ترین و بهترین دوران تاریخ افغانستان می‌دانند. محمد ظاهرشاه به عنوان آخرین پادشاه افغانستان، ساعت ۵:۴۵ تاریخ ۲۳ جولای سال ۲۰۰۷م (۱۳۸۶ ه ش) پس از یک بیماری طولانی به عمر ۹۳ سالگی در کابل وفات نمود.

محمد ظاهر در ۲۲ میزان ۱۲۹۳ هجری شمسی مطابق ۱۵ اکتبر سال ۱۹۱۴ میلادی در کابل تولد یافت. مادرش ماه پرور بیگم و خانمش ملکه حمیرا بود که در سال ۲۰۰۲ میلادی در روم درگذشت و جنازه اش به کابل منتقل و در حضیرهٔ سلطنتی در تپهٔ مرنجان دفن گردید.

در زمان به قدرت رسیدن پدر، شهزاده محمد ظاهر و سائر اعضای فامیل نادرخان در شهر نیس فرانسه زندگی میکردند. چندی پس از تصاحب قدرت به وسیلهٔ نادرخان، در حالی که ۱۶ ساله بود، به تاریخ ۲۰ میزان سال ۱۳۰۹ شمسی به افغانستان برگشت. در تعلیمگاه پیادهٔ عسکری که تازه تأسیس شده بود، یک سال آموزش نظامی دید. با فراغت از آن تعلیمگاه در هفده سالگی کفالت وزارت حربیه به او سپرده شد. وزیر حربیه عمویش شاه محمود خان بود. افزون بر آن وکالت وزارت معارف افغانستان را نیز عهده داربود.شایان یادآوری است که محمد ظاهر که سالیان طولانی در فرانسه زندگی کرده و درس خوانده بود بیشتر زبان فرانسوی را میدانست تا زبان دری. با زبان پشتو آشنایی نداشت. هنوز شهزادهٔ جوان مشق لازم را برای حکومت کردن فرا نگرفته بود که او را بر تخت نشاندند.

چند ساعت پس از آن که محمد نادر شاه به قتل رسید، برادرش سپهسالار سردار شاه محمود خان وزیرحربیه، محمد ظاهر یگانه فرزند شاه مقتول را مطابق به مادهٔ پنجم قانون اساسی به حیث پادشاه معرفی کرد. آن روز، ۱۶ عقرب سال ۱۳۱۲ شمسی بود. هنگام تعیین محمد ظاهر به مقام پادشاهی، مرد قدرتمند دربار سردار محمد هاشم خان صدراعظم در مسافرتی که به سوی صفحات شمال داشت، به مزار شریف رسیده بود.

اوضاع کشور در آغاز سلطنت محمد ظاهرشاه

در بالا دیدیم که در زمان به قدرت رسیدن نادر خان، در نتیجه حکومت نه ماههٔ حبیب الله کلکانی، نظام ملکی و عسکری دولت فروریخته وبیت المال تهی شده بود. اما با درایت و دور اندیشی نادر خان در دورهٔ چهارساله سلطنت او نظام از هم پاشیده دولتی مجددا احیأ و با بنیاد مستحکم قانونی و اجرائی ایجاد گردید. نظم و امنیت اعاده شد و لویه جرگه به مثابه نماد عنعنوی اتحاد ملی تمام اقوام کشور دائر گردید که در آن اصولنامهٔ اساسی یا قانون اساسی پیشنهادی حکومت مورد مباحثه قرار گرفته و با سائر لوایح و قوانین تصویب شدند (۱۳۰۹ ه ش). مطابق به آن قوای سه گانه اجرائیه، مقننه و قضائیه دولت فعال شدند، شورای ملی و مجلس اعیان به میان آمده و محاکم فعال شدند. حکومت بدون سروصدا ریفورمهای عصر امان الله خان را که با عنعنات کشور در تضاد نبود مورد اجرأ قرار داد.

مشکل عمدهٔ سیاسی در این زمان تلاش یکتعداد روشنفکران برای اعادهٔ زمامداری امان الله خان بود که متأسفانه روابط دولت را با این قشر مهم جامعه تیره کرده بود.

اما نادرخان در ۸ نوامبر ۱۹۳۳ به گلولهٔ عبدالخالق، یکی از شاگردان مکتب نجات و فرزند یکی از خدمتگاران خانواده چرخی، به قتل رسیده نتوانست دوران ثمر دهی برنامه ها و سیاستهای خودرا مشاهده کند. با آنهم در طول چهارسال زمامداری خود نادر خان در عین اجرای حاکمیت دسپلین و استبداد، تهداب نظامی را هم برجای نهاد که برای نزدیک به نیم قرن بعدی، حتی تا پایان جمهوری محمد داوود خان، با ثبات کم نظیری در تاریخ افغانستان برقرار بود.

بعد از کشته شدن نادر خان، برخلاف تعامل انتقال قدرت سلسله هاي پیشین و رقابت شدید بین برادران شاه متوفی، این بار در این خاندان سلطنتی هیچ یک از سه برادر نادر خان برای تاج و تخت تمایل نشان نداده و در عوض فورا وارث تعیین شده، یعنی محمد ظاهر پسر ۱۹ ساله نادرشاه، را مطابق مادهٔ پنجم قانون اساسی در ۸همان روز یعنی هشتم نوامبر ۱۹۳۳به عنوان پادشاه جدید معرفی کردند.

اما در عین زمان سه برادر باقی مانده نادر خان قدرت را بین یکدیگر تقسیم کردند. از بین آنها نخست محمد هاشم خان در فضایی از اجماع و همسویی، بدونِ تکرار تجربیاتی از تنش هايِ رقابت آمیز متداول میان برادران مقام صدرات او دوباره تأیید شد. بدین ترتیب، پیروان امان الله خان که پس از اعدام عبدالخالق قاتل نادر خان و هفده تن دیگر و دستگیری صدها تن دیگر، آشفته و

دلسرد شده بودند، نتوانستند برای استفاده از فرصتی که برایشان پیش آمده بود با یکدیگر متحد شوند.

نادر خان به قول میر محمد صدیق فرهنگ مورخ افغان، شخصیت ممتاز گروه محافظه کار در دولت امانی بود و همچنین اطرافیان مذهبی، قومی و درباری او مخالف بخش اعظم اصلاحات حقوقی، قانونی، اقتصادی و فرهنگی شاه امان الله بودند. مخالفت با بسیاری از آزادی های اساسی مندرج در نظامنامه اساسی دولت و به خصوص مخالفت با آزادی مطبوعات در میان آنها آشکار بود.

تعدادی زیادی از روشنفکران در دوره نادر خان زندانی شدند و خصوصاً در دورۀ صدارت هاشم خان هر روشنفکری که پیدا میشد از بین می رفت و یا زندانی میشد .

میر غلام محمد غبار در این خصوص نکته جالبی را حکایت می کند و می گوید که حکومت افغانستان امر کرد که : " در آینده در مطبوعات افغانی عکس هیچ افغان سر برهنه چاپ نشود. و هنگام ناچاری توسط آقای برشنا رسام دولتی، عکس های سر برهنه با کلاه مرسومه پوشانیده شود. هکذا تمام مراسم ارتجاعی و خرافاتی زنده و تشویق گردید."

در این دوره به جراید آزاد و شخصی اجازه انتشار داده نشد. شماری از روزنامه نگاران آزاد اندیش زندانی و اعدام شدند. حبیب الله رفیع روزنامه نگار و پژوهشگر افغان می گوید که با وجود که در آن زمان امکان نشر برای هر کسی داده نمی شد ولی مبارزانی بودند مانند عبدالرحمان لودین که در مقابل نادرخان مقاومت کرد و بالاخره کشته شد و دیگران نیز بودند که آنها زندانی شدند. "تعدادی زیادی از روشنفکران در دوره نادر خان زندانی شدند و خصوصا در دورۀ هاشم خان روشنفکری که پیدا می شد از بین می رفت و یا زندانی می شد."

اما علی رغم آنچه گفته شد برخی از پژوهشگران تاریخ و افرادی که شاهد حوادث آن روزگار بودند، تصویر دیگری از نادرشاه و عصر او ارائه می کنند. و به این نظر اند که خط مشی او به تناسب وضعیت آن زمان مترقی بود. در خاطرات سیاسی سید قاسم رشتیا یکی از صاحبنظران افغان، می خوانیم:

"در این شکی نیست که خط مشی محمد نادر شاه طوری ترتیب یافته بود تا با افکار مردم محافظه کار تصادم نه کرده باشد. اما اساسا استقامت مترقی داشته و اساسات عمده ای را که عبارت از توجه به معارف و توسعه عمومی مملکت باشد در بر می گرفت. اما جوانانی که خاطره دوران پر هیجان امان الله خان

را بیاد داشتند و طبعا ملاحظات محیطی و مقتضیات وقت را درست درک نمی توانستند، نسبت به این خط مشی به هر وسیله ای که می توانستند، در مجالس و محافل با گفتار ها و نوشته ها و بعضا ذریعه شبنامه ها اظهار عدم موافقت می کردند".

به قول عبدالله شادان گوینده‌ء بی بی سی "عزیز نعیم برادر زاده نادرشاه که از استادان رشته تاریخ سیاسی در پوهنتون کابل بود به این عقیده بود که در داوری بر وضعیت مطبوعات این دوره باید وضعیت کلی آن زمان و تغییرات و تحولات تاریخی و اولی بودن ثبات و استقرار سیاسی باید در نظر گرفته شود". اما برخی دیگر او را فرد منتقم، خشن و بیرحم توصیف کرده اند که از کشتار مخالفان خود هراسی نداشت.

قتل شخصیت های نامداری چون غلام نبی خان چرخی، عبدالرحمان خان لودین و شمار دیگری از آزادیخواهان و مشروطه طلبان و همین گونه زندانی شدن صدها تن دیگر در زندان های مخوف آن دوره به نا آرامی های سیاسی افزود و سر انجام طوریکه در بالا گفته شد، خود نادر خان در ۱۶عقرب ۱۳۱۲ نوامبر ۱۹۳۳ به ضرب گلوله عبدالخالق از شاگردان لیسه نجات، به قتل رسید و پسرش محمد ظاهر شاه بر تخت نشست.

نمایندگی سیاسی سازمان ملل متحد در افغانستان ، دوره ۴۰ ساله سلطنت محمد ظاهر را "دوره صلح و آرامش افغانستان» نامیده است. ادرین ادوارزد، سخنگوی نمایندگی سیاسی سازمان ملل متحد در افغانستان می گوید: «محمد ظاهر هدایت یکی از دوره های باثبات و امن در تاریخ معاصر افغانستان را داشته است. او در سال های اخیر این نقش مثبتش را ادامه داد. نمایندگی سیاسی سازمان ملل در افغانستان از نقشی که ظاهرشاه در پروسه بن بازی کرده ، ستایش می کند".

دوره فرمانروایی ظاهر شاه بر افغانستان، دوره آرامش بود و در این مدت، برخلاف دوره‌های قبل و بعد از ظاهرشاه، افغانستان درگیر هیچ جنگی نشد و هم‌چنین در جنگ جهانی دوم (۱۹۳۹-۱۹۴۵) اعلام بی‌طرفی کرد.

ظاهرشاه در سال ۱۹۶۳م قانون اساسی جدید کشور را انتشار داد. این قانون، بعدها در سال ۲۰۰۱م با سقوط طالبان به‌عنوان قانون اساسی موقت (با حذف مواد مربوط به سلطنت) پذیرفته شد. کلمهٔ "افغان" برای نخستین‌بار در سال ۱۹۶۴م در قانون اساسی تصویبی محمد ظاهرشاه با تعریفی جدید و به‌معنی همه اتباع کشور افغانستان به‌کار رفت.

وی به قصد مدرنیزه کردن افغانستان، به اصلاحات سیاسی و اقتصادی، احداث زیربناهای مواصلاتی و بندهای برق تأسیس سیستم قانون‌گذاری دموکراتیک، ترویج نظام آموزش و پرورش مدرن، تأسیس پوهنتونها و آموزش برای زنان اقدام کرد.

محمد ظاهر تا سال ۱۹۷۳م پادشاه افغانستان بود. در سال ۱۹۷۳ زمانی که محمد ظاهر شاه در ایتالیا به سر می برد، سردار محمد داود خان که یکی از صدراعظمان سابق و پسر کاکای شاه بود با انجام یک کودتای نظامی، شاه را خلع کرد و با پایان دادن به نظام شاهی، در افغانستان نظام جمهوری اعلام کرد.

در این مجموعه کوشیده میشود دوران سلطنت محمد ظاهر شاه به اختصار به بررسی گرفته شده نارساییها، موفقیتها و پیشرفتها با امانت داری لازم بیان گردند. این بررسی نخست با معرفی صدراعظمان دوران سلطنت محمد ظاهر شاه و برنامه ها و کارنامه های آنها آغاز میگردد. قسمیکه در بالا گفته شد، در دوران زمامداری چهل سالهٔ ظاهرشاه، سه صدراعظم خاندانی و پنج صدراعظم غیرخاندانی، مجموعاً هشت صدراعظم، به وظیفهٔ صدرات پرداختند.

با توجه به اوضاع مسلط فوق، و شرایط عصر و زمان، با به تخت نشستن محمد ظاهر شاه، دوره جدیدی از حکومتداری در افغانستان آغاز شد.

عصر صدراعظمان خاندانی

تا صدارت دکتور محمد یوسف خان، قدرت اصلی حکومت در دست صدراعظم های خاندانی بود. در زمان زمامداری چهل سالهٔ ظاهرشاه سه صدراعظم خاندانی و پنج صدراعظم غیرخاندانی، مجموعاً هشت صدراعظم، به وظیفهٔ صدرات پرداختند.

سردار محمد هاشم خان

سردار محمد هاشم خان، عمو یا کاکای محمدظاهرشاه، از ۱۴ نوامبر۱۹۲۹ تا می۱۹۴۶ برای ۱۷ سال صدراعظم افغانستان بود. موصوف را میتوان طراح سیاستهای حکومتهای خاندانی دوران قبل از دههٔ دموکراسی ظاهرشاه و حتی دوران جمهوری داوود خان نامید.

محمد هاشم خان که از نظر سن سومین پسر سردار محمد یوسف خان بود، در سال ۱۸۸۶ در دیره دون واقع در هند که خانواده اش در انجا در تبعید به سر می برد، تولد یافت. وی مانند سایر برادرانش ایام کودکی را در هند به سر برده

تعلیمات ابتدایی را در مکاتب آنجا فراگرفته بود. در بازگشت به افغانستان، محمدهاشم خان چون برادرش محمدنادرخان در دربار امیر حبیب الله خان و دستگاه دولتی امان الله شاه به سرعت پیشرفت نموده در سال ۱۹۲۲ به عنوان معاون و وکیل وزارت حربیه مقرر شد. چندی بعد وی به عنوان سفیر به ماسکو رفت.

محمد هاشم خان که مانند برادرانش در دیره دون متولد و تربیت شده بود و ایام کودکی را در هند بسر برده بود، در بازگشت به افغانستان مانند دیگر اعضای مصاحبان دربار امیرحبیب الله شامل وظیفه شد و بحیث آمر گارنیزیون شاهی که تعدادشان به ۱۵۰ نفر میرسید و از خانزاده های پایتخت و سایر ولایات افغانستان تشکیل گردیده بود،اجرای وظیفه میکرد. در حرکت مشروطیت اول محمد هاشم در هیأت تحقیق یک عده متهمان این جنبش که در جلال آباد قرارداشتند شامل بود .

چون محمد نادرخان به پادشاهی رسید، با اینکه محمد هاشم خان به اندازه دو برادر عینی اش شاه ولی خان و شاه محمود خان در حصول تاج و تخت نقش فعالی نداشت، و با اینکه از نظر سن هم ارشدِ برادرانش نبود، شاه جدید او را به عنوان صدراعظم انتخاب کرد و این انتخاب می رساند که در شخص او خصلت های به خصوصی سراغ داشت که جهت تطبیق نقشه های آتی اش لازم بود. (فرهنگ، ۱۳۹۰: ۷۰۸-۷۰۹).

با شنیدن خبر کشته شدن نادر شاه، صدراعظم محمدهاشم خان که مشغول سفر و بازرسی امور ولایات شمالی افغانستان بود، وارد کابل شده زمام امور را از شاه محمود خان وزیر حرب به دست گرفت و در ۲۷ عقرب همان سال توسط یک فرمان، شاه جدید، هاشم خان مجددا به تشکیل کابینه مامور شد.

این اتحاد درونی در میان خاندان نادری گامی مهم و اساسی در کمک به حفظ تاج و تخت سلطنتی در خانواده و همچنین تضمین انتقال مسالمت آمیز قدرت در کشور و تضمین استقرار سیاسی و امنیتی در کشور بود که متأسفانه توسط سردار محمد داوود در ۲۶ سرطان ۱۳۵۲ نقض گردید که عواقب ناگوار آنرا ملت افغانستان تا امروز تجربه میکند.

گرچه ظاهرشاه از همان دوران کودکی برای سلطنت آماده شده بود؛ با این حال، به دلیل بی تجربگی در سیاست و کم سن و سال بودن، بیست و دو سال در پشت صحنه تحولات سیاسی باقی ماند؛ این در حالی بود که عمویش هاشم خان تا سال ۱۹۴۶ و متعاقب او سردار شاه محمود خان و سردار داوود خان عملا کشور را تا سال ۱۹۶۳ اداره می کردند.

در سال های پس از کشته شدن محمد نادرشاه، محمدهاشم خان صدراعظم که مردی سخت گیر اما پرکار بود، به تدریج قدرت سیاسی را در شخص خود انحصار کرد. زیرا یک برادرش، شاه محمود خان به همان وزارت حربیه اکتفا نمود و از مداخله در سایر کارهای دولت خودداری می کرد و برادر دیگرش، شاه ولی خان، از وزارت مختاری لندن به وزارت مختاری پاریس تبدیل وظیفه کرده به زندگانی در خارج راضی بود و تنها گاه گاه که صدراعظم به خارج مسافرت می کرد، به کابل آمده وظیفه او را وکالتا بر عهده می گرفت.

سرانجام هاشم خان که برای ۱۳ سال افغانستان را به سمت ثبات هدایت کرده بود، در ماه می سال ۱۹۴۶ به دلیل وضعیت بدصحی از سمت صدارت کناره گرفت و جوانترین برادر یعنی، شاه محمود، جایگزین او شد. در نهایت محمد هاشم خان در ۲۶ اکتبر ۱۹۵۳ در کابل درگذشت. (AKRAMI, ۲۰۱٤: ۷٤)

برنامه سیاسی و خصوصیات حکومتداری صدر اعظم هاشم خان

با توجه به ادامهٔ فعالیتهای طرفداران امان الله خان که برگشت اورا به سلطنت آرزو داشتند و همچنان قتل نادرشاه؛ اهداف اساسی برنامه سیاسی صدارت محمد هاشم خان را در زمان سلطنت محمد ظاهر شاه جوان، تحکیم سلطنت موروثی در فامیل نادر خان، برقراری نظم و امنیت، تحکیم حاکمیت دولت مرکزی، رفع مناسبات ملوک الطوایفی با مبارزه با زورمندان محلی، تأمین ثبات سیاسی و اجتماعی با سرکوب هر نیروی بالقوه و بالفعل مخالف تشکیل میداد.

برای تحقق اهداف حکومت خود که متوجه حفظ سلطنت از طریق حاکمیت مطلق دولت با لای مردم بود، هاشم خان از انضباط و استبداد بود کار می گرفت. از دموکراسی، جنبش‌های روشنفکری و آزادی بیان سخت می‌ترسید و هرگز اجازه نشر مطبوعات آزاد را الی اخیر وظیفه‌اش نداد. بیجهت نیست که به باور بسیاری از منتقدان، هاشم خان مدیری توانا اما مستبد بود که نظم را در سراسر کشور از طریق یک دولت مرکزی قوی و یک پولیس مخفی ضبط احوالات بی رحم با اقدامات خشونت آمیز حفظ میکرد.

او در آغاز توجه خود را به عرصه‌های روابط بین‌الملل، حفظ امنیت و نهاد اداری کشور معطوف داشت. جراید که در زمان زمامداری وی چاپ می‌رسید اصلاح و انیس بود که دولتی بوند. در ولایت هرات گاه گاهی روزنامه به نام اتفاق اسلام و در مزارشریف به نام بیدار چاپ می‌رسید که آنهم دولتی بودند.

از استبداد و به زندان انداختن او نه تنها مردم بلکه در خانواده سلطنتی اختلافات به وجود آمد. او در دوران حکومت خویش نمی‌خواست هیچ اثری از جنبش‌های روشنفکری دیده شود. او در نخستین روزهای حکومت خویش در برچیدن افراد روشن ضمیر دوره امانیه آغاز نمود. ژورنالیستان مانند محی الدین انیس، مدیر مسئول و صاحب امتیاز روزنامه انیس نخستین جریده آزاد و مستقل افغانستان، عبدالحی داوی، مدیر مسئول روزنامه امان افغان و یکی از پیشتازان جنبش مشروطیت، عبدالرحمن لودین یکی دیگر از ژورنالیستان کشور که از پیشتازان مشروطیت و یکی از همکاران روزنامه سراج الاخبار بود دستگیر و روانه زندان شدند.

او از نقش روشنفکران و از آزادی عقیده و بیان بیم داشت و در دورهٔ صدارت خود هرگز تمایل نداشت مطبوعات قدرت عملی آزادانه داشته باشند. بدین ترتیب در این دوران جراید و روزنامه هایی دولتی چون اصلاح و انیس در کابل، و نشریاتی رسمی که صرفا در مورد اهداف و برنامه های دولت قلم زده و از نشرات دستوری تبعیت می کردند، در ولایات دیگر مشغول به فعالیت بودند.

در این ضمن شورشی در زمین داور قندهار رخ داد که انگیزه ان تحریک مردم از جانب صاحبان رسوخ علیه معارف بود و با بمباران فضایی در هم کوبیده شد. از آنجا که محمد هاشم خان در مملکت داری به تقویت و استحکام دولت مرکزی در برابر ارباب رسوخ متمایل بود، یک تعداد از سران سرکش قبایلی را از جمله ملک قیس از خوگیانی ننگرهار زندانی و تبعید ساخته و برخی را چون محمد حسن خان مومند در کابل زیر مراقبت گرفت. (فرهنگ، ۱۳۹۰: ۶۸۸-۶۸۹)

هاشم خان طی دوران طولانی ۱۷ سال صدارت خود تا حد زیادی توانست ثبات داخلی را که نادرشاه برای افغانستان به ارمغان آورده بود حفظ کند. باوجود آن صدارت او با چند شورش بزرگ مورد محک و آزمایش قرار گرفت. پایدارترین مشکل دولت افغانستان در دوران حکومت هاشم خان شورش قبیله پشتون تبار افریدی در ماورای خط دیورند در برابر هند برتانوی بود. دولت افغانستان در میانهٔ نبرد مرگبار قبایل پشتون علیه انگلیسی ها گرفتار شده بود، که در نهایت به آتش بس ختم شد.

سردار شاه محمود خان

سردار شاه محمود خان برادر محمد نادر شاه، کاکای محمد ظاهر شاه در ماه مئ سال ۱۹۴۶صدراعظم افغانستان شد و تا هفتم سپتمبر ۱۹۵۳ در این مقام برای هفت سال حکومت کرد.

به روایت میرمحمد صدیق فرهنگ، شاه محمود خان کوچکترین پسر سردار محمد یوسف خان و در دربار امیر حبیب الله خان مانند سایر برادرانش صاحب رتبه و عنوان شد. در جنگ استقلال در محاذ پیوار در برابر نیروی بریتانیا با موفقیت مقابله کرد. راجع به نقش او در دوره شاهی محمد نادرشاه و صدرات محمدهاشم خان، در بین برادران، وظیفه حفظ امنیت و سرکوب مخالفان را برعهده داشت و این کار را با شدت انجام داد.

برنامه سیاسی و خصوصیات حکومت داری صدراعظم شاه محمود خان

هنگامی که شاه محمود خان در جامعه یی که سختگیری های صدارت محمد هاشم خان افرادش را با سینه های تراکم کرده از انزجار به خاموشی نشانده بود، به صدارت رسید، می توان گفت که عصر نوینی در نحوهٔ حکومتداری دوران سلطنت محمد ظاهر شاه گشوده شد.

با احراز مقام صدارت، شاه محمود خان خط مشی را در پیش گرفت که جوهر آن شامل سیاستهای آشتی جویانه با مخالفین و منتقدین حکومت بود که بر مبنای آن زندانیان سیاسی آزاد شدند و شکنجه در زندان ها ممنوع شد. در این زمان بسیاری از زندانیان سیاسی از جمله اعضای خانواده غلام محمد خان چرخی و همچنین محصلینی از زندان آزاد شدند که به دلیل حمله به سفارت بریتانیا در سال ۱۹۳۳ زندانی شده بودند.

در عین حال توجه موصوف به دموکراسی معطوف شد. شاه و صدراعظم در بیانیه هایشان از دموکراسی صحبت کرده و اصلاحاتی را در این جهت به مردم وعده دادند. برگزاری انتخابات نسبتا آزاد و ایجاد شورای ملی دموکراتیک جدید در سال ۱۹۴۹ از اقدامات مهم این زمان بود. به زودی پارلمان لیبرال یا شورای ملی جدید قوانینی را برای مجاز شمردن آزادی مطبوعات تصویب کرد که نشریات آزاد و مستقل از طرف اشخاص و محافل مختلف اجازه یافتند و منجر به ایجاد چندین روزنامه گردید. سه روزنامه اصلی، یعنی وطن، انگار، و ندای خلق همگی آشکارا از سیاست های دولت انتقاد می کردند. شخصیت‌هائی که پیشینهٔ ناسازگاری با نظام استبدادی داشتند و طرفدار حکومت مشروطه بودند، موقع فعالیت آشکار یافتند.

شورای ملی از سال ۱۹۴۹ تا ۱۹۵۲ فعالیت داشت. از این رو به گفتهٔ برخی روایات به او لقب «پدر دموکراسی» داده شد چون گامهائی چند در جهت تبدیل یک دولت خودکامه به دولت مشروطه برداشت. انتخابات ۱۹۴۹ شورای ملی

نسبتا آزاد تحت صدرات شاه محمود خان، در پاسخ به جنبش جوانانی عمدتا از طبقه متوسط که خواهان اصلاحات بودند برگزار شد.

در ۱۳۲۶خ/۱۹۴۷ انتخاباتی برای شاروالیها برگزار شد. انجنیر غلام محمد فرهاد بحیث اولین شاروال انتخابی کابل به عصری سازی شهر اقدام کرد که جاده میوند و جاده نادر پشتون یادگار اقدامات آن دوره محسوب میگردد.

دو سال بعد، انتخابات مشابهی برای شورای ملی تدویر یافت. مجلس شورای ملی زیر نفوذ اکثریت دموکرات‌های لیبرال قرار داشت که برای سلطنت مشروطه ایستادگی کردند. احتمالاً در ۱۳۲۹ خ/۱۹۵۰، قانون رسانه‌های آزاد تصویب شد و دوره‌ای از جوشش سیاسی به وجود آمد که تعدادی از هفته‌نامه‌های خصوصی کوشیدند رؤیاهای روشنفکران لیبرال را به تصویر بکشند. با این‌حال، این نشریه‌ها، به میزان چشم‌گیری به‌عنوان انجمن‌های تازه شکل‌گرفته، احزاب سیاسی کم‌وبیش سازمان‌یافته بودند تا ابزارهای تبلیغات در میان جمعیت بیشتر بی‌سواد. اعضای اصلاح‌طلب شورا از طریق رسانه‌ها به مبلغان آزاد واقعیتهای جامعه تبدیل شدند که شاه و صدراعظم احساس کردند که با این وضعیت به ادامهٔ پیشبرد حکومت، آزادنیستند. (دوپری، ۱۹۸۰، صص ۴۹۴-۴۹۸).

دومین قانون مطبوعات به سال ۱۹۵۰ درشرایطي در افغانستان نافذ گردید که کشور بار دیگر آبستن تحولات سیاسي- اجتماعي شده بود. انفاذ این قانون نه تنها زمینهء فعالي محدود نشریه هاي غیر دولتي را به وجودآورد؛ بلکه درجهت دیگر روشنفکران و رده هاي آموزش دیدهء کشورعملاً آماده شده بودند تاهسته هاي سازمانهاي سیاسي خود را پایه گذاري کنند.

نشریه هاي انگار، نداي خلق، وطن، نیلاب، ولس، و آیینه، مطبوعات آزاد و غیر دولتیي این دوره به شمار مي آیند که در شهر کابل به نشر مي رسیدند. به همینگونه نشریه ء غیر دولتي اتوم درشهرمیمنه مرکز ولایت فاریاب به چاپ مي رسید. نشریه هاي دولتي پامیر، صداي ملت، پیام افغان، الفبا، و ژوندون نیز در این دوره در مرکز ولایات کشور به نشرات آعاز کردند که بیانگر دیدگاه ها و سلیقه هاي سیاسي - اجتماعي دولت بودند.

دردوران شاه محمود خان نخستین بار نشریه هاي حزبي درکشور به وجود آمد. در این دوره درافغانستان تلاش هایي نیز در جهت ایجاد احزاب و سازمانهاي سیاسي به وجود آمده بود. چنان که « ویش زلمیان » یا جوانان بیدار نخستین حلقهء سیاسيي بود که در کابل پایه گذاري گردید. نشریهء انگار به مدیریت

مسوول فیض محمد انگار و ولس به مدیریت مسوول گل پاچا الفت ارگان هاي نشراتي ویش زلمیان بودند.

حزب یا حلقهء سیاسي وطن نشریه ء وطن را به مدیریت مسوول میر غلام محمد غبار انتشار مي داد و به همین گونه نشریه ء نداي خلق ارگان نشراتي حزب خلق بود که به صاحب امتیازي دکتر محمودي به نشرات آغاز کرد.

میر محمد صدیق فرهنگ در کتاب افغانستان در پنج قرن اخیر مي نویسد : هرچند این هر سه جمعیت [ویش زلمیان، حزب وطن و حزب خلق] اصولاً از دموکراسي به شکل دولت شاهي مشروطه طرفداري مي کردند ؛ اما ازنگاه اسلوب و نحوهء تبلیغات تفاوتهاي بارزي در بین ایشان به نظر مي رسید. به این معني که مضامین " وطن " و "ولس " معتدل و استدالي و طرز بیان "نداي خلق " تند جذباتي و بود، درحالي که " انگار" اسلوب خاصي نداشت.»

این نشریه ها چنان کانونهاي پرورش افکار سیاسي توانستند یک نسل سیاسي در کشور را پرورش دهند. نسل سیاسي پرورش یافته به وسیلهء این نشریه ها بعداً در رویداد هاي سیاسي – اجتماعي دههء دموکراسي (۱۹٦۳-۱۹۷۳) نیز نقش برجسته یي داشتند . حتي مي توان گفت که مبارزات سیاسي و مطبوعات سیاسي دهه ء دموکراسي ادامهء همان تجربهء هایي سیاسي دوران شاه محمود خان است.

آگاهي و اطلاعات مردم و نسل جوان افغانستان درارتباط به مفاهم حزب سیاسي و مبارزهء سیاسي سازمان یافته به وسیلهء همین نشریه ها دست کم در میان اقشار آموزش دیدهء کشور گسترش پیدا کرد.

شاه محمود خان که برای نقشش در ادارۀ کشور به عنوان صدراعظمی مترقی و لیبرال به سرعت محبوبیت پیدا کرد، نظام سیاسی را باز و تغییراتی دموکراتیک به ارمغان آورد. در این زمان، محمد ظاهرشاه، که ۳۲ ساله بود و تا کنون بیشتر در قالبِ پادشاهی تشریفاتی مقام داشت نیز، شروع به ایفای نقشی فعالتر در سیاست افغانستان کرد.

در سال ۱۹٤۹ چون موقع انتخابات شورا فرا رسید، حکومت از مداخله در آن به طوری که در عصر صدراعظم گذشته معمول بود، خودداری نمود و در شهر کابل به پیشنهاد سید قاسم رشتیا رئیس مستقل مطبوعات، ریاست بلدیه را مامور ساخت تا انتخاب دو نفر وکیل را برای مجلس شورا بر نمونه انتخابات بلدی به گونه کتبی و سری اجرا نماید. اننشار این خبر شوق و هیجان

زایدالوصفی را در بین مردم، به خصوص قشر جوان و روشنفکر که از اختناق طولانی به جان رسیده و چنین تحولی را تقاضا داشت، ایجاد نمود.

در بحبوحه انتخابات هرچند دکتر عبدالرحمان محمودی آزادی خواه رک گوی و تندرو محاکمه و محکوم به زندان شد، اما پیش از انتخابات رهایی یافت و همراه با میر غلام محمد غبار آزادی خواه با سابقه با اکثریت قابل ملاحظه تقریبا چهارده هزار رای در برابر شش هزار رای از شهر کابل به عضویت شورا انتخاب شد.

تا اینجای کار در فضای اعتماد بین حکومت و مردم پیش می رفت و فکر می شد که مسئله ریاست شورا هم در چنین هوا و فضا بدون مداخله دولت به رای آزاد وکلاء حل خواهد شد؛ اما درست در چنین وقتی حکومت از اقبال عامه به کاندیدهای آزادی خواه خصوصا در شهر کابل گرفتار خوف و هراس شد و برای آنکه تسلط خود را بر شورا به کلی از دست نداده باشد، عبدالهادی خان داودی را که به عنوان سرمنشی شاه کار می کرد، از ده سبز به کالت رساند و نامزد ریاست شورا ساخت.

این پیش آمد فضای اعتمادی که به آن اشاره شد را مجددا با بدگمانی متقابل مکدر ساخت و وکلاء با بی میلی به ریاست عبدالهادی خان تن در دادند. به هرروی، در داخل مجلس وکلاء به زودی در سه دسته صف بندی نمودند و هر چند قسمت بیشتر وقت شورا به کشمکش در بین سه گروه سپری شد، اما مجلس موفق شد که در سال ۱۹۵۰ قانون مطبوعات را که برای جراید غیر دولتی اجازه انتشار و آزادی محدود می داد، به تصویب برساند و حکومت را وارد ساخت تا بیگار را کاهش داده و حواله غله را به تدریج از بین بردارد.

از نظر قدمت تاریخی اولین حلقه ای که به میان آمد، "ویش زلمیان" بود که در تاسیس آن نویسندگان پشتو زبان چون گل پاچا الفت، قیام الدین خادم، عبدالرئوف بینوا، فیض محمد انگار، غلام حسین صافی، نور محمد تره کی و حاجی محمد انور اچکزایی سهم داشتند. جرایدِ انگار و وُلس یکی بعُد از دیگر سخنگوی این جمعیت بود. حلقه دوم اما در محور جریده وطن تشکیل شد و بنیان گذاران آن میرغلام محمد غبار، سرور جویا، براتعلی تاج، عبدالحی عزیز، فتح محمد خان، نورالحق خان و میرمحمد صدیق فرهنگ بودند. از نظر مناسبات با قوه حاکمه، ویش زلمیان یا بعضی از اعضای آن با محمد داوود خان وابستگی داشتند، در حالی که دو جمعیت دیگر از این ناحیه مستقل بودند.

همچنین جمعیت نیمه سری و نیمه علنی دیگری با عنوان اتحادیه آزادی پشتونستان پی ریزی شد که رهبر ظاهری آن غلام حیدر خان عدالت، اما بنیان

گذار واقعی آن محمد داود خان بود. هم زمان و موازی با این جمعیت ها، محصلان پوهنتون و مکاتب عالی پایتخت نیز اتحادیه محصلین را تاسیس نموده بر دولت فشار اوردند تا آن را به رسمیت بشناسد. (فرهنگ، ۱۳۹۰: ۷۱۸-۷۲۲)

به طور کل، در رابطه با تاثیر این جنبش های سیاسی در کشور غلام محمد غبار چنین نقل کرده است که روی هم رفته فعالیت احزاب سیاسی، جراید حزبی، اتحادیه محصلین، اپوزیسیون پارلمانی، و تظاهرات انتخاباتی ظرف چند سال محدود از ۱۳۲۶ تا ۱۳۳۰ (از ۱۹۴۷ تا ۱۹۵۱) تاثیر عظیمی در اذهان و نفوذ مردم در رژیم سیاسی و در سیستم اقتصادی و اجتماعی افغانستان نمود.

خواسته های آزدی خواهی و دموکراسی در کشور، زیر این تاثیر وسعت یافت و همچنان قوه های ملی و دموکراسی در حیات عامه فعال گردید، راه افکار جدید جدید در مناسبات اجتماعی باز شد. همچنین در محافل روشنفکران ایدیولوژی های متنوع و نوین معاصر مطرح گردید، و به این ترتیب در حیات سیاسی داخلی افغانستان تطور و تحولی ایجاد شد. این تحول منحصر به پایتخت نبود بلکه دایره شعاع آن تا ولایات دور دست کشور کشیده می شد.

این نهضت سیاسی در افغانستان، الغای امتیاز و انحصار سیاسی خانواده حکمران کشور و ابطال امتیاز و انحصار اقتصادی سرمایه بزرگ را می خواستند. لغو رژیم آریستوکراسی و اولیگارشی و آزادی و مساوات عمومی را طلب می کردند. این جنبش از منافع دهقان، پیشه ور، کارگر، و مامور پایین رتبه سخن می راند و در سیاست خارجی بی طرفی مثبت کشور را شعار می داد. از آن جمله برای اولین بار جریده وطن از تقویه جهان سوم و از سیاست عدم انسلاک فعال سخن گفت.

در کتاب "شاه سابق محمد ظاهرشاه" نوشته شهرت ننگیال (۱۳۷۹ ه ش، پشاور) میخوانیم که "جای شک نیست اعلیحضرت برای تحولات جدید و تحکیم دموکراسی در وطن با اخلاص و صمیمیت راهگشائی میکردند. اعلیحضرت به رهبر حزب وطن شادروان میر غلام محمد غبار به صراحت گفته بود که بعد از حکومت شاه محمود خان در رابطه به حکومت ملی خارج از خانواده سلطنتی کارهای جدی انجام بدهد و آن حکومت تحت رهبری او مرحوم غبار به میان خواهد آمد" (شهرت ننگیال ص ۱۴).

اما چون شاه محمود خان اعتقاد راسخ به اصول مشروطیت نداشت، به زودی مردد شد و دوباره درصدد سلب آزادی ها برآمد. بدین ترتیب تجربه ء مطبوعات

آزاد در این دوره عمر درازي نداشت و در سال ۱۹۵۱ نه تنها دروازه هاي
تمام این نشریه ها بدون هیچگونه دلایل قانوني به وسیلهء دولت بسته شد بلکه
احزاب و سازمانهاي سیاسی نیز منحل گردیدند. دولت براین هم بسنده نکرد و
شماري از اعضاي رهبري سازمانها و احزاب سیاسي وطن، خلق و ویش
زلمیان را دستگیر و به زندان افگند. بدینگونه تا ده سال دیگر در دورهء صدارت
داودخان، افغانستان از مطبوعات آزاد، احزاب و سازمانهاي سیاسي بي بهره
باقي ماند و دروازه زندانها دوباره به روی مشروطه خواهان باز گردید.
"معذالک زندان سیاسی در دورۀ او با زندان سیاسی قبل و بعداز او تفاوت داشت
و طرز ادارۀ عصری تر و متمدن تر نمایندگی می کرد". (صدیق فرهنگ،
۱۳۹۰: ۷۳۳)

گرچه سلطنت تمام این جنبش ها را معدوم کرد ولي قادر نبود تاثیر آن ها را
از جامعه افغاني محو و مملکت را به حالت جامد و ساکت سابق برگرداند. شاه
محمود خان در سپتامبر ۱۹۵۳ استعفا نمود و شش سال بعد در سال ۱۹۵۹ با
یک حمله قلبي در ولایت بغلان وفات کرد. (غبار، ۱۳۹۰: ۲۸۷)

سیاست خارجی افغانستان در صدارت شاه محمود خان

افغانستان که قبلا در ۲۵ سپتامبر ۱۹۳۴ عضویت جامعه ملل را پذیرفته بود،
اکنون در نوامبر ۱۹۴۶ عضو سازمان ملل گردید. اما دررابطه با سایر مناسبات
افغانستان در این دوران می توان گفت، حکومت شاه محمود در اوایل ظهور
خود، موافقتنامه مسائل سرحدی را در تابستان ۱۹۴۶ با اتحاد شوروی امضا
نمود و در آپریل۱۹۴۷ موافقتنامه مبادله مخابرات را با دولت مذکور تصدیق
کرد.

در همین سال هیئت افغانی به غرض روشن کردن سرحدات خشکه مملکتین به
تاشکند عزیمت کردند. یک سال بعد در سپتامبر ۱۹۴۸ پروتکل تحدید سرحد
بین دولتین امضا شد. همچنین روابط تجاری افغانستان و شوروی توسط
موافقتنامه های مبادله اموال و تادیات سال های ۱۹۴۷ و ۱۹۵۰ تنظیم گردید و
به این صورت مناسبات همجواری به شکل خاموش و آرام ادامه یافت.

از دیگر سو، در ۲۶ مارچ ۱۹۳۶ افغانستان با ایالات متحده آمریکا روابط
سیاسی برقرار کرده و در جولای ۱۹۴۲ نمایندگی دولت آمریکا در کابل افتتاح
شد. حکومت شاه محمود خان در مارچ ۱۹۴۶ قرارداد پروژه هلمند را با کمپانی
آمریکایی موریسن کنودسن امضا کرد. در سال ۱۹۴۸ نیز نمایندگان سیاسی
ایالات متحده و افغانستن در پایتخت های یکدیگر پذیرفته شدند. در سال ۱۹۴۹
نیز بانک واردات و صادرات ایالات متحده قرضه ای بیست و یک میلیون

دالری به افغانستان پرداخت کرد و حکومت شاه محمود خان در آپریل ۱۹۵۰ قرارداد کمپنی موریسن را تجدید نمود. حکومت شاه محمود خان در فبروری ۱۹۵۱ موافقتنامه همکاری اقتصادی و تخنیکی نیز با ایالات متحده امضا کرد. در جنوری ۱۹۵۲ نیز موافقتنامه امنیت مشترک بین طرفین امضا شد. همچنین در جون ۱۹۵۳ موافقتنامه همکاری تخنیکی پروژوی بین دولتین به امضا رسید.

دررابطه با روابط انگلستان و افغانستان می توان گفت یک سال پیش از ختم جنگ جهانی دوم شکل کهنه خود را از دست داده بود و دورۀ جدید دیپلماسی در کشور آغاز شده بود. در سال ۱۹۴۴ لیسه غازی کابل به دست معلمین انگلیسی سپرده شد و هم متخصصین انگلیسی در شعب رادیو کابل، فابریکه نساجی و غیره گماشته شدند و دولت انگلیس پس از ترک گفتن هندوستان در ۱۹۴۸ به ارتقای نمایندگان دولتین از وزارت مختاری به سویه سفارت کبری موافقت نمود.

همچنین حکومت شاه محمود خان در ۱۹۴۷ معاهده ای با دولت سویدن بست و در سال ۱۹۴۹ نیز پروتکل هوایی با حکومت ایران امضا کرد. در سال ۱۹۵۰ نمایندگی سیاسی کوامنتانگ را در کابل مسدود و در جنوری همین سال جمهوریت مردم چین را به رسمیت شناخت. همچنین در همین سال معاهده مؤدت را با دولت جمهوری هندوستان امضا و قراردادهای مؤدت با حکومت های اردن، لبنان، اندوزی و سوریه را عقد کرد. نماینگان سیاسی افغانستان و دولت مصر نیز در کابل و قاهره به درجۀ سفیر کبیر ارتقا یافتند.

در این میانه از ۱۹۴۷ تا ۱۹۵۰ بین افغانستان و حکومت ایران بر سر موضوع آب هلمند مشاجره دوام داشت و کمیسیون میانجی دول ایالات متحده، کانادا و چیلی از حل قاطع قضیه عاجز ماندند. حکومت افغانستان هیات فرهنگی ایران (به ریاست علی اصغر حکمت) را در سال ۱۹۴۷ در کابل دوستانه پذیرفت و هم در سال ۱۹۵۱ از موقف ایران ضدقرارداد کمپانی نفت حمایت نمود. (غبار، ۱۳۹۴: ۲۳۹-۲۴۱)

اما پس از سال ۱۹۴۷، مسئله پشتونستان به یک مسئلۀ اساسی سیاست های خارجی افغانستان تبدیل شد. این موضوع برای اعضای خانواده سلطنتی یک مسئله عاطفی و ملی تلقی میگردید زیرا پدربزرگ ظاهر شاه، سردار سلطان محمد خان، برادر امیر دوست محمد خان، آخرین حکمرانی افغانها را در پیشاور داشت که سیک ها او را در سال ۱۸۳۴ تحت رهبری رنجیت سینگ بیرون راندند. و پیشاور به طور کامل از افغانستان جدا گردیده و بعدا در ۱۸۳۵ در قلمرو هند بریتانیایی، و متعاقبا در ۱۹۴۷ شامل قلمرو پاکستان شد.

مسئله پشتونستان نیز نقش به سزایی در جنگ قدرت در داخل خاندان سلطنتی داشت. سردار داوود، پسر عموی شاه از این مسئله بر ضد سردار شاه محمود خان، صدراعظم وقت، استفاده کرد. شاه محمود در طول جنگ جهانی دوم، با دولت هند بریتانیایی همکاری نزدیک داشت و به آرام کردن قبایل در مرز افغانستان و جلوگیری از پیوستن آنها به خیزش های پشتون در هند برتانوی کمک کرد. بدین خاطر از نظر اکثر اعضای جوان خانواده سلطنتی، شاه محمود خان برای اجرای سیاست پشتونستان مناسب نبود.

بنابراین داود برای جانشینی عموی خود نیاز به تقویت و ترویج موضوع پشتونستان داشت. بدین ترتیب داود و حامیانش سعی کردند این موضوع را به عنوان مهمترین مسئله ملی به تصویر بکشند.

اما آنگونه که میرمحمد صدیق فرهنگ در این رابطه شرح داده است، تحول مهمی که در دوره صدارت شاه محمود خان در صحنه سیاست جهانی رخ داد، آغاز عملیه آزادی مستعمرات کشورهای غربی و در قدم اول، نیم قاره هند بود. با آغاز جنگ دوم جهانی و اوج گیری مخالفت عامه در هند، انگلیسی ها برای اولین بار مسئله آزادی این کشور را به طور جدی مورد مطالعه قرار دادند و در سال ۱۹۴۲ سِر استیفر دکرپس، از رهبران حزب کارگر را که از هواخواهان آزادی هند بود جهت گفتگو با رهبران ملی به آن کشور فرستاند.

شاه محمود خان در سال ۱۹۴۶ به لندن سفر کرد، اما درخواست او برای بازگرداندن پشتونستان به افغانستان، یا هرگونه مذا در این مورد رد شد، زیرا نایب السلطنه هند، لرد لوئیس مونت باتن، پشتونستان را "نقطه خطر بزرگ در هند" می دانست و برای او این یک موضوع داخلی هند بود. رد درخواست افغانستان توسط برتانیه شکست عمیقی برای نسل قدیمی خاندان سلطنتی افغانستان بود و موقعیت سردار داود را تقویت کرد.

اما حمایت هند و اتحاد جماهیر شوروی از موضوع پشتونستان نیز موقعیت شاه محمود را تقویت کرد، زیرا این موضوع جنبه بین المللی به خود گرفت. با این وجود، اعضای خاندان سلطنتی به درجات مختلف از مسئله پشتونستان حمایت کردند و پشتونستان را به عنوان اساس دیدگاه ها و مانورهای سیاسی خود پذیرفتند. این موضوع نیرویی محرک برای ناسیونالیسم پشتون و وسیله ای برای تحکیم قدرت خاندان سلطنتی بود. (Bezhan, ۲۰۱٤: ۱۹۹-۲۰۰)

هر چند در اواخر سال مذکور نجیب الله خان وزیر معارف افغانستان به کراچی رفته با مقامات پاکستانی از جمله محمدعلی جناح رئیس دولت پاکستان در این باره مذا کرد و جناح وعده داد که در وضع نیمه آزاد قبائلیان تغییری روی

نخواهد داد، اما اختلاف اصلی در بین دو کشور به جا ماند و چون در ماه مارچ سال ۱۹۴۹ حکومت پاکستان مناطق قبایل نشین را جزئ لایتجزی پاکستان خواند، حکومت افغانستان این ادعا را نقض وعده محمدعلی جناح شمرد و بر آن اعتراض کرد.

متعاقب آن در ماه جون همان سال، طیارات جنگی پاکستان عمدا یا سهوا بر قریه مغلگی در ولایت جنوبی افغانستان بمباران کرده ۲۳ نفر را به قتل رساندند. در اثر این حادثه دولت افغانستان لویه جرگه را دعوت کرد و تمام معاهدات استعماری با انگلستان را منجمله معاهده سال ۱۹۲۱ کابل را که تأیید معاهده دیورند بود لغو نمود.

تشدید بحران اقتصادی کشور در دوران جنگ جهانی، توام با اختناق سیاسی باعث نارضایتی عمیق مردم گردیده بود، از دیگر سو، قوت روز افزون کشورهای سوسیالیستی و آزادی روز افزون کشورهای مستعمره با پیروزی جنبش های دموکراتیک و آزادی خواهانه در کشورهای زیادی و تضعیف ممالک استعماری به شمول دولت انگلیس باعث می گردید تا سیاست داخلی و خارجی دولت افغانستان تعدیل گردد. با وجود فضای نسبتا آزاد سیاسی اجتماعیِ وقت، بازهم روندِ جریانات سیاسی به نارضایتی و بی اعتمادی عامه مردم منجر شد و در نتیجه در سپتامبر ۱۹۵۳ شاه محمود خان صدراعظم به دلایل صحی استعفا داده و سردار محمد داوود خان به عنوان صدراعظم جدید جایگزین وی شد.

باید گفت شاه محمود خان که آخرین برادر نادرخان بود، در زمان صدارت خود ثبات درازمدتی را در کشور بوجود آورد. اگرچه شاه محمود خان لیبرال منش و طرفدار پیشرفت بود، اما محتاط پیش رفته و سیاست های محافظه کارانه را دنبال می کرد.

درهر صورت، با وجود اینکه دوره سلطنت شاه محمود خان با ثبات و صلح همراه بود، اما پیشرفت اقتصادی کند بود و مردم به طور فزاینده ای از دولت ناامید شده بودند. بنابراین در نتیجۀ کشمکشی که در شورا بین وکلای اصلاح طلب و محافظه کار رخ داد، اوضاع مجددا رو به تنش رفته فضای سیاسی را مجددا به سمت بدبینی و بی اعتمادی سوق داد.

سردار محمد داوود خان

محمد داوود خان پسر سردار محمد عزیز خان (برادر اندر محمد نادرشاه و برادر عینی سردار محمد هاشم خان) است. او در سال ۱۲۸۷ شمسی (۱۸جولای سال ۱۹۰۹) در کابل تولد شد. در سال ۱۳۱۱ شمسی به فرانسه رفت. پس از بازگشت به افغانستان (۱۳۱۰)، کورس های نظامی کوتاه مدت یک ساله را به پایان رساند.

از سن نوجوانی به وظایف مهم نظامی و اداری گماشته شد. در سال ۱۳۱۱ در حالی که ۲٤ سال داشت و یک سال از بازگشت وی به افغانستان سپری شده بود، جنرال شد. در سال ۱۳۱٤فرقه مشر اول (تورنجنرال) نایب الحکومه و قوماندان عسکری قندهار و فراه، در سال ۱۳۱۷قوماندان عسکری، نایب الحکومۀ حکومت اعلی مشرقی، در سال ۱۳۱۸قوماندان قوای مرکز و مکتب حربی، در سال ۱۳۲۵که ۳۸ سال داشت، وزیر دفاع، و در سال ۱۳۲٦ به حیث سفیر افغانستان در فرانسه مقرر شد. در سال ۱۳۲۸ به افغانستان بازگشت و دوباره سمت وزیر حربیه را گرفت. سردار داوود خان در ۱٦ سنبلۀ ۱۳۳۲ معادل سپتامبر ۱۹۵۳ صدر اعظم افغانستان شد که در غیاب شاه کفالت او را نیز انجام می داد.

چنین وظایف مهم که همواره با امر و دادن دستور و نبود مانع و مخالف همراه بود، شخصیت او را طوری شکل داد که در بازشناسی حکومتداری، پیوند داشتن با قدرت و خصایل اداری و شخصی او حایز اهمیت است.

رؤس مهم سیاست حکومت سردار محمد داوود خان:

الف : در امور داخلی:

- تکیه به ساختار دیکتاتور مآبانه و موقع ندادن به فعالیت سیاسی- فرهنگی نیروی مخالف، موقع ندادن به آزادی هایی که سیاست حکومت را به اعتراض و انتقاد بگیرند؛

- سعی در جهت ایجاد نوآوری های اقتصادی، اجتماعی، نظامی و افزایش مکاتب.

محمد داوود خان رویکرد سرکوب گرانۀ حکومت پیشین را گسترش داد. قدرت عملی و صدور دستورها در دست او متمرکز بود. پس از محمد داوود خان، برادرش سردار محمد نعیم خان که سمت معاونت او را به عهداه داشت، ادارۀ امور را سمت می داد. بقیه وزرا و حکام و کارمندان دولت، اطاعت گران اوامر او و اجراکنندگان دستورها و لزوم دیدهای سردار بودند. با آن که صدراعظم عملاً شخص قدرتمند حاکمیت بود، اما بنا بر رعایت ظواهر امر و چارچوب مشارکت حکومت سلطنتی، همراه با شاه صحبت و مشوره داشت.

درطول مدت صدارت او، یکی از وزرای مورد اعتماد او عبدالملک خان عبدالرحیم زی، که تا حدودی تشبثات ابتکاری را برای انجام برنامه های صدراعظم در پیش گرفته بود، با بهتان کودتا به محبس فرستاده شد. تعداد دیگری از اشخاص مطرح و صاحب ظرفیت های فرهنگی و سیاسی مشروطه خواهانه، که هنوز زندانی نشده بودند، و تعدادی بدون چنان علایقی نیز روانهٔ زندان شدند. آزار، اذیت و شکنجه های مختلف وجود داشت.

به این ترتیب حکومت او به حقوق فردی اعتنایی نداشت. هیچ گونه مصؤنیت قانونی نیز رعایت نمی گردید. با آن هم حکومتگران در حالیکه قانون اساسی زمان محمد نادرشاه حاکم بود، طرز حکومت را شاهی مشروطه می نامیدند درحالیکه شورای ملی موجود نبود.

در زمان صدارت او به وضع پاره یی از قوانین پرداخته شد که اوضاع بغرنج و متفاوت از زمانهٔ صدارت محمد هاشم خان متقاضی آن بود. مانند قانون بانک ها، قانون تجارت، قانون امور پولیس، قانون مخابرات و شاهراه ها و ایجاد اردوی منظم تر.

از سال ۱۹۵۵ طرح و تطبیق پلان های پنج ساله آغاز شد. در پلان پنج سالهٔ اول، به رشد زراعت و نیازهای آبرسانی، برق، شاهراه ها پرداخته شد. "در این پلان از جملهٔ سرمایه گذاری نو در حدود ۵۰ در صد به زراعت و آبیاری تخصیص داده شده بود. ۱٤ درصد به مواصلات و انتقالات، ۷ درصد به خدمات عامه (معارف و حفظ الصحه) و فقط ۳ در صد به صنایع معدن. در نتیجه همان پلان گذاری ها بود که شاهراه های مهم افغانستان احداث گردید.

در عرصهٔ رشد معارف، باید یادآور شد که پلان پنج ساله اول انکشافی در مورد معارف از ۱۹۵٦ تا ۱۹٦۱ به توسعه مکاتب ابتدای متمرکز گردید. در همان سال های تطبیق پلان اول، به تعداد مکاتب ذکور و اناث، موسسات تعلیمی، دارالمعلمین ها در ولایات و فاکولته ها (فاکولته های زراعت و انجنیری در سال ۱۹۵٦) در کابل افزوده شد. در این دوره نخستین پلانگذاری از صد درصد اطفال واجد شرایط شمول در مکتب تنها پنج در صد روانه مکتب شدند.

برای جلب علاقه و تمایل قبایل آن سوی دیورند دو مکتب لیله ثانوی، رحمان بابا و خوشحالخان، در شهر کابل تاسیس شد و زمینه برای تعلیم هزاران نفر از مردم قبایل آن سوی دیورند در کابل مساعد گردید.

مروری بر سه دهه حکومتهای خاندانی ۱۹۳۳-۱۹۶۳

دیدیم که با آغاز سلطنت محمد نادرشاه اقدامات جدی در جهت ایجاد یک نظام دولتی مدرن متکی به قانون برداشته شد و تشکیل شورای ملی و مجلس اعیان فرصت سهمگیری ملت را در دولت میسر نموده بود. اما شهادت نادرخان در یک محیط تعلیمی و روشنفکری صفحهٔ تازهٔ از استبداد و برخورد سختگیرانه با روشنفکران را به میان آورد که پروسه تکامل یک نظام دموکراتیک را با موانع مواجه نمود. دو نفر از اعضای برجسته خاندان سلطنتی، سردار محمد عزیز در جرمنی و اعلیحضرت نادر خان در کابل توسط روشنفکران و اهل معارف به قتل رسیده بودند.

در کتاب "شاه سابق محمد ظاهرشاه" نوشته شهرت ننگیال (۱۳۷۹ ه ش، پشاور) میخوانیم که "جای شک نیست اعلیحضرت برای تحولات جدید و تحکیم دموکراسی در وطن با اخلاص و صمیمیت راهگشائی میکردند. اعلیحضرت به رهبر حزب وطن شادروان میر غلام محمد غبار به صراحت گفته بود که بعد از حکومت شاه محمود خان در رابطه به حکومت ملی خارج از خانواده سلطنتی کارهای جدی انجام بدهد و آن حکومت تحت رهبری او مرحوم غبار به میان خواهد آمد" (شهرت ننگیال ص ۱۴).

دههٔ دموکراسی

دوکتور محمد یوسف

(این مقاله برای دانش‌نامه‌ی آریانا توسط مهدیزاده کابلی برشتهٔ تحریر درآمده است.)

"محمدیوسف فرزند محمدحسن در سال ۱۲۹۳ هـ ش (۱۹۱۴ میلادی) در کابل به دنیا آمد. اجدادش از یکی از متصرفات دولت سدوزایی (ماوراءالنهر) به کابل مهاجرت کرده بودند. پدرش در دستگاه دولت در رشتهٔ حسابداری کار می‌کرد. تعلیمات ابتدایی و ثانوی را در کابل به پایان برد و از مکتب نجات فارغ‌التحصیل شد. پیش از جنگ جهانی دوم برای تحصیلات عالی به آلمان رفت و دکترا خود را در رشته فیزیک از دانشگاه کوتینگن به‌دست آورد.

پس از بازگشت به افغانستان به‌عنوان استاد درفاکولتهٔ ساینس پوهنتون کابل به تدریس پرداخت. در سال ۱۳۲۲هـ ش به‌عنوان کفیل (قایم‌مقام) ریاست این پوهنځی منصوب شد و همزمان به تدریس فیزیک و ریاضی در پوهنتون کابل همچنان ادامه داد. در سال ۱۳۲۶ خورشیدی ریاست تدریسات مسلکی وزارت معارف افغانستان را به عهده گرفت. سپس بین سال‌های ۱۳۲۸ء۱۳۳۱، به‌عنوان معین وزارت تعلیم و تربیه منصوب شد. پس از آن به‌عنوان رئیس ارتباطات فرهنگی افغانستان به اروپا رفت و در سال ۱۳۳۲، ابتدا به‌عنوان کفیل وزارت معادن و صنایع افغانستان برگزیده شد و سپس از سال ۱۳۳۴ تا پایان سال ۱۳۴۱، در کابینهٔ سردار محمدداوود خان وزیر معادن و صنایع بود. به گفتهٔ میر محمدصدیق فرهنگ، «چون مرد کوشا و صاحب مطالعه بود و در عین حال، در علوم بشری هم اطلاعات گسترده به‌دست آورد و در دستگاه دولتی به‌عنوان یک نفر وزیر فعال و باکفایت تبارز کرد.»

در پایان سال ۱۳۴۱ (۱۹۶۳ میلادی) محمدداوود بعد از ده سال صدارت حاضر به کنارەگیری از مقام خود گردید. در ماه حوت همان سال داکتر محمدیوسف که به خانوادهٔ سلطنت تعلق نداشت، به فرمان شاه صدراعظم افغانستان شد. یکی از کارهای اساسی دولت جدید تشکیل کمیتهٔ بود برای تجدید قانون اساسی. باز به گفتهٔ فرهنگ، «وی وظیفهٔ انتقال طرز اداره را از خودکامگی به مشروطیت با موفقیت انجام داد.»

بدین ترتیب، روند دموکراسی در افغانستان با توشیح قانون اساسی جدید این کشور در اول اکتبر ۱۹۶۴ میلادی پا گرفت. بسیاری بر این نظرند که این قانون یکی از جامعترین و مدرنترین قانون‌های اساسی در منطقه بود که در آن به حقوق و آزادی‌های فردی ارج گذاشته شده، مصونیت مسکن، آزادی مناسک مذهبی، آزادی تشکیل اجتماعات و احزاب در قانون تسجیل شد، شکنجه، تبعید، سانسور قبل از نشر و تعقیب مخالفین سیاسی ممنوع شد.

با این حال، از آنجایی که داکتر محمدیوسف «تا وقتی که به مقام صدارت نرسیده بود، در جامعه شهرت کافی نداشت؛ زیرا فرد محافظه‌کار بود و با مردم زیاد معاشرت نداشت.» این سبب شد که پس از تصویب قانون اساسی کمیتهٔ که برای این منظور پیرامون او گردآمده بودند، زیر تأثیر اختلافات فکری و جاه‌طلبی‌های شخصی از هم بپاشد و او به تنهایی نتواند در برابر مشکلات شرایط تازه ایستادگی کند.

چنان که، پس از آغاز کار دورهٔ دوازدهم شورای ملی در اکتبر ۱۹۶۵، شاه داکتر محمدیوسف را دوبارهٔ به مقام صدراعظم نامزد کرد. براساس قانون اساسی جدید، نامزد مقام صدارت تنها پس از کسب رأی اعتماد اکثریت نمایندگان شورا می‌توانست به این مقام برگزیده شود. اما جریان انتخاب صدراعظم جدید و کابینهٔ او در شورا به تاریخ بیست‌وسوم عقرب سال ۱۳۴۴ (پنج اکتبر ۱۹۶۵ میلادی) با درگیری خونین میان نیروهای امنیتی و تظاهرکنندگانی همراه شد که می‌خواستند جلسات رأی اعتماد شورا به اولین حکومت قانون اساسی، علنی دائر گردیده و آنان اجازه داشته باشند در این جلسات شرکت کنند.

تظاهرات سوم عقرب به‌وسیلهٔ نیروهای نظامی سرکوب شد و در آن سه تن کشته و عدهٔ زندانی شدند. این حادثه سبب شد که فضای سیاسی کشور متشنج شود. سیدقاسم رشتیا، ببرک کارمل و طرفداران او را مسئول حادثه سوم عقرب می‌داند. به‌هر حال، حکومت داکتر محمدیوسف چهار روز بعد از کسب رأی اعتماد مجبور به استعفأ شد.

داکتر یوسف، پس از استعفأ از مقام صدارت، بین سال‌های ۱۹۶۶ء۱۹۷۳ به‌عنوان سفیر افغانستان در بن اشتغال ورزید. زمانی که کودتای هفتم ثور ۱۳۵۷ در افغانستان به وقوع پیوست، وی به آلمان پناهنده شد و بر ضد رژیم دمکراتیک خلق به مبارزه پرداخت و هنگام حاکمیت برهان‌الدین ربانی در جلسهٔ هرات شرکت کرد. داکتر محمدیوسف، در ۲۳جنوری ۱۹۹۸ میلادی، در آلمان وفات نمود."

محمد هاشم میوندوال

محمدهاشم میوندوال در زمان پادشاهی محمد ظاهر شاه از ۲ نوامبر سال ۱۹۶۵ الی ۱۱ اکتوبر سال ۱۹۶۷ به حیث صدراعظم افغانستان خدمت نمود.

محمدهاشم میوندوال در سال ۱۲۹۸ هجری شمسی مطابق سال ۱۹۱۹ میلادی در ولسوالی مقُر ولایت غزنی تولد و بعد از اکمال تعلیمات خویش در کابل، در ریاست مستقل مطبوعات و وزارت امور خارجه خدمات شایانی نمود. دوبار بحیث سفیر کبیر و نمایندۀ خاص افغانستان در پاکستان و همچنان سفیر کبیر و نمایندۀ خاص افغانستان در انگلستان و امریکا ایفای وظیفه نمود.

موصوف در سال ۱۹۶۶ میلادی "جمعیت دموکراتیک مترقی" را تأسیس کرد. جریدۀ "مساوات " ناشر افکار این گروپ بود که میوندوال گرداننده و مدیر مسؤول آن بود.

پدرش حاجی عبدالحلیم نام داشت و از قوم دینارخیل بود. به قولی "میوندوال اصلاً از سمرقند و پدرش را بگفتۀ بزرگان منطقه، ملای ازبیک میگفتند".

علی الرغم مشکلات اقتصادی در دوران طفولیت میوندوال تعلیمات ابتدایی خویش را در مقر غزنی آغاز و بعد از نقل مکان به کابل دورۀ متوسطه را در مکتب غازی شروع و تعلیمات خویش را در مکتب عالی حبیبیه به پایان رسانید.

محمد هاشم میوندوال با بانو سلطانه میوندوال ازدواج نموده بود و فرزند نداشتند.

پس از فراغت از مکتب اولین وظیفه رسمی خویش را در ریاست مستقل مطبوعات شروع کرد. وی در ابتدا "پردیس" تخلص می کرد

میوندوال مدتی به حیث مدیر مسؤول جریدۀ انیس و سپس به صفت مدیر مسؤول جریدۀ اتفاق اسلام در هرات توظیف گردید. بعداً به حیث معاون ریاست مستقل مطبوعات مقرر گردید.

در سال ۱۹۴۵ میلادی در ریاست مستقل مطبوعات به حیث مدیر عمومی "ادارۀ دایرة المعارف" بکار گماشته شد در همان سال بحیث معاون ریاست مستقل مطبوعات و مدتی بحیث مشاور مطبوعاتی اعلیحضرت محمد ظاهر شاه انجام وظیفه نموده و پس از یک سال بحیث رئیس مستقل مطبوعات مقرر گردید.

مدتی بحیث معین سیاسی در وزارت خارجه توظیف وبعداً به حیث سفیر کبیر و نماینده فوق‌العادۀ افغانستان در پاکستان تعین گردید. پس از چندی به حیث سفیر کبیر و نمایندۀ فوق‌العاده افغانستان در انگلستان و از آنجا بحیث سفیر کبیر و نمایندۀ فوق‌العادۀ افغانستان در ایالات متحدۀ امریکا مقرر گردید. بعد از آن مجدداً بحیث سفیر و نمایندۀ فوق‌العادۀ افغانستان در پاکستان به کار گماشته شد.

در سال ۱۹۶۴ میلادی در کابینهٔ داکتر محمد یوسف به حیث وزیر مطبوعات مقرر و پس از آنکه در سال ۱۹۶۵ داکتر یوسف نسبت حادثهٔ سوم عقرب استعفی داد، محمد ظاهر شاه محمد هاشم میوندوال را به تشکیل کابینه مؤظف ساخت و به تاریخ هفتم عقرب میوندوال کابینهٔ خویش را اعلام کرد.

میوندوال از تاریخ ۲ نوامبر ۱۹۶۵ الی ۱۱ اکتوبر سال ۱۹۶۷ میلادی مسؤولیت پُست صدارت عظمی افغانستان را به عهده داشت. در ماه اکتوبر ۱۹۶۷ میلادی نسبت مریضی از مقام صدارت استعفی داده و غرض معالجه و تداوی به خارج از کشور رفت.

در انتخابات دورهٔ سیزدهم شورای ملی در سال ۱۹۶۹ میلادی خود را به حیث نمایندهٔ مردم مقر کاندید ولی برنده نشد. محمدهاشم میوندوال، یکی از سه شخصیت سیاسی جهان بود، که حین بازدیدش از پوهنتون کالیفورنیا، در شهر سنتا بار بارا در ۱۳ حمل ۱۳۴۵ هجری شمسی، دوکتورای افتخاری در رشتهٔ حقوق برایش اعطا شد.

رئیس پوهنتون سنتابارباراا در وصف محمد هاشم میوندوال گفت: "محمدهاشم میوندوال، محصل ورزیده در علوم سیاسی، اقتصادی، تاریخ و امور دینی است که به‌عنوان ژورنالیست آغاز به کار کرد. در وزارت های خارجه و اطلاعات و کلتور خدمت نمود و یکی از بانیان نخستین تجربهٔ دموکراسی در افغانستان است."

محمد هاشم میوندوال در سال ۱۳۴۵ هجری شمسی مطابق ۱۹۶۶ میلادی "جمعیت دموکراتیک مترقی افغانستان" را تأسیس کرد و در ماه اگست سال ۱۹۶۶ میلادی مرامنامهٔ حزب خویش را، که به اساس سوسیال دموکراسی نوع غربی استوار بود، نشر کرد. ارگان نشراتی جمعیت دموکراتیک مترقی افغانستان "مساوات" نام داشت. صاحب امتیاز جریدهٔ "مساوات" عبدالشکور رشاد و مدیر مسؤول آن محمد رحیم الهام بود.

محمد هاشم میوندوال طرفدار عدالت اجتماعی، ملی گرایی و مردم سالاری تحت ادارهٔ حکومت شاهی مشروطه بود. خواست وی این بود که هرنوع تغییرات باید مطابق به قوانین دین مبین اسلام و بر اساسات دموکرات و مترقی استوار باشد.

محمد هاشم میوندوال در سال ۱۹۷۳ میلادی مطابق سال ۱۳۵۲ هجری شمسی به اتهام کودتا علیهٔ دولت توسط نبی عظیمی یکی از ضابطان گارد آنزمان توقیف و در ۲۴ سپتمبر سال ۱۹۷۳ میلادی مطابق نهم میزان سال ۱۳۵۲ هجری شمسی در زندان دهمزنگ به قتل رسید. در آن زمان عبدالقدیر نورستانی وزیر داخله و صمد ازهر قوماندان عمومی ژاندارم و پولیس وزارت داخله بود.

در شب نهم میزان سال ۱۳۵۲ هجری شمسی رادیو افغانستان خبر داد که محمد هاشم میوندوال در زندان با نکتایی اش دست به خود کشی زده است.

درآن زمان در شهر کابل شایع شد که محمدهاشم میوندوال توسط صمد ازهر رئیس هئیت تحقیق بعد از شکنجه شدید به قتل رسیده است. پیکر میوندوال در تاریکی شب در مکان نامعلومی دفن گردید.

(منبع: ناصراوریا ۸ می ۲۰۱۸ – تکزاس)

نور احمد اعتمادی

نور احمد اعتمادی (متولد ۳ حوت ۱۲۹۹ قندهار - وفات ۲۵ سنبله ۱۳۵۸) سفیر افغانستان در کشورهای پاکستان، ایتالیا - اتحاد جماهیر شوروی، وزیر امور خارجه و صدراعظم افغانستان بود.

وی برای اولین بار از ۱۹۴۶ تا ۱۹۶۵ به عنوان سفیر افغانستان در پاکستان فعالیت کرد. در سال ۱۹۶۵ به عنوان وزیر امور خارجه منصوب شد و در ۱۰ عقرب ۱۳۴۶ به مقام صدراعظم رسید. وی در ۱۹ جوزا ۱۳۵۰ برکنار و به عنوان سفیر افغانستان در ایتالیا منصوب شد. اعتمادی برخلاف بسیاری از سیاستمداران تحت حاکمیت محمدظاهر شاه پس از کودتای ۲۶ سرطان که طی آن نظام جمهوری به قیادت محمد داوود خان تأسیس شد، تا سال ۱۹۷۶ به عنوان سفیر در اتحادیه جماهیر شوری فعالیت کرد. وی سپس تا سال ۱۹۷۸ برای بار دوم به عنوان سفیر در پاکستان منصوب شد.

پس از کودتای ۷ ثور ۱۳۵۷، اعتمادی همانند بسیاری از سیاست مداران حکومت های سابق دستگیر و به زندان پلچرخی انداخته شد و در آنجا اعدام شد.

در زمان صدارت اعتمادی از یکطرف نظر به خرابی اوضاع اقتصادی کشور و بخصوص فقر شدید نفوس دهاتی بشدت و از جانب دیگر اعتراضات دوامدار محصلان و ناکامی حکومت در مقابله با آنها سبب سقوط حکومت او شد.

داکتر عبدالظاهر

داکتر عبدالظاهر فرزند مرحوم عبدالقادر ابراهیم خیل، به تاریخ ۳ می سال ۱۹۱۰ در ولایت لغمان دیده به جهان گشود. بعد از ختم دورۀ ابتدائیه، دورۀ

متوسطه و عالی را در مکتب حبیبیه به اتمام رسانید و متعاقباً غرض کسب تحصیلات عالی عازم ایالات متحده امریکا گردید. داکتر ظاهر اسناد تحصیلات طبی خویش را از پوهنتون های معتبر امریکایی (کلمبیا) و (جان هاپکنز) کسب و سند تخصص جراحی را از پوهنتون پنسلوانیا بدست آورد. داکتر ظاهر بعد از ختم تحصیلات عالی و کسب دوکتورا در طبابت، به وطن عودت و به حیث سرطبیب شفاخانهٔ شاروالی کابل به خدمت مشغول شد. وی داکتر مخصوص محمد ظاهر شاه پادشاه افغانستان نیز بود.

بعد از مدتی به حیث معین وزارت صحت عامه مقرر شد که همزمان کفالت ریاست دیپوهای ادویه را نیز به عهده داشت.

گرچه داکتر عبدالظاهر کار را به حیث داکتر آغاز کرد ولی در نهایت پا به عرصهٔ سیاست گذاشت. زمانی به حیث سفیر افغانستان در ایتالیا و مدتی هم به حیث سفیر افغانستان در کراچی ایفای وظیفه نمود.

بعداً از این مقام استعفی داده و از طریق انتخابات آزاد، به حیث وکیل مردم ولایت لغمان به شورای ملی راه یافت و در آنجا به اتفاق آرای وکلا به حیث رئیس ولسی جرگه برگزیده شد.

داکتر عبدالظاهر در کابینهٔ داکتر محمد یوسف خان به صفت وزیر صحت عامه و معاون صدراعظم خدمت نمود.

بعد از استعفی نوراحمد اعتمادی صدراعظم وقت، داکتر عبدالظاهر از طرف محمد ظاهر شاه به تشکیل کابینه توظیف، که بعد از اخذ رأی اعتماد از ولسی جرگه به حیث صدراعظم افغانستان آغاز به کار نمود.

داکتر ظاهر از تاریخ ۹ جون سال ۱۹۷۱ الی ۱۲ نومبر سال ۱۹۷۲ به حیث صدراعظم افغانستان ایفای وظیفه کرد.

متأسفانه در دورهٔ صدارتش حادثهٔ طبیعی خشکسالی و قحطی شدید در ولایت غور (۱۹۷۱ ـ ۱۹۷۲) باعث تلفات انسانی و مالی شد که متعاقب آن داکتر ظاهر از پُست صدارت عظمی استعفی داد.

بعد از استعفی داکتر عبدالظاهر، مرحوم محمد موسی شفیق که وزیر خارجه بود، به حیث آخرین صدراعظم دورهٔ شاهی افغانستان در این مقام خدمت نمود.

داکتر ظاهر با محترمه قریشه ازدواج نموده بود که ثمرهٔ این ازدواج دو دختر به نام های ظاهره ظاهر و بلقیس ظاهر و دو پسر به نام های آصف ظاهر و هنرمند محبوب القلوب افغان، احمدظاهر بود. هر دو دختر داکتر عبدالظاهر در خارج از کشور یکی در آلمان و دیگری در امریکا زندگی می کنند. فرزند ارشد

داکتر ظاهر، مرحوم آصف ظاهر (۱۹۳۲ - ۲۰۰۰) زمانی به حیث وزیر احیا و انکشاف دهات و مدتی هم به حیث سفیر افغانستان در کشور های کویت و ایتالیا ایفای وظیفه نمود.

فرزند دیگرش احمد ظاهر، هنرمند عصر ها و نسل ها، که فرزند افغانستان نیز بود و در دل هر افغان جایگاه خاص دارد، به تاریخ ۱۴ ماه جون سال ۱۹۷۹، ظاهراً در یک تصادم ترافیکی کشته شد .

(منبع: صفحه ناصر اوریا، فیسبوک)

محمد موسی شفیق

محمد موسی شفیق در ۱۲ نومبر سال ۱۹۷۲ به حیث صدراعظم افغانستان توضیف شد و در ۱۷ جولای ۱۹۷۳ در اثر کودتای محمد داوود خان مقام خود را از دست داد.

محمد موسی شفیق در سال ۱۹۳۲ میلادی در کابل دیده به جهان گشود. پدرش قاضی محمد ابراهیم یک شخصیت عالم و دانشمند بود که تا مقام ریاست محکمهٔ ولایت رسید و باشندهٔ اصلی ولسوالی کامهٔ ولایت ننگرهار بود.

موسی شفیق بعد از تعلیمات ابتدایی شامل دارالعلوم عالی عربی کابل شد و غرض تحصیلات عالی راهی پوهنتون الازهر قاهره در مصر شد. از جامع الازهر درجهٔ لیسانس را در بخش حقوق اسلامی و درجهٔ ماستری را از عین یونورستی در بخش علوم قضایی بدست آورد.

وی ماستری دوم را در بخش حقوق بین الدول از پوهنتون کولمبیای ایالات متحده بدست آورد. همچنان سندی را در مسائل بین المللی از پوهنتون با اعتبار امریکایی هاورد کسب کرد. پس از اکمال تحصیلات و عودت به وطن، در پوهنځی حقوق و علوم سیاسی پوهنتون کابل به حیث استاد به تدریس حقوق بین الملل خصوصی پرداخت.

وی بحیث مامور رسمی در دارالتحریر شاهی نیز کار کرد. همزمان با نوشتن مقالات تحقیقی و علمی، به همکاری با جراید و مطبوعات پرداخته و عضو هیئت مدیرهٔ شماری از جراید شد. وی زمانی هم مدیر مسؤول نشریهٔ "حی علی الفلاح"، ارگان نشراتی وزارت عدلیه بود. زمانی به حیث مدیر قوانین وزارت عدلیه و مدتی هم در پُست رئیس تقنین وزارت عدلیه خدمت نمود.

محمد موسی شفیق عضو، و منشی کمیتهٔ مطالعهٔ قانون اساسی و منشی کمیسیون مشورتی قانون اساسی و بعداً به حیث منشی عمومی و عضو لویه جرگهٔ سال ۱۳۴۳ نیز بود.

از سال ۱۳۴۲ الی ۱۳۴۴ هجری شمسی بحیث معین وزارت عدلیه خدمت نمود.

از سال ۱۳۴۴ الی ۱۳۴۶ هجری شمسی مشاور وزارت امور خارجه بود.

در سال ۱۳۴۶ به حیث سفیر افغانستان در قاهره بیروت، خرطوم و اکرا تقرر یافت.

وی در کنفراس های مختلف جهانی از افغانستان نمایندگی کرد. در کنفراس جهانی حقوقدانان در آتن پایتخت یونان و در کنفراس مستشرقین در لاهور شرکت نمود. وی ریاست هیئت افغانستان را در کنفراس کشورهای فاقد سلاح ذروی منعقدهٔ ژنیو به عهده داشت. موسی شفیق در کنفراس وزیران خارجهٔ کشورهای غیر منسلک در جارجتون، کنفراس وزرای خارجهٔ کشورهای اسلامی منعقدهٔ جده و در بیست و هفتمین دوره اجلاسیهٔ مجمع عمومی سازمان ملل متحد، ریاست هیئت افغانی را به عهده داشت. در سال ۱۳۵۰ هجری شمسی موسی شفیق در کابینهٔ داکتر عبدالظاهر عهده دار پست وزارت امور خارجهٔ افغانستان گردید.

محمد موسی شفیق در ماهٔ قوس سال ۱۳۵۱ صدراعظم افغانستان شد.

از کارنامه های مهم دورهٔ صدارت مرحوم محمد موسی شفیق تغییرات اساسی در سیاست خارجی افغانستان بود که از آن جمله می توان از طرح، تدوین و عقد سند حقوقی قرارداد آب دریای هیلمند با امیرعباس هویدا صدراعظم وقت ایران در ماه حوت سال ۱۳۵۱ مطابق ماه مارچ سال ۱۹۷۳ میلادی نام برد، که در قصر ستور وزارت خارجه به امضا رسید. بر اساس مادهٔ پنجم این معاهده "ایران هیچگونه ادعایی بر آب هیلمند بیشتر از مقداری که طبق این معاهده تثبیت شده است, ندارد؛ حتی اگر مقادیر آب بیشتر در دلتای سفلی هیلمند میسر هم باشد و مورد استفادهٔ ایران هم بتواند قرار گیرد".

موسی شفیق به زبان های دری پشتو انگلیسی, عربی, فرانسوی و اردو مسلط بود و به زبان های پشتو و دری شعر می سرود.

از وی در مطبوعات داخلی و خارجی حدود ۱۲۰ مقاله در بارهٔ موضوعات ادبی, سیاسی و حقوقی بجا مانده است. در مجلهٔ حقوق بین الدول دو مقاله راجع به تابعیت و تاریخچهٔ حقوق بین الدول خصوصی به نشر رسیده است. همچنان

دو اثر به شکل کتاب به نام های (عبقریان و قصه های دیگر) و (شاعران ننگرهار) به چاپ رسیده است.

یکی از پروژه های بزرگ عمرانی در زمان اوآغاز کار تعمیر شفاخانهٔ مرکزی اردو بود که فعلاً به نام شفاخانهٔ شهید سردار محمد داوود خان مسمی است. کار اعمار این شفاخانه در ماه اپریل سال ۱۹۷۰ میلادی شروع شد و قرار بود که کار ساختمانی آن در ماه جون ۱۹۷۴ به پایهٔ اکمال رسیده و به بهره برداری سپرده شود. وی چگونگی پیشرفت کار اعمار این پروژه و دیگر پروژه های بزرگ را شخصاً تحت نظر داشت.

بعد از کودتای ۲۶ سرطان ۱۳۵۲ توسط سردارمحمد داوود خان، محمدموسی شفیق زندانی شد و برای مدت دونیم سال در زندان باقی ماند. وی در سال ۱۳۵۴ از بند آزاد شد و منحیث یک تبعهٔ عادی افغانستان زندگی می کرد.

با تأسف که بعد از کودتای ۷ ثور سال ۱۳۵۷ مطابق ۲۷ اپریل سال ۱۹۷۸ میلادی محمد موسی شفیق دوباره زندانی گشت و قرار روایات این شخصیت دانشمند و میهندوست به تاریخ ۲۴ ثور سال ۱۳۵۷ ، مطابق ۱۴ ماه می سال ۱۹۷۸ میلادی به قتل رسید.(منبع: ناصر اوریا ۲۹ اگست ۲۰۱۸)

مروری بر دههٔ دموکراسی ۱۹۶۳-۱۹۷۳

در آستانهٔ دههٔ دموکراسی، یعنی ۵۵ سال قبل از امروز، با وجود تکمیل پلانهای پنجسالهٔ اول، دوم و سوم انکشاف اقتصادی-اجتماعی، افغانستان هنوز هم در قطار چند کشورکمترین انکشاف یافته جهان با اقتصاد دهقانی فرسوده و حد اقل زیربناهای ترانسپورتی، مواصلاتی، تولید انرژی برق و خدمات اجتماعی مانند معارف عصری و خدمات صحی اساسی و فاقد صنایع تولیدی قرار داشت. مردم در تمام دهات کشور که تعداد آن به ۳۸ هزار میرسید با نور اریکین و لمپه شب ها را سپری میکردند و از انرژی دوامدار برق بجز از شهرهای کابل، قندهار، هرات، مزارشریف و جلال آباد در سایر شهرها خبری نبود. در اکثریت علاقه داریها و ولسوالیهای کشور مکاتب ابتدائی، بخصوص برای دختران، موجود نبود و مکاتب ثانوی یا لیسه ها که تعداد مجموعی آنها از شمار انگشتان دو دست بیشتر نبودند صرف در شهرهای بزرگ موجود بودند. بطور مثال در شهر هرات که سومین شهر بزرگ کشور بعد از کابل و قندهار شمرده میشد در سال ۱۹۶۵م تنها دو لیسه عمومی برای پسر ها (لیسهٔ سلطان و لیسهٔ جامی)

یک لیسهٔ دخترانه (لیسهٔ مهری) و یک دارالمعلمین و یک مدرسهٔ دینی فخرالمدارس فعال بودند. جای تعجب نبود که در آنزمان تعداد باسوادان در جامعه کمتر از ده فیصد، خدمات صحی عصری بجز از چند شفاخانه و کلینیک در شهرهای بزرگ در سطح ولسوالیها و دهات اصلاً موجود نبودند. در نتیجه با موجودیت میزان بلند وفیات، بخصوص در میان کودکان، و شاخص بلند میزان وفیات نوزادان قبل از رسیدن به یکسالگی به ۲۰۰ نوزاد در هر هزار تولد، طول متوسط عمر در افغانستان ۳۸ سال و در پایان ترین سطح خود در جهان قرار داشت.

با معرفی اصلاحات در اداره دولت از طریق انفاذ قانون اساسی جدید، تقسیم قدرت دولتی به قوای ثلاثه، سپردن ادارهٔ حکومت به مردم و معرفی صدراعظمهای غیر خاندانی و تضمین آزادی بیان و مطبوعات، شاه کوشید شرایط لازم سیاسی و اجتماعی را برای یک حکومت مسول پاسخ گو به ملت فراهم نموده عوامل سیاسی و اجتماعی بازدارنده در مقابل انکشاف اقتصادی و اجتماعی کشور را از میان بردارد. بعد از سالها حکومتهای دیکتاتوری هاشم خان، شاه محمود خان و محمد داوود خان، که قصه های آنرا از زبان پدران و پدرکلانهای خود شنیده بودیم؛ نسل ما در عنفوان جوانی با تدوین و انفاذ قانون اساسی سال ۱۹۶۴م (۱۳۴۳ هجری شمسی) به یک سیستم دولت سلطنتی مشروطه دست یافتند که به موجب آن آزادی‌های سیاسی، حق بیان فکر و آزادی مطبوعات تضمین گردید. شاه با کسب موقف غیرمسوول و واجب‌الاحترام در رأس دولت قرار گرفت و قدرت اجرائیه، مقننه و قضائیه را به مردم واگذار نمود و اعضای خانواده سلطنتی را مطابق تعامل کشورهای شاهی دموکراتیک اروپایی از احراز کرسی‌های پر مسولیت دولتی صدارت و وزارت ممنوع نمود.

در ده سال متعاقب آن که به دههٔ دموکراسی شهرت دارد صدراعظمان متعددی آمدند و رفتند (دکتور محمد یوسف، محمد هاشم میوندوال، دکتور عبدالظاهر، نوراحمد اعتمادی و محمد موسی شفیق). این دوران همزمان بود با آزادی بیان افکار سیاسی و اجتماعی در مطبوعات و تظاهرات و اعتصابات مسلسل و پیهم محصلان، استادان و متعلمین و معلمین و کارکنان مؤسسات صنعتی به تحریک چپیهای افراطی و راستیهای افراطی.

در دههٔ دموکراسی، همانند هر کشور دارای سیستم دموکراسی تازه پا، سال‌های بیداری و اوجگیری فعالیت‌های سیاسی در افغانستان به حساب می‌آید. دهها جریان فکری و حزب سیاسی و دهها روزنامه و جریده سیاسی و اجتماعی آزاد غیردولتی عرض وجود کرده زمینه‌های تشکل و قوام افکار و جریانات سیاسی را در کشور اعم از چپ افراطی (منجمله خلق، پرچم، شعلهٔ جاوید)، راست

افراطی (منجمله سازمان جوانان مسلمان یا اخوان‌المسلمین که بعداً به حزب اسلامی و جمعیت اسلامی مبدل شدند) و جریان‌های میانه‌رو ملی گرا (مانند افغان ملت، مساوات یا دموکرات مترقی) را فراهم آورد.

در این زمان بود که در حلقه های روشنفکری کشور الگوهای مختلف انکشاف اقتصادی-اجتماعی در چوکات جهان بینی های متفاوت و متخاصم جهانی وسیعآ مورد مباحثه بود.

تبارز گروههای سیاسی با جهان بینی های متفاوت

در طول دههٔ دموکراسی چهار تفکر سیاسی-اقتصادی برای انکشاف کشورهای عقب افتادهٔ اقتصادی جهان در مقابل مردم این کشورها قرار داشت:

اول - جهان بینی لیبرال دموکراسی بورژوازی

دوم - جهان بینی سوسیالیستی

سوم - اقتصاد مختلِط رهبری شده

چهارم - نظامهای سوسیال دموکراسی؛ و

پنجم – دولت و اقتصاد اسلامی

در دههٔ دموکراسی سیستم لیبرال دموکراسی و اقتصاد سرمایداری خصوصی رقابتی بازار آزاد در افغانستان هواخواهان خودرا داشت و اکنون هم دارد. در حقیقت نظام اقتصادی متداول در افغانستان در عصر ظاهرشاه و تا امروز بشمول ۱۴ سال حاکمیت کمونیستهای خلق و پرچم در اساس متکی بر یک اقتصاد سرمایداری خصوصی رقابتی بازار آزاد میباشد. همچنان در دههٔ دموکراسی آزادیهای لیبرالی سیاسی را میتوان مکمل منطقی نظام مسلط اقتصادی دانست.

دیدیم که در آستانهٔ دههٔ دموکراسی، یعنی ۵۵ سال قبل از امروز، با وجود تکمیل پلانهای پنجسالهٔ اول، دوم و سوم انکشاف اقتصادی-اجتماعی، افغانستان هنوز هم در قطار چند کشورکمترین انکشاف یافته جهان با اقتصاد دهقانی فرسوده و حد اقل زیربناهای ترانسپورتی، مواصلاتی، تولید انرژی برق و خدمات اجتماعی مانند معارف عصری و خدمات صحی اساسی و فاقد صنایع تولیدی قرار داشت. عاید ملی و عاید خانوارها بسیار کم و در عین زمان تولید صنعتی مواد مصرفی روزانه مردم در داخل کشور بسیار ناچیز بود. با معرفی اصلاحات در اداره دولت از طریق انفاذ قانون اساسی جدید، تقسیم قدرت دولتی

به قوای ثلاثه، سپردن ادارهٔ حکومت به مردم و معرفی صدراعظمهای غیر خاندانی و تضمین آزادی بیان و مطبوعات، شاه کوشید شرایط لازم سیاسی و اجتماعی را برای یک حکومت مسول پاسخ گو به ملت فراهم نموده عوامل سیاسی و اجتماعی بازدارنده در مقابل انکشاف اقتصادی و اجتماعی کشور را از میان بردارد.

ممالک غربی در راس ایلات متحده امریکا سیستم لیبرال دموکراسی و اقتصاد سرمایداری خصوصی رقابتی بازار آزاد را تجویز کرده کمکهای خودرا به ممالک رو به انکشاف مشروط به تعقیب راه بازار رقابتی اقتصاد میکردند. اکثریت غربیها عقیده دارند که داشتن آزادیهای فردی مهمترین ارزش برای مردم است و در نتیجه مناسبترین سیستم سیاسی و اقتصادی ناگذیر آزادی فردی را دربطن خود دارد. لیبرالیزم ایدیولوژی نظام سرمایداری است. نظریه پردازان یا تیوریسن های لیبرال غربی مانند آدم سمیث و دیوید ریکاردو از یک سیستم آزاد اقتصادی "لیسه فر لسه پسی" یادآور شده تکامل جوامع بشری را بصورت خطی طوری ترسیم میکنند که گویا تمام جوامع بشری بدون توجه به فرهنگهای متفاوت آنها از جوامع اولیه متکی به گروپهای انسانی به مثابه واحد اصلی اجتماعی-اقتصادی، به جوامع پیشرفته متمدن امروزی که در آنها فرد واحد اصلی اقتصادی-اجتماعی است، تکامل میکنند و تمام این افراد تصامیم خودرا در زمینه های اقتصادی و سیاسی بطور عاقلانه و منطقی اتخاذ میکنند و با دادن رای خود در انتخابات آزاد حکومتهای مسول و خوب را انتخاب میکنند. زمانی مارگرت تاچر صدراعظم انگلستان اعلام کرد که جامعه یی در کار نیست هرچه است فرد میباشد و خواهان کمترین مداخلهٔ دولتها در امور اقتصادی شد.

با توجه به تکامل تمدن مغرب زمین چه کسی میتواند با این برداشت مخالفت کند؟ در طول صد سال گذشته موجودیت لیبرال-دموکراسی اجتماعی-سیاسی و سیستم سرمایه داری خصوصی بازارَ آزاد اقتصادی، ایالات متحده امریکا و اروپای غربی را به قله های بلند ترقی و ثروت ارتقأ داد. در ایالات متحده امریکا عواید مردم در صد سال گذشته ۳۰ چند افزایش یافت و صد ها هزار نفر از حالت فقر اقتصادی نجات یافتند. در عین زمان ابتکارات صنعتی در ساحات وسایل مورد نیاز خانواده ها در امریکا سبب ایجاد وسایل ضروری مانند یخچال، موتر، تلویزیون، کمپوتر شخصی، تلفون موبایل و غیره گردید که تسهیلات زیادی را برای خانوارها فراهم نموده تبارز خانوار مرفه و ایده آل امریکائی برای سائر کشورهای جهان گردید.

اما به گفتهٔ پروفیسور امریکایی ریچارد دی وولف نظام اقتصادی سرمایه داری خصوصی مودل امریکا دارای دو نقیصهٔ بنیادی است: اول در آن عدم مساوات فاحش در تقسیم عواید موجود است به این معنی که عواید مازاد در جامعه عادلانه تقسیم نشده پولدار پولدارتر میشود و خلای عایداتی میان یک گروه کم پولداران و اکثریت جامعه روز بروز فراختر میگردد. دوم اینکه این سیستم از یک بی ثباتی ذاتی رنج میبرد که به موجب آن دوره ها یا سایکل های رونق اقتصادی دوره های کساد، رکود و سقوط اقتصادی را در پئ دارد که سبب بیکاری های عظیم میگردد این دوره ها در هر ٤ تا ۷ سال تکرار میشوند. حامیان این سیستم میگویند که سیستم در هر سایکل خودرا اصلاح میکند در حالیکه این اصلاح به قیمت گزافی برای کارکنان و کارگران در موسسات صنعتی و تجارتی و خانواده های آنها تمام شده اکثرأ دار و ندار خودرا و مساکن خودرا از دست میدهند.

در مقابل سیستم لیبرال دموکراسی و اقتصاد سرمایداری خصوصی؛ نسخهٔ اتحاد شوروی راه رشد سوسیالیستی قرار داشت. در مطبوعات سوسیالیستی و کمونیستی میخواندیم که تمام جوامع بشری بدون توجه به فرهنگهای متفاوت آنها، از کمون اولیه به تدریج بدوران های بردگی، فیودالی، سرمایداری، سوسیالیستی و بالاخره کمونیستی یک سیر تکامل خطی را طئ خواهند کرد. در ایران نشرات حزب توده، در افغانستان جریده های سوسیالیستی "خلق" و "پرچم" تعقیب راه و تجربه بازار اقتصاد رقابتی کشورهای سرمایداری غربی را راه رشد طولانی پر رنج و درد ترسیم کرده تجویز میکردند که گویا با استفاده از "تجربهٔ گرانبهای کشور شوراها" راه رشد غیر سرمایداری را باید تعقیب کرد. جریان شعلهٔ جاوید از این هم فراتر رفته چشم به تحولات انقلابی جمهوری خلق چین در قسمت اشتراکی نمودن مناسبات زراعتی داشت که بعد از پیروزی انقلاب در آنکشور در سال ۱۹٤۹م نسخهٔ پر خریدار بود.

جریدهٔ مساوات مربوط به حزب دموکرات مترقی محمد هاشم میوندوال از "اقتصاد رهبری شده" انکشاف اقتصادی-اجتماعی صحبت میکرد. تعقیب راه رشد غیر سرمایداری یا اقتصاد مختلط رهبری شده در کشورهای رو به انکشاف، از الجزایر تا هندوستان، نسخهٔ پرفروشی بود. قابل تأمل است که در افغانستان با وجود تغییرات سیاسی در سطح ادارهٔ دولت، از زمان قبل از دههٔ دموکراسی تا ختم حکومتهای خلق، پرچم و حزب وطن نظام اقتصادی-تجارتی کشور تغییر اساسی نیافت و همچنان متکی به عوامل اقتصاد بازار آزاد در کنار موجودیت تصدیهای دولتی صنعتی، ترانسپورتی و خدماتی ادامه یافت. پروژه

های زیربنایی شامل پلانهای انکشاف اقتصادی-اجتماعی اول، دوم و سوم به کمکهای رقابتی اتحادشوروی وقت و ایالات متحدهٔ امریکا تکمیل شدند.

در پلان چهارم در دههٔ دموکراسی، توجه بیشتر به توسعهٔ موسسات صنعتی زودرس تولیدی گردید اما کودتای جمهوری داوود خان عمر این پلان را کوتاه کرد همچنانکه کودتای هفتم ثور ۱۳۵۷ عمر پلان هفت سالهٔ داوود خان را کوتاه نمود. در حقیقت افغانستان و تمام کشورهای روبه انکشاف بشمول هند، مخلوطی از اقتصاد بازار آزاد و عناصر اقتصاد سوسیالیستی را تعقیب میکردند. در تمام این ممالک در حالیکه تولید وسایل روزمره صنعتی، زراعت و داد و ستد تجارتی از طریق پروسه های بازار آزاد رقابتی فراهم میگردید؛ استفاده از معادن، ذخایر نفت و گاز، تولید انرژی برق و خدمات و تجهیزات بندری، خدمات بانکی بطور عمده و صنایع ثقیله مانند ذوب آهن در اختیار تصدیهای دولتی قرار داشتند و سرمایگذاری خصوصی داخلی و خارجی در این سکتورها ممنوع و یا بسیار محدود بودند. دولتها در این کشورها معیارهای انکشافی را طئ پلانهای پنجساله طرح و تطبیق میکرد.

مشکل اساسی در آن بود که تغییر مالکیت یا مدیریت خصوصی تصدیها به مالکیت و مدیریت دولتی (راه رشد غیر سرمایداری) به بهبود و موثریت تولید و ایجاد نو آوریها منجر نگردید و در نهایت به کسالت و عقب ماندگی تولید منجر شد و ممنوعیت یا محدودیت سرمایگذاری داخلی و خارجی استفاده از معادن، ذخایر نفت و گاز، تولید انرژی برق و خدمات و تجهیزات بندری، خدمات بانکی بطور عمده و صنایع ثقیله مانند ذوب آهن و غیره اقتصاد ملی را از موجودیت سرمایه لازم برای انکشاف این سکتورها محروم نمود.

در سالهای میانهٔ دههٔ دموکراسی، در مقابله با احزاب و جریانهای چپ گرا به تدریج احزاب اسلامگرای افغانستان مانند سازمان جوانان مسلمان، حزب اسلامی و جمعیت اسلامی پدید آمدند که بعد از مداخلهٔ شوروی در افغانستان به شاخه ها و گروههای هفتگانه سنی مستقر در پاکستان و هشتگانهٔ شیعه مستقر در ایران تکثر یافته به کمک پاکستان، ایران، کشورهای عربی و جهان غرب به نیروهای عمدهٔ سیاسی در کشور مبدل شده میدان سیاست کشور را در چهل سال مابعد انحصار نمودند. گروه طالبان به ابتکار بینظیر بوتو درسال ۱۹۹۴ به این تعداد افزوده شد. در مورد سیاستهای اقتصادی آنها مطالب زیادی منتشر نشده است. اما اکثرآ ازطرفداران آنهامیشنویم که آنها میخواهند یک دولت سوچه (خالص) اسلامی در افغانستان برقرار گردد. اما یک چنین نظام اقتصادی سوچه اسلامی نه در زمان مجاهدین از ۱۹۹۲ تا ۱۹۹۶ و نه در زمان دور اول طالبان

۱۹۹۶-۲۰۰۱، نه در زمان جمهوری اسلامی ۲۰۰۱-۲۰۲۱ و نه در دوسال اخیر نظام امارت اسلامی طالبان (۲۰۲۱- امروز) مشاهده نشده است.

دموکراسی لنگ لنگان و مخالفان دهۀ دموکراسی

بعد از سالها حکومتهای دیکتاتوری هاشم خان، قسما شاه محمود خان و کلاً محمد داوود خان، مردم افغانستان برای اولین بار با تدوین و انفاذ قانون اساسی سال ۱۹۶۴م (۱۳۴۳ هجری شمسی) به یک سیستم دولتی شاهی مشروطه دست یافتند که به موجب آن آزادی‌های سیاسی، حق بیان فکر و آزادی مطبوعات تضمین گردیده. شاه با کسب موقف غیرمسوول و واجب‌الاحترام در رأس دولت و قدرت اجرائیه، مقننه و قضائیه را به مردم واگذار نمود و اعضای خانواده سلطنتی را مطابق تعامل کشورهای شاهی دموکراتیک اروپایی از احراز کرسی‌های صدارت و وزارت ممنوع نمود. در طول ده سال متعاقب آن که به دهۀ دموکراسی شهرت دارد، همانند هر کشور دارای سیستم دموکراسی تازه پا، سال‌های اوجگیری فعالیت‌های سیاسی در کشور به حساب می‌آید. ده‌ها حزب سیاسی و ده‌ها روزنامه و جریده آزاد غیردولتی سیاسی و اجتماعی عرض وجود کرده زمینه‌های تشکل و قوام افکار و جریانات سیاسی را در کشور اعم از چپ افراطی (منجمله خلق، پرچم، شعلۀ جاوید)، راست افراطی (منجمله سازمان جوانان مسلمان یا اخوان‌المسلمین که بعداً به حزب اسلامی و جمعیت اسلامی مبدل شدند) و جریان‌های میانه‌رو (مانند افغان ملت، مساوات) را فراهم آورد. در این مدت صدراعظمان متعددی آمدند و رفتند (دکتور یوسف، محمد هاشم میوندوال، دکتور عبدالظاهر، نور احمد اعتمادی و محمد موسی شفیق). این دوران با همزمان بود با آزادی بیان افکار سیاسی و اجتماعی در مطبوعات و تظاهرات و اعتصابات مسلسل و پیهم محصلان، استادان و متعلمین و معلمین و کارکنان مؤسسات صنعتی.

متأسفانه کودتای بدفرجام ۲۶ سرطان سال ۱۳۵۲ سردار محمد داوود به سقوط دولت شاهی مشروطه محمد ظاهرشاه، انحلال قانون اساسی دموکراتیک و ختم دهۀ دموکراسی انجامید. این کودتا سر آغاز دوران بی‌ثباتی سیاسی در کشور است که تا امروز ادامه دارد. این کودتا، بدون توجه به شرایط تغییر یافته در کشور، جلو تکامل دموکراسی پارلمانی، آزادی‌های سیاسی و اجتماعی و مطبوعات آزاد را گرفت و منجر به استقرار یک دولت دیکتاتوری یکنفره گردید. در اخیر داوود با وعده‌های شاه ایران، رییس جمهور مصر و عربستان سعودی کوشید افسران و عناصر چپی را که عامل به قدرت رسیدن او بودند از دولت خارج کرده و حساب خود را با حزب دموکراتیک خلق تصفیه نماید. این

عمل موجب سقوط او و به قدرت رسیدن ح.د.خ.ا در کودتای هفت ثور ۱۳۵۷ گردید.

اخیرا داکتر سید عبدالله کاظم مقالهیی را در مورد رشد زمینههای دموکراسی در وبسایت افغان-جرمن آنلاین خاصتاً به پاسخ یک مقالهٔ اینجانب تحت عنوان "توضیحات در مورد عواقب کودتای ۲۶ سرطان ۱۳۵۲" نشر کردند. محترم داکتر کاظم در مقالهٔ خود آرزومندی داوود خان را برای تکامل زمینههای قبلی مورد لزوم برای استقرار یک دموکراسی سالم توضیح میکنند که برای خوانندگان برای درک پروسهٔ فکری داوودخان بسیار مفید است. ایشان از آرزومندی و کوششهای داوود خان در ایجاد یک حزب واحد ملی گرا در بهبوهه لویه جرگه ۱۳۵۵، قبل و بعد از آن، یادآوری میکنند.

ایکاش قدرت آن موجود میبود که تحولات سیاسی و اجتماعی جوامع بر اساس یک ماستر پلان از قبل حساب شده صورت بگیرند. به گفته محترم کاظم تحقق دموکراسی واقعی نیازمند مؤلفهها و شرایطی است که باید قبلاً و یا به تدریج به سمت سالم به پیش برده شوند... آوردن این تحولات که لازمه تحقق دموکراسی در کشور میباشد، کار ساده نیست و یک شبه در میان صورت گرفته نمیتواند. محترم کاظم مینویسند که "شهید محمد داوود طی یک بیانیه خود تذکار داده اند که ترقی اقتصادی و اجتماعی و تحول فرهنگی، اجرای ریفورمهای بنیادی و تأمین دیموکراسی واقعی، باهم ارتباط نزدیک دارد".

بر اساس نوشتهٔ محترم کاظم برداشت من این است که بطور ساده داوود خان آرزو داشته تا دوره صدارت موصوف برای حد اقل بیست سال بعدی تمدید میگردید تا بعد از تعمیم سواد همگانی، رشد اقتصادی و آمادگی فرهنگی، دموکراسی آنهم بطور تدریجی معرفی میگردید. مشکل این استراتیژی آن است که زمان این اجازه را برای معرفی تدریجی دموکراسی دلخواه داوود خانی نمیدهد. بیایید تجربه ایران را در نظر بگیریم. محمد رضا شاه در عمل مودل پیشنهادی داوود خان را میخواست تطبیق کند: اول پیشرفت اقتصادی و اجتماعی بعد دموکراسی. نتیجه آن شد که با سرمایه گذاریهای هنگفت عواید نفتی در واقع سطح زندهگی، رفاه، سواد، صحت به سطوح عالی رسیدند در عین زمان نظام اختناق سیاسی ساواک بیداد میکرد. مردم منتظر نشدند تا شاه دموکراسی موعود را معرفی کند و انقلاب اسلامی به عوض دموکراسی بدترین نوع دیکتاتوری و ارتجاع را برقرار کرد. اگر خمینی اختناق مذهبی را برقرار نمیکرد الترناتف دومی استقرار یک نظام کمونیستی از بطن انقلاب مردمی بود.

اگر مودل معرفی تدریجی دموکراسی یا مودل داوودخانی منجر به استقرار اختناق مذهبی در ایران شد امکانات تکرار این تجربه در افغانستان و یا استقرار یک نظام کمونیستی تا چه حدودی بود؟ آیا می‌توان نقش تعمیم معارف را در تشدید خواسته های آزادی خواهی و دموکراسی طلبی در ایران دست کم گرفت؟ همین اصل در افغانستان نیز صادق است.

اصول اساسی داشتن عقیده به دموکراسی، معرفی دموکراسی و تعهد قبول عواقب و نتایج آن است. دستگاه سلطنت دموکراسی را بر اساس قانون اساسی سال ۱۳۴۳ (١٩٦٤) معرفی کرد اما از عواقب آن در هراس بود و تعهدی در قبال پذیرفتن نتایج آن نداشت. در نوشتهٔ محترم کاظم تشویش داوود خان از به قدرت رسیدن چپی‌ها و یا راستی‌های افراطی از مجرای انتخابات پارلمانی در غیاب یک حزب میانه‌رو ملی‌گرا توضیح شده است. این همان هراسی است که مانع انفاذ قانون احزاب سیاسی توسط ظاهرشاه نیز شد. نتیجه را همه دیدیم که بلا تکلیفی بود. مشاهده کردیم، نه دموکراسی تمام عیار و نه مطلق العنانی داوودخانی که در نهایت به کودتای داوود خان انجامید.

بیایید ببینیم اگر به تجربه دموکراسی ظاهرشاه اجازه تکامل می‌دادند چه واقع می‌شد؟ من یقیین کامل دارم هرگاه دولت از یکجانب نهادهای دولتی، سیستم اداره دولت (Public Service)، اردو، پولیس، قوهٔ مقننه، را از طریق مسلکی ساختن این نهادها (غیر سیاسی ساختن) آنها، تعلیمات بهتر، تجهیزات بهتر و دادن آگاهی بهترو با معرفی قوانین لازمه تقویت مینمود و از جانب دیگر قانون احزاب را نافذ می‌کرد و نهادهای دموکراتیک را حمایت و تقویت می‌کرد و ترسی از نتایج دموکراسی نمیداشت به یقیین دموکراسی با گام‌های استوار به مرور زمان در جامعه به پختگی لازم می‌رسید و به یک نهاد اساسی اخلاق سیاسی جامعه مبدل می‌گردید. با اجازه دادن به دموکراسی به احتمال زیاد در یک انتخابات پارلمانی دوره بعدی، بطور مثال سال ۱۳۵۶ یک حزب متحده اسلامی افراطی و یا حزب دموکراتیک خلق پیروز می‌شدند. آیا این پیروزی نشانه بروز قیامت بود؟ نخیر! پیروزی این احزاب در چوکات قانون احزاب و در چوکات قانون اساسی به معتدل شدن روش‌های این احزاب و اتکای شان به راه‌های دموکراتیک گرفتن قدرت به بلوغ و پختگی سیاسی جامعه کمک می‌کرد. تجربه عینی مردم از دستآوردها حکومت‌داری این احزاب خود بخود و بطور طبیعی به گسترش نفوذ احزاب میانه‌رو مساوات، افغان ملت، صدای عوام، غورزنگ ملی و غیره کمک می‌کرد و روزی شاید این احزاب قدرت حکومتی را از طریق انتخابات پارلمانی به دست می‌گرفتند. هندوستان، تا حدودی هم پاکستان، این راه را انتخاب کردند و منتظر نشدند مردمشان همه مرفه و با سواد

شوند تا دموکراسی را معرفی کنند و امروز ثمر آن را در نهادینه شدن دموکراسی در تار و پود این کشورها به چشم سر مشاهده می‌کنم. این راهی بود که اکثریت کشورهای دموکراتیک مانند بریتانیا، فرانسه و امریکا آن را تجربه کردند. آن‌ها منتظر نشدند مردمشان همه مرفه و باسواد شوند تا دموکراسی را معرفی کنند در عوض نهادهای دولت و نهادهای دموکراتیک را تقویت کردند و به نتایج و دست‌آوردهای دموکراسی احترام گذاشتند.

از اینجاست که برای من یک دموکراسی غرق در گل ولای که ضامن آزادی بیان و آزادی سهمگیری مردم در پروسه‌های دموکراتیک گرفتن قدرت دولتیست هزار بار از یک دیکتاتوری که برای مردم پل و تونل بسازد ارزش دارد.

فراموش نکنیم که یک دموکراسی لنگ لنگان هم قادر است امنیت مردم را تأمین کند طوری‌که از همچو امنیت و مصؤنیت در دهۀ دموکراسی محمد ظاهرشاه مستفید بودیم!

اما بزرگترین ضعف دهۀ دموکراسی را میتوان عدم ثبات سیاسی که سبب عدم استقرار حکومتها گردید بر شمرد که در نتیجۀ آن پیشرفت اقتصادی قابل توجهی در کشور رونما نشد. از این جهت بعضیها نظام حکومتی یک دیکتاتور مترقی را مانند جمهوری محمد داوود خان بر دموکراسی لیبرالی دهۀ دموکراسی ظاهرشاه و اخیرا بیست سال نظام لیبرال دموکراسی جمهوری فاسد جنگسالاران ۲۰۰۱-۲۰۲۱ ترجیح میدهند. اما در حقیقت آنچه برای کشور ما و سائر کشورهای در حال انکشاف نیاز است تعریف یک راه وسطی است که در آن یک تعادل لازم میان احترام به حقوق و آزادیهای مدنی و سیاسی مردم، و حاکمیت مطلق قانون برای دفاع از منافع تعریف شدۀ ملی موجود باشد.

سقوط نظام سلطنتی: جمهوری سردار محمد داوود خان

سردار محمد داوود خان یکی از قدرتمندترین زمامداران افغانستان در چند دهه اخیر شمرده می شود. داوود خان، پسر کاکای محمد ظاهرشاه، که برای نه سال از ۱۳۳۲ تا ۱۳۴۱ هجری شمسی صدراعظم افغانستان بود با اجرای یک کودتای نظامی در ۲۶ سرطان ۱۳۵۲ هجری شمسی مطابق به ۱۷ جولای ۱۹۷۳م نظام سلطنتی مشروطه متکی به قانون اساسی سال ۱۳۴۳ را ساقط نموده در نخستین پیام رادیویی خود، پس از پیروزی در کودتا، روی کار آمدن نظام جمهوری را اعلام کرد.

چگونگی به قدرت رسیدن (کودتای ۲۶ سرطان ۱۳۵۲):

محمد داوود خان که از هواداران محمد ظاهرشاه، پادشاه وقت، نبود، از نارضایتی‌های فزاینده جامعه ناشی از بیکاری، اوضاع اقتصادی نامناسب و ناآرامی‌های محصلان علیه دولت سلطنتی بهره برد. در ۲۶ سرطان ۱۳۵۲ (۱۷ جولای ۱۹۷۳)، در حالی که ظاهرشاه برای جراحی چشم و درمان کمردرد در ایتالیا به سر می‌برد، داوود خان با حمایت و مساعدت برخی از افسران ارتش و با پشتیبانی اولیه حزب دموکراتیک خلق افغانستان (ح.د.خ.ا.)، کودتا را رهبری کرد. این کودتا بدون خونریزی به موفقیت انجامید و او پایان نظام پادشاهی و تأسیس نظام جمهوری را اعلام کرد. ظاهرشاه نیز در ۲۴ آگست ۱۹۷۳ به طور رسمی از قدرت استعفا داد و در تبعید باقی ماند.

داوود خان که بود؟

سردار محمد داوود خان پسر سردار محمد عزیز خان فرزند محمد یوسف خان پسر سردار یحيي خان فرزند سلطان محمد خان طلايي واولاد سردار پاينده محمد خان محمد زايي مي باشد. داوود خان در سال ۱۲۸۸ هجري شمسي مطابق ۱۸ جولای ۱۹۰۹ میلادی درشهرکابل پابه عرصه وجود گذاشت تحصيلات ابتدايي خود را درليسه حبيبيه ، تحصيلات عالي خود را در فرانسه تكميل و تحصيلات نظامي را در ليسه حربيه به پايان رسانيد.

داوود خان پیش از آن که به مقام صدارت عظمی منصوب شود، در سمت های گوناگون نظامی و امنیتی، منجمله لایت قندهار و وزیر حربیه کار کرد. او برای مدتی در پست وزارت داخله هم کار کرد. موصوف در دوران صدارت نه سالۀ خود آزادیهای نسبی سیاسی را که در زمان صدارت شاه محمود خان به میان آمده بود محدود کرد و یک "حکومت پولیسی" را در کشور برقرار نمود.

سردار محمد داوود خان بعد از احراز قدرت سیاسی در اولین بیانیه رادیویی خویش در رابطه به شکل نظام سیاسی گفت "من برای سعادت آینده وطن خود جز قایم ساختن یک دموکراسی واقعی و معقول که اساس ان بر خدمت به اکثریت مردم افغانستان برقرار باشد راه دیگری سراغ نداشتم و ندارم به نظر بنده تهداب چنین یک وضع اجتماعی تامین کامل حقوق مردم و اعتراف کامل به اصل حاکمیت ملی است که باید به دو اصل فوق ظاهر و یا پوشیده خلل وارد نشود".

اظهارات فوق که انعکاس نیت پاک و احساس میهن پرستانه محمد داوود بود نباید مورد سوال قرار داد، اما نسبت عوامل معین که شاید عدم تکوین و رشد سیاسی و بیسوادی گسترده در جامعه و یا هم مصلحت زمان باشد سردارمحمد داوود خان آنچه در مورد دموکراسی و حاکمیت ملی در اول تعهد کرده بود حین تدوین قانون اساسی دولت جمهوری طفره رفت. ارزیابی مواد مبنی بر وظایف و صلاحیت های رییس جمهور در قانون اساسی حوت ۱۳۵۵ جمهوری افغانستان نشان میدهد که بیشترین صلاحیت در مقام ریاست جمهوری که خود در ان قرار داشت متمرکز شده بود. مسلم است که ملت و مردم از طریق نماینده گان یعنی اعضای پارلمان یا ولسی جرگه در حاکمیت کشور سهم میگیرند اما در قانون اساسی حوت ۱۳۵۵ جمهوری محمد داوود حکومت مکلف به اخذ رای اعتماد از پارلمان یا ولسی جرگه نبود، ولسی جرگه یا شورای ملی نمیتوانست از حکومت یا اعضای کابینه سلب اعتماد نماید، با این اساس مردم نمی توانست از طریق نمایندگان خود در اداره کشور سهم بگیرند و اراده خود را در حاکمیت دولتی تمثیل نمایند. از همین جهت ماده ۲۱ قانون اساسی جمهوری افغانستان که حکم میکرد"حاکمیت ملی در افغانستان به مردم تعلق دارد" عملا تحت سوال قرار می گرفت.

در قانون اساسی محمد داوود خان جز حزب انقلاب ملی که مربوط به سردار محمد داوود بود و ، تا آن زمان علنا تشکیل نیز نشده بود، سایر احزاب اجازه فعالیت نه داشتند. این موضوع در ماده چهلم قانون اساس چنین توضیح گردیده بود:

"به خاطر روشنی خواست های اجتماعی و تربیت سیاسی مردم افغانستان تا زمانی که این ارزو براورده میشود و به شد طبیعی خود میرسد تحت رهبری حزب انقلاب ملی که بناد گذار و پیشاهنگ انقلاب ملی و مترقی ۲۶ سرطان مردم افغانستان است در کشور صرف سیستم یک حزبی مستقر میباشد." بدین ترتیب از نظر سردار محمد داوود خان تا زمانیکه جامعه افغانستان به رشد و پختگی معین سیاسی میرسد برای دولت افغانستان شکل حکومتی یک حزبی را برگزیده بود

داوود خان در زمینهٔ احداث زیربناهای اقتصادی در کشور کوشید، پلانهای پنجسالهٔ اقتصادی و اجتماعی اول و دوم را طرح و تطبیق کرد که به بهبود شاهراههای عمده کشور و احداث بندهای برق و آبیاری انجامید. همچنان بعد از سرنگونی نظام سلطنتی به طرح و تطبیق پلان هفت ساله در سال ۱۳۵۵ هجری شمسی اقدام کرد اما بعد از دوسال در هفتم ثور ۱۳۵۷ (۲۷ اپریل ۱۹۷۸م) رژیم او با یک کودتای نظامی هواداران حزب دموکراتیک خلق سرنگون شد.

داوود خان در دوران پنجسالهٔ جمهوری خود حقوق و آزادیهای مدنی مردم افغانستان را، مانند حق تحصیل و کار مساویانه برای زنان و مردان کشور، حق پوشیدن یا نپوشیدن حجاب برای زنان، حقوق اجتماعی زنان؛ که زیر حاکمیت نظام سلطنتی تحکیم یافته بودند همچنان برقرار نگهداشت. کسانی که حقوق و آزادیهای دوره دههٔ دموکراسی ظاهر شاه را، مانند آزادی مطبوعات، آزادی اجتماعات و تظاهرات، آزادی ایجاد جریانات و احزب سیاسی و اجتماعی، استقلالیت قوهٔ اجراییه، قوهٔ مقننه و قویهٔ قضاییه و سیستم مشروطه پارلمانی قدرت دولتی، به عنوان شرایط آنارشی محکوم می کردند؛ از ایجاد دولت جمهوری داوود خان به عنوان یک "دیکتاتور مترقی" حمایت میکردند.

دوران حکومت جمهوری او که تا سال ۱۳۵۷ ادامه یافت، با تحولات مهم داخلی و خارجی همراه بود.

سیاست‌های داخلی و دستاوردهای دوران جمهوری:

پس از کودتا، داوود خان قانون اساسی سال ۱۹۶۴ را لغو کرد و خود را به عنوان رئیس‌جمهور و وزیر امور خارجه جمهوری افغانستان اعلام نمود. او

تلاش‌هایی را برای نوسازی و پیشرفت کشور آغاز کرد که از جمله مهمترین آنها می‌توان به موارد زیر اشاره کرد:

- **سیاست‌های ترقی‌خواهانه و بهبود حقوق زنان:** داوود خان به خاطر تلاش‌هایش برای بهبود حقوق زنان شناخته می‌شود و در این زمینه اقداماتی انجام داد.
- **طرح‌های نوسازی و اقتصادی:** او پلان هفت سالۀ انکشاف اقتصادی و اجتیماعی (۱۳۵۵-۱۳۶۲) را آغاز کرد که هدف آن افزایش نیروی کار و توسعه اقتصادی کشور بود. این طرح‌ها به رغم تلاش‌ها، با مشکلات در زمینه تمویل پروژه ها، توسعه سیاسی و فقدان زیرساخت‌های کافی مواجه بود. او به این نتیجه رسیده بود که بدون همکاری کشورهای بزرگ و موسسات بین‌المللی، توسعه سیاسی و اقتصادی غیرممکن است و برنامه‌های خود را به مسائل اقتصادی معطوف کرد.
- **تقویت اردو و نیروهای امنیتی:** با توجه به دیدگاه‌های استراتژیک داوود خان، در دوران حکومت او به تقویت اردو و نیروهای امنیتی توجه ویژه‌ای شد.

سیاست خارجی:

در آغاز، داوود خان برای تثبیت قدرت و پیشبرد اهداف خود، تا حدودی با اتحاد جماهیر شوروی و کمونیست‌ها همکاری کرد. نیمی از وزرای اولیه او از اعضای حزب پرچم (یکی از جناح‌های ح.د.خ.ا.) بودند. اما به تدریج، روابط او با شوروی و حزب دموکراتیک خلق رو به وخامت گذاشت. داوود خان تلاش کرد تا در سیاست خارجی خود، از وابستگی صرف به شوروی کاسته و به کشورهای اسلامی و غربی نیز نزدیک شود. در آغاز دوران ریاست جمهوری روابط او با پاکستان بر سر موضوع پشتونستان تیره شد اما بعدا با سفر به پاکستان و آغاز روابط با کشورهای اسلامی از جمله نشانه‌های این تغییر جهت بود. این تغییر سیاست، به خصوص در ارتباط با شوروی، نارضایتی‌های پنهان را افزایش داد.

سقوط و انقلاب ثور:

تشدید اختلافات میان داوود خان و حزب دموکراتیک خلق، به خصوص پس از ترور میراکبر خیبر (یکی از اعضای برجسته پرچم) در ۱۷ اپریل ۱۹۷۸، به اوج خود رسید. این واقعه جرقه آغاز **انقلاب ثور** (کودتای ۷ ثور ۱۳۵۷) شد. در این کودتای خونین که توسط حزب دموکراتیک خلق افغانستان رهبری شد،

محمد داوود خان و حدود ۱۸ تا ۳۰ نفر از اعضای خانواده‌اش در ارگ ریاست جمهوری به قتل رسیدند. با این واقعه، دوران جمهوری داوود خان به پایان رسید و جمهوری دموکراتیک افغانستان با حمایت شوروی جایگزین آن شد که سرآغاز فصلی پر آشوب در تاریخ افغانستان بود.

لازم به ذکر است که در مورد جزئیات و تفسیر وقایع دوران داوود خان، دیدگاه‌های متفاوتی وجود دارد که در مطالعات تاریخی باید به آنها توجه داشت. صرف نظر از شخصیت قابل احترام و تقوای تحسین آفرین سردار محمد داوود خان و آرزوهای ایشان برای پیشرفت اقتصادی کشور، نتایج این کودتا از لحاظ سیاسی و امنیتی و پیشرفت اقتصادی و اجتماعی کشور فاجعه بار بوده‌اند. در نتیجهٔ این کودتا:

- نظام شاهی عنعنوی بزور تفنگ توسط افسران وابسته به حزب دموکراتیک خلق و هواخواهان آنها به همکاری افراد بسیار نزدیک به داوود خان با پلان‌گذاری و قومانده شخص داوود خان ساقط شد و بدین صورت عمل ناپسند کودتای نظامی در کشور رواج یافت؛

- نظام شاهی مشروطهٔ پارلمانی متکی به قانون اساسی و دموکراسی ساقط شد و بجای آن یک رژیم دیکتاتوری یکنفره متکی بر فرمان رییس دولت کودتا در کشور حاکم شد و نام آنرا جمهوری گذاشتند؛

- مردم افغانستان را از تمام دستاوردهای سالها مبارزات اجتماعی و سیاسی محروم ساخت؛

- مقام صدراعظم که در برابر پارلمان مسول بود لغو شد؛

- پارلمان انتخابی مردم لغو شد؛

- استقلالیت قوهٔ قضاییه لغو شد؛

- آزادی مطبوعات لغو شد؛

- صلاحیت تمام ارگانهای دولت در دست یک نفر تمرکز نمود؛

- استقلالیت پوهنتونها در انتخاب رئیس پوهنتون و روسای پوهنحی ها بر اساس انتخابات آزادانۀ کدرها علمی پوهنتونها و پوهنحئ ها لغو شدند؛
- اتحادیۀ استادان لغو شد، اتحادیۀ محصلان لغو شد، حق و آزادی بیان لغو شد، آزادی اجتماعات لغو شد؛
- کودتای ۲۶ سرطان شیرازه نظام تاریخی دولت افغانستان را برهم ریخت و به تمام عناصر مخالف این نظام از یک طرف فرصت سرنگونی آنرا میسر ساخت و از جانب دیگر راههای پیروزی و امید پیروزی را فراهم ساخت؛
- رژیم کودتا به سرکوب خونین مخالفین بالقوه و بالفعل دست زد که تعداد زیاد افراد قربانی این سرکوب شدند؛
- در این سرکوب گروههای راستگرای مذهبی و روشنفکران دموکرات میانه رو هدف قرار گرفتند، از جمله محمد هاشم میوندوال صدراعظم روشنفکر و دموکرات در زیر شکنجه جلادان رژیم جان داد و تعداد دیگری اعدام شدند؛
- در نتیجه این کودتا رهبران گروههای افراطی راست مذهبی مانند ربانی، گلبدین و مسعود از کشور فرار نموده به آغوش سازمان استخبارات نظامی پاکستان پناه بردند که نتایج فاجعه بار آن تا امروز ادامه دارد؛ و
- با استفاده از فرصت گروههای مارکسیستی پرچم و خلق خودرا جانشین منطقی رژیم کودتا دانسته مجددا متحد شدند و برای بدست گرفتن قدرت آمادگی گرفتند و در نتیجه با اولین فرصت رژیم را ساقط کردند.

رژیم کودتا ناگزیر بدست همان کودتاچیان اولی و رفقای آنها ساقط شد. کسانیکه حقوق و آزادیهای دوره دموکراسی، آزادی مطبوعات، استقلالیت قوهء اجراییه، قوهء مقننه و قوه ی قضاییه و سیستم مشروطه پارلمانی قدرت دولتی را محکوم کرده شرایط بحران امروزی را ناشی از آن آزادیها میدانند باید بدانند که به حکم روند طبیعی تکامل سیاسی و اجتماعی و اقتصادی جوامع بشری ملتها دیر یا زود این آزادیها را میخواهند و بدست می آورند و کسانی که این آزادیها را از مردم سلب میکنند در هر فرهنگ و قاموس سیاسی به عنوان دیکتاتور شناخته می شود. کودتای ۲۶ سرطان ۱۳۵۲ در عمل نظام شاهی مشروطه متکی به

دموکراسی پارلمانی را ساقط کرد و بجای آن یک نظام حاکمیت مطلقه سیاسی را نصب کرده اسم آن را جمهوریت گذاشت تا حدی که دورنمای سیاسی آن بر اساس قانون اساسی جمهوریت ۱۳۵۵ نیز یک دیکتاتوری یک حزبی (حزب انقلاب ملی) بدون آزادی مطبوعات و دموکراسی را نوید میداد.

با آن که بسیاریها معتقدند که داوود خان با حمایت بعضی از اعضای حزب دموکراتیک خلق افغانستان به قدرت رسید، اما نیرومند شدن روز افزون حزب دموکراتیک خلق در سالهای آخر حکومت داوود خان برای او خوشایند نبود. داوود خان در ششم ماه ثور سال ۱۳۵۷ شماری از رهبران عمده این حزب را بعد از اشتراک در مراسم تدفین میر اکبر خیبر، یکی از اعضای کمیته مرکزی حزب مذکور، و ایراد بیانیه های انقلابی، زندانی کرد. ولی هواداران حزب دموکراتیک خلق با نفوذ زیادی که در بدنه دولت، به خصوص در اردو و پولیس داشتند، دست به کودتا زدند. کودتا علیه داوود خان به روز هفتم ثور به قوماندهٔ حفیظ الله امین، رابط حزب دموکراتیک خلق با اردو که در زمرهٔ زندانی شده گان نبود، آغاز شد و تا صبحدم هشتم ثور با کشته شدن داوود خان و ۱۸ تن از اعضای خانواده ایشان در داخل کاخ ریاست جمهوری به پایان رسید.

ختم فاجعه آمیز زمامداری محمد داوود خان

شام روز ۲۷ اپریل ۱۹۷۸ مطابق ۷ ثور ۱۳۵۷ اعلامیه آتی از نام شورای نظامی از طریق رادیو افغانستان به دو زبان دری و پشتو توسط عبدالقادر، محمد اسلم وطنجار مبنی بر سرنگونی رژیم محمد داوود وپیروزی انقلاب یا کودتا پخش گردید. متن اعلامیه چنین بود [۸]:

> " سردار محمد داوود آخرین فرد خاندان مستبد سلطنتی نادر خان، این عوامفریب بی نظیر تاریخ ... برای همیشه از میان رفت و حاکمیت ملی بعد از این به شما خلق نجیب افغانستان تعلق دارد. دفاع از دستاوردهای انقلاب، ازبین بردن هواخواهان این سردار مستبد و ستمگر وظیفه فرد فرد مردمان شرافتمند افغانستان است".

سلطان علی کشتمند در کتاب یادداشتهای سیاسی و رخداد های تاریخی خود که متن اعلامیه نشر شده از رادیو افغانستان را درج کرده اضافه میکند که:

---

[۸] **سلطان علی کشتمند، کتاب یادداشت های سیاسی و رویدادهای تاریخی، جلد اول و دوم ص. ۳۳۶، ناشر نجیب کبیر، چاپ اول سال ۲۰۰۲م.**

"شایان یادآوری است که از همان آغاز اعلام " انقلاب"، اختلافات جدی در میان اعضای رهبری حزب دموکراتیک خلق متبارز بود.

اختلاف نخست میان ببرک کارمل از یک سو و تره کی وامین از سوی دیگر درباره اعلامیه علنی گردید.

کارمل مخالف آن بود که که گفته شود: محمد داوود از بین رفته است. زیرا هنگامی که اعلامیه فوق نشر شد، هنوز محمد داوود و اعضای خانواده وی در قید حیات بودند واز بین نرفته بودند. او اظهار می‌داشت که درباره سرنوشت شخص محمد داوود و همکارآن نزدیکش محکمه در آینده تصمیم خواهد گرفت.

ولی تره کی وامین پافشاری کردند که از بین رفتن وی از پیش اعلام گردد تا هواخواهان او در هر جایی که هستند مایوس شوند و مردم به نظام جدید انقلابی متمایل و امیدوار شوند..

درباره این که اعلامیه از نام کی و کدام مقام انتشار یابد تفاوت نظر هایی جدی نیز وجود داشت.

تره کی مایل بود که " انقلاب" از نام او و به آواز خود وی اعلام گردد.

ولی کارمل و امین با این امر مخالفت کردند. حفیظ الله امین پافشاری میکرد که او باید " انقلاب" را اعلام کند و به قطعات نظامی پیوست این اعلامیه دساتیر بعدی را صادر نماید.

این وریانت به مخالفت جدی کارمل و تره کی مواجه شد.

این مسئله که اعلامیه به نام شورای نظامی یا شورای انقلابی صادر شود نیز مورد اختلاف جدی بود.

بعد از جنجال ها و کشمکش ها فیصله شد که اعلامیه را دو تن از رهبران نظامی به نماینده گی قوای هوایی و زمینی بخوانند که چنان شد.

کارمل پیشنهاد کرد که اعلامیه با بسم الله الرحمن رحیم قرائت شود".

(منبع: کتاب یادداشت های سیاسی و رویدادهای تاریخی سلطان علی کشتمند، جلد اول و دوم- ص.۳۳۶، چاپ اول سال ۲۰۰۲م).

بدین گونه دولت جمهوری محمد داوود خان در یک کودتای خونین نظامی به تاریخ هفت ثور ۱۳۵۷ توسط افسران مربوط به حزب دموکراتیک خلق افغانستان سرنگون گردید.

چگونگی کشته شدن محمد داوود خان

در شب هفتم ثور و صبح هشتم ثور ۱۳۵۷ هجری شمسی در اثر حملهٔ کودتاچیان بالای ارگ ریاست‌جمهوری در قلب شهر کابل، داوود خان و هجده نفر که شامل اعضای خانواده داوود خان و شماری از افسران و دستیاران رئیس‌جمهور کشته شده و تعدادی هم که زخمی شده بودند به شفاخانهٔ جمهورت شهر کابل منتقل شدند. قربانیان توسط مقامات کودتا در بیرون شهر و در جایی دفن شدند که تا سال‌ها بعد کسی نمی‌دانست کجاست. در این حادثهٔ غم انگیز همسر رئیس‌جمهور و خواهر همسرش، برادرش نعیم خان؛ سه پسر و سه دختر رئیس‌جمهور، یک داماد و یک عروس و چهار نواسه محمد داوود خان کشته شدند. علاوه بر این، غلام حیدر رسولی وزیر دفاع کابینهٔ داوود، عبدالقادر نورستانی وزیر داخله و سید عبدالله معاون رئیس‌جمهور نیز کشته شدند[9]. به تاریخ هشتم ثور ۱۳۵۷ ببرک کارمل معاون سرمنشی حزب دموکراتیک خلق اعلام کرد که "آخرین بازماندهٔ خاندان آل یحی از قدرت افتاد

در مورد چگونگی قتل داوود خان و نزدیکان او دو روایت موجود است:

۱. روایت قتل داوود خان، اعضای خانواده و همکاران توسط کودتاچیان؛ و

۲. روایت خودکشی داوود خان و قتل اعضای خانواده توسط میرویس داوود.

در ذیل هر دو روایت بدون تبصره و بدون حذف و ازدیاد همان طور که گزارش شده تقدیم خوانندگان میگردد:

۱- روایت قتل داوود خان، اعضای خانواده و همکاران توسط کودتاچیان

---

۹ Adamec, Ludwig W. (۲۰۱۲). *Historical Dictionary of Afghanistan*. ISBN ۹۷۸-۰-۸۱۰۸-۷۸۱۵-۰.

این روایت را من به عنوان روایت رسمی قتل داوود خان یاد می کنم زیرا توسط سلطان علی کشتمند، که در حکومت ببرک کارمل تا ماه مئ سال ۱۹۸۸م به عنوان صدراعظم یا رییس شورای وزیران انجام وظیفه کرده است و در شب کودتای ۸/۷ ثور ۱۳۵۷ همراه با سایر اعضای رهبری حزب دموکراتیک خلق در مقر قوماندانی کودتا در عمارت رادیو افغانستان حاضر بود، گزارش داده شده است. کشتمند در کتاب یادداشتهای خود می نویسد که:

"صبحگاهان ۲۸ اپریل یا هشتم ثور در اثر مساعی مشترک تانکیست ها و پیلوتها آخرین مقاومت های گارد جمهوری در هم شکست. ولی محمد داؤد تا آنگاه مقاومت کرده بود . پس از آن گروه از قاصدان نزد وی به ارگ فرستاده شدند. هیأت رهبری حزب هنگام که در حدود ساعت ۸ - ۹ صبح ۲۸ اپریل بار دگر به مرکز رادیو افغانستان تشکیل جلسه دادند؛ مطلع شدند که محمد داؤد حاضر به تسلیم شدن نیست. درباره اینکه با وی همکاران و خانواده اش چگونه برخورد صورت بگیرد؛ بحث داغ میان اعضای کمیته مرکزی موجود، در گرفت. امین درباره انجام حمله مسلحانه بر وی و در صورت مقاومت، بنحو آتشین از میان بردن فوری او و همکارانش سخن میگفت. عده از اعضای کمیته مرکزی این نظر را حمایت کردند؛ لی ببرک کارمل بنحو قاطع با آن مخالفت نمود و اظهار داشت که نباید به هیچ صورت باین امر مبادرت ورزید . او گفت بگذار با حوصله مندی و خونسردی این مسأله حل گردد. ... این حرفها سبب خشم امین گردید تحت بهانهٔ تامین تماس با برخی از قوماندانان قطعات جلسه را ترک گفت و پس از ساعتی باز گشت. بحث پیرامون این مسئله و مسائل دیگر برای مدتی ادامه یافت تا اینکه یک تن از افسران که گفته میشد از زمرهٔ خلقیان وفادار، ولی نه هواخواه شخصی امین بود، با دست و بازوی راست خونین وارد اتاق گردید و مطالبی را باین مفهوم اظهار داشت: 'من با عده ای افسران و سربازان داخل گلخانه ارگ شدم و از نام شورای نظامی به محمد داؤد ابلاغ کردم که سلاح را برزمین بگذارد و تسلیم شود، ولی او نپذیرفت و با سلاح دست داشتهٔ خود بر ما فیر کرد. یک تن از رفقای ما کشته شد و طوریکه می بینید من جراحت برداشتم. همراهان من

طاقت نیاوردند او و همه را که همراه او بودند تحت آتش متقابل گرفتند."[۱۰]

کشتمند علاوه میکند که: " آنچه معلوم است اینکه حفیظ الله امین بنا بر هر انگیزه ای که در ذهن وی تسلط داشت اعم از اینکه سیاسی انقلابیگرانه بود یا شخصی، از همان آغاز تلاش میورزید تا محمد داؤد را از میان بر دارد."

این یادداشتهای سلطان علی کشتمند با اظهارات بریدمن امام الدین در مصاحبه با داکتر فضل‌الله مجددی که در سال ۱۹۹٦م صورت گرفته (منتشره سال ۲۰۰۳م) مطابقت دارد.

اظهارات لمړی بریدمن امام‌الدین لوگری را دربارۀ شهادت سردار محمد داوود در صبح ۸ ثور ۱۳۵۷ داکتر فضل‌الله مجددی در کتاب «حقیقت‌التواریخ: افغانستان از امیرکبیر تا رهبر کبیر»[۱۱] شرح داده است. موصوف مینویسد در روزهای آخر قوس سال ۱۳۷۵ هجری شمسی در مزارشریف با دگر جنرال امام الدین ملاقات کردم تا جریان کشته شدن داوود خان را از زبان کسیکه ادعا میکند مسؤل آن است بشنوم. امام الدین که در زمان کودتای ۲۶ سرطان ۱۳۵۲ داوود خان از رتبۀ خورد ظابطی به رتبۀ بریدمن اول ارتقأ کرده بود اکنون به پاس خدماتش به رژیم کودتا به رتبۀ دگرجنرالی ارتقأ کرده و به حیث رییس تعلیم و تربیه قطعات نظامی مزارشریف وظیفه اجرا میکند. موصوف که در وقت کودتا قوماندان یک تولئ پیاده بود از حفیظ الله امین وظیفه می گیرد که با تولئ خود داخل ارگ شده و داوود خان را گرفتار نماید. او میگوید:

["بعد از انداخت های سلاح های ثقیله و قوای هوایی بالای ارگ ریاست جمهوری که در طول شب جریان داشت با دو نفر از افرادم با تاکتیك پیاده خود را نزدیك قصر گلخانه رسانیدیم. دروازه قصر بسته بود به کلکین نزدیك دروازه به اتاق پهلوی سالون گلخانه یك نفر پهره دار ایستاده بود ذریعه کلاشینکوف او را تهدید به تسلیم شدن کردیم. پهره دار مذکور از کلکین کلاشینکوف خود را بالای سر ما نشانه گرفت و نام مرا امام الدین گرفته ضمن دشنام گفت تو انگور خور

---

[۱۰] **سلطان علی کشتمند، کتاب یادداشت های سیاسی و رویدادهای تاریخی، جلد اول و دوم ص. ۳۴۴، ناشر نجیب کبیر، چاپ اول سال ۲۰۰۲م. ص ۳۳۱.**

[۱۱] **پشاور : بنگاه انتشارات میوند، ۱۳۸۲ (۲۰۰۳م).**

زرغون شهری حال آمده یی من را تهدید می کنی چون دیدم پهره دار مرا شناخته است من هم متوجه شدم که خواجه عبدالمجید کلنگاری است که او هم از افسران گارد بود فوری بالایش صدا کردم که میخواهم با داؤدخان صحبت نمایم تا از خطر از بین رفتن نجات پیدا کند خواجه مجید کلنگاری گفت این قسم گپ بزن گپ تسلیمی را برایم نزن ما و تو هر دو بچه یك لوگر هستیم چطور میگی که تسلیم شوم. او به همکاری یك نفر صاحب منصب دیگر بعد از اخذ اجازه از داؤدخان دروازه را برایم باز کرد.

من پیش و دو نفر از سربازهایم به عقب من بودند که به اتاق داؤدخان داخل شدیم در اتاق نعیم خان برادر داؤدخان یکی دو نفر وزیران و یك دختر داؤدخان و چند نفر دیگر بودند. من امام الدین به مجرد داخل شدن به اتاق داؤدخان رسم و تعظیم و سلام عسکری را انجام دادم داؤد خان که تفنگچه بدست داشت گفت چه گپ است؟ گفتم صاحب گپ از گپ تیر است تسلیم شوید داؤدخان به قهر گفت به کی تسلیم شوم؟ امام الدین میگوید من برایش گفتم به شورای انقلابی و قوای مسلح تسلیم شوید که قوای مسلح تمام قطعات را تصفیه کرده فقط شما مقاومت می کنید. داؤدخان گفت من هرگز تسلیم شما نخواهم شد. من امام الدین اصرار کردم و برایش گفتم صاحب به خاطر نجات جان تان ضرور است تسلیم شوید. درین اثنا داؤدخان ذریعه تفنگچه که به دست داشت بالای من فیر کرد که به دست من اصابت کرد و شدید جراحت برداشتم. دیگر بین افراد و من و داؤدخان و پهره داران او فیرها تبادله شد که در نتیجه داؤدخان کشته شد."][۱۲]

نوشته های سلطان علی کشتمند در این مورد با سخنان بریدمن امام الدین که توسط داکتر فضل‌الله مجددی در بالا گزارش شده مطابقت دارد.

۲- روایت خودکشی داوود خان و قتل اعضای خانواده توسط میرویس داوود

---

۱۲ **سلطان علی کشتمند، کتاب یادداشت های سیاسی و رویدادهای تاریخی، جلد اول و دوم ص. ۳۳۶، ناشر نجیب کبیر، چاپ اول سال ۲۰۰۲م. ص ۳۳۱.**

این روایت که برای ۴۵ سال همانند یک راز جگر سوز روح و روان گلالئ، خانم عمر داوود پسر ارشد داوود خان را می آزرد، توسط داوود ملکیار در یک مقاله تحت عنوان "محمد داؤد و خانواده اش چگونه کشته شدند؟ شاهدی از داخل ارگ، پرده از اسرار مهمی برمیدارد: رازی که در آغاز راز نبود!" منتشرۀ ۱۶ آگست ۲۰۲۳ وبسایت "آریانا افغانستان آنلاین" افشأ گردید.

نظر به اهمیت و حساسیت موضوع، این مقاله بدون کم و کاست در ذیل نقل میگردد. این مقاله در مورد مصاحبۀ داوود ملکیار با خانم گلالی داوود خانم عمر داوود پسر ارشد رئیس جمهور داوود می باشد. من در وزارت پلان در دوران جمهوریت داوود خان افتخار همکاری با محترم انجنیر عمر داوود را داشتم و ایشان را یک فرد واقعاً وطن پرست، صادق، پاک، و با پشت کار زیاد یافتم که همه روزه ساعتها بعد از ختم وقت اداری در دفتر خود در وزارت پلان مصروف کار پروژه های انکشافی شامل پلان هفت سالۀ جمهوریت می بود. همچنان من محترم داوود ملکیار نویسندۀ مقالۀ آتی را در ویرجینیای ایالات متحده در سال ۲۰۱۹ ملاقات کردم. موصوف جریان مصاحبۀ را که در این مقاله با خانم گلالئ داوود به آن اشاره شده برایم بطور اجمالی قصه کردند و اظهار داشتند که تمام مصاحبه با آواز خانم گلالئ داوود ریکارد شده و نزد ایشان موجود است.

[مقدمه: حدود ۴۳ سال قبل که این جانب به کلیفرنیا مهاجرت کردم، وقایع داخل ارگ یا رویدادهای روزهای هفت و هشت ثور سال ۱۳۵۷ را بار نخست غیر مستقیم با روایت دیگری شنیدم. رویدادهایی که به مرگ محمد داؤود و بسیاری از اعضای خانواده اش انجامید.

این روایت حاکی از چشم دیدهای یک شاهد عینی معتبر و صادق، از جریان وقایع داخل ارگ، در روز و شب کودتای ۷ ثور می باشد و این شاهد صادق و رنج دیده، محترمه گلالی ملکیار داؤود است.

به این ترتیب که چند هفته قبل از رسیدن ما به شهرک پالم سپرنیگ کلیفرنیا، محترمه گلالی داؤود، همسر عمر داؤود (پسر بزرگ داؤود خان)، چند هفته برای استراحت، در منزل یکی از اعضای خانوادۀ ما (محترم ظاهر شالیزی) در پالم سپرینگ گذشتانده و بعداً دوباره عازم ایالت مریلند شده بود.

محترم ظاهر شالیزی که جریان کشته شدن بعضی از اعضای خانواده و زخمی شدن تعداد دیگر را توسط میرویس پسرداؤود خان، از زبان گلالی ملکیار داؤود در جریان میزبانی از آن بانوی غمدیده شنیده بود، به این نویسنده و دیگر اعضای خانواده حکایت کرد.

برای من (داؤود ملکیار) در چند سال اول اقامت در امریکا، فرصتی دست نداد تا محترمه گلالی داؤود (دختر بزرگ مرحوم عبدالله ملکیار) را از نزدیک ببینم و از او مستقیماً چیزی بشنوم. اما در سال‌های بعد، چند بار گلالی جان با پدر بزرگوار شان (جناب عبدالله ملکیار) به کلیفرنیا سفر نموده و در جریان سفر، به دیدن پدر مرحومم جنرال عبدالسلام ملکیار و دیگر اعضای خانواده به شهر سندیاگو آمده و برای من هم چندین بار فرصت میسر گردید تا آن عزیزان محترم و بزرگوار را از نزدیک ببینم. و هم با آمدن آن بزرگواران به منزل ما، فرصت‌های خوبی برای شنیدن شرح آن وقایع دردناک، دست داد.

چنانچه در یکی ازین سفرها که گلالی جان به منزل ما آمده بود، در حالیکه چند نفر دور او نشسته بودیم، بدون کدام سوال، راجع به دخترهای جوانش که در ارگ شهید شده بودند، صحبت را آغاز کرد و جریان کشته شدن آن عزیزان را لحظه به لحظه حکایت کرد.

من هم در جریان آن صحبت، راجع به تصمیم و اقدام میرویس پسر داؤود خان که بالای یک تعداد اعضای خانواده فیر کرده بود، از او پرسیدم که آیا واقعیت دارد؟ او سر خود را تکان داده و صرف گفت که: "بلی حقیقت دارد."

در آن شب بیشتر از آن، فرصت برای سوال کردن میسر نشد، تا اینکه گلالی جان در سال ۲۰۰۸ برای اشتراک در یک رویداد خانواده‌گی، برای چند هفته به کلیفرنیا آمد و این بار فرصت بیشتر میسر شد تا آن بانوی غم دیده را چندین بار طور مفصل ببینم و به شرح مفصل وقایع ارگ و درد دل‌های او گوش دهم.

بعد از شنیدن جریانات داخل ارگ و چگونگی کشته شدن اعضای خانوادۀ داؤود خان، از زبان این بانوی محترم، تصمیم گرفتم که دفعۀ بعد باید آنرا ثبت نمایم، تا در آینده به نسبت مرور زمان و یا ضعف حافظه از اشتباه در نقل قول دقیق، جلو گیری نمایم.

به این نکته هم باید اشاره کرد که این وقایع قبل از آنکه راز و اسرار باشند، واقعیت‌های علنی بوده که در حضور تقریباً پانزده تا بیست نفر

رخ داده است، ولی تدریجاً بخاطر احترام به کشته شده‌گان آنروز، شکل ناگفتنی را بخود گرفته و هر قدر زمان بیشتر گذشته، به همان اندازه گفتن آن مشکل‌تر گشته است. و نیز قابل یادآوریست که این نویسنده چندین سال قبل در مورد وقایع ارگ در جریان روزهای هفت و هشت ثور، یعنی از آغاز تا پایان کودتای ثور، ناگفته‌هایی را بدون ذکر نام شاهد عینی، مختصراً نوشته و منتشر نمودم که برای یک عده از مخلصین و طرفداران سرسخت داؤود خان قابل تحمل و قبول نبود، از اینرو کوشش به عمل آمد تا با دشنام‌ها و اهانت‌ها، از نشر بیشتر آن جلوگیری نمایند. از طرف دیگر شاهد عینی آنروز غم انگیز، یعنی بانو گلالی داؤود که تمام جریان آن روز را چندین بار حکایت کرده بود، نمی‌خواست با انتشار نامش، سبب آزرده‌گی اعضای خانواده گردد و یا مورد اهانت و سر زنش چند تن بی‌پروای سبکسر، قرار گیرد.

و با وجود آنکه من این صحبت‌ها را برای حفظ امانت‌داری و دقت در نقل قول، ثبت نموده بودم، اما روی ملحوظات فوق و برای حفظ آرامش روحی آن بانوی شریف و غمدیده، دقیقاً پانزده سال از نشر مکمل آن صحبت‌ها خودداری نمودم.

و حالا که از فوت محترمه گلالی داؤود نزدیک به یک سال میگذرد، و دوستانی چند، طور مکرر توصیه و استدلال نمودند که عمر انسان وفا و بقا ندارد و چشم به هم زدن از دنیا می‌رویم، لذا باید اظهارات این شاهد معتبر و غمدیده را، با هموطنان خود شریک سازم، تا گوشهٔ از تاریخ پر تلاطم کشور ما در تاریکی باقی نماند.

متن صحبت ها با خانم گلالی ملکیار داؤود

آنچه را در ذیل می خوانید، متن یک مصاحبهٔ معیاری نیست، بلکه صحبت‌های خودمانی محترمه گلالی ملکیار داؤود می باشد که مفصل‌ترین آن بتاریخ چهارم اگست سال ۲۰۰۸ با این جانب داؤود ملکیار انجام یافته است، که اینک برای مطالعهٔ هموطنان تقدیم میگردد.

بعد از احوالپرسی و قصه‌های خانواده‌گی، صحبت میرسد به موضوعات مربوط به زندگی این بانوی محترم در بین خانوادهٔ سردار داؤود خان و به تعقیب آن، روز مرگبار هفت ثور.

- داؤود ملکیار

راجع به زنده گی تان در خانوادهٔ سردار صاحب داؤود خان یک کمی بگوئید.

• گلالی ملکیار داؤود

وقتی با عمر عروسی کردم، در بین فامیل شان بسیار نازدانه بودم، صدراعظم صاحب مرا "گلی" می گفت و بسیار دوست داشت، از ازدواج ما بسیار خوشحال بود. در روز عروسی گفت که خدا عمر را توفیق بدهد که تو را خوش و راضی نگهدارد. صدراعظم صاحب، بابیم و پسران کاکای بابیم را هم بسیار دوست داشت.

یادم است یک روز با عمر (منزل) بالا نزد صدراعظم صاحب رفتیم، از من پرسید که عبدالسلام خان و عبدالجبار خان با خانم میوندوال چه نسبت دارند. برایش گفتم که برادران خانم میوندوال استند. برایم گفت که بسیار مردم نجیب و صادق استند، خصوصاً سلام خان را از نزدیک می شناسم.

در زمان دیموکراسی صدراعظم صاحب هر هفته اخبار مساوات را می‌خواست و می‌خواند و خوشش می‌آمد که میوندوال از حکومت و پادشاه انتقاد میکرد. من میدیدم که با علاقه می خواند.

• د. م

• شما سردار داؤود خان را در خانه به کدام لقب خطاب میکردید؟

• گلالی داؤود

من هرگز او را مستقیماً با نام و یا لقب خطاب نمیکردم، صرف "شما" می‌گفتم، اما در غیاب شان، بابه داؤود و یا صدراعظم صاحب می گفتم. بی‌بی‌جان، خانم داؤود خان، او را تا روز آخر (فرقه مشر) خطاب می کرد و عجیب بود که خانم وزیر صاحب خارجه، سردار نعیم خان را تا روز آخر "وزیر معارف" خطاب میکرد (با خنده).

• د. م :

دختران و پسران شان، پدر و مادر را چه خطاب میکردند؟

• گلالی داؤود

پسران و دختران همه پدر شانرا بابه می گفتند و مادرشان را بوبو صدا می‌زدند.

• د. م

مناسبات در خانه و بین اعضای فامیل چگونه بود؟

• گلالی داؤود

فوق‌العاده احترام‌کارانه. من همه را هم دوست و هم احترام داشتم. شیما خانم ویس و هما خانم خالد یعنی زن‌های ایورهایم، مرا بسیار دوست و هم احترام داشتند، هر دوی شان دخترهای بسیار خوب بودند.

• د. م

مناسبات عمر جان با پدرش (سردار صاحب) چطور بود؟

• گلالی داؤود

بعد از کودتای سرطان با پدرش هم نظر نبود. بیشتر با سردارنعیم خان نزدیک بود. خصوصاً از روزی که الیاس مسکینیار نزد عمر آمد و قصهٔ قلعهٔ زمان خان را کرد. عمر رنگش تغییر کرد و از همان روز به بعد با رژیم و پدر مخالف شد. بعضی ها هم نقش خراب بازی می‌کردند. مثل اکبر جان رئیس دفتر همیشه خانهٔ ما می‌آمد و عمر را در مقابل پدرش بد بین می‌ساخت. تا اینکه یک روز من قهر شدم و به عمر گفتم که اکبر جان را بسیار راه نده. و یک روز هم به خود اکبر جان گفتم که کار خوب نمی کنید. او به من چیزی نگفت، اما در آخر روز خبر شدم که از من به عمر شکایت کرده بود. یک آدم مشکوک دیگر، عبدالاحد ناصر ضیا بود که در آستین سردار نعیم خان جای گرفته بود.

کسانی که از کار کشیده می شدند پیش عمر می‌آمدند و شکایت می‌کردند. حسن شرق وقتی سفیر مقرر شد، همرای خانم خود پیش عمر آمده و بسیار خلق تنگ بود و شکایت داشت که ما را از وطن دور کردند.

وزیر صاحب خارجه با عمر بسیار نزدیک بود. یک روز وزیر صاحب خارجه با بی‌بی جان خانم شان به خانهٔ ما آمدند، درین وقت واصفی همرای عمر نشسته بود و صحبت می‌کردند. وزیر صاحب خارجه به عمر گفت که اگر ما ده نفر مانند واصفی می داشتیم، اوضاع مملکت چنین نمی بود. بعد از کودتای ثور، واصفی هم در زندان

پلچرخی با ما زندانی بود، با ما جوانمردی کرد و به ما احوال فرستاد که از یک هزار تا صد هزار افغانی ضرورت باشد، دریغ نخواهم کرد.

وزیرصاحب خارجه (سردار نعیم خان) مثل عمر با قدیر نورستانی و عبدالاله و این نفرها خوب نبود، اما همرای واصفی و چند نفر دیگر مثل او بسیار نزدیک بود. یک دفعه پنج وزیر مانند عطایی، واصفی و وحید عبدالله و دو نفر دیگر آمدند پیش عمر و بعد از صحبت ها به ارگ رفتند که یکجایی استعفا بدهند، قرار شنیدگی صدراعظم صاحب با تمسخر به وحید عبدالله گفته بود که تو خو وزیر نیستی، چرا درین جمع آمدی؟

یک روز دیگر بیادم است که در خانهٔ عایشه جان، عمهٔ عمر رفته بودیم، هر سه برادر (عمر، خالد، ویس) با کاکای خود (سردار نعیم خان) بریج بازی می کردند. کاکا از برادر زاده هایش خواست تا نظر شانرا راجع به اوضاع مملکت بگویند.

عمر نظر خود را گفت که وضع مملکت خوب نیست و اوضاع خطرناک شده می رود. عمر می گفت که این نفر هائی که بصورت فوق العاده دو رتبه ترفیع گرفته اند، باید بعد از گرفتن رتبهها، کنار می رفتند. خلاصه نظر عمر منفی بود، خالد نه بسیار خوشبین بود و نه بسیار بد بین. اما ویس همرای پدرش (داؤود خان) همنظر بود و نزد صدراعظم صاحب هم کمی معتبر بود. ویس اوضاع را بسیار خوب میدید و همه چیز را آنروز مثبت تعریف کرد. ویس با قدیر نورستانی وزیر داخله و نفرهای مثل او، رفت و آمد داشت، یعنی با رژیم هم دست بود.

عمر آدم لایق و درس خوانده بود و از سویس ماستری گرفته بود. نمیخواهم تعریف عمر را بکنم بخاطر اینکه شوهرم بود، عمر راستی یک انسان راست و نترس بود. همانطوریکه مقابل پادشاه ایستاد، در مقابل پدر خود هم ایستاد. روابط عمر چند سال با صدراعظم صاحب خراب بود، تا اینکه در نوروز یعنی یک ماه قبل از کودتای ثور، در جلال آباد با صدراعظم صاحب آشتی و بغل کشی کرد.

• د. م

به اجازهٔ تان برویم به روز هفت ثور، کجا بودید و چگونه اطلاع یافتید؟

• گلالی داؤود

آنروز صبح خبر شدم که خواهرم لیلا ملکیار مریض است و سردردی
بسیار شدید دارد. ساعت ده بجهٔ صبح، قبل از آنکه به دیدنش بروم، به
دیدن بی‌بی جان (خانم صدراعظم صاحب) رفته و گفتم که لیلا مریض
است و باید بروم. بی‌بی جان گفت که من هم با تو دیدن لیلا میروم،
درین وقت شنکی جان، خواهر عمر هم آمد و گفت که شما را من
می‌رسانم، دریور را نبردیم. تقریباً تا کمی پیش از ساعت دوازده،، با
لیلا خواهرم بودیم و بعد از آن به طرف خانه برگشتیم.

وقتی موتر ما برای رساندن من، حدود ساعت دوازده، نزدیک منزل
ما رسید، دیدم که عمر با بالاپوش خواب در پیاده رو ایستاده و بسیار
نفرها دورش جمع بودند. عمر به مجرد دیدن ما، مرا صدا زد که از
موتر پائین نشو و همرای بوبویم به ارگ برو. من قبول نکرده و گفتم
که من با تو می‌باشم و از موتر پائین شدم. شنکی جان و بی‌بی جان به
طرف ارگ حرکت کردند.

عمر در حالیکه با عجله طرف منزل بالا می رفت که لباس تبدیل کند،
گفت که متأسفانه از چیزی که می‌ترسیدم، همان واقع شده. من هم رفتم
تا چیزی بردارم و با عجله آماده شدیم و به یک موتر سرکاری که برای
بردن ما آمده بود، سوار شده و به طرف مکتب اولادها روان شدیم.
وقتی نزدیک مکتب رسیدیم، عبدالحی پولیس نزدیک آمد و گفت که
موتر از ارگ آمد و اولادها را برد. عمر نمی‌خواست به ارگ برود،
من هم شق کردم که اگر تو نمی روی، من هم نمی‌روم. عمر قبول کرد
و ما هم به طرف ارگ روان شدیم.

وقتی به زینه‌های ارگ بالا می شدیم، عمر بسیار قهر بود و تکرار
گفت که: (گلک! آنچه که باید نمی شد، شد). من به عمر گفتم که حالا
قهر و آزردگی فایده ندارد. ما در جریان فیرها داخل ارگ شدیم، وقتی
داخل شدیم، یک تعداد در پائین بودند، وقتی ما بالا رفتیم، صدراعظم
صاحب در بالا پشت میز دفتر خود نشسته بود. عمر رفت و دست بابه
را ماچ کرد.

در دفتر صدراعظم صاحب قبل از ما، وزیر صاحب خارجه (سردار
نعیم خان)، اعضای خانواده به شمول پسران و دختران سردار صاحب
آنجا بودند. از اشخاص غیر خانوادگی صرف قدیر، سید عبدالاله و
اکبر جان رئیس دفتر آنجا بود. سید وحیدالله را هم مختصراً دیدم. عمر
و خالد و ویس همه پائین و بالا می رفتند و اوضاع را به صدراعظم

صاحب می گفتند. صدای فیرها از دور و نزدیک به گوش می رسید، بعداً صدای طیارات جت شنیده شد که بر یک قسمت ارگ فیر کرد و آنجا آتش گرفت. در ساعات اول امید بود چون جنگ بود و مقاومت بود.

• د.م

آیا داؤود خان با بیرون تماس تلیفونی داشت؟

• گلالی داؤود

بلی، تلیفون‌ها در اوایل کار میکرد، تماس مخابره هم برقرار بود، اما پسانتر قطع شد. داؤود خان تا نزدیک شام در دفتر خود بود، اما قبل از شام با دیگران به منزل پائین رفتند، آنجا اتاق گفته نمیشد، صالون هم نبود بلکه یک هال بود. در آنجا صدراعظم صاحب به وزیرها و همکارهای خود گفت که: «فکر نمی کردم که این چیز واقع شود، من مسؤولیت این واقعه را به عهده میگیرم، شما هر کدام تان می توانید برای نجات خود تصمیم بگیرید و مکلفیت ندارید که این جا بمانید». بعد از این گفتار صدراعظم صاحب، چند نفر از وزیر ها تصمیم به فرار گرفتند، مثل سید وحیدالله و تیمور شاه جان رفتند و از ارگ برآمدند. صدراعظم صاحب رادیو را میشنوید و وقتی صدای وطنجار را از رادیو شنید، گفت: (ببینید، ای وطنجار هم همرای شان است)

• د . م

شنیده بودیم که داؤود خان می خواست از ارگ خارج شود، اما بالایش فیر شد، درست است؟

• گلالی داؤود

نی، صدراعظم صاحب هیچ قصد رفتن نکرد، اما در شروع شب سه موتر را آورده بودند که اگر کسی از ارگ خارج شود. عمر گفت من نمی‌روم، من گفتم که من هم نمی‌روم. سردار نعیم خان و زرلشت (دختر صدراعظم صاحب) قصد رفتن کردند، اما در پیش دروازه فیر شد و به پای (زیر زانوی) سردار نعیم خان خورد و هم انگشت پای زرلشت زخمی شد. دروازه را بسته کردند و دیگر کسی قصد رفتن نکرد.

عمر با من و اولادها تا نیم شب در منزل بالا ماندیم. همه چراغ‌ها را گل کرده بودند که از بیرون داخل را دیده نمی توانستند، اما از کلکین‌ها

در تاریکی شب فیرها می آمد. هیچکدام ما دست و پاچه نبودیم، تنها اکبر جان رئیس دفتر بسیار ترسیده بود و معنویات خود را باخته بود.

در منزل پائین جائیکه سردار نعیم خان بالای یک کوچ با پای زخمی نشسته بود، نزدیک آن یک دروازه قرار داشت، اکبر جان رئیس دفتر صرف یکبار دروازه را تیله کرد و گفت که دروازه قفل است، اما اگر هوشیاری میکرد و دو سه نفر باهم آنرا تیله میکردند حتمی باز می‌شد و از آنجا به هر طرف ارگ راه نجات پیدا می شد. اما نمیدانم چرا به فکر کس نرسید.

خالد نزدیک‌های نیم شب به منزل بالا نزد ما آمد و گفت که دیگر امید رسیدن کمک از بیرون نیست و تمام اوضاع به نفع دشمن است. عمر گفت که باید تا آخرین مرمی بجنگیم. چون در بالا خطر اصابت بم های طیاره بیشتر بود، صدراعظم صاحب عمر را روان کرده بود که با اولادها از بالا به منزل پائین بیائید.

ما در حال پائین شدن بودیم و هنوز به هال پائین نرسیده بودیم که از بیرون کلکین، فیر ماشیندار شد و هر چهار نفر ما زخمی شدیم. عمر چون مرمی به قلبش خورده بود، در ظرف چند دقیقه فوت کرد، خودم چندین مرمی به پای، سرین و کمرم خوردم، دختر سیزده سالۀ ما (غزال) مرمی به شکمش خورده بود، هیله دختر پانزده سالۀ ما، زخمش کشنده نبود. هیله دخترم با دیدن دست پدرش با گریه صدا زد که سه انگشتش نیست. من او را در بغل گرفته و برایش گفتم که آرام باش دخترم، بابیت دیگر زنده نیست و تا فردا هیچکدام ما زنده نخواهیم بود.

بعد از نیم شب خالد داؤود نیز زخمی شد و در حالیکه بسیار درد میکشید، از ویس برادرش می خواست که بالای او فیر کند، اما ویس مقاومت میکرد. خالد زاری میکرد که "غیرت کن، فیر کن"، به این ترتیب خالد یک ساعت بعد فوت نمود. خالد راستی آدم بسیار خوب بود و هم بسیار بی‌غرض بود. ما خانمها، اولادها و کسانی که زخمی شده بودند، در اتاق درون یا اتاقیکه دروازۀ آن در هال موقعیت داشت، قرار داشتیم. جمعاً هفت نفر زخمی شده بود. (منظور از هفت نفر شاید، سردار نعیم خان، زرلشت، گلالی، هیله، غزال، خالد و داؤد غازی بوده باشد. نویسنده)

دختر سیزده ساله ام (غزال) که زخم شدید خورده بود، در اتاق ما، اما از من کمی دورتر و نزدیک به هما جان بیحال افتاده بود. تقریباً یک یا دو ساعت بعد از نیم شب، از هما خواستم که ببیند که غزال هنوز زنده است؟ هما گفت که خاله گگ! غزال فوت شده و دست ها و پاهایش یخ شده است.

بعد تر خالد که سرش در بغل خانمش (هما جان) بود، همانطور جان داده بود، و سرعمر بالای زانوی من قرار داشت. نزدیکی‌های صبح، که کمی روشنی شده بود، داؤود خان در حالیکه کلاه قره قل به سر داشت به اتاق ما داخل شده و نزدیک آمد و در حالیکه رنگش سفید معلوم می شد، به سر عمر خود را انداخته و پیشانی هردو پسرش (خالد و عمر) را ماچ کرد. بی‌بی جان زینب جان به صدراعظم صاحب گفت که ببین (گلی) تمامش پر از خون است، صدراعظم صاحب گفت که از حال همهٔ تان خبر دارم، و لحظاتی بعد از اتاق خارج شد.

من در طول شب در حالیکه خون ریزی داشتم، سرم بالای شانهٔ شیما (خانم ویس) بود. شیما گگ هم غم اولادهای خود را می‌خورد که گاهی تشناب می خواستند و گاهی آب می خواستند و هم برای من مرتب آب می‌رساند که زخمی بودم و تشنه می شدم.

نظام جان غازی در اوایل صبح، برای لحظهٔ کوتاه داخل اتاق شد، از او خواهش کردم که کمک کن و دامن دخترم (غزال) را کمی پائین کش کن، ولی حالت نظام جان طوری بود که در مقابل صدا و خواهش من، هیچگونه عکس العملی از او دیده نشد. بعدها شنیده شد که در ساعات آخر، مرمی به رویش اصابت کرده و کشته شده بود. در طول شب سردار نعیم خان با پای زخمی اش بالای یک کوچ یا دیوان نشسته بود، و صبح جسد او بالای همان کوچ قرار داشت. داؤود غازی نواسهٔ داؤود خان نیز در زیر زانو زخم برداشته بود اما می توانست راه برود و در طول شب از یک اتاق به اتاق دیگر میرفت.

نزدیک صبح قدیر نورستانی زخمی شد، نالش و واخ واخ قدیر نورستانی بسیار بلند از هال شنیده می شد. صدای فیرها نزدیکتر شده میرفت. همه منتظر لحظات آخر بودیم. دشمن نزدیک شده میرفت، وقتی دشمن به دروازهٔ عمارت رسید، ویس آمد به اتاق درون، اول بالای کسانی که پیش رویش و نزدیک دروازه بودند، فیر کرد یعنی اول بالای زن خود و بعد بالای دو پسر خورد سال خود فیر کرد.

(چگونگی اصابت مرمی و کشته شدن ویگل، طفلک دو و نیم ساله توسط فیر کلاشینکوف پدرش ویس داؤود، آنقدر رقت انگیز و دلخراش است که قلم از نوشتن آن عاجز ماند. نویسنده)

ویس بعد از آن، تفنگش را طرف من گرفت، من برایش گفتم که به رویم نزن، او به شکم من و دخترم هیله که هر دو در پهلوی شیما (خانم ویس) نشسته بودیم، فیر کرد و بعد تا که توانست از بین برد.

گلالی داؤود با گریه چنین ادامه میدهد: خاطره یی که مرا خراب خراب میکند این است که دخترم هیله در پهلوی هما جان و بی بی جان زهره جان (خانم سردار نعیم خان) و سلطانه جان در پهلوی یک دیوار ایستاده بودند، جایی که ویس آنانرا مستقیماً دیده نمی توانست. من چند لحظه قبل از داخل شدن ویس به اتاق ما، هیله را گفتم بیا پهلوی من دراز بکش. هیله فوری آمد و پهلوی من نشست. اگر این کار را نمی کردم هیله حالا زنده می بود. هیله آنقدر دختر با گفت بود که وقتی ویس برای فیر کردن در پیش ما قرار گرفت، دخترم از ترس پاهایش را جمع و زانو هایش را پیش سینه اش سپر ساخت. من برایش گفتم:

دخترکم، پاهایت را دراز کن تا زودتر از این عذاب خلاص شویم، دخترک گپ شنو، درین حال هم به گپم گوش کرد و پاهایش را دراز کرد تا ویس به شکمش فیر کند.

(با شنیدن این قسمت گفتار گلالی داؤود، ما پنج یا شش نفریکه دورش نشسته بودیم، هیچکدام اشکهای مانرا کنترول نمی توانستیم. نویسنده)

• د. م

شما گفتید که ویس تا توانست فیر کرد و از بین برد، به نظر تان چند نفر را زد و چرا یک تعداد دیگر را نزد؟

• گلالی داؤود

زرلشت خواهر خود و چند نفر دیگر را هم زد. اما دلیلی که دیگران زنده ماندند این بود که ویس زیاد مهلت نیافت، چون درین وقت دشمن به داخل هال رسیده بود و در همین وقتی که دشمن بالای داؤود خان و دیگران فیر میکرد، ویس از پیش دروازه به کشتار در اتاق ما مصروف بود، شاید در این وقت بالای ویس هم از پشت فیر شده باشد و برای

ویس مهلت نرسیده که همه را بزند و یا کس های را که پهلوی دیوار بود، بزند.

زهره جان، سلطانه جان، هما جان و چند نفر دیگر پهلوی دیوار بودند. چون ویس از پیش دروازه فیر میکرد و ما (شیما خانمش با اولاد ها و من و هیله دخترم) مقابل او قرار داشتیم، اول ما را زد، اما کسانی که پهلوی دیوار بود، ویس آنها را از نزدیک دروازه مستقیماً دیده نمی توانست، به این خاطر بالای آنها فیر نکرد. بعداً دیدیم که جسد ویس هم در لخک دروازه افتاده بود.

(همان دروازهٔ که از "هال" به اتاقی داخل می شد که در طول شب، خانم ها، اطفال و زخمی ها در آن قرار داشتند. نویسنده).

شنکی جان دختر صدراعظم صاحب (خانم زلمی جان غازی) توسط ویس زده نشد، چون او با فیر تفنگچه به کام خود (دهن خود)، خودش را کشت، او در حال نشسته میل تفنگچه را به دهن گذاشته و فیر کرد.

وقتی صبح عسکر ها داخل اتاق ما شدند و ما و دیگر زخمی ها را از اتاق می کشیدند، دیدیم که شنکی جان در همان نقطه در زمین نشسته و سرش به روی زانویش افتاده است. هم چنان وقتی به کمک عسکر ها به بیرون انتقال داده می شدیم، دیدم که داؤود خان در روی زمین همان هال افتاده بود و کلایش نیز در پهلویش دیده می شد و جسد سردار نعیم خان در بالای کوچ یا دیوانی قرار داشت که شب بالای آن نشسته بود.

• د. م

شما یکبار حکایت کردید که در نیمه های شب ویس نزد شما آمد و گفت که: "ما فیصله کردیم که خود را زنده به دشمن تسلیم نمی کنیم"، آیا از شما سوال کرد یا تائید شما را خواست و یا چطور؟

• گلالی داؤود

نی سوال نکرد، تنها همین قدر گفت و بس. و صبح هم که در اتاق درون آمد میخواست زن ها به دست دشمن نیفتند. و شاید بابهٔ ویس برایش گفته باشد که نمان که کسی به دست دشمن بیفتد.

بعد از ختم فیر ها، عسکر ها داخل اتاق ما شدند، صدا زدند که کی زنده و کی زخمی است؟ چند دقیقه بعد وقتی ما را برای انتقال به شفاخانه سوار جیپ روسی کردند، هیله دخترم را در سیت پیش روی

جای دادند و هنوز به شفاخانهٔ جمهوریت نرسیده بودیم که سر دخترم به روی زانویش افتاد. دقایق بعد داکتر های شفاخانهٔ جمهوریت، خبر مرگ دخترم را به من دادند و از آن پس خودم هم نفهمیدم که بالایم چه گذشت.

(یگانه جسدی که در بین اعضای کشته شدهٔ خانوادهٔ داؤود خان در مدفن دسته جمعی پلچرخی، در زمان ریاست جمهوری حامد کرزی، یافت نشد، جسد هیله داؤد، همین دخترک معصوم و مظلوم بود، که در راه شفاخانهٔ جمهوریت فوت شده بود. نویسنده)

من جمعاً هفت مرمی خورده بودم و دو تای آن تا هنوز در بدنم است. داکتر هایی که در جراحی و تداوی ما بسیار کمک کردند، داکتر عزیز آرام که شف بود و داکتر بریالی (از طرف مادر از خانوادهٔ چرخی بود) و هم داکتر سید قدیر. این داکتر ها و هم نرس ها واقعاً دلسوز و با وجدان بودند.

• د. م

به یاد دارم که حدود دو هفته بعد از کودتا، شما را طور تصادفی در اتاق شفاخانهٔ جمهوریت دیدم، آیا بیاد دارید؟

جریان آن دیدار مختصر را درین جا ذیلاً نقل میکنم:

من (د. ملکیار) آنروز برای عیادت یکی از اقارب به شفاخانهٔ جمهوریت رفته بودم. چون نمبر اتاق مریض خود را نمی دانستم، از یک منزل به منزل دیگر میرفتم. در یکی از دهلیزها چشم ام به یک سپاهی افتاد که در پهلوی دروازهٔ یک اتاق، بالای چوکی نشسته بود. وقتی نزدیک دروازهٔ آن اتاق رسیدم، کمی آهسته شده و به داخل اتاق نظر انداختم، فوری مریض را شناختم که محترمه گلالی ملکیار داؤود، خانم مرحوم عمر داؤود، و عروس سردار داؤود خان بود که در پهلوی چپرکت ایستاده و دستش را روی بطن زخمی اش گذاشته بود.

در حالیکه هیجان زده شده بودم، زیرا تا آن روز کسی در خانواده نمی دانست که او زنده است یا خیر، به عجله داخل اتاق شدم. او نیز فوری مرا شناخت و این خانم زجر دیده که دو هفته قبل دو دختر جوانش را در جلو چشمانش از دست داده بود، در حالیکه از دیدنم خوشحال شده بود، با مهربانی توأم با پریشانی به من گفت که: «جانم پیش نیا که برایت نقص نکند». نمیدانم چرا در آن لحظه ترس از سپاهی به فکرم

نرسید، نزدیکش رفتم و با صدای بلند گفتم که همه میدانند که ما و شما یک فامیل استیم، پریشان نه شوید، فقط بگوئید به چه ضرورت دارید؟ ولی این خانم شریف و دلسوز با اصرار میگفت که: "زود ازین جا برو که گپ زدن همرای من برایت خطر دارد، فقط به فامیل بگو که من زنده هستم."

وقتی از اتاق خارج شدم، آن سپاهی شریف که جریان صحبت ما را دید و شنید، از جایش بلند نشد و هیچ چیزی به من نگفت. شاید بلند صحبت کردن من به او این اطمینان را داد که قصد خلاف ندارم، اگر آهسته و مخفیانه صحبت میکردم شاید مشکوک می شد و دست مرا میگرفت.

دلیل اینکه در آن لحظه چرا از سپاهی نترسیدم، شاید آن بوده باشد که وحشت نظام خلقی و کمونیستی را هنوز درست درک نکرده بودیم و یا شاید رفت و آمد پنج سال متواتر ما، به محبس دهمزنگ برای دیدار هفته وار از پدر زندانی ما که بعد از زجر ها و شکنجه ها، مدت پنج سال را در زندان رژیم داؤود خان سپری کرد، ترس ما را از سپاهی از بین برده بود و یا اقلاً کم ساخته بود.

به هر حال، با تأثر آنروز از اتاق خارج شدم و دو هفته بعد تر که برای احوال گیری دو باره به آن اتاق رفتم، بستر خالی بود و آن خانم زخمی را که بقایای چندین مرمی هنوز در بدنش باقی بود، به زندان پل چرخی برده بودند.

از آن پس تا سه یا چهار سال دیگر، این خانم داغدیده را دیده نتوانستم، تا اینکه بار دیگر در کلیفرنیا به دیدنش رفتم و از آن سال ها تا الحال، ده ها بار پای صحبتش نشسته ام و قصه های غم انگیزش را شنیده ام. و بار آخری که با همسرم، به دیدار این خانم محترمه رسیدیم، تابستان سال ۲۰۱۷ بود که در اپارتمانش واقع ایالت مریلند، با وجود تکالیف عدیدهٔ جسمی و روحی، با تبسم همیشه گی از ما استقبال کرد و با نشان دادن عکس های خانوادگی و عزیزان از دست رفته، ما را بار دیگر در خاطرات غم انگیزش شریک ساخت.

اما در این دیدار سال ۲۰۱۷ در مورد چگونگی کشته شدن داؤود خان، گپی که در صحبت های سابقش نگفته بود، از زبانش خارج شد. در صحبت های سابق، همان شکل رسمی و معروف را تکرار میکرد که کودتاچیان به دروازهٔ عمارت رسیده و از داؤود خان خواسته بودند که

تسلیم شود و داؤود خان قبول نکرده و بالای شان با تفنگچه فیر نموده بود. و بعد کودتاچیان با فیر های متقابل همه را از بین برده بودند.

اما این بار در حالیکه با همسرم نادیه جان و گلالی جان که من همیشه او را (خاله گلک) خطاب میکردم، مصروف دیدن البوم های خانواده گی بودیم، من کمرۀ آیفون خود را فعال کردم تا از البوم های دلچسپ و گفتار گلالی جان ویدیو بگیرم، و درین هنگام از او پرسیدم که داؤود خان چگونه کشته شد؟ گلالی جان بدون فکر کردن چنین جواب داد:

"وقتی خلقی ها در آمدند، به خیالم بابه داؤود خود را همرای تفنگچه کشت."

(وقتی گلالی جان این جملات را می گفت، دست خود را به شقیقۀ خود برده و فیر کردن تفنگچه را به شقیقه، تمثیل کرد. نویسنده)

پایان صحبت ها با گلالی ملکیار داؤود.

با توجه به توضیحات قبلی و هم شرح مفصلی که درین جا آمده است، میدانیم که چگونگی کشته شدن‌ها در ارگ، به اعضای خانواده و دیگر نزدیکان، از اول معلوم بوده است، یعنی: رازی که در آغاز راز نبود، تدریجاً و به مرور زمان شکل راز و اسرار را بخود گرفته است.»]

دستاوردهای زمامداری آل یحیی

تضاد یا پارادوکس دردناکی مشمول حال افغانستان است: از یک طرف موجودیت منابع معدنی زیر زمینی غنی این کشور را در قطار کشورهای ثروتمند جهان از نظر منابع طبیعی قرار میدهد، از جانب دیگر افغانستان، هنوزم، چهل و دو سال بعد از ختم زمامداری آل یحیی در سال ۲۰۲۳ در قطار چند کشور کمترین انکشاف یافتۀ جهان شامل میباشد. همچنان، با موجودیت دریا ها و رودخانه های خروشان متعدد که از قله های کوههای سر به کف کشیدهَ پر برف سرچشمه می گیرند، قلمرو این کشور یکی از مناطق نیمه خشک با دشتهای سوزان بی باران و غیر قابل زراعت محسوب می گردد که ناگزیر اکثریت نفوس آن در وادیهای تنگ و کم زمین در کناره های رودخانه ها زندگی میکنند.

عقب ماندگی افغانستان ناشی از چندین عامل است: عوامل تاریخی، عوامل جغرافیایی و طبیعی، عوامل فرهنگی ناشی از بیسوادی و استیلای ارتجاع مذهبی، تضاد شدید ده و شهر در امر تجدد طلبی، کمبود سرمایه، محاط به خشکه بودن و عدم دسترسی به بنادر بحری. تعدادی این عقب ماندگی را ناشی از زمامداران بی کفایت و عدم ثبات سیاسی دولتهای آنها در گذشته تلقی میکنند. اما فراموش نکنیم که دوران تاریخی زمامداران امپراطوری ابدالی همزمان بود، بطور مثال با زمامداری زندیها و قاجاریها در ایران که صدها بار بیکفایت تر و بی ثبات تر از آنها بودند. به تعقیب آن وارثین احمدشاه ابدالی و پسرش تیمورشاه، برای ۱۳۵ سال متمادی با توطئه ها، دسایس و مداخلات آشکار و پنهان استعمار گران انگلیسی و تزاری روبرو شدند که مسئلهٔ اساسی برای آنها حفظ استقلال کشور و حفظ دولت افغانستان بود تا تطبیق فعالیتهای انکشافی. کشوریکه صد سال قبل قدمهای اولیهٔ زمامداران آن برای معرفی تمدن معاصر جهان، بخصوص تعلیم و تربیه و حقوق زنان، با مقاومت سرسختانهٔ روحانیون و اکثریت قاطع نفوس بیسواد با شکست مواجه شد، امروز باز در سال ۲۰۲۳ هنوز هم با محدودیتهای یک رژیم اپارتاید جنسیتی زندگی میکند که نیم نفوس کشور را از حقوق مشروع مدنی آنها مانند حق کار، تعلیم، تحصیل و اشتراک در جامعه محروم کرده است.

سلسلهٔ آل یحییٔ در بحبوحهٔ جدال ترقی با ارتجاع، در اوج شرارت ارتجاع مذهبی ضد هرنوع پدیدهٔ تجدد و ترقیخواهانه، زمانیکه نیروهای ترقی طلب شکست خورده، بدنام و تجرید شده بودند، به قدرت رسیدند. یک پارادوکس دردناک دومی نیز در این بود که در آن مقطع زمان، نیروهای ترقی پسند به عوض همکاری با زعامتی که ارتجاع مذهبی را از قدرت خلع کرده بود، به سپردن قدرت به حاکمیتی پافشاری میکردند که بعضی پروگرامهای ناشیانهٔ غرب زدگی آن آشکارا عامل سقوط خودش بود.

در چنین شرایطی وظیفهٔ اساسی دولت نادری از یکطرف تحکیم و استقرار نظام دولتی بود بدون ایجاد شرایطی که بار دیگر به مداخلهٔ ارتجاع مذهبی موقع دهد. از جانب دیگر وظیفهٔ این نظام معرفی تدریجی پروگرامهای اصلاحی برای بهبود سطح زندگی مادی و معنوی مردم کشور محسوب میگردید.

زمانیکه سلسلهٔ آل یحیی به قدرت رسید (سال ۱۹۲۹م) هیچ مکتبی در کشور موجود نبود، هیچ شفاخانهٔ در کشور فعال نبود، هیچ سرکی در کشور بطور اساسی مساعد برای عبور و مرور عراده جات موجود نبود، هیچ دستگاه تولید برقی فعال نبود، بانکی وجود نداشت. دست آورد انکشاف نسبی دوران سلسلهٔ آل یحیی به مقایسه نیم قرن قبل از آن شامل شاهراهای درجه اول کابل-جلال

آباد-تورخم، کابل-قندهار-هرات-اسلام قلعه، هرات-تورغوندی، شاهراه کابل - سالنگ-پل خمری، پلخمری - قندز- شیرخان بندر، پلخمری-مزارشریف-حیرتان، کابل-گردیز. بندهای برق ماهیپر، سروبی، نغلو، درونته، کجکی، کانالهای آبیاری وادی هلمند، ننگرهار، پوهنتونهای کابل، ننگرهار، قندهار، پولیتخنیک کابل، تخنیکم جنگلک، تخنیک ثانوی، انستیتوت اداره صنعت، مکاتب، و لیسه ها در تمام ولایات برای پسران و دختران، شفاخانه ها در تمام ولایات، مراکز صحی اساسی در تمام ولسوالیها، سینماها در تمام ولایات، استخراج و صادرات گاز طبیعی، فابرکه کود و برق مزارشریف، فابرکات نساجی، پشمینه بافی، جن و پرس پنبه، میدانهای هوایی، سیستم بانکداری، اردو و قوای هوایی نیرومند، میدانهای هوایی، و صدها از این قبیل میباشد.

در مقایسه با آن در سال ۱۳۵۴ هجری شمسی یعنی یکسال قبل از شروع پلان هفتساله و سه سال قبل از سقوط جمهوری داوود خان شاخص های اجتماعی و اقتصادی افغانستان ارقام زیرین را نشان میدهند (پلان هفتساله، ۱۳۵۵، وزارت پلان): استفاده سالانه از کود کیمیاوی در زراعت ۱٤ هزارتن، استخراج گاز طبیعی ۱,۷ ملیارد متر مکعب، تولید سمنت ۱۰,٦هزار تن، منسوجات نخی ٤٦,۲ ملیون متر، نخ برای فروش ۳۳۳ هزارتن، منسوجات پشمی ٤٤٥,۸هزار متر، انرژی برق ۳۰۱,۱ ملیون کلیوات ساعت، طول مجموعی سرکهای موتر رو ۸,۲۱هزار کیلومتر، سرکهای قیرریزی شده ۲,۳۳هزار کیلومتر، تعداد عراده جات ٤۸,۹هزار عراده، دوران حمل و نقل اموال توسط ترانسپورت موتری ۸۳٤ ملیون تن کیلومتَر، ترانسپورت هوائی ۷,۵ ملیون تن کیلومتر، ترانسپورت هوایی مسافرین ۸۰,٦ ملیون نفر کیلومتر، تعداد تیلیفونهای نصب شده ۱۱ هزار، طول لین چینل سیستم ۲٤٦٦ کیلومتر، تعداد مکاتب ابتدایی ۲۲۷۳ باب، لیسه های عمومی ۵۷ باب، لیسه های مسلکی۱۲ باب، دارلمعلمین ها ۱۰ باب، تعداد متعلمین ۵۳٦,۱ هزار نفر، فیصدی متعلمین صنوف ۱-۸ به تناسب اطفال سنین ۱-۷ ساله ۲۱,۸فیصد، فیصدی اطفال جدید الشمول صنف او به نسبت اطفال سن هفت، ۳۸,۷ فیصد، تعداد محصلان پوهنتونها ٤٦۳۷، شفاخانه های ملکی ٦۵ باب، تعداد بستر ۲۳۸۸، تعدد داکتر ٦۳۲، پرسونل متوسط طبی ۱٤۰۳نفر.

به یقیین که ارقام فوق در عصر انکشاف تکنالوژی قرن بیستم برای کشور ما در دهه های ۵۰، ٦۰ و ۷۰ میلادی کافی نبودند. اما فراموش نکنیم که پیشرفتهای خارق العادۀ اقتصادی کشورهای روبه انکشافی مانند چین، هند، ویتنام، تایلند، مالیزیا، اندونیزیا و امثالهم در دهۀ هشتاد ۸۰ و نود ۹۰ میلادی بوقوع پیوست زمانیکه این کشورها دگمهای ایدیولوژیکی دهه های قبل را بدور

انداخته شامل کاروان جهانی شدن اقتصاد، تجارت، صنایع و سرمایه شده با استفاده از داشته های خود و دروازه های باز ورود و خروج سرمایه و تکنولوژی گردیدند. بخوبی بیاد دارم وقتی دولت ایران کمک متوقعٔه وعدهٔ شده خودرا برای تمویل پروژهٔ سنمت قندهار نادیده گرفت، سفیر وقت امریکا در سال ۱۹۷٦ پیشنهاد تمویل ۵۰ ملیون دالری پروژهٔ سمنت قندهار را با یک قرضهٔ تجارتی بانک نیویارک با تکتانهٔ ۲٪ به وزیر پلان وقت پیشنهاد کرد، بعد از ختم مجلس وزیر پلان این پیشنهاد را به زباله دانی دفتر خود انداخت! (من به حیث مدیر عمومی انکشاف صنایع وزارت پلان در مجلس حاضر بودم) در حالیکه مطابق مطالعات بازار سنجی نرخ داخلی عاید متوقعهٔ IRR پروژه بیش از ۱۲٪ حساب شده بود، یعنی این پروژه حتی تا ۱۰٪ تکتانه یا بهرهٔ بانکی اقتصادی به نظر می رسید. مقامات دولت ما در طول سالها به گرفتن کمکهای بلاعوض عادت کرده بودند و دینامیزم تجارت اقتصاد بازار آزاد را نمیتوانستند درک نمایند. نتیجه آن شد که پروژه تا امروز ساخته نشده است. کشورهای روبه انکشاف امروز که پا به جهان پیشرفته گذاشته اند باید مدیون رهبران دور اندیش و ملی گرای چین مانند چوین لای، دین شیاپنگ و متعاقبین آنها باشند که با درایت شگفت انگیزی دروازه های بستهٔ اقتصاد سوسیالیستی کشور خودرا بروی سرمایه، صنعت، تکنالوژی و تجارت جهانی باز کردند بدون آنکه نظام سیاسی و اجتماعی کشور خودرا قربانی تمایلات انارشیستی فرهنگ غربی نمایند و قادر شدند یک توازن لازم را در سیاست و اقتصاد به نفع مردم خود برقرار نمایند که نتیجهٔ آن تبدیل شدن کشور ملیارد نفری چین به یک ابر قدرت اقتصادی در جهان، بالابردن ٤۰۰ ملیون نفر از خط پایان فقر، گردیده بسیاری از کشورهای در حال رشد را با خود بطرف پیشرفت اقتصادی سوق دادند..

منابع و مآخذ این بخش

۱. ناصر اوریا، فیسبوک.

۲. **ویکی‌پدیا:** مقالات مربوط به "محمد داوود خان"، "کودتای ۲۶ سرطان" و "انقلاب ثور".

۳. **کتابخانه کنگرس ایالات متحده:** بخش " DAOUD'S REPUBLIC, JULY ۱۹۷۳- APRIL ۱۹۷۸".

٤. **روزنامه صبح کابل:** "جمهوریت داوود خان؛ تقلای رشد اقتصادی در خلای توسعه سیاسی".

۵. **رادیو آزادی:** "عوامل کودتا بالای رئیس جمهور سردار محمد داوود خان چه بود؟".

٦. **تلویزیون طلوع‌نیوز:** "کودتای محمد داوود خان ۵۰ ساله شد".

۷. **سایت‌های خبری و تحلیلی:** مقالات و تحلیل‌های منتشر شده در مورد دوران محمد داوود خان در خبرگزاری‌ها و وب‌سایت‌های تحلیلی معتبر.

۸. کتاب یادداشت های سیاسی و رویدادهای تاریخی سلطان علی کشتمند، جلد اول و دوم- ص.۳۳۶، چاپ اول سال ۲۰۰۲م

۹. داوود ملکیار "محمد داؤد و خانواده اش چگونه کشته شدند؟ شاهدی از داخل ارگ، پرده از اسرار مهمی برمیدارد: رازی که در آغاز راز نبود!" منتشرهٔ ١٦ آگست ۲۰۲۳ وبسایت "آریانا افغانستان آنلاین"

۱۰. کتاب پلان هفت سالهٔ جمهوری داوود خان، منتشرهٔ وزارت پلان، کابل ۱۳۵۵.

۱۱. یاد داشتها و چشم دیدهای شخصی نویسنده.

۱۲. میر محمد صدیق فرهنگ، افغانستان در پنج قرن اخیر، ۱۳۸۵ هجری شمسی، عرفان، تهران.

۱۳. جواهر لعل نهرو، نگاهی بتاریخ جهان.

١٤. تاریخ وقایع و سوانح افغانستان، به تصحیح میرهاشم محدث، تهران، انتشارات امیرکبیر. –

۱۵. فکرت هروی، محمدآصف (به کوشش)، ١٣٦٩، عین‌الوقایع، تاریخ افغانستان در سال‌های ١٣٢٤-١٢٠٧ ه ق، محمدیوسف ریاضی هروی، تهران، مجموعه انتشارات ادبی و تاریخی موقوفات دکتر محمود افشار یزدی.

١٦. محمدحسن خان اعتمادالسلطنه، تاریخ منتظم ناصری، تهران: دنیای کتاب، ١٣٦٧، ج٣، ص١٤٥٤.

۱۷. افغانستان در مسیر تاریخ، میر غلم محمد غبار، جلد اول چاپ کابل.

۱۸. فغانستان در مسیر تاریخ، جلد دوم -ناشر حشمت خلیل غبار، چاپ امریکا، ۱۹۹۹.

۱۹. سیدال یوسفزئ، نادر چگونه به پادشاهی رسید، مرکز نشراتی میوند، سبا کتابخانه، پشاور، ۱۳۷۸

۲۰. شهرت ننگیال، شاه سابق محمد ظاهر شاه، ترجمهء نصیر احمد نشاط، مرکز نشراتی میوند، سبا کتابخانه، پشاور، ۱۳۷۹

۲۱. محمد نجیم آریا، محمد هاشم میوندوال، مرکز نشراتی میوند، سبا کتابخانه، پشاور،

۲۲. آتش در افغانستان، ری ستیوارت، نیویارک، ۱۹۷۳

۲۳. مهدیزاده کابلی، دانش‌نامه‌ی آریانا،

۲٤. ناصر اوریا، فیسبوک.

۲۵. ویکی‌پدیا: مقالات مربوط به "محمد داوود خان"، "کودتای ۲۶ سرطان" و "انقلاب ثور".

۲٦. کتابخانه کنگرس ایالات متحده: بخش " DAOUD'S REPUBLIC, JULY ۱۹۷۳- APRIL ۱۹۷۸".

۲۷. روزنامه صبح کابل: "جمهوریت داوود خان؛ تقلای رشد اقتصادی در خلای توسعه سیاسی".

۲۸. رادیو آزادی: "عوامل کودتا بالای رئیس جمهور سردار محمد داوود خان چه بود؟".

۲۹. تلویزیون طلوع‌نیوز: "کودتای محمد داوود خان ۵۰ ساله شد".

۳۰. سایت‌های خبری و تحلیلی: مقالات و تحلیل‌های منتشر شده در مورد دوران محمد داوود خان در خبرگزاری‌ها و وب‌سایت‌های تحلیلی معتبر.

۳۱. کتاب یادداشت های سیاسی و رویدادهای تاریخی سلطان علی کشتمند، جلد اول و دوم- ص.۳۳۶، چاپ اول سال ۲۰۰۲م

۳۲. داوود ملکیار "محمد داؤد و خانواده اش چگونه کشته شدند؟ شاهدی از داخل ارگ، پرده از اسرار مهمی برمیدارد: رازی که در آغاز راز نبود!" منتشرۀ ۱٦ آگست ۲۰۲۳ وبسایت "آریانا افغانستان آنلاین"

۳۳.کتاب پلان هفت سالهٔ جمهوری داوود خان، منتشرهٔ وزارت پلان، کابل ۱۳۵۵.

۳٤.یاد داشتها و چشم دیدهای شخصی نویسنده.

جنبش مشروطیت در افغانستان

جنبش مشروطیت یا نخستین تلاش برای حکومت قانونمند در افغانستان، یکی از مهمترین حرکت‌های سیاسی و اصلاح‌طلبانه در تاریخ معاصر این کشور بود که از زمان امیر شیرعلی خان آغاز و تا دوران سلطنت محمد ظاهر شاه دوام یافت. این جنبش در اول با الهام از فعالیتهای سیدجمالدین افغان و انقلاب مشروطه ایران (۱۹۰۶) و اصلاحات عثمانی، تلاشی برای ایجاد حکومتی مبتنی بر قانون و محدود کردن قدرت مطلقه پادشاهی بود، آغاز گردید.

۱. زمان و زمینه تاریخی

- بار اول در زمان امیر شیرعلی‌خان به این گونه پدیده‌های فرهنگی و سیاسی پرداخته شد که الهام‌بخش ایجاد مشروطیت و پی‌آمدهای متفاوت آن در بُرش‌هایی از تاریخ معاصر کشور گردید. دربرگیرنده اصلاحات و کارنامه‌های ترقی‌خواهانه امیر شیرعلی خان در یک دهه بود. با کارنامه‌های سید جمال‌الدین افغان و سید نورمحمد شاه صدراعظم ارتباط تنگاتنگ و گسست‌ناپذیر داشت. فعالیت‌های فرهنگی و سیاسی فرهنگیان در سلطنت شیر علی خان از خاطرات نخبه‌گان میهن‌دوست زدوده نشده بود که یک روزنه دیگر به رُخ فعالان سیاسی گشوده شد که با نشر سراج‌الاخبار افغانستان به پخش اندیشه‌های دموکراتیک پرداخت.

- رهبران مشروطیت اول نامه‌ای نوشتند و به وسیله پروفیسور میر غلام‌محمد میمنه‌گی به حضور امیر حبیب‌الله ارایه کردند. موصوف به رهبران آن سخت گرفت، لعل‌محمد خان، جوهرشاه خان غوربندی، محمدعثمان خان پروانی و محمدایوب خان پوپلزایی را تیرباران و متباقی را زندانی کرد. سرانجام جلو فعالیت‌های سیاسی‌شان گرفته شد و با درد و دریغ فراوان که مولوی و آصف قندهاری همراه با برادرش سعدالله خان به موجب فرمان امیر حبیب‌الله به توپ بسته شدند.

- دوره حکومت: امان‌الله خان (۱۹۱۹–۱۹۲۹) پس از کسب استقلال افغانستان از بریتانیا در جنگ سوم افغان و انگلیس (۱۹۱۹). جنبش مشروطه خواهی رشد کرد.

- قانون اساسی محمد نادر خان نوید مشروطیت میداد.

- در دوران سلطنت محمد ظاهر شاه و بخصوص دوران دههٔ دموکراسی مشروطیت در عمل پیاده شد.

- الهام‌گیری: از مشروطه‌خواهی ایران و ترکیه (عثمانی).

۲. علل و اهداف جنبش مشروطیت

الف) علل داخلی:

۱. حکومت استبدادی: افغانستان تحت سلطه شاهان مطلق‌العنان بود و مردم خواهان مشارکت سیاسی بودند.

۲. اصلاحات سریع امان‌الله خان: او قوانین مدرن (مانند آموزش اجباری، الغای بردگی، حقوق زنان) را اجرا کرد، اما این تغییرات با مقاومت سنتی‌گرایان مواجه شد.

۳. نارضایتی روحانیون و قبایل: برخی اصلاحات (مانند کشف حجاب اجباری) خشم علمای دینی و رهبران قبیله‌ای را برانگیخت.

ب) علل خارجی:

۱. تأثیر انقلاب مشروطه ایران و ترکیه: روشنفکران افغان از این جنبش‌ها الهام گرفتند.

۲. رقابت انگلیس و شوروی: برخی معتقد بودند انگلیس از شورش‌ها علیه امان‌الله حمایت کرد تا افغانستان را تضعیف کند.

۴. جریان جنبش و سرکوب آن

ـ ۱۹۲۸: امانالله خان لویه جرگه (مجلس بزرگ) را تشکیل داد و قانون اساسی جدیدی تصویب کرد که قدرت شاه را محدود میکرد.

ـ اعتراضات گسترده: روحانیون و قبایل به رهبری حبیبالله کلکانی (بچهسقا) علیه اصلاحات قیام کردند.

ـ ژانویه ۱۹۲۹: امانالله مجبور به فرار از کابل شد و حبیبالله کلکانی به قدرت رسید.

ـ دوره کوتاه حکومت بچهسقا (۱۹۲۹): او مشروطه را لغو و قوانین سنتی را بازگرداند.

ـ اکتبر ۱۹۲۹: نادرخان (از خاندان محمدزایی) بچهسقا را سرنگون و سلطنت مطلقه را بازسازی کرد.

جمعبندی

جنبش مشروطیت افغانستان اگرچه شکست خورد، اما اولین جرقههای حکومت قانون و مردم سالاری را در این کشور روشن کرد. این جنبش نشان داد که تغییرات سریع و تحمیلی بدون همراهی مردم و نهادهای سنتی محکوم به شکست است.

در مورد تاریخچه، علل و عواقب مشروطیت در افغانستان مقالهٔ جالبی در روزنامه هشت صبح تاریخ ۳ اسد ۱۳۹۸ مطابق ۲۵ جولای ۲۰۱۹ به قلم پوهاند دوکتور حبیب پنجشیری نشر شده که در این جا عینا نقل می گردد:

"[چگونهگی ظهور مشروطیت و پیآمدهای آن در افغانستان مستلزم بررسی همهجانبهی پیشینهی تاریخی و شرایط مساعدی است که مورخان آن را منحیث خاستگاه مطرح مینمایند.

بار نخست در زمان امیر شیرعلیخان به این گونه پدیدههای فرهنگی و سیاسی پرداخته شد که الهامبخش ایجاد مشروطیت و پیآمدهای متفاوت آن در بُرشهایی از تاریخ معاصر کشور گردید.

هدف از گزینش و بررسی چگونهگی ظهور مشروطیت و پیآمدهای آن در افغانستان، معرفی عوامل و شرایط منطقهای به نهادهایی است

که آرزومندی رهبری و مدیریت سالم جوامع مدنی و سیاسی جوانان را گردانندهگی می‌کنند. وضاحت به جزییات این مباحث، مؤسسات و ارگان‌های همکار را قادر می‌سازد که به اساسی‌ترین پرسش‌های تاریخ تحلیلی افغانستان به شیوه واقعی پاسخ ارایه کنند.

نا گفته پیدا است در غنامندی ماهیت و محتوای این نوشته و پژوهش از متون و منابع متنوع استفاده به عمل آمده است، چند عنوان ذیلاً معرفی می‌گردد.

ظهور مشروطیت و قربانیان استبداد در افغانستان، دو ملک‌الشعرای هم‌روزگار، جنبش مشروطیت در افغانستان، تحلیل واقعات سیاسی از ۱۹۱۹ ۱۹۹۶ میلادی، افغانستان در مسیر تاریخ، فشرده‌ی تاریخ افغانستان، ظهور و زوال حزب دموکراتیک خلق افغانستان، تاریخ مختصر افغانستان، رویدادهای پنج دهه اخیر در افغانستان، افغانستان درپنج قرن اخیر، برگ‌هایی از تاریخ ادبیات معاصر افغانستان و بررسی اوضاع سیاسی افغانستان طی سال‌های ۱۹۰۱ تا ۲۰۰۱ میلادی.

پژوهش علمی در حوزه اجتماعی و سیاسی مستثنا از سایر عرصه‌های علوم نبوده و از پیچیده‌گی لازم برخوردار است بر بنیاد آن مؤرخ در تحقیق رسالت دارد، گرایشات فردی را دخیل نکرده و از داوری در قضایا دوری جُسته و بی‌طرفی خود را حفظ کند.

ردیابی و پی جویی اوضاع سیاسی، اجتماعی و اقتصادی این بُرهه بدون توجه به پیشینه‌ی تاریخی آن ممکن و مقدور نمی‌باشد؛ بنا بر آن مؤرخان داخلی مقاطع از تاریخ معاصر را به دلایلی که بستر رشد و شکوفایی بوده، آنها را مستثنا می‌دارند که شامل دوره پادشاهی امیر شیر علی خان، زمام داری امیر حبیب‌الله و دهه دموکراسی می‌شود و هر یک از این مراحل دارای ویژگی‌های مختص به خود نیز است.

مقطع یکم:

دربرگیرنده اصلاحات و کارنامه‌های ترقی‌خواهانه امیر شیرعلی خان در یک دهه بود. با کارنامه‌های سید جمال‌الدین افغان و سید نورمحمد شاه صدراعظم ارتباط تنگاتنگ و گسست‌ناپذیر داشت. فعالیت‌های فرهنگی و سیاسی فرهنگیان در سلطنت شیر علی خان از خاطرات نخبه‌گان میهن‌دوست زدوده نشده بود که یک روزنه دیگر به رُخ فعالان

سیاسی گشوده شد که با نشر سراج‌الاخبار افغانستان به پخش اندیشه‌های دموکراتیک پرداخت.

مقطع دوم:

ایجاد انجمن سراج‌الاخبار افغانستان که مصادف به اول جنوری سال ۱۹۰۶ میلادی بود. به همت مولوی سرور و آصف قندهاری به نشرات آغاز کرد که به ضرورت مشروطیت، استرداد استقلال و حاکمیت قانون تأکید داشت.

رهبران مشروطیت اول نامه‌ای نوشتند و به وسیله پروفیسور میر غلام‌محمد میمنه‌گی به حضور امیر حبیب‌الله ارایه کردند. موصوف به رهبران آن سخت گرفت، لعل‌محمد خان، جوهرشاه خان غوربندی، محمد عثمان خان پروانی و محمد ایوب خان پوپلزایی را تیرباران و متباقی را زندانی کرد. سرانجام جلو فعالیت‌های سیاسی‌شان گرفته شد و با درد و دریغ فراوان که مولوی و آصف قندهاری همراه با برادرش سعدالله خان به موجب فرمان امیر حبیب‌الله به توپ بسته شدند.

مشروطیت اول محصول رنج، درد و آرمان‌های مردمان محکوم در زیر اقتدار رژیم‌های خودکامه خوانده شده است. در این راستا آثار آفریده شده پیشگامان مشروطیت اول از جایگاه ویژه و جاودانه برخوردار است.

اهمیت ظهور مشروطیت اول در آن است که علاقه‌مندان مطالعه تاریخ و نسل جوان را در آشنایی بیشتر به تحولات سیاسی، اجتماعی و اقتصادی قرن بیست آگهی می‌بخشد تا در روشنایی آن به معرفی هرچه بیشتر پیشکسوتان این نهضت، پژوهش‌های عمیقی را انجام دهند و دریافت‌های‌شان را با دیگران در میان بگذارند.

سراج‌الاخبار افغانستان نقش بیدارکننده‌اش را در راستای سیاسی ادا نمود. خوش درخشید و نیروهای تحصیل کرده را به گرایش‌های آزادی و بیداری سیاسی باورمند گردانید. مقاصد سیاسی‌شان به محور موضوعات زیر متمرکز بود:

— پیروی از ارزش‌های اسلامی
— استقرار نظام مشروطه
— گسترش اخلاق نیکو
— حُسن تفاهم
— تلاش در راه اصلاحات

— پخش معارف
— راه‌اندازی انتخابات
— حصول استقلال سیاسی
— عدالت اجتماعی
— توسعه صنایع

با توجه به اهداف بالا، رهبری نهضت مشروطیت اول تمام تاکتیک‌های مبارزه مخفی را مراعات می‌نمودند و توجه صفوف را نیز به رعایت و رازداری مبارزه مخفی جلب می‌کردند. بی‌جهت نیست که نویسنده افغانستان درمسیر تاریخ از این سازمان سیاسی به عنوان سازمان سِری ملی نام برده است. استاد عبدالحی حبیبی باورمند بود که معلمان هندی، مبتکر و سازماندهی مشروطیت اول را دارا بودند که به نام جان‌نثاران شهرت داشتند.

اندیشه‌های محمود طرزی همزمان بود با شرایط سیاسی و مشترکات فرهنگی و تاریخی کشورهایی چون: ترکیه، فارس، هند و نشانه‌ای از تأثیرپذیری و همسویی تلقی می‌شد. در افکار او این دغدغه‌ها مطرح بود: ملی گرایی، نوگرایی، مبارزه با خرافات، تلاش در رفع عقب مانی، مساعی در برابر بهره کشی، استقرار مشروطیت، تحول طلبی و همبستگی اسلامی.

مسعود پوهنیار مؤلف کتاب ظهور مشروطیت و قربانیان استبداد در افغانستان پنجاه و دو تن را فعالان سیاسی مشروطیت دوم معرفی کرده مگر میر غلام‌محمد غبار و عبدالحی حبیبی آنان را بیست یک تن می‌شمارند.

این چهره‌ها در مرحله نخست اصلاحات در تحولات سیاسی سهم شایسته‌ای‌شان را در عملی کردن اندیشه‌های مشروطیت تحقق بخشیدند ولی نسبت ناآگاهی مردم و صف‌آرایی نیروهای بازدارنده، اصلاحات شاه امان‌الله راه به جا نبرد و دولت نوبنیاد او به سقوط مواجه گردید.

با چیده شدن بساط امارت حبیب‌الله کلکانی، حبیب‌الله معلم لیسه حبیبیه رهبری حزب آزادی‌خواهان را اساس گذاشت. درفش مبارزه سیاسی بر ضد ترور، اختناق، تعصب و تحجّر را برافراشت و نیز مبارزه ضد استعماری را رهبری نمود. اهداف عمده این سازمان سیاسی همبستگی

نیروهای ترقی‌خواه و سرنگونی حکومت نوپای کلکانی و خشکانیدن استبداد بود. مبارزات سیاسی را بدون سر و صدا را انداخت.

رازداری، حفظ اسرار در حزب آزادی‌خواهان از ویژگی‌های آن بود که سرانجام رهبران‌شان در بوستان سرای زندانی و با تفتیش منازل رهبران آن به وسیله کارمندان ضبط احوالات موفق به کشف بم دستی گردیده از آن بعد حزب آزادی‌خواهان به گروه بم‌اندازان مشهور شد.

خاستگاه حزب نقاب‌داران به باور غبار ولایات شرقی وانمود شده که در پایان دهه اول بعد از حصول استقلال زیر شعار استقرار جمهوریت به فعالیت تبلیغاتی دست زدند. هدف تحرکات گسترده این سازمان دگرگونی رژیم شاهی و استقرار نظام جمهوری در کشور بود اما از ساختار تشکیلاتی و رهبری این حلقه سیاسی هیچ گونه اطلاعات دقیق و مستند در دست نمی‌باشد.

رهبری جمعیت جمهوریت را سید غلام‌حیدر پاچا و پسر کاکایش سید حسن فرقه مشر با محمدگل خان مهمند در قریه بابری‌های ننگرهار در سال ۱۹۲۹ میلادی به عهده داشتند. ارگان نشراتی جمعیت، نشریه به نام «د کور غم» بود. غلام‌حیدر پاچا در پایان تحصیل در وزارت خارجه گماشته شد و با غلام‌نبی خان چرخی روابط گرم داشت و به جرم این نوع مناسبات، زندانی و در محبس ارگ وفات یافت.

محمد گل خان مهمند نماینده برجسته عناصر ملی گرا بود و قادر نگردید نظام جمهوریت را پایه‌گذاری کند. سید حسن فرقه مشر که در مکتب حربیه تحصیل را فراگرفته بود، در قطعه پروانه ارگ تقرر حاصل نمود و به رتبه فرقه مشری رسید. به زبان‌های رسمی شعر می‌سرود و شیون تخلص می‌کرد. بالاثر فعالیت‌های سیاسی در دوران سلطنت محکوم به حبس شده و در زندان دهمزنگ، قربانی اندیشه‌های میهن پرستانه‌اش گردید.

اختناق سیاسی و اختصاص یافتن پُست‌های کلیدی به اعضای خانواده سلطنت در پادشاهی محمد نادر باعث بروز بحران بی‌اعتمادی شد. هواداران شاه امان‌الله زندانی شدند و حکم اعدام تنی چند صادر گردید. ابرهای تیره و اختناق محمد هاشم خان در پایان جنگ جهانی دوم پاره شد و جایش را موقتاً صدراعظم شاه محمود احراز نمود.

وی در حوزه‌های نوین سیاست داخلی و خارجی، کشور را به سمت بی‌طرفی مثبت و فعال کشانید. پیشنهاد موصوف در راستای به رسمیت

شناختن حق تعیین سرنوشت مردمان دو سوی خط استعماری دیورند به بی‌ثباتی منطقه‌ای دامن زد. افرادی که تشنه نوآوری و تحولات بودند به محور محمد داوود حلقه زده برای پیش‌برد مقاصد سیاسی از او حمایت کردند که آرزوی این جریانات سیاسی بیرون کردن کشور از دوراهه تاریخ زنده‌گی اجتماعی بود. در یک جبهه به استقلال سیاسی و تأمین حقوق مردم تأکید می‌شد و در موضع دیگر در راه رشد وابسته‌گی انحصاری که نخبه‌گان سیاسی راه دوم را برگزیدند و بر بنیاد آن جریانات سیاسی چون «ویش زلمیان»، جمعیت وطن، جمعیت ندای خلق، جمعیت خراسان، قیام ناکام نوروزی، کلوپ ملی و اتحادیه محصلان شکل گرفت.

یکی از مشخصات این مرحله ایجاد جنبش ویش زلمیان یا جوانان بیدار بود که نقش روشنگرانه بر شعور نسل جوان داشت و مبارزه میان تحول طلبان و حامیان ارتجاعی را تشدید می‌کرد. آرشیف و رهبری شناخته شده نداشت. اسناد دست اول مرتبط به این حرکت نزد مورخان موجود نیست. این جنبش اجتماعی و سیاسی دارای اندیشه‌های ناهمگون بودند. مرامشان تنویر افکار، تأمین معارف، مبارزه بر ضد فساد، حمایت از حقوق و تأمین عدالت اجتماعی بود. چون بخشی از رهبری ویش زلمیان به دگرگونی ها معتقد بودند سرانجام پراکنده گردیدند.

جمعیت وطن با انتشار جریده وطن در سال ۱۹۵۲ میلادی به صاحب امتیازی میر غلام‌محمد غبار و مدیریت مسوول محمدعلی خروش شروع به کار کرد. رهبری این سازمان را دموکرات‌های انقلابی تشکیل می‌داد. در اصول زرین مرامیشان مبارزه برای دموکراسی از جایگاه خاص برخوردار بود. رهبری جمعیت وطن در مبارزه به مقصد برابری حقوق ملل و مردم سالاری و به جرم میهن پرستی و ترقی اجتماعی به حبس‌های متفاوت و تبعید محکوم گردیدند.

مؤسس جمعیت ندای خلق داکتر عبدالرحمان محمودی بود. ارگان نشراتی آن جریده ندای خلق نام داشت، مدیریت مسوول آن را انجنیر ولی‌محمد عطایی و صاحب امتیازش شخص داکتر محمودی بود. در صفوف این سازمان سیاسی عمدتاً نماینده گان اقشار و کارمندان پائین رتبه و زحمتکشان شهری قرار داشتند. هدف این سازمان در ۱۹ ماده منتشر شد. ارگان نشراتی آن اجازه نشر ۲۹ شماره را دریافت کرده بود. داکتر محمودی از موضع نیک بختی مردم عقب نرفت و به ایجاد

سازمان دیگری به نام «گوند» مردم اقدام نمود. موصوف مخالف سرسخت سلطنت مطلقه، نفوذ استعمار و انحصار نظام سرمایه داری بود. از اندیشه‌های مردم سالاری مشروطیت، دموکراسی، عدالت، تأمین حقوق و آزادیهای مردم که اهداف سیاسی گوند مردم را می‌ساخت، جانبداری می‌کرد.

کلوپ ملی به باور میر محمد صدیق فرهنگ به ابتکار عبدالمجید زابلی، سردار محمد داوود و سردار محمد نعیم ایجاد گردید. سید شمس‌الدین مجروح در مصاحبه‌ای ادعا داشت که خود رهبری این سازمان سیاسی را عهده دار بود ولی مشوق او در به وجود آوردن این نهاد سیاسی، مقامات بلند پایه در نظام سلطنتی بودند. کلوپ ملی در تربیت تحصیل‌کرده‌گان، رشد و توسعه پروسه دموکراسی در جامعه افغانی یاری رساند.

خواجه نعیم سرهنگ، رهبر و سازمان‌ده قیام نوروزی بود. این سازمان سیاسی راه قهر آمیز را برای نجات مردم مظلوم برگزیده بود. قیام باید با ترور شاه محمود صدراعظم در اول نوروز، روز جشن دهقان آغاز می‌گردید که بنابر افشای راز آن به وسیله گل جان وردک در نطفه خنثی شده و از همین جهت به نام قیام نوروزی مسما است.

جمعیت خراسان به وسیله تحصیل کرده گان صفحات شمال پایه‌گذاری شد. این نهاد واکنش قهر روشنفکران روشنگر در برابر استبداد و برخوردهای تفوق‌طلبانه در کشور بود و چهره‌های با وجاهت جمعیت خراسان را چنین معرفی کرده‌اند:

رضوان قُل تمنا، وکیل گلدی، طاهر بدخشی، مولوی عبدالحکیم مجاهد، غلام‌رسول سینایی، سلامجان تاشقرغانی و داکتر برنا آصفی. افرادی چون ابوالخیر خیری، نظرمحمد نور و خال‌محمد خسته نیز در عقب صحنه فعالیت داشتند.

اتحادیه محصلان در افغانستان ناشی از دست‌آوردهای دموکراتیک (آزادی فکر، بیان، مطبوعات) و تحولات جهانی بود و مطالبات جهان و منطقه را ارایه می‌کرد. در بحث و جدل‌های اتحادیه، محصلان مقدم بر دیگران اشتراک می‌ورزیدند که با حلقات تصمیم‌گیری نظام نزدیک بودند. اتحادیه‌ی محصلان به تریبون نیروهای طرفدار دموکراسی، ترقی، عدالت اجتماعی و بر ضد استبداد و استعمار بدل گردید.

مقطع سوم:

ویژه‌گی این مرحله دربرگیرنده ده سال اخیر سلطنت محمد ظاهرشاه بود که به نام دهه دموکراسی یاد می‌شود. برای بار نخست حکومت از سلطنت جدا گردید و در جو سیاسی و فرهنگی افغانستان احزاب چپ و راست به فعالیت پرداختند و یک رشته روزنامه‌های ملی با انفاذ قانون اساسی در سال ۱۳۴۶ خورشیدی مصادف به ۱۹۶۴ میلادی انتشار یافت که در دایرةالمعارف تاجیک بدان‌ها اشاره رفته است، معرفی می‌شوند.

هفته‌نامه‌ی اتحاد ملی به زبان فارسی دری و پشتو پخش می‌گردید، تاریخ نشر ۱۳۴۸ – ۱۳۵۱ ش، صاحب امتیاز عبدالحکیم مژده، کابل، مطبعه دولتی، اشتراک سالانه در داخل از ۸۰ تا ۱۰۰ افغانی و در خارج هشت دالر.

هفته‌نامه افغان، از سال ۱۳۵۲ – ۳۵۹ ش انتشار یافت، صاحب امتیاز محمد حسن اولس مل، به زبان فارسی دری و پشتو، کابل، در داخل ۱۵۰ افغانی و در خارج ۱۵ دالر.

هفته‌نامه افغان ملت، تاریخ نشر ۱۳۴۵ – ۱۳۵۲ ش، صاحب امتیاز غلام‌محمد فرهاد، به زبان فارسی دری و پشتو، جاده میوند، در داخل ۱۶۰ افغانی و در خارج ۱۰ دالر.

هفته‌نامه ولس، تاریخ نشر ۱۳۴۸ ش، صاحب امتیاز قیام‌الدین خادم، به زبان پشتو، در داخل ۱۵۰ افغانی و در خارج ۱۲ دالر.

هفته‌نامه افکار نو، تاریخ نشر ۱۳۵۰ – ۱۳۵۲ ش، صاحب امتیاز نورالله، به زبان فارسی دری و پشتو، مطبعه دولتی، در داخل ۲۰۰ افغانی و در خارج ۱۰ دالر.

هفته‌نامه پرچم، تاریخ نشر ۱۳۴۶ – ۱۳۵۲ ش، صاحب امتیاز و مدیرمسئول سلیمان لایق، به زبان فارسی دری و پشتو، در داخل ۱۱۰ افغانی و در خارج ۱۰ دالر.

هفته‌نامه پروانه، محل نشر کابل، تاریخ نشر ۱۳۴۷ ش، صاحب امتیاز امان‌الله پروانه، به زبان فارسی دری و پشتو، در داخل ۱۱۰ افغانی و در خارج ۱۰ دالر.

هفته‌نامه پکتیا، تاریخ نشر ۱۳۴۸ – ۱۳۵۲ ش، صاحب امتیاز شاه زمان وریح ستانیزی، به زبان فارسی دری و پشتو.

هفته‌نامه پیام امروز، تاریخ نشر ۱۳۴۴ ــ ۱۳۴۷ ش، صاحب امتیاز غلام نبی خاطر، به زبان فارسی دری و پشتو .

هفته‌نامه پیام وجدان، تاریخ نشر ۱۳۴۵ ــ ۱۳۵۲ ش، صاحب امتیاز عبدالروف ترکمنی، به زبان فارسی دری و پشتو، در داخل ۱۵۰ افغانی و در خارج ۱۰ دالر.

هفته‌نامه پیکار، تاریخ نشر ۱۳۵۰ ــ ۱۳۵۲ ش، صاحب امتیاز غلام‌محمد الماسک، به زبان فارسی دری و پشتو.

هفته‌نامه ترجمان، تاریخ نشر ۱۳۴۷ ــ ۱۳۵۲ ش، صاحب امتیاز عبدالرحیم نوین و مدیر مسوول علی اصغر بشیر هروی، در داخل ۱۱۰ افغانی و در خارج ۱۰ دالر.

هفته‌نامه جبهه ملی، نشر از سال ۱۳۴۷ ــ ۱۳۵۲ ش، صاحب امتیاز عبدالرب اخلاق، به‌زبان فارسی دری و پشتو، در داخل ۱۶۰ افغانی و در خارج ۸ دالر.

هفته‌نامه خلق، کابل ۱۳۴۵ ــ ش صاحب امتیاز نورمحمد تره‌کی و مدیر مسوول محمد بارق شفیعی، به زبان فارسی دری و پشتو، در داخل ۱۱۰ افغانی و در خارج ۱۰ دالر.

هفته‌نامه خیبر، ۱۳۴۷ ــ ۱۳۵۲ ش، صاحب امتیاز محب‌الرحمن هوسا، به زبان فارسی دری و پشتو، در داخل ۱۱۰ افغانی و در خارج ۱۰ دالر امریکایی.

هفته‌نامه روزگار، کابل، ۱۳۵۰ ــ ۱۳۵۲ ش، صاحب امتیاز محمد یوسف فرن، به زبان فارسی دری و پشتو، در داخل ۱۳۰ افغانی و در خارج ۱۰ دالر.

هفته‌نامه سپیده دم، در کابل سال ۱۳۴۸ ش به نشرات آغاز کرد، صاحب امتیاز سید محمد بامداد، به زبان فارسی دری و پشتو، در داخل ۱۵۰ افغانی و در خارج ۱۲ دالر.

هفته‌نامه شعله جاوید، کابل ۱۳۴۷ ــ ۱۳۵۲ ش، صاحب امتیاز رحیم محمودی، به زبان دری و پشتو، در داخل ۱۱۰ افغانی و در خارج ۱۰ دالر.

هفته‌نامه شوخک، کابل ۱۳۵۰ ــ ۱۳۵۲ ش، صاحب امتیاز عبدالعزیز مختار، به زبان‌های فارسی دری و پشتو، در داخل ۱۱۵۰ افغانی.

هفته‌نامه صدای عوام، کابل ۱۳۴۷ ش، صاحب امتیاز عبدالکریم فرزان، در داخل ۱۵۰ افغانی و در خارج ۱۰ دالر.

هفته‌نامه کمک، کابل ۱۳۴۷ ش، صاحب امتیاز یعقوب کمک، به زبان فارسی دری و پشتو، در داخل ۱۵۰ افغانی و در خارج ۱۰ دالر امریکایی.

هفته‌نامه گیج، ۱۳۴۷- ۱۳۵۲ ش، صاحب امتیاز منهاج‌الدین گیج، در داخل ۱۴۰ افغانی.

هفته‌نامه مردم، کابل ۱۳۵۴ ش، صاحب امتیاز سید مقدس نگاه، به زبان دری و پشتو، اشتراک سالانه در داخل ۱۱۰ افغانی و در خارج ۱۰ دالر.

هفته‌نامه معرفت، کابل ۱۳۵۲ ش، صاحب امتیاز غلام معصوم اخلاص، به زبان فارسی دری، در داخل ۱۲۰ افغانی و در خارج ۱۲ دالر.

هفته‌نامه ملت، تاریخ نشر ۱۳۵۲ ش، صاحب امتیاز فدا محمد فدایی، به زبان فارسی دری و پشتو، در داخل ۱۵۰ افغانی.

هفته‌نامه ندای حق، کابل ۱۳۵۰ – ۱۳۵۲ ش، صاحب امتیاز عبدالستار صدیقی، به زبان فارسی دری و پشتو، اشتراک سالانه در داخل ۱۵۰ افغانی.

هفته‌نامه وحدت، کابل ۱۳۴۴ – ۱۳۵۲ ش، صاحب امتیاز خال محمد خسته، اشتراک سالانه در داخل ۱۵۵ افغانی و در خارج ۱۰ دالر.

هدف، کابل ۱۳۴۷ – ۱۳۵۲ش، صاحب امتیاز غلام‌محمد ارمل، به زبان‌های فارسی دری و پشتو، در داخل ۱۵۰ افغانی و در خارج ۱۰ دالر.

روزنامه سبا، کابل ۱۳۴۶ – ۱۳۴۷ ش، صاحب امتیاز غلام نبی خاطر، به زبان‌های فارسی دری و پشتو، اشتراک سالانه در داخل ۳۵۰ افغانی.

روزنامه کاروان، کابل ۱۳۴۷ – ۱۳۵۲ ش، صاحب امتیاز صباح‌الدین کشکی و مدیر مسوول عبدالحق واله، به زبان فارسی دری و پشتو، در داخل ۳۵۰ افغانی و در خارج ۳۰.

روزنامه مساوات، کابل ١٣٤٥ – ١٣٥٢ ش، صاحب امتیاز محمد شریف ایوبی و مدیر مسوول پوهاند محمد رحیم الهام ،به زبان‌های فارسی دری و پشتو، اشتراک سالانه در داخل ١١٠ افغانی و در خارج ٢٥ دالر امریکایی.

از مطالعه این یادداشت به این نتیجه می‌رسیم که چگونه‌گی ظهور مشروطیت و پی‌آمدهای آن در افغانستان، قشر جوان را آگاهی می‌دهد با بهره‌برداری از بازنگری این گونه تحولات، به فعالیت‌های سیاسی خویش ادامه دهند و رسالت روشن‌گرانه‌ی تاریخی خود را ادا کنند."] (منبع: پوهاند دوکتور حبیب پنجشیری: "خاستگاه مشروطیت در افغانستان" روزنامه هشت صبح تاریخ ٣ اسد ١٣٩٨ مطابق ٢٥ جولای ٢٠١٩).

منابع این بخش:

١. "افغانستان در مسیر تاریخ" – میر غلام محمد غبار (تاریخ‌نگار افغان).

٢. "امان‌الله خان و جنبش مشروطیت" – لودویگ آدامک (پژوهشگر غربی).

٣. "تاریخ معاصر افغانستان" – حسن کاکر.

٤. اسناد لویه جرگه ١٩٢٨ (آرشیو ملی افغانستان)

٥. پوهاند دوکتور حبیب پنجشیری: "خاستگاه مشروطیت در افغانستان" روزنامه هشت صبح تاریخ ٣ اسد ١٣٩٨ مطابق ٢٥ جولای ٢٠١٩ .

فصل هشتم
عصر دولتهای ایدئولوژیک

کودتای هفت ثور و دولت جمهوری دموکراتیک خلق

دولت جمهوری دموکراتیک افغانستان برای چهارده سال، از هفتم ثور ۱۳۵۷ هجری شمسی معادل ۲۷ اپریل ۱۹۷۸ تا هشتم ثور ۱۳۷۱ یا ۲۸ اپریل سال ۱۹۹۲م در قدرت بود. در این مدت چهار رهبر حزب دموکراتیک خلق در مقام رییس دولت و منشی عمومی حزب دموکراتیک خلق دولت را رهبری نمودند که عبارت بودند از: نورمحمد تره کی، حفیظ الله امین، ببرک کارمل و داکتر نجیب الله.

گروههای کمونیستی پرچم و خلق، که صاحبمنصبان وابسته به آنها در پیروزی کودتای سردار محمد داوود خان نقش اساسی داشتند خودرا جانشین منطقی رژیم کودتای داوود خان میدانستند. بعد از اتحاد مجدد پرچم و خلق، که به تحکیم حزب دموکراتیک خلق افغانستان و صفوف آنها منجر شد، برای بدست گرفتن قدرت آمادگی گرفتند. در نتیجه با اولین فرصت که داوود خان با زندانی نمودن رهبران این حزب بتایخ ششم ثور فراهم کرد، افسران وابسته به حزب دولت جمهوری داوود خان رابتاریخ هفتم ثور سال ۱۳۵۷ ه ش مطابق ۲۷ April ۱۹۷۸ ساقط کردند.

در مدت کوتاهی بعد از بدست گرفتن قدرت خلقی‌ها و پرچمی‌ها با تطبیق الگوی انقلاب اکتوبر و ایجاد ساختمان سیاسی حزب-دولت مطابق آن مؤفق شدند تمام اقشار جامعه را برضد خود قرار دهند و بالاخره با دعوت از مداخلهٔ اتحاد شوروی، یک مبارزه ایدیولوژیک را به جنگ آزادی‌بخش ملی مبدل سازند. اخیراً فرید مزدک معاون داکتر نجیب در مصاحبهٔ با بی بی سی اظهار داشت، ای کاش حزب دموکراتیک خلق افغانستان به قدرت نمی‌رسید. به نظر من آرزوی منطقی نیست باید می‌گفت که رهبری حزب با از دست دادن یک فرصت تاریخی برای ایجاد یک جامعهٔ واقعی دموکراتیک که در نشرات حزب همیشه منعکس می‌گردید، از جمله ایجاد پلورالیزم سیاسی، تحقق آزادی‌های دموکراتیک به مردم منجمله آزادی بیان و ایجاد سازمان‌های اجتماعی، به صفوف خود و به مردم افغانستان خیانت کرد و الگوی دیکتاتوری اتحاد شوروی را در عوض تطبیق کرد و با شوروی یکجا به زباله‌دان تاریخ فرو رفت!

بعد از خروج قوای اتحاد شوروی از افغانستان در سال ۱۹۸۹م و قطع کمک‌های اقتصادی آن‌ها دولت داکتر نجیب الله سه سال دوام آورد و در این سه سال توانست مؤفقانه از سقوط دولت به دست مجاهدین جلوگیری کند و بالاخره با ختم منابع مالی، عدم تحقق یک توافق سیاسی با گروه‌های مجاهدین برای ختم جنگ و ایجاد یک دولت ملی، دوام دولت امکان نداشته جبراً آماده به تسلیمی قدرت به مجاهدین گردید. داکتر نجیب الله در آخرین اجلاس کابینه از ختم منابع مالی به وزرای خود اطلاع داد و با شکست کوشش‌های او برای رسیدن به یک توافق سیاسی در ژنیوا با گروه‌های مجاهدین به آخر کار دولت خود رسیده بود از این جهت به رفقا و وزرای خود اجازه داد تا در مورد سرنوشت آینده خود تصمیم بگیرند و خود نیز خواست تا به دهلی نزد فامیل خود برود، اما ملیشه‌های دوستم که امنیت میدان هوایی کابل را به دست داشتند از پرواز او جلوگیری کرده موصوف ناگذیر به دفتر ملل متحد در کابل پناهنده شد.

با اعلان خاتمه کار حکومت به مجلس وزرا و متعاقباً ناکامی داکتر نجیب الله برای خروج از کشور، بی‌جهت نیست که رفقا و وزرای دولت نجیب الله در مورد آیندهٔ خود، خود تصمیم گرفتند و هر که به راهی رفت. در این بحبوحه جانبداری فرصت‌طلبانه جنرال عبدالرشید دوستم از احمد شاه مسعود و تسلیمی دولت و نیروهای نظامی داکتر نجیب الله توسط تعدادی عناصر پرچمی دولت او مانند وکیل، فرید مزدک، جنرال نبی عظیمی، جنرال علومی و غیره در سال ۱۹۹۲م، به احمد شاه مسعود و حزب جمعیت فرصت داد تا با نادیده گرفتن توافقات میان گروه‌های مجاهدین تمام قدرت را به دست گرفته حاکم مطلق گردند.

کودتای هفتم ثور ۱۳۵۷ هجری شمسی

به تاریخ ۷ ثور ۱۳۵۷ هجری شمسی (۲۷ اپریل ۱۹۷۸ میلادی)، حزب دموکراتیک خلق افغانستان (ح د خ ا) با کودتای خونینی به جمهوری محمد داوود خان پایان داد و شورای انقلابی کودتا چیان دولت جمهوری دموکراتیک افغانستان را اعلام کرده نور محمد تره کی را به ریاست شورای انقلابی و حکومت برگزید و ببرک کارمل به حیث معاون او و حفیظ الله امین به حیث وزیر خارجه موظف گریدند.

دولت جمهوری دموکراتیک افغانستان برای چهارده سال، از هفتم ثور ۱۳۵۷ هجری شمسی معادل ۲۷ اپریل ۱۹۷۸ تا هشتم ثور ۱۳۷۱ یا ۲۸ اپریل سال ۱۹۹۲م در قدرت بود. در این مدت چهار رهبر حزب دموکراتیک خلق در مقام رییس دولت و منشی عمومی حزب دموکراتیک خلق دولت را رهبری نمودند که عبارت بودند از: نورمحمد تره کی، حفیظ الله امین، ببرک کارمل و داکتر نجیب الله.

مبنای فکری حزب دموکراتیک خلق افغانستان را ایئولوژی مارکسیزم-لنینیزم تشکیل داده و از الگوی حکومتداری و سیاستهای حزب کمونیست اتحاد شوروی پیروی و حمایت میکرد.

خلقیها و پرچمیها با تطبیق الگوی انقلاب اکتبر و ایجاد ساختمان سیاسی حزب-دولت مطابق آن موفق شدند در مدت کوتاهی تمام اقشار جامعه را برضد خود قرار دهند وبا دعوت از مداخلهء اتحاد شوروی، یک مبارزه ایدیولوژیک را به جنگ آزادیبخش ملی مبدل سازند. اخیراً فرید مزدک معاون داکتر نجیب در مصاحبهء با بی بی سی اظهارداشت ای کاش حزب دموکراتیک خلق افغانستان به قدرت نمی رسید و دولت و حزب را باهم مدغم نمیکرد. به نظر من آرزوی منطقی نیست باید میگفت که رهبری حزب با از دست دادن یک فرصت تاریخی برای ایجاد یک جامعهء واقعی دموکراتیک که در نشرات حزب همیشه منعکس میگردید، از جمله ایجاد پلورالیزم سیاسی، تحقق آزادیهای دموکراتیک به مردم منجمله آزادی بیان و ایجاد سازمانهای اجتماعی، به صفوف خود و به مردم افغانستان خیانت کرد و آلگوی دیکتاتوری یک حزبی و مدل ادغام دولت در

حزب اتحاد شوروی را در عوض تطبیق کرد و با شوروی یکجا به زباله دان تاریخ فرو رفت!

عوامل کودتای هفت ثور

علل و عوامل کودتا، کارروایی ها، نتایج و پیامدهایی که حکومت ۱٤ سالهٔ حزب دموکراتیک خلق افغانستان بر جای نهاد، وسیعترین برگ های تاریخ معاصر افغانستان را احتوا می نمایند. قتل رمزآمیز میراکبر خیبر، یک تن از رهبران حزب (۲۵ حمل ۱۳۵۷هجری شمسی)، تظاهر قدرت نمایانهٔ حزب هنگام تشییع جنازه و خاکسپاری او، و اقدام داوود خان که چند تن از رهبران حزب را دو روز پیش از کودتا توقیف نمود همه عوامل ظاهری کودتا را نمایش میدهند.

داوود خان طی چرخشی به امید کمکهای ملیارد دالری شاه ایران و عربستان سعودی همکاران پرچمی خویش را از کابینه اخراج کرد و مورد بی لطفی قرار داد. همزمان با آن، اتخاذ سیاست تشنج زدایی با پاکستان، گسست از میزان سیاست اتکأ پیشین به شوروی، روابط نزدیک با ایران و عربستان سعودی، کوششها در جهت ایجاد یک حزب واحد "غورزنگ ملی" همه نشانه های اقدام قریب الوقوع مستقیم بر ضد عناصر سیاسی دست چپی میداد.

این بود که حزب آمادگیهای لازم را بخصوص در اردو اتخاذ کرده بود. از آنجمله بود اقدام در اتحاد مجدد دو جناح "خلق" به رهبری نورمحمد تره کی و جناح "پرچم" به رهبری ببرک کارمل و ایجاد مجدد "حزب دموکراتیک خلق افغانستان" (ح. د. خ. ا) در سال ۱۹۷۷م. باری نور محمد تره کی گفته بود: آمادگی ها برای سرنگونی جمهوری داوود خان پیشتر از کودتای ثور (تره کی همواره آن را انقلاب ثور می نامید) در دستور کار قرار داشت. در واقع "چپی ها"- خلقی ها و پرچمی ها- بدون بروز حادثهٔ مرگ خیبر نیز آماده بودند که جلو حرکت داوود خان را بگیرند. کودتای ثور به قوماندهٔ حفیظ الله امین، پاسخ به آن نیاز اساسی، افزون بر ضرورت نجات رهبران حزبی بود. به نظر نصیر مهرین "عوامل پیروزی کودتا را در موجودیت تشکیلات منظم نظامیان در اردو، توسل به اعمال خشونت بار و ضعف و ناکارآیی نظام جمهوری، و نظاره گری مردم می توان نشانی نمود". (دویچه ویلی زبان دری).

زمانی حفیظ الله امین گفته بود که "انقلاب ثور به همان اندازه که واشنگتن را غافلگیر کرد به همان پیمانه ماسکو را هم متعجب ساخت". به قول جاناتان ستیلل خبرنگار سابقهء گاردین (کتاب ارواح میدانهای جنگ افغانستان، چاپ لندن سال ۲۰۱۲م بزبان انگلیسی) مسئولان شوروی، مشخصا اعضاء «KGB» مأمور

خدمت در کابل، از وقوع کودتای هفتم ثور غافلگیر شدند. به باور آنها نه افغانستان برای نیل به سوسیالیسم به پختگی رسیده و نه بیش از آن حزب دموکراتیک خلق مهیای زمامداری بود. در واقع حزب را شکافی میان دو جناح، از هم می درید. «خلق»، جریان تندرو برخوردار از اکثریت، دسیسه کودتا را چیده بود. این شاخه از پشتیبانی گروهی از مردم «پشتو» زبانی برخوردار بود که به جستجوی کار یا دسترسی به نظام آموزشی در شهرها سکنی گزیده بودند. «پرچم» جناح اقلیت و میانه رو، هم، به طبقات متوسط شهرنشین «دری» زبان دلگرمی داشت.

حزب دموکراتیک خلق افغانستان

میرغلام محمد غبار، نورمحمد تره کی، ببرک کارمل، میراکبر خیبر، صدیق الله روهی و علی محمد زهما، از نخستین کسانی بودند که در کمیته تدارکات برای تشکیل حزب دموکراتیک خلق تلاش می کردند. بعد از مدت کوتاهی طاهر بدخشی نیز به این کمیته پیوست و لی غلام محمد غبار از این کمیته کنار رفت وعلی محمد زهما وصدیق الله روهی نیز به خارج از افغانستان رفتند.

این افراد که بعضی از آنها از طرف اعضای خاندان شاهی نیز حمایت می شدند، توانستند در سال ۱۳۴۲ خورشیدی اولین هسته تشکیلاتی را که به "کمیته اول" معروف شد، به وجود آورند. با استفاده از فضای نسبتاً آزادی که در دهه چهل شمسی (دهه دموکراسی افغانستان) بوجود آمده بود، اعضای این کمیته در تاریخ ۱۱ جدی ۱۳۴۳ اولین گنگره حزب دموکراتیک خلق را به صورت غیرعلنی در منزل نور محمد تره کی، در کارته چهار شهر کابل دایر کردند. در این گنگره که بیش از ۲۷ نفر از اعضای حزب شرکت داشتند، طاهر بدخشی نخست زندگینامه نورمحمد تره کی و ببرک کارمل را که از اعضای ارشد حزب بودند قرائت کرد و بعد یکی از کهنسال ترین افراد جلسه، آدم خان جاجی بعنوان رئیس موقت جلسه انتخاب شد. در این جلسه پس از سخنرانی هر یک از اعضا، اساسنامه حزب دمکراتیک خلق، به تصویب رسیده و گروه ۱۸ نفره به عنوان "پلنیوم" حزب انتخاب شد. این پلنیوم، کمیته مرکزی حزب را که مرکب از ۷ عضو اصلی و چهار عضو علی البدل بود انتخاب کرد. نورمحمد تره کی، ببرک کارمل، صالح محمد زیری، طاهر بدخشی، سلطانعلی کشتمند، شهرالله شهپر و دستگیر پنجشیری از اعضای اصلی و دکتر شاه ولی، ظاهر افق، دکتر ظاهر و نوراحمد نور، به عنوان اعضای علی البدل انتخاب شدند.

همچنین کمیته مرکزی حزب، نورمحمد تره کی را به سمت منشی عمومی و ببرک کارمل را بعنوان معاون منشی انتخاب کرد.

این حزب، در اولین حرکت جدی خود، توانست چند نفر از اعضای حزب را به عنوان نماینده در دور دوازدهم شورای ملی، وارد پارلمان افغانستان کند. در آن انتخابات، ببرک کارمل، آناهیتا راتبزاد، نوراحمد نور و فیضان الحق فیضان توانستند به شورا راه پیدا کنند ولی نورمحمد تره کی و حفیظ الله امین از راهیابی به شورا باز ماندند.

هیچ یک از این نامزدها، در تبلیغات انتخاباتی، خود را طرفدار اندیشه های مارکسیستی معرفی نکردند. کارمل و راتبزاد، که از کابل به مجلس رفتند خود را طرفدار دموکراسی و نوراحمد نور که از پنجوایی قندهار رفته بود از نفوذ پدرش که ملاک بزرگی در آن منطقه بود استفاده کرد.

پس از آغاز کار شورای ملی، ظاهر شاه، برای بار دوم محمد یوسف را به مقام صدارت پیشنهاد کرد. دکتر یوسف پس از رای اکثریت اعضای شورا، توانست این مقام را بدست آورد. اعضای حزب دموکراتیک خلق که می خواستند جلسات شورا، برای رای به اولین صدراعظم قانون اساسی علنی بر گزار شود در سوم عقرب سال ۱۳۴۳ خورشیدی، دست به تظاهرات زدند. در نتیجه این تظاهرات، درگیری خونینی بوجود آمد و فضای سیاسی افغانستان متشنج شد و دکتر یوسف مجبور شد چهار روز پس از رای اعتماد استعفاء دهد.

در ۲۲ حمل سال ۱۳۴۵ خورشیدی، اولین نشریه حزب دموکراتیک به نام "خلق" به صاحب امتیازی نور محمد تره کی و مدیریت بارق شفیعی، در کابل آغاز به انتشار کرد. نشریه خلق بیشتر به دنبال تبیین اهداف سیاسی و ایدئولوژی حزب بود و به صورت غیرمستقیم اندیشه های مارکسیستی را نشر و تبلیغ می کرد.

این نشریه در جوزای همان سال، به دلیل وجود مطالب یاد شده خشم مردم و پارلمان را برانگیخت و پس از تصویب پارلمان، در حالی که تنها شش شماره آن منتشر شده بود، از سوی دولت توقیف شد. ولی پس از توقیف به صورت غیر قانونی و پنهانی منتشر می شد.

صدیق وفا یکی از عضای سابقهء حزب دموکراتیک خلق در یک مباحثهء فیسبوکی با تعدادی از رفقای سابقهء خود مینویسد: "حزب دموکراتیک خلق افغانستان بمثابه پیشاهنگ طبقه کارگر (زحمتکشان) بادرنظرداشت اوضاع عینی وتحلیل مشخص از وضعیت سیاسی واجتماعی همان زمان (۱۱ جدی ۱۳۴۳) بنیاد گذاشته شد. این حزب برای بارنخست مسایل بنیادی جامعه افغانی را ازدیدگاه جامعه شناسی علمی (ماتریالیسم تاریخی) مطرح کرد انقلابیون

آنزمان با تکیه بر بینش ایدیالوژی مترقی تضادهای اساسی زنده گی اجتماعی رانشان دادند ودگرگونی انقلابی رابحیث وظیفه تاریخی مطرح ودرکلیت اهداف وبرنامه حزب منطبق به رهنمودهای پذیرفته شده جهانی انترناسیونال کارگری وکنفرانسهای بین المللی) برای بسر رسانیدن انقلاب ملی دموکراتیک ازطریق جبهه گسترده نیروهای ملی وانقلابی وگزینش راه رشد غیر سرمایه داری فورمول بندی وپیشکش نمود که درهمان وقت نجاب بخش و انقلابی خوانده شد واکثریت ماوشما (کسانی که در این صفحه شامل اند ودیگران که عضو حزب بودند اما در این جا حضورندارند) باشور وشوق انقلابی ووطنپرستانه آن مرام راپذیرفتیم و در راه تحقق آن رزمیدیم، بدون اینکه کدام نگاه انتقادی ویا وبحث بر انگیز داشته باشیم، یا اینکه معلومات من تکمیل نیست ممکن شماری از دوستان از این حلقه ازجمله مخالفان مخفی ویاعلنی آن مرام وآن خط مشی بودند که من آگاهی ندارم بهرحال؛ اینکه چنین جبهه یی درافغانستان شکل نگرفت، شیوه تولید ماقبل فئودالی وفئودالی ومناسبات اجتماعی مبتنی براین شیوه ها وهمچنان شتابزده گی وچنددسته گی رهبران مانع تحقق تحول ملی دموکراتیک گردید ودرعوض کودتا جاگزین انقلاب شد، وطبقه کارگر نسبت میزان پایئن رشد صنایع به وجود نیامد، رهبران حزب ازپخته گی لازم سیاسی وایدیالوژیک برخوردارنبودند وتفکر حاکم درحزب مجموعه ای ازذهنی گری ها وتوجیهات نادرست ازتئوری ها بود که درخورد صفوف داده میشد، ودر نهایت حقایق رامسخ مینمودند وبالاخره اینکه بعد از احراز قدرت سیاسی حزب بحیث یک ساختار ناشناخته درتاریخ افغانستان عرض اندام وحزب دولت شد، دیگر نقد از این نکته باید آغازشود نه از انجایی که نیاز به ایجادحزب نبود ویا اینکه چرا جزب ایجاد شد؟"

انشعاب حزب

هنوز از تشکیل حزب زمان زیادی نگذشته بود که در ماه ثور ۱۳۴۶ خورشیدی، این حزب دستخوش جدایی گردید و به دو گروه تقسیم شد. پس از انشعاب، هر یک از دو گروه خود را حزب واقعی دموکراتیک خلق می شمردند. در حوت سال ۱۳۴۶ خورشیدی، نوراحمد اعتمادی صدراعظم وقت، اجازه انتشار نشریه "پرچم" را به ببرک کارمل داد و این نشریه به صورت هفتگی، با صاحب امتیازی میراکبر خیبر و مدیر مسئولی سلیمان لایق منتشر می شد. بعد از انتشار نشریه پرچم، گروه تره کی به نام خلق و گروه کارمل به نام پرچم مشهور شد.

اختلاف بین خلق و پرچم ، بیشتر به خاطر تضادهای قومی و محلی بود از این رو بیشتر اعضای پشتو زبان که دارای پایگاه قبیله ای و روستایی بودند درگروه خلق و بیشتر فارسی زبانان که دارای پایگاه شهری بودند در گروه پرچم جمع شدند. اختلافات در حزب دموکراتیک خلق فقط به جناح خلق و پرچم خلاصه نشد و عده ای نیز به رهبری طاهر بدخشی از شاخه پرچم جدا شده و حزب تازه ای را به نام "سازمان زحمتکشان افغانستان" که به "ستم ملی" معروف شد بوجود آوردند.

طاهر بدخشی که از قوم تاجیک بود اعتقاد داشت که تضاد عمده و اساسی فعلا تضاد قومی و ملیتی است و بر سر مسایل قومی و زبانی با سران حزب دمکراتیک خلق اختلاف پیدا کرد. از این جهت جناح او بنام گروه "ستم ملی" معروف شد که امروز داکتر لطیف پدرام از پیروان آن میباشد. بعدها ستم ملی نیز به دو جناح انشعاب پیدا کرد، گروه سازا (سازمان زحمت کشان افغانستان) به رهبری طاهر بدخشی و گروه و "سفزا" (سازمان فدایی زحمت کشان افغانستان) به رهبری "باعث بدخشی" اعلام موجودیت کرد.

در اواسط سال ۱۹۷۷م، طی جلسهٔ مشترک مقامات رهبری‌کنندهٔ پرچم و خلق ارگان‌های رهبری حزب دموکراتیک خلق افغانستان تشکیل شدند. نورمحمد تره‌کی به‌صفت منشی عمومی کمیتهٔ مرکزی حزب واحد دموکراتیک خلق افغانستان انتخاب گردید. ببرک کارمل و دو نفر دیگر (یکی از گروه پرچم و دیگری از گروه خلق) به‌حیث منشی‌های کمیتهٔ مرکزی برگزیده شدند. بدین گونه اتحاد مجدد دو جناح حزب تآمین گردید.

نور محمد تره کی

نور محمد تره کی فرزند نظرمحمد تره کی به تاریخ ۲۳ سرطان سال ۱۲۹۶ هجری شمسی در قریه سور کلی ولسوالی ناوه ولایت غزنی در یک خانواده فقیر کوچی بزگر تولد یافت. خانواده تره کی از راه مالداری دهقانی و گاهی هم بصورت کوچی زنده گی نموده و برای امرار معاش و دوام زنده گی کار و زحمت شاقه را متحمل میشدند.

تره کی در سن پنج سالگی به کار و مزدوری نزد بیوه زنی پرداخت تا از این راه به خانواده خویش کمک مالی برساند. پدر نور محمد تره کی از جمله اشخاص محدود دوران خویش بود که علاقه وا فر به درس و آموزش اطفال خویش ابرازمینمود. در اثر توجه پدر وی به مکتب ابتدایی ولسوالی ناوه غزنی شامل شد. بعد از فراغت از مکتب تره کی معه برادرانش بواسطه پدر خویش

به کندهار و بعدا به کویته جهت تحصیل و کار هجرت نمودند. به اساس گفته های برادر بزرگ تره کی مرحوم سلطان محمد تره کی آنها در شهر کویته که در آنزمان یک کشورجداگانه تحت الحمایه بریتانیا بود به کار های شاقه برای امرار حیات و ادامه تحصیل پرداختند. زمانی هم برادربزرگ شان برای مدت معین بحیث کارگرخرید و فروش شده اند. مشکلات خانوادگی و فشار روزگار تره کی را مجبور نمود تا از منتهی ذکاوت و پشت کار استفاده نموده و در کار های اداری خویش تلاش موثر را در کار گیرد. بعد از مدت چندی وی مورد توجع مسولان اداره شرکت پشتون قرار گرفته و بحیث نماینده این شرکت به شهر بمبّی هند رهسپار گشت. در همین ایام نور محمد تره کی پدر خویش را در زلزله مشهور شهر کویته که بتاریخ ۳۱ مه می ۱۹۳۵ بوقوع پیوست از دست داد. در زمان مرگ پدرش تره کی در شرکت تجارتی پشتون مصروف کار بود. زنده گی در هند تغیر کلی در روان تره کی ایجاد نمود. درین سالها هند دستخوش تغییرات ضد استعماری قرار گرفت. وی اولین بار با افکار ضد استعماری از راه عدم تشدد آشنا شد. تجربه هند تره کی را وا داشت تا شیوه زنده گی خویش را تغییر دهد. وی درین راه از رابطه فکری خویش با حزب کانگرس هند که در آنزمان یک حزب ضد استعمار و چپ گراه بود استفاده جست. این زمان آ غاز فعالیت های ادبی وژورنالیستیک وی میباشد.

نور محمد تره کی در سال ۱۳۱٦ (۱۹۳۷) بوطن باز گشت. این بازگشت از لحاظ ماهیت و شکل به مهاجرت های قبلی فرق داشت. این بار او مصمم بود تا افکار آموخته در هند را در وطن خود بگوش هموطنان خویش برساند. تره کی بزودی در حلقات ژورنالیستیکی نام و جایی یافت و در اداره مطبوعات کشوربه کار آ غاز نمود. بزودی مقالات عدالت خواهی ومترقی تره کی او رامظنون آزار و اذیت بوروکراتان گردانید. تا اینکه بخاطر آرامش از درد سراز مقالات تره کی او را به منطقه بروغل ولایت بدخشان تبدیل نمودند.

در سال ۱۳۲٤ (۱۹٤۵) با استفاده از دوره نسبتا نرم تر صدارت شاه محمود خان تره کی در ایجاد هسته ویش زلمیان (جوانان بیدار) کمک کرد. تره کی که درین هنگام مبارزه سیاسی را پیشه خویش قرارد اده بود با روشنفکران زمان خویش دید و بازدید های مکرری انجام داد. این دید و بازدید هادر سال ۱۳۲۷ (۱۹٤۸) منجر به تاسیس حزب ویش زلمیان (جوانان بیدار) شد. نخستین مجلس موسس این جریان مترقی در منزل تره کی واقع چاردهی کابل با شرکت عده کثیری از روشنفکران افغانی اعم از شاعر نویسنده ژورنالیست تاجر و مامور دولت برگزارگردید. تره کی در اخبار نشراتی حزب یعنی جریده انگار(شعله) تاثیر فکری عمیق داشت و مقالات متعددی در آن بچاپ رسانید. بین سالهای

۱۳۲۷(۱۹٤۸) و ۱۳۳۲(۱۹۵۳) تره کی نخستین آثار ادبی سوسیالیستی رابزبان پشتو تحریر نمود.این آثار عبارت اند از "د غوایی لاندی" "دادی خدمت" "خرنگه آزادی"و "ماکسیم گورکی". درین جریان نورمحمد تره کی از طرف حکومت شاه محمود خان بحیث نماینده کلتوری و مطبوعاتی افغانستان به ایالات متحده امریکا فرستاده شد.

نورمحمد تره کی از این زمان به نفع خویش استفاده نموده و تماس های خویش را با رفقای خویش سریع تر ساخت. با استفاده از شرایط نسبتآ دموکراتیک دهه دموکراسی وی توانست زمینه تدویر نخستین مجمع حزب جدید را همراه با همفکران خویش بوجود بیاورد. در یازدهم جدی ۱۳٤۳ مطابق اول جنوری ۱۹٦۵ تره کی یکبار دیگر میزبان حزب سیاسی جدیدی شد.این حزب که حزب دموکراتیک خلق نام نهاده شد از لحاظ کمی و کیفی با حزب ویش زلمیان فرق داشت.این حزب دارای یک اساس محکم انظباط درون حزبی و یک نهاد با پایه وسیع بود. افراد وابسطه به اقوام مختلف به رهبری حزب راه یافتند.اینبار جوانان روشنفکر و با انرژی فراوان به رهبری حزب برگزیده شدند.

نورمحمد تره کی در سال ۱۳٤٤ وقتی خویش را در ناوه غزنی برای عضویت در شورای ملی کاندید نمود اما به شکست مواجه گشت. به انتشار هفته نامه "خلق" دست زد ولی بزودی از طرف وزارت کلتورمسدود گردید.

در جریان ده سال بعدی وی در صدد جلب و جذب در اردو بر آمد. به نظر وی دیموکراسی سالهای چهل تنها پوششی بود بروی حکومت دربار. وی به این نتیجه رسید که دربار در نظر ندارد تا قدرت سیاسی را با احزاب سیاسی تقسیم نماید.این یکی از دلایل عمده نفوذ در قوای مسلح بشمار میآید. تا سال ۱۳۵۲ که سردار محمد داود طی کودتاهی به قدرت رسید حزب خلق افراد کافی را در اردو به نفع خویش جذب نموده بود. اسناد و شواهد نشان میدهد که یک تعداد افسران اردوی عضو احزاب خلق و پرچم در کودتای سردار محمد داود رول عمده بازی کرده اند.

در جریان حکومت پنج ساله محمد داود حزب خلق رشد وسیعی نمود. خلقی ها و پرچمی ها توانستند در قصبات دور دست کمیته های حزبی بر پا کنند. خلقی ها بطور موثر در اردو راه یافتند. در آن دوران به مشکل میتوان حزبی را در افغانستان به بزرگی و قدرت تشکیلاتی حزب خلق سراغ داشت.

بعد از پیروزی کودتای ۷ ثور ۱۳۵۷ هجری شمسی (۲۷ اپریل ۱۹۷۸ میلادی) که به جمهوری محمد داوود خان پایان داد شورای انقلابی کودتا چیان دولت

جمهوری دموکراتیک افغانستان را اعلام کرده نور محمد تره کی را به ریاست شورای انقلابی و حکومت برگزید.

فرامین رژیم جدید

سه روز بعد از کودتا طی فرمان شماره اول شورای انقلابی اعلام شد که ریاست شورای انقلابی و صدارت به نور محمد تره کی رهبر حزب (۱۹۱۷/ ۱۹۷۹) سپرده شد .پیرامون شکل نظام چنین ابلاغ گردید: "بعد از این تاریخ (۱۰ ثور ۱۳۵۷ مطابق ۳۰ اپریل ۱۹۷۸) افغانستان از لحاظ سازمان سیاسی دولت جمهوری دموکراتیک افغانستان می باشد".

در ضمن همین فرمان مقررات نظامی اعلام شد و شورای انقلابی که متشکل از اعضای رهبری حزب و قوماندانهای کودتاچی بود، به صدور قطعنامه ها پرداخت.جمهوری دموکراتیک افغانستان فیصله های حزبی را طی فرمان های آتی اعلام کرد:

در فرمان شماره ۲ معاونین شورای انقلابی و اعضای حکومت اعلام شد. نکتهٔ مهم در آن، دست بالا داشتن جناح خلقی ها بود.

در شماره ۳ ابلاغ شد که شورای انقلابی "به مقصد تنظیم وظایف ارگان های دولتی ... به استثنای قانون اساسی مورخ ٥ حوت ۱۳٥٥ که قبلاً ملغی اعلام شده، سایر قوانین، مقررات و فرامین نافذه به شرطی مرعی الاجرا شمرده می شود که با اهداف جمهوری دموکراتیک افغانستان موافق" باشد.

طی همین فرمان از "محکمهٔ نظامی انقلابیِ شورای انقلابی " نیز خبر داده شد.

در فرمان شماره ٤ نشان دولتی و تغییر بیرق به رنگ سرخ و در وسط آن کلمهٔ خلق اعلام گردید.

فرمان شماره ٥ سلب تابعیت ۲۳ نفر اعضای خاندان سلطنتی را خبر داد.

در فرمان شماره ٦ منظور خویش را از " ... رهایی میلیون ها دهقان زحمتکش از یوغ استثمارگران ستمگر. . ." بیان داشتند.

فرمان شماره ۷ "در جهت تأمین تساوی حقوق زن با مرد" و مواردی چون ازدواج های اجباری، تعیین مهریه و ... (ماه عقرب ۱۳۵۷) صادر گردید.

و فرمان شماره ۸ (ماه قوس ۱۳۵۷) از جمله چنین اهدافی را ابراز داشت: ۱- "امحای مناسبات فیودالی و ماقبل فیودالی از نظام اجتماعی، اقتصادی کشور. ۲- تعمیم، تحکیم و تعمیق اتحاد طبقهٔ کارگر و طبقهٔ دهقان به منظور نیرومندی هرچه بیشتر وحدت خلق افغانستان در جهت اعمار جامعهٔ بدون طبقات متخاصم و فارغ از هر نوع استثمار فرد از فرد، و ۳- بلند بردن حجم تولیدات زراعتی

به منظور تهیهٔ غذای کافی و متنوع به خلق، تهیهٔ مواد خام برای صادرات زراعتی و صنایع..."

پیش از ابلاغ برخی از فرمان ها، نورمحمد تره کی "خطوط اساسی وظایف انقلابی جمهوری دموکراتیک افغانستان" را به حیث خط مشی و با ادعای ایجاد تحولات اجتماعی به نفع اکثریت مردم اعلام داشت .

در خلال ابلاغ چنان فرمان ها، اعمال روزانهٔ حزب یا آنچه که برای مردم ملموس بود، ستمگرانه و آزار دهنده بود. یادآوری این موضوع از آن روی حایز اهمیت است که سرکوب ها محور اصلی حیات جمهوری دموکراتیک افغانستان را تشکیل داد. بسیاری از مخالفت ها و هراس ها از ناحیهٔ همان سرکوب های مهار نشدنی تبارز یافت. در حالی که ۹۰۰۰ زندانی جنایی از زندان ها از طرف تره کی عفو و رها شدند.

اما صدور فرمان ها، به بخصوص فرمان های ۷ و ۸ تنها از منظر چگونگی پیاده نمودن آنها، مطرح بحث نیست. فرمان ۸ حاکی از فقدان معرفت و اطلاع حزب از ساختارهای اقتصادی و اجتماعی و تحمیل ارادهٔ چند تن از خوش باوران، سطحی نگر بود.

افرادی که پنداشته بودند، جامعه فیودالی است، برای محو آن به دهقانان زمین داده شود و استثمار از بین می رود، (در این جا بگذریم از این که نابودی چنان مناسبات در کشورهایی زمینداری فیودالی را با چنان شعارها شکسته اند، پایان دهی بی عدالتی نبوده بلکه دولت ها نیز شیرهٔ جان دهاقین را مکیده اند.) از فقدان تجانس ساخت اقتصادی در سراسر افغانستان نیز بی بهره بودند. زیرا در بسا از نقاط افغانستان زمینداری خرده مالکی حضور داشته و در برخی مناطق فیودالی وجود نداشت. پس اتخاذ چنان تصامیم فقط می توانست به درد اغواگری و اقناع اذهان قرار داشته باشد. این منظور هم حصول نشد..

از سوی دیگر رهبران صادر کنندهٔ فرمان ها ندانستند که تحولات اجتماعی و اقتصادی افغانستان با صدور چنان فرمان ها و اعمال متحقق نمی گردند. اگر حزبی زیر نام خدمت به مردم فرمان صادر کند، ولی عملاً در حیات روزمره مردم را به اعدام گاه ها و شکنجه گاه ها بفرستد، مردم را بر علیه خویش بر می انگیزد. دقیقاً همان نتایجی که سرنوشت جمهوری دموکراتیک افغانستان را به عنوان سرکوبگر مردم تعیین نمود. زیرا چنان سرکوب ها نتیجهٔ منطقی ساختار سیاسی آن جمهوری بود. حزبی که با تصرف قدرت از راه کودتا در پی تحکیم مواضع بود، حد اقل مظاهر موقع دهی به بقیه اجزای سیاسی جامعه

را به رسمیت نمی شناخت و دیگران را ملزم به اطاعت از خویش می نمود، مسلم بود که خشونت و خونریزی را اعمال می کرد.

رهبران جمهوری دموکراتیک افغانستان با وضاحت گفته بودند که"تبعهٔ افغانستان مؤظف است که از دستاوردهای بزرگ و شکوهمند ثور دفاع و پشتیبانی کند" (از اجزای فرمان۵).

پس لزوماً (یا آنچه را که آنها اصولاً می نامیدند)، بحث چنان فرمان ها و نتایج آن مطرح نبود زیرا تحمیل ارادهٔ حزبی، به عنوان شکل و الگوی استبداد حزبی شوروی آن را مطالبه می نمود و دهقانان تا آن که حتا در چارچوب همان طرح های دور از واقعیت صاحب زمین شوند، حیات خویش را در معرض از دست دادن می دیدند. بقیهٔ مردم تا آن که از زندگی بهتر بهره مند شوند، برای نجات از شر سرکوب ها به مخالفت و مهاجرت روی آوردند. دولت به تبلیغات روی آورد که گویا فیودال ها و ضدانقلابی ها اشرار شده اند. در حالی که شهرها فیودال نداشت و تعداد فیودال ها هم اندک بود.

ساختار دیکتاتورانهٔ حزبی، با همجوشی و همسویی که با اتحاد شوروی داشت، به سرکوب ها عامل و بُعد خارجی هم بخشید. از آن رو اتحاد شوروی وقت در همه فعالیت ها و منجمله سرکوب های مردم سهیم گردید.

دیکتاتوری حزبی جمهوری دموکراتیک افغانستان فرهنگ مورد نیاز چنان ساختار را اشاعه می داد. افکار واندیشه های اختناق آمیز و کسالت آور، کیش شخصیت نور محمد تره کی و حفیظ الله امین در همه ادارات، موسسات تعلیمی و حتا موسسات سواد آموزی حاکم بود. تنها روزنامهٔ انقلاب ثور نبود که چنان وظیفه را عهده دار بود. در تاریخ افغانستان برای نخستین بار تیراژ بیشتر از صدها هزار به سود فرهنگ اختناق آمیز به خدمت گرفته شد. افتتاح تلویزیون که کار آن در زمان جمهوری داوود خان آغاز شده بود، وسیلهٔ دیگری در اختیار پخش چنان فرهنگ نهاد. وادار سازی متعلمین و محصلین به تظاهرات بیهوده، شعاربازانه و بی محتوی هر چه بیشتر به تنزل سطح معارف می انجامید. افزون بر آن تعدادی از استادان و معلمین پوهنتون و مکاتب اعدام و یا زندانی شدند. گزینش هایی که با معیارهای حزبی عملی می شد، به تنزل بیشتر آموزش و آموزگاری انجامید.

با استیلای چنان فضا از سیاست های دیکتاتورانه و سرکوبگرانه، مخالفت ها نیز وسعت یافت و به گونهٔ فزاینده یی تشدید گردید. اما انگیزه های مخالفین یکسان نبود و مخالفت ها خاستگاه مشترک نداشتند. مخالفت ها از انگیزه های عقیده یی تا ضدیت با استبداد و وابستگی، از تبارز نارضایتی کتله هایی که خود

و یا نزدیکان شان خویش را در معرض ستم می دیدند،... گسترش پیدا نمود. نظامیان مخالف بارها به قیام ها و تشبثات سرنگون کنندۀ جمهوری د. ا دست زدند.

روابط با پاکستان به تنش های بی سابقه یی رسید و آن کشور را برای مقابله و استفاده هایی برانگیخت که برای مردمان افغانستان و پاکستان مصیبت آمیز و اندوهبار شد. قتل دابس، سفیر امریکا در کابل (۱٤ فبروری ۱۹۷۹)، به تیره گی بیشتر روابط افغانستان و امریکا انجامید .

مجموع اوضاع که از نخستین روزهای حیات جمهوری د.ا بحران آمیز بود، افزون بر پرورش تحولات تکان دهنده و گذاشتن افغانستان در مسیر ستیزه های مختلف، بر روابط حزبی افراد و جناح های حزبی نیز تأثیر پرتنش می نهاد. تنش های داخلی پرچمی ها و خلقی ها بار دیگر به نقطۀ حادی رسید. ببرک کارمل و چند تن دیگر نخست به حیث سفیر و متعاقب آن به عنوان جاسوس و توطیه گر از حزب اخراج شدند. اوضاع در سال ۱۳۵۸ شمسی، چنان بود که هردم تصور احتمال از میان رفتن دولت می رفت. برای مقابله با آن وضع و اتخاذ راه های جبران کننده، مقام های شوروی در غیاب حفیظ الله امین، سعی نمودند توافقی را میان نور محمد تره کی و ببرک کارمل در ماسکو به وجود آورده و امین را به زودی بکشند. اما حفیظ الله امین که در دستگاه حزبی نفوذ بیشتر داشت، از طرح آگاهی یافت. (امین از اول فبروری ۱۹۷۹ به حیث صدراعظم تعیین شده بود) طرح کشتن او ناموفق بماند و تره کی خود از طرف امین خلع و بعد وسیلۀ بالشتی که روی دهنش گذاشته بودند، خفک گردید (۲۵ سنبلۀ ۱۳۵۸) .

حفیظ الله امین

حفیظ الله امین از قوم خروتی پشتون در سال ۱۹۲۹م (۱۳۰۸ شمسی) در پغمان تولد شد. درس های مقدماتی را در مکاتب پغمان و کابل فرا گرفت. به منظور تحصیل بیشتر به ایالات متحدۀ امریکا فرستاده شد و بعداً مدیر لیسه دارلمعلمین کابل مقرر شد. در سال ۱۳٤٤عضویت حزب دموکراتیک خلق افغانستان را حاصل کرد. پس از انشعاب ببرک کارمل و رفقایش، جانب نور محمد تره کی را گرفت. در دور سیزدهم شورای ملی از پغمان به عنوان نماینده تعیین شد و تبارز بیشتر سیاسی پیدا نمود. مسوول امور سازمان نظامیان "خلق" دراردو

بود. هنگام وحدت مجدد گروههای خلق و پرچم عضویت بیروی سیاسی را گرفت. پس از توقیف برخی رهبران حزب از طرف محمد داوود خان، با استفاده از فرصت ها و امکانات، رهنمودهایی را به افسران حزبی در اردو داد که پیروزی کودتای ثور را در قبال داشت. با اعلام اعضای کابینهٔ نور محمد تره کی، امین سِمت معاونت دوم شورای انقلابی، معاونت دوم صدارت و وزیر خارجه را به عهده گرفت. در ثور سال ۱۳۵۸ مقام صدارت را نیز به دست آورد.

ساحهٔ قدرت حزبی، بیشتر در حیطهٔ شخصی و فراکسیونی او محدودتر شد. به دنبال راندن برخی اعضای رهبری جناح پرچم و سرکوب آنها، وقتی نور محمد تره کی را زندانی کرد، چند تن از طرفداران او که در حکومت و اردو نفوذ داشتند، برای حفظ جان به سفارت اتحاد شوروی پناه بردند. امین، برادر، برادرزاده و افراد مطمین خویش رادر پُست های مهم گماشت. در واقع افزون به برانگیخته شدن دشمنی مردمان وسیع در برابر اعمال حزب و دولت، دامنهٔ مخالفت های جدی درون حزبی هم به سوی دشمنی با امین سمت یافت.

مناسبات با اتحاد شوروی با بی اطمینانی و بی اعتمادی آمیخت. زیرا شوروی طرفدار مرگ تره کی نبود. وحدت و تفاهم پرچم و خلق را می خواست. اما امین به این نتیجه رسیده بود که در پشت طرح توطیهٔ قتل او دست اتحاد شوروی و سفیر وقت (پوزانف) نهفته است. همچنان آگاه بود که چند تن از مخالفین او به سفارت شوروی پناه برده اند. این بود که به زودی پوزانف را روانهٔ شوروی نمود. عملی که برای مقامات ماسکو و بخصوص شخص برژنف بسیار ناخوشایند و اهانت آمیز تلقی شد.

هنگامی که حفیظ الله امین قدرت را رسماً به چنگ آورد، اوضاع افغانستان از حالت نخستین ماه های بعد از کودتای ثور، تفاوت های بسیار کرده بود. زیرا مظالم و ناهنجاری ها و مخالفت های گوناگون دامن گسترده بود. هزاران تن به قتل رسیده بودند، هزاران تن دیگر در زندان ها بودند. عده یی که تعداد شان به شدت رو به افزایش بود، مهاجرت کرده بودند. پس مسلم بود که نه تنها از تحقق برنامه ها و فرمان های ابلاغ شده حتا با همان شیوه های قبلی خبری نبود؛ بلکه جنگ و خونریزی و ابقای قدرت در دستور کار بود.

در چنان اوضاع که شیرازه های پیشین نیز فرو می پاشید، وضعیت معیشتی-اقتصادی، آموزشی و روانی جامعه شاهد یکی از دردآمیزترین لحظات بود.

حفیظ الله امین یک رژیم به تمام معنی دیکتاتوری استالینی را ایجاد کرد. نه تنها تعداد زیادی از اعضای حزب خودرا که وابسته به جناح پرچم بودند یا زندانی کرد یا اعدام نمود بلکه هر مخالف بالقوه را از سر راه خود بر میداشت.

اما قیامهای مردم بر ضد دولت دیکتاتوری در تمام کشور افزایش یافتند. از جمله در بادغیس و در لوگر به قتل تمام کارمندان دولت توسط شورشیان انجامید و در هرات با شورش سربازان فرقه و قیام مردم انجامید که بشدت سرکوب شدند.

حوادث ششم جدی سال ۱۳۵۸ هجری شمسی

حفیظ الله امین در رابطه با اتحاد شوروی به رغم بی اطمینانی، سعی کرد که بر نیازهایی که شوروی در افغانستان داشت اتکا کند. این بود که تا آخرین لحظهٔ حیات نیز از درخواست کمک ابا نورزید. او در واقع بدون توجه به آن بخش از مصالح شوروی که حزب و دولت یک پارچه را برای تحقق اهداف خود در افغانستان می خواست، شوروی را می ستود و پشتیبانی اش را برای خویش مطالبه می نمود. گره اصلی جنجال امین و شوروی در این نکته نهفته بود. بر همین اساس حفیظ الله امین نا گذیر برای مقابله با آنچه او عناصر ضد انقلابی میخواند از اتحاد شوروی تقاضای کمک نظامی کرد و قوای کوماندوی اردوی سرخ در طول یک هفته تا ششم جدی سال ۱۳۵۸ هجری شمسی با ایجاد یک پل هوائی به میدان هوائی کابل فرود آمدند.

این قوا در شام شش جدی شهر کابل را اشغال کردند بخصوص جنگهای شدیدی در اطراف دستگاه رادیو و تلویزیون و هم چنان محل رهایش حفیظ الله امین در قصر تپهٔ تاج بیگ در عقب قصر دار الامان به وقوع پیوست که در نتیجهٔ آن امین کشته شد و ببرک کارمل توسط قوای شوروی بکابل آورده شد و به عنوان رییس شورای انقلابی و رییس دولت قدرت را بدست گرفت. به تعقیب آن قوای اتحادشوروی در ابعاد بزرگی از بنادر مختلف وارد افغانستان گردید و در اطراف و اکناف شهرهای بزرگ کشور مستقر شدند.

ببرک کارمل

ببرک کارمل در اوایل جدی سال ۱۳۵۸ (دسمبر ۱۹۷۹م) توسط قوای شوروی از ماسکو بکابل آورده شد و بعد از کشته شدن حفیظ الله امین و سقوط حکومت او به عنوان رییس شورای انقلابی و رییس دولت قدرت را بدست گرفت.

ببرک کارمل فرزند حسین به تاریخ ٦ جون ۱۹۲۹ مطابق ۱۳۰۸ هجری شمسی در قریه کمری واقع جنوب شرق کابل زاده شده است اجداد کارمل از حاشیه سرینگر کشمیر هندوستان به افغانستان مهاجرت کرده اند. عده ای از مورخین این روایت را نیز مطرح نموده اند که او مربوط به قوم کاکر که شاخه ای از اقوام پشتون است میباشد، در حالیکه هوا خواهانش او را تاجك معرفی میکنند، ولی اسمای مروج در این خانواده بجز نام پسرش وستوك که یك نام روسی است اکثراً اسما پشتو اند که روایت دوم را قرین واقعیت میسازد. عده ای هم عقیده دارند که جنرال حسین بخاطر تقرب به سردار داوود و کسب حمایت او که به عنوان یك پشتون متعصب شهرت داشت به نامگذاری پشتو به اعضا خانواده اش مبادرت ورزیده است. متاسفانه مدارك و مستندات قاطع برای اثبات این روایات وجود ندارد ولی آنچه که کاملاً مسلم است و روایت اولی را بیشتر نزدیك به یقین میسازد اینست که در سیستم ثبت احوال نفوس کشور بجز از نام ببرك و پدرش حسین کس دیگری قید نشده است یعنی اینکه از پدر بالا تر ریشه ای در این سرزمین ندارد

پدرش محمد حسین در اردوی ظاهر شاه به درجه جنرالی رسیده است. ببرك در لیسه نجات شهر کابل درس خوانده و در سال ۱۹۵۱ مطابق ۱۳۳۸ شامل پوهنزئ حقوق پوهنتون کابل شد. او در زمان تحصیل تحت تاثیر اوجگیری مبارزات ضد استعماری جهانی به مفکوره های کمونیستی و فعالیتهای چپی رو آورد و در مظاهرات و فعالیتهای ضد دولتی اشتراک داشت. ببرك از سالهای۱۳۳۱ تا۱۳۳٦ به خاطر فعالیتهای چپی اش تحت تعقیب دولت وقت قرار داشت اما بخاطر رابطه نزدیك پدرش با داود از مجازات در امان ماند هر چند بعد ها در همین راستا زندانی گردید کارمل در سال ۱۳٤۳ با نورمحمد تره کی و ۲۹ تن از یاران همفکرش در ایجاد حزب دیموکراتیك خلق شرکت فعال داشت که بعد ار مصادره جریده خلق او برای اولین انشعاب اقدام نموده با جدا کردن نیم اعضا انشعاب را به آن حزب تحمیل و خود را به عنوان رهبر پرچم معرفی کرد. کارمل در سال ۱۹٦٥م از ناحیه شیر شاه مینه کابل کاندید و به حمایت حزب به حیث وکیل در پارلمان راه یافت. در جمهوری داود او با دولت روابط نزدیك داشت.

در سال ۱۳٥٦ گروه های جدا شده خلق و پرچم مجدداً وحدت نمودند، تره کی بحیث منشی عمومی حزب و کارمل به حیث معاون او مورد توافق قرار گرفتند. بعد از پیروزی کودتای ۷ ثور ۱۳٥۷ هجری شمسی (۲۷ اپریل ۱۹۷۸ میلادی) که به جمهوری محمد داوود خان پایان داد شورای انقلابی کودتا چیان ببرک کارمل را به عنوان معاون شورای انقلابی و معاون رییس دولت اعلام کرد.

ببرك در ۲ دسمبر ۱۹۹٦ وفات نموده ودر حیرتان دفن شد که جسدش بعداً توسط. طالبان به دریا آمو انداخته شد.

تشدید جهاد

این اشتباه خواهد بود که قیام مردم افقانستان برضد حاکمیت جمهوری د خ را به نتیجهء تجاوز اتحادشوروی خلاصه کنیم. حقیقت آن است که شش ماه قبل از شش جدی ۱۳۵۸ و ورود قوای شوروی به افغانستان، دولت کنترول بیش از ۳۵ فیصد کشور را در مناطق کوهستانی و دور افتاده از دست داده بود. مطابق احصاییه های رسمی اداره مرکزی احصائیه در جریان سرشماری سال ۱۳۵۸ این مناطق که ۳۵ فیصد نفوس در آنجاها زندگی میکردند از لحاظ امنیتی امن نبودند تا عملیات سرشماری در آنها تکمیل گردد. اما ورود قوای اتحاد شوروی به وسعت و کیفیت این قیام افزود و آنرا به یک جنبش آزادی بخش ملی مبدل کرد. قیامهای خونین لوگر، بادغیس و هرات (۱۹۷۹ اسماعیل خان) اتفاق افتاد.

سید محمدباقر مصباحزاده مینویسد (پیام آفتاب، ۱۳۹۶) "در بهار سال ۱۳۵۸ جهاد مقدس اسلامی به صورت گسترده، مردمی و خود جوش بدون کوچکترین اثری آشکار از گروه‌ها و احزاب سیاسی و نشانه‌ای از دخالت خارجی در هزارستان آغاز شد. جهاد در تاریخ ۱۸حمل ۱۳۵۸ به فرماندهی شیخ محمدحسین صادقی نیلی با شرکت حدود دو هزار مجاهد از مرکز ولسوالی خدیر در ولایت دایکندی (سابق بخشی از ولایت بزرگ ارزگان بود) و همزمان به فرماندهی سید محمدعلی لملم در بلخاب آغاز شد و به مناطق لعل و سرجنگل در ولایت غور، ورس و پنجاب در ولایت بامیان، شهر بامیان و نیز بهسود در ولایت میدان وردک گسترش یافت. ولسوالی مرکز بهسود در تاریخ ۱۳۵۸/۳/۸ توسط مجاهدین پنجاب، شهرستان و دایکندی و با همکاری مجاهدین و مردم بهسود فتح شد، و ولسوالی حصه اول بهسود در تاریخ ۱۳۵۸/۳/۲۰ توسط مجاهدین پنجاب به فرماندهی استاد محمد اکبری و مجاهدین بهسود به فرماندهی ارباب غریبداد از سلطه کمونیست‌ها خارج ساخته شد. پس از آزادسازی بهسود، ارباب غریبداد و نیروهایش از طریق کوه زنبورک وارد درهٔ حصار در سنگلاخ شدند. مردم سنگلاخ با شور و شوق از مجاهدین بهسود استقبال کردند و مرحوم حجت الاسلام سید میرآقا موحدی از علمای سنگلاخ، مجاهدین سنگلاخ را سازماندهی نموده و قرارگاه مشترک تحت ریاست ارباب غریبداد در منطقهٔ آهنگران در خانهٔ مرحوم رئیس میراحمدشاه تأسیس نمود. مجاهدین سنگلاخ به

فرماندهی مرحوم موحدی همراه با مجاهدین بهسود در تاریخ ۱۳۵۸/۴/۱۷ ولسوالی جلریز را فتح کردند و به سوی میدان شهر در درهٔ میدان پیشروی نمودند. مجاهدین سنگلاخ و بهسود در جنگ کوه مارشال در تاریخ ۱۳۵۸/۶/۲۳ نیروهای دولت کمونیست‌ها را شکست دادند و پس از فتح کوته عشرو، مرکز سابق ولایت میدان وردک، بسوی ارغندی و پغمان حرکت کردند و برخی مناطق پغمان را تا آخر ماه سنبله (شهریور) از لوث وجود نیروهای تحت امر دولت کمونیست‌ها پاکسازی نمودند."

هفت گروه جهادی سنی مذهب مجاهدین در خاک پاکستان تنظیم شدند و هشت گروه شیعه بخصوص گروههای هزاره در ایران تنظیم شده بر ضد دولت جمهوری دموکراتیک در افغانستان به اجرای عملیات جهادی پرداخته این فعالیتها را به کمک کشورهای پاکستان و ایران از یکطرف، عربستان سعودی، امریکا انگلستان و غیره تشدید نمودند. مداخلهء مستقیم اتحادشوروی منجر به توسعهء کمکهای این کشورها به مجاهدین افغان گردید و جنگ داخلی افغانستان را ابعاد بین المللی بخشیده به نیروهای افراطی جهادی کشورهای عربی بخصوص عربستان سعودی فرصت مناسب بدست داد تا در جهاد در کنار مجاهدین افغان سهم بگیرند. در این باره برژینسکی مشاور امنیت ملی جیمی کرتر رییس جمهور وقت امریکا در مصاحبه‌ای می‌گوید: «روزی که روس‌ها بطور رسمی از مرز [افغانستان] گذشتند، من به رئیس جمهور کارتر نوشتم که ما هم اکنون این فرصت را داریم که به روس‌ها جنگ ویتنامشان را عرضه کنیم. واقعاً این طور بود، برای مدت ده سال، مسکو مجبور بود در جنگی وارد شود که حکومتش توانایی پیش برد آنرا نداشت" (یاسین رسولی، بی بی سی فارسی). زبیگینو برژینسکی، دیپلمات و استراتژیست آمریکایی پولندی الاصل، دانش‌آموخته هاروارد، شوروی شناس برجسته و مشاور امنیت ملی جیمی کارتر و مشاور دولت ریگن بود. او استفاده از نیروهای جهادی علیه کمونیسم را وارد سیاست خارجی آمریکا کرد.

بدون شک برژینسکی را باید معمار ظهور و رشد جهادیست‌های اسلامی در سیاست بین‌المللی دانست. برژینسکی نظریه‌های ژئوپلیتک‌های قبلی را به‌روز نمود و قابلیت کاربردی در سیاست خارجی آمریکا در برابر شوروی داد. او در کتاب «برنامه بازی، چارچوب رویارویی آمریکا و شوروی» نشان داد که برخورد ابرقدرت‌ها امر «ناگزیر» است و «انتخاب» آنها نیست اما ماهیت منازعه میان دو ابرقدرت تحول یافته است. سه منطقه اوراسیا، ژاپن و در شرق دور، افغانستان در مرکز اوراسیا و لهستان در شرق اروپا محل‌های منازعه و رویارویی آمریکا و شوروی است. از آنجا که افغانستان به عنوان

یک «کشور ارتباط دهنده» میان مناطق در قلب اوراسیا است، آشفتگی در افغانستان تمام منطقه را ناآرام و بی‌ثبات می‌سازد.

از نظر او، شوروی همواره یک کشور «محاط به خشکی» بوده است و در طول تاریخ روسیه و پسان شوروی در پی دستیابی به دریای آزاد تلاش کرده است. تئوری محاصره شوروی بعد از جنگ دوم جهانی در سیاست خارجی آمریکا تطبیق می‌شد و برژینسکی نوآرری‌های بیشتر وارد این سیاست نمود و از طرح کمربند سبز دور شوروی دفاع می‌کرد؛ بنابراین، برژینسکی تئوری اتحاد آمریکا با کشورهای رقیب نزدیک شوروی مانند چین و ژاپن و کشورهای اطراف شوروی در جنوب و غرب آسیا و اورپای شرقی را تکمیل و به روز نمود و با توجه به ماهیت ضد دینی کمونیسم و دشمنی عقیدتی مسلمانان با کمونیسم بهره‌برداری نموده و توصیه کرد که یک «کمربند سبز» از نیروهای جهادی مسلمان در برابر شوروی ایجاد شود.

برژینسکی در اواخر دهه ۱۹۸۰، در تقویت و تنظیم گروه‌های جهادی افغانستان نقش تاریخی بازی کرده است. برژینسکی به عنوان مشاور امنیت ملی آمریکا نقش محوری در هماهنگی گسترده استخباراتی با کشورهای مسلمان مانند پاکستان، مصر، عربستان و کشورهای غربی و اسرائیل و رقبای شوروی مانند چین و ژاپن برای تمویل تسلیحاتی و بشردوستانه مجاهدین افغانستان را بازی کرد. عملیات سایکلون سیا در افغانستان با مصرف حدود ۵ میلیارد دالر، بزرگترین و گسترده‌ترین عملیات تحت پوشش استخباراتی سیا تا آن زمان بود که به گفته برژینسکی از ۳ جولای یعنی شش ماه پیش از اشغال افغانستان توسط شوروی در ۲۴ دسامبر ۱۹۷۹ آغاز شده بود. گرچه آمریکا دخالت مستقیم در توزیع کمک‌ها به مجاهدین نداشت و تنها تعداد انگشت شمار مأموران سیا از ساحات هم سرحد میان افغانستان مرتباً بازدید می‌نمودند.برژینسکی انتقادهایی که طرح و نظر وی سبب رشد گروهای جهادی شده است را نپذیرفته و می‌گفت: «چه چیزی در تاریخ مهمتر است؟ وجود طالبان یا فروپاشی شوروی؟ وجود یک تعداد مسلمان‌های به هیجان آمده یا آزادی اروپای مرکزی و پایان جنگ سرد؟

با گسترش قیام ضد دولت و مصارف هنگفتی که برای مقابله با آن اتحادشوروی متحمل میشد دولت شوروی در صدد تغییرات در اداره دولت افغانستان گردید و داکتر نجیب‌الله به عوض ببرک کارمل به قدرت رسید.

داکتر نجیب الله

در چهارم می ۱۹۸٦برابربا ۱۳ثور ۱۳٦۵ داکتر نجیب الله به عوض ببرک کارمل به مقام منشی عمومی کمیته مرکزی و رییس دولت برگزیده شد.

نجیب الله در سال ۱۳۲۶ خورشیدی ۱۹٤۷م در کابل به دنیا آمد، ولی پدر او، اختر محمد، اصلاً از قوم احمدزی پشتون های غلجایی پکتیا بود. قریه ایکه نیاکان او متعلق به آن بودند در بین شهرهای گردیز در ولایت پکتیا و «سید کَرَم» قرار داشت. او در لیسه حبیبیه تحصیل کرد و از پوهنتون کابل با درجه دکترا در طبابت در سال ۱۹۷۵م فارغ‌التحصیل شد. پدر نجیب الله در سالهای دهه ۱۳۴۰ خورشیدی وابسته تجاری کنسولگری افغانستان در پشاور پاکستان بود.

نجیب الله در سال ۱۳۴۴ به حزب دموکراتیک خلق پیوست، به خواندن آثار مارکسیستی آغاز کرد و در سخنرانی در همایش های دانشجویی و حزبی مهارت یافت. او بزودی در میان اعضای حزب درپوهنتون کابل به فرد شناخته شده ای مبدل شد و با پیشرفت سریع در تشکیلات سازمانی بزودی در حلقه افراد بسیار نزدیک به ببرک کارمل، رهبر بخش جناح پرچم حزب درآمد. نجیب الله سخنران ماهری بود و زمانی که هنوز محصل پوهنتون کابل بود، دولت ظاهر شاهی او را دو بار زندانی کرد و نشریه پرچم، تنها نشریه حزب دموکراتیک خلق در آن زمان خبرهای زندانی شدن او و دیگر اعضای حزب را منتشر می کرد.

بعد از طرد رهبران پرچمی از مقامات عالیرتبه دولتی، او را در ماه سرطان ۱۳۵۷ به سفارت افغانستان در تهران فرستادند، ولی دیری در مقام سفارت نماند و به کشور فراخوانده شد. نجیب الله برای مدتی به ماسکو رفت و در جدی سال ۱۳۵۸ با اشغال افغانستان توسط اردوی سرخ شوروی سابق، به کشور بازگشت.

او این بار به ریاست سازمان نیرومند اطلاعاتی دولت تحت حمایت شوروی موسوم به خدمات امنیت دولتی (خاد) رسید و بسیاری از افغانها از سازمان خاد در این دوره خاطرات بدی به یاد دارند.

تعیین داکتر نجیب الله به رهبری حزب و دولت

انتخاب نجیب الله در رهبری حزب دموکراتیک خلق به عنوان منشی عمومی کمیته مرکزی حزب ظاهراً از طریق پلنوم هجدهم کمیته مرکزی حزب تحقق یافت. پلنوم متذ که در چهارم می ۱۹۸٦برابربا ۱۳ثور ۱۳٦۵ تدویر گردید

استعفای ببرک کارمل را از مقام منشی عمومی کمیته مرکزی پذیرفت و بجای او نجیب الله را دراین مقام برگزید.

گورباچف بلافاصله بروز پنجم می ۱۹۸۶ انتخاب نجیب الله را به حیث منشی عمومی حزب دموکراتیک خلق تبریک گفت و در نامه ای به اونوشت: «سهم شما در تحکیم دوستی شوروی-افغان، رشد و توسعه همکاری همه جانبه و ثمر بخش میان اتحاد شوروی سوسیالیستی و جمهوری دموکراتیک افغانستان به خوبی آشکار است. به شما رفیق نجیب و تمام اعضای حزب دموکراتیک خلق افغانستان مؤفقیت های جدید را در امر تحقق اهداف و وظایف انقلاب ثور آرزو می نمایم".

نجیب الله نه تنها از زاویه قابلیت های او در رهبری و ریاست سازمان استخباراتی دولت (خاد) و کسب اعتماد بازیگران مهم و مقتدر در مراکز اصلی قدرت درشوروی موردتوجه بود، بلکه از لحاظ هویت قومی او نیز اهمیت داشت. سفیر شوروی به"دیه گوکوردووز" نماینده خاص سرمنشی ملل متحد در امور افغانستان گفته بود که به رهبری یک عنصر پشتون به جای ببرک کارمل در حزب و دولت نیاز است. پاکستان نیز به چنین تعویضی تمایل داشت. سلیک هریسن متخصص امریکایی امور شوروی نیز به این نکته انگشت میگذارد:

"این واقعییت که نجیب الله یک پشتون بود، او را در نظر دیپلماتهای شوروی جالب توجه داد. چرا که کارمل یک پشتون "واقعی" نبود و سیاست های قومی رژیم او نارضایتی وسیعی در میان پشتونها ایجاد کرده بود. کارمل اگر چه خود را منسوب به پشتون میدانست، اغلب پشتونها با اشاره به منشأ فرهنگی او در میان نخبگان کابل او را جزئی از خود نمیدانستند". افزون براین ها، شوروی تمایل جناح خلق را در انتخاب رهبری جدید حزب و دولت مد نظر داشت. روس ها فکر می کردند که نجیب الله بیشتر از هر کس دیگر درمیان جناح پرچم برای جناح خلق با توجه به هویت اتنیکی او قابل پذیرش و اعتماد است. نجیب الله نیز در دوران ریاست خاد این اعتماد خلقی ها را جلب کرده بود. مؤلفین افغانستان در منگنه ژئوپولوتیک به این نکته اشاره کرده می نویسند: «فراکسیون بازان حزبی هم از شاخه پرچم و هم ازشاخه خلق می دیدند که نجیب تمایلات فراکسیونی ندارد (چون او مستقیماً درکشمکش بر سر رهبری در حزب میان تره کی و کارمل در سالهای ۶۰ -۷۰ دست نداشت.) در دستگاه دولت روشن بودکه نجیب درکرسی رهبر خاد جلو تمایلات موجود ضد خلقی کارمندان ارگانهای امنیت دولتی را میگرفت، با آنکه خود در نهانخانه دل به پیمانه یی با آنان همنوا بود. به یاری این گونه رفتار او توانست مناسبات شخصی خوبی با

شماری از خلقیهای برجسته چون نظر محمد، تنی، وطنجار و گلابزوی داشته باشد.

پلنوم هژدهم کمیته مرکزی حزب در واقع انجام کودتای بدون خون ریزی نجیب الله علیه ببرک کارمل در درون حاکمیت حزب دموکراتیک خلق بود که در نتیجه حضور نظامی شوروی تحقق یافت. زیرا سناریوی این کودتا در مسکو نگاشته شده بود؛ برغم آنکه پلنوم هژدهم به آن نمایی از یک دگرگونی عادی در تغیر تشکیلاتی حزب ارائه کرد.

نجیب الله در آغاز رهبری حزب از رهبری جمعی سخن می گفت و تلاش میکرد تا در گام نخست از تشدید وگسترش اختلافات درون حزبی بکاهد واعتماد دو جناح اصلی خلق و پرچم و فراکسیونهای مختلف این جناح ها را بسوی خود بکشاند. او حتا به هوادارن ببرک کارمل مراجعه میکرد و باسیاست ترعیب و ترغیب در صدد آن می شد تا از مخالفت آنها در برابر خود بکاهد. نکته درخور توجه آن بود که نجیب الله در جهت متقاعد کردن هواداران ببرک کامل به پذیرش تغیر در رهبری حزب، این تغیر را خاستِ رهبری شوروی و زاده تحولات در شوروی تلقی می کرد.

بعد از خروج قوای اتحاد شوروی از افغانستان در سال ۱۹۸۹م و قطَع کمکهای اقتصادی آنها دولت داکتر نجیب الله سه سال دوام آورد و در این سه سال توانست موفقانه از سقوط دولت بدست مجاهدین جلوگیری کند و بالاخره با ختم منابع مالی، عدم تحقق یک توافق سیاسی با گروههای مجاهدین برای ختم جنگ و ایجاد یک دولت ملی، دوام دولت امکان نداشته جبراً آماده به تسلیمی قدرت به مجاهدین گردید. داکتر نجیب الله در آخرین اجلاس کابینه از ختم منابع مالی به وزرای خود اطلاَع داد و با شکست کوششهای او برای رسیدن به یک توافق سیاسی در ژنیوا با گروههای مجاهدین به آخر کار دولت خود رسیده بود از این جهت به رفقا و وزرای خود اجازه داد تا در مورد سرنوشت آینده خود تصمیم بگیرند و خود نیز خواست تا به دهلی نزد فامیل خود برود اما ملیشه های دوستم که امنیت میدان هوایی کابل را بدست داشتند از پرواز او جلوگیری کرده موصوف ناگذیر به دفتر ملل متحد در کابل پناهنده شد.

اصلاحات

نجیب الله در دوره ریاست جمهوری خود دست به اصلاحات گسترده ای در نظام و سیاست های حزبی وارد کرد، حتی نام حزب را تغییر داد و حزب دموکراتیک خلق را به حزب "وطن" تغییر نام داد.

او لویه جرگه را در سال ۱۳۶۶ برگزار کرد و این جرگه قانون اساسی جدیدی را به تصویب رساند. در این قانون اساسی آزادی های زیادی برای شهروندان کشور، از جمله آزادی رسانه ها و تشکیل احزاب سیاسی تضمین شد. احترام به "دین مقدس اسلام" و پیروی از آن برای دولت الزامی شد و نجیب الله حتی خود در برخی از گردهمای های مذهبی در کابل شرکت می کرد.

خروج اردوی شوروی سابق از افغانستان، ۲۶ دلو ۱۳۶۷ و کودتای نافرجام شهنواز تنی، وزیر دفاع دولت نجیب الله در ۱۶ دلو ۱۳۶۸، از مهمترین رویدادهای نظامی دوره ریاست جمهوری او شمرده می شود.

نجیب الله با خروج نیروهای شوروی از افغانستان با سخنرانی های مردم پسند خود از طریق رادیو و تلویزیون دولتی با لحن صمیمانه و خودمانی تلاش کرد سیاست آشتی جویانه خود را توسعه دهد. اما گروههای مجاهدین مستقر در پاکستان و ایران این سیاست او را ناشی از ضعف دولت کابل و نوعی نیرنگ تلقی کردند و در سال ۱۳۶۸ خورشیدی عملیات بزرگی را با هدف سقوط دولت نجیب الله در جلال آباد در شرق افغانستان آغاز کردند. ولی این عملیات با شکست سختی مواجه شد و این شکست نظامی به نحوی این پیام را به مجاهدین رساند که دولت او علی رغم خروج اردوی شوروی سابق از افغانستان، همچنان به قوت خود باقی است.

سقوط

با این همه، نجیب الله به ادامه سیاست آشتی ملی خود تشکیل اداره موقت و حتی برگزاری انتخابات را پذیرفت، اما اختلافات درونی در سالهای آخر حکومتش، او را در آستانه سقوط قرار داد. دولت نجیب الله با مخالفت ژنرال عبدالرشید دوستم، از فرماندهان عمده شبه نظامیان طرفدار دولت نجیب در شمال افغانستان، با فروپاشی حتمی مواجه شد. در نخستین ماه سال ۱۳۷۱ خورشیدی نجیب الله تصمیم به کناره گیری از قدرت و خروج پنهانی از کشور گرفت، اما سربازان تحت امر ژنرال دوستم در فرودگاه کابل مانع خروج او از کشور شدند. زمانی که راه خروج از کشور هم بروی نجیب الله بسته شد، او به دفتر نمایندگی سازمان ملل در کابل پناه برد و حدود پنج سال در آنجا بود.

گروههای مجاهدین در هشتم ثور ۱۳۷۱ خورشیدی وارد کابل شدند؛ پس از آن بزودی درگیری های مسلحانه در شهر کابل آغاز شد و این جنگ ها تا پنج سال در کابل و تا ده سال دیگر در مناطق مختلف افغانستان ادامه یافت. ویرانی، خونریزی و آوارگی که این جنگ ها برای مردم در پی آورد، شماری از مردم

به یاد سخنان نجیب الله افتادند که گفته بود اگر قدرت به یک اداره مورد توافق همه افغانها منتقل نشود، در کشور "حمام خون" جاری می شود.

طالبان به محض ورود به شهر کابل نجیب الله و برادرش، ژنرال احمدزی را از دفتر سازمان ملل در کابل بیرون کردند و در چهار راه آریانا به برج مراقبت ترافیک آویختند. طالبان جسدهای آنها را در همانجا گذاشتند تا همه کسانی که از آن جا می گذشتند، ببینند. در باره انگیزه و عاملان قتل نجیب الله مطالبَ زیادی منتشر شده است. از جمله، برخی گفته اند که او را عوامل با نفوذ پاکستانی در درون گروه طالبان به دلیل مخالفت نجیب با موافقتنامه دیورند کشتند، اما برخی نوشته اند که او را مخالفان حزبی او، که در آن زمان با طالبان همنوا بودند، به دار آویختند. قابل یادآوری است که در آستانهٔ ورود طالبان به شهر کابل نجیب الله به خانم خود در دهلی پیام کرده بود که نگران نباشد طالبان از خود هستند! این میرساند که کسانی در مقامات بلند همراه با طالبان پیام نادرستی را به او داده بوند.

پس از سقوط طالبان در خزان سال ۱۳۸۰ خورشیدی، که بازار عکس های رهبران مجاهدین، به بخصوص حامد کرزی، رئیس جمهوری دولت پس از طالبان و احمد شاه مسعود، فرمانده مشهور مجاهدین گرم شد، عکس های نجیب الله هم در کنار عکس های آنها قرار گرفت. در سالهای اخیر مجموعه سخنرانی ها و تصاویر ویدئویی او بر روی سایت های اینترنتی و کتابفروشی های کابل و تقریباً همه شهر های افغانستان پیدا می شود. حتی عکس های او با عنوان "قهرمان شهید" در سالنامه ها به چاپ می رسد.

با این همه، سایه سنگینی که ریاست او در سازمان خاد بر شخصیت نجیب الله افگند، از ذهن بسیاری از افغانها زدوده نشده و آنها هنوز هم او را با همین تصویر و از همین زاویه می شناسند.

یکتعداد عوامل سقوط دولت داکتر نجیب الله

در سال ۱۹۸۵، هنگامی که آقای «میخائیل گورباچف» به دبیر اولی حزب کمونیست اتحاد شوروی گمارده شد، زمامداران، دیگر آنوقت به لزوم عقب نشینی از افغانستان پی برده بودند. کارزار گسترده ای علیه جنگ، که خانواده سربازان، جنگجویان پیشین و حتی افسران زیر پرچم براه انداخته بودند مسکو را بدان سمت راند. دور نبود که نسیم «erestroika۲۹۳» پربرسترایکا و گلازنوست «glasnost» بوزد. در افغانستان، «نجیب الله» که تازه به مقام ریاست جمهوری برگمارده شده بود، به سودای ناسیونالیسمی عمل گرا، بیش از پیش از مارکسیسم – لنینسم فاصله می گرفت. در سال ۱۹۸۸ او نام حزب

دموکراتیک خلق افغانستان را به «وطن» تغییر داد. در فرجام دوران مأموریت خود، حتی در نظر داشت که مقام وزارت دفاع را به «احمد شاه مسعود» بسپارد.

این نرمش پذیری ها، که از هنگام عزیمت «ببرک کارمل» و صعود «نجیب الله» احساس می شد، سهمی در اتخاذ سیاستی رسمی موسوم به «آشتی ملی » داشت. . «Artemy Kalinovsky» تاریخدان در اثر خویش با عنوان «بدرودی طولانی» چشم انداز اجمالی خوبی از این جنبه های دیپلوماتیک به دست می دهد. او می نویسد: "از سال ۱۹۸۵ تا سال ۱۹۸۷ سیاست مسکو در باره افغانستان را عزم پایان بخشیدن به جنگ بدون تن دادن به شکست پیش می برد. "گورباچف" کمابیش به همان اندازه پیشینیانش از گزندهای عقب نشینی شتابزده ای که ممکن بود حیثیت شوروی را خصوصا نزد شرکای جهان سومی اش خدشه دار سازد بیمناک بود. با اینهمه او به تعهد پایان بخشیدن به جنگ نیز کمر بسته بود، و هیئت سیاسی حزبش نیز در این سمت و سو پشتیبان وی بود. این جهت گیری متضمن جستجوی رویکردهای تازه ای بود تا رژیم ماندگاری را در کابل بر جای بگذارد که پس از خروج سپاهیان شوروی بتواند دوام آورد".

برای توفیق در سیاست «آشتی ملی» به همکاری ایالات متحده، نخستین پشتیبان مجاهدین نیاز بود. از بخت بد افغانستان و شوروی، دولت «ریگان» آنوقت میان «Bleeders» («خونریزان») و «dealers» («آشتی جویان») به دو دستگی افتاده بود. «جرج شولتز» (George Shultz) وزیر امور خارجه در میان مصالحه جویان اصلی هوادار کنار آمدن با اتحاد جماهیر شوروی سوسیالیستی جای داست. موضع گیری آنها ساده بود: معتقد بودند که چنانچه ارتش سرخ از افغانستان عقب نشیند، ایالات متحده باید از کمک به مجاهدین دست بردارد. اما «خونریزان» که در صحن «CIA» و «لابی افغان» در کنگره آمریکا حضوری پر رنگ داشتند، گوششان به این حرف ها بدهکار نبود: آنها پایان کمک به مجاهدین را به توقف صاف و ساده هر گونه پشتیبانی شوروی از دولت «نجیب الله» مشروط می ساختند. آنها بودند که سرانجام به مقصود رسیدند.

در ماه فبروری ۱۹۸۹ آخرین تانک شوروی پل دوستی در شمال رود آمو دریا را پشت سر نهاد. با اینحال، مسکو از یاری دادن به «نجیب الله» دست نکشید. در ماه مارچ ۱۹۸۹ وقتی سپاهیان دولت افغانستان، که آنگاه دیگر به تنهائی می جنگیدند، محاصره مجاهدین را در جلال آباد در نزدیکی مرز پاکستان شکستند، همه را به شگفتی انداختند. چنانچه شورشیان موفق می شدند این شهر

را بگیرند، دور نبود که کابل مقصد بعدی آنان باشد. پس از آن، هفت حزب مجاهدین، به رغم فن آوری نظامی عالی شان، همچنان از هم دریده و گرفتار ناسازگاری های راهبردی ماندند.

به عقیده «بریث ویت»، «ادوارد شواردنادزه» (Edouard Chevardnadze) که نمی خواست نخستین وزیر امور خارجه شوروی باشد که به شکست تن در می دهد، پرشور و حرارت ترین پشتیبان «نجیب الله» بود. او مجاب شده بود که افغان ها قادر خواهند بود به لطف جریان نفت و تسلیحاتی که از اتحاد جماهیر شوروی سوسیالیستی می رسید تا ابد بجنگند. در حقیقت، «نجیب الله» توانست سه سال بیش دوام آورد. در پایان سال ۱۹۹۱ وقتی «بوریس یلتسین» (Boris Eltsine)، «گورباچف» را برکنار کرد و اتحاد جماهیر شوروی سوسیالیستی فرو پاشید، جریان حیاتی کمک ها نیز قطع شد.

با بودن «یلتسین» در مسند قدرت در روسیه، رژیم «نجیب الله» از پای در افتاد. اگر گفته «بریث ویت» را ملاک گیریم، گویا «یلتسین»، در مقام رئیس جمهور فدراسیون روسیه، حتی پیش از سقوط آقای «گورباچف» رشته های پیوندی را با مجاهدین افغان به هم بافته بود. از دیگر سو به محض آنکه عرضه لوازم و ضروریات روسی قطع شد، آقای «عبدالرشید دوستم» یکی از حامیان نظامی اصلی «نجیب الله»، به اردوگاه شورشیان پیوست.

با اعلان خاتمه کار حکومت به مجلس وزرآ و متعاقبآ ناکامی داکتر نجیب الله برای خروج از کشور، بیجهت نیست که رفقا و وزرای دولت نجیب الله در مورد آینده خود خود تصمیم گرفتند و هرکه به راهی رفت. در این بحبوحه جانبداری فرصت طلبانه جنرال عبدالرشید دوستم از احمدشاه مسعود و تسلیمی دولت و نیروهای نظامی داکتر نجیب الله توسط تعدآدی عناصرپرچمی دولت او مانند وکیل، فرید مزدک، جنرال نبیَ عظیمی، جنرالَ علومی و غیره در سال ۱۹۹۲ع، به احمدشاه مسعود و حزب جمعیت به مسعود و حزب جمعیت فرصت داد تا با نادیده گرفتن توافقات میان گروههای مجاهدین تمام قدرت را بدست گرفته حاکم مطلق گردند.

دستآورد جمهوری دموکراتیک افغانستان

اثرات سیاسی و اجتماعی

آغاز زمامداری جناح «خلق» حزب، خونبار بود. چهل تن ژنرال و همپیمانان سیاسی «داوود»، که دو صدراعظم پیشین نیز در میان آنان بودند بدون محاکمه

اعدام شدند. جزو دیگرانی که به زندان افتادند یا به قتل رسیدند، اسلامگرایان، مائوئیست ها و حتی اعضای جناح «پرچم» نیز دیده می شدند.

خشونتی که «خلق» بدان دست زد، زمامداران شوروی را نگران کرد. باهمه اصلاحات ترقیخواهانه گوناگون –ممنوعیت ازدواج کودکان، کاهش میزان جهیزیه، حذف قروض رهنی روستائی، پیکار با بیسوادی مردان و زنان (با آموزش جداگانه برای هر گروه)، اصلاحات ارضی، و جز اینها–، خطاهای مدیریت آنان، واکنش های خشن بخشی از مردم را برانگیخت.

آقای «صالح محمد زیریٔ»، یکی از مسئولان کهنسال کمونیست که «ستیل» توانسته بود رد پای وی را در ساختمانی ساده و معمولی در لندن پیدا کند، مقاومت مردم را به این عبارات شرح می داد: «در آغاز، روستائیان خشنود بودند، اما وقتی فهمیدند که ما کمونیست هستیم، رفتار وسلوکشان را [نسبت به ما] عوض کردند. سرتاسر جهان علیه ما بود. مردم می گفتند که ما به اسلام ایمان نداریم، و [البته] پر بیراه هم نمی گفتند. آنها به خوبی می دیدند که نماز نمی خوانیم. زنان را از سنگینی بار جهیزیه رهانیده بودیم و همین مردم می گفتند که ما هوادار بی بند و باری هستیم». عضو پیشین دیگر حزب دموکراتیک خلق افغانستان که او نیز در پایتخت بریتانیا رحل اقامت افکنده است، بیاد می آورد که رهبران حزبی که به قدرت رسیده بود «می خواستند بیسوادی را در ظرف پنج سال ریشه کن سازند؛ خواب و خیالی مسخره. مردم به طرح اصلاحات ارضی دل نمی دادند. حاکمان فرمانهای با ظاهر انقلابی صادر می کردند که می خواستند به زور به کار بندند. جامعه آماده نبود. با مردم مشوره نکرده بودند.

اصلاحات حزب دموکراتیک خلق افغانستان که در اضطرار بدان پرداختند از گزند شکاف و گسل کهن میان شهرها و روستاها در جامعه افغانی برکنار نماند. جوانان شهرنشین آرمان گرا و درسخوانده چیزی از سپهر روستائی سر در نمی آوردند و می خواستند ترکیب دیگری بدان بخشند، در حالی که ساکنان دهکده ها با دیوارهائی از خشت خام، هیچگونه همدلی با دیوانسالاری شهری نشان نمی دادند. از اینرو جای شگفتی نبود که ابعاد اجتماعی و فرهنگی اصلاحات کسانی را خوش نیاید، زیرا امتیازات ملایان و مالکان و صاحبان اراضی گسترده را تهدید می کرد؛ اما آزار دهنده تر آن بود که دهقانان مؤمن، جنبه های اقتصادی ترقیخواهانه برنامه را نیز یکسره بر نمی تافتند.

افغانستان سال های دهه ۱۹۷۰ هرچند فقیر و بی بهره از مساوات بود، اما از آنگونه تمرکز کشاورزی، به طور مثال، همچون عصر پیش از انقلاب های

چین و مکزیکو رنج نمی برد. همانگونه که «جاناتان ستیل» تشریح می کند، رعایا غالبا «حلقه ها و پیوندهای مذهبی، عشیره ای و خانوادگی با مالکان خویش داشتند و حاضر نبودند که از اقتدار آنان سرپیچی کنند». جامعه روستائی که هموار نسبت به کابل به گونه ای خودمختار بود، احساس می کرد که دستخوش تهدید است. ناگزیر رفته رفته به مقاومت مسلحانه روی آورد و به احزاب اسلامی پیوست که در دوران سرکوبی که «داوود» پیش می برد به پاکستان گریخته بودند.

برخی خطاهای فنی بازهم بیشتر به وخامت وضعیت حزب دموکراتیک خلق افغانستان دامن زد. کمونیست های کابل در شتابزدگی خویش زمین ها را تقسیم کردند، ولی مالکیت آب را به حال خود وانهادند: اشتباهی که از بی خبری آنها از کشاورزی بومی پرده بر می داشت. نظام سودخوری ناعادلانه بازارها را ملغی کردند، ولی برنامه رهنی قرضه های زراعتی جایگزینی را به منظور کمک به روستائیان تنگدست برپا نساختند. از آنسو دولتمردان شوروی هم از دعوت کابل به رها کردن یا به تعویق انداختن تندرو ترین اصلاحات باز نمی ایستادند.

کمونیست ها نخستین تجددخواهان افغان نبودند که طعم ناکامی ها را چشیدند. امان الله خان نیز با شورشی عشیره ای در مخالفت با سیاست تجددگرای وی به الهام از اصلاحات «مصطفی کمال اتاتورک»، از سلطنت برافتاد. او اصلاحات کشاورزی حداقلی را روا داشته، به زنان حق رأی داده و آموزش دختران را آغاز کرده بود. نخبگان روستائی جاده های زیبا را ارج می نهادند، اما دریافت مالیات برای تأمین هزینه آنها را نمی پسندیدند؛ روستانشینان بهبود کشاورزی و آموزش را می پذیرفتند، اما تعدی به نظامی مردسالار را بر نمی تافتند.

حزب دموکراتیک خلق افغانستان در حالیکه از آغازین روزهای حیات خویش، مظالم حکومت های پیشینه را نکوهش می گرفت، استبداد و گونه های دیده شدۀ آن را محکوم می کرد، اما همین حزب همزمان با تبلیغاتی که در این زمینه داشت، با اعمال ظالمانه دل های مردم افغانستان را به سختی آزرد و در ژرفای جامعه تخم دشمنی کاشت. رهبران حزب هرگز سر در گریبان فرو نبردند که ببینند، کجای تاریخ افغانستان حکایتگر چنان جفایی در حق مردم افغانستنان است. آنها تا این که سیاست های غلط و اعمال جفاآمیز خود را منشأ بروز ناهنجاری ها ارزیابی کنند، مخالفین شوروی را محکوم کردند. گویی مخالفین شوروی هم از خدا بروز چنان روزی را مطالبه می کردند تا اسباب مشغولیت نظامی برای شوروی و حکومت جمهوری د. ا با بهره برداری های مختلف سیاسی و "ایدیولوژیک" مساعد شود. حکومت ۱۷ ماهۀ نورمحمد تره کی

مقدمات چنان بازی دردآمیز برای مردم افغانستان را ایجاد کرد. دیکتاتوری و مظالم اعمال شده از طرف دولت آن حزب یک بار دیگر به این تجربهٔ گرانبها و نتیجه گیری برای کشور ما افزوده است که نظام یک حزبی و متکی به بیگانگان، ظلم مضاعف را در حق مردم یک جامعه اعمال می کند. با بسا نتایج دیگری که در فرجام بررسی ۱٤ سالهٔ حیات آن، باید گفته شود.

شایان یادآوری است که آن تعداد از رهبران حزب .د. خ ا که زنده هستند، و چند تنی که تا حال کتاب ها و نوشته هایی راپیرامون زمانهٔ مورد بررسی انتشار داده اند، برداشت دیگری ارایه می دهند. آنها منشأ اصلی آن همه تبهکاری در افغانستان را، در ساختار استبداد آمیز حزب وعقاید حاکم بر آن نمی بینند. همچنان اتحاد شوروی را به عنوان دوست خلق های جهان و منجمله خلق افغانستان معرفی می کنند. برخی به بخصوص جناح پرچم در ارزیابی از ستم های زمانهٔ تره کی، حفیظ الله امین را مقصر می دانند. البته به عنوان گماشتهٔ "سی .آی .ای". همه همنظر اند، که نیات خوبی برای مردم افغانستان داشتند. بر این مبنا از دید آنها این "ارتجاع داخلی و جهانی" بود که مانع تحقق نیات و برنامه های خوب گردید. اما هستند تعدادی از اعضای حزب که از بیان حقایق حاکمیت ح. د. خ. ا ابآ ندارند.

عبدالله نایبی یکی از تیوریسن های پرچمی اخیرآ در وبسایت "حزب نوین مردم افغنستان" زیر عنوان مقالهء "انحطاط جامعهء افغانی" در مورد عوامل ناکامی حزب دموکراتیک خلق افغانستان بخصوص عوامل داخلی حزب مینویسد: "... این جا روی کاستیهای سرشتی حزب مکث میکنم که چگونه در امتدادِ چهارده سالِ حاکمیتش نقش بارزی را (خواسته یا ناخواسته) در استقرارِ انحطاط در جامعه بازی کرد.

اصل «زرینِ» مرکزیت دموکراتیک که جوهرِ آرمانیِ زنده گیِ درون – حزبی پنداشته میشد، هیچ گاهی از «اصل مرکزیت» فراتر نرفت. اگر از یک سو شرایطِ عینیِ اختناق و ناعلنی بودن حزب عامل بودند، از سوی دیگر رهبریِ حزب، آگاهانه یا ناآگاهانه، برای ایجاد و تقویت دموکراسی در درون حزب برنامه یی را اجرا نکرد. انسجام و یک پارچه گیِ ظاهریِ حزب و تعمیل جانبازانهٔ اوامرِ مقامهای بالایی از سوی رزمنده گانِ صف، این پندار واهی را در رهبری و در صفوف حزب به وجود آورده بود که گویا روح و ایمانِ انقلابی یگانه غنایِ زنده گیِ درون حزبی را میسازند و آن را از خطرهای هجومِ هیئت حاکمه از یک سو و چند پارچه گیِ درونی از سوی دیگر، در امان میدارند. این از نخستین و بزرگترین اشتباههای رهبری ح. د. خ. ا بود. اولین پیامدِ نبودِ

دموکراسی در درون حزب، برعکسِ انتظار، انشعابِ حزب بود. اما آنچه مهمتر از انشعاب تبارز کرد دیکتاتوریِ آغازِ احرازِ قدرتِ سیاسی بود. حزبی که زنده گیِ درونیِ غیردموکراتیک داشت، نمیتوانست (با حاکمیت بر دولت) دولتِ دموکراتیک را بُنیاد گذارد.

بُعد دموکراسی در اصلِ مرکزیتِ دموکراتیک به معنای ابرازِ عقیده و اندیشه یا به سخنِ دیگر کاربُردِ "آزادی" است. "مانیفست" جامعهٔ فارغ از بهره کشی را «فرمانروایی آزادی» تعریف کرد و سارتر بر آن بود که "آزادی" (اختیار) بنیادی ترین و نخستین ارزشِ بشری است زیرا تنها با کاربَستِ اختیار است که میتوان دیگر ارزشها را برگزید. اگر آزادی یا اختیار نباشد هرگز نمیتوان یاری رساندن به یک "ناتوان" را به حیثِ یک ارزشِ هومانیستی برگزید. آنچه در حزب دموکراتیک خلق افغانستان از اعضای آن سلب شده بود آزادی بود بخصوص آزادیِ داوری! اعضای حزب ناگزیر چون رهبری داوری می کردند و این داوری همه امورِ زنده گی به شمولِ داوری در موردِ ارزشها را در بر می گرفت. حزبی ها در ژرفای وجدان شان زنده گی خود را وقفِ دفاع از انسان مظلوم کرده بودند و حزب را شرفِ هستی خود و معنای زیستنِ خود تلقی میکردند. نخستین حادثه یی که روحیهٔ "فداکاریِ" اعضای حزب را به حیثِ یک "ارزشِ بزرگِ اجتماعی" ضربه زد، استقرارِ دیکتاتوریِ یک گروه کوچک بر تمام حزب و از طریقِ آن بر حزب – دولت و سپس بر جامعه بود. رفاقتِ حزبی که برترین رابطهٔ اجتماعی و غنی ترین ارزش سیاسی تلقی می شد در پای سلطه و قدرتِ یک گروهِ کوچک قربانی شد و جای آن را کدورت، دشمنی، تفتین و توطئه گرفت. حزب دموکراتیک خلق افغانستان با آمیزش در دولت از پیِ رویداد ۷ ثور از "ماهیت انقلابیِ" خود بیگانه گردید و از معنویتِ انقلابی خود تهی شد. دیگر از "رفاقت" که بنیادِ هستیِ حزب به حیث یک سازمانِ رهایی بخشِ وابسته به دنیای کار پنداشته می شد، خبری نبود

رویدادِ ٦ جدی که به دیکتاتوریِ خونینِ یک گروه در حزب – دولت پایان بخشید، همراه بود با تعمیقِ "از خود بیگانه گیِ" حزب -دولت که دیگر کاملاً در اختیارِ حزب -دولتِ شوروی قرار داشت. در ۷ ثور حزب به حیثِ یک "ارادهٔ دسته جمعی" در دولت مستحیل گردید و در ٦ جدی حزب- دولت به حیثِ یک ارادهٔ اجتماعی افغانی در ارادهٔ حزب- دولت شوروی مستحیل گردید. آن بخشهایی از جامعهٔ افغانی که زیرِ اداره ، نفوذ و عملکردِ حزب- دولت قرار داشتند توانِ تعیین سرنوشت خود را از دست دادند. از این قرار سلب ارادهٔ بخشی از جامعهٔ افغانی – یعنی سلبِ آزادیِ انتخاب – رکودِ ارزشها را شتابان تر ساخت. این بخشِ جامعهٔ افغانی هویتِ "جمعیتِ گیرافتاده یی" را به خود گرفت که آزادی را چونان رؤیایی دست نیافتنی در پروازگاه تخیل خود تصویر

می کرد! "زد و بند" های درونِ حاکمیت بر اساسِ منافع گروهی (خانواده گی، فراکسیونی، جناحی، قومی، زبانی، سمتی و ...) آن بخش از اعضای حزب را که هنوز پابندِ ارزشهای هومانیستی بودند و با دشواری توانسته بودند دستانِ خود را در زیرِ شادُروانِ شفافِ آرمانهای والای بشری پاکیزه نگه دارند، کاملاً به حاشیه بُرد

گسترشِ دامنهٔ جنگ و افزایشِ سرسام آورِ تلفات انسانی در دو سویِ خطِ کارزار بارآورِ روحیهٔ کین توزی و انتقام جویی و بی ارزش ساختنِ "زنده گی انسانی" گردید. در سالهای پسینِ حاکمیتِ حزب دولت برخی از اعضأ، سپهبدان و گروه های حزبی نی تنها روی اصولِ حزبی شان پا گذاشتند، بل، با در غلتیدن در لجنِ خیانت با دشمنان پیشین شان همدست شدند و بر رفقای شان تاختند!

آن بخش از جامعه که با حزب دولت پیوند داشت باور و اعتقاد خود را نسبت به ارزشهایی که حزب در آیین نامهٔ رسمیِ خود درج کرده بود و خود را ممثلِ آنها در پهنهٔ زنده گی اجتماعی جلوه می داد، کاملاً از دست داد. "سیاست بازیِ" گِره یافته با فریب و نیرنگ جای کنشِ سیاسی را به حیثِ پراتیکِ ارزشمندِ اجتماعی گرفت. تسلیم دهی "قوای مسلح جمهوری دموکراتیک افغانستان" یگانه عامل فروپاشیِ نظام نبود، بل، این فروپاشیِ نظامِ ارزشی و استقرارِ انحطاط بود که عواملِ تسلیم دهی قوای مسلح و افول حزب-دولت را ساختند. ارزش ها دیگر از ذهن ها کوچ کرده بودند و "معنویت" چیزی جز یک مفهومِ میان تهی نبود. اعضای حزب دموکراتیک خلق افغانستان که دیگر در چرخهای دولت گیر مانده بودند محراب های مقدسِ گذشتهٔ شان را هیکل های مقواییِ آلوده به پلشتیها یافتند! چنین است که امروز (پس از ربع قرن از فروپاشی حزب – دولت) به جز شمارِ اندکی از حزبی های وفادار به آن ارزشهای والای انسانی ، دیگران در بسترِ پیامد های انحطاط به سر می برند! "

باید بر ابعاد منطقه ای و جهانی جهاد افغانستان نیز تاکید کرد. در نتیجهء جنگ ۱٤ ساله در افغانستان و مداخلهء اتحاد شوروی در آن به فروپاشی نظام فرسودهء اتحاد شوروی کمک کرد و در نتیجه جنگ سرد پایان یافت. این جنگ بساط کمونیزم را جمع کرد و ضربهء جبران ناپذیر به تیوری حقانیت و موثریت سیستم سوسیالیستی و کمونیستی در سطح ملی و بین المللی وارد نمود و جنبشهای چپگرا را در تمام منطقه و جهان دستخوش بحرانی بزرگ ساخت.اعتماد و اعتقاد به کمونیزم و سوسیالیزم به مثابه دورنمای نجات کشورهای عقب مانده از فقر و بی عدالتی و نابرابریهای سیاسی برای همیشه خدشه دار شد.

اثرات و مصارف انسانی دولت جمهوری دموکراتیک خلق

اتحادشوروی سابق سالانه پنج ملیارد دالر و در مجموع در مدت ۹ سال ۴۵ ملیارد دالر در افغانستان مصرف کرد در حالیکه امریکا، عربستان سعودی، کشورهای اسلامی و اروپایی جمعآ به ارزش ده ملیارد دالر کمک و سلاح از سال ۱۹۸۰م تا ۱۹۹۲م در اختیار مجاهدین گذاشتند (احمد رشید، طالبان، ۲۰۰۰). مصارف حکومت افغانستان را در راه ادامهء جنگ باید به این مبالغ افزود.

نتایج و اثرات انسانی ایجاد جمهوری دموکراتیک افغانستان میلیون‌ها شهید و معلول و مهاجر میباشد. در طول ده سال اول ۱۹۷۸-۱۹۸۷ حاکمیت جمهوری دموکراتیک افغانستان جمعآ ۸۷٦,۸۲۵ نفر افغان منجمله ٦۵۰،۰۵٦ مرد و ۲۲۷،۷٦۹ زن در افغانستان حیات خودرا در نتیجهء جنگها از دست دادند (نوراحمد خالدی، ۱۹۹۱م، ص ۱۰٦) . به این حساب در این مدت بطور متوسط سالانه نزدیک به ۸۸ هزار نفر جان خودرا از دست داده اند. اگر این رقم را بالای ۱٤ سال حاکمیت حزب دموکراتیک خلق توسعه دهیم تعداد مجموعی کشته شدگان افغان در جنگهای زمان زعامت جمهوری دموکراتیک افغانستان به ۱,۳۲ ملیون نفر بالغ خواهد شد. مزید بر تعداد کشته شده گان، ملیونها نفر افغان نظر به سیاستهای دولت، نظر به حملات مجاهدین به دهات و شهر ها و نظر به جنگهای میان قوای دولتی و مجاهدین مجبور به ترک خانه ها ، دهات و شهرهای خود شده به مناطق امن تر در داخل شهرها پناه بردند و یا به خارج از کشور مهاجرت نمودند. تعداد پناهنده گان به کشورهای پاکستان و ایران سر به ملیونها نفر زد. احصائیه های شامل گراف زیرین که از منابع ادارهء پناهندگان ملل متحد ترتیب شده نشان میدهد که در سال ۱۹۸۸م تعداد پناهندگان (رفیوجی ها) و بیجا شده گان داخلی به بیش شش ملیون نفر بالغ میگردید:

چارت ۳: احصاییه های بیجا شدگان جنگهای جهادی افغانستان

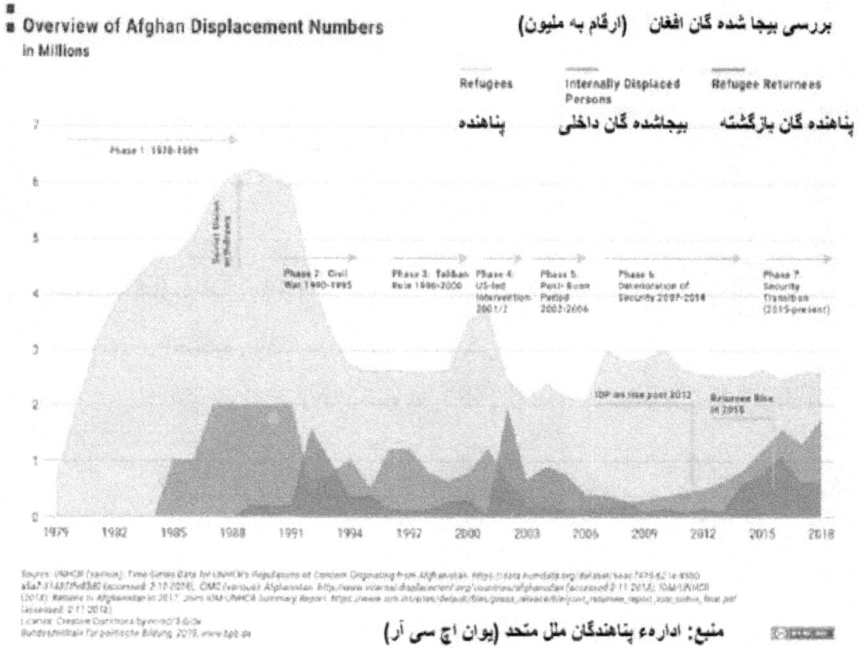

بررسی بیجا شده گان افغان   (ارقام به ملیون)

منبع: اداره‌ء پناهندگان ملل متحد (یوان اچ سی آر)

در حالیکه پناهنده گان مستعد شهری به امید متوطن شدن به کشور های امریکا، آسترالیا و اروپا رو به پاکستان و هندوستان نهادند، پناهندگان دهاتی سنی مذهب در کمپهای مهاجرین در پاکستان و شیعه مذهبان بخصوص هزاره ها به ایران مهاجر گردیدند. بازگشت تعداد زیاد این پناهنده گان دهاتی به افغانستان از سالهای ۲۰۰۲م به بعد اثرات قابل ملاحظه ذهنیتی و فرهنگی در کشور بوجود آورد که به مشکلات کشور افزود.

علاوه بر آن ساختمان دموگرافیکی نفوس افغانستان در نتیجه‌ء این جنگها بطور قابل ملاحظه دستخوش تغییر گردید و بخصوص اکثریت نفوس اولیه‌ء شهرها مجبور به مهاجرت شدند و نفوس دهاتی جای آنها را اشغال نمود. بدین ترتیب در ترکیب و کیفیت نفوس شهرها تغییرات قابل ملاحظه به وجود آمد و موازی به آن فرهنگ شهری نیز دستخوش تغییر شد.

منابع مآخذ این بخش

۱.جاناتان ستیل، ، کتاب ارواح میدانهای جنگ افغانستان، چاپ لندن سال ۲۰۱۲م: (بزبان انگلیسی)

۲.نوراحمد خالدی، عواقب دموگرافیکی جنگ در افغانستان، مجلهء سروی آسیای مرکزی، انجمن مطالعات آسیای مرکزی، جلد ۱۰، شماره ۳ سال ۱۹۹۱، آکسفورد. (بزبان انگلیسی)

۳.بصیراحمد حسین زاده وبسایت بی بی سی فارسی

۴.سلطان علی کشتمند، یادداشهای سیاسی و رویدادهای تاریخی، ناشر نجیب کبیر، سال ۲۰۰۲.

۵.صدیق وفا، مباحثات فیسبوکی.

۶.لوموند دیپلوماتیک، بازنگری تجربه کمونیستی در افغانستان، ۲۰۱۲م

۷.فرید مزدک، مصاحبه با بی بی سی فارسی.

۸.خاطرات سیاسی جنرال عبدالقادر، چاپ دوم، زمستان ۱۳۹۲، هامبورگ.

۹.صباح الدین کشککی، دههء قانون اساسی، ناشر مرکز نشراتی میوند، چاپ سوم، ۱۳۷۷، پشاور

۱۰.عبدالله نایبی وبسایت "حزب نوین مردم افغانستان" عنوان مقالهء "انحطاط جامعهء افغانی"

۱۱.نصیر مهرین ــ صدای آلمان

۱۲.   Artemy Kalinovsky, A Long Goodbye:The Soviet Withdrawal from Afghanistan, Harvard University Press, Cambridge, ۲۰۱۱

۱۳.یاسین رسولی دیپلمات پیشین افغانستان در لندن / بی‌بی‌سی، / برژینسکی؛ چه چیزی در تاریخ مهمتر است؟ وجود طالبان یا فروپاشی شوروی؟، سه شنبه ۲۳ جوزا ۱۳۹۶.

۱۴.سید محمدباقر مصباح‌زاده (پیام آفتاب، ۱۳۹۶)

۱۵.ادارهء پناهنده گان ملل متحد UNHCR

۱۶.جریده انترنتی پیام آفتاب، ۸ ثور ۱۳۹۵

.۱۷احمد رشید، طالبان، اسلام نظامیگر، نفت و بنیاد گرائی در آسیای مرکزی، چاپ مطبعهء پوهنتون یل، ایالات متحدهء امریکا، ۲۰۰۰ (بزبان انگلیسی).

دولت اسلامگرایان مکتبی مجاهدین

مقاومت علیه رژیم جمهوری دموکراتیک خلق

در جامعهٔ عمیقآ عنعنوی افغانستان رهبری مقاومت در مقابل رژیمهای، تره کی، امین، کارمل و نجیب الله متآسفانه بدست نیروهای سیاسی اسلامگرای جامعه افتاد. این نیروها به دو گروه بودند: گروه اسلامگرایان مکتبی (مکتب اخوان المسلمین محمد قطب) مانند گلبدین حکمتیار و برهان الدین ربانی و گروه اسلامگرایان سنتی افراطی مانند مولوی یونس خالص، محمدی، حقانی، سید احمد گیلانی و مجددی. در میان گروه دومی همچنان میتوان گروه وهابی عبدالرب سیاف و همچنان گروههای شیعی حزب حرکت و وحدت هزاره ها امثالهم را شامل نمود. در پاکستان و ایران روحانیون مردم را به ادامه قیام علیه حکومت "کمونیستی" تشویق می‌کردند. با آنکه هستهء اصلی این احزاب مانند حزب اسلامی گلبدین حکمتیار و جمعیت اسلامی برهان الدین ربانی از زمان جمهوری داوود خان در پاکستان مستقر بودند اما برعلاوه رفته رفته سائر احزاب جهادی از بطن روحانی‌ها و روشنفکران و مهاجرین بوجود آمد. در پاکستان ۷ گروه که بعدها به ائتلاف هفتگانه مشهور شد محور فعالیت‌های مهاجرین و مجاهدین شدند و در ایران شورای احزاب هشتگانه که مهم‌ترین شان حزب حرکت اسلامی افغانستان بود و سازمان نصر که شدیدا به ایران وابسته بودند.

تمام این احزاب و گروهها ریشه های سربازگیری آنها به وابستگی های قومی و زبانی و مذهبی آنها مربوط میگردد و از اینجاست که سیاست در افغانستان از جنبش روشنفکری سالهای ۱۹۶۰-۱۹۸۰م به وابستگیهای مذهبی و قومی نزول میکند. البته سیاسیهای فعال و انتخابی قومیگرانه و مذهبی دولت های پاکستان و ایران و جریان دادن انتخابی کمکهای پولی، نظامی و سیاسی به گروههای معین مورد نظر در تشکل و رشد این جهت گیریها نقش برازنده دارند.

ائتلاف هفتگانه پشاور

مهمترین ائتلاف مجاهدین شامل هفت گروه می‌شد که در سال (۱۹۸۵م)۱۳۶۴ در شهر پشاور پاکستان با یکدیگر متحد شدند. همه این گروه‌ها از مسلمانان سنی مذهب تشکیل شده و به جز جمعیت اسلامی بقیه آن‌ها عمدتاً شامل مجاهدین پشتون میباشند:

- حزب اسلامی - شاخه حکمتیار به رهبری گلبدین حکمتیار - عمدتاً پشتون
- حزب اسلامی - شاخه خالص به رهبری یونس خالص - عمدتاً پشتون
- جمعیت اسلامی افغانستان به رهبری برهان‌الدین ربانی و احمدشاه مسعود - عمدتاً تاجیک
- اتحاد اسلامی افغانستان به رهبری رسول سیاف - عمدتاً پشتون با گرایش وهابی
- محاذ ملی اسلامی افغانستان به رهبری پیر سیداحمد گیلانی - عمدتاً پشتون با گرایش صوفی
- جبهه ملی نجات افغانستان به رهبری صبغت‌الله مجددی - عمدتاً پشتون
- حرکت انقلاب اسلامی افغانستان به رهبری محمدنبی محمدی - عمدتاً پشتون
- گروه حقانی

از نظر اعتقادات سیاسی چهار گروه اول به اسلام سیاسی مکتبی و برقراری حکومت مبتنی بر شریعت معتقد بودند و سه گروه آخر بیشتر به اسلام عنعنوی متداول در افغانستان تعلق داشته و رابطه خوبی با ظاهرشاه پادشاه سابق افغانستان داشتند. جالب این است که هیچکدام این تنظیمهای هفتگانه از سوی یک پشتون درانی رهبری نمیشد. بخصوص بعد از تعیین حامد کرزئ به حیث رییس جمهور افغانستان در سال ۲۰۰۱م ناگذیر این بیت پشتو که نمیدانم کی سروده است مصداق واقعی پیدا میکند:

توره به غلجی کوی پاچاهی به دورانی کوی

ائتلاف هشتگانه

ائتلاف هشتگانه مستقر در ایران شامل مجاهدین شیعه می‌شد که بیشتر متعلق به قوم هزاره بودند:

- حزب‌الله افغان
- سازمان نصر به رهبری سید حسین حسینی دره صوفی و عبدالعلی مزاری
- سپاه پاسداران انقلاب اسلامی افغانستان به رهبری محمد اکبری
- شورای انقلابی اتفاق اسلامی به رهبری سید علی بهشتی
- جنبش انقلاب اسلامی به رهبری نصرالله منصور
- حرکت اسلامی افغانستان به رهبری آصف محسنی و شیخ صادق هاشمی
- اتحاد مبارزان اسلامی به رهبری مصباح زاده
- حزب رعد افغانستان عبدالجعفر نادری و اسماعیل بلخی

اغلب احزاب شیعه با تشکیل حزب وحدت اسلامی به رهبری عبدالعلی مزاری در سال ۱۹۸۹م جذب آن شدند و پس از آن حزب وحدت به عنوان نماینده اصلی هزاره‌های افغانستان عرض وجود کرد.

منابع بین المللی تمویل کنندهٔ پولی این جنگ دولت عربستان سعودی، دولت امریکا (سی.آی.ای (شیخ های عرب و... و غیره بوده) و اسلحه و مهمات، توسط (سی.آی.ای)، از کشور های مصر، ترکیه، انگلستان، چین و دولت اسرائیل و شبکه های بین المللی قاچاق اسلحه تهیه گردیده است. مجموع کمکهای مراجع فوق را به بیش از ده ملیارد دالر تخمین کرده اند.

نقش کلیدی سازمان استخبارات نظامی پاکستان (آی اس آی) را در رهبری نظامی و سیاسی مجاهدین افغانستان میتوان از نوشته های نویسندگان کتاب "تلک خرس" بهتر دانست. در کتاب مذکور میخوانیم که: "جنرال اختر (جنرال عبدالرحمن اختر) طی هشت سال کار به حیث رئیس عمومی (آی.اس.آی) در واقعیت طراح وسازمانده جهاد افغانستان بود. وی توانست با رهبری همه جانبه

جهاد، زمینه را برای پیروزی نهایی مجاهدین آماده سازد. جنرال اختر با ارائه اولین پیشنهادات وتوصیه ها برای رئیس جمهور در حقیقت امر در عقب پشت پرده جهاد و جنگ چریکی (در افغانستان) قرار گرفت. او در عرصه سیاسی توانست اتحاد نسبی بین تنظیم های مجاهدین به میان آورد. وی با درک دقیق از روحیات افغانها، میدانست که قبل از بلند کردن سرو صداهای سیاسی، باید پیروزی های نظامی را به دست آورد. او عقیده داشت که رهبران و قوماندانان مجاهدین باید جهاد را نسبت به سیاست ترجیح دهند. از نظر وی پیروزی های زودرس وناتوان سیاسی، جهاد را به شکست حتمی مواجه میسازد." (تلک خرس" یا حقایق پشت پردهٔ جهاد در افغانستان، تألیف دگروال یوسف افسر متقاعد آی. اس. آی. اردوی پاکستان و آقای مارک ادکین امریکایی، ترجمه محمد قاسم آسمایی، نشر الکترونیکی:۲۰۱۵م) به قول نویسندهء کتاب " وظیفهٔ من در (آی.اس.آی) سوق واداره امور "دفترافغانستان" بود. این اداره مسؤولیت پیشبرد جنگ علیه افغانستان را به عهده داشت" (همانجا).

مترجم کتاب بالا مینویسد: "نقش پاکستان وبه صورت مشخص (آی.اس.آی) در این جنگ عبارت بود از سازماندهی وتعیین خط مشی برای تنظیم های جهادی، تلاش برای وحدت آن، ایجاد کمپ های تربیوی وآموزش مجاهدین، تمویل پولی آنان، نقل و انتقال سلاح، مهمات وتجهیزات، دیپو ساختن وتوزیع آن به تنظیم های جهادی، تهیه وتأمین وسایل ارتباطی ومخابروی، تهیه اطلاعات از طریق کانالهای استخباراتی واطلاعاتی پاکستان وسی.آی.ای، تهیه وتدوین پالانهای عملیاتی برای تخریب وانفجار اهداف ستراتیژیک مانند پل وپلچک، بندهای برق، ذخایرآب، تونل سالنگ، پایپ لین تیل وصدها وهزاران موسسهٔ عامل المنفعه دیگر مانند مکتب ومدرسه، شفاخانه ومرکز صحی و اشتراک وهمکاری شانه به شانه با مجاهدین در اجرای پلانهای تخریبی در داخل افغانستان". (محمد قاسم آسمایی. دوم اکتوبر۲۰۱۲م، همانجا).

بنا به نوشتهء کتاب تلک خرس، شهر کابل هدف اولی واساسی در استراتیژی جنرال اختر بود؛ اما او نمیخواست که آن را با یک حمله تصرف نماید؛ بلکه خواست وهدف نهایی وی آن بود تا تمام هست و نیست کابل اعم از تأسیسات سیاسی، اقتصادی، نظامی و خدمات اجتماعی آن نابود گردد. شعار او چنین بود «کابل باید بسوزد»، باید تمام خطوط ارتباطی واکمالاتی آن قطع ودائماً تحت فشار باشد. او میدانست که در اینصورت شهر را میتوان به سهولت وبدون مقاومت تصرف کرد. بزرگترین آرزوی وی این بود تا بعد از سقوط وویرانی کابل از آن بازدید بعمل آورده و"نماز شکرانه" را در آنجا ادا نماید که این آرزوی او برآورده نشد. در کتاب تلک خرس میخوانیم که "جهت دوم استقامت

کار او در عرصهٔ دیپلوماتیک وسیاسی بود. البته نه دپلوماسی وسیاست بین المللی، بل کاربرد دیپلوماسی درامورداخلی مجاهدین.. از نظر من جنرال اختر یگانه کسی بود که میتوانست تا اندازه یی وحدت را در بین گروپ های متعدد مجاهدین که دشمن سرسخت یکدیگر بودند، تأمین نماید. او میتوانست ولو برای مدت کوتاهی هم که شده، رهبران جهادی را باهم نزدیک سازد. از نظر او بدون این اتحاد، امکان وصول پیروزی در جبهه جنگ موجود نبود. او میتوانست برای منافع جهاد، افرادی را که حوصلهٔ دیدن چهره یکدیگر را نداشتند؛ با یکدیگر متحد سازد. علت عمدهٔ موفقیت او در این بود که میتوانست بطور دوامدار اضالع متحده امریکا را تحت فشار قرار دهد تا ماشین جنگی جهاد را طبق دلخواه او تقویه نماید. امریکا از طریق (سی.آی.ای) همیشه تالش میورزید تا کانالهای اکماالتی، تجهیزاتی، آموزش وتوزیع سالح به مجاهدین را در کنترول خویش داشته باشد واین از برکت مهارت جنرال اختر بود که آنها نتوانستند آنرا طبق دلخواه خود عملی نمایند. بنابر همین ملحوظ، جنرال اختر زمانی از رهبری (آی.اس.آی) سبکدوش گردید که مجاهدین در آستانه پیروزی قرار داشتند." (همانجا)

موافقتنامه جنیوا

بنن سوان دیپلمات قبرسی و مشاور ارشد و نماینده خاص سرمنشی سازمان ملل متحد در امور افغانستان از طراهان . موافقتنامه جنوا (ژنو) بود. در زمان ماموریت آقای سوان، موافقتنامه‌هایی میان افغانستان و پاکستان با نظارت شوروی و آمریکا، برای پایان جنگ در افغانستان بتاریخ ١٤ اپریل ١٩٨٨م در جنیوا امضاء شد . بر اساس این توافق قوای اتحادشوروی به خارج کردن قوای خود از تاریخ ١٥ میٔ ١٩٨٨ آغاز کرد و خروج کامل بتاریخ ١٥ فبروری ١٩٨٩ تکمیل گردید.

شوروی ها در واقع نخستین گام را در رویگردانی از نجیب الله و دولت حزب دموکراتیک خلق با امضای توافقنامه ژنو و سپس خروج قوای خود برداشتند. ادوارد شوارد نادزه وزیر خارجه شوروی که در پای این توافقنامه با همتای امریکایی خود به عنوان تضمین کنندگان امضاء گذاشت، بعداً از خیانت با نجیب الله سخن گفت: "من در وقت امضای این قطع نامه احساس بدی داشتم و این کار برایم به شدت مشکل می نمود. و در راه برگشت در طیاره فهمیدم که ما با نجیب الله خیانت کردیم." (گروگانهای تاریخ، بخش دوم، مزورروف، فارسی روwww.farsi.ru).

اما ایالات متحدهء امریکا برخلاف تعهدات جنیوا همچنان به ارسال اسلحه و مهمات به مجاهدین از طریق پاکستان ادامه داد. با توجه به ادامهء کمکهای نظامی و سیاسی امریکا و پاکستان، گروههای مجاهدین که در مذاکرات و عقد توافقات جنیوا استراک نداشتند از قبولی این توافقات اجتناب کردند.

عواقب سبوتاژ پروسهء مصالحهء ملی

جنگهای داخلی معمولاً به دو طریق خاتمه میابند: پیروزی کامل نظامی یکی از جانبین، ویا از طریق رسیدن به یک مصالحهٔ ملی. ختم جنگهای سریلانکا (۱۸ میٔ ۲۰۰۹) و توافق اخیر (۵ اگست ۲۰۱٦م) صلح در کولمبیا مثالهای زنده این دو طریق میباشند. قرار بود جنگهای جهادی که از سال ۱۹۷۹م در افغانستان جریان داشت در ماه اپریل سال ۱۹۹۲م با یک مصالحهٔ ملی و انتقال قدرت به یک حکومت موقت مجاهدین خاتمه یابند. اما در آخرین لحظات، به گفتهء احمد شاه مسعود، او تصمیم گرفت که از تطبیق این پروسه جلوگیری نموده قدرت را بصورت یکجانبه توسط نیروهاییکه از طرف مردم شمالی ایجاد شده بود بدست گیرد و به گفتهٔ او "از تطبیق یک توطئهء بین المللی جلوگیری بعمل آمد". ناگفته نماند که پیوستن فرصت طلبانهٔ تعدادی از عوامل پرچمی دولت داکتر نجیب الله و هم چنان جنرال دوستم با ملیشه های احمدشاه مسعود این امکان را برای مسعود فراهم نمود و در نتیجه فرصت صلح در کشور از دست رفته کشور غرق در جنگهای تنظیمی گردید.

توافقنامهء پشاور

احزاب هفتگانهء جهادی مستقر در پیشاور پاکستان در ٢٤ اپریل ۱۹۹۲ مطابق به ششم ثور ۱۳۷۱ توافق کردند که یک شورای رهبری متشکل از رهبران جهادی به ریاست جمهوری موقت صبغت الله مجددی برای دو ماه از تاریخ ۸ ثور ۱۳۷۱ تا ۷ سرطان ۱۳۷۱ همان سال تشکیل شود. پس از اتمام دوره دو ماهه صبغت الله مجددی، برهان الدین ربانی رهبر حزب جمعیت اسلامی تا ۸ ثور ۱۳۷۱ به عنوان رئیس‌جمهور موقت انتخاب می‌شد، و همچنین توافق شده بود در سال ۱۹۹۲م یک شورای ملی برای تصویب قانون اساسی موقت تشکیل شود و پس از آن یک دولت موقت برای ۱۸ ماه فعالیت می‌کرد و سپس انتخابات برگزار می‌ش.د در این توافقنامه، گلبدین حکمتیار به عنوان صدراعظم، احمد

شاه مسعود به عنوان وزیر دفاع دولت صبغت الله مجددی تعیین شده بود. متن توافقنامه پشاور چنین است:

"ساختار و روند برای دوره موقت "دولت اسلامی افغانستان"به صورت زیر تنظیم گردید:

تصمیم گرفته شد که هیئت ۵۱ عضوی به رهبری صبغت الله مجددی وارد افغانستان شوند و قدرت را از حاکمان فعلی کابل بدون قید و شرط برای مدت دو ماه در اختیار بگیرند. رئیس این تشکیلات مثل «رئیس جمهور» در این دو ماه خواهد بود. پس از این دوره این نهاد به عنوان یک هیأت موقت مشورتی باقی خواهد ماند. ریاست این دوره انتقالی را مجددی در اختیار خواهد داشت و دوره این شورا برای چهار ماه میباشد.

تصمیم گرفته شد که برهانالدین ربانی برای چهار ماه به عنوان رئیس دولت موقت اسلامی افغانستان و رئیس شورای رهبری تعیین و کار خود را پس از اتمام دوره دو ماهه انتقال قدرت آغاز کند.

دوره مذکور حتی یک روز تمدید نخواهد شد.

سمت صدارت و اعضای کابینه از افراد درجه دوم تنظیمات توسط رهبران تنظیمها انتخاب گردد.

سمت صدارت به حزب اسلامی اختصاص داده شدهاست.

سمت معاون صدارت و وزیر داخله به حزب اتحاد اسلامی اختصاص مییابد.

سمت معاون صدارت و وزیر معارف به حزب اسلامی مولوی خالص تعلق مییابد.

سمت معاون صدارت و وزارت خارجه به حزب محاذ ملی اسلامی افغانستان (پیر احمد گیلانی) تعلق میگیرد.

سمت وزارت دفاع به حزب جمعیت اسلامی تعلق مییابد.

ستره محکمه کشور به حزب حرکت اسلامی (محمد آصف محسنی تعلق میگیرد.

همچنین تصمیم گرفته شد که شورای رهبری علاوه بر تقسیمات و تعیینات در وزارتخانهها برای حزب وحدت و شورای ایتلاف مولوی منصور و سایر برادران نیز وزارتخانه ها را تعیین نماید.

مدت این دوره شش ماه خواهد بود و در این مدت دربارهٔ حکومت انتقالی آینده که دوره آن ۲ ساله خواهد بود شورا به اتفاق آرآ تصمیم می‌گیرد.

افرادی که این توافق‌نامه را امضا کردند.

- مولوی محمد نبی محمدی
- صبغت الله مجددی
- عبدالرب رسول سیاف
- قطب الدین هلال از حزب اسلامی گلبدین حکمتیار
- برهان‌الدین ربانی
- مولوی محمد یونس خالص
- پیر سید احمد گیلانی

جدول زمانی به قدرت رسیدن دولت اسلامی مجاهدین:

- ۱۹۹۲/۱/۱ افسران و سربازان اردوی حکومت افغانستان در شهرک مرزی حیرتان به رهبری جنرال عبدالمومن علیه حکومت داکتر نجیب الله قیام کردند.
- ۱۹۹۲/۳/۱۵ ولایت سمنگان بدست مجاهدین سقوط کرد.
- ۱۹۹۲/۳/۱۸ شهر مزار شریف با همکاری جنرال دوستم و مجاهدین از تصرف حکومت مرکزی افغانستان بیرون شد.
- ۱۹۹۲/۳/۲۰ گروه‌های مخالف داکتر نجیب در شهر مزار شریف تجمع و سازمان جنبش اسلامی افغانستان را به رهبری جنرال دوستم بنهاد نهادند.
- ۱۹۹۲/۴/۱۴ مجاهدین تحت فرمان قهرمان احمدشاه مسعود کنترل میدان نظامی بگرام را بدست گرفتند.
- ۱۹۹۲/۴/۱۶ عبدال‌وکیل وزیر خارجه حکومت کابل به پروان رفت تا با احمدشاه مسعود دربارهٔ انتقال قدرت به مجاهدین مذا نماید.

- ۱۹۹۲/۴/۱۶ داکتر نجیب الله به دفتر سازمان ملل متحد در کابل پناه برد.

- ۱۹۹۲/۴/۱۸ ولایت هرات بدست مجاهدین به رهبری امیر اسماعیل خان فتح شد.

- ۱۹۹۲/۴/۲۰ مجاهدین از گروه‌های مختلف شهر قندهار را تسلیم شدند.

- ۱۹۹۲/۴/۲۳ شهرهای جلال‌آباد، گردیز، مهترلام و قلعه نو تسلیم مجاهدین شد.

- ۱۹۹۲/۴/۲۴ رهبران مجاهدین افغانستان بالای طرحی موافقت کردند که به اساس آن صبغت الله مجددی برای دو ماه به حیث رئیس حکومت انتقالی افغانستان تعین شد.

- ۱۹۹۲/۴/۲۵ گروه‌های مختلف مجاهدین اداره شهر کابل را بدست گرفتند و همزمان به آن دور جدیدی از جنگ‌های داخلی بر سر قدرت شروع شد.

- ۱۹۹۲/۴/۲۵ اولین اعلامیه دولت موقت اسلامی افغانستان مبنی بر امنیت شهر کابل صادر شد. همزمان با صادر شدن ا علامیه جنگ میان نیروهای حزب اسلامی و متحدین جمیعت در اکثر نقاط جنوبی شهر کابل شروع شد و حزب اسلامی مجبور به عقب‌نشینی با اطراف کابل گردی و نیروهای احمدشاه مسعود، جنرال دوستم و حزب وحدت کنترول کامل شهر هابل را در اختیار گرفتند.

- ۱۹۹۲/۴/۲۸ صبغت الله مجددی رئیس دولت موقت اسلامی افغانستان با کاروان مجاهدین وارد شهر کابل شد.

- ۱۹۹۲/۴/۲۸ مراسم انتقال قدرت به مجاهدین در تالار وزرات خارجه گشایش یافت و فضل حق خالقیار صدراعظم دوران حکومت داکتر نجیب الله رسماً حکومت را به آقای مجددی تسلیم کرد.

- ۱۹۹۲/۵/۲ کابینه جدید حکومت مجاهدین اعلان شد.

- ۱۹۹۲/۵/۲۲ صبغت الله مجددی رئیس حکومت موقت افغانستان به ولایت مزار شریف رفته و در آنجا رتبه سترجنرالی را به عبدالرشید دوستم اهدا کرد.

- ۱۹۹۲/۶/۲۸ صبغت الله مجددی زمام امور را به شورای قیادی تسلیم کرد و شورای قیادی برهان الدین ربانی را به حیث رئیس حکومت موقت مجاهدین برگزید.

- ۱۹۹۲/۱۲/۱۱ روز ماتم ملی بخاطر کشته شدگان جنگ‌های اخیر ایکه بین مجاهدین در شهر کابل اتفاق افتاد تجلیل شد.

- ۱۹۹۲/۱۰/۳۱ مدت ریاست جمهوری استاد ربانی خاتمه یافت ولی انتقال قدرت تا برگزاری شورای اهل حل و عقد به تأخیر افتاد.

- ۱۹۹۲/۱۲/۲۹ شورای اهل حل و عقد در شهر کابل دایر گردید.

- ۱۹۹۲/۱۲/۳۰ شورای اهل حل و عقد استاد برهان الدین ربانی را به حیث رئیس‌جمهور حکومت مجاهدین انتخاب نمود.

- ۱۹۹۳/۳/۸ رهبران مجاهدین افغانستان بعد از امضا موافقتنامه اسلام‌آباد عازم مکه مکرمه شدند.

- ۱۹۹۴/۲/۲۱ سه تبعه افغان بس حامل شاگردان یک مکتب در پیشاور را به گروگان گرفتند.

- ۱۹۹۴/۲/۲۲ رباینده‌گان بس حامل هفتاد و چهار شاگرد مکتب که به اسلام‌آباد رسیده بودند خواستار ارسال مواد غذائی به شهر جنگ زده کابل شدند.

- ۱۹۹۴/۷/۲۰ به ابتکار امیر اسماعیل خان والی هرات شورای با اشتراک شخصیتهای سیاسی علمی فرهنگی و نظامی خارج و داخل کشور در شهر هرات دایر شد تا راه‌های بیرون رفت از بحران افغانستان را بررسی کنند.

صبغت الله مجددی

صبغت الله مجددی فرزند ملا میا محمد معصوم در سال ۱۹۲۶م معادل ۱۳۰۵ شمسی در یک خانواده روحانی در شهر کابل به دنیا آمد. صبغت الله مجددی اهل هرات و از خانواده مشایخ طریقت نقشبندیه و منتسب به شیخ احمد سرهندی، مشهور به مجدد الف ثانی بود. حضرات مجددی از اولاده ی امام ربانی حضرت مجدد الف ثانی الشیخ احمد سرهندی (رحمة الله علیه) می باشند که سلسله ی نسب وی به خلیفه ی دوم اسلام عمر بن الخطاب (رض) می رسد. امام ربانی (که عموماً به لقب حضرت مجدد صاحب یاد می شود)، در جمله ی مشهورترین علما و شخصیت های مذهبی قرون دهم و یازدهم هجری به شمار می رود. ایشان لقب مجدد (مجدد اسلام در هزاره ی دوم) را از جانب علما و مجتهدین اهل سنت درآن زمان به دست آورد.

حضرت شمس المشایخ فضل محمد مجددی، جد حضرت صبغت الله مجددی و حضرت محمد صادق مجددی، دو شخصیت مشهور خاندان پروفسور مجددی خدمات مهمی را در جهاد برای آزادی افغانستان و همچنین سر و سامان بخشیدن به وضع سیاسی، اجتماعی و اداری افغانستان انجام دادند.

حضرت صبغت الله مجددی بعد از اکمال دوره ثانوی در مکتب حبیبیه و کسب مبادی علوم اسلامی به صورت تعلیمات خصوصی، وارد پوهنتون الازهر مصر در قاهره شد (۱۹۴۸م) و تحصیلات عالی خود را در رشته حقوق و فقه اسلامی تا سطح فوق لسانس با کسب درجه «شرف» به پایان رساند. مجددی بعد از برگشت به افغانستان در سال ۱۳۳۳ هجری شمسی (مطابق ۱۳۵۲ میلادی) در پوهنتون کابل و در مؤسسات عالی تربیه ی معلم و دارالعلوم عربی کابل و نیز در لیسه های عالی در پایتخت کشور مشغول تدریس شد.

مجددی در دوران سلطنت حفیظ الله امین در اواخر سال ۷۰ به شدت مورد سرکوب قرار گرفت و در سال ۱۹۷۹ افغانستان را ترک و جبهه ملی را برای نجات افغانستان (NFSA)در پاکستان تاسیس کرد.

پس از کودتای ثور ۱۳۵۷ که حزب دموکراتیک خلق افغانستان طرفدار شوروی سابق در نتیجه آن به قدرت رسید، مجددی به پاکستان رفت و با ایجاد حزب جبهه نجات ملی افغانستان به مبارزات سیاسی و مسلحانه علیه دولت کابل آغاز کرد. اعضای حزب او را عمدتا افراد حامیان و طرفداران سنتی، نحله‌ای

طریقتی که به آن منتسب است، تشکیل می‌دهند. آقای مجددی در میان رهبران جهادی افغان به میانه‌رویی و رک‌گویی شهرت داشت.

در سال‌های ۱۳۶۸ و ۱۳۶۹ شمسی که حکومت در تبعید مجاهدین در پاکستان ساخته شد، صبغت‌الله مجددی به عنوان رئیس دولت اسلامی افغانستان تعیین شد. پس از پیروزی مجاهدین، صبغت الله مجددی در تاریخ ۲۸ اپریل سال ۱۹۹۲ به عنوان رئیس جمهور جمهوری اسلامی افغانستان معرفی شد. برای دو ماه به عنوان رئیس دولت موقت مجاهدین انتخاب شد و دولت را رسما از فضل الحق خالقیار، نخست‌وزیر دولت نجیب الله تحویل گرفت. صبغت الله مجددی پس از دو ماه، زمامداری سکان دولت اسلامی را براساس توافقات اسلام‌آباد به برهان‌الدین ربانی رهبر جمعیت اسلامی سپرد.

در دوران حکومت آقای مجددی و پس از آن، کابل به دلیل ورود جناح‌های مختلف مجاهدین به بخش‌های مختلفی که در اختیار یکی از تنظیم‌های مجاهدین قرار گرفته بود، تقسیم شد. جنگ‌های میان‌گروهی بین احزاب مختلف مجاهدین از مهم‌ترین رویدادهای این دوران است.

پس از سقوط دولت مجاهدین به‌وسیله طالبان آقای مجددی دوباره به پاکستان بازگشت با آن که از طالبان انتقاد می‌کرد، اما عملا به جبهه شمال به عنوان مهم‌ترین گروه مخالف طالبان در درون افغانستان که توسط احمد شاه مسعود رهبری می‌شد، نپیوست. در دوران حکومت دو ماهه آقای مجددی، تنش‌هایی میان او و گلبدین حکمتیار و سپس میان او و برهان‌الدین ربانی به وجود آمد.

آقای مجددی پس از برکناری از مقامش گفته بود که اختیار چندانی در دولت نداشته است. پس از سقوط رژیم طالبان آقای مجددی به روند بن پیوست و در تعاملات مختلف سیاسی این کشور نقش فعال داشت. او ریاست لویه جرگه قانون اساسی را پس از فروپاشی طالبان به عهده داشت که منجر به تصویب قانون اساسی کنونی این کشور شد.

حامد کرزی رئیس‌جمهوری پیشین افغانستان به آقای مجددی به دلیل این که یکی از اعضای حزب او و در دوران جهاد بود، ارادت خاص نشان می‌داد. حامد کرزی در سال‌های جهاد رئیس دفتر صبغت الله مجددی در پاکستان بود.

صبغت الله مجددی به عنوان رئیس مجلس سنای افغانستان نیز کار کرده و همچنین ریاست کمیسیون تحکیم صلح را به عهده داشت. صبغت الله مجددی به دلیل مواضع معتدلانه خود، به اسلام میانه‌رو گرایش داشت و به دلیل انتقادهای تند از برخی از سران مجاهدین و دولت پاکستان به صراحت لهجه معروف بود.

او برخلاف برخی از رهبران تندرو مجاهدین، مخالف حضور زنان در حیات سیاسی کشور نبود و دست دادن با زنان را حرام نمی‌دانست. آقای مجددی در انتخابات ریاست جمهوری سال ۱۳۸۸، حمایت خود را از نامزدی حامد کرزی اعلام کرد و گفت که در این مورد "استخاره" کرده است. او در دور قبلی انتخابات نیز از محمد اشرف‌غنی، رئیس جمهوری برحال افغانستان حمایت کرد. همچنین وی در سال ۲۰۰٤ به عنوان رئیس لویه جرگه افغانستان نیز کار کرد و در سال ۲۰۰۵ ریاست کمیسیون تحکیم صلح را نیز به عهده داشت.

صبغت الله مجددی به سن ۹۳ سالگی بعد از یک مریضی طولانی به تاریخ ۱۱ فبروری ۲۰۱۹ م در شهر کابل دار فانی را وداع گفت.

برهان الدین ربانی

ربانی سیاست‌مدار تاجیک تبار افغانستان، یکی از رهبران مجاهدین و رهبر حزب جمعیت اسلامی افغانستان بود. آقای ربانی در سال ۱۹۴۰م در فیض آباد ولایت بدخشان، در شرق افغانستان بدنیا آمده است. او مکتب را در زادگاه خود، ولایت بدخشان و یک مدرسهء دینی را در کابل تکمیل کرد و پس از آن وارد پوهنځئ شرعیات پوهنتون کابل شد. آقای ربانی در سال ۱۹۶۸م از پوهنتون معتبر الازهر مصر، در رشته فلسفه اسلامی درجه مافوق لیسانس گرفت و به کابل بازگشت. وی در مصر تحت تأثیر اندیشه‌های اخوان المسلمین قرار گرفت. در سال ۱۳۳۶ در پوهنځئ شرعیات پوهنتون کابل همراه دیگر استادان نظیر استاد غلام محمد نیازی، سید محمد موسی توانا، وفی‌الله سمیعی (آخرین وزیر عدلیهٔ حکومت ظاهرشاه) استاد محمد فاضل، عبدالعزیز فروغ، سید احمد ترجمان و هدایت نهضت جوانان مسلمان را تأسیس کردند که با استعفای غلام محمد نیازی از رهبری آن در سال ۱۳۵۱، ربانی رهبری آن را با نام جمعیت اسلامی افغانستان به دوش گرفت. حزبی که فراز و فرودهای زیادی را در سالهای جنگ داخلی افغانستان تجربه کرد. پس از کودتای محمد داوود خان علیه ظاهر شاه و ایجاد دولت جمهوری در افغانستان، آقای ربانی به پاکستان رفت و سازماندهی حملات مسلحانه علیه دولت داوود خان را شروع کرد. اما او مشخصا پس از ورود قوای شوروی سابق به افغانستان به شهرت رسید و در همین زمان بود که توانست حزب جمعیت اسلامی را از طریق پاکستان، با مقدار زیادی از سلاح و پول مجهز کند.

بدنبال سالها جنگ علیه دولت وقت، گروه های مجاهدین در سال ۱۹۹۲م وارد کابل شدند و نخستین دولت مجاهدین را به ریاست صبغت الله مجددی برای دوماه ایجاد کردند که به تعقیب او برهان الدین ربانی به عنوان رییس جمهور به قدرت رسید.

اما توافق هفت حزب جهادی بر اینکه دولت مجاهدین به شکل دوره ای از سوی این احزاب رهبری شود، رضایت خاطر آقای ربانی را جلب نکرد. زمانی که آقای ربانی رئیس جمهور دولت مجاهدین شد، به نظر می رسید که تمایلی به کناره گیری از قدرت پس از تکمیل دوره ریاست جمهوری خود ندارد. او قادر شد که زمان انتقال قدرت را در پایان دوره ریاست جمهوری خود برای چندین ماه با ارایه این دلیل که مشکلات امنیتی وجود دارد، به تاخیر بیاندازد و پس از

آن به توافقی رسید که خود همچنان به عنوان رییس جمهور باقی بماند و رقیب عمده ای او، گلبدین حکمتیار، صدراعظم افغانستان شود.

افغانستان از سال ۱۹۹۲، وارد جنگ خونین داخلی شد که تلفات سنگینی را بر غیرنظامیان وارد کرد و از کابل، پایتخت افغانستان، یک ویرانه ساخت. سازمانهای بین المللی حقوق بشری، از جمله سازمان عفو بین الملل می گویند که احزاب و گروه های درگیر در جنگهای داخلی افغانستان، مسئول کشته شدن بیست و پنج هزار غیرنظامی هستند. براساس نهادهای حقوق بشری، در این سالها موارد زیادی از قتل، ناپدید شدن افراد، شکنجه و تجاوز جنسی نیز صورت گرفته است.

وی در ۲۹ سنبله ۱۳۹۰ هجری شمسی یک حمله انتحاری در خانه‌اش در محله وزیر اکبرخان کابل کشته شد. ربانی در زمان مرگ رئیس شورای عالی صلح در افغانستان و مذاکننده ارشد دولت با گروه طالبان بود.

جنگهای تنظیمی ۱۹۹۲-۱۹۹۶

بسیاری افغانها بیکه در سالهای ۱۹۹۲-۱۹۹۳م در کابل نبودند، یک تصویر روشن از وقایع جنگهای تنظیمی در افغانستان ندارند و به درستی علل، عاملین و نتایج و عواقب این جنگهای خانمانسوز را که در آنها خونهای هزاران هموطن ما ریخته شد و هزاران خانواده بیگناه کشور را آواره و دربدر ساخت نمیدانند. اکثر رسانه‌های جهان در جریان چهار سال (۱۳۷۱-۱۳۷۵) افغانستان را به باد فراموشی سپرده بودند و به‌جز چند رسانه محدود بین‌المللی، رسانه‌های طراز اول جهان نه دفتری در افغانستان داشتند و نه خبرنگاری. اما باوجود آن، شمه‌ای از جنایات به وقوع پیوسته در این چهار سال به آژانس‌های خبری و رسانه‌ها درز نموده که از آن میان چند مطلب از این قرار اند: (جنگ و وحشت تنظیمی کابل بر اساس گزارش رسانه‌های جهان، حزب همبستگی افغانستان سه شنبه، ۰۸ ثور ۱۳۹٤)

گزارش «اسوشیتید پرس» منتشره روزنامه «دی نیوز» (۱۴ مارچ ۱۹۹۴ – ۲۳ حوت ۱۳۷۲): بیش از ۱۰۰۰ تن در کابل کشته شدند و براساس اظهارات سازمان‌های خیریه، جنگ در حدود پنجصدهزار تن را مجبور به ترک کاشانه شان نموده‌است.

·گزارش «آژانس خبری فرانسه» منتشر روزنامه «دی نیوز» (۲ فبروری ۱۹۹۴ ـ ۱۳ دلو ۱۳۷۲): روز سه‌شنبه، سازمان «صلیب سرخ»

اظهار نمود که در جریان جنگ تنظیمی بر له و علیه رییس‌جمهور ربانی، آمار تلفات به ۱۲۰۰۰ می‌رسد که ۸۰۰ تا ۹۰۰ تن آن کشته شده‌اند. این سازمان علاوه می‌کند که در ۲۸ روز نخست جنگ، ۱۲۲۰۰ تن در جمع تلفات ثبت شده و در حدود ۳۰۰۰ که در گذشته نیز زخمی شده بودند، برای مداوای زخم‌های جدید مراجعه نموده‌اند.

.گزارش «اسوشیتید پرس» منتشره روزنامه «دی پریسکوت کوریر» (۱۵ جون ۱۹۹۳): در شدیدترین جنگ‌های امسال، بین ۱۲ الی ۲۳ می، روزانه تا صد راکت باریدن گرفت که صدای مهیب آن انفجار وحشتناک و ویرانی و کشتار را به تعقیب داشت. از قدرت رسیدن جنگجویان اسلامی بعد از سقوط کمونیست‌ها در اپریل ۱۹۹۲ بیش از ۱۱۵۰۰ تن در کابل کشته شده اند. در مناطق جنوبی و جنوب غربی هیچ تعمیری وجود ندارد که سالم مانده باشد.

.روزنامه «نیویارک تایمز» (۱۸ می ۱۹۹۳): جنگ شش روزه در کابل ۷۰۰ تن را کشت... بر اساس گفته کمیته بین‌المللی صلیب سرخ در کابل، از آغاز مجدد جنگ، حداقل ۷۰۰ تن از مردم کشته و بیش از ۳۰۰۰ تن زخمی گردیده اند.

.بی.بی.سی از کابل گزارش داد که در طول روز، نیروهای وفادار به وزیر دفاع احمد شاه مسعود، در بخش جنوبی شهر در جنگ کوچه به کوچه مصروف بودند. نیروها تلاش داشتند که مناطق تحت کنترول گلبدین حکمتیار را که صدراعظم نامیده شد اما هیچگاه نتوانست این پست را اشغال کند، پس بگیرند.

.گزارش خبرگزاری «رویترز» منتشره روزنامه «دی فرنتیر پست» (۲۹ جون ۱۹۹۲ — ۸ سرطان ۱۳۷۱): مجددی در آخرین لحظات مقام خود، امضاکنندگان معاهده پشاور را متهم به نقب حکومتش کرد. او کارکرد وزیر دفاعش، احمدشاه مسعود که متحد ربانی است، را تقبیح نموده گفت که وی اجازه داد تا نظم و قانون کابل وخیم‌تر گردد.

.گزارش خبرگزاری‌ها منتشره روزنامه «دی نیوز» (۱۰ جون ۱۹۹۲ — ۲۰ جوزا ۱۳۷۱): او (گلبدین) اخطار داد که شهر یک‌ونیم میلیونی را ویران خواهد کرد و در ماه گذشته سلسله حملات راکتی را انجام داد که صدها تن کشته و زخمی که اکثریت شان را افراد غیرملکی می‌سازد، بر جا گذاشت.

·گزارش «آژانس خبری فرانسه» منتشره روزنامه «دان» (۱۹ جون ۱۹۹۲ – ۲۹ جوزا ۱۳۷۱): در تازه‌ترین سلسله حملات بر هندوها، براساس گفته‌های منابع، روز پنجشنبه جنگجویان گروه نامعلوم مجاهدین یک خانواده سه نفری اهل هنود را با کیبل برق بسته و آنان را در شهر کابل بی‌پولیس به برق دادند.

·روزنامه «دی نیوز» (۱۷ جون ۱۹۹۲ – ۲۷ جوزا ۱۳۷۱): در حال حاضر، آلات موسیقی غارت‌شده توسط مجاهدین افغان از شهر کابل، جلال‌آباد و شهرهای دیگر در شهر پشاور به فروش می‌رسند. بعضی از این آلات موسیقی به نرخ پایین در بازار دبگری شهر پشاور فروخته می‌شوند.

·گزارش «آژانس خبری فرانسه» منتشره روزنامه «دی نیشن» (۳ جون ۱۹۹۲ – ۱۳ جوزا ۱۳۷۱): شاهدان عینی می‌گویند که در جریان جنگ بین حزب وحدت طرفدار ایران و اتحاد اسلامی، راکت‌ها بر نواحی کوت سنگی در نزدیکی پوهنتون کابل اصابت نمودند. شلیک تانک و توپخانه نیز بر آن علاوه گردید که زنان و کودکان وحشت‌زده را مجبور به فرار از این ساحه نمود. حینی که صفیر رگبار مسلسل‌ها فضا را در خط اول جنگ پاره می‌کرد، زنی که چهار کودکش را با خود حمل می‌نمود، فریاد می‌کشید: «لطفا، مرا کمک کنید.»

·گزارش «آژانس خبری فرانسه» منتشره «دی نیوز» (۲۷ اپریل ۱۹۹۴ – ۷ ثور ۱۳۷۳): ۹۰۰ تن در جنگ اخیر کابل زخمی شدند. روز سه‌شنبه منابع شفاخانه گفتند که بیشتر از ۹۰۰ شهروندان ملکی افغان و مجاهدین در جریان جنگ شدید تنظیمی در شمال کابل زخمی شدند ولی از تعداد کشته‌شدگان آمار دقیق در دست نیست.

واقعهء افشار و جنگهای داخلی حزب وحدت

در اینجا سعی شده خلاصه واقعات فوق از دیدگاه کسانیکه در متن حوادث بوده اند و بخصوص از زبان، یا به قلم، نویسنده گان هزاره و یا سادات شیعه، دو قومیکه که بزرگترین مصیبتها نصیب آنها شده است بیان گردد.

یک مرور اجمالی جنگهای تنظیمی بعد از به قدرت رسیدن مجاهدین در کابل در سال ۱۳۷۱ هجری شمسی مطابق به ۱۹۹۲ میلادی که در همهء آنها حزب وحدت به رهبری عبدالعلی مزاری یک جناح متخاصم را تشکیل میداده وقایع آتی از همه برجسته تر نمایان میگردند:

- به توپ بستن چنداول از سوی نظامیان شورای نظار در خزان ۱۳۷۱

- وقایع ۲۳ سنبله ۱۳۷۳: یک خانه جنگی به تمام معنی در خانه شیعیان یا کودتای حزب وحدت

-فاجعه افشار که به تاریخ ۲۱ دلو ۱۳۷۱ شمسی (فبروری سال ۱۹۹۳م) بر مردم منطقه افشار کابل تحمیل شد، در واقع یکی از وحشتناک ترین و خونین ترین فاجعه ها در تاریخ معاصر افغانستان می باشد. استاد (صباح) در مقالهء تحت عنوان «مستنداتی برسه و نیم دهه جنایت و آدم کشی در کشور» در مجلهء انترنتی "اصالت" تاریخی ۱٤ اکتوبر ۲۰۱۳ مینویسد: "این تراژدی غمناک که توسط اشخاصی چون، احمد شاه مسعود رهبر شورای نظار، عبدالرب رسول سیاف رهبر گروه اتحاد اسلامی، محمد قسیم فهیم رییس استخبارات حکومت ربانی، داکتر عبدالله رییس دفتر وزارت دفاع ملی و فرمانده لوای راکت، یونس قانونی قوماندان عمومی گارنیزیون کابل و رییس عمومی سیاسی وزارت دفاع ملی، بسم الله محمدی مسوول و فرمانده میدان هوایی بگرام، سید حسین انوری، رییس شورای مرکزی حرکت اسلامی به رهبری شیخ آصف محسنی، اکبری و سید مصفی کاظمی از تنظیم وحدت، برای نابودی بخشی از مردم افغانستان که هزاره بودند، طراحی و اجرا شد و اکنون به عنوان جنایتی مسلم و انکار ناپذیر در حافظه تاریخ افغانستان درج شده است." (استاد صباح، "اصالت" تاریخی ۱٤ اکتوبر ۲۰۱۳ www.esalat.org). حزب وحدت عبدالعلی مزاری،

-او مینویسد: "ساعت یک بامداد ۱۱ فبروی و زمانی که ساکنان افشار در بستر خواب بودند، مؤسسهٔ علوم اجتماعی از سه طرف مورد حمله قرار گرفت؛ از غرب توسط نیروهای اتحاد اسلامی سیاف، از شمال و جنوب توسط نیروهای "دولتی" (به کمك خیانت کارانی در حزب که قبلا خریداری شده بودند) منطقه را مورد هجوم قرار دادند. آنان تا ۲۴ ساعت بعد به قتل و کشتار، تجاوز و آتش زدن خانه ها پرداخته و دختران و پسران جوان را اسیر کردند. خبر این اعمال در همان زمان در کابل و در روزهای بعد در سطح دنیا پخش شد. در این جریان بر اساس براورد ها

حدود ۷۰۰ نفربه قتل رسیده و یا ناپدید شدند. یك سال بعد که حزب وحدت این ناحیه را بازپس گرفت، چندین گور دسته جمعی کشف کرد که در آنها۵۸ جسد یافت شد. این قتل عام توسط کشورهای همسایه و سازمانهای بین المللی حقوق بشر محکوم گردید؛ اما عاملان آن هیچ وقت محاکمه و یا دست گیر نشدند. اگرچه شخصا ربانی قتل عام را به عنوان یکی از اشتباهات حکومتش محکوم کرد، حادثه به گردن سربازانش انداخته شد؛ که چنین سربازانی در هیچ کجا مسئول چنین جنایات جنگی شناخته نمی شوند. آنروز، افشار به یک منطقه ارواح شباحت داشت و تمام ساکنان آن پس از قتل عام از آنجا گریختند. اما خاطرات تلخ آن در مغزها و قلبهای مردم به یادگار باقی مانده و به تشدید اختلافات قومی – مذهبی دامن زده است." او ادامه میدهد: " در افشار برعلاوه کشتار دسته جمعی، به زنان و کودکان نیز تجاوز شد. جنایتکاران در افشار، با خون اطفال شش ماه روی دیوار یادگاری نوشتند و گهواره های آنان را تیر باران کردند، بر زنان و دختران تجاوز نموده، بخاطر بدست آوردن یک حقله انگشتر، ناخن و برای گوشواره، گوش های زنان را بریدند. اما متاسفانه امروز همین جنایت کاران جنگی در پست های بلند دولتی ایفای وظیفه می کنند." (استاد صباح، "اصالت" تاریخی ۱٤ اکتوبر ۲۰۱۳.)

- سید محمد علی جاوید یکی از متهمین فاجعه افشار در جریده انترنتی "جمهوری خراسان" تاریخی ۲ دلو ۱۳۹۴ مینویسد در چنداول در خزان ۱۳۷۱ احتمالاً به تعداد مردم افشار به خاك و خون غلطیدند و در فاجعه ی ۲۳ سنبله، چند هزار تن کشته شدند.در مزارشریف در ماه اسد ۱۳۷۷ ه ش هزاران نفر هزاره توسط طالبان به قتل رسیدند و. در فاجعه ی یکاولنگ در زمستان ۱۳۷۹ چند صد نفر غیر نظامی و بی گناه به دست طالبان به رگبار بسته شده، به خون خویش غلطیدند و در جنگ های غرب کابل و غیره ده ها هزار نفر کشته شدند.

- سید محمد علی جاوید مینویسد که "در اوایل خزان سال ۱۳۷۱ که سید منصور نادری به کابل آمد، تعدادی از نظامیان فرقه ی هشتاد که در کابل مستقر بودند، به استقبال سید منصور، مسلح به فرودگاه کابل رفتند. هرچند میدان هوایی در کنترول نیروهای جنرال دوستم بود اما در اطراف میدان قوای مسعود استقرار داشتند. آنان نیرو های سید منصور را نگذاشتند مسلحانه وارد میدان شوند

و در نتیجه ی جدال لفظی، میان آنها بر خورد نظامی پیش آمد و به زودی این جنگ تا حوالی تایمنی و کارته ی پروان گسترش یافت. متأسفانه هر دو طرف غیر نظامیان را دستگیر می کردند. افراد مسعود هر کسی که قیافه ی هزاره گی داشت به ظن اینکه از هزاره های اسماعیلی و طرفدار فرقه ی ۸۰ است باز داشت و زندانی می نمودند و نیرو های فرقه ی ۸۰ هم هر کس شباهتی با تاجیك داشت به حبس می انداخت. در نتیجه تعدادی از هزاره های حزب وحدت و حرکت اسلامی توسط نیرو های مسعود به حبس رفتند."(محمد علی جاوید، جمهوری خراسان، ۲ دلو ۱۳۹۴)

طوریکه دیده میشود لشکرکشی در سال ۱۹۹۳م (۱۳۷۱ ه. ش.) بالای هزاره ها و سائر شیعیان مستقر در افشار کابل، و متعاقب ان بالای چنداول در شهر کابل هیچ اختلافی با اقدام امیر عبدالرحمن خان در هزاره جات ندارد. اختلاف در آنجاست که استاد ربانی و احمدشاه مسعود صرف یکسال بعد از به قدرت رسیدن به این عمل دست زدند در حالیکه بیش از یکصد سال بعد از ایجاد دولت ابدالیها امیرعبدالرحمن خان به این کار دست زد.

جریده انترنتی کابل پرس در مقالهء زیر عنوان " غارت دارایی های مردم در جنگهای تنظیمی افغانستان" بتاریخ ششم اپریل ۲۰۰۶م مینویسد: "جنایاتی ضد بشری که در جریان جنگهای تنظیمی احزاب جهادی افغانستان صورت گرفته،در تاریخ جوامع انسانی کمترنظیر آن دیده شده است. احزاب و گروه های مسلح که با اشغال کشور توسط اتحاد شوروی سابق مخالفت میکردند و بنام جهاد (جنگ مقدس) به کمک ممالک غربی و متحدین منطقه ی شان مبارزه مسلحانه را علیه اتحاد شوروی و دولت دست نشانده آن آغاز نموده بودند،بعد ازسقوط دولت داکتر نجیب الله این آخرین مهره شوروی ها به جان هم افتادند وجنایات هولناکی را انجام دادند که در قاموس انسانیت بی مانند خوانده شده است . یکی از این جنگها در شهر مزار شریف بین حزب جمعیت اسلامی به رهبری برهان الدین ربانی و جنبش ملی اسلامی به رهبری جنرال دوستم درزمستان سال ۱۳۷۲ صورت گرفت. یک تن از اشتراک کننده گان این درگیری می گوید که این جنگ توسط رسول پهلوان معاون اول نظامی دوستم آغاز شد. محمد شریف در باره آغاز و غارت اموال مردم درین جنگ چنین گفت:"جنگ جمعیت و جنبش آغاز اش از مرکز شد،بلاخره جنگ در مزارشریف شروع شد؛جنگ تقریبا سه روز دوام کرد؛حزب وحدت باآنها همکار شد؛ مناطق چون کوچه مارمول کوچه دروازه شادیان،کوچه چغدک از طرف قوماندانهای اطراف درگیر در جنگ چپاول شد." آقای شریف از اموال مانند چاینک

نکل،قالین،گلیم و غیره درین غارت نام برد . اومدعی شد که اموال فوق الذکر بصورت تقریبا کامل از خانه های مردم به یغما برده شده است. غارت در جنگهای بین التنظیمی افغانستان بسیار معمول بوده و اکثر تنظیم ها بعد از تسخیر مناطق گروه متخاصم دست به چور و چپاول اموال مردم زده اند و ازین غارت ها قصر های افسانوی ساخته اند قصر های که در شیر پور کابل توسط قوماندان ها وسر کرده گان گروه های مسلح آن وقت بعد از برقراری صلح در زمان حاکمیت آقای کرزی ساخته شده است. به باور بعضی از کارشناسان سرمایه های آن ازغارت مردم در جریان جنگهای تنظیمی بدست آمده است. میرزا محمد شاهدعینی این جنگ که کار مند یک شرکت تجارتی میباشد چشم دید خود را چنین بیان میدارد:"اموال مارا جنبش چور کرد،یعقوب کچوک قوماندان جنبش ۱۲۰تن روغن ،چار موتر چای سیاه چینایی که ۱۵۰۰ کارتن بود چور کرد." آقای میرزا ادعا کرد که درین جنگ رهبران در گیر به سربازان شان امر کرده بودند که" سرمردم از ما و مال شان ازشما."

کنوانسیون ۱۹۴۹ژینو غارت اموال مردم را درسه کلمه خلاصه کرده است"غارت ممنوع است" این کنوانسیون هاهم چنان متقاضی اند که قیمت عادلانه برای اموال مورد ضرورت نظامی ها که از مردم تقاضا میکنند باید پرداخته شود.

شرکت کننده دیگر این جنگ قوماندان فرقه ۰۱جهادی علم خان آزادی یکی از مهره های مهم جنگی جمعیت اسلامی در شمال، که سمت ریس ارکان قطعه ثقیله را به عهده داشت، خاطرات خود را چنین حکایت کرد :"شورای هماهنگی در کابل ساخته شده بود ،دوستم با شورای هماهنگی خود جنگ با جمعیت اسلامی را شروع کرد.نیرو های جنبش،حزب اسلامی و حزب وحدت مشرکاشورای هماهنگی ساخته بودند که با نیرو های جمعیت جنگیدند."

آقای ریس حسن میزان وحشت وقساوت علیه مردم بی دفاع این جنگ را چنین تعریف کرد: "مردم بی غرض و بی دفاع را اسیر گرفتند اطفال زنان در حال فرار به نهر های آب غرق شد ،مال و حال به مردم نماند حتی سگها را به مرمی زدند وبه حیوانات دیگر هم رحم نکردند."

تنظیم های جهادی وقتی افراد یکدیگر را اسیر می گرفتند خلاف تمام موازین انسانی با اسرای جنگی برخورد میکردند نه تنها با اسرای جنگ حتی با مردم ملکی که در ساحه حزب رقیب زنده گی میکردند مخالف قوانین جنگ و کنوانسیون های بین المللی عمل صورت میگرفت . که از جمله دها نقض حقوق بشری ادرار خوراندن ،میخ کوبیدن در سر، سینه بریدن ،رقص

بسمل،تجاوزجنسی،قتل های دستجمعی،سنگ بستن به آله تناسلی و غیره در رسانه ها بازتاب داده شده است.

برعکس اظهارات آقای حسن که شورای هماهنگی را مسول جنگ سال ۱۳۷۲ میداند آقای سردار سعیدی مسوول شمال حزب وحدت اسلامی مردم افغانستان نمی پذیرد که نیرو های شان در جنگ مذکور سهیم بوده

تنظیمهای به اصطلاح جهادی به کرات علیه یک دیگر مصاف داده اند بعد از هشتم ثور سال ۱۳۷۱که زمام امور بدست احزاب جهادی رسید و برهان الدین ربانی بر اریکه قدرت تکیه زد جمعیت اسلامی او در یک ایتلاف بااتحاد اسلامی رسول سیاف، جنبش ملی اسلامی دوستم وحزب وحدت اسلامی عبدالعلی مزاری علیه حزب اسلامی گلبدین حکمتیار جنگ های خونیین را در کابل براه انداختند و بعد از یکسال جنگ وخونریزی جنبش اسلامی و وحدت اسلامی با حزب اسلامی گلبدین شورای هماهنگی بنانموده بر ضد متحد دیروزی زور آزمایی کردند که دامنه این جنگ بزودی از کابل به ولایات شمال کشور کشانده شد .

وابسته گان جنبش و تعدادی از قوماندانهای جنگی نیرو های مربوط به جنرال دوستم از صحبت با گزارشگران درمورد جنگ با جمعیت اسلامی که امروز حاکمیت مزار را در اختیار دارند خود داری میکنند و فقط با گفتن این نکته زمان صحبت نیست بسنده می کنند.

گل محمد پهلوان برادر رسول پهلوان که بعد از مرگ برادر ارشد خود وظیفه نظامی او را عهده دار شد در یک تماس تیلفونی به گزارشگر گفت :"که من در آنوقت کدام وظیفه نظامی نداشتم ."ا و از جنگ سال ۱۳۷۲ اظهار بی اطلاعی کرد .

نه تنها افراد وابسته به جنبش جنرال دوستم بل تعدادی از شهروندان عادی و حتی بعضی صاحب نظران با قضایایی مربوط به عدالت انتقالی محافظه کارانه برخورد می نمایند تا خطری توسط جنگ سالاران متوجه شان نگردد.

فعال جامعه مدنی در مزار شریف که نخواست نامش افشا شود در پاسخ به پرسشی گفت:"من شاهد عینی جنگ جمعیت و جنبش بودم نیروهای که بعد از جنگ از کوچه مارمول برمیگشتند اموال مردم و حتی کم ارزش ترین چیز ها چون قفس کبک را هم می بردند."

بنابر شرکت جنگسالاران در دولت آقای کرزی به بسیاری از جنایت آنها پرداخته نشده است و تصویب سند بنام منشورمصالحه ملی از طرف پارلمان

فرهنگ معافیت را در کشور ما ترویج نموده سبب ادامه جنایات و فساد در جامعه ما گردیده است.

منشور مصالحه ملی در یازدهم دلو ۱۳۸۵ازطرف پارلمان افغانستان تصویب شد و پیگیری پروسه عدالت انتقالی را به چالش بزرگ مواجه نمود . دراین منشور جنایات ۲۸ساله حاکمان برسرقدرت و اپوزیسون قدرت بخشیده شده است."

شرایط افغانستان و سقوط دولت مجاهدین

در واقعیت تبارز جنبش طالبان دراواسط سالهای ۹۰م که به تسلط مجاهدین در افغانستان در جریان سالهای ۱۹۹٤-۱۹۹٦م پایان داد، نتیجه ی سوء استفاده دولت پاکستان از استیلای انارشی حکومت مجاهدین در افغانستان وسؤ استفاده از احساسات نشنالیستی پشتونها در کشور میباشد. از این رو بی جهت نیست که ظهور طالبان در سال ۱۹۹۵م و پیروزی چشمگیر آنها در سقوط حکومت مجاهدین و گرفتن کابل و ولایات در سال ۱۹۹٦م، اکثراً بدون جنگ، در حقیقت عکس العمل نشنلیزم پشتونها از یک طرف و نا رضایتی مردم از انارشی لجام گسیخته و بی امنیتی مستولی در کشور بود.

پیش از ظهور طالبان در سال ۱۹۹٤م افغانستان بالقوه در حالت تجزیه قرار داشت و میان جنگسالاران تقسیم شده بود:

- حکومت ربانی-مسعود کابل و اطراف آنرا تحت کنترول داشتند؛
- سه ولایت غربی در دست اسماعیل خان قرار داشت؛
- سه ولایت شرقی پشتون نشین همسرحد با پاکستان، ننگرهار، لغمان و کنرها، از طرف شورای مشرقی ادارم میشد؛
- یک منطقهء در شرق و جنوب کابل در دست گلبدین حکمتیار بود؛
- جنرال رشید دوستم شش ولایت شمال را در دست داشت؛
- گروههای هزاره ولایت بامیان را در افغانستان مرکزی در اختیار داشتند؛

- افغانستان جنوبی و قندهار در بین جنگسالاران خورد و گروههای سارقین تقسیم شده بودند.

این جنگسالاران هر آن وفاداری خودرا به یکدیگر تغییر میدادند. دوستم در جنوری ۱۹۹٤ اتحاد خودرا با حکومت ربانی-مسعود شکست و با حکمتیار پیوست و کابل را مشترکآ مورد حمله قرار دادند. پشتونها نتوانستند یک رهبری واحد داشته باشند. به گفتهء احمد رشید "پاکستان نمیخواست کمکهای نظامی خودرا در اختیار پشتونهای درانی بگذارد. باین کار فقط حکمتیار را تعیین کرده بود. پشتونهای جنوب باهم در جنگ وستیز بودند" (احمد رشید، طالبان، ۱۹۹۰).

به گفته احمد رشید در قندهار شهر میان جنگسالاران تقسیم شده بود، تمام داراییها به تاجران پاکستانی

فرخته شده بود بشمول سیمهای تلفون، پایه های برق، فابریکه ها و مشینها، حتی رولرهای سرکسازی به پاکستان منتقل شده بود، خانه ها، باغها، و زمینهای مردم به حامیان و جنگسالاران توزیع شده بد. قومندانها مردم را مورد ظلم و ستم قرار داده دختران و پسران جوان را اختطاف میکردند. تجار در بازار آرامنبودهموردس دستبرد قرار میگرفتند و دوام اینگونه شرایط موج جدیدی از مهاجرین را به کویته جاری گردانید. با استیلای اینگونه حالات راههای ترانسپُرتی امنیت نداشتند، مافیای ترانسپورت و انتقالات را که در کویته و قندهار مستقر بودند به ستوه آورد.احمد رشید میگوید "در سال ۱۹۹۳م من فاصله ۱۳۰ مایل کویته و قندهار را با موتر طئ میکردم حد اقل از طرف بیست گروه در طول راه توقف داده شدم و از ما پول حق العبور خواسته شد." (احمد رشید، طالبان، ۲۰۰۲، ص ۳٦).

حکومت مجاهدین و عروج جمعیت اسلامی

در جامعهٔ عمیقاً عنعنوی افغانستان عنان مقاومت در مقابل رژیم‌های، ترهکی، امین، کارمل و نجیب الله متأسفانه به دست ارتجاعی‌ترین نیروهای سیاسی جامعه افتاد. این نیروهای ارتجاعی به دو گروه بودند: گروه اسلام‌گرایان مکتبی (مکتب اخوان المسلمین محمد قطب) مانند گلبدین حکمتیار و برهان الدین ربانی و گروه اسلامگرایان سنتی افراطی مانند یونس خالص، محمدی، حقانی، سید احمد

گیلانی. در میان گروه دومی همچنان می‌توان گروه وهابی عبدالرب سیاف و همچنان گروه‌های شیعیة حزب وحدت هزاره‌ها امثال‌هم را شامل نمود.

تمام این احزاب و گروه‌ها ریشه‌های سربازگیری آن‌ها به وابستگی‌های قومی و زبانی و مذهبی آن‌ها مربوط می‌گردد و از اینجاست که سیاست در افغانستان از جنبش روشنفکری به وابستگی‌های مذهبی و قومی نزول می‌کند. البته سیاست‌های فعال و انتخابی قومیگرانه و مذهبی دولت‌های پاکستان و ایران در تشکل و رشد این جهت‌گیری‌ها نقش برازنده دارند.

فرصت طلبی دوستم و برخی از رفقا و یاران پرچمی و تسلیمی آن‌ها به احمد شاه مسعود امکانات ایجاد یک دولت ملی مابعد داکتر نجیب الله را مطابق به توافق‌های ژنیوا از میان برداشت و سر آغاز جنگ‌های تنظیمی، تخریب شهر کابل و ایجاد یک سیستم ملوک‌الطوایفی قوماندان‌های جهادی بر مبنای خطوط قومی در سراسر افغانستان گردید.

تسلیمی دولت و نیروهای نظامی داکتر نجیب الله به احمد شاه مسعود و حزب جمعیت فرصت داد تا از یک نیروی محدود محلی به یک قدرت حاکم در کشور مبدل گردند. در نتیجه برای دومین بار در تاریخی کشور، بعد از حکومت نه ماه حبیب‌الله کلکانی در سال ۱۹۲۹م، رهبری سیاسی کشور کاملاً به دست تاجیک‌ها قرار گرفت. این نفوذ غیر متوازن در قدرت سبب بروز جنگ‌های خانه‌گی خانمانسوز میان گروه‌های مجاهدین گردیده، ملیشه‌های حزب اسلامی حکمتیار در مقابل جمعیت و دوستم و بعداً ملیشه‌های مسعود و سیاف در مقابل ملیشه‌های نظامی هزاره به رهبری مزاری و متعاقباً جنگ‌ها میان گروه‌های مختلف هزاره در شهر کابل هرکدام برای توسعة نفوذ خود در دولت و افزایش ساحه تحت کنترول شان، کشور را به ویرانه مبدل ساخته، نفوذ دولت مرکزی و حاکمیت قانون از میان رفته و کشور عملاً میان جنگ‌سالاران جهادی منقسم گردید.

احساسات قوم پرستانه و پشتون ستیزی در کشور با به قدرت رسیدن اولین حکومت مجاهدین در سال ۱۹۹۲م با کودتای جنرال دوستم و تسلیم دهی دولت داکتر نجیب الله و اردوی افغانستان توسط عوامل پرچمی دولت وقت به احمد شاه مسعود، اوج گرفته و منجر به حاشیه راندن انزوای سیاسی قوم پشتون، (بزرگترین قوم از میان اقوام برادر کشور) گردید.

در عین زمان در طول ۲۴ سال گذشته هیچگونه سازمان متشکل سیاسی ملی که از آرمان‌های سیاسی و اجتماعی ملیت پشتون بدون دخالت دُگم مذهبی نماینده‌گی کند، وجود نداشته است. باید اظهار نمود که به دلایل اوضاع نامساعد

سیاسی سال‌های جهاد، حزب افغان ملت نتوانست این خلا را پرکند. متأسفانه این خلای سیاسی را افراطیون مذهبی از جمله حزب اسلامی گلبدین حکمتیار در سال‌های ۱۹۹۲-۱۹۹۶م و بعد از آن جنبش طالبان پر کرده اند.

در میان این‌ها قوم تاجیک و ملیت هزاره از داشتن احزب متشکل و نیرومند مانند جمعیت و وحدت که ممثل خواسته‌های قومی، سیاسی، سمتی، اجتماعی و تاریخی آن‌ها می‌باشند برخوردار بوده اند، در حالی‌که تنظیم‌های جهادی، مانند سیاف، محمدی، خالص، حقانی، گیلانی و حکمتیار در مناطق پشتون‌نشین بیشتر بر ایدیولوژی مذهبی متکی بر خطر کمونیزم و مقابله با آن تکیه داشتند، در مقابل حزب جمعیت اسلامی، رهبر و تشکیلات آن برای احمد شاه مسعود و همفکران معتقد به مفکورهٔ ستم ملی او یک پوشش مناسب و یک فرصت مطلوب برای خاتمه دادن به حاکمیت سیاسی پشتون‌ها، بخصوص در مناطق تاجیک نشین، محسوب می‌گردید. بی‌مورد نیست که سایر تنظیم‌ها احمد شاه مسعود را به عقد توافق‌های سری با قوای اتحاد شوروی و دنبال کردن مقاصد قومی، زبانی و سمتی متهم می‌کنند.

منابع و مآخذ این فصل

۱ جمال احمد خاشقجی، روزنامه "الوطن" چاپ ریاض ۹ مئ ۲۰۰۶م، ترجمه عبدالاحد هادف، جیو هزاره Geo Hazara October۲۰۱۸م.

۲. "تلک خرس" یا حقایق پشت پردهٔ جهاد در افغانستان، تألیف دگروال یوسف افسر متقاعد آی. اس. آی. اردوی پاکستان و آقای مارک ادکین امریکایی، ترجمه محمد قاسم آسمایی، نشر الکترونیکی:۲۰۱۵م The Bear Trap: Afghanistan's Untold Story

۳. گروگانهای تاریخ، بخش دوم، مزوروف، فارسی روwww.farsi.ru.

۴. استاد صباح، «مستنداتی برسه و نیم دهه جنایت و آدم کشی در کشور»، مجلهء انترنتی "اصالت" تاریخی ۱۴ اکتوبر۲۰۱۳

۵.وب سایت خبری آریانا نیوز،

٦. احزاب سیاسی افغانستان،جلد دوم، چاپ اول، زمستان ۱۳۸۴ ، کابل، وزارت عدلیه جمهوری اسلامی افغانستان،

۷. پایگاه اطلاع رسانی پیام آفتاب، انترنت

۸. سید محمد علی جاوید، جریده انترنتی "جمهوری خراسان" تاریخی ۲ دلو ۱۳۹۴

۹. جنگ و وحشت تنظیمی کابل بر اساس گزارش رسانه‌های جهان، حزب همبستگی افغانستان سه شنبه، ۰۸ ثور ١٣٩٤

۱۰. جریده انترنتی کابل پرس " غارت دارایی های مردم در جنگهای تنظیمی افغانستان" ششم اپریل ۲۰۰٦م

۱۱. محمدحسین جعفریان، جریدهء انترنتی "مشرق"؛

۱۲. دویچه ویلی دری؛

۱۳. احمد رشید، طالبان، ترجمهء عبدالودود ظفری، المیدا کلیفورنیا، ۲۰۰۲.

١٤. احمد رشید، طالبان، اسلام نظامیگر، نفت و بنیاد گرائی در آسیای مرکزی، چاپ مطبعهء پوهنتون یل، ایالات متحدهء امریکا، ۲۰۰۰ (بزبان انگلیسی).

نظام اسلام عنعنوی طالبان دور اول (۱۹۹٦-۲۰۰۱م)

(دولت متعهد به تطبیق شریعت محمدی حنفی اسلام عنعنوی)

طالبان بتاریخ ۲٦ سپتامبر ۱۹۹٦ کابل پایتخت افغانستان را تصرف کردند. سپس نام حکومت خود را امارت اسلامی افغانستان گذاشته و تشکیلات خود را از طریق رادیو افغانستان اعلان نمودند. کشورهای پاکستان، امارات متحده عربی و عربستان سعودی تنها سه کشوری بودند که طالبان را به رسمیت شناختند.

برای یک ربع قرن اخیر، از سال ۱۹۹٤م که برای اولین بار نام تحریک طالبان در مطبوعات سر زبانها افتاد تا امروز که ۲۵ سال از آن میگذرد تحریک طالبان نقش بارزی در شکل گیری حوادث افغانستان و سرنوشت آن بازی کرده اند. از این جهت مطالعهٔ چگونگی تشکیل، تبارز، به قدرت رسیدن طالبان سیاستها اهداف آنها و حوادث مابعد آن، که همچنان امروز نیز فعالانه در حیات سیاسی کشور مطرح اند، از یک دید گاه تاریخی بیطرفانه برای نسل جوان افغانستان بسیار ضروری پنداشته میشود.

در دوران حکومت طالبان، کریکت تنها ورزش مجاز در افغانستان به‌شمار می‌رفت. اما طالبان با دیدگاهی بسته و افکاری متفاوت با محیط و جهان برخورد کردند و به نوعی با بازگشت به نگرش‌های مذهبی و با زیر فشار قرار دادن مردم موجبات نارضایتی قشر کثیری از مردم افغانستان را فراهم ساختند. آن‌ها نام حکومت افغانستان از جمهوری اسلامی به "امارت اسلامی افغانستان" تبدیل نموده و رهبر خود ملا محمد عمر را به عنوان "امیرالمؤمنین" معرفی نمودند. قطعنامه‌های پیاپی شورای امنیت را نادیده گرفتند و تعدادی از خارجیان را از کشور اخراج نمودند. حکومت طالبان با رادیو، تلویزیون، موسیقی، نقاشی، مجسمه‌سازی و آثار هنری مخالف بودند و مجسمه‌های بودا در بامیان را که از جمله غنائم فرهنگی و باستانی افغانستان بود منهدم ساختند.

آن‌ها به زنان اجازه نمی‌دادند تا به تنهایی از خانه‌هایشان بیرون روند. مجازات لواطکاران و زناکاران مرگ بود و دست کسانی که دزدی می‌کردند باید قطع می‌شد. مردم را برای ادای نماز، بزور از مغازه‌هایشان به مساجد می‌فرستادند.

ریش مردان در نظام طالبانی باید دراز می‌بود و موهای سرشان را می‌باید کوتاه می‌کردند.

تآمین امنیت شاهراه ترانسپورتی میان پاکستان و آسیای مرکزی از طریق کویته، قندهار و هرات و همچنان تمدید پایپلاینهای نفت و گاز از ترکمنستان به پاکستان از اهداف بزرگی بود که بر اساس آنها حکومت بینظیر بوتو در پاکستان و حکومت امریکا به حمایت مستقیم و غیر مستقیم از طالبان دست زدند. در زمان حکومت طالبان کمپنی بزرگ امریکائی یونیکال و بریداس ارجنتاین کوششهای وسیعی برای جلب حمایت طالبان و کشورهای ذیدخل برای احداث این پایپلاینها انجام دادند ودر آنزمان بود که نامهای زلمئ خلیلزاد و حامد کرزئ به عنوان مشاورین و کارمندان این شرکتها روی زبانها افتاد. بعد از فروپاشی اتحاد جماهیر شوروی در سال ۱۹۹۱ میلادی و استقلال کشورهای آسیای میانه ترکمنستان درصدد صدور منابع سرشار گازش به جنوب آسیا شد. دو شرکت بریداس آرژانتینی و یونوکال آمریکایی برای اجرا این طرح به رقابت افتادند. طرح عبور خط لوله گاز از ترکمنستان به پاکستان و هند در سالهای ۱۹۹٤ میلادی بیشتر سر زبانها افتاد. گفته می‌شود که ظهور گروه طالبان با حمایت سازمان اطلاعات اردوی پاکستان در این راستا بوده است. مشکل اصلی ترکمنستان این بود که حضور شرکت آرژانتینی را آمریکا نمی‌خواست و حضور شرکت یونوکال آمریکایی درمنطقه باعث می‌شد که آمریکا مسایل حقوق بشری را مطرح کند.

براساس گزارشها در دسامبر ۱۹۹۷م نمایندگان طالبان به دعوت یونوکال به شهر هوستون آمریکا رفتند تا با آنان درباره کشیدن خط لوله گاز مذا شود. قرار معلوم زلمی خلیل زاد، میزبان هیات طالبان بود. آقای خلیل زاد نیز تایید می‌کند که در نشست طالبان و مسئولین یونوکال حضور داشته و صحبت‌های تندی نیز با امیرخان متقی، از رهبران طالبان درباره برخورد آنان با زنان داشته است. خلیل زاد در کتابش(نماینده) نوشته که در اواسط دهه ۱۹۹۰م نهاد انرژی کمبریج از او خواسته بود که در یک تحقیق امکان سنجی شرکت نفتی یونوکال شرکت کند.

نزدیکی گروه طالبان با اسامه بن لادن، رهبر شبکه القاعده باعث شد که آمریکا به گروه طالبان به دیده شک نگرد و بعدا طالبان را به دلیل نقض حقوق بشر و ممانعت از کار زنان و آموزش آنان تحریم کند. یونوکال که به امید بدست آوردن این پروژه دفتر خود را به ریاست عبدالسلام عظیمی، رئیس پیشین قوه قضایه افغانستان در کابل باز کرده بود، بعد از فشار فزاینده آمریکا به دلیل رفتار طالبان با زنان و نقض حقوق بشر دوباره بست و افغانستان را ترک کرد.

شرایط افغانستان و ظهور طالبان

در واقعیت تبارز جنبش طالبان دراواسط سالهای ۹۰م نتیجه ی سوء استفاده دولت پاکستان از استیلای انارشی حکومت مجاهدین در افغانستان، سؤ استفاده از طلاب افغان شامل مدارس دینی در پاکستان وسؤ استفاده از احساسات نشنالیستی پشتونها در کشور میباشد. از این رو بی جهت نیست که ظهور طالبان در سال ۱۹۹۵م و پیروزی چشمگیر آنها در سقوط حکومت مجاهدین و گرفتن کابل و ولایات در سال ۱۹۹۶م، اکثراً بدون جنگ، در حقیقت عکس العمل نشنلیزم پشتونها از یک طرف و نا رضایتی مردم از انارشی لجام گسیخته و بی امنیتی مستولی در کشور بود.

در آستانهء ظهور طالبان در سال ۱۹۹٤م افغانستان بالقوه در حالت تجزیه قرار داشت و میان جنگسالاران تقسیم شده بود:

- حکومت ربانی-مسعود کابل و اطراف آنرا تحت کنترول داشتند؛

- سه ولایت غربی در دست اسماعیل خان قرار داشت؛

- سه ولایت شرقی پشتون نشین همسرحد با پاکستان، ننگرهار، لغمان و کنرها، از طرف شورای مشرقی ادارم میشد؛

- یک منطقهء در شرق و جنوب کابل در دست گلبدین حکمتیار بود؛

- جنرال رشید دوستم شش ولایت شمال را در دست داشت؛

- گروههای هزاره ولایت بامیان را در افغانستان مرکزی در اختیار داشتند؛

- افغانستان جنوبی و قندهار در بین جنگسالاران خورد و گروههای سارقین تقسیم شده بودند.

این جنگسالاران هر آن وفاداری خودرا به یکدیگر تغییر میدادند. دوستم در جنوری ۱۹۹٤ اتحاد خودرا با حکومت ربانی-مسعود شکست و با حکمتیار پیوست و کابل را مشترکاً مورد حمله قرار دادند. پشتونها نتوانستند یک رهبری واحد داشته باشند. به گفتهء احمد رشید "پاکستان نمیخواست کمکهای نظامی

خودرا در اختیار پشتونهای درانی بگذارد. باین کار فقط حکمتیار را تعیین کرده بود. پشتونهای جنوب باهم در جنگ وستیز بودند" (احمد رشید، طالبان، ۱۹۹۰).

هنوز سه ماه از صدارت بینظیر بوتو در پاکستان سپری نشده بود که کابل در آغاز زمستان ۱۹۹۴ در یک جنگ خونین و ویرانگر دیگر فرو رفت؛ جنگی که دستان دولت پاکستان با صدارت بینظیر بوتو در پشت سر آن قرار داشت. احمدرشید نویسنده و ژورنالیست پاکستانی در مورد دخالت و نقش پاکستان در این جنگ می نویسد: "در جنوری ۱۹۹۴ همه گروه های اپوزیسیون دست به دست هم داده و حمله ی مشترکی را علیه ربانی تدارک دیدند. حکمتیار، ژنرال عبدالرشید دوستم فرمانده ازبک شمال و هزاره های مرکز افغانستان که بخشی از کابل را نیز در اختیار داشتند، با هم متحد شدند. پاکستان به اتحاد جدید کمک کرد؛ زیرا حکمتیار هنوز دوست پاکستان به شمار می رفت. در آغاز همان سال حکمتیار مقدار زیادی راکت بر ای گلوله باران شهر کابل از پاکستان دریافت نمود".

جنگ حکمتیار در ائتلاف شورای همآهنگی که برای تصرف کابل براه انداخته شده بود، منجر به تصرف پایتخت و تصاحب قدرت از سوی او نشد. در حالیکه این جنگ ویرانی و کشتار زیادی بار آورد و هنوز شعله های آتش آن زبانه می کشید که اسلام آباد به آزمایش راهکار جدیدی در دخالت به افغانستان و در جنگ افغانستان پرداخت. زیرا به قول احمدرشید تحلیلگر پاکستانی : "پاکستان رغبتی به حمایت از یک شکست خورده (گلبدین حکمتیار) نداشت و در جستجوی نیروی بالقوه جایگزین پشتون بود. هنگامیکه بینظیر بوتو در سال ۱۹۹۳ به صدارت رسید، همچنین مشتاق بود مسیری به آسیای مرکزی باز کند".

اشتیاق بینظیر بوتو در کرسی صدرات پاکستان برای گشودن مسیری بسوی آسیای میانه او را به حمایت از شکل گیری و ظهور گروه طالبان در افغانستان برد. هرچند که در این اشتها و اشتیاق موصوف را حلقه ها و گروه های زیادی در داخل پاکستان و بیرون از پاکستان به خصوص گردانندگان سیاست در واشنگتن، لندن و ریاض همراهی میکردند. آنگونه که وی در مصاحبه با نشریهٔ لوموند در سال ۲۰۰۲ گفت: "فکر روی کار آوردن طالبان ازانگلیس هابود، مدیریت آنرا امریکائیها کردند، هزینهٔ آنرا سعودی ها پرداختند و من اسباب آنرافراهم آوردم و طرح را اجرا کردم."

اسلام‌آباد ادامه‌ی جنگی پیچیده در افغانستان و نبردهای تمام‌نشدنی میان جناح حکمتیار و جبهه‌ی ربانی را به لحاظ استراتژیک و اقتصادی به سود خود

نمی‌دید. آن‌ها علاقه‌مند بودند تا افغانستان به نوعی ثبات دست یابد تا پاکستان بتواند از این کشور راهی به سمت بازارهای آسیای میانه پیداکند. راهی که با ادامهٔ جنگ داخلی در افغانستان کاملا مسدود به نظر می‌رسید. پاکستان ثبات در افغانستان را می‌جست و دریافت که بنیادگرایان طالبان احتمالاً همان حلقه‌ی مفقوده‌ای است که قادر است سقوط کابل را رقم زند و به اهداف اسلام‌آباد جامه‌ی عمل بپوشاند.

به گفته احمد رشید در قندهار شهر میان جنگسالاران تقسیم شده بود، تمام داراییها به تاجران پاکستانی فرخته شده بود بشمول سیمهای تلفون، پایه های برق، فابریکه ها و مشینها، حتی رولرهای سرکسازی به پاکستان منتقل شده بود، خانه ها، باغها، و زمینهای مردم به حامیان و جنگسالاران توزیع شده بد. قومندانها مردم را مورد ظلم و ستم قرار داده دختران و پسران جوان را اختطاف میکردند. تجار در بازار آرامنبودهموردس دستبرد قرار میگرفتند و دوام اینگونه شرایط موج جدیدی از مهاجرین را به کویته جاری گردانید. با اسیلای اینگونه حالات راههای ترانسپُرتی امنیت نداشتند، مافیای ترانسپورت و انتقالات را که در کویته و قندهار مستقر بودند به ستوه آورد.احمد رشید میگوید "در سال ۱۹۹۳م من فاصله ۱۳۰ مایل کویته و قندهار را با موتر طئ میکردم حد اقل از طرف بیست گروه در طول راه توقف داده شدم و از ما پول حق لعبور خواسته شد." (احمد رشید، طالبان، ۲۰۰۲، ص ۳٦).

حوادث آتی در بقدرت رسیدن طالبان نقش اساسی دارند:

- بروز ۱۲ اکتوبر ۱۹۹٤ در حدود ۲۰۰ طالب از مدارس قندهار و پاکستان وارد سپین بولدک شهرک سرحدی میان افغانستان و پاکستان شدند. این شهرک در آنزمان در اختیار افراد گلبدین حکمتیار بود. قوای طالبان به سه دسته تقسیم شده بالای قوای حکمتیار حمه کردند هفت نفرشانرا در بدل یکنفر کشتند و قوای حکمتیار فرار کرند در نتیجه سپین بولدک و دیپوی بزرگ مهمات حکمتیار که در نزدیک آنجا قرار داشت بدست طالبان افتاد که در آن برعلاوه ۱۸۰۰۰ کلاشنکوف مقدار زیادی مهمات و تعدادی عراده جات بود نیز بود؛

- روز ۲۰ اکتوبر ۱۹۹٤م نصیرالله بابر وزیر داخلهء پاکستان با شش سفیر کشورهای غربی مقیم اسلام آباد بدون اطلاع حکومت ربانی-مسعود به قندهار و هرات سفر نمود. او گفته بود که ۳۰۰

ملیون دالر از موسسات بین المللی جمع آوری کرده شاهراه کویته-هرات را باز سازی نماید؛

- بتاریخ ۲۸ اکتوبر ۱۹۹٤م بینظیر بوتو صدراعظم پاکستان با اسمعیل خان و جنرال دوستم در عشق آباد مرکز ترکمنستان دیدار کرده تآکید کردند که راههای ترانسپورتی بروی کاروانهای تجارتی پاکستانی از کویته از طریق قندهار و هرات بصوب ترکمنستان در بدل حق العبور باز نگهداشته شود؛

- بتاریخ ۲۹ اکتوبر ۱۹۹٤ کاروان موترهاییکه متعلق به یونت لوژستیکی ملی اردوی پاکستان، که در دهه هشتاد توسط آی اس آی ایجاد شده بود تا سلاح و مهمات امدادی را به مجاهدین برساند، بود و توسط ۸۰ دریور سابقه سردوی پاکستان از کویته بسوی هرات براه افتاد. کرنیل امام افسر عالیرتبه آی اس آی و جنرال قونسل پاکستان در هرات با دو قوماندان جوان طالبان بنام ملا بورجان و ملا ترابی کاروان را رهبری میکردند. کاروان در نزدیکی میدان هوایی قندهار توسط قوماندان لالئ و منصور اچکزئ و قومندان استاد حلیم توقف داده شد و آنها تقاضای پول و سهم از اموال حامل کاروان کردند.

- روز دول نوامبر طالبان به حمله دست زدند قوماندانهای قندهار به فکر اینکه اردوی پاکستان حمله کرده از صحنه فرار کردند. منصور تعقیب شد دستگیر و با ده نفر محافظین او بقتل رسید. جسد قوماندان منصور اچکزئ از میله یک تانک آویزان شد؛

- شام همانروز طالبان به قندهار وارد شدند و بعد از دو روز جنگهای پراگنده قوماندانها را شکست دادند. ملا نقیب الله عمده ترین قوماندان شهر قندهار که ۲۵۰۰مجاهد داشت با دریافت پول از آی آس آی با افراد خود به صفوف طالبان پیوستند؛

- حکومت و جماعت الملاهای اسلام پاکستان سقوط قندهار را بدست طالبان با شادمانی جشن گفتند، نصیرالله بابر وزیر داخله پاکستان کریدت پیروزی طالبان را از آن خود ساخته به خبرنگاران گفت: "طالبان از خود ما هستند" (احمد رشید، طالبان، ۲۰۰۲، ص ٤۷).

متعاقب این پیروزی طالبان:

- ۱۹۹۴/۱۱/۵ اکثر مناطق ولایت قندهار را تصرف نمودند.
- ۱۹۹۴/۱۱/۱۲ کنترل کامل ولایت قندهار را بدست گرفته و مجاهدین قندهار به طرف هرات فرار نمودند.
- ۱۹۹۵/۲/۱۰ ولایت میدان بعد از درگیری مختصری به دست طالبان سقوط کرد.
- ۱۹۹۵/۲/۱۱ کنترل کامل ولایت لوگر را به دست گرفتند.
- ۱۹۹۵/۲/۱۹ کنترل شهر خوست را بدست گرفتند.
- ۱۹۹۵/۳/۱۱ عبدالعلی مزاری رهبر حزب وحدت اسلامی که به اسارت طالبان درآمده بود در ولایت میدان به قتل رسید.
- ۱۹۹۵/۴/۱۷ حمله وسیع را بخاطر تصرف ولایت فراه آغاز کردند.
- ۱۹۹۵/۹/۵ شهر هرات بدست طالبان سقوط کرد.
- ۱۹۹۶/۶/۲۶ گلبدین حکمتیار که به حیث صدراعظم افغانستان تعین شد ه بود به شهر کابل رسید.
- ۱۹۹۶/۹/۱۱ شهر جلال‌آباد بدست طالبان افتاد.
- ۱۹۹۶/۹/۲۷ شهر کابل توسط طالبان فتح شد. داکتر نجیب الله رئیس‌جمهور پیشین افغانستان توسط چند مرد مسلح از دفتر سازمان ملل متحد در کابل بیرون کشیده داکتر نجیب الله و برادرش احمدزی و یاوراش به قتل رسیده و اجسادشان در چهارراهی آریانا بدار آویخته شد.
- ۱۹۹۶/۱۲/۱ ببرک کارمل رئیس سابق جمهور افغانستان در شهر مسکو وفات یافت.
- ۱۹۹۷/۵/۱۸ جنرال عبدالملک ر ئیس سیاسی جنبش اسلامی افغانستان علیه جنرال دوستم رهبر آن گروه قیام نمود و اداره مزار شریف را بدست گرفت.
- ۱۹۹۷/۵/۲۴ شهر مزار شریف بدست طالبان افتاد.
- در سال ۲۰۰۱م طالبان صرف یک گوشهء کوچک ساحهء کشور در اطراف خواجه بهاولدین ولایت تخار و بدخشان در کنار

دریای آمو خارج از حوزهء نفوذ طالبان در دست طرفداران احمدشاه مسعود و برهان الدین ربانی باقیمانده بود بقیه تمام کشور در دست طالبان بود.

با سقوط شهر مزارشریف و بعداً قندز طالبان حکومت خودرا بالای بیش از ۹۰ فیصد خاک افغانستان ایجاد کردند. دولت طالبان به انارشی تنظیمهای جهادی و ملوک الطوایفی زمان حکومت مجاهدین در افغانستان خاتمه داد و امنیت جان و مال مردم را تآمین نمود. اما متأسفانه طالبان یک رژیم اختناق مذهبی قرون وسطائی را در کشور برقرار ساخته هیچ اقدامی در راه عرضهء خدمات صحی، تعلیماتی، تجارتی، صنعتی، ترانسپورتی، مخابراتی، اجتماعی، فرهنگی برای استفاده مردم کشور انجام ندادند و هر آنچه هم از دوران قبل از مجاهدین بجا مانده بود تعطیل یا با بی توجهی فرسایش یافتند. طالبان به تخریب آثار گرانبهای تاریخی پرداخته از جمله مجسمه های بودائی دو هزارسالهء بامیان را تخریب کردند.

ملا محمد عمر

افراد بسیار کمی ملا محمد مجاهد را از نزدیک دیده اند. در جمله این اشخاص میتوان از نصیرالله بابر وزیر داخله سابقه پاکستان، رحیم الله یوسفزئ خبرنگار پاکستانی، و دو نفر خبرنگار ایرانی نام برد. به نقل از جریدهء انترنتی "مشرق" محمدحسین جعفریان یکي از این خبرنگاران جنگي ایراني است که بخشي از خاطرات جنگي اش را در روزنامه خراسان منتشر کرد، او مینویسد "دو خبرنگار از روزنامه الپاییس کشور اسپانیا به تهران آمده بودند، اتفاقا به این دلیل که شنیده بودند که دو خبرنگار ایراني مدعي اند که ملامحمد عمر را دیدند آن ها این عکس را با خودشان آورده بودند و به ما نشان دادند و این تصویر دقیقا همان آدمي بود که من و آقاي برجي در مسیر بازگشت از قندهار او را دیدیم."

عمر در حوالی سال ۱۹۵۹م در قریه نوده نزدیک قندهار در یک خانواده بی بضاعت دهاتی مربوط قوم هوتک غلجائی پا به عرصه وجود گذاشت. در دهه هشتاد دوران جهاد خانواده عمر به به ترنک ولایت اروزگان نقل مکان نمود. پدرق زمانی وفات کرد که عمر هنوز نیمچه جوان بود و مسولیت مادرو فامیل بدوش او افتاد. بنمظور پیدا کردن کار عازم قریه سنگ حسار در ولسوالی میوند ولایت قندهار شد ووظیفه امامت مسجد را حاصل نمود و یک مدرسه کوچک را نیز تاسیس کرد. عمر به حزب اسلامی مولوی خالص پیوست و در تحت

قوماندانی نیک محمد علیه رژیم داکتر نجیب الله از سال ۱۹۸۹ تا سال ۱۹۹۲ جنگید.

اطلاعات ضد و نقیضی در مورد زمان و مکان تولد ملا عمر وجود دارد، اما براساس زندگی‌نامه او که توسط طالبان نشر شده، او در سال ۱۹۶۰ در ولسوالی خاکریز ولایت قندهار به دنیا آمد و در جریان جنگ علیه قشون سرخ شوروی یک چشمش را از دست داد. براساس این زندگی‌نامه، ملا عمر در سن پنج سالگی پدرش را از دست داد و به ولایت ارزگان نقل مکان کرد تا زیر سرپرستی کاکاهای خود زندگی کند. او تحصیلات دینی اش را در مدارس دینی ارزگان سپری کرد و پیش از ختم تحصیلات به جنگ علیه نیروهای اتحاد جماهیر شوروی سابق پیوست که در سال ۱۹۷۹ وارد افغانستان شده بودند.

خبرنگار ایرانی محمدحسین جعفریان مینویسد " در اسفند سال ۷۳ ما به مناطق تحت کنترل طالبان رفتیم. آن زمان شش ماه از تشکیل حکومت طالبان مي گذشت و ما در حال تولید مستندي با عنوان سفر به جمهوري طالبان بودیم. به همین مناسبت با چند نفر از مسئولان سرشناس افغاني که بعدها در بین طالبان صاحب مقامات مهمي شدند گفت وگو کردیم. در قندهار دیدیم لقب امیرالمؤمنین را براي ملامحمد عمر به کار مي بردند و مي گفتند نمي شود وي را دید. ضمن اینکه اجازه تصویربرداري در شهر هم به ما داده نشد. گفتند از حیث مذهبي درست نیست. به سختي گاهي تصویربرداري مي کردیم. وقتي کارمان تمام شد و از قندهار به سمت هرات بر مي گشتیم در جاده ماشیني از روبه رو مي آمد که راهنما گفت: ماشین ملامحمد عمر است. ماشین آن طرف جاده نگه داشت و کسي از آن پیاده شد، ما هم پیاده شدیم. راهنماي طالباني مان به او توضیح داد که این دو نفر، خبرنگار ایراني هستند و مهمان ما بوده اند. او هم به فارسي خیلي بدي سوالاتي کرد. حدود پانزده دقیقه صحبت کرد و ما فقط صداي او را ضبط کردیم."

او مینویسد " ملا محمد عمر ابتدا از راهنما سؤال کرد آیا به این دوستان ایراني ما رسیده‌اید؟ آنها جاي خوب و غذاي خوب داشته‌اند؟ بعد از ما سؤال کرد که به شما بد نگذشته است؟ شما را آزار نداده‌اند؟ و سؤالاتي از این دست.. پاي چپ و یک چشمش آسیب دیده بود." این خبرنگار ایرانی ادامه میدهد " اصلا فرصت سوال و جواب به ما داده نشد. چیزي که در آن لحظه براي ما جالب بود خود او بود به تعبیر ما فیلم بردارها دقایقي طول کشید که ما فوکوس کنیم که آیا این آدم واقعا ملامحمد عمر است یا نه؟ نکته عجیبش هم این بود که او خودش راننده بود یعني وقتي ماشین ایستاد یک ماشین دو کابین خالي که هیچ

محافظي در آن نبود و این آدم خودش پشت فرمان نشسته بود. راهنماي ما توضیح داد که این عادي است و او با خودش محافظ نمي برد. قبلا هم وقتي ما دنبال ملامحمد حسن والي قندهار (استاندار قندهار) مي گشتیم که معاون ملا عمر و نفر دوم طالبان بود، در خیابان کسي را دیدیم که پاچه هاي شلوار افغاني اش را بالا کشیده بود پیاز و سیب زمیني خریده بود که ما با او حرف زدیم. از این جهت هم خیلي عجیب نبود ولي در وهله اول وقتي ما این آدم را دیدیم، حیرت کردیم که آیا واقعا این آدم ملامحمد عمر است که تنها پشت فرمان نشسته و از این مسیر خلوت دارد مي رود." او مینویسد: " از حیث ظاهري آدم چهارشانه و چاقي بود. پاي چپش و یک چشمش آسیب دیده بود که اتفاقا چشم چپش هم بود گویي که ترکش خورده بود. ریش بسیار انبوه و عمامه اي هم به سر داشت شبیه اغلب چهره هایي که از طالبان دیده ایم."

اطلاعات زیادی در مورد ملا عمر، رهبر سابق طالبان وجود ندارد. ابتدا علیه تهاجم نیروهای اتحاد جماهیر شوروی سابق در تنظیم جهادی "حزب اسلامی" مولوی یونس خالص جنگید و بعد یک جنگ طولانی را علیه نیروهای امریکایی، ناتو و حکومت افغانستان به پیش برد. ملا عمر که در سال‌های آخر دهه ۱۹۹۰ حدود ۹۰ درصد خاک افغانستان را زیر کنترول خود داشت، بخش اعظم زندگی خود را در اختفا به سر برد. در زمان جهاد در قندهار تنظیمهای قومی بیشتر نفوذ داشتند مانند حزب اسلامی مولوی خالص، حرکت انقلاب اسلامی محمد نبی محمدی و تنظیم محاذ اسلامی به رهبری پیر سید احمد گیلانی.

زمانی که نیروهای شوروی سابق در سال ۱۹۸۹ از افغانستان خارج شدند ، ملا عمر مانند دیگر مجاهدین که از حمایت ایالات متحده امریکا و کشورهای عربی برخوردار بودند، علیه حکومت داکتر نجیب الله جنگید. او مستقردر پاکستان بود.

براساس گزارش‌ها، ملا عمر به زبان عربی نیز صحبت می‌کرد که در جریان آموزش‌های دینی فرا گرفته بود. افراد محدودی که با ملا عمر دیدار کرده بودند، او را یک مرد ساده تعریف کرده اند که امور را از طریق دیگر ملاهای نزدیک با طالبان مدیریت می‌کرد.

اقدامات دولت امارت اسلامی طالبان

نیروی طالبان به محض ورود به کابل، در نخستین اقدام خود گستاخانه وارد حریم سازمان ملل متحد شده و دکتورنجیب الله رئیس جمهور پناه گرفته در دفتر سازمان ملل متحد در کابل را به همراه برادرش احمد زی به اسارت گرفتند،

آنها درست به شیوه های قرون وسطایی و بربریت عمل کردند و دکتور نجیب الله و برادرش را طناب پیچ کرده و در طول چند جاده شهر به مقصد میدان آریانا، با ریسمان بر روی زمین کشیدند و در پی شکنجه های وحشتناک در برابر انظار مردم این دو را تیر باران و جسد شان را در برابر مقر ریاست جمهوری آویزان کردند.

بااستقرار نیروی طالبان در کابل، اوج فاجعه ای بود که سالها سایه ننگ آن بر پیشانی افغانستان سایه افگنده بود و مصیبت افغانستان بلا زده هر گز چنین ابعادی به خود نگرفته بود و آسمان تیره افغانستان هیچگاه چنین ظلمانی نشده بود. چنانچه اقدام بعدی طالبان اعلام موازین شرع در شهر کابل بود، طبق مقررات اعلام شده طالبان که نظارت بر اجرای آنها بر عهده یک هیئت شش نفری بود، از این پس زنان حق اشتغال در ادارات را ندارند و هر زنی که بدون رعایت حجاب کامل شرعی از منزل بیرون بیاید طبق دستورات شرع به سختی مجازات خواهد شد. بدین ترتیب حقوق ابتدایی زنان و دختران به شمول کار در بیرون از خانه و رفتن به مکتب از آنها گرفته شد.

رژیم ملا عمر به نقض حقوق بشر و قتل عام در شمال افغانستان متهم است. در زمان ملا عمر بود که افغانستان تبدیل به پناهگاه امن القاعده شد. ظاهراً اسامه بن لادن، رهبر مقتول شبکه القاعده در قندهار زندگی میکرد و رابطه نزدیک با ملا عمر داشت.

به قول خانم بینظیر بوتو صدراعظم سابق پاکستان، که به خبر نگار بی بی سی اظهار داشته بود "گروه طالبان به کمک دولت های ایالات متحده امریکا، انگلستان و عربستان سعودی چند سال قبل در پاکستان ایجاد گردیده که چهره های اساسی را طالبان مدارس دینی ازجمله مهاجران افغان تشکیل میدهد که بعداً گروپ فوق به نیروی طالبان مسلح مبدل گردید و رهبری آنها را رهبران سازمان بنیادگرای پاکستان (جمعیت العلما) بدوش داشته و.. سلاح طالبان از امریکا و انگلستان و پول از جانب سعودی اکمال میگردد". (بی بی سی).

مبانی فکری تحریک طالبان

جنبش طالبان، جنبشی است تشکیل‌یافته ازملاها و طلاب افغان که در مدارس دینی عمدتا در پاکستان‌تحصیل کرده‌اند. تعداد این محصلین علوم دینی که در سالهای ۱۹۸۰-۲۰۰۰م داخل شهرهای پاکستان و اردوگاههای متعلق به

مهاجرین در دوایالت «بلوچستان» و «سرحد» مشغول فراگیری علوم قرآنی وحدیثی بوده‌اند، به هزاران نفر می‌رسد. پس از کودتای سال ۱۳۵۷ صدها هزار اتباع افغانستان ازشهرها و روستاهایشان به جانب پاکستان مهاجرت کردند. این‌مهاجرین، اکثرا در داخل اردوگاههایی که از طرف دولت پاکستان وسازمان ملل متحد با حمایتهای وسیع مالی کشورهای غربی و عربی تاسیس‌شده بود، اسکان داده شدند. نسل جدید این مهاجرین که دراردوگاهها و یا شهرهای پاکستان نشو و نما یافته بودند، به راحتی‌جذب مدارس دینی موجود در این کشور گردیده و در آنجا مشغول‌فراگیری علوم دینی گردیدند.

طالبان به معنای طلبه‌ها (جمع: طلاب) دارای عقاید دگماتیسم مذهبی و دارای ریشه‌هایی در مکتب حنفی دیوبندی و دیدگاه‌های جهادگرایی در دین اسلام است. البته نمی‌توان ادعا کرد که طالبان متأثر از یک مکتب ایدئولوژیک خاصی بودند؛ بلکه ذهنیت و رفتار آنان آمیزه‌ایی از چند مکتب افراطگرای دینی است. علاوه بر تأثیرپذیری از دو مکتب سلفی‌گری و دیوبندی طالبان تحت تأثیر وهابیت نیز قرار داشت. طالبان بیشتر از اینکه دیوبندی عمل کنند قشری و قبیله ای برخورد می‌کنند. آن‌ها حتی با اخوانی‌ها و جماعتی‌ها و مودودی‌ها سر سازش ندارند و عرف عشیره و قبیله بر دین برتری دارد.

بیشتر افراد گروه طالبان پشتونهایی هستند که در مناطق شمال غربی پاکستان و دو سوی خط دیورند، زندگی می‌کنند. علاوه بر آن تعدادی از پشتونهائی که از تمرکز یکجانبهٔ قدرت بدست حزب تاجیک تبار جمعیت اسلامی ربانی- مسعود و بخصوص انحصار دولت در دست پنجشیریها ناراضی بودند و همچنان خلقیهای سابق نیز از طالبان حمایت کردند. رهبر کنونی طالبان پس از کشته شدن ملا اختر منصور، مولوی هیبت‌الله آخوندزاده است.

هجوم گسترده مهاجرین به پاکستان، محدودیتهای فراوانی را در زمینه مدارس‌جدید داخل اردوگاهها ایجاد نمود، به طوری که امکانات محدوداین مدارس جدید، توان پوشش‌دادن کامل نوجوانان و جوانان مهاجررا دارا نبود. این در حالی بود که مدارس دینی با کمترین‌امکانات خویش، می‌توانست‌بیش از ظرفیت واقعی خود، طلبه ودانش‌آموز دینی جذب نماید. احزاب تندرو اسلامی پاکستان مانند جمعیة العلمای اسلام. جماعت اسلامی و جمعیت اهل حدیث، تحت تاثیرانگیزه‌های دینی و قومی (پشتون‌گرایی) به کمك مهاجرین افغان شتافته و مدارس و مراکز آموزشی متعددی برای فرزندان آنهاتاسیس نمودند و یا اینکه آنها را در مدارس وابسته به خود، درشهرهای مختلف پاکستان جذب کردند. دهها مدرسه که به وسیله‌جمعیة‌العلمای بنیادگذاری شده بود، جوانان افغان را به خود جذب کردند. افغانها نیز از اینکه مدارس فوق الذکر، مجانی بوده و در آن

قرآن کریم و مسایل دینی تدریس می‌شد، به این مدارس‌پیوستند. بنابر این، اولین آموزه‌های فکری طالبان در این‌مدارس انجام گرفت و طالبان نیز شدیدا تحت تاثیر مواد آموزشی‌آنها واقع شدند.

احمد رشید در مورد طالبان مینویسد: "بسیاری از طالبان در کمپهای مهاجرین در پاکستان بدنیا آمده و در مدارس آنجا آنجا درس خوانده اند، و مهارت جنگی را در دوران جهاد کسب کرده اند. طالبان جوان بسیار اندک از کشور خود و تاریخ آن اطلاع دارند ولی دربارهء جامعه مطلوب و دلخواه اسلامی که در زمان حضرت محمد علیه و سلم ۱۴۰۰ سال پیش ایجاد شده بود از مدارس خود معلومات کافی حاصل کرده و تطبیق آنرا اکنون خواهانند." (همانجا، ص ۳۷).

بی‌نظیر بوتو دلایل خود را برای امتناع از مبارزه با مدارس طلبگی که بسیاری از طالبان، دانش‌آموخته و تربیت شده‌ی آنجا بودند چنین توجیه می‌کرد: "ما نمی‌توانیم به یکباره مدارس را تعطیل کنیم و به این مردمان - طلبگان- اجازه‌دهیم که در سطح کشور گسترش یابند. ما ترجیح می‌دهیم آنان را محدود نگاه داریم." (سخنان بوتو در مانیلا پایتخت فلیپین).

نقش جریان های فکری اسلامی پاکستان بر طالبان

مذاهب چهارگانهٔ اهل سنت

با توجه به اختلافات فقهی فراوانی که در بین مذاهب متعدد اهل سنت وجود داشت، نوعی مقبولیت عمومی برای محدود کردن این مذاهب در بین مردم ایجاد شده بود. البته نباید نقش حکومت را در تعیین مصادیق مذاهب چهار گانه نادیده گرفت. این مردم نبودند که می توانستند مذاهب را در تعداد معینی محدود کنند، بلکه حکومت و دولت بود که مصادیق این انحصار را مشخص می کرد و در برخی از اوقات یکی از مذاهب را بر دیگری ترجیح می داد و گاهی اگر پیروان یک مذهب به مقام فتوا و قضاوت می رسیدند، مذهب مورد نظرشان را گسترش داده و در صدد عمومی کردن آن بر می آمدند. به طور مثال مذهب حنفی به علت قدرت و امکانات پیروانش، بیشترین گسترش را در بین اهل سنت پیدا کرد، ابو یوسف، قاضی القضاة دولت عباسی که مورد احترام آنان بود، این مذهب را ترویج می کرد و عملاً کسانی که منسوب به مذهب حنفی بودند، منصب قضاوت را احراز می کردند. امامان مذاهب اهل سنت به ترتیب از این قرار است:

۱. ابوحنیفه، نعمان بن ثابت (م ۱۵۰ق)

۲. مالک بن انس (م ۱۷۹ق)

۳. شافعی، محمد بن ادریس (م ۲۰۴ق)

۴. احمد بن حنبل (م ۲۴۰ق)

شاگردان هر مذهب به آثار و آرای رئیس مذهب بسیار تعصب ورزیده و هر گونه مخالفت با آن را جایز نمی دانستند. این عامل بعد از عصر رؤسای مذاهب چهارگانه فقهی اهل سنت: احمد بن حنبل، محمّد بن ادریس شافعی، ابوحنیفه و مالک بن انس، اثر خود را به طور ملموس در جامعه اهل‌سنت و حوزه‌های علمی آنان گذاشت. گاهی در احکامی که محاکم مختلف صادر می کردند، اختلافات شدیدی پیش می آمد، به طوری که اگر قاضی یک محکمه مجتهد بود، با توجه به اجتهاد خودش فتوا می داد. این امر موجب انتقاد های زیادی از طرف مردم شد؛ زیرا دیده می شد که در هر محکمه برای یک موضوع خاص احکام گوناگونی صادر می شود، لذا حکومت بر آن شد که جهت مقبولیت احکام نزد مردم و جلوگیری از برخی نزاع ها و درگیری ها، قضات را موظف کند که به یکی از مذاهب چهار گانه فتوا دهند (اسلام کوست نت، ۱۳۹۱ ه ش).

تفکر طالبانی و وهابیت

برای شناخت اندیشه سیاسی طالبان شناخت اندیشه سیاسی افرادی چون احمد ابن حنبل، ابن تیمیه، محمد ابن عبدالوهاب و مکتب دیوبندی همراه با دو عنصر سلفی گری ضروری به نظر می رسد. بطور خلاصه تفکر دینی طالبان درحقیقت همان تفکر دیوبندی است که نسخه بدل «وهابی‌گری» درشبه قاره هند به شمار می‌رود. اندیشه سیاسی طالبان بازتاب دقیق اندیشه های سلفی گری است. ابن حنبل، ابن تیمیه و محمد ابن عبدالوهاب از بنیانگذاران حدیث نگری و جنبش سلفیه هستند. طالبان همان طلبه های پشتون افغان هستند که توسط گروههای دیوبندی تعلیم دیده اند. ریشه های فکری آنها را باید ابتدا در وهابیت عربستان و سپس در دیوبندی پاکستان جستجو کرد. دسته های دیگر جریان تشکیل دهنده طالبان، پشتونهای ناسیونالیست ویک دسته هم پشتونهای خلقی بودند که پس از شکست دولت نجیب الله و بخصوص با تبارز افکار پشتون ستیزانهٔ و انحصاری اقشاری در حاکمیت ربانی-مسعود، شورای نظار، ستمیها و اتحاد شمال، به جرگه طالبان پیوستند.

تفکر طالبانی و وهابیت، به عنوان یکی از تاثیرگذارترین باورها در سه دهه اخیر، تفسیر جدیدی از اسلام سنی است که محمد پسر عبدالوهاب سردمدار آن

بود. وی طرفدار و بسط دهنده اندیشه های ابن تیمیه بود و بر اساس بنیانهای فکری او مکتب وهابیت بنا شد. در حال حاضر طرفداران القاعده و سلفی های جهادی یا تکفیری خود را پیروان راستین ابن تیمیه می شمارند.

افکار ابن تیمیه روشن و صریح است، او با اندیشه و عقل به کلی مخالف است! و خواستار الغای عملکرد عقل از تمام شئون زندگی روزانه است و با فکر کردن و اندیشیدن دشمن است، مگر اینکه آن فکر و اندیشه در راستای تایید نقل باشد. در واقع او همه نمادها و مظاهر زندگی این عصر را نفی می کند. به نظر او مهمترین مصلحت در این است که با کفار دشمن باشیم. برای او مهم نیست که در این راه غیرمسلمانان اذیت و آزار شوند و مسلمان نیز ضرر اقتصادی ببینند. او با این کار، افکار تندروانه و نژادپرستانه و کراهیت را مورد تایید قرار می دهد و می گوید: اینکه برخی از پیامبر نقل کرده اند که هرکس کافری را آزار دهد، من را آزار داده، این یک دروغ بزرگ است. شاگرد او ابن القیم الجوزی روایت کرده است: در اینکه یهودیان می توانند بر دین خود باقی بمانند می توان به این آیه استناد کرد ":قل یا ایها الکافرون لا اعبد ما تعبدون و لاانتم عابدون ما اعبد و.. و" این آیه از محکمات است و منسوخ نیست، ولی باهمه احوال او با آنها در مورد تفسیر این آیه به جدل برخواست و گفت: آنها کافر هستند و جایگاه ابدی آنها جهنم است. ابن تیمیه می گوید: کسانی که به دین اسلام پایبند نیستند، دو دسته اند: یا کافرند یا منافق و مردم پس از هجرت پیامبر(ص) تاکنون سه طبقه هستند: مومن، منافق و کافر. سپس او خون غیرمومن (منافق و کافر) را حلال شمرده و حتی در این راه دسته دیگری از مسلمانان مانند شیعیان دوازده امامی را که از شیوه و روش فهم او و از اسلام پیروی نمی کنند نیز در زمره منافقان و کافران قرار می دهد. ابن تیمیه از نظر شرعی، قتل و سلب و اغتصاب و مصادره اموال و آزار زنان و کودکان و... را حلال اعلام می کند. اما در مورد مسلمانان مانند شیعه بر حسب ابن تیمیه، کفر آنها بزرگتر و گناه آنها عظیم تر از کفار اصلی است و بنابراین مجازات آنها هم شدیدتر از مجازات کفار اصلی است. به هر حال این برداشت فکری، برای فکر و فرهنگ و تمدن احترامی قائل نیست.

فرقهٔ "اهل سنت" که نسبش را به ذالثدیه رئیس فرقه خوارج رسانده اند، تندرو ترین و خشنترین نظریه پرداز سیاسی اهل سنت است. وی از عمده ترین پیروان اهل حدیث است. او از عقل و رای بیزاری جست و در استناد به حدیث هرچند ضعیف و غیرمستند بسیار مبالغه کرد به طوری که بزرگان او را از ائمه حدیث شمرده اند و نه از فقها. (سیداحمد موثقی- جنبشهای اسلامی معاصر).

مذهب ابن حنبل با گرایش شدید به ظواهر و قشری گری و اجتناب از هر گونه تاویل و حتی تفسیر و نوآوری، شکل جمود و تحجر به خود گرفت. علاوه بر تشیع، این مکتب با دیگر جریانهای فکری دارای گرایشهای عقلی، استدلالی و روشنفکری آزاداندیش نظیر معتزله نیز مخالفت می ورزد.

محمد بن عبدالوهاب بن سلیمان بن علی بن محمد بن احمد تمیمی (۱۱۱۱-۱۲۰۷ق) بنیانگذار جنبش وهابیت در عربستان از فقهای حنبلی مذهب بود که آثار ابن تیمیه بیشترین تاثیر را در وی گذاشت. وی با اعتقاد به سلفی گری و بازگشت به اصول اولیه و سنتی اسلام، مذهب وهابیه را پایه گذاری کرد. پس از آشنایی و تحت تاثیر قرار دادن ابن سعود حاکم منطقه نجد عربستان، این دو حکومتی تشکیل دادند که امور فکری و سیاستگزاری برعهده محمد ابن عبدالوهاب و امور سلطنتی و حکومتی بر عهده ابن سعود قرار گرفت. جنبش وهابیه و خاندان آل سعود با کشتار و قتل عام مردم مسلمان و بی گناه به جرم نپیوستن به وهابیت و تسخیر سرزمینها یکی پس از دیگری پس از مدتی بر کل عربستان چیره شدند.

ضعف امپراتوری عثمانی به دلیل بی کفایتی خلیفه و جنگهای پی در پی، حمایت انگلستان از وهابیت به خاطر تضعیف تنها دولت مقتدر اسلامی (عثمانی) و همچنین ایجاد تفرقه در دنیای اسلام و در نهایت نفت عربستان و حیله های استعمارگران و ضعف دنیای اسلام و ناتوانی در برابر جنبش وهابیت را از هر لحاظ می توان از عمده ترین دلایل موفقیت وهابیت دانست. وهابیت که توانسته بود با پول و قدرت و همراهی استعمارگران اندیشه خود را به سراسر جهان گسیل دارد هند را نیز از این امر مستثنی نکرد.

از آثار وهابیت در هند تشکیل نهضت اصول گرایی- سنت گرایی شاه ولی الله دهلوی (۱۷۰۳-۱۷۶۳م) و پسرش شاه عبد العزیز(۱۷۴۶- ۱۸۲۴م) و نوه اش شاه اسماعیل (۱۷۸۱-۱۸۳۱م) و تاسیس مدرسه معروف دیوبند توسط قاسم نانوتوی در سال ۱۸۶۷م بود که بنیانگذاران آن حنفیانی سختگیر و دقیق بودند که در مبانی تعلیم دگماتیسم و جزم اندیشی پیشرو و دانشهای جدید را از مواد درسی خود حذف کردند.

جریانهای عمدهٔ فکری اسلامی در پاکستان

از مهمترین مسائلی که در چند دهه ی اخیر امنیت داخلی پاکستان را به تهدید کرده و سیاست خارجی این کشور را به شدت تحت تأثیر قرار داده، رشد و گسترش احزاب و گروه های تندرو اسلامی است. این حالت از یکطرف ناشی از خصلت بوجود آمدن پاکستان زیر شعار اسلام و از جانب دیگر ناشی از

استفاده ابزاری دولت پاکستان بخصوص از زمان ضیاالحق به بعد از جنبشهای افراط گرای مذهبی زیر پوشش جهاد برای رسیدن به مقاصد سیاست خارجی پاکستان میباشد.

به نقل از سایت انترنتی "الوهابیت" محمد اکرم عارفی در مقالهٔ "مبانی مذهبی و قومی طالبان" بحث مفصلی در مورد جریاهای عمده فکری اسلامگراهای پاکستانی و اثرات آنها روی شکل گیری "تفکرطالبانی" دارد که مرور آن در اینجا بطور فشرده برای شاگردان تاریخ معاصر افغانستان مفید میباشد. عارفی مینویسد که بصورت عمومی می‌توان سه جریان فکری اسلامی عمده را در پاکستان ملاحظه نمودکه منشا اولیه تمامی آنها، در تفکر اسلامی مستولی در هندوستان (قبل ازتجزیه به هند، پاکستان و بنگلادش) برمی‌گردد که خود ناشی از تکامل تفکر وهابیت در عربستان سعودی بحساب می آید. در اینجا ذکر مختصر برخی وقایع و تاریخ اندیشه سیاسی اسلام ضروری به نظر می رسد. مذهب سلفیه، سنیان حنبلی مذهب پیرو ابن تیمیه هستند که از جمله آنها می توان به وهابیت عربستان، دیوبندی هند و پاکستان، طالبان و القاعده و داعش اشاره کرد.

جریان اول، جریان‌بنیادگراي افراطی است که ریشه در افکار و اندیشه‌های شاه‌ولی‌الله دهلوی (۱۷۰۳ - ۱۷٦۲) دارد. یکی از علمای برجسته پیرو نهضت‌شاه‌ولی‌الله، به نام محمد قاسم نانوتوی در سال ۱۲۸٤ ه (۱۸٦۷م) مدرسه معروف «دیوبند» را در قصبه‌ای به همین نام، در ایالت‌اتارپرادیش هند بنیانگذاری کرد. مدرسه «دیوبندی» به تدریج‌تبدیل به يك مکتب فکری به همین نام گشت که تا امروز، به افراد تحصیل کرده در آنجا و یا وابسته به طرز تفکر آن عنوان «دیوبندی» اطلاق می‌شود. «بنیان‌گذاران این مدرسه، حنفیانی‌سخت‌گیر و دقیق بودند و در مبادی تعلیم و جزم‌اندیشی، برعقاید و مذاهب کلامی اشعریه و ماتریدیه مشی می‌کردند.... مدرسه آنها دانشهای جدید را از مواد درسی خود حذف کرد.

مکتب دیوبندی پس از اینکه رنگ سیاسی نیز پیدا نمود، ملاهای‌وابسته به آن با همکاری تعدادی از ملاهای وابسته به جناحهای‌دیگر، گروه «جمعیة العلمای هند» را در سال ۱۹۱۹ به وجودآوردند. پس از تجزیه هند و به وجود آمدن پاکستان، شاخه‌انشعابی آن، تحت عنوان "جمعیة العلمای اسلام"، فعالیتهای خودرا در پاکستان فعلی ادامه داد. « جمعیة العلمای اسلام» به‌رهبری مؤسس جدید خود، مولانا بشیر احمد عثمانی به حزب سیاسی‌مذهبی دیوبندی‌ها تبدیل شد. این حزب، امروز به دو گروه اکثریت‌و اقلیت تقسیم گردیده است. رهبری

جناح اکثریت را مولانا فضل‌الرحمان و رهبری جناح اقلیت را مولانا سمیع الحق به عهده دارد. این دو رهبر، هر دو متعلق به گروه قومی پشتون هستند و از لحاظ فکری، طرفداران سرسخت قرآن و سنت و سیره خلفا و صحابه و معتقدبه نظریات ملاهای سلف و مخالف با اجتهاد و تجدد به شمارمی‌روند. روابط این دو رهبر«پشتون تبار دیوبندی» با گروه‌طالبان بسیار عمیق و ریشه‌دار است.

دومین جریان فکری در پاکستان، جریان مولاناابو الاعلی مودودی (۱۹۰۳ - ۱۹۷۹) است که با اندك‌تسامح می‌توان آن را جریان «اخوانی» در این کشور نامید. مولانا مودودی علی‌رغم اینکه شخصیتی بنیادگرا و تا حدودی متاثراز افکار اصلاحی شاه ولی‌الله دهلوی در قرن هیجدهم میلادی است، اما با وجود این، میان اندیشه و روش سیاسی او با جمعیة العلمای اسلام تفاوت زیادی مشاهده می‌شود. مودودی معتقد به‌برخورد نقادانه با تاریخ صدر اسلام بوده و در باره نوع حکومت‌اسلامی، از «جمهوری الهی» (تئوکراسی جمهوری) نام برده است. مودودی در کنار تفکر سلفی‌گری، از نوعی پذیرش روشهای معاصردر نظام سیاسی غافل نمی‌باشد. او به نظام چند حزبی و انتخابات‌آزاد اعتقاد کامل داشته و استفاده از شیوه‌های دولت‌داری مدرن‌را در حکومت دینی تجویز می‌نمود و می‌گفت: "تشخیص دادن افراد مورد اطمینان در محیط ما، با آن راهی که مسلمانان اولیه اسلام می‌پیمودند، امکان ندارد...بنابراین، باید طبق مقتضیات زمان‌خود، راههایی را به کار بریم..." مودودی در سال ۱۹۴۱ میلادی‌گروه «جماعت اسلامی پاکستان» را بنیانگذاری نمود. این حزب امروز بزرگترین حزب اسلامی در پاکستان به شمار می‌آید. رهبری‌کنونی «جماعت اسلامی» را قاضی حسین احمد به عهده دارد. قاضی‌حسین احمد طرفدار وحدت اسلامی و مبارزه با نفوذ فرهنگ غربی است اما روش مبارزاتی او کاملا مسالمت‌آمیز و غیرنظامی بوده وتحول فکری فرهنگی را قبل از هر نوع تحولی در نظام سیاسی،لازم و ضروری می‌شمارد. "جماعت اسلامی" در دوران جهاد افغانستان از جمعیت اسلامی برهان الدین ربانی و حزب اسلامی‌حکمتیار قویا حمایت می‌نمود.

سومین جریان اسلامی در پاکستان جریان سید احمدخان (۱۸۱۷ - ۱۸۹۸) است. سید احمدخان الگوی مسلمان لیبرال در محافل روشنفکری پاکستان شناخته شده‌است. او معتقد به مراجعه مستقیم و بدون واسطه به قرآن به‌عنوان بهترین راه شناخت دین بوده و نقش «سنت» و «اجماع»را در منبع‌شناسی دین مورد تردید قرار می‌داد. سید احمدخان تحت‌تاثیر مکتب عقل‌گرایی و فلسفه طبیعی قرن نوزدهم اروپا قرارداشت و قرآن را تفسیر علمی می‌نمود. مهمترین خصوصیت در تفکراحمدخان، گرایش او به نوگرایی غرب بود. گرایش غربی

گرایانه‌سید احمدخان، انگیزه خصومت مسلمانان سنتگرا با او گردید وسرانجام او را متهم به ارتداد و انحراف از دین نمودند. مسلمانان روشنفکر و تا حدودی «مسلم لیگ» (اگر آن را یك حزب صرفا ملی ندانیم) از هواداران جریان سوم به شمار می‌روند.

این سه جریان فکری همان طوری که اشاره گردید، هر یك به نحوی ریشه در افکار علمای مسلمان هند در دوران تحت‌سلطه‌بریتانیا داشت که منشا پیدایش گرایشهای متعدد ومختلف در شبه قاره شد. اما آنچه پایه واقعی اندیشه دینی شاه‌ولی‌الله را تشکیل می‌داد، سلفی‌گری یا بنیادگرایی از نوع مشابه‌وهابیت‌بود تا آنجا که دولت استعماری بریتانیا او را متهم به‌وهابیت کرد. این سه جریان فکری اسلامی به طور کل، اکثریت عمده‌مسلمانان پاکستان را در برمی‌گیرند و از لحاظ صنفی، دربرگیرنده اصناف حوزوی، پوهنتونها و بازاری هر سه می‌باشد. اما با وجود این تقسیم بندی سه‌گانه از جریانهای فکری اسلامی‌در این کشور که جنبه عمومی داشت، تقسیم‌بندی دیگری نیز وجوددارد که مربوط به مدارس دینی و ملاها و روحانیون مذهبی می‌شود. شهرت و رسمیت تقسیم بندی دوم در خصوص محافل حوزوی و مذهبی،بسیار قابل توجه می‌باشد.

در این تقسیم بندی اخیر، اکثر مدارس‌و ملاهای دینی سنتی، از لحاظ گرایشهای کلامی و فقهی به دو گروه‌عمده و مهم تقسیم می‌شوند، گروه «دیوبندی» و گروه «بریلوی». این دو گروه، نماینده دو نوع تفکر کلامی و فقهی (در چارچوب فقه حنفی) است که هر یك به تدریج دارای حزب سیاسی‌مستقلی نیز گردیدند. دیوبندیها از نظر اعتقادی، شباهت کلی به‌وهابیت پیدا کرده‌اند. آنها مانند وهابیت، در برابر سایرفرقه‌های اسلامی، حساسیت زیادی نشان داده و از «توحید و شرك» تفسیر مخصوصی ارائه می‌دهند. اما بریلویها حالت انعطاف پذیری‌بیشتری داشته و از «توحید و شرك» هیچ‌گاه تفسیر سختگیرانه و مغایر با مشهور ارائه نمی‌دهند. بریلویها تا حدودی، گرایشهای‌صوفیانه دارند.

مؤسس مکتب بریلوی، شخصی به نام احمد رضاخان‌بریلوی (۱۸۵٦ - ۱۹۲۱) بود. "مکتب بریلوی در واکنش نسبت‌به‌جنبش محمد بن عبدالوهاب و در مخالفت با عقاید دینی شاه ولی‌الله، شاه اسماعیل و ملاهای دیوبندی پدیدار شد." نماینده سیاسی این مکتب در پاکستان، گروه «جمعیة العلمای پاکستان» به رهبری مولانا شاه احمد نورانی و عبدالستار نیازی می‌باشد. مکتب «دیوبندی» در پاکستان کنونی، نماینده «دین رسمی» به‌شمار می‌آید و دارای اکثریت در میان مسلمانان اهل سنت است. طرفداران دیوبندی در این کشور، همواره در حال افزایش بوده‌است. در دو دهه اخیر، رشد دیوبندیها به دلیل رشد بنیادگرایی اسلامی در

منطقه و سرمایه گذاری‌های وسیع عربستان وهمچنین حمایتهای دولت ضیاءالحق و جناح او از آنها، سرعت‌بیشتری یافت. عمده‌ترین گروههای وابسته به مکتب دیوبندی‌در پاکستان عبارتند از: «جمعیة العلمای اسلام»، «سپاه صحابه» و جمعیت «اهل حدیث». این سه جناح، متعلق به مکتب دیوبندی و دارای عقاید مشابه و شعارهای یکسان و حامیان خارجی‌واحدی هستند. تنها تفاوت این سه جناح در این است که « جمعیة العلمای اسلام» به رهبری فضل الرحمان و سمیع الحق، به‌صورت یك حزب سیاسی وارد صحنه سیاسی کشور گردیده‌است در صورتی‌که «سپاه صحابه» و «اهل حدیث» به ترتیب به فعالیتهای‌نظامی و فرهنگی روآورده‌اند.

جنبش طالبان با هر سه گروه نامبرده ارتباط نزدیک دارد و ازحمایتهای معنوی و مادی و حتی انسانی همه آنها در این سالها برخوردار بوده است. در عین حال، این ارتباط با « جمعیة العلمای اسلام» به دلیل عوامل فرهنگی، زبانی و نژادی و نیز تجربه سیاسی در عمل بیش از دو گروه دیگر بوده و هست. مولانا فضل‌الرحمان و سمیع‌الحق، هر دو پشتون‌تبار بوده و در ایالتهای‌بلوچستان و پشتونخوا که موطن اصلی پشتونهای پاکستان به شمارمی‌آید، دارای نفوذ فوق العاده‌ای هستند. طلاب علوم دینی افغانستان، رابطه تاریخی دیرینه‌ای با مدارس دیوبندی در شبه‌قاره هند داشته‌اند. قبل از تجزیه هند و به وجود آمدن کشوری بنام پاکستان در سال ۱۹۴۷، اکثر طلاب اهل سنت افغانستان برای‌ادامه تحصیل به مدارس دیوبندیه در هند می‌رفتند.

عزیزالرحمان سیفی از مترجمین معروف آثار سلیمان ندوی و شبلی‌نعمانی، نقش مهمی در این امر داشته و ترجمه‌های او در دهه ۱۳٤۰و ۱۳۵۰ به وسیله «پشتو تولنه» در کابل انتشار یافت. رگه‌های‌تفکر دیوبندی از این زمان به تدریج وارد افغانستان گردید، اما بیگانگی آن با دین رسمی افغانستان، مانع از مقبولیت آن درسطح وسیع می‌گردید. آلیورروی محقق و کارشناس غربی مسائل‌افغانستان درباره نفوذ تفکر دیوبندی در این کشور در قبل ازانقلاب چنین می‌نویسد:«بعد از تجزیه هند در سال ۱۹۴۷، بسیاری‌از طلاب افغانی به مدارسی که در نزدیك آنها در ایالت‌سرحد شمال‌غربی ایجاد شده بود، رفتند. آنها عمدتا پشتون و بعضا نورستانی‌و بدخشانی بودند. برخی از آنان به ایدیولوژی اهل حدیث گرویدندو هنگام بازگشت به افغانستان، در مقابل تصوف و مذهب حنفی‌مبارزه کردند. مثلا زیارتهای محلی را تخریب می‌نمودند. حنفي هامعمولا آنها را «وهابی» می‌نامیدند لیکن آنها، خود را سلفی‌می‌خواندند.» ارتباط فکری بین طلاب و ملاهای افغانستان از یك‌طرف و مدارس تحت نفوذ مکتب دیوبندی در پاکستان از طرف دیگر،در طول دهه‌های گذشته کم و بیش برقرار بوده است. این ارتباط،

تاقبل از دوران جهاد افغانستان، حالت طبیعی و آرامی داشت اماپس از آغاز جهاد، ناگهان دگرگون شده و روند شتاب‌آلودی به خودگرفت.

شتاب این روند زمانی بیشتر محسوس گردید که پاکستان وعربستان تصمیم گرفتند به جای حمایت از احزاب میانه رو اسلامی‌در قضیه افغانستان، از احزاب تندرو اسلامی حمایت به عمل آورند. پس از همین مساله بود که جمعیة العلمای اسلام و اهل حدیث باپشتوانه مالی و سیاسی قوی، طرحهای بنیادی و درازمدتی را برای‌مهاجرین و مجاهدین افغانی روی دست گرفته و با حوصله‌مندی تمام، برای اجرای کامل آن وارد عمل شدند. «اهل حدیث» با حمایتهای‌مالی و فکری مؤسسات خیریه عربستان، علاوه بر توسعه برنامه‌های‌فرهنگی و آموزشی خود در داخل پاکستان، و در ولایتهای شرقی‌افغانستان نیز وارد فعالیت گردید.

رفتار خشونت‌آمیز وسخت‌گیرانه طالبان و حرکت انقلاب اسلامی در برخی مناطق افغانستان در زمان جهاد زبانزد همگان بود. اما آنچه سرانجام‌از طالبان و حامی پاکستانی آنان، « جمعیة العلما» چهره‌ای‌قهرمان و ناجی به تصویر کشید، تحولاتی بود که پس از سال۱۹۹۲م صحنه نظامی سیاسی افغانستان نمایان گشت. در این تحولات « جمعیة العلما » از لحاظ فکری و ایدیولوژیکی و حتی عملی نقش‌کلیدی در بسیج طالبان به عهده داشته و دارد زیرا « جمعیة العلمای اسلام» نقش مؤثری را در زمینه تعلیم و تربیت‌اطفال و نوجوانان، تحت نام عقیده و مذهب، ایفا کرد.»

مشترکات فرهنگی، قومی، زبانی و قبیله‌ای سبب جذب جوانان افغان در مدارس جمعیة العلمای اسلام شد، که در نتیجه، عامل گرایش ناخودآگاه آنان به آموزه‌های دیوبندی جمعیة العلمای اسلام نیزگردید. طالبان که بینش وسیع نداشته، از قراء و قصبات، راسابه مدارس جمعیة العلمای اسلام پیوسته اند یکباره، به مریدان بلاقید دیوبندیها مبدل گشتند. لذا تعبیر سخت‌گیرانه طالبان ازاسلام و تعصب دیوانه وار آنها در برابر زنان از آنجا ناشی شده است. به طورکلی، مدارسی که متعلق به جناح دیوبندی در پاکستان بوده و طلاب‌دینی را در آنها بر اساس آموزه‌های دیوبندی آموزش می‌دهند، بعضاقرار ذیل هستند: دارالعلوم حقانیه اکوره ختك در ایالت صوبه سرحد، مدرسه اشرفیه در لاهور، جامعه بنوری تاون ودارالعلوم کده در کراچی، دارالعلوم تندو الله یارخان در سند، جامعه مدینه در لاهور، مدرسه خیرالمدارس ملتان و چندین مدرسه‌مهم دیگر در کوئته بلوچستان. با توجه به مطالبی که پیرامون منابع تاثیرگذار بر اندیشه‌طالبان و زمینه و بستر آموزش و پرورش آنان بیان گردید سیر تفکردینی طالبان نیز تا حدودی روشن خواهد شد.

جهت روشن شدن بهتر مبانی فکری طالبان و دیوبندی، چند محور را در اندیشه آنان مورد ارزیابی قرار می‌دهیم. مهمترین اصل در اندیشه‌سیاسی دیوبندی و سایر گروه‌های بنیادگرای افراطی از جمله‌طالبان، احیای اصل خلافت در نظام سیاسی اسلام است. شاه ولی‌الله هندی سر سلسله نهضت‌بیداری اسلامی در شبه قاره که مکتب بنیادگرای دیوبندی نیز متاثر از افکار اوست، احیای خلافت اسلامی را رکن اساسی در اسلامی شدن جامعه دانسته است. شاه ولی‌الله مانند اکثر دانشمندان اهل سنت، شیوه ایجاد خلافت اسلامی را در چهار مورد خلاصه می‌کند: بیعت اهل حل و عقد، شورا، نصب و غلبه. جالب اینجاست که شاه ولی‌الله یکی از ویژگی‌های خلیفه را «شرافت نسبی و قومی» دانسته که این امر با تفکر امروزی‌طالبان که خود را منتسب به یك گروه قومی برتر (پشتون) می‌داند، کاملا سازگاری دارد.

طالبان با اعتقاد به اصل خلافت، قبل از دستیابی به هر نوع پیروزی قاطع در افغانستان، عجولانه خلیفه‌دولت احتمالی آینده خود را در قندهار تعیین نموده و باالگوپذیری از ابوالکلام آزاد تئوریسین جمعیة العلمای هند تئوری «امارت اسلامی» را در افغانستان به اجرا گذاشت. تئوری «امارت اسلامی» اولین‌بار در تاریخ معاصر شبه قاره هند به وسیله ابوالکلام آزاد وجمعیة العلمای هند پیشنهاد گردیده و در دوره جهاد، گروه‌های‌وهابی گرای پیرو دیوبند، آن را در برخی ولایات شرقی و جنوب‌شرقی کشور تجربه نمودند و هم اینك، طالبان نیز که از اعقاب‌فکری جمعیة العلمای هند به شمار می‌رود، این طرح را در افغانستان‌پیاده نمودند.

در تئوری «خلافت» و «امارت» آن طوری که‌طالبان آن را می‌خواهد، مردم و احزاب جایگاهی ندارند. تعدادی‌از سران قبایل و نخبگان دینی تحت عنوان اهل حل و عقد گرد هم‌آمده و فردی را برای این پست نامزد می‌نمایند و آنگاه تمام‌اختیارات کشور به شخص خلیفه یا امیر المؤمنین منتقل خواهد شد. طالبان به وضوح اعلام کرده است که «در افغانستان انتخابات‌برگزار نخواهد شد، چون انتخابات یك تقلید غیر اسلامی است.» مخالفت‌با مفاسد فرهنگ و تمدن غربی در کل، یکی از شعارهای اساسی تمامی گروه‌های اسلامی‌است، اما آنچه بنیادگرایی افراطی از نوع طالبان را از بقیه‌گروه‌های اسلامی جدا می‌سازد، نفی مطلق مدنیت غربی به وسیله‌آنهاست. گروه‌های دیگر اسلامی مانند اخوانیها با دید نقادانه به‌تمدن غربی نگریسته و ضمن رد جنبه‌های منفی آن، از پذیرش‌جنبه‌های مثبت آن استقبال می‌نمایند در صورتی که طالبان و مکتب‌دیوبندی و وهابی در اوایل کار با هر نوع دستاورد تمدن غربی به‌مخالفت‌برخاسته و سپس به تدریج‌به سوی محافظه کاری تمایل پیدامی‌کنند. برخورد غیر نقادانه، چه در امر پذیرش و یا نفی فرهنگ‌غربی، مشکلات

بیشماری را به همراه دارد. مخالفت تعصب‌آمیزطالبان با تلویزیون، وسایل تصویربرداری، لباس فرنگی، سینما وامثال آن، نشانه آشکاری بر روحیه ستیزه‌جویی آنان با مظاهرتمدن غربی است.

چه اینکه تلویزیون و سینما در نزد طالبان از «ابزار شیطانی» به حساب آمده و در ردیف آلات لهو و لعب که مشروعیتی در دین ندارد، قرار می‌گیرد. وزیر امر به معروف و نهی‌از منکر طالبان در باره اقداماتش درخصوص جمع آوری دستگاههای تلویزیون از شهر کابل گفته بود: «ظرف دوروز گذشته، از فروشگاههای نقاط مختلف شهر بیش از یکصد دستگاه‌تلویزیون مصادره شده است» او گفت «دستگاههای مصادره شده‌سوزانده و یا منهدم می‌شود». مخالفت طالبان با ابزار تصویری‌تا آنجا شدت و جدیت‌یافته است که امیرخان متقی، وزیر اطلاعات وفرهنگ طالبان می‌گوید: «پس از این، مردم عکسها و آلبومها را درخانه‌های خود نگه‌داری نکنند، زیرا این مساله با اسلام در تضاداست». به نظر می‌رسد که طالبان در امر مبارزه با مظاهر تمدن‌غربی، دچار نوعی تناقض گردیده اند. چرا که آنها از یك طرف‌مخالفت آشکار خود را با مظاهر فرهنگ و تمدن غربی ابرازمی‌دارند و از طرف دیگر، به طور وسیع در فعالیتهای روزانه خودعملا از آنها سود می‌جویند. یکی از پیچیدگیهای اساسی در بینش طالبان به طور اخص و بنیادگرایی‌افراطی به طور اعم، روح تعبد گرایی به دستاوردهای کلامی و فقهی پیشینیان می‌باشد.

بنیادگرایی افراطی، دوران صدر اسلام و میانه را دوره طلایی و مصون از هر نوع خطاتلقی نموده و راجع به تفاسیر و تاویلهای دینی این دوره، اعتقاد جزم‌گرایانه دارد. اجتهاد و استنباط تازه، در این مکتب‌جایگاهی ندارد و مردم عموما موظف به پیروی نقادانه از کلمات وگفتار ملاهای سلف می‌باشند. برداشت صرفا تقلیدگرایانه اینها ازدین، سبب بدبینی و حتی دشمنی آنان با الگوهای زندگی رایج دردنیای معاصر جهان اسلام گردیده است.

تنها الگوی مطلوب در نزدبنیادگرایان افراطی، الگوی زندگی جوامع روستایی قرون اولیه‌اسلامی می‌باشد و رفتار خشك و متحجرانه آنان با زنان و نوع نگرش‌شان‌نسبت‌به نقش اجتماعی و تربیتی زن در جامعه، ریشه در همین‌روح سلفی‌گری آنها دارد که با ضروریات زندگی کنونی کاملابیگانه است. همچنین تفسیر آنان از مفاهیمی مانند «توحید وشرك» که بنیاد اندیشه کلامی بنیادگرایی افراطی را تشکیل‌می‌دهد، در مغایرت آشکار با تفاسیر رایج آن مفاهیم در نزد سایرمکاتب اسلامی است. شاه ولی‌الله هندی، رهبر فکری بنیادگرایی‌افراطی در شبه قاره، دایره «توحید» را تا آنجا تنگ می‌نمایدکه حتی هر نوع استمساك

ظاهری به وسایل دیگر را که در راستای قدرت الهی در نظر گرفته شده باشد، شرك به شمار می‌آورد.

ازدیدگاه شاه ولی‌الله‌دهلوی ، نذر کردن برای ائمه و سوگند یاد نمودن به اسامی آنان و نیز نامگذاری فرزندان به اسامی‌ای مانند «عبدالشمس» و غیره، از مصادیق شرك به شمار می‌آید. جلوه‌های همین نوع طرز تفکر، در سران طالبان نیز مشهود است. طالبان با تفسیر سخت‌گیرانه از اسلام، زندگی خصوصی و حریم شخصی‌افراد را تحت نظارت دقیق مامورین خود گرفته و از «درازی موی‌سر» تا «کوتاهی موی صورت» و از حمام عمومی تا تردد زن درمحیط بیرون از منزل، عموما تحت ضوابط و مقررات حکومتی آنها درآمده است. و همچنین در مساله اعتقاد به توحید و مبارزه بامظاهر شرك، تا آنجا شدت عمل به خرج داده که حتی نگه‌داری عکس‌و اسباب‌بازی کودکان در منزل را مغایر با عقاید توحیدی اسلام‌اعلام کرده است.

بنیادگرایی افراطی از نوع‌وهابی، با توسل به حربه «تکفیر»، به مبارزه با تمامی مذاهب‌و فرق اسلامی غیر از خود رفته و به جز خویشتن، سایر گروهها رایکسره بر باطل و حتی کافر می‌پندارد. مکتب دیوبندی در پاکستان،جناح فکری رقیب خود «بریلوی» را که حلقه دیگری از سنیان حنفی مسلك است، کافر قلمداد نموده و مخالفت‌با آن را از وظایف‌شرعی خود می‌پنداشت چنانکه «سپاه صحابه» در اوان ظهورش،مبارزه با بریلویها و شیعیان را در کنار هم، از اهداف اصلی‌خود قرار داده بود اما پس از سیاسی شدن گروه مذکور، شیعیان‌به عنوان تنها دشمن اصلی برای آنها مطرح گردید. دشمنی با شیعه‌در تاریخ مکتب دیوبندی سابقه دیرینه‌ای دارد.

جنبش طالبان در افغانستان نیز دارای چنین تفکر ضد شیعی می‌باشد. طالبان پس از تصرف شهرمزارشریف در سال ۱۳۷۷، دستور قتل عام وسیع شیعیان‌را صادر کرده و نظامیان آن، گروه گروه شیعیان را به عنوان «رافضی» و «کافر» به خاك و خون کشیدند. افراد طالبان که‌در جنگ اول مزار شریف (۱۳۷٦) به اسارت نیروهای حزب وحدت‌اسلامی درآمده بودند، آشکارا از «وجوب جهاد» علیه ازبکهای سخن بر زبان آورده و کشته شدن در مقابل«جبهه متحد» را «شهادت» در راه خدا می‌دانستند. دشمنی طالبان با ایران نیز ریشه در همین باور نادرست آنها دارد;چنانکه همفکران آنها (دیوبندیها) در پاکستان، خصومت آشکارشان‌را با ایران شیعی از کسی مخفی نمی‌دارند. وجود پندار خود حق‌داری همراه با اعمال روشهای ستیزجویانه علیه افکار و جناحهای‌دیگر، تصویری کاملا خشن و انعطاف‌ناپذیر از طالبان ارائه داده‌است. حاکمیت‌یافتن

کامل این تفکر در عرصه سیاسی و اجتماعی،خطر بزرگی برای آزادی اندیشه، اعتقاد و بیان و در نتیجه، رشدعلم و دانش و خلاقیت در پی خواهد داشت.

معمولا در نظامهای تحت‌اداره بنیادگرایی افراطی، بدیهی‌ترین حقوق عمومی مردم درزمینه‌های سیاسی و فرهنگی نادیده گرفته می‌شود و تشکلهای مستقل‌در سایه آن می‌خشکد; چنانکه امروز در شهرهای تحت اداره جنبش‌طالبان، نمونه‌های آن به وضوح به مشاهده می‌رسد. احزاب وگروههای نامدار جهادی و شخصیتهای علمی و سیاسی مستقل، کمترین‌جایگاهی در نظام سیاسی اداری طالبان ندارند. رسانه‌ها ونشریه‌های مخالفین علی‌رغم حفظ هویت اسلامی و علمی به تعطیلی‌کشیده شده است و سرمایه‌های علمی و باستانی، قربانی تعصبهای‌ناروا گردیده و اکثرا به نابودی کشیده شده و یا در معرض‌نابودی قرار گرفته است.

میزان تاثیرپذیری فرهنگ عمومی پشتونها از آداب و رسوم قبایلی، بسیار بیشتر از آن است که در فرهنگ سایر گروههای نژادی این‌کشور دیده می‌شود. پشتونهای افغانستان دارای آداب و رسوم متشکل و شناخته شدهٔ هستند که به نام «پشتون ولی » یاد می‌شود. «پشتون‌ولی» در عرف پشتونها «هم مجموعه قوانین و هم ایدیولوژی‌است.» «قوانین و احکام پشتون ولی حوزه وسیعی از رفتار وروابط انسانی پشتونها را در بر می‌گیرد. مهمترین اصول این‌مجموعه، قوانین ناظر بر کرامت انسانی، و مهمان‌نوازی‌اند.» با توجه به پیوندهای پایدار قبیله‌ای و استحکام سنتهای ملی پشتونی در جامعه پشتونها، این گروه نژادی دارای‌احساس تعلق شدیدی نسبت‌به هم‌نژادان خود بوده و همدردی وهمیاری یکدیگر را از وظایف رسمی قبیله‌ای خود می‌دانند. وجوداین «احساس تعلق» شدید نسبت‌به همدیگر، باعث گردیده که این‌قوم علی‌رغم نزاعهای ممتد داخلی، این خصومتها را در شرایطحساس و بحرانی کنار گذاشته و موقتا در موضوع مربوط به سرنوشت‌مشترك، به دور هم گرد آیند.

جریان تاریخی مساله «پشتونستان» در پاکستان، ریشه در پیوندهای خونی این مردم دارد که پشتونهای‌دو طرف «خط دیورند» علی‌رغم دوگانگی در تبعیت و شهروندی،هیچگاه همدیگر را به فراموشی نسپرده‌اند. اگر امروز «جمعیة‌لعلمای اسلام» به رهبری مولانا فضل الرحمان و سمیع الحق ودیروز «جماعت اسلامی» به رهبری قاضی حسین‌احمد، با تمام‌امکانات و علی‌رغم مصالح عمومی ملت و مردم پاکستان، به حمایت‌از گروههای اسلامی در افغانستان شتافتند، بی تاثیر از تمایلات‌قومی، قبیله‌ای و پشتونی آنها نبوده است. چه اینکه، هر سه رهبرنامبرده و منحصرآ فعال در قضایای افغانستان، وابسته

به قوم پشتون می‌باشند. بنابراین، می‌توان مدعی شد که «عرف وسنت» جایگاه بس مهمی در جامعه پشتونها داشته و دارد.

اکنون‌که جایگاه سنت و عرف را در فرهنگ و اندیشه پشتونها متوجه شدیم تاثیر این سنت را بر افکار دینی و سیاسی سران جنبش طالبان‌به طور فشرده مورد ارزیابی قرار می‌دهیم. جنبش طالبان به عنوان‌یک جنبش برخاسته از جامعه پشتون افغانستان، آن هم از دل‌مردمان روستایی و غیرشهری که دارای تعلقات سنتی و قبیله‌ای‌شدیدتری هستند، نمی‌تواند از تاثیرپذیری به دورباشد.

اساس تاثیرپذیری طالبان از فرهنگ پشتونها، در نوع‌تفسیر آنها از مفاهیم و قوانین دینی، کاملا محسوس است. اولین ومهمترین گام در تاثیر فرهنگ پشتونها بر اندیشه دینی طالبان، در نوع گزینش الگوی نظام سیاسی و راههای مشروعیت‌دهی به آن به‌وسیله آنها مشاهده می‌شود، مثلا مدل نظام «خلافت» در تفکرسیاسی طالبان اگر چه در اصل، خود یک مدل اسلامی است که هیچ‌مسلمانی در اسلامی بودن آن تردید به خود راه نمی‌دهد..

جایگاهی که «زن» در سایه حکومت دینی طالبان کسب نموده است، غیر از جایگاهی است که «زن» در نزد دیوبندیان پاکستان احرازکرده است. بدون شک، اصل مکتب دیوبندی طرفدار عدم حضور زن درمحیط خارج از منزل است اما با وجود آن، محدودیتهایی که ازسوی طالبان در حق زنان اعمال می‌شود، هرگز قابل مقایسه باسیاستهای جمعیة العلمای اسلام در پاکستان نیست. عبدالحکیم‌مجاهد، سفیر طالبان در پاکستان درباره نوع نگرش سنتی طالبان‌نسبت‌به آموزش دختران چنین می‌گوید: «تمام اردوی ملی و نیروی‌پلیس ما، داوطلبانی از مناطق پیر و سنتی هستند و معتقدند فرستادن دختران به مدرسه، کاری بی‌شرمانه است.» «خشونت وانعطاف‌ناپذیری» دو ویژگی دیگر در شیوه سیاستمداری طالبان‌است.

جنبش طالبان، جنبشی است که از لحاظ فکری، از خارج از مرزهای افغانستان تغذیه می‌شود. تفکر مذهبی‌سیاسی کنونی طالبان، ریشه در اندیشه‌های اسلامی شناخته شده درداخل جامعه افغانستان ندارد. تفکر رایج در جامعه افغانستان، تفکر اخوانی، لیبرالی و اصلاحی از نوع خردگرایانه آن است وبنیادگرایی افراطی نوع طالبانی، صرفا در مناطق روستایی در حدانسجام نیافته، حضور داشته که به عنوان یک اندیشه جدی هیچ‌گاه‌قابل توجه نبوده است. اما تحولات سه دهه اخیر با توجه به‌زمینه‌های تاریخی، سبب شکل‌گیری و رشد نوع تفکر طالبانی در این‌کشور گردید.

تفکر طالبانی اگر چه در ظاهر به عنوان تفکر خالص‌اسلامی در افغانستان تبلیغ می‌گردد و حتی بعضی از کشورهای‌همجوار را نیز تحت تاثیر ماهیت اسلامی خود قرار داده است، امابا یك ارزیابی عمیق از سنتهای قبیله‌ای افغانستان و نقش عرف و«عنعنات» در فرهنگ روستایی و قبایلی این کشور، درمی‌یابیم که‌تفکر جدید به همان اندازه که ماهیت مذهبی دارد، ماهیت قبایلي نیز دارد. درستی این ادعا با تحلیل مقایسه‌ای بین تفکر طالبان‌در داخل جامعه افغانستان و الگوی مادر در دو کشور پاکستان وعربستان، بیش از پیش روشن می‌گردد. در عین حال، اندیشه جنبش‌طالبان به دور از ویژگیهای محلی و تفسیرهای متاثر از فرهنگ‌داخلی، اندیشه‌ای است که در شبه قاره هند و برخی از کشورهای‌حاشیه خلیج فارس به صورت اندیشه رسمی مطرح بوده و در میان‌توده‌های مردم (نه نخبگان) ریشه عمیقی پیدا نموده است.

تضاد درونی جنبش طالبان با سیستم عنعنوی قومی پشتونها

اما نباید فراموش کرد آنانیکه جنبش طالبان را جنبش خاص قوم پشتون میدانند از تضاد نهفته درونی میان ارزشهای کود مدنی "پشتونولی" و ماهیت عمیقاً مذهبی جنبش طالبان بی خبر اند. یک محقق هزاره بنام صاحبنظر مرادی در مورد مقررات وضع شده توسط احمدشاه ابدالی نوشته بود که: "احمد خان برای رهنمود سران قبایل مربوط خویش همچو اساسنامه دینی، سیاسی، ...ونظامی به کارگرفت. ازتدوین مقررات نامبرده به خوبی برمی آید که احمد خان به فقه وشریعت سرتاسری اسلام اکتفا نکرده برای تنظیم نظام قبیلوی خویش به وضع مقررات خصوص قبیلوی نیازمندی احساس نموده است." دلیل وضع مقررات توسط احمدشاه ابدالی آن بود که اصول "پشتونولی" به قول اولیور روی، که از یکطرف یک ایدیولوژی بوده و از جانب دیگر یک مجموعهٔ حقوق مدنی را تشکیل میدهد، در ذات خود غیر مذهبی بوده و درسطح قانون با "شریعت" در تضاد قرار دارند. اولیور روی مینویسد در جوامع غیر پشتون چوکات اصلی اصول جزایی را "شریعت" تشکیل میدهد اما در شرایطی که پیروی از شریعت صرف در حد شعار باقیست، هیچ سیستم دیگری موجود نیست که جای آنرا بگیرد". نتیجه طبیعی چنین حالتی در روستاهای غیر پشتون نشین بوجود آمدن حاکمیت مطلقه خوانین و زورگویان محلی و رهبران دینی میباشد که اشکال افراطی آنرا در دهات هزاره نشین هزاره جات مشاهده میکنیم. موجودیت پشتونوالی خود از فرهنگ غنی مردم پشتون حکایت میکند.

در جوامع سنتی پشتونها، در دهات، مقام ملا در آن سطحی نیست که در قرا و قصبات غیر پشتون نشین افغانستان، بخصوص در میان اقوام هزاره وجود دارد.

مظاهر آنرا همه روزه در بوسیدن دستهای محمد محقق توسط هواداران هزاره‌ء او در صفحات تلویزیوبها مشاهده میکنیم. مقام ملا و روحانی در هزاره جات، در میان شیعیان، در سطح پیشوا، و مرجع تقلید است. ملا چنین مقامی در جامعه پشتون ندارد. اکثر این ملاها حتی در جرگه های قومی دعوت نمیشوند. نقش ملا در جوامع سنتی پشتونها نقش مشورتی است نه نقش تصمیم گیرنده. از این رهگذر یک تضاد درونی میان جنبش طالبان و سیستم عنعنوی قومی پشتونها موجود است.

فراموش نکنیم که طالبان دست آورد مدرسه های مذهبی در مناطق قبایلی و پشتون نشین در پاکستان میباشند. اکثر این افراد در کمپهای مهاجرین در خاک پاکستان تولد یافته بزرگ شده و با ایدیولوژی وهابی تطبیق بدون چون و چرای"شریعت محمدی" تدریس شده اند که با پول عربستان سعودی و با امامان سعودی و وهابی پاکستانی طرف اجرا قرار گرفته است. در وجود اکثر این افراد آن احساس تاریخی تعلق داشتن به افغانستان، ارزشهای ملی افغانستان، اصول پشتونولی و ناسیونالیزم افغانستان وجود ندارد. یک مثال آنرا در تخریب مجسمه های بودایی بامیان میتوانیم ببینیم. مجسمه های بامیان در طول حیات نزدیک به سه صد سال دولتهای عنعنوی پشتون در افغانستان، به حیث سمبولهای ملی و باستانی کشور دست نخورده باقی ماندند. در حالیکه طالبان بنا بر تعصب مذهبی خود و بخصوص با همدستی با متعصبین آی اس آی در ضدیت با هندوستان، از تخریب آنها لذت بردند. باآنهم، در زمان حاکمیت خود طالبان جرآت مداخله در اموری راکه بر اساس اصول پشتونولی در دهات و روستاهای پشتون نشین اداره و اجرا میگردید، نداشتند.

سقوط طالبان: حملات تروریستی یازدهم سپتمبر در امریکا

ارتباط ملا عمر با القاعده و رهبر سابق آن برای گروه طالبان حیاتی بود، زیرا القاعده در بدل به دست آوردن پناهگاه به رژیم طالبان کمک مالی فراهم میکرد. امریکا مسؤلیت حمله بر برجهای دوگانه مرکز تجارت جهانی را در نیویارک به عهدهء اسامه بن لادن گذاشت. بر اساس آن ایالات متحده خواستار تسلیمی اسامه بن لادم از ملا عمر شد. ملا عمر به این تقاضا پاسخ منفی داد و در نتیجه، ایالات متحده امریکا علیه رژیم طالبان حمله کرد که سرآغاز یک جنگ طولانی دیگر برای ملا عمر و افرادش شد.

سرنگونی دولت طالبان در سال ۲۰۰۱م توسط قوای هوایی امریکایی با استفاده از ملیشه های محلی در بدل هزارها ملیون دالر نقد، کمکهای تسلیحاتی و با

همکاری نزدیک قوتهای خاص امریکایی یکبار دیگر افغانستان را به حوزه های نفوذ جنگ سالاران مبدل ساخت. در بلخ، سمنگان، جوزجان و فاریاب ملیشه های دوستم، عطامحمد نور و محمد محقق به قدرت رسیدند، در هرات اسمعیل خان، در قندهار ملیشه های حامد کرزی و گل آغا شیرزی، در ننگرهار ملیشه های شورای مشرقی (حاجی قدیر، حضرت و غیره) و با خروج عجولانهء طالبان از کابل، ملیشه های شورای نظار شهر را بدون جنگ اشغال کرده زمام قدرت رابدست گرفتند.

دولت حاصله از کنفرانس بن در حقیقت انعکاس سیاسی این تقسیم بندی منطقوی قدرت در کشور میباشد و تا امروز بعد از ۱۴سال دولت مرکزی نتوانست حاکمیت مرکزی را در کشور تامین نماید.

با اشغال کابل توسط شورای نظار و همکاری دوامدار نیروهای بین المللی با آنها شرایطی را فراهم ساخت تا شورای نظار و حامیان محلی آنها بصورت غیر متوازن به قوی‌ترین نیروی سیاسی و نظامی در کشورمبدل گردند. تمام قوماندان های جهادی شورای نظار به جنرالهای اردوی ملی ارتقاء یافتند و پست های کلیدی سیاسی، اداری و نظامی را در طول ۱۴سال گذشته در اختیار گرفتند و طوریکه انتخابات ریاست جمهوری سال ۲۰۱۴م نشان داد به هیچوجه حاظر به از دست دادن این قدرت سیاسی، اداری و نظامی و حتی شراکت متناسب دیگران در آن نیستند.

سقوط طالبان درسال ۲۰۰۱م توسط قوای امریکایی به کمک ملیشه های محلی و ایجاد یک دولت مبنی بر اساسات دموکراسی و قانون اساسی بر مبنای توافقات بن با استقبال عظیم مردم کشور و بخصوص روشنفکران مواجه گردید. استیلای دولت مذهبی فاشیستی و قرون وسطائی طالبان در سالهای ۱۹۹٦-۲۰۰۱م به کمک مستقیم پاکستان، لکه ی ننگی بر دامان ملت افغان و بخصوص ملیت پشتون محسوب میگردد و بزرگترین قربانی تداوم تروریزم و جهل پرستی این گروه تمام پشتونهای ساکن ولایات پشتون نشین کنار سرحد با پاکستان است.

دفتر ریاست جمهوری افغانستان در اعلامیه ای مرگ ملا عمر را در ماه حمل ۱۳۹۲ مطابق ماه اپریل سال ۲۰۱۳م در پاکستان تأیید کرد. بعد از مرگ ملا عمر ملا اختر منصور رهبری طالبان را بدوش گرفت که موصوف در ماه مئ ۲۰۱٦م با حمله یک طیاره بدون سر نشین امریکائی در نزدیکی کویته کشته شد و به تعقیب او مولوی هیبت الله به عنوان رهبر تحریک طالبان برگزیده شد.

ملا هیبت الله آخندزاده

ملا هیبت الله آخندزاده از قوم نورزی از قندهار است. ملا منصور و ملا عمر، دو رهبر پیشین طالبان نیز از قندهار بودند. به گزارش گروه وبسایت باشگاه خبرنگاران جوان ،رهبر جدید طالبان به فرماندهان و شورای عالی رهبری این گروه اعلام کرده است که "هیچ مذاکرات صلحی با دولت افغانستان در کار نخواهد بود." این مطلب را یک منبع در درون طالبان از طریق یک واسطه به شبکه سی ان ان خبر داد . این منبع گفته که "هیبت الله آخوندزاده"، همان مشی نظامی را ادامه خواهد داد که توسط بنیانگذار طالبان، ملاعمر، در پیش گرفته شده بود. ملا هیبت الله یک عالم دینی از نسل بنیانگذاران طالبان و از نزدیکان ملاعمر میباشد. از این رو احتمالا او میتواند نسل جوان تر و جنگندهتر طالبان را متحد کند. سید محمد اکبر آغا، از اعضای موسس طالبان که در کابل زندگی میکند، میگوید که رهبر جدید طالبان را به خوبی میشناسد. به ادعای او، ملا هیبت الله انسانی تحصیل کرده در علوم دینی و مورد احترام است که جایگاه مذهبی او بر جایگاه نظامی‌اش در گروه غلبه دارد. طبق گفته اکبر آغا، مذا برای صلح با هیبت الله سخت تر از ملا منصور کشته شده است.

الجزیره در گزارش خود از سوابق هیبت الله نوشت که در زمان حمله اتحاد شوروی به افغانستان در اواخر دهه ۱۹۷۰، او با خانواده خود به پاکستان مهاجرت کرد. خود او به عنوان مجاهد سال‌ها با نیروهای شوروی جنگید. پس از جنگ در شهر کویته پاکستان تحصیلات دینی خود را تکمیل کرد و با تشکیل حکومت امارت اسلامی افغانستان توسط طالبان، او مسوول امور قضایی این امارت شد. در پی حمله نیروهای ائتلاف به افغانستان در سال ۲۰۰۱ و سرنگونی حکومت طالبان، او به همراه بیشتر رهبران طالبان دوباره به کویته بازگشت و از آن جا به عنوان عضو شورای کویته، در رهبری گروه نقش آفرینی می‌کرد. «تامس روتیگ»، عضو «شبکه تحلیل گران افغانستان»، اخوندزاده را یک «انتخاب طبیعی» برای جانشینی منصور می‌داند: "ملا هیبت الله معاون ارشد ملامنصور بود. انتخاب هوشمندانه او به این دلیل است که او یک عالم دینی از نسل بنیان گذاران طالبان و از نزدیکان ملاعمر بوده است". منبع درون طالبان از دو جلسه سری درون شورای کویته، برای انتخاب رهبری جدید به CNN خبر داد. این دو جلسه در روزهای شنبه و سه‌شنبه برگزار شد. به ادعای او، در جلسه اول تمایل اعضاء به انتخاب «سراج الدین حقانی»، رهبر شبکه حقانی، به رهبری بود. در جلسه روز سه شنبه، حقانی به نفع ملا هیبت الله از پذیرش رهبری خودداری کرد. در نهایت در جلسه سه شنبه، ملاهیبت الله به عنوان رهبر و ملامحمد یعقوب و حقانی به عنوان معاونین او انتخاب شدند. این منبع معتقد است که انتخاب ملا یعقوب (پسر ملا عمر رهبر

سابقه و موسس تحریک طالبان) برای کسب وجهه و مشروعیت در خاستگاه اصلی طالبان، یعنی ولایت قندهار و انتخاب حقانی برای تحقق همین هدف در ولایات مرزی با پاکستان چون خوست، پکتیکا و پکتیا انجام گرفته است.

با وجود مطرح بودن نام ملایعقوب و سراج الدین حقانی، وجود برخی فاکتورها، عدم انتخاب آن‌ها را برای برخی کارشناسان قابل پیش‌بینی می‌کرد. ملایعقوب، حدود ۲۵ ساله، به شدت کم تجربه است. او تازه چند ماه است که به عضویت شورای رهبری درآمده است. شورا به او فرماندهی اسمی ۱۵ ولایت افغانستان را سپرده است . حقانی، رهبر شبکه حقانی، هم که تجربه نظامی بالایی دارد و در یک سال گذشته بیشتر عملیات نظامی طالبان را فرماندهی کرده، به دلیل ارتباطات نزدیک و عمیقش با سازمان اطلاعات نظامی پاکستان، چندان مورد وثوق شماری از فرماندهان گروه نیست . در نهایت، بنا به اعلام ذبیح الله مجاهد، سخنگوی طالبان، ٢٤ عضو دایم شورای رهبری، به همراه ۱۲ نفر از شیوخ متنفذ گروه، روز سه شنبه هیبت‌الله را به رهبری برگزیدند.

جدول زمانی ظهور و سقوط طالبان دور اول:

۱ -/۱۹۹۴/۱۰ کاروان مواد تجارتی پاکستان از طرف قوماندانان مجاهدین قندهار توقف داده شد.

-۱۹۹۴/۱۰/۱۰ گروهی که خود را **طالبان** می‌نامیدند به شهر سرحدی اسپین بولدک حمله کرده و آ نرا تصرف نمودند.

-۱۹۹۴/۱۱/۵ گروه نو بنهاد طالبان اکثر مناطق ولایت قندهار را تصرف نمودند.

-۱۹۹۴/۱۱/۱۲ گروه طالبان کنترل کامل ولایت قندهار را بدست گرفته و مجاهدین قندهار به طرف هرات فرار نمودند.

-۱۹۹۵/۲/۱۰ ولایت میدان بعد از درگیری مختصری به دست طالبان سقوط کرد.

-۱۹۹۵/۲/۱۱ طالبان کنترل کامل ولایت لوگر را به دست گرفتند.

-۱۹۹۵/۲/۱۹ طالبان کنترل شهر خوست را بدست گرفتند.

۱۱/۳/۱۹۹۵ -عبدالعلی مزاری رهبر حزب وحدت اسلامی که به اسارت طالبان درآمده بود در ولایت میدان به قتل رسید.

-۱۹۹۵/۴/۹ طیارات روسی بازار تالقان را به شدت بمباران کردند.

-۱۹۹۵/۴/۱۷ طالبا ن حمله وسیع را بخاطر تصرف ولایت فراه آغاز کردند.

-۱۹۹۵/۹/۵ شهر هرات بدست طالبان سقوط کرد.

-۱۹۹۶/۶/۲۶ گلبدین حکمتیار که به حیث صدراعظم افغانستان تعین شد ه بود به شهر کابل رسید.

-۱۹۹۶/۷/۶ صدراعظم و وزرا جدید اهدا سوگند را به جا آوردند.

-۱۹۹۶/۹/۱۱ شهر جلال‌آباد بدست طالبان افتاد.

-۱۹۹۶/۹/۲۷ شهر کابل توسط طالبان فتح شد. داکتر نجیب الله رئیس‌جمهور پیشین افغانستان توسط چند مرد مسلح از دفتر سازمان ملل متحد در کابل بیرون کشیده و به محل نامعلوم برده شد.

-۱۹۹۶/۹/۲۷ داکتر نجیب الله و برادرش احمدزی و یاوراش به قتل رسیده و اجسادشان در چهارراهی آریانا بدار آویخته شد.

۱/۱۲/۱۹۹۶ -ببرک کارمل رئیس‌جمهور افغانستان در شهر مسکو وفات یافت.

-۱۹۹۷/۵/۱۸ جنرال عبدالملک ر ئیس سیاسی جنبش اسلامی افغانستان علیه جنرال دوستم رهبر آن گروه قیام نمود و اداره مزار شریف را بدست گرفت.

-۱۹۹۷/۵/۲۴ شهر مزار شریف بدست طالبان افتاد.

-۱۹۹۷/۵/۲۶ قیام عمومی علیه طالبان در شهر مزار شریف آغاز گردید.

-۱۹۹۷/۵/۲۷ طالب‌ها بعد از تلفات سنگینی که بر نیروهای شان بوجود آمد از ولایات شمالی کشور عقب‌نشینی کردند.

ـ۱۹۹۷/۱۰/۲۶ اداره طالب‌ها نام رسمی کشور را به امارات اسلامی افغانستان تبدیل کردند.

ـ۱۹۹۸/۱/۱۳ یک فروند طیاره مسافربری مربوط آریانا در نزدیکی شهر کویته پاکستان سقوط کرد.

ـ۱۹۹۸/۱/۲۳ داکتر محمد یوسف صدراعظم سابق افغانستان در آلمان وفات یافت.

ـ۱۹۹۸/۲/۴ در اثر زلزله شدید در ولایت تخار حداقل پنج هزار تن جان خود را از دست دادند.

ـ۱۹۹۸/۳/۱۹ یک بال طیاره بوئینگ مربوط شرکت هوائی آریانا در جنوب ولایت کابل سقوط کرد.

ـ۱۹۹۸/۴/۲۹ مذاکرات میان نمایندگان طالبان و ملاهای جبهه متحد در اسلام‌آباد آغاز شد.

ـ۱۹۹۸/۸/۸ طالبان برای بار دوم کنترل شهر مزار شریف را بدست گرفتند.

ـ۱۹۹۸/۸/۸ نه دیپلمات و یک خبرنگار ایرانی در کنسولگری آن‌ها در شهر مزار شریف توسط طالبان به قتل رسیدند.

ـ۱۹۹۸/۸/۱۱ شهر تالقان ولایت تخار بدست طالبان افتاد.

ـ۱۹۹۸/۸/۸ طالبان دست به قتل‌عام اهالی و افراد مسلح مزار شریف زدند.

ـ۱۹۹۸/۸/۲۰ دو اردوگاه نظامی در ولایت خوست و ننگرهار هدف حملات موشکی آمریکا قرار گرفت.

ـ۱۹۹۸/۹/۱ دولت اسلامی ایران اعلان کرد که یک مانور بزرگ نظامی را در سرحدات افغانستان اجرا خواهد کرد.

ـ۱۹۹۸/۹/۱۳ ولایت بامیان بدست طالبان تصرف شد.

ـفوریه ۱۹۹۹ طالبان دو مجسمه بامیان را منهدم ساختند.

۱۸/۷/۱۹۹۹   ـملا محمد عمر رهبر طالبان طی اعلامیه‌ای تحریم آمریکا علیه طالبان را محکوم کرد

-١٩٩٩/٧/٢٧ طالبان حمله وسیع را بخاطر تصرف ولایات شمال کابل براه انداختند.

-١٩٩٩/١٠/١٥ به‌دنبال تحریم اقتصادی طالبان پرواز هواپیماهای آریانا به خارج کشور ممنوع اعلان گردید.

-١٩٩٩/١٠/٢٥ سازمان ملل متحد اعتبار حکومت برهان الدین ربانی را به حیث دولت قانونی افغانستان برای یکسال دیگر تمدید کرد.

-٢٠٠٠/٣/١٨ رادیوی طالبان در کابل اعلان کرد که مراسم سال نو خلاف شریعت اسلامی است و نباید تجلیل گردد.

-٢٠٠٠/٣/٢٦ امیر اسماعیل خان والی سابق هرات از زندان طالبان در **قندهار** فرار کرد.

-٢٠٠١/٢/٢٦ رادیو طالبان در کابل فتوایی را به نشر رسانید که بر اساس آن باید تمام مجسمه‌ها در افغانستان نابود گردد.

-٢٠٠١/٣/٩ طالبان **مجسمه‌های بامیان** را که یکی از جمله آثار باستانی نایاب در جهان بود تخریب کردند.

-٢٠٠١/٤/٣ احمد شاه مسعود به دعوت مقامات پارلمان اروپائی به آن قاره سفر کرد.

٢٠٠١/٩/٩ -**احمد شاه مسعود** در منطقه خواجه بهاالدین ولایت تخار توسط دو نفر عربی که خود را خبرنگار معرفی کرده بودند به قتل رسید.

-٢٠٠١/٩/٢٥ طالبان سفارت آمریکا را در کابل به آتش کشیدند.

٢٠٠١/١٠/٧ -**تهاجم آمریکا به افغانستان**

-٢٠٠١/١٠/٢٦ طالبان عبدالحق قوماندان سابق مجاهدین را اسیر و با همراهانش در ولایت لوگر اعدام کردند.

-٢٠٠١/١١/٩ شهر مزار شریف بدست نیروهای جبهه متحد ملی افغانستان فتح شد.

-٢٠٠١/١١/١٢ آخرین پایگاه‌های نظامی طالبان در اطراف شهر کابل از دستشان درآمد.

در واقعیت تبارز جنبش طالبان در اواسط سال‌های ۱۹۹۰م نتیجهٔ سؤ استفاده دولت پاکستان از استیلای انارشی حکومت مجاهدین در افغانستان و سؤ استفاده از احساسات نشنالیستی پشتون‌ها در کشور می‌باشد. از اینرو بی‌جهت نیست که ظهور طالبان در سال ۱۹۹۵م و پیروزی چشمگیر آن‌ها در سقوط حکومت مجاهدین و گرفتن کابل و ولایات در سال ۱۹۹۶م، اکثراً بدون جنگ، در حقیقت عکس‌العمل نشنلیزم پشتون‌ها از یک طرف و نارضایتی مردم از انارشی لجام گسیخته و بی‌امنیتی مستولی در کشور بود.

اما متأسفانه طالبان یک رژیم اختناق مذهبی قرون وسطایی را در کشور برقرار ساختند که سقوط آن‌ها در سال ۲۰۰۱ توسط قوای امریکایی به کمک ملیشه‌های محلی و ایجاد یک دولت مبنی بر اساسات دموکراسی و قانون اساسی بر مبنای توافقات بُن با استقبال عظیم مردم کشور و بخصوص روشنفکران مواجه گردید. استیلای دولت مذهبی فاشیستی و قرون وسطائی طالبان در سال‌های ۱۹۹۶-۲۰۰۱ به کمک مستقیم پاکستان، لکهٔ ننگی بر دامان ملت افغان و بخصوص ملیت پشتون محسوب می‌گردد و بزرگترین قربانی تداوم تروریزم و جهل پرستی این گروه تمام پشتون‌های ساکن ولایات پشتون‌نشین کنار سرحد با پاکستان است.

احمد رشید در مورد طالبان مینویسد: "بسیاری از طالبان در کمپهای مهاجرین در پاکستان بدنیا آمده و در مدارس آنجا آنجا درس خوانده اند، و مهارت جنگی را در دوران جهاد کسب کرده اند. طالبان جوان بسیار اندک از کشور خود و تاریخ آن اطلاع دارند ولی دربارهٔ جامعه مطلوب و دلخواه اسلامی که در زمان حضرت محمد علیه و سلم ۱۴۰۰ سال پیش ایجاد شده بود از مدارس خود معلومات کافی حاصل کرده و تطبیق آنرا اکنون خواهانند." (احمد رشید، طالبان، ص ۳۷).

حوادث کلیدی در بقدرت رسیدن طالبان

·بروز ۱۲ اکتوبر ۱۹۹٤ در حدود ۲۰۰ طالب از مدارس قندهار و پاکستان وارد سپین بولدک شهرک سرحدی میان افغانستان و پاکستان شدند. این شهرک در آنزمان در اختیار افراد گلبدین حکمتیار بود. قوای طالبان به سه دسته تقسیم شده بالای قوای حکمتیار حمه کردند هفت نفرشانرا در بدل یکنفر کشتند و قوای حکمتیار فرار کرند در نتیجه سپین بولدک و دیپوی بزرگ مهمات حکمتیار که در نزدیک آنجا قرار داشت بدست طالبان افتاد که در آن برعلاوه ۱۸۰۰۰ کلاشنکوف مقدار زیادی مهمات و تعدادی عراده جات بود نیز بود؛

-روز ٢٠ اکتوبر ١٩٩٤م نصیرالله بابر وزیر داخلهء پاکستان با شش سفیر کشورهای غربی مقیم اسلام آباد بدون اطلاع حکومت ربانی-مسعود به قندهار و هرات سفر نمود. او گفته بود که ٣٠٠ ملیون دالر از موسسات بین المللی جمع آوری کرده شاهراه کویته-هرات را باز سازی نماید؛

-بتاریخ ٢٨ اکتوبر ١٩٩٤م بینظیر بوتو صدراعظم پاکستان با اسمعیل خان و جنرال دوستم در عشق آباد مرکز ترکمنستان دیدار کرده تآکید کردند که راههای ترانسپورتی بروی کاروانهای تجارتی پاکستانی از کویته از طریق قندهار و هرات بصوب ترکمنستان در بدل حق العبور باز نگهداشته شود؛

-بتاریخ ٢٩ اکتوبر ١٩٩٤ کاروان موترهاییکه متعلق به یونت لوژستیکی ملی اردوی پاکستان، که در دهه هشتاد توسط آی اس آی ایجاد شده بود تا سلاح و مهمات امدادی را به مجاهدین برساند، بود و توسط ٨٠ دریور سابقه سردوی پاکستان از کویته بسوی هرات براه افتاد. کرنیل امام افسر عالیرتبه آی اس آی و جنرال قونسل پاکستان در هرات با دو قوماندان جوان طالبان بنام ملا بورجان و ملا ترابی کاروان را رهبری میکردند. کاروان در نزدیکی میدان هوایی قندهار توسط قوماندان لالئ و منصور اچکزئ و قومندان استاد حلیم توقف داده شد و آنها تقاضای پول و سهم از اموال حامل کاروان کردند.

-روز دول نوامبر طالبان به حمله دست زدند قوماندانهای قندهار به فکر اینکه اردوی پاکستان حمله کرده از صحنه فرار کردند. منصور تعقیب شد دستگیر و با ده نفر محافظین او بقتل رسید. جسد قوماندان منصور اچکزئ از میله یک تانک آویزان شد؛

-شام همانروز طالبان به قندهار وارد شدند و بعد از دو روز جنگهای پراگنده قوماندانها را شکست دادند. ملا نقیب الله عمده ترین قوماندان شهر قندهار که ٢٥٠٠مجاهد داشت با دریافت پول از آی آس آی با افراد خود به صفوف طالبان پیوستند؛

-حکومت و جماعت العلمای اسلام پاکستان سقوط قندهار را بدست طالبان با شادمانی جشن گفتند، نصیرالله بابر وزیر داخله پاکستان کریدت پیروزی طالبان را از آن خود ساخته به خبرنگاران گفت: "طالبان از خود ما هستند" (احمد رشید، طالبان، ٢٠٠٢، ص ٤٧).

فصل نهم
دولت جمهوری اسلامی (۲۰۰۱-۲۰۲۱م)

"دنیای غرب در تعقیب منافع خود ازافراطی ترین جهادیون اسلامگرا در افغانستان، عراق، سوریه، یمن و لیبیا حمایت کرد و آنها را به قدرت رسانید! مجاهدین در سال ۱۹۹۲، طالبان در سال ۱۹۹٦ و ائتلاف شمال در سال ۲۰۰۱ مثالهای بارز آن در افغانستان اند. منافع غرب مطابق به زمان و مکان تغییر میابند و هماآهنگ به آنها، دوستان و دشمنان غرب در تغییر اند. اگر کسی این الفبای سیاستهای جهان غرب را نداند،همیشه در تعجب، سردرگمی و گمراهی خواهد بود!"

(دوکتور نوراحمد خالدی)

کنفرانس بن، قانون اساسی و امیدواری‌ها

دویچه ویلی یا صدای آلمان در ۲۰۱۱ نوشت: " شهر بن در غرب آلمان با آن که با افغانستان هزاران کیلومتر فاصله دارد، ولی حوادث ده سال گذشته نام آن را با سیاست این کشور جنگ زده گره زده است. یک دهه پیش در سال ۲۰۰۱ سرنوشت افغانستان در یکی از هوتل های این شهر رقم خورد."

سرنگونی طالبان در سال ۲۰۰۱م، تشکیل کنفرانس بن، ایجاد دولت مؤقت به اشتراک تمام نیروهای ضد طالبان و بالاخره تصویب قانون اساسی نوین "جمهوری اسلامی افغانستان" در سال ۲۰۰۳ توسط لویه جرگه با حمایت قاطع تمام نیروهای سیاسی و ملی شامل لویه جرگه، و وعدهٔ کمک‌های ملیاردها دالر انکشافی از طرف کشورهای ایتلاف ضد طالبان، برای مردم بلا کشیده و

ستمدیدهٔ ما مانند نسیم فرح‌بخشی نوید یک دورنمای درخشان، یک دورنمای پر از صلح، صفا، آرامش و رونق می‌داد.

کنفرانس بن سال ۲۰۰۱ یک کنفرانس نهادساز برای افغانستان بود. در متن موافقتنامه کنفرانس بن به این توجه شده بود که با ایجاد ساختارهای اساسی برای افغانستان، زمینه برای ایجاد و شکل گیری دولت قوی و فراگیر ایجاد شود و از این طریق ثبات سیاسی در افغانستان به وجود بیاید. در کنفرانس بن اول در سال ۲۰۰۱ میلادی، تعدادی از سیاستمداران افغان، از آدرس های متعددی گرد هم آمده بودند تا در سایه همکاری بین المللی و با تکیه به سازمان ملل متحد، پلان جدیدی را برای گریز از بحران تهیه کنند.

شرکت کننده گان کانفرانس بن

در کنفرانس بن قانونی، فهیم، داکتر عبدالله، حاجی قدیر، عباس کریمی، حسین انوری، عارف نورزی، مصطفی کاظمی، آمنه افضلی، میرویس صادق از جبههٔ متحد؛ نماینده گان جریان روم به رهبری ظاهر شاه: عبدالستار سیرت، عزیز الله واصفی، هدایت الله امین ارسلا، محمد اسحاق نادری، رلمی رسول، محمد امین فرهنگ، مصطفی طاهری، سیما ولی، رنا منصوری؛ از جریان صلح قبرس : همایون جریر و اسحاق گیلانی بود و از جریان صلح پشاور انورالحق احدی بود . این کنفرانس تحت نظر دهها نفر مشاور به رهبری لخضر ابراهیمی نمایندهٔ خاص سازمان ملل در امور افغانستان و نماینده گان سایر کشور ها برگزار گردید.

تصامیم کنفرانس بن

در سیزدهم دسمبر سال ۲۰۰۱ میلادی به دنبال ۹ روز بحث و مشاجره، شرکت کنندگان نشست بن در آلمان، یک توافقنامه دو مرحله ای را امضا کردند که سنگ بنای ایجاد نظام جدید را پس از بیست سال جنگ داخلی در افغانستان گذاشت.

براساس این توافقنامه تاریخی، چهره ها و گروه های کلیدی درگیر در مسایل افغانستان روی ایجاد یک حکومت موقت شش ماهه توافق کردند و همچنین پذیرفتند که برای کمک به تامین امنیت در افغانستان، پس از سالها بی ثباتی، نیروهای بین المللی حافظ صلح در افغانستان مستقر شوند.

جناح های مختلف شرکت کننده در این نشست، از جبهه متحد شمال گرفته تا سایر گروه های جهادی و نیز افراد طرفدار محمد ظاهرشاه این توافقنامه را امضا کردند.

توافقنامه بن، توانست به یکی از جنجالی ترین معضل سیاسی افغانستان در سه دهه گذشته که تقسیم قدرت سیاسی بود پایان دهد و با انتخاب حامد کرزی، از چهره های جهادی پشتون تبار به عنوان رئیس اداره موقت، روند جدیدی را در افغانستان آغاز کند.

ترکیب قومی کابینه موقت

کابینه ای به رهبری حامد کرزی، ۳۰ کرسی داشت که با توجه به ترکیب قومی میان گروه های سیاسی افغان، تقسیم شد. از این جمع، یازده کرسی به پشتونها رسید، هشت کرسی را تاجکها اشغال کردند، پنج کرسی دیگر به هزاره ها داده شد، سه کرسی به افراد وابسته به قوم ازبک تعلق گرفت و بقیه کرسیها به سایر اقلیت های قومی رسید.

دو زن - سیما سمر و سهیلا صدیق – نیز به کابینه موقت راه یافتند و وزارتهای امور زنان و صحت به آنها داده شد. علاوه بر این، خانم سمر، به عنوان یکی از پنج معاون آقای کرزی نیز تعیین شد.

آزادی های اجتماعی و حقوق بشر

از نکات مهم توافقنامه بن، تاکید بر آزادی های اجتماعی افغانها، از جمله آزادی بیان و همچنین حقوق زنان و حقوق بشر بود.

در این توافقنامه تصریح شده است که "حق مردم افغانستان به انتخاب آزادانه آینده سیاسی کشورشان براساس اصول اسلامی، دموکراسی، پلورالیسم و عدالت اجتماعی" تضمین شود.

به سازمان ملل متحد در این توافقنامه صلاحیت داده شد تا موارد نقض حقوق بشر را تحقیق کرده و پیشنهادات و توصیه های خود را در این رابطه ارائه کند.

این توافقنامه همچنین در سطح بین المللی، کرسی دائمی افغانستان در سازمان ملل متحد را احیا کرد و در بعد داخلی، خلع سلاح عمومی گروه های مسلح غیرمسئول را منظور کرده و تمامی کنترل بر اوضاع کشور را به حکومت "موقت" مرکزی واگذار کرد.

اداره انتقالی

براساس این توافقنامه، اداره موقت شامل کابینه ای با ۳۰ کرسی و رئیس، کمیسیون مستقل تدویر لویه جرگه اضطراری، بانک مرکزی و دادگاه عالی بود.

همچنین توافق صورت گرفت که یک کمیسیون عدلی، برای بازسازی و احیای سیستم عدلی و قضایی افغانستان "مطابق با احکام اسلامی و قواعد بین المللی" تشکیل شود.

برگزاری لویه جرگه اضطراری برای ایجاد اداره انتقالی و تعیین رئیس اداره انتقالی ششماه پس از تشکیل اداره موقت و برگزاری لویه جرگه دیگری برای تصویب قانون اساسی جدید افغانستان، هجده ماه پس از ایجاد اداره انتقالی، از دیگر نکات مهم توافقنامه بن بود.

توافقنامه بن اول همچنین تصریح شده است که همزمان با انتقال قدرت، تمامی گروه های جهادی، نیروهای مسلح افغانستان و سایر گروه های مسلح "تحت کنترل اداره موقت درآمده و مطابق با نیازمندی های امنیتی نیروی مسلح افغانستان شناخته شوند."

حضور سربازان بین المللی

در بخش دیگر توافقنامه بن، از سازمان ملل متحد خواسته شد تا با حضور نظامیان بین المللی در کابل و مناطق اطراف آن توافق کند.

این نیروها باید برای کمک به امنیت به افغانستان اعزام می شدند. و (ISAF) نیروهای یاری امنیتی، نام گرفتند.

گروه های حاضر در اجلاس بن اول، توافق کردند که تمامی واحدهای نظامی خود را از کابل و سایر مناطقی که نیروهای تحت حمایت سازمان ملل متحد در آن حضور می یابند، بیرون کنند.

برای حضور نیروهای بین المللی در افغانستان اما، تعداد دقیق این نیروها و زمانبندی برای حضور آنها مشخص نشد.

همچنین توافق شد که حضور این نیروها با توجه به ضرورت، به سایر مناطق افغانستان گسترش یابد.

عواقب کنفرانس بن

در متن موافقتنامه کنفرانس بن به این توجه شده بود که با ایجاد ساختارهای اساسی برای افغانستان، زمینه برای ایجاد و شکل گیری دولت قوی و فراگیر ایجاد شود و از این طریق ثبات سیاسی در افغانستان به وجود بیاید.

اما دریغا که گردانندگان کنفرانس بن و لویه جرگه با نادیده گرفتن و حذف یکی از بازی‌گران مهم سیاسی آن زمان در وجود طالبان دانسته یا نادانسته تخم ناآرمی را در این سرزمین کاشته بودند. سوال‌های زیادی در این مورد می‌توان مطرح کرد:

- آیا این نادیده گرفتن تصادفی بود، غفلت بود و یا قصدی و حساب شده؟

- چه کسانی در این توطیه دخیل بودند؟

- آیا کسی نبود که فکر کند چطور ممکن است یک نیرویی که در بیش از ۸۰ درصد این خاک حکومت می‌کرد با فرود آمدن چند بمب از طیارات بی ۵۲ عمدتاً بدون مقاومت به زمین فرو رفتند!

- این دایرکتران دورنمای حیات سیاسی کشور چگونه نتوانستند موجودیت قویترین قدرت منطقوی را که حامی این نیروی سیاسی است نیز در معادلات خود در نظر بگیرند؟

- آیا به فکر کسی خطور نکرد این دیوی که با سلاح خود و موتر سایکل‌های خود و جیپ‌های پیکپ خود آب شدند و به زمین فرو رفتند بالاخره از جایی سر بر آوردنی هستند!؟

- با وجود آن وقتی این نیروی سیاسی پیشنهاد می‌کند که حاضر است در دولت افغانستان سهم بگیرد این پیشنهاد نادیده گرفته می‌شود.

مهرالدین مشید در مجله انترنتی آریایی نوشت: "از همه مهمتر... بی باوری امریکا به سخت جانی نیرو های جنگی وکم بها دادن به خصوص گی های تاریخی افغانستان بود و فکر میکرد که مخالفان مسلح به زودی سرکوب و مهار می شوند . در این رابطه مداخلات کشور های همسایهٔ افغانستان بخصوص ایران و پاکستان را با توجه به استراتیژی های بلند پروازانه و سیطره طلبانهٔ آنان در افغانستان نیز کم بها کم گرفت . در کنار این سطحی نگری ها می توان, از چشم پوشی از نقش نماینده گان طالبان دراین نشست سخن گفت که دلایل شماری به بهانهٔ بوجود آمدن این کنفرانس بخاطر سرنگونی طالبان نمی تواند, این خلای اشتباه آلود را پر کند . کشته شدن هشت هزار نیروی طالبان

در شمال افغانستان بوسیلۀ نیرو های دوستم در محضر امریکایی عمل اشتباه آلودی بود که هرچه بیشتر خشم طالبان را برانگیخت . در این میان فیصله های یک جانبۀ بن و واگذاری قدرت بیشتر برای گروۀ رقیب طالبان از جمله اشتباهات بزرگتری بود که هر نوع امید واری صلح و ثبات در افغانستان را به یاس مبدل کرد . غارت های مافیایی زمین و تاراج های سازمان یافتۀ اقتصادی این ها با رفقای شریک قدرت آنان بعدتر تمامی خوش بینی های مردم برای آیندۀ مرفه را به خاک یکسان کرد ".

فرود آمدن ۲۵۰ سرباز امریکایی در شمال همزمان با سقوط زود هنگام طالبان ناشی از یک نوع دست پاچگی های نظامی آنان به گونه یی پنتاگون را اغفال کرد و از سویی هم گوش دادن امریکا به مشوره های شماری تازه به میدان سیاست آمده ها سبب شد که طالبان را دست کم گرفته و در سال ۲۰۰۳ متوجه عراق شد .

تشکیل حاکمیت موقت

ایجاد و تاسیس اداره موقت برای رهبری سیاسی افغانستان و سازماندهی این کشور برای گذار به سوی ثبات و دموکراسی، یکی از اولین و مهم ترین موضوعاتی بود که از سوی شرکت کنندگان در کنفرانس بن بدان توجه گردیده بود. در اولین بند از ماده اول مربوط به احکام عمومی موافقتنامه بن، تاسیس حاکمیت موقت مورد توجه قرار گرفت. شرکت کنندگان در این موافقت نامه تصریح کرده بودند که یک حاکمیت موقت با کسب قدرت رسمی به تاریخ ۲۲ دسمبر ۲۰۰۱ تأسیس خواهد شد.

با تشکیل اداره موقت و قرار گرفتن حامد کرزی، در راس این اداره، جناح های سیاسی متعدد در افغانستان نیز که خستگی مردم از جنگ را درک می کردند، از آن استقبال کردند. برهان الدین ربانی، رییس جمهور وقت دولت مجاهدین که نمایندگانش با اشتراک در کنفرانس، معاهده بن را امضا کرده بودند، به تاریخ اول ماه جدی سال ۱۳۸۰ برابر با ۲۲ دسامبر سال ۲۰۰۱ میلادی، در یک مراسم رسمی، قدرت را به حاکمیت موقت ایجاد شده تسلیم داد. تسلیم قدرت از سوی برهان الدین ربانی به حامد کرزی، در نوع خود در افغانستان بی نظیر بود. این برای اولین بار بود که در تاریخ افغانستان، قدرت ـ در بلندترین سطح ـ بدون خونریزی، بدون کودتا و بدون شورش و در آرامی از یک مرجع به مرجع دیگری سپرده می شد.

در کنفرانس بن، دولت موقت به اشتراک تمام نیَروهای ضد طالبان که با امریکا در سقوط طالبان همکاری کردند تآسیس شد. گردانندگان کنفرانس بن، امریکا و

بخصوص زلمئ خلیلزاد، بخوبی از ترکیب قومی نفوس افغانستان باخبر بودند. بر اساس تخمینهای ادارهء مرکزی استخبارات امریکا (سی آی آی) وادارهء مرکزی استخبارات جغرافیایی امریکا ترکیب قومی نفوس افغانستان از قرار آتی میباشد: پشتون ٤٢ فیصد، تاجیک ۲۷ فیصد، هزاره ۹ فیصد، ازبک ۹ فیصد، ایماق ٤ فیصد، ترکمن ۳ فیصد، و سایر اقوام جمعاً ۷ فیصد نفوس افغانستان را تشکیل میدهند. بنابر آن تعیین حامد کرزئ که یک پشتون متجدد، وابسطه به یک خانواده صاحب رسوخ و همچنان یکی از چهره های حکومت مجاهدین که در سال ۱۹۹۲م قدرت را در کابل بدست گرفت میباشد قابل توجیه است چهره ایکه بتواند با رهبران تنظیمهای جهادی متحد امریکا در سقوط دولت طالبان که حالا قدرت واقعی را در دولت در دست دارد یک حکومت موتر را ایجاد کند. قابل تذکر است که زلمئ خلیلزاد گرداننده کنفرانس بن بعدها تأیید نمود که اسم حامد کرزئ برای زعامت حکومت موقت از جانب عبدالله عبدالله به او پیشنهاد گردید.

ریاست جمهور حامد کرزئ

(زندگینامه حامد کرزئ از جریده انترنتی حقیقت اقتباس شده است)

[حامد کرزی فرزند عبد الاحد کرزی نواسهٔ خیر محمد خان به تاریخ ۳ جدی ۱۳۳۶ هجری شمسی مطابق ۲٤دسامبر ۱۹۵۷میلادی در قریهٔ کرز در نزدیکی شهر قندهار متولد گردید. جد بزرگوار حامد کرزی در دوران جنگ استقلال افغانستان و مبارزات بعد از آن سهم فراوان گرفته و مدتی به حیث معین مجلس اعیان افغانستان مصدر خدمت شده است. عبدالاحد کرزی پدر حامد کرزی، از روسای قوم پوپلزایی و از جملهٔ رهبران سیاسی کشور بوده که در دهه شصت میلادی به حیث معین شورای افغانستان مصروف خدمت بود.

وقتی عبدالاحد کرزی عضو پارلمان گردید با خانواده به کابل نقل مکان کرد. حامد کرزی در آن وقت در مکتب ابتدایی محمود هوتکی، سید جمال الدین افغانی و بعداً به لیسهٔ عالی حبیبیه شامل شد. موصوف بعد از فراغت از لیسهٔ حبیبیه در سال ۱۳۵۵ مطابق ۱۹۷۶جهت ادامهٔ تحصیل به هندوستان رفت و در پوهنتون سمله آن کشور در رشته روابط بین المللی و علوم سیاسی تحصیل را آغاز کرد.

حامد کرزی در رشتهٔ متذکره به اخذ درجهٔ ماستری نایل آمد و در سال ۱۳۶۲ هجری شمسی مطابق ۱۹۸۳میلادی از هند به پاکستان رفت و در صفوف مجاهدین بخاطر نجات وطن از تجاوز شوروی شامل گردید و به جهاد و به مبارزه آغاز نمود.

حامد کرزی در سال ۱۳۶۴ هجری شمسی مطابق ۱۹۸۵میلادی برای یك دورهٔ آموزشی در رشتهٔ ژورنالیزم عازم فرانسه گردید و پس از تکمیل کورس سه ماهه در شهر لیل فرانسه به پشاور عودت نمود و بحیث آمر ادارهٔ رسانه ها و بعداً به صفت معاون دفتر سیاسی تنظیم جبههٔ ملی نجات افغانستان به رهبری پروفیسور صبغت الله مجددی ایفای وظیفه نمود.

حامد کرزی با تشکیل حکومت موقت مجاهدین در سال ۱۳۶۸ مطابق ۱۹۸۹مسئولیت ریاست امور روابط خارجی دفتر رئیس حکومت موقت را در پشاور عهده دار شد.

حامد کرزی بعد از تاسیس حکومت مجاهدین در افغانستان در سال ۱۳۷۱هجری شمسی مطابق ۱۹۹۲میلادی به حیث معین سیاسی وزارت امور خارجه افغانستان مقرر گردید.

دو سال بعد، زمانی که جنگ های داخلی میان گروه های مجاهدین در کابل شدت گرفت حامد کرزی مقام دولتی را ترک نمود و برای تدویر نمودن لویه جرگه فعالیت های خویش را آغاز کرد.

قابل یاد آوری است، وقتی که حل منازعات در افغانستان به بن بست می رسید، حامد کرزی یگانه کلید حل منازعات را تدویر لویه جرگه می دانست و به همین خاطر موصوف از سال ۱۹۸۶الی تشکیل ادارهٔ موقت پیوسته بر تدویر یافتن لویه جرگه های عنعنوی افغانستان تاکید نموده و آن را برای نجات افغانستان حیاتی پنداشته است.

در سال ۱۳۷۹هجری شمسی مطابق آگست سال ۲۰۰۰میلادی پدر حامد کرزی که در شهر کویته ــ پاکستان اقامت داشت ... ترور گردید.

کرزی به ادامهٔ مبارزات خویش در اوایل اکتوبر سال ۲۰۰۱میلادی که مطابق ماه میزان ۱۳۸۰ با سه تن از هم فکرانش به ولایت ارزگان رفته و در بسیج مردم کوشید و تا سرنگونی رژیم طالبان در ولایات مرکزی افغانستان به مبارزه ادامه داد[۱].

حامد کرزی بتاریخ ١٤ قوس ۱۳۸۰ مطابق ٥ دسامبر سال ۲۰۰۱میلادی، از طرف اشتراك کننده گان جلسهٔ بن – آلمان به حیث رئیس ادارهٔ موقت انتخاب شد و بتاریخ ۲۲دسامبر همان سال با اعضای کابینه حلف وفاداری را یاد کرد.]

خصوصیات و علکرد دولت پسا طالبان

سرنگونی دولت طالبان در سال ۲۰۰۱ توسط قوای هوایی امریکایی با استفاده از ملیشه‌های محلی در بدل هزارها میلیون دالر نقد، کمک‌های تسلیحاتی و با همکاری نزدیک قوت‌های خاص امریکایی یکبار دیگر افغانستان را به حوزه‌های نفوذ جنگ سالاران مبدل ساخت. در بلخ، سمنگان، جوزجان و فاریاب ملیشه‌های دوستم، عطا محمد نور و محمد محقق به قدرت رسیدند، در هرات اسمعیل خان، در قندهار ملیشه‌های حامد کرزی و گل آغا شیرزی، در ننگرهار ملیشه‌های شورای مشرقی (حاجی قدیر، حضرت و غیره) و با خروج عجولانهٔ طالبان از کابل، ملیشه‌های شورای نظار شهر را بدون جنگ اشغال کرده و زمام قدرت را به دست گرفتند.

دولت حاصله از کنفرانس بن در حقیقت انعکاس سیاسی این تقسیمبندی منطقوی قدرت در کشور می‌باشد و تا امروز بعد از ۱۴سال دولت مرکزی نتوانست حاکمیت مرکزی را در کشور تأمین نماید.

با اشغال کابل توسط شورای نظار و همکاری دوامدار نیروهای بین‌المللی با آن‌ها شرایطی را فراهم ساخت تا شورای نظار و حامیان محلی آن‌ها بصورت غیرمتوازن به قوی‌ترین نیروی سیاسی و نظامی در کشور مبدل گردند. تمام قوماندان‌های جهادی شورای نظار به جنرال‌های اردوی ملی ارتقاء یافتند و پست‌های کلیدی سیاسی، اداری و نظامی را در طول ۱۴سال گذشته در اختیار گرفتند و طوری‌که انتخابات ریاست جمهوری سال ۲۰۱۴م نشان داد به هیچوجه حاضر به از دست دادن این قدرت سیاسی، اداری و نظامی و حتی شراکت متناسب آن نیستند.

با توجه به ترکیب قومی فوق با توجه به ماهیت تاریخی زعامت دولتهای افغانستان امریکاییها حامد کرزیٔ را که یک سیاستمدار پشتون تبار است و امریکاییها با اعزام یک تیم قوای اختصاسی نظامی در پس گرفتن ارزگان و قندهار از طالبان با موصوف همکاری کرده بودند برای زعامت دولت جدید مابعد طالبان انتخاب کردند. باید متذکر شد که این انتخاب با توافق شورای نظار

و اتحاد شمال که در کنفرانس بن به رهبری یونس قانونی حاظر بودند به شرطی پذیرفته شد که پستهای کلیدی دولت به آنها تفویض گردد. تقسیم قدرت میان جناح های جهادی، و بخصوص نقش انحصاری شورای نظار و اتحاد شمال، یکی از انتقادها اساسی بر کنفرانس بن سال ۲۰۰۱ میلادی است.

لویه جرگه اضطراری

برگزاری لویه جرگه اضطراری برای تشکیل اداره انتقالی دومین دست آورد مهم کنفرانس بن ۲۰۰۱ می باشد. تشکیل کمیسیونی برای برگزاری لویه جرگه اضطراری و برگزاری این جرگه برای تشکیل دولت انتقالی، از جمله موضوعات مورد تعهد رهبران شرکت کننده در کنفرانس بن بود.

لویه جرگه اضطراری که از تاریخ (۱۳۸۱/۳/۲۰ ـ ۱۳۸۱/۳/۲۸) در تالار خیمه لویه جرگه در کابل برگزار شد، یکی از تاریخی ترین رخدادهای افغانستان و از دست آوردهای مثبت افغانستان محسوب می گردد. زیرا این جرگه از این جهت ارزش داشت که در چند دهه اخیر تاریخ افغانستان، برای اولین بار بود که بیش از یک هزار و پنجصد تن از افغان ها با زبانی غیر از زبان تفنگ در رابطه به تعیین سرنوشت سیاسی کشور به بحث می پرداختند.

شمار اعضای لویه جرگه اضطراری یک هزار و شش صد و پنجاه و دو عضو اعلام شده است که از میان مردم در داخل افغانستان و مهاجران افغان در کشورهای خارجی شرکت کرده بودند. از این میان ۵۰ عضو انتصابی بودند که از سوی رییس اداره موقت تعیین شده بودند. به عنوان نخستین جرگه ی انتخابی در افغانستان، لویه جرگه اضطراری توانست از اقشار مختلف ملت افغانستان، به شمول مهاجرین نمایندگی کند. در این جرگه که توجه کشورهای مختلف دنیا را نیز با خود داشت، حضور زن های افغان علی الخصوص بسیار چشمگیر بود.

اداره انتقال با ترکیب نا متوازن

شرکت کنندگان در لویه جرگه اضطراری رییس دولت انتقالی افغانستان را انتخاب کردند. حامد کرزی رییس اداره موقت در رقابت با داکتر مسعوده جلال، توانست آرای بیشتر شرکت کنندگان در این جرگه را به دست بیاورد.

اداره انتقالی دومین گامی بود که در راستای گذار افغانستان به دموکراسی و ثبات سیاسی در کنفرانس بن در نظر گرفته شده بود. در بند چهارم ماده اول از

احکام عمومی معاهده بن، اداره موقت به عنوان مسوول گذار افغانستان به سمت و سوی ثبات و دموکراسی معرفی شده بود. در بخشی از این بند آمده است:" این اداره – اداره انتقالی – در مدت دو سال از تاریخ دایر شدن لویه جرگه زمینه را برای ایجاد یک حکومت کاملاً نماینده که در نتیجه انتخابات آزاد و مناسب منتخب خواهد گردید آماده می سازد."

در سال ۲۰۰۲ لویه جرگه اضطراری برگزار شد و حامد کرزی به عنوان رییس دولت انتقالی انتخاب شد.

حکومت موقتی که برای دوره شش ماهه در نظر گرفته شده بود، هدفش این بود که حاکمیت ملی را در افغانستان متمرکز سازد. پیش از ایجاد حاکمیت موقت، افغانستان شاهد پراکندگی قدرت بود. رهبران متعدد در نقاط متعدد افغانستان بر اساس صلاح دید خویش می توانستند قدرت را اعمال کرده و مبادرت به جنگ و صلح کنند. حاکمیت موقت توانست به این مشکل پایان دهد. اداره انتقالی در گستره وسیع تری قرار بود فعالیت کند. این اداره مسوولیت داشت تا راه هایی را جستجو کند که بتواند به صلح و ثبات دایمی در افغانستان برسد. یکی از مهم ترین این راه ها قانونمند سازی جامعه می توانست باشد. تیمور شاران در سال ۲۰۰۹ در بی بی سی مینویسد:

"توافقات بن در سال ۲۰۰۱ روی کاغذ بستری را برای یک حکومت دارای پایه های وسیع، چند قومی و متوازن سیاسی به وجود آورد. با این وصف، قدرت عملاً به صورت عمده در اختیار آنچه که "ائتلاف شمال" خوانده می شد و بخصوص میان شاخه کوچک نظامی حزب جمعیت متشکل از چهره های موسوم به 'پنجشیری' قرار داشت".

ائتلاف شمال، ۱۷ پست مهم از میان جمعاً ۳۰ پست را از آن خود کرد که وزارتهای مهم دفاع، داخله، خارجه، پلان، تجارت و ریاست امنیت ملی جزو آنها می شد. در این میان تنها دو پست ریاست دولت و وزارت مالیه در اختیار گروه به اصطلاح "روم" متشکل از طرفداران ظاهرشاه قرار گرفت.

بدین ترتیب، ائتلاف شمال، که به دنبال سقوط طالبان کابل را در کنترل خود گرفته بود، برنده تمام عیار بازی بود. این کابینه متوازن نبود، چرا که در آن به برخی از گروهها بیش از اندازه لازم سهم داده شده بود و برخی دیگر از سهم واقعی برخوردار نشده بودند. کوتاهی در عملی کردن توافقات بن در زمینه برقراری مناسبات مبتنی بر تسهیم متناسب قدرت، کشمکش داخلی شدیدی را میان چهره های مختلف داخل حکومت به دنبال داشت.

آقای کرزی که می توان گفت به نوعی در احاطه "جنگسالاران" نیرومند بود و
حوزه نفوذش به کابل محدود می شد، از سال ۲۰۰۳ سیاست کنارزدن حریفان
از قدرت را در پیش گرفت و تلاش کرد تا سهم ائتلاف شمال را در کابینه خود
محدود سازد.

به همین دلیل دوره بین سالهای ۲۰۰۲ تا ۲۰۰۵ شاهد کشمکشها و منازعه شدید
داخلی بین نخبگان گوناگون دولتی بود که در جریان آن رییس جمهور و با
متحدان نزدیک خود در یک طرف و "جهادیهای" ائتلاف شمال در طرف دیگر
قرار داشتند.

قانون اساسی جدید ۱۳۸۲ هجری شمسی

برای نیل به حاکمیت قانون، دولت انتقالی موظف شده بود تا لویه جرگه تصویب
قانون اساسی را دایر کرده و قانون اساسی جدیدی را برای افغانستان به تصویب
برساند. در بند ششم ماده اول از بخش احکام عمومی موافقتنامه بن، دولت
انتقالی موظف شده بود که لویه جرگه قانون اساسی را طی هجده ماه از تأسیس
حاکمیت انتقالی دایر کند تا قانون اساسی را برای افغانستان تصویب کند. البته
برای گریز از مواجهه با خلای قانونی در افغانستان، قانون اساسی ۱۳۴۳ به
عنوان قانون اساسی نافذ بر افغانستان معرفی شده بود.

تدوین و تصویب قانون اساسی یک گام مهم در پیش برد پروسه ملت سازی در
افغانستان بود که به عنوان یکی از مهم ترین بخش های موافقت نامه بن محسوب
می گردد. تهیه یک سند مشترک به عنوان مظهر خواسته مشترک تمام مردم
افغانستان، می توانست به خستگی مردم خسته از جنگ افغانستان پایان دهد.

در موافقتنامه بن تصریح شده بود که قانون اساسی جدید توسط لویه جرگه قانون
اساسی که در ظرف ۱۸ ماه بعد از تأسیس اداره انتقالی دایر می گردد، تصویب
گردد. همین موافقتنامه پیش بینی کرده بود که یک کمیسیون قانون اساسی از
سوی دولت انتقالی به همکاری ملل متحد تأسیس خواهد شد.

بر اساس این تعهدات، حامد کرزی رییس دولت انتقالی به تاریخ ۱۳ میزان
۱۳۸۱ برابر با ۵ اکتوبر سال ۲۰۰۲ میلادی، نه نفر را به عنوان اعضای
کمیسیون تسوید قانون اساسی تعیین کرد. این کمیسیون تحت رهبری نعمت الله
شهرانی، معاون رییس دولت، مسوده ابتدایی قانون اساسی را تهیه و به کمیسیون
تدقیق قانون اساسی سپرد.

قانون اساسی جدید در لویه جرگه قانون اساسی که در ماه های قوس و جدی ۱۳۸۲ برگزار گردید به تصویب رسید. تصویب قانون اساسی مهم ترین و نهایی ترین گامی بود که برای گذار افغانستان به ثبات و دموکراسی در توافقنامه بن پیش بینی شده بود. تصویب قانون اساسی زمینه را برای برگزاری انتخابات ریاست جمهوری و پارلمانی و حاکم شدن یک دولت مقتدر، مردمی و مشروع در افغانستان مساعد ساخت. در پرتو قانون اساسی ۱۳۸۲ انتخابات ریاست جمهوری افغانستان در سال ۱۳۸۳ و انتخابات پارلمانی در سال ۱۳۸٤ برگزار شد و پروسه واگذاری قدرت به مردم و ملی سازی حاکمیت که به عنوان زمینه رسیدن به ثبات در معاهده بن در نظر گرفته شده بود، به اجرا گذاشته شد.

محتویات قانون اساسی چیست ؟

اکثراً قوانین عصری و از جمله قانون اساسی افغانستان مسایل ذیل را در بردارد.

– ارزش ها و اصول اساسی که برای مردم یک کشور ضروری است (این مسایل اکثراً در مقدمه قانون اساسی تحریر می گردد)؛

– ساختار دولت؛

– حدود صلاحیت ها و اقتدار دولت؛

– حقوق و مکلفیت های اتباع (که اکثراً در فصل حقوق وآزادی های افراد توضیح داده میشود)؛

– شورا؛ – لویه جرگه؛ – حکومت؛ – قضأ؛ – اداره؛ – حالت اضطرار؛ – تعدیل قانون اساسی، – احکام انتقالی تصویب قانون اساسی نوین "جمهوری اسلامی افغانستان" در سال ۲۰۰۳ توسط لویه جرگه با حمایت قاطع تمام نیروهای سیاسی و ملی شامل لویه جرگه، که اکثریت آنها در حکومت وحدت ملی فعلی هم شامل هستند، و وعدهء کمکهای ملیاردها دالر انکشافی از طرف کشور های ایتلاف ضد طالبان، برای مردم بلا کشیده و ستمدیدهء ما مانند نسیم فرحبخشی نوید یک دورنمای درخشان، یک دورنمای پر ازصلح، صفا، آرامش و رونق میداد.

انتخابات ریاست جمهوری افغانستان ۱۳۸۳ (۲۰۰٤)

این انتخابات قرار بود در تاریخ ۱۵ سرطان ۱۳۸۳ برگزار شود اما برای دو بار به تعویق افتاد. یک بار در ماه سنبله و بار دیگر به ماه میزان. طبق ماده

شصت قانون اساسی جمهوری اسلامی افغانستان، به همراه رئیس‌جمهور دو فرد دیگر به عنوان معاون رئیس‌جمهور نامزد شدند. بعضی کاندیداها برای کسب آراء بیشتر معاونین خود را از اقوام مختلف انتخاب می‌کردند. اگر کاندیدی نمی‌توانست آراء بیش از ۵۰ درصد افغانستان را کسب کند،

انتخابات سال ۲۰۰٤ اولین انتخاباتی ریاست جمهوری در تاریخ افغانستان بود که مردم برای تعیین رئیس‌جمهور و دو معاون وی به پای صندوقهای انتخابات رفتند. این انتخابات در تاریخ ۱۸ میزان ۱۳۸۳ برگزار شد و حامد کرزی با کسب ۵۵،۴ درصد آرا به عنوان اولین رئیس‌جمهور منتخب افغانستان برگزیده شد.

این انتخابات با حضور گسترده ناظران داخلی و بین المللی برگزار شد. مسئولیت برگزاری این انتخابات را کمیسیون یازده نفری برعهده داشت که براساس فرمان رییس جمهور دوره انتقالی تشکیل شده و پنج نفر از اعضای آن را که کارشناسان بین المللی امور انتخاباتی بودند، نمایندگی سیاسی سازمان ملل متحد در کابل تعیین کرده بود.

حامد کرزی توانست در این انتخابات ۳ برابر بیشتر از بقیه نامزدها رأی مردم را کسب کند. دوازده نامزد دیگر در انتخابات کمتر از ۱ درصد آراء را به خود اختصاص داده بودند. تخمینها نشان می‌دهد بیش از سه چهارم از جمعیت تقریبی ۱۲ میلیونی واجد شرایط در این انتخابات حضور پیدا کردند. این انتخابات تحت نظارت سازمان مشترک انتخابات که به ریاست زکیم شاه و معاون ارشدی ری کندی که آمریکایی کارمند سازمان ملل هست بود.

نامزدها و مسائل

در این انتخابات ۲۳ نفر کاندید شدند. پنج تن از کاندیداها کنار گذاشته شدند.

· حامد کرزی رئیس‌جمهور موقت افغانستان بود. گرچه وی در این انتخابات به صورت مستقل حضور یافت اما حمایت چند حزب سیاسی از جمله حزب افغان ملت که حزب سوسیال دموکرات هست را داشت. احمد ضیاء مسعود و محمد کریم خلیلی معاونین وی در این انتخابات بودند.

· در ابتدا، جنرال عبدالرشید دوستم، رهبر جنبش ملی اسلامی افغانستان و عضو اردوی ملی افغانستان در دوره دولت موقت کرزی را رقیب اصلی کرزی پیش‌بینی می‌کردند اما در ادامه مبارزات انتخاباتی معلوم شد که محبوبیت وی محدود است. شفیقه حبیبی ومصطفی کمال مخدوم معاونین وی در این انتخابات بودند.

·یونس قانونی، که در چندین پست برجسته در دولت موقت فعالیت کرده بود، در این انتخابات خود را رقیب حامد کرزی و از مخالفین وی نشان داد. قانونی از اعضای برجسته ائتلاف شمال بود و با حمایت محمد قسیم فهیم، معاون اول رئیس‌جمهور موقت که از تیم کرزی کنار گذاشته بود حضور یافت. قانونی ادعای میراث داری احمد شاه مسعود را می‌کرد همانند برخی نامزدهای دیگر از جمله احمد ضیاء مسعود که در تیم حامد کرزی حضور داشت. معاونین یونس قانونی در این انتخابات تاج محمد وردک و سید حسین عالمی بلخی بودند.

·محمد محقق رهبر حزب وحدت اسلامی افغانستان، وزیر در دوران حکومت حامد کرزی و دولت برهان‌الدین ربانی و از متحدین عبدالرشید دوستم بود. وی در دوران مبارزات انتخاباتی کرزی را به عنوان یک رهبر ضعیف مورد انتقاد قرار می‌داد و تعهد کرده بود که با جناح‌های مختلف متحد شده و به تجارت مواد مخدر پایان دهد. معاونین وی نصیر احمد انصاف و عبدالفیاض مهرآیین بودند.

·عبدالحفیظ منصور با ۴۱ سال سن جوانترین کاندید انتخابات ریاست جمهوری بود. وی از اعضای ائتلاف شمال بود و ادعای میراث احمد شاه مسعود را داشت. وی سابقه فعالیت روزنامه‌نگاری و وزیر اطلاعات و فرهنگ را داشت. در طول مبارزات انتخاباتی وی حامد کرزی را برای تلاش دیکتاتوری انتخاباتی متهم کرد. معاونین وی محمد اقبال منیب و محمد ایوب قاسمی بودند.

·احمدشاه احمد زی نامزد اصلی جناح راست دینی بود. وی در دوران اشغال افغانستان توسط شوروی صدراعظم دولت در تبعید در پاکستان بود. احمدزی قبلاً رهبری یک گروه رادیکال اسلامی که با مجاهدین، طالبان و القاعده همکاری داشت را رهبری می‌کرد، اما از آن زمان هرگونه ارتباط با آن‌ها را رد کرد. معاونین وی عبیدالله عبید و عبدالمنان ارزگانی بودند.

·همایون شاه آصفی نمایندگی گروه های سلطنت طلب را داشت، هرچند پادشاه پیشین افغانستان، محمد ظاهر شاه، این ادعا را رد کرد. معاونین وی محمد هاشم عصمت الله و نیلاب مبارز بودند.

·عبدالستار سیرتکه در دهه ۱۹۷۰ در چندین پست وزارت فعالیت داشت بعدها نماینده پادشاه در تبعید افغانستان فعالیت کرد. وی در ابتدا

به عنوان رئیس دولت موقت تعیین شد اما به نفع کرزی کنار رفت. معاونین وی محمد امین وقاد و عبدالقادر امامی بودند.

•مسعوده جلال داکتر طب و تنها زن در میان کاندیداها بود. گرچه دو معاون زن نیز در این انتخابات حضور داشتند (نیلاب مبارز و شفیقه حبیبی). معاونین خانم جلال در این انتخابات میر حبیب سهیلی و سید محمد عالم امینی بودند.

•عبدالطیف پدرام شاعر، روزنامه‌نگار و رهبر حزب کنگره ملی افغانستان در انتخابات از حقوق پناهندگان افغانستان حمایت می‌کرد. معاونین وی احمد نیرو و محمد قاسم معصومی بودند.

•اسحاق گیلانی وابسته به حزب همبستگی ملی افغانستان و نماینده اقلیت مسلمانان صوفی در این انتخابات بود. معاونین وی محمد اسماعیل قاسمیار و بریالی نصرتی بودند.

•غلام فاروق نجرابی داکتر کودکان، وابسته به حزب استقلال افغانستان بود. وی خواستار پایان دادن به تبعیض قومی، مذهبی و جنسی در افغانستان بود و ادعا می‌کرد که می‌تواند با طالبان پل ارتباطی بسازد. معاونین وی عبدالفتاح و عبدالحنان بودند.

•عبدالهادی دبیر به صورت مستقل در این انتخابات حضور یافت. وی دولت را به انتصابات قبیله‌ای متهم کرد و خواستار تشکیل بخش علمای ملی در پارلمان افغانستان شد. معاونین وی عبدالرشید و داد محمدبودند.

•عبدالهادی خلیلزی نامزد مستقل بود. معاونین وی خدای نور مندو خیل و خداداد عرفانی بودند.

•میر محفوظ ندایی نامزد مستقل وی سابقه وزیر معادن و صنایع را در دولت موقت در کارنامه داشت. او دیگر کاندیداها را به قوم‌گرایی و حزب گرایی متهم کرد که موفق به ارائه یک برنامه درست وحدت ملی نشدند. معاونین وی محمد عارف ابراهیم خیل و محمد حکیم کریمی بودند.

•محمد ابراهیم رشید نامزد مستقل بود و از حامیان حقوق پناهندگان افغانستانی بود. معاونین وی سید محمد هادی و حمید طاهری بودند.

•وکیل منگل نامزد مستقل وی در دوران مبارزات انتخاباتی از حقوق زنان دفاع می‌کرد. معاونین وی محمد یونس مغول و دینه گل بودند.

·عبدالحسیب آرین نامزد مستقل. وی که با ۷۲ سال سن پیرترین کاندید در این دوره از انتخابات بود از حقوق زنان حمایت می‌کرد و ادعا داشت که حقوق زنان در قانون اساسی، اسلام و فرهنگ مردم افغانستان امری پذیرفته شده‌است. معاونین وی دل آقا شکیب و سید محمد زمان احمد یار بودند.

با همکاری سازمان مهاجرت (IOM) بیش از دو میلیون مهاجر در کشور ایران و پاکستان در انتخابات حضور یافتند. در پاکستان تحت رهبری استوارت پوچر یک تیم کوچک از سازمان ملل در کمتر از دو ماه ۴۰۰ مأمور ارشد و ۶۰۰۰ مأمور رأی دهی را برای آموزش دادن به ۸۰۰ هزار مهاجر برای رأی دادن استخدام کرد. بیش از نیمی از این مهاجرین در انتخابات حضور یافتند.

طالبان ادعا کردند که برگزاری این انتخابات جلوگیری می‌کنند. آن‌ها آمریکا را متهم به تسلط بر منطقه می‌کردند. در طی فرایند انتخابات، پنج سرباز اردوی ملی افغانستان به علت نا آرامی و توسط مین‌های زمینی جان خود را از دست دادند. ۱۵ تن از کارمندان اداره مشترک انتخابا کشته و ۴۶ تن دیگر نیز زخمی شدند. دو پیمانکار بین‌المللی که در نورستان مشغول فعالیت بودند نیز کشته شدند.

نتایج انتخابات ۲۰۰٤ ریاست جمهوری

جدول ۲ : خلاصه نتایج انتخابات ریاست جمهوری افغانستان تاریخ ۱۸ میزان ۱۳۸۳

کاندیداها	نامزد حزب/حزب	قومیت	تعداد آرأ	فیصدی از مجموع آرأ
عبدالرشید دوستم	مستقل/جنبش ملی اسلامی افغانستان	ازبکـا	۸۰٤,۸٦۱	۱۰,۰۰٪
عبدالستار سیرت	مستقل	ازبک	۳۰,۲۰۱	۰,٤۰٪
		مجموع رای ازبک	۸۳۵,۰٦۲	۱۰,٤۰٪
حامد کرزی	مستقل	پشتون	٤,٤٤۳,۰۲۹	۵۵,٤۰٪
اسحاق گیلانی	همبستگی ملی	پشتون	۸۰,۰۸۱	۱,۰۰٪
احمدشاه احمدزی	مستقل/حزب اتحاد اسلامی افغانستان	پشتون	٦۰,۱۹۹	۰,۸۰٪
همایون شاه آصفی	مستقل/National Unity Party	پشتون	۲٦,۲۲٤	۰,۳۰٪
عبدالهادی خلیلزی	مستقل	پشتون	۱۸,۰۸۲	۰,۲۰٪
میر محفوظ ندایی	مستقل	پشتون	۱٦,۰۵٤	۰,۲۰٪
محمد ابراهیم رشید	مستقل	پشتون	۱٤,۲٤۲	۰,۲۰٪
وکیل منگل	مستقل	پشتون	۱۱,۷۷۰	۰,۱۰٪
		مجموع رای پشتون	٤,٦٦۹,٦۸۱	۵۸,۲۰٪

یونس قانونی	حزب افغانستان نوین	تاجیک	۱,۳۰۶,۵۰۳	۱۶,۳۰٪
لطیف پدرام	کنگره ملی	تاجیک	۱۱۰,۱۶۰	۱,۴۰٪
مسعوده جلال	مستقل	تاجیک	۹۱,۴۱۵	۱,۱۰٪
غلام فاروق نجرابی	حزب استقلال افغانستان	تاجیک	۲۴,۲۳۲	۰,۳۰٪
سید عبدالهادی دبیر	مستقل	تاجیک	۲۴,۰۵۷	۰,۳۰٪
عبدالحفیظ منصور	مستقل/جمعیت اسلامی افغانستان	تاجیک	۱۹,۷۲۸	۰,۲۰٪
عبدالحسیب آرین	مستقل	تاجیک	۸,۳۷۳	۰,۱۰٪
		مجموع رای تاجیک	۱,۵۸۴,۴۶۸	۱۹,۷۰٪
محمد محقق	حزب وحدت اسلامی مردم افغانستان	هزاره	۹۳۵,۳۲۶	۱۱,۷۰٪
		مجموع رای هزار	۹۳۵,۳۲۷	۱۱,۷۰٪
مجموع آرا صحیح (مشارکت ۷۰٪)			۸,۰۲۴,۵۳۷	۱۰۰,۰۰٪
آرا باطل			۱۰۴,۴۰۴	۱,۳۰٪
کل آرا			۸,۱۲۸,۹۴۰	۱۰۱,۳۰٪

منبع: نتایج نهایی شمارش آراء انتخابات افغانستان، وبسایت بی بی سی فارسی، چهارشنبه ۰۳ نوامبر ۲۰۰٤

یاداشت: ۱,۳ ٪ کل آراء باطل گردید. چندین نامزد به عنوان مستقل در این انتخابات شرکت کرند، به رغم شناخت وابستگی به احزاب یا گروه‌های سیاسی، مسعوده جلال به عنوان تنها کاندید زن در این انتخابات حضور داشت، تمامی رای‌ها به صورت دستی شمرده شدند، ۷۰ ٪ افرادی که ثبت‌نام کرده بودند، در انتخابات حضور یافتند.

تقلب

در این انتخابات نزدیک به پانزده تن از رقیبان حامد کرزی ادعای وجود تقلب در این انتخابات را مطرح کردند. معترضان، پاک شدن جوهر رنگی رای‌دهندگان و دخالت پولیس و نیروهای خارجی به نفع حامد کرزی را دلایل اعتراض به وجود تقلب در این انتخابات، بیان کردند و خواهان تحریم انتخابات و نتایج آن شدند. در حالیکه سازمان امنیت و همکاری اروپا و مقامات انتخاباتی بر صحت این انتخابات تأکید داشت.

اما برکناری چهره های مهم "جهادی" از پستهای فعال دولتی می تواند نقش آنها را به عنوان حریف آقای کرزی در انتخابات ریاست جمهوری سال ۲۰۰٤ توجیه کند. یونس قانونی، محمد محقق و ژنرال دوستم همگی با حامد کرزی از در رقابت وارد شده و تلاش کردند تا از گروههای مختلف قومی در این انتخابات نمایندگی کنند.

آقای کرزی از سال ۲۰۰٦ و با برکناری حریفان "جهادی" از دولت، درعین حال سیاست کنارزدن مخالفان را با سیاست مدارا و دلجویی عجین کرد و طی آن شبکه پیچیده ای از روابط با فرماندهان، رهبران قومی و دیگر بازیگران قدرت به وجود آورد. انتخابات سال ۲۰۰۹ بازتاب همین سیاست است که براساس آن وی با بازیگران عمده قدرت چون ژنرال دوستم، محمد محقق و دیگران به معامله روی آورد تا در ازای حمایتشان پستهای دولتی و دیگر امتیازات را در اختیار آنان قرار دهد. یعنی همان کسانی را که پیش از این تلاش کرده بود تا موقعیت شان را در جامعه و سیاست افغانستان تضعیف کند.

۲۰۰٦ و شروع دوبارهٔ ناآرامیها

متاسفانه درست در سال ۲۰۰٦م، اولین فیر مرمیها و انفجار بمبهای دشمنان ترقی، آزادی و سعادت مردم، سایهٔ شومی بالای امیدواری مردم افگند، سایهٔ

سیاه و شوم جنگ باز در افق کشور از شرق ظاهر شدند. آن دیوی که به زمین فرو رفته بود باز سر بر افراشت!

دشمنان کمین کردهء مردم ما بازهم از غفلت ما و از نفاق ما سو استفاده کردند و مارا بجان هم انداختند. بهانهء یافتند و تیشهء تیزی بدست این بازیگران فراموش شده دادند تا با آن دورنمای امیدواری مردم مارا با خون رنگین کنند. این خونریزی تا امروز با قوت هرچه بیشتر آن ادامه دارد.

انتخابات ریاست جمهوری سال ۲۰۰۹ افغانستان

برگزاری دومین انتخابات ریاست جمهوری افغانستان را کمیسیون مستقلی به عهده داشت که تمامی اعضای آن افغان بودند. کمیسیون مستقل انتخابات (IEC) که براساس فرمان رییس جمهوری افغانستان در نوزدهم جولای سال ۲۰۰۵ تشکیل شده، ۹ عضو، به شمول یک رییس و یک معاون دارد و دو عضو آن زنان هستند.

عزیزالله لودین که لیسانس در رشته حقوق و علوم سیاسی و دکترا در اقتصاد دارد، رییس این کمیسیون و جنرال ایوب اصیل که ماستری در رشته پولیس و عدالت دارد، معاون این کمیسیون بود. تعیین رییس کمیسیون انتخابات، براساس فرمان رییس جمهور صورت می گیرد.

انتخابات ریاست جمهوری افغانستان در ۲۹ اسد ۱۳۸۸ هجری شمسی برگزار شد.در ابتدا میزان آرای حامد کرزای حدود پنجاه و پنج درصد آرای واجدین شرایط اعلام شد ولی با برررسی تقلب در انتخابات آراء کرزی به زیر پنجاه درصد رسید و انتخابات به دور دوم کشید، عبدالله عبدالله رقیب کرزی اعلام کرد که در اعتراض به عملکرد نادرست حکومت و عملکرد نادرست کمیسیون انتخابات، در انتخابات شرکت نخواهد کرد [1] و در نتیجه کرزی رئیس‌جمهور منتخب اعلام شد.

در پی این انتخاب و ابراز نگرانی‌ها در مورد سلامت این انتخابات کمیسیون رسیدگی به شکایات انتخابات بازشماری آرا را آغاز کرد. به گزارش بی‌بی‌سی مبتنی بر اینست که در پی بازشماری آرا رای‌های حامد کرزی به زیر ۵۰ ٪ سقوط کرده‌است .طبق قوانین انتخاباتی افغانستان در صورتی که هیچکدام از کاندیدها قادر به کسب ۵۱٪ آرا نشوند انتخابات به دور دوم کشیده میشود.

در جریان مبارزات انتخاباتی، یازده نامزد ریاست جمهوری به نفع نامزدهای دیگر کنار رفتند: مولوی محمد سعید هاشمی, باز محمد کوفی, نصرالله بریالی ارسلایی, عبدالمجید صمیم, حکیم تورسن, یاسین صافی, نصیر صافی, هدایت امین ارسلا شاه محمود پوپل، محمد نصیر انیس ,سن علی سلطانی, عبدالقادر امامی غوری, محمد داود میرکی.

نتیجه انتخابات

در اول نومبر، داکتر عبدالله اعلان کرد، ازینکه شرایطش برای برگذاری دور دوم انتخابات برآورده نشده است، او در دور دوم انتخابات که قرار بود بتاریخ هفتم نومبر برگذار شود، شرکت نخواهد کرد. تقاضا ها وشرایط داکتر عبد الله عبارت بودند از: سبکدوشی عاجل رئیس کمیسیون مستقل انتخابات، و معطل قرار دادن کار بعضی از اراکین دولت به شمول وزیر داخله، وزیر معارف و وزیر سرحدات و اقوام وقبایل. او همچنان نظارت بر اعمال وزارت مالیه، اطلاعات و فرهنگ، حج و اوقاف و رادیو وتلویزیون ملی را تقاضا کرده بود.

به این ترتیب عبدالله عبدالله روش ناپسند و غیر دموکراتیک نه پذیرفتن نتایج انتخابات را آغاز کرده و در دو انتخابات بعدی همچنان ادامه میدهد. او همچنان ادعای غیر معمول تغییر روسای کمسیون انتخابات را در جریان سه انتخابات ریاست جمهوری بعمل می آورد. مانند این است که کپتان تیم حریف در جریان یک مسابقه فوتبال خواهان تغییر ریفری بازی گردد!

در هیچ یک از قانون اساسی افغانستان، قانون انتخابات و طرزالعملهای کمیسیون انتخابات در مورد انصراف یک کاندید قبل از انتخابات دور دوم چیزی ذکر نشده است، بر علاوه دور دوم با نگرانی های امنیتی مواجه بود که امکان بر کذاری آن را مورد سئوال قرار میداد و پیشبینی شده بود که در صورت برگذاری، تلفاتی را در قبال خواهد داشت.

در ۲ نومبر کمیسیون مستقل انتخابات رئیس جمهور کرزی را که در دور اول پیشتاز بود و یگانه کاندید دور دوم بعد از انصراف داکتر عبد الله بود، برنده اعلان نمود. این کمیسیون برای این اقدام خود به ماده ٦١ قانون اساسی اتکا نموده گفت که: برگذاری انتخابات دور دوم در صورتی امکان دارد که حد اقل دو کاندید پیشتاز در آن به رقابت پردازند.

داکتر عبد الله به تاریخ ٤ نومبر یک کنفرانس مطبوعاتی را فرا خواند که در آن او گفت که این تصمیم کمیسیون انتخابات کدام اساس قانونی ندارد و غیر قانونی میباشد.

ستاد انتخاباتی حامد کرزی، بر استقلال کمیسیون انتخابات افغانستان تاکید نموده گفتند که این کمیسیون هیچ گونه جانبداری از آقای کرزی در انتخابات بیستم آگوست نکرده است.

نتایج نهائی انتخابات در جدول آتی به تفکیک کاالندیدان ارائه شده است.

جدول ۳: نتایج نهائی تصدیق شده انتخابات ریاست جمهوری

اسم کاندید	قومیت	مجموع آرأ	فیصدی %
میرویس یاسینی	پشتون	٤٧,٥١١	١,٠٠٪
الحاج عبد الغفور (زوری)	پشتون	٩,٢٨٣	٠,٢٠٪
حامد کرزی	پشتون	٢,٢٨٣,٩٠٧	٤٩,٧٠٪
اشرف غنی احمدزی	پشتون	١٣٥,١٠٦	٢,٩٠٪
شهنواز تنی	پشتون	٢٩,٦٤٨	٠,٦٠٪
ملا عبد السلام (راکتی)	پشتون	١٩,٩٩٧	٠,٤٠٪
داکتر حبیب منگل	پشتون	١٨,٧٤٧	٠,٤٠٪
معتصم بالله مذهبی	پشتون	١٨,٢٤٨	٠,٤٠٪
محمد سرور احمدزی	پشتون	١٤,٢٧٣	٠,٣٠٪
الحاج رحیم جان شیرزاد (فی سبیل الله)	پشتون	٧,١٩٧	٠,٢٠٪
عبدالجبار ثابت	پشتون	٦,١٩٠	٠,١٠٪
محمد اکبر (اوریا)	پشتون	٢,٩٩١	٠,١٠٪

هدایت امین ارسلاً	پشتون	۲,۳۴۶	۰,۱۰٪
	مجموع پشتون	۲,۵۹۵,۴۴۴	۵۶,۴۰٪
عبد الله عبدالله	تاجیک	۱,۴۰۶,۲۴۲	۳۰,۶۰٪
داکتر فروزان (فنا)	تاجیک	۲۱,۵۱۲	۰,۵۰٪
عبداللطیف (پدرام)	تاجیک	۱۵,۴۶۲	۰,۳۰٪
محبوب الله (کوشانی)	تاجیک	۱۰,۲۵۵	۰,۲۰٪
پروفیسور دوکتور غلام فاروق (نجرابی)	تاجیک	۴,۵۲۸	۰,۱۰٪
عبدالحسیب (آرین)	تاجیک	۴,۴۷۲	۰,۱۰٪
محمد هاشم توفیقی	تاجیک	۵,۰۴۳	۰,۱۰٪
بشیر احمد بیژن	تاجیک	۲,۴۵۷	۰,۱۰٪
	مجموع تاجیک	۱,۴۶۹,۹۷۱	۳۲,۰۰٪
سید جلال کریم	سادات	۱۳,۴۸۹	۰,۳۰٪
شهلا (عطا)	ازبک	۱۰,۶۸۷	۰,۲۰٪
ذبیح الله غازی نورستانی	نورستانی	۶,۲۸۴	۰,۱۰٪
رمضان بشردوست	هزاره	۴۸۱,۰۷۲	۱۰,۵۰٪
بسم الله شیر		۴,۸۸۰	۰,۱۰٪
انجنیر معین الدین الفتی		۳,۵۱۸	۰,۱۰٪
گل احمد (یما)	تاجیک	۳,۲۲۱	۰,۱۰٪

ملا غلام محمد (ریگی)		۳,۱۸۰	۰,۱۰٪
سنگین محمد (رحمانی)		۲,٤۳٤	۰,۱۰٪
عبدالمجید صمیم		۲,۱۹۸	۰,۰۰٪
ضیأ الحق حافظی		۱,٦۷۹	۰,۰۰٪
	مجموع سائر/نامعلوم	۲۱,۱۱۰	۰,٥۰٪
مجموع آرأ		٤,٥۹۸,۰٥۷	۱۰۰,۰۰٪

منبع: کمسیون مستقل انتخابات افغانستان.

اما آنگونه که سپنتا در کتاب "روایتی از درون" می نویسد، حامد کرزی در سال های آخر حکومتش، "از یک آدم صبور به آدمی بیشتر خودمحور، یک‌دنده و ناشکیبا" بدل می شود. بخصوص پس از جنجال‌های انتخابات ریاست جمهوری در سال ۲۰۰۹، کرزی چنان به آمریکا و غرب بدبین می‌شود که به گفته سپنتا "همواره منتظر توطئه‌ای از جانب آمریکا" است.

گسترش فساد در افغانستان

نقل قول آتی از مهرالدین مشید، برگرفته از جریده انترنتی آریایی، سرآغاز مناسبی برای دانستن ابعاد گسترده فساد در افغانستان میتواند باشد. او نوشته است:

"دشواری های بزرگی مانند فساد بانکی ومالی، حق کشی ها، قانون ستیزی ها، تاراج دارایی های بزرگ مالی، غصب زمین های عامه و دولتی به مثابۀ انبانی بر گلوی مردم ما سنگینی دارند که هر دولتمردان فاسد و زمامداران معامله گربا چنگ و دندان بیشنر آنرا می فشارند و حتا آرمان آه گفتن را هم از مردم ما ربوده اند. مافیای برخاسته از بستر سه دهه حواث خونین کشور اعم از مافیای قاچاق مواد مخدر، مافیای قدرت و سیاست، مافیای فساد اداری، مافیای مالی و اقتصادی، مافیای سازمان یافتۀ تاراج زمین های عامه و دولتی، مافیای بیوروکراسی، مافیای تکنو کراسی و حتا مافیای پست مدرن، مافیای مدرن و مافیای های دیگر چنان دست بر دست

مافیای بین المللی مواد مخدر، مافیای اقتصادی و مالی، مافیای فساد اداری بالاخره با مافیای مدرن بین المللی وتمامی مافیای جنگ افروز جهانی دست به دست هم داده اند که تمامی ارزش های بزرگ ملی و تاریخی افغانستان را به قربانی گرفته اند و حتا جهاد گران دیروزی را که خیلی ها مومنانه هست و بود خویش را در پای باور های دینی خویش برای ازادی میهم در کاسهٔ اخلاص گذاشته بودند، چنان در تور خویش افگندند که بزرگترین ارزش های جهاد که فراتر از"در دری" و به تعبیری "قند پارسی" است، نه در پای خوکان؛ بلکه مانند خوکان در پای خوکان ریختند. .. نسل کنونی اعم از وارثان جهاد و غیر جهاد همه به نسل مافیا پیوسته یا مافیایی زده شده اند. چنان سایهٔ ثروت های ننگین بر ذهن و روان شان سنگینی دارد و خانه های مجلل سوار بر شاخهٔ خرمای خلیج روح عصیانی آنان را به گروگان گرفته است که تا مرگ از آن رهایی ندارند." (مهرالدین مشید، جریده انترنتی آریایی)

بر اساس گزارش‌های نهادهای بین المللی، افغانستان پس از حمله نظامی آمریکا در سال ۲۰۰۱ در فهرست فاسدترین کشورهای جهان از نظر مالی و اداری معرفی شده است. افغانستان طی ۱۸ سال گذشته با سرازیر شدن صدها میلیارد دالرکمک های خارجی و حضور صدها موسسه بین المللی و توصیه های مدیریتی نهادهای خارجی باید به یک کشور مدرن و رو به توسعه مبدل می شد، برعکس با گسترش فساد ناشی از عدم طرح و برنامه های درست و عدم مدیریت مناسب کمکها و عدم موجودیت سیستم های موثر مراقبت و حسابدهی مالی به یکی از فسادخیزترین کشورهای جهان مبدل شده است.

مهرالدین مشید در آریایی مینویسد:" بعد از کنفرانس توکیو، لندن، پاریس، کابل، استانبول و ... اضافه تر از۶۷ ملیارد دالر برای افغانستان وعده داده شد که بیشتر از۴۵ ملیارد دالر آن به آدرس افغانستان آمده است و اما معلوم نیست که در کجا و چه پروزه هایی بوسیلهٔ کی ها به مصرف رسیده اند... ۸۰ درصد پول های کمک شده برای مردم افغانستان حیف و میل مافیایی داخلی و بین المللی شده و در پشت این تاراج دلالان خارجی و غارتگران داخلی را به تماشا میگیری که با نوشیدن خون مردم فربه تر شده اند. به عکس مردم افغانستان گرسنه تر شدند".

سیگار، یا اداره تفتیش مالی مصارف دولت امریکا در افغانستان در یکی از گزارشهای خود از یک شرکت سویسی و یک شرکت راجستر شده در امارات متحده عرب نام میبرد که در سالهای ۲۰۰۱-۲۰۱٤م وزارت دفاع امریکا را در قراردادهای تهیهٔ مواد غذائی و آب برای سربازان امریکائی مستقر در

افغانستان دوصد ملیون دالر اضافه چارج کرده بودند. این شرکتها در محکمه به جرم خود اعتراف کرده و به پرداخت حد اکثر جریمه محکوم شدند[۲].

با تأیید موجودیت فساد گسترده مالی و اداری در افغانستان، حامد کرزی رییس جمهور وقت، که در زمان زمامداری سیزده ۲۰۰۱-۲۰۱٤ سالهٔ او افغانستان به خندق فساد مبدل گردید، دریک گردهمایی به مناسبت روز جهانی مبارزه با فساد بتاریخ ۲۲ دسمبر سال ۲۰۱۲ در کابل با تایید اظهار داشت که "فساد در افغانستان یک حقیقت است، یک حقیقت تلخ است. قسمتی از این فساد که در ادارات ما است، فساد کوچک است ـ رشوه است و از خود ما است. قسمت دیگر فساد که فساد بزرگ است و به صدها میلیون دالر می‌رسد، از ما نیست که با خروج خارجی‌ها ریشه‌های اصلی فساد خشک خواهد شد (بی بی سی فارسی).

به ارتباط فساد اداری و موجودیت و یا عدم موجودیت تفتیش و حسابدهی مالی و اخلاق مسولیت در برابر بودجه دولت و دارائی های عامه، به روشنی موضوعی را بخاطردارم که در دفتر علی احمد خرّم وزیر پلان دولت جمهوی داوود خان واقع شد. سال ۱۹۷۷ بود ودرمقام مدیر عمومی پروگرامهای انکشاف دورنمایی در دفتر وزیر پلان با ایشان ملاقات کاری داشتم. دت جریان این ملاقات مدیر عمومی اداری وزارت نیز داخل شد و به وزیر پلان از چگونگی ملاقات خود با عبدل الله وزیر مالیه به ارتباط بودجه سال مالی آینده وزارت پلان گزارش داد. موصوف در ضمن از وزیر پلان خواهش کرد تا تلفونی از وزیر مالیه بخواهد یکی از اقلام شامل بودجه را که وزیر مالیه حذف کرده بود دوباره منظور نماید. این قلم بودجوی خریداری یک عراده موتر تیز رفتار مرسدس بنز برای استفاده مقام وزارت بود که جایگزین موتر موجوده بنزکه بعد از شش سال استفاده کهنه شده بود و قرار بود لیلام شود میگردید. علی احمد خان خرم بعد از اینکه از مخالفت وزیر مالیه برای خریدای موتر نو مطلع شد به مدیر اداری گفت که موضوع را فراموش کند و از خریداری موتر نو صرف نظر کرده است. علی احمد خرم در مقام یک وزیر بانفوذ دولت که صلاحیت مصرف دالری تمام بودجه انکشافی افغانستان بدست او بود قادر نشد یک موتر کهنه وزارت را فروخته و یک موتر جدید بنز برای مقام وزارت خریدای کند. حالا این را با سالهای ۲۰۰۱ تا ۲۰۱٤ حکومتهای پسا طالبان با اختیارات و صلاحیتها و اضافه خرجیهای وزرای حکومتهای حامد کرزی و حتی کسانیکه در دولت مقام رسمی نداشتند اما از امتیازات دولت سؤ استفاده میکردند، و حتی حالا هم استفاده میکنند مقایسه کنید.

برای مثال، در کتاب سپنتا وزیر خارجه و مشاور امنیت ملی کرزئ زیر عنوان "روایتی از درون" آمده است که جنرال دوستم میخواست برای شرکت در مراسم فارغ التحصیلی پسرش باتور از اکادمی نظامی به ترکیه سفر کند. چون عارش می آمد با طیارات شرکتهای هوایی مسافرت کند میخواست یک طیاره خاص کرایه کند. در آن زمان دوستم هیچ کار و وظیفه رسمی در دولت نداشت. کسی برایش پیشنهاد کرد تا به رییس جمهور حامد کرزئ زنگ بزند و از او کمک بخواهد. دوستم این کار را میکند و کرزئ به او وعده میکند که کمک خواهد کرد. یکساعت بعد از دفتر کرزئ به دوستم زنگ زده شد که یک طیارۀ کام ایر برای او اجاره شده است که او و همراهانش را به ترکیه برده و بعد از ختم مراسم و اقامت دوستم در ترکیه موصوف را دوباره به کابل بیاورد و در عین زمان بیشتر از هشتاد هزار دالر هم مصارف خرج سفر او منظور شده است!

دو مثال بالا نشانۀ دو طرز حکومتداری با دو موازین اخلاق مالی و اداری و احساس مسولیت در مقابل خزانه دولت را به وضاحت نشان میدهند.

مثال سومی از فساد در شورای ملی حکایت میکند که مبین گفته معروف زور بالای زور در شبکۀ فساد است. عبدالباری جهانی که برای یکی دوسال در کابینۀ اول اشرف غنی به حیث وزیر اطلاعات و کلتور وظیفه اجرا نمود پرده از رشوه ستانی وکلای ولسی جرگه ازکاندید وزرأ در مقابل تأیید کاندیداتوری آنها توسط پارلمان پرده بر میدارد. به قرار یک نوشته در روزنامه اطلاعات روز دوشنبه ۱۲ سرطان ۱۳۹۶ (۲۰۱۷م) زیر عنوان "خاطره‌ی تلخ و فراموش‌ناشدنی عبدالباری جهانی" موصوف نوشته است که:

> "اول صبح چهارم اپریل، غلام‌نبی فراهی، وزیر دولت در امور پارلمانی، از طریق تلفن به من گفت که شام با هیچ‌کسی قرار نگذارم، چون جای مهمی می‌رویم. شام همان روز به من گفت که برای صرف نان شب، مهمان حاجی ظاهر قدیر، معاون اول مجلس نمایندگان هستیم. حوالی ساعت هفت شام همان روز، به خانه‌ی حاجی ظاهر در شیرپور رفتیم. در سرک‌ها و خانه آن‌قدر موتر ایستاد بود که پیاده‌روی هم امکان نداشت. در منزل آخر، قبل از ورود به اتاق جلسه، تلفن‌های تمام کاندیدوزیران گرفته شد، سپس به اتاق جلسه رهنمایی شدیم. .. دو ساعت ما به‌شمول نان خوردن در این خانه سپری شد. تمامش را حاجی ظاهر سخن گفت. حقیقت این است که من چیزی از تقریباً یک ساعت سخنرانی حاجی ظاهر نفهمیدم تا این‌که او به ما گفت که اعضای کابینه برای به‌دست آوردن رای اعتماد از پارلمان، با مشکل بسیار بزرگی مواجه‌اند. پارلمان به گروه‌های جداگانه تقسیم شده؛ احتمال رد شدن اکثریت کاندیدوزیران وجود دارد و اگر چنین شود، هم به حیثیت

رییس‌جمهور صدمه می‌رسد و هم بحرانی به‌میان خواهد آمد که هیچ‌کسی نخواهد فهمید که چه ممکن است اتفاق بیفتد. او گفت که رییس‌جمهور سه-چهار بار تقاضا کرده است. دست زیر الاشه گرفته و با زاری و عذر برایش گفته است که بچه‌ی ماما! هر قسمی که می‌شود حل‌اش کن! حاجی ظاهر بعد از صرف غذا، هنگام نوشیدن چای با اطمینان گفت که برادران و خواهران! در ولسی جرگه، بدون کار گرفتن از پول نقد، امکان اخذ رای اعتماد وجود ندارد. او گفت که من می‌دانم که تمام کاندیدوزیران آن‌قدر پول ندارند که به وکلا بدهند و رای بیاورند. در همین زمان، رویش را به طرف من چرخاند و با قیافه‌ی حق‌به‌جانب گفت که شما چه فکر می‌کنید؟ من همین‌طور مفت معاون اول مجلس نمایندگان شده‌ام؟ من برای تصاحب این چوکی، سیصدوهفتاد هزار دالر مصرف کرده‌ام. حاجی ظاهر گفت که برای گرفتن رای هر وکیل، از پنج تا ده هزار دالر ضرور است، با این حساب هر کاندیدوزیر باید برای به‌دست آوردن رای اعتماد از پنجاه تا صدهزار دالر مصرف کند. او گفت که من می‌فهمم تمام کاندیدوزیران نمی‌توانند این پول را فراهم کنند؛ ما برای آن‌عده وزیرانی که پول ندارند، همین لحظه یک میلیون دالر در موتر خود آورده‌ایم (خدا کند که کسی نشنود و موترم را دزدی نکند، چون‌که پول بسیاری است. هرچند که موترم را جای درستی ایستاد کرده‌ام) هر وزیر، هر مبلغ پولی که ضرورت داشته باشد، من برایش می‌دهم. وزیرانی که خود پول دارند، چاره‌ی خود را بکنند."

داکتر طاووس وردگ طئ مقالهٔ در جریده انترنتی مشعل مثالی از فساد توسط موسسات معتبر بین المللی در پرداخت کمکهای خارجی به افغانستان ارائه میکند. او نوشته است که:

"بطور مثال سرک حلقه وي کابل به سرمایه ۲ ملیارد دالر باید ساخته شود و (یو اس آی ډي) شخص را برنده اعلان می کند که مبلغ ۵۰۰ ملیون دالر را فورا به حساب بانکی مخصوص در دوبی ویا در غرب تحویل نماید ومتباقی پول به اقساط به شرکت قراردادی می دهد ودرین جا قراردادی برای اینکه لا اقل ۵ملیون عاید خالص داشته باشد باید اول کارگران ارزان را باید استخدام نمایند وبعدا مواد بي کیفیت را در اعمار این پروژه به مصرف برسانند و به این شکل که قراردادنموده بود از ان نیز یک اندازه کمتر مواد و .مساله باب استعمال می نمایند که این پروژه بعد از یک سال ازبین می رود ، چرا این کار می شود وچرا جلو این نوع فساد را کسي گرفته نمی تواند اول به خاطر اینکه دردولت کسانی نیست که چنین جرات داشته باشد که علیه امریکا ویا غرب اقدام نمایند ویا با انها استدلال نمایند

دوم انهایکه تمویل کننده است به کسی حق نمی دهند که در امورات وپلان گذاری شان مداخله نمایندسوم موسسه ویا اداره نورم وستندرد در کشور وجود نه دارد که از پروژه های که غرب خودشان می سازد وارسی وتفتیش نمایند." (جریده مشعل)

طوریکه قبلا نوشتیم براساس گزارش سازمان شفافیت بین الملل، افغانستان در سال ۱۳۹۶ در فهرست فاسدترین کشورهای جهان شناخته شد بطوریکه در بین ۱۸۷ کشور جهان در رتبه ۱۸۴ قرار گرفت که به این ترتیب جایگاه سومین کشور فاسد جهان را به خود اختصاص داد.

آمریکا مدعی است که بیش از یک تریلیون دالر در این کشور مصرف کرده است اما فساد اداری و مالی باعث شده که از این کمک ها استفاده نادرست صورت گرفته و پیشرفت ها در این کشور قابل ملاحظه نباشد. اما حقیقت آن است که آمریکایی ها با نحوه مصرف و کمک های خود در ترویج فساد در افغانستان نقش داشته اند.

متاسفانه آنچه گزارشهای بین المللی نمی نویسند عبارت از موجودیت شبکه و سیستم اجرائی فاسد برای تطبیق کمکهای خارجی بخصوص کمکهای امریکا میباشد. بیش از ۲۰ فیصد این کمکها از خود امریکا خارج نمیشوند و این پولهایی است که به حساب کمک به افغانستان از بودجه های پروژه های منظور شده به شرکتهای امریکایی به عنوان مصارف حقوقی، مصارف مشاورتی و مصارف نظارتی و اجرای پروژه ها پرداخته میشود. کشورهای کمک کننده بخش اعظم کمکهای خودرا به افغانستان از طریق موسسات دولتی و خصوصی خود مستقیما به شرکتهای قراردادی افغانی که خود انتخاب میکنند و موسسات ان جی او (NGO) که بازهم خود انتخاب میکنند میپردازد نه از طریق دولت افغانستان و مسولیت تفتیش و حساب دهی هم بدوش خود این موسسات خارجی است.

تا سال ۱۹۹۲م که مجاهدین به قدرت رسیدند کمکهای خارجی به افغانستان به حساب هر پروژه به د افغانستان بانک انتقال می یافت و یا از بانک کشور کمک دهنده به قراردادی خارجی با تصدیق وزارت پلان پرداخته میشد. در داخل مصارف از این پولها که برای خریداری ماشین آلات از خارج و یا پرداخت مصارف پرسونل خارجی و یا خدمات پروژه سازی و تطبیق پروژه ها به شرکتهای خارجی بود در مقابل اسناد حسابی و اسناد گمرکی از بودجه انکشافی دالری دولت با تصدیق وزارت پلان صورت میگرفت طوریکه هر دالر مصرف شده قابل تفتیش و حسابدهی بود و از این کمکها به هیچصورت سؤ استفاده شخصی شده نمیتوانست. در معاهده بن مادۀ گنجانیده شد که به موجب آن اقتصاد

افغانستان را "اقتصاد بازار آزاد رقابتی" توصیف کردند و زیر این عنوان کوشیده شد تا نقش دولت افغانستان را در تطبیق کمکهای خارجی به حد اقل آن پایان بیاورند. مادر مشکلات حساب دهی مصارف کمکهای خارجی در افغانستان در همین موضوع نهفته است.

آقای کرزی عامل افزایش فساد در دولتش را قراردادهای میلیارد دالری خارجی‌ها خواند که به باور او، نهادهای بین‌المللی بدون مشورت با حکومت افغانستان با شرکت‌های مختلف عقد کرده‌اند.

آقای کرزی گفت که فساد توسط نیروهای خارجی با "تبلیغات گسترده" علیه حکومت او براه انداخته شده است. او افزود که اگر این کار از سر "اشتباه" باشد، افغانها آن را می‌بخشند، اما اگر به هدف تضعیف حاکمیت و استقلال حکومت افغانستان به راه انداخته شده باشد "در آن صورت مقابله می‌کنیم، مبارزه می‌کنیم و حق داریم که این کار را بکنیم و رسوا می‌کنیم."

به باور حامد کرزی، با خروج نیروهای بین‌المللی از افغانستان ریشه‌های "فساد بزرگ" خشک خواهد شد و حکومتی که پس از ۲۰۱۴ در افغانستان روی کار خواهد آمد با فساد مبارزه خواهد کرد. رئیس جمهوری افغانستان گزارش اخیر سازمان بین‌المللی شفافیت را که افغانستان را در شمار فاسدترین کشورهای جهان قرار داده، مورد شک و تردید قرار داد و آن را ناشی از اهداف سیاسی دانست. (بی بی سی فاَسی).

با این حال، عزیزالله لودین رئیس اداره مبارزه با فساد اداری افغانستان گفت که به پرونده‌های فساد در نهادهای دولتی رسیدگی نمی‌شود و در یک سال گذشته هیچ یک از متهمان این پرونده‌ها در دادگاه محاکمه نشده است.

آقای لودین پرسید که چرا حتی به دوسیه های عادی فساد اداری هم رسیدگی نشده و نتایج آن به مردم گفته نشده است. به نظر او، پاسخ این پرسش در مسایلی نهفته است که به گفته او، از "چالش‌های اساسی" مبارزه با فساد شمرده می‌شود.

رئیس اداره مبارزه با فساد این چالش‌ها را چنین برشمرد: "اولا سیستم مبارزه با فساد اداری کارآمد نیست. ثانیاً وجود ادارات موازی با دستگاه مبارزه با فساد اداری، عدم اجرای یکسان قانون در مورد همه، ضعف اراده سیاسی برای پیگرد و به محاکمه کشاندن عاملان جرایم بزرگ، عدم کفایت حقوق کارمندان دولت."

به قول مهرالدین مشید یکی از نویسندگان افغان:

"فساد اداری در کشوربه هیولای قدرتمند و غیر قابل کنترل مبدل شده است که نگرانی های جدی و شدید برانگیخته است. وی افزوده است که فساد به صورت مافیایی در رگه های حکومت خانه کرده است و در پیوند با شبکه های اطلاعاتی و مافیای مواد مخدر، غصب و غارت زمین های شخصی و دولتی و تمامی تبهکاران به اژدهای هزار سر و هزار پای در کشور بدل شده است. فساد اداری در افغانستان علل آشکار سیاسی دارد که رفع آن نیز با شیوه های اداری ناممکن بوده وتنها با تحولات سیاسی میسر است.مبارزه با عوامل فساد اداری عزم و اراده جدی و برنامه عملی می خواهد که شواهدی از این عزم و اراده در دولت افغانستان کنونی دیده نمی شود. چون با گذشت دواز ده سال از حکومت کنونی هنوز هم تشکیل و ساختار ادارات دولتی ترکیب های قومی و منطقوی رنگ و بوی تبعیض و تعصب را به خود دارد. تمرکز گرایی بیش از حد حکومت و ضعف ها و کاستی هایی که در سیستم اداری کشور وجود دارد زمینه را برای فساد اداری فراهم می کند." (آریایی)

در حکومت ها در بسا از موارد مقرری های پست های مهم و کلیدی از دوستان و اقارب و وابستگان نزدیک آمرین اعطا در ادارات دولتی میباشد مخصوصا پست هاخریداری میشود و پست های پر منفعت به لیلام گذاشته شده و مزایده کنندگان داوطلب، برنده میگردند. میزان فقر، فساد در ادارات و موجودیت قراردادی ها سیاسی، نظامی ، بیکاری، معاش کم مأمورین دولتی، سیاست غلط کادری متکی به روابط جیبی، فامیلی و استخباراتی عوامل است که در فساد اداری جدا تأثیر گذارند.اما عدم موجودیت اراده سیاسی برای تطبیق قانون، خفه کردن هر صدای ,عدم تطبیق قانون، به قدرت رسیدن افراد و اشخاص که خود از قانون تخلف کردند عوامل است که مانع از بین بردن فساد اداری، ظلم و بی عدالتی و حیف و میل کمک های خارجی و دهها معضله دیگر در کشور گشته و وضع را روز به روز به بحران میکشاند. با این روش در داخل یک اداره روحیه مسئولیت و اجراآت سالم بر هم خورده، نفاق، شقاق و بدبینی ها را بین مردم کشور به وجود می آورد و از اینجاست که اعتماد مردم به موسسات و ادارات دولتی از بین میرود.

دفتر UNODC سازمان ملل متحد در افغانستان اعلام داشت، که فساد اداری به ۳,۹ میلیارد دالر امریکایی افزایش یافته و ٤۰ درصد افزایش بین سالهای ۲۰۰۹ و ۲۰۱۲ رونما گردیده است در ضمن سازمان دیده‌بان شفافیت افغانستان، گفته است که اقتصاد افغانستان در تصرف تیم حاکم وشماری از وزیران کابینه، نمایندگان شورای ملی، والی ها، فرماندهان پولیس و معاونان وزیران، است که سیستم اقتصادی را در این کشور قبضه کرده اند واین افراد

قراردادهای بزرگ ساختمانی، واردات مواد نفتی و مواد غذایی را در انحصار خود گرفته اند. فساد اداری ریشه در عمیق ترین لایه های قدرت دولتی در افغانستان دارد و عوامل اساسی و عمده آن کسانی اند که موفقیت و پیشرفت هرگونه مبارزه ای مشروط به همکاری آنان است. در ضمن مسئولان شبکه نظارت بر منابع طبیعی نیزمدعی شدند که بیش از ۱۴۰۰ شرکت که فهرست آنها از سوی وزارت معادن منتشر شده و بیشتر این شرکت‌ها متعلق به زورمندان، فرماندهان محلی و اعضای پارلمان هستند و در برخی مناطق مخالفان حکومت هم از پول آن استفاده می‌کنند. زورمندان در قسمت تعیین قیمت امتعه، بخصوص قیمت مواد نفتی در بازار نقش اساسی را دارند با دخالت در قیمت اجناس سالانه میلیاردها دالر از این طریق به مردم ضرر می‌رساند. افراد زورمند برای دستیابی به ثروت به فعالیت‌های متنوع قانونی و غیر قانونی و به تجارتهای متنوع رو آورده اند. این افراد باعث محدودیت رقابت دربازار شده و زورمندان تعیین کنندگان قیمتهای امتعه عمده هستند.

محمد عوض نبی زاده در جریده انترنتی مشعل مینگارد:

"در صورت عزم، داشتن قاطعیت و جسارت لازم سیاسی و حاکمیت قانون بخاطر برطرف کردن فساد اداری با یک نیک نگری و نیک اندیشی راه های عملی برای نایل شدن به آن وجود دارد. برحاکمیت است تا سطح صلاحیت، اتوریته، ظرفیت ها و امکانات ارگانهای عدلی و قضایی کشور را بلند برده و حین تطبیق عدالت با قاطعیت تام برای تأمین عدالت عمل و کار عملی انجام دهد.مسلما منظور از به تندور انداختن، سربریدن و هر گونه افراط و تفریط در برابر عمل کرد متخلف نیست. بلکه تطبیق قانون به صورت پیگیر وبا حوصله مندی است.مبارزه با فساد ، جرایم ، مواد مخدر و دیگر پدیده های منفی اجتماعی با اجرای دو اسلوب عمده اقتصادی و اداری ممکن است. ریشه کن ساختن فساد اداری با کاربرد اقتصادی در صورتی برآورده می شود که کارمندان دارای بیمه های اجتماعی ، انواع تضمین های اجتماعی ، تقاعد ، حق تشکیل اتحادیه های مسلکی و دفاع از حقوق آنها در مقابل دسایس عاملین جرایم سازمان یافته و تضمین های مادی و اجتماعی برای خانواده های کارمندان در حیات و بعد از مرگ قابل اجرا باشد. موثر ترین شیوه در مبارزه با فساد اداری شیوه های اقتصادی است. شیوه دیگر مبارزه با فساد اداری شکل اداری یا اجباری است که با بکاربرد جبر و قیودات قابل تطبیق است. استفاده از اجبار مانند تفتیش ، تهدید ، استخبارات و تبدیلی موثریت کمتر از اسالیب اقتصادی را دارد. استفاده از هردو شیوه با یک موازنه درست و معقول موثریت کار را دو چندان می

سازد و بکاربرد شیوه اجباری بدون اقتصادی تاثیرات منفی خواهد داشت. درضمن مبارزه با فساد و جرایم در افغانستان به اصلاحات سیاسی و اداری ضرورت دارد."

موصوف در ادامه مینگارد که:

"مبارزه علیه فساد اداری به فرمان نمیشودکه برای انجام این امر و هر امر دیگر نیت و اراده نیک ضرورت است با ایجاد سیستم بهتر وتنظیم قوانین جدید مدرن و عامل انسانی ,سیاست کادری , نیز در هر نظام مهم و کلیدی است.معافیت ، تروریستان، آدم کشان، قاچاقبران، دزدان، انتحار کنندگان، مفسدین اداری، تولید کنندگان مواد مخدر، قانون گریزان عدم ارادهٔ نیرومند سیاسی در امر مبارزه علیه فساد اداری در کشور ونهادینه شدن فرهنگ معافیت برای مجرمان که دارای پشتیبانی های سیاسی اند و محاکمه نشدن آنها ، از دیگر مشکلات جدی بر سر راه مبارزه علیه فساد اداری می باشند. باید عوامل کلیه بحران های داخلی و به خصوص عاملین فساد اداری با زیر بنای آگاهی دینی، دانش، منطق و عقلانیت به طور اساسی شناخته شوند و بعد توسط یک حاکمیت شایسته سالار، مدیریت و با حمایت مردمی در برابر همه نابسامانی ها و بحران های موجود مبارزه منظم و طولانی مدت صورت گیرند؛ تا ریشه های آنها خشکانیده شوند."

گزارشها و مقالات زیاد در مورد موجودیت فساد اداری و مالی در افغانستان موجود اند از جمله الی سال ۲۰۱٤ گزارشها و مقالات زیرین قابل یادآور میباشند: گزارش واشنگتن پُست – مامورین حکومت کرزی بکرات تحقیقات فساد اداری را منحرف ساخته اند. گزارش سازمان دیده‌بان شفافیت افغانستان، در باره نقش زورمندان دررشد فساد اداری. صحبت محترم دوکتور عزیزالله لودین رئیس عمومی ادارهٔ عالی مبارزه علیه فساد اداری. مقاله در مورد رشد فساد اداری نشر شده در روزنامه افغانستان نویسنده :داکتر حسین علی یاسا. مقاله درباره ستراتیژی وطرزالعمل اصلاح اداره ومبارزه علیه فساد اداری»نویسنده : غلام سخی ارزگانی. مقاله درباره مبارزه علیه فساد اداری نویسنده :پروفیسور دکتور حسین علی راموزی لعلی/ کابل ۱۳۸۸. مقاله در مورد عوامل فساد اداری در افغانستان نویسنده : محمد رضا هویدا.

انواع فساد اداری از نظر داکتر طاووس وردگ عبارت اند از:

"فساد تصادفی است - فساد تنظیم شده است - فساد کلان است - فساد خورد است - اختلاس است - سرقت است - ازبین بردن اوراق واسناد است - تجاوز از حدود وصلاحیت های قانون است استفاده از موقف ومقام است -

دوری از وظیفه دولتی به خاطر انجام کارهای شخصی است - کتمان حقایق است - جعل اسناد است - اخذ تحایف به خاطر اجرای کارهای مردم - رشوت است - تعلل بي مورد در اجرای دوسیه های بندیها ومردم - رویه غیر انسانی ونادرست با مراجعن و عارضین - واسطه شدن به مقامهای بلند پایه به خاطر کارهای مردم در بدل پول که این کار را اعضای پارالمان کشور زیاد مروج ساخته است - دخیل ساختن ملاحظات قومی ، زبانی ، سمتی ، جنسي مخصوصا واسطه شدن دختران وزنان مقبول به خاطر انجام کارها". (مشعل)

داکتر طاووس وردگ در جریده انترنتی مشعل نوشته است که:

"در افغانستان فساد اداری از طرف (حامد کرزي وبرادرانش در قدم اول و بعدا از طرف معاونین کرزي و ثالثا از طرف وزرای کابینه کرزي ومشاورین وي هم چنان والي ها وولسوالها تا امروز به حیث یگانه منبع و سلاح بران علیه مردم عام افغانستان) استعمال و استفاده می نمایند. ...این فاسد شدن تمام بدنه کشور از شرق تا غرب از شمال تا جنوب را دربرگرفته موسسه (یو ایس ای دِي) امریکا در مقام اول وبعدا انجیو ها و سفارت های مختلف غربی که تمویل کننده پروژه های مختلف در افغانستان می باشند برای خود شان سرمایه اندوزی می نمایند واز هر قرارداد نصف پول سرمایه گذاری شده خود شان به حساب خودشان ویا حساب بانکی کشورهای شان دو باره ری اکسپورت می نمایند وبعدا قراردادیان افغانی از یک دست به دست دوم فروخته ومفاد هنگفت را به دست می اورندو همین علت است که همیشه کیفیت کار بسیار پایین می باشد.... ادارات دولتی و وزرا نیز قبلا حق خود را اخذ نموده ودهان شان قلف وخاموش است به مختصر باید اذعان کرد که تمام ادارات دولتی و بعدا تمام موسسات خارجي و غربی ها در (کرپشن) یعنی فساد اداری دست باز دارندودخیل می باشند و از داخلی کرده خارجي ها زیاد متهم می باشند ودر قدم دوم وسوم موسسات و شرکت های ساختمانی و اکمال کننده در ان دست دارند."

به این ارتباط مهرالدین مشید در مقله خوددر سایت "آریایی" زیر عنوان "قصرهای مافیایی از شیرپورتا جمیرا نمادی از فساد واشنگتن در کابل" مینویسد:

"نظام ... افغانستان، سیستم مافیایی در حوزه های گوناگون اقتصادی، مالی، سیاسی و اجتماعی را در این کشور بوجود آورده است که اقتصاد مافیایی و مناسبات مالی مافیایی استوار بر ساختار قدرتمند سیاسی در این کشو نمونه

های بارز آن است. این مافیا چنان نیرومند شده، بی باکانه قد راست کرده است و درحال توسعه است ... که روز نامهٔ واشنگتن پست امریکایی در این اواخر اندکی از چون و چند آن پرده برداشته است. سر این نظام مافیایی در امریکا ، بدنه اش در بستر اوقیانوس های جهان، دست هایش در اروپا و تنها پا هایی آن نیم بند و لرزان در افغانستان شناور است." (آریایی)

او ادامه میدهد که:

"شگفت آور اینکه هیکل این مافیا از شهرک زیبا و جزیرهٔ نخل مانند " جمیرا"[۳] بالاخره بوسیلهٔ "اندری وگنز" روزنامه نگار واشنگتن پست آشکار گردید و این روزنامه نگار با کار تحیقیقاتی و خستگی ناپذیر پرده یی از صد ها پردهٔ مافیایی که به گونهٔ تار عنکبوت و بد تر از کابوس بر روان مردم افغانستان سایه افگنده است ، بیرون بدر آورد. ...یا بنا بر دلایلی که شاید عدم دستیابی او به اسناد دیگر باشد، نتوانسته است تا از عهدهٔ وصل کردن این مثلث با مافیای اصلی مواد مخدر، مافیای قدرت و سایر شرکای مافیایی بیرون بدر شود. او ناگزیر شده تا با اکتفا کردن به این سه نمونه (سمپل)، اشاره یی به نمونه های فساد "مشت نمونهٔ خروار" آنان در شهرک های نخلی جمیرا نماید... اینکه این آقایان با شرکای مافیای قدرت در کابل به شمول تکنوکرات ها این مافیای بوروکراسی اعم از وزرا، معینان ، والیان ، شماری نماینده گان ولسی جرگه و مشرانو جرگه و یک رتبه بالاتر ها و یک رتبه پایینتر های دیگر چه "آرگاه (آرامگاه) و بارگاه" های افسانه یی دیگری در سایر جزیره ها و سایر شهر های امارات، دوبی، لندن، دهلی و جاهای دیگر دارند تا باشد که این تاراجگری ها نمونهٔ آشکاری از یغماگری های دیگر در شاخه های زیبای نخلی خلیج در سیمای ویلا های ننگین آنان باشد و شمار شان از حساب انگشتان بالا و بالا تر برود. باز هم روزنامه نگار امریکایی با وجود دشواری هایی که برای دستیابی اسناد موثق فراه راهش قرار داشت. کاربزرگی انجام داده و دست به افشاگری بی نظیری زده است . او که در این گزارش از مناسبات کابل بانک با مقامات ارشد دولتی زیر نام "علایم نظام کاپیتالیزم استوار بر روابط صمیمانه" یاد آور شده که رابطهٔ محکمی را میان دولت و سکتور خصوصی برقرار گردانیده و مشکل گشایی میکند سخن گفته است و دراین گزارش آمده است: محمود کرزی برادر رییس جمهور و احمد ضیأ مسعود در گذشته معاون اول رییس جمهور خانه هایی به ارزش ملیون ها دالر در دوبی دارند که به نام خود شان ثبت نه؛ بلکه به نام شیرخان فرنود موسس مالک کابل بانک ثبت شده اند که او قرضه های چندین ملیون دالری را به خانواده های حامد کرزی، اعضای حکومت و هوادارانش داده است تا در دوبی برای خویش خانه های

مجلل بخرند. او در پاسخ این سوال که چرا پول های گزافی را دراختیار این ها قرار داده است؟ اینها نمی خواهند به نام خود در دوبی خانه بخرند؛ اما محمود کرزی که هوتلی در شهر بلتیمور امریکا دارد، این حرف ها را تکذیب کرده و با روزنامه نگار گفته بود که این خانهٔ ۵ میلیونی و ۵۰۰ هزار دالری را به کرایه گرفته است وبا کابل بانک یک قرار داد رهنی غیر رسمی دارد که ماهانه ۷۰۰۰ دالر بطور سود به این بانک می پردازد؛ ...او در پاسخ این سوال که ملیون دالر از کابل بانک قرضدار است، گفت: یک ملیون دالر در کابل بانک سهمدار هستم و قسمت دیگرش قرض کابل بانک است.

این روزنامه همچنین از خانه یی به قیمت ۲ ملیون دالر در پام جومیر متعلق به احمد ضیا مسعود سخن گفته است که به نام شیرخان فرنود ثبت شده است. این خانه در سال ۲۰۰۷ به ارزش ۲ ملیون ۳۰۰ هزار دالر خریداری شده بود که ابتدا این خانهٔ مجلل به نام همسر او ثبت شده بود و بعد آنرا به نام شیرخان فرنود مالک کابل بانک ثبت کرده است. احمد ضیا مسعود در پاسخ به خبرنگار گفته است که فرنود دوست او است و با او فوتبال و شطرنج بازی میکرده است.

در این گزارش از حسین فهیم برادر مارشال فهیم نیز ذکر شده است که به واشنگتن پست گفته است: دو شرکتش از کابل بانک ۷۰ ملیون دالر قرض دریافت کرده اند؛ اما اینکه آیا دادن این گونه قرضه ها به مقامات فعلی و قبلی به چه حدی می توانند مایهٔ نگرانی باشند. این ها در برخی کشور ها می توانند مایه نگرانی باشند. بخصوص آن گونه پول هاییکه مخفی نگهداری می شوند، به این دلالت میکند که با استفاده از نفوذ شان در بدل گرفتن قرضه به شکلی از اشکال به بانک کمک بکنند؛ اما در کشوری مانند افغانستان که در فساد در سطح جهان مقام دوم را کمایی کرده و شاه، دربان، حاجب و پرده دارش دزد و قاضی اش مرتشی است، شاید کمتر و حتا هیچ مایهٔ نگرانی باشد. بخصوص زمانیکه دستان این ها از پشت با دستان خارجی ها زنجیر شده باشد... اما حسین فهیم گوید: گرفتن قرضه های داخلی اجتناب ناپذیر و حتا مطلوب است. البته به باور او در عدم موجودیت یک نظام حقوقی نیرومند و یک پارچه بیشتر داد و ستد ها روی اعتماد طرفین استوار است تا اسناد رسمی. او میگوید: افغانستان امریکانیست، افغانستان از صفر شروع میکند.

یاران و فرماندهان مسعود حتی در زمان حیاتش ... به تاراج زمین های دولتی پرداخته و به پارک ها وساحات سبز دولتی یورش بردند و همه را بعد از اشغال بفروش رساندند و خانه های مجللی هم برای خود در آنها اعمار کردند و این روند نامیمون بعد از سقوط طالبان به شیوهٔ هنجاز شکنانه تر ازگذشته سرعت یافت و زمین های دولتی در دامنه های کابل از سوی قوماندان های شورای نظار و جمعیت اسلامی اشغال و به فروش رسانده شدند.

محمود کرزی هم به گونهٔ حسین فهیم نگرانی بیرا دراین باره احساس نمیکند و در گفت و گو با رادیو آزادی نه تنها از خود برای دفاع ضعیف پرداخت، یک گام پیشتر نهاد و از برادر فهیم شریک قدرت برادرخود نیز دفاع کرد.

اما فرنود که با رادیو آزادی حاضر نشد، سخنی بگوید اما با روزنامهٔ واشنگتن پست گفته بود: افغانستان نباید به اساس معیار های خارجی مورد قضاوت قرار بگیرد، آنچه که من میکنم نادرست است و درواقع نباید بکنم اما این جا افغانستان است. آری آقای فرنود راست گفته است که اینجا افغانستان است آنهم افغانستان بیمار، جنگ زده و فاقد ادارهٔ نیرومند و مدیر توانا که فساد در دم و دستگاهٔ آن مانند شعله های آتش زبانه میکشد وهر آن فریاد مظلومی در گلو اش شکسته می شود. پس در چنین کشوری که هر ناروایی در آن مجاز و هر ستمی درآن توجیهٔ شرعی میگردد . آقای فرنود حق بحانب است که با جرئت عام و تام می تواند ملیون ها دالرغارت شده را بدون حساب و کتاب از افغانستان خارج کند؛ زیرا او هراسی از قانون و بازپرس ندارد، در یک کنارش برادر کرزی، درکنار دیگرش برادر مارشال و درعقب او هم احمدضیا مسعود، برادر شهید مسعود قرار دارند. چنین آدمی که از حمایت همچو اشخاص برخوردار است، هر نوع قانون شکنی را برای خود نه تنها حق میداند؛ بلکه می تواند که زبان بازپرس را از کامش در آورد.

در چنین کشوری پیدا کردن سر نخ پول های غارت شده کار ساده یی نیست. گیریم به قول رییس بانک، واشنگتن پست شایعه بیرا در مورد معاملات ملکیت ها انعکاس داده یا در حقیقت دلیل موجهی را در مورد نگران بودن از "علایم نظام کاپیتالیزم بر پایهٔ روابط صمیمانه" برملا ساخته است؛ اما یک چیز را در گزارش تحقیقی خود به اثبات رسانده است که کابل بانک ۱۵۰ ملیون دالر رادر دوبی سرمایه گزاری نموده است. اینکه این پول ها را در بستر داد وستد های ننگین و شرمبار جانانه از پیش چشمان این آقایان عبور داده و به آنجا برده یا آنها را فریب داده و موفقانه تیر را به هدف زده

است. درهر دو حالت این آقایان نمی توانند با این گفته های خویش رفع مسؤولیت نمایند. چنانکه چندی پیش رسانه ها گزارش دادند که طی سه ماه ۱۸۰ ملیون دالر از افغانستان بیرون شده است و این پول از پیش چشمان مسؤولان میدان هوایی و وزارت مالیه به دوبی انتقال داده شده است.

از این پیشترهم سلطان بچه های جهادی، شاه طلبان، دموکرات ها، تکنوکرات و بیورو کراتها در زیر ریش قدرت جناب کرزی به غصب زمین های دولتی پرداخته و بدون در نظر داشت مقررات شهرداری و شهرسازی به بهای آواری گردانیدن شماری محروم ترین مردم این شهر، قلعهٔ تاریخی شیرپور را تخریب و از پول حرام بدست آمده از معامله با اشغالگران، قاچاق هیرویین ، فروش سلاح و رشوت روی آن بنا های مجللی اعمار کردند. از همین رو روزنامهٔ نیویارک تایمز در گزارش از زبان مردم نوشته است که مردم این خانه ها را "خانه های مواد مخدر" میگویند. بی سبب نبوده است که اشرف غنی احمدزی در سال ۲۰۰۴ گفت: ازحکومت کناررفت که دولت دردست تاجران موادمخدرافتاده بود.

این مافیا ها به گونهٔ آمیب پا های کاذب دارند در زمان مناسب برای اخذ طعمه یی به هر سو دست و پا میکشند و از این هم خطرناک تر چون عنکبوت به دور انسان مظلوم تار می تنند و تا زمانی که آخرین قطره های خون او را نه مکند ، رهایش نمی سازند... این عنکبوت های موزی چنان خود را به بدنهٔ قدرت می چسپانند که حتا برای نصب فاسد ترین افراد مهارت عجیبی از خود نشان داده و با تار های خویش مهره های مورد نظر خود را در بدنهٔ قدرت می چسپانند . گاهی چنان شریک بلا منازعهٔ قدرت می شوند و سکان قدرت را بدست میگیرند که هر کاری دل شان بخواهد، انجام میدهند. وزرای بی سوادی را به اریکهٔ قدرت می نشانند و با عقد قرار داد های دولتی از آنها بهرهٔ اقتصادی میگیرند یا شهر داری را به شکل فرمایشی تعیین و با استفاده سؤ از قدرت او حتا آبروی او را به بازی میگیرند. ورنه چه کسی باور کرده می تواند که شهر دار شهر ویرانی زیر ریش حاکمیت کابل در هفته چند بار به دوبی میرود و دوباره برسر کارش به کابل باز گردد. این بیچاره که در اصل طعمهٔ چربی برای مافیای قدرت و مواد مخدر بود، بزودی در دام افتاد و به جرم سؤ استفاده از قدرت دولتی به چهار سال زندان تنفیذی محکوم گردید؛ اما او بعد از مداخلهٔ کرزی در امور قضا و به مسخره گرفتن فیصلهٔ محکمهٔ ابتدائیهٔ کشور، از حبس رها شد . معلوم می شود که از قبل معامله یی در کار بوده است چگونه می توان باور کرد که شهر داری با این همه وظیفه نشناسی باز هم بر سکوی قدرت برای مدتی

باقی بماند. آشکار است که زیر کاسه نیم کاسه یی وجود داشت وبعید نیست که نیم کاسهٔ آن در جزایر نخلی خلیج در میان کاخ های افتاده بر شاخهٔ خرما موجود بوده باشد. با افشای این رسوایی سر نخ شماری معما ها گشوده شده و از این به بعد هم گشوده خواهد شد (مهرالدین مشید، جریده انترنتی آریایی[٤]).

نقل قول های انتخابی و خلاصه شده بالا از مضمون مهرالدین مشیط افشاگر موجودیت روابط گستردهٔ فساد مافیایی در دولت افغانستان بوده و در حقیقت دلایل اساسی نه پذیرفتن پیهم نتایج سه انتخابات و هیاهو و جار و جنجالهای بیشرمانه برای باقیماندن در قدرت دولتی توسط یک گروه مشخص ملیونرهای جهادی را بخوبی بیان میدارد. شگفت آور آن است که این همه فساد و تاراج در پیش چشمان امریکاییها و با تایید آنها صورت گرفته است ورنه چگونه امریکاییها بعد از سه انتخابات پیهم ریاست جمهوری از تجرید این ملیونرهای مافیایی از قدرت دولتی جلوگیری کرده و به ادامه شمولیت آنها در قدرت دولتی تاکید نمودند. بیجهت نیست که واشنگتن پوست در یک مقاله به قلم کریگ ویتلاک بتاریخ نهم دسمبر ۲۰۱۹م نوشت[٥]: "دولت امریکا در مقابله با این واقعیت که مسولیت تشویق فساد را در افغانستان بدوش میکشد ناکام ماند".

نخستین محاکمه علنی یک وزیر به اتهام 'فساد

بر اساس گزارشهای منابع خبری ۲ جنوری ۲۰۱۸ عبدالرزاق وحیدی، وزیر مخابرات افغانستان در حکومت وحدت ملی بود که در زمستان سال ۱۳۹۵ به اتهام فساد وظیفه‌اش به تعلیق درآمد. شاه حسین مرتضوی، معاون سخنگوی ریاست جمهوری افغانستان اعلام کرد که در راستای مبارزه با فساد، برای اولین بار یک عضو قبلی کابینه در محکمه خاص و علنی حضور خواهد یافت.

مهمترین اتهام‌های آقای وحیدی "حیف و میل ۱۶ میلیون افغانی عواید محصول مخابراتی و استخدام ۳۷ کارمند بالمقطع در اداره تنظیم مخابراتی افغانستان (اترا)" است.

محمدعلی فرهنگ، وکیل آقای وحیدی در جلسه علنی درباره استخدام‌ها گفت که باید در این مورد یک هیات بی‌طرف روند استخدام در تمام وزارتخانه‌ها را بررس کند.

آقای وحیدی هزاره است و از تیم عبدالله‌عبدالله، رئیس اجرایی افغانستان به کابینه معرفی شده بود. از این جهت محمد محقق، معاون ریاست اجرایی بعد از

اعلام آغاز محاکمه علنی آقای وحیدی، در اعلامیه‌ای شدیدالحن به آقای غنی حمله کرده و گفته "جمع‌آوری ده درصد مالیات مخابرات وظیفه آقای اکلیل حکیمی بود که انجام نداد، چون وزیر مالیه در حلقه خبیثه فساد سیاسی و مالی ارگ شامل بود، نه تنها محاکمه نشد که مدال امان‌الله خان غازی دریافت کرد." آقای محقق با انتقاد از محاکمه آقای وحیدی گفته که "جناب آقای غنی احساس می‌کند که هزاره‌ها در این کشور هیچ پناه گاه سیاسی، امنیتی، حقوقی و قضایی ندارد و نیز انگیزه اصلی این نمایش مسخره فقط می‌تواند، از حس عقده‌مندی وانتقامجویی شخص آقای غنی از رای یک پارچه مردم هزاره در انتخابات ریاست جمهوری ۲۰۱۴ باشد. این حرکتها سر آغاز رویارویی با هزاره‌ها است و ما هم تدابیر لازم سیاسی و مدنی را خواهیم گرفت."

از خبر فوق سه مطلب عمده را میتوان برجسته ساخت:

۱- در مبارزه با فساد اداری رییس جمهور غنی یکی از وزرای سابقهٔ کابینهٔ خودرا به محاکمه سوق داده است

۲- وکیل مدافع به عوض آنکه بکوشد با دلایل به محکمه اثبات نماید که اقدامات وزیر متهم همه در چوکات قوانین و مقررات دولت صورت گرفته و هیچگونه فساد و اختلاس صورت نگرفته، برعکس او به محکمه میگوید تا باید " روند استخدام در تمام وزارتخانه‌ها را بررس کند". این در حقیقت اعتراف به جرم است که دیگران میکنند ماهم کردیم! این وکیل یک اصل بسیار ابتدایی قضایی را فراموش میکند و آن اینکه در این محکمه اتهام بالای عبدالرزاق وحیدی، وزیر سابق مخابرات طرف رسیدگی قرار دارد نه از دیگران!

۳. آقای محقق معاون رییس اجراییهٔ حکومت وحدت ملی به عوض آنکه قضاوت بالای اتهامات عبدالرزاق وحیدیرا به محکمه واگذارد فورا مظلوم بودن وزیر هزاره متهم را برخ کشیده رییس جمهور را تهدید میکند که این عمل "سر آغاز رویارویی با هزاره‌ها است و ما هم تدابیر لازم سیاسی و مدنی را خواهیم گرفت." این به این معنی است که دستگاه قضایی کشور حق ندارد اتهام بر یک سیاستمدار هزاره را بررسی کند و اگر کرد دست به بلوا میزنیم!

مبارزه جدی و عملی با فساد اداری باید از جایی آغاز گردد. اینکه اشرف غنی مبارزه با فساد اداری در سطح بالایی دولت را از یکی از وزرای حکومت وحدت ملی آغاز کرده است قابل درک است. زیرا به یقیین که همه حکومت حامد کرزئ غرق در فساد بود و به محاکمه کشانیدن آنها شاید در ردیف بعدی باشد. باشد که این محاکمه درس عبرتی باشد به سایر اراکین بلن پایه دولت.

متآسفانه برچسپ قومی زدن بر این پروسه توسط محقق هیچ کمکی در جلوگیری از فساد نمیکند.

عبدالرزاق وحیدی، وزیر پیشین مخابرات و فناوری که حدود یک سال قبل از طرف محمد اشرف غنی، رئیس جمهوری افغانستان کارش به تعلیق درآمده بود، بعد از سه جلسه حضور در "محکمه اختصاصی وزیران" امروز (سه‌شنبه، چهارم ۲۵ دسامبر ۲۰۱۸ - ۰۴ جدی ۱۳۹۷) بی‌گناه شناخته شد و برائت گرفت. مهمترین اتهام‌ها علیه آقای وحیدی "حیف و میل میلیون‌ها افغانی برای استخدام ۳۷ کارمند بالمقطع (موقت) در اداره تنظیم مخابراتی افغانستان (اترا)" است. در حکم امروز محکه آمده که هیأت قضایی "محکمه خاص وزیران" با حضور طرفین دعوا بعد از بررسی به این نتیجه رسیده که به دلیل موجود نبودن "دلایل کافی الزام" در مورد ادعای دادستان به برائت عبدالرزاق وحیدی حکم می‌کند.

اما مطابق اخبار رسانه ها در هشتم اپریل ۲۰۱۹ – ۱۹مطابق نزدهم ثور ۱۳۹۸ جمشید رسولی، سخنگوی لوی ثارنوالی به رسانه‌ها خبر داد که آقای وحیدی در دوم ماه دلو ۱۳۹۷ در محکمه ابتدایی در مرکز عدلی و قضایی مبارزه با جرایم سنگین فساد اداری غیابی محاکمه شده و به جرم "سوء استفاده از صلاحیت وظیفوی هنگام مأموریت در وزارت مالیه "به سه سال زندان محکوم شده است".

ریاست جمهوری اشرف غنی

زندگی نامه رئیس جمهور اشرف غنی

(اشرف غنی همصنفی صنف ۱۲ لیسه حبیبیه نویسنده در سال ۱۳۴۷هجری شمسی معادل ۱۹۶۸م بوده و این زندگینامه از صفحه انترنتی پژواک افغان نیوز اقتباس شده است).

] اشرف غنی فرزند شاه جان احمدزی در ۲۹ ماه ثور، سال ۱۳۲۸ ه ش در کابل تولد شده است. دوره ابتدایه را درلیسه عالی استقلال ، متوسطه را درلیسه عالی حبیبیه و صنف یازدهم را تحت پروگرام یک ساله در ایالات متحده امریکا (AFS) نیزفرا گرفته است .

موصوف دورۀ لیسانس را برای مدت شش ماه درپوهنتون کابل و بعدا دوره مکمل لیسانس را در پوهنتون امریکایی بیروت در رشته علوم سیاسی پشت سرگذشتانده است. اشرف غنی اسناد ماستری در رشته علوم سیاسی از پوهنتون امریکایی بیروت ، در رشته راوبط بین المللی و انسان شناسی از پوهنتون کولمبیا امریکا و در رشته روابط بین المللی از پوهنتون کولمبیا امریکا بدست آورده است .

وی همچنان در رشته انسان شناسی (انترپولوجی) ازپوهنتون کولمبیا امریکا سند دوکتورا دارد . نامبرده همچنان دوکتورای افتخاری از پوهنتون سکرانتن ایالات متحده امریکا درسال ۲۰۰۷ ، ازپوهنتون گیلف کانادا در سال ۲۰۰۸ م کمایی کرده است . قابل تذکر است که دوکتور اشرف غنی از طفولیت تا امروز در کسب تعلیمات اسلامی سعی و کوشش ورزیده است که از ان جمله حصول معلومات در باره سیرت نبوی در مدارس کراچی ولاهور از سال ۱۹۸۵الی ۱۹۸۶ قابل یادوریست وبه گفتی وی این تعلیمات برایش ارزش خصوص داشت. همچنان از طرف پوهنتون تفت امریکای برای اشرف غنی یک جایزه ممتازجهانی تحت عنوان وطندار جهانی اهدا گردیده .

وظایف

به صفت استاد در رتبه پوهیالی و پوهنیار در پوهنځی ادبیات دیپارتمنت علوم بشری ان زمان پوهنتون کابل ایفای وظیفه نموده است .

به صفت پروفیسور مهمان در پوهنتون آروس دنمارک در سال ۱۹۷۷ م برای مدت کم تدریس در پوهنتون معروف بکلی ایالات متحده امریکا برای یک سال تدریس در پوهنتون مشهور جانز هوپکنز امریکا به مدت ۸ سال .

اشرف غنی در بخش ساختن پالیسی و ستراتیژی بانک جهانی در یک سمت مهم برای مدت ۱۰ سال ایفای وظیفه نموده است که در پنج سال اول برای کشورهای اسیای جنوبی وشرقی کارمیکرد و در پنج سال اخر درساختار مسایل گوناگون اقتصادی جهان دخیل بوده که از ان جمله ریفورم اقتصادی روسیه شامل آن میباشد .

اشرف غنی مقالات زیادی را در زبان انگلیسی در باره افغانستان نوشته که دررسانه های معتبر ان وقت به نشر رسیده است.

در زمره تحقیقات دوکتور اشرف غنی یکی از کارهای بزرگ و مهم این است که درباره تاریخ چهارصد ساله افغانستان تحقیق نموده است و اکثر موارد قرن

پانزدهم میلادی گرفته تا قرن نوزدهم میلادی را تحت پوشش تحقیق قرار گرفته است که این تحقیق مدت ده سال را دربر گرفته است .

درین اواخر یک کتاب دوکتور اشرف غنی تحت عنوان (دول ناکام وستراتیژی موفقیت انها) از طرف پوهنتون اکسفورد انگلستان در اروپا و امریکا به نشر رسیده است که رسانه های جهانی بالای شان تبصرهای گرمی داشتن.

دوکتور اشرف غنی بعد از یازده سپتمبر سال ٢٠٠١ که بیم یک فاجعه بزرگ دیگر در افغانستان میرفت ، از بانک جهانی رخصتیهای بدون معاش گرفت و در یک تعداد مطبوعات ازاد جهانی مقالات خود رابه نشر رساند و مصاحبه ها را انجام داد .دراین زمان جهانیان تشویشها و نگرانیهای زیادی در باره افغانستان داشت. سرمنشی ملل متحد ان وقت اقای کوفی عنان از دوکتور غنی خواست تا در باره پیدا کردن حل بحران افغانستان همراه با مسول بلند پایه ملل متحد و نماینده با صلاحیت این سازمان برای افغانستان لخضدر ابراهیمی به صفت مشاور همکاری نماید .داکتر غنی پیشنهاد اقای عنان را پذیرفت ودر نتیجه سعی و تلاشهای پی یکی دیگر توانست تا در ترتیب نمودن موافقه بن سهیم شود و جهانیان را به این وادار سازد که افغانها می تواند مشکلات و مسایل خود را در چوکات لوی جرگه عنعنوی حل وفصل نماید و قدرت را از یک گروه منطقوی (سمتی) که نه میتواند از تمام کشور نماینده گی کند از طریق همین جرگه به ملت منتقل سازد و در نتیجه همین فهماندن مراحل تعیین شد و بعدا اداره موقت به میان امد .

اقای اشرف غنی یک ماه بعد از ختم دوره موقت به ده ولایت افغانستان عزیز سفرهای کاری انجام داد. و حالات جاری را تحت بررسی قرار داد که بعدا به پیشنهاد اداری موقت از سمت های خود در بانک جهانی و ملل متحد استعفی داد وبدون از هر نوع امتیاز مالی مشاور خاص ریَس جمهور تعیین گردید موصوف این مسولیت را برای یک مدت به بسیار موفقیت انجام داد وبعدا ریْس اداره انسجام کمک ها در افغانستان گردید . غنی کارهای مهم را درین اداره انجام داد که از ان جمله اولتر ازهمه نهادینه ساختن بازسازی ملی سرتاسری وساختن اصول و مقررات ان بود وبعدا برای کنفرانس جذب کمک های جهانی برای افغانستان که در ماه حمل همان سال درکابل تدویر گردید اماده گی گرفت ، درین کنفرانس داکتر غنی اولیت های مردم وحکومت افغانستان را به جهانیان تشریح نمود ویک طرح سالم زمانی رابه انان تقدیم کرد. بعد از کنفرانس داکتر اشرف غنی از طرف همین اداره به صفت وزیر مالیه به لوی جرگه معرفی گردید که این پیشنهاد انها از طرف اراکین جرگه قبول و نامبرده در اداره انتقالی به صفت وزیر مالیه مقرر گردید.

د رکنفرانس برلین دنیا می خواست که به افغانستان تنها یک میلیارد دالر کمک نماید اما در نتیجه سعی وتلاش خسته نا پذیر وزیر مالیه وقت در همان کنفرانس دنیا حاضر شد که به حکومت افغانستان وعده ۸,۲ میلیارد دالر را بدهد و در همین زمان دنیا قبول کرد در افغانستان به ۲٦,٥ میلیارد دالر سرمایه گزاری ضرورت است در طول تاریخ افغانستان این یک کنفرانس بی نظیر بود که یک کشور غریب وجنگدیده توانست که پروگرامهای بازسازی خود را به جهانیان پیش و انرا قانع سازد.

در نتیجه این موفیقت های بزرگ دوکتور غنی در سال ۲۰۰۳ میلادی موفقترین وزیرمالیه به سطح اسیا معرفی گردید که جایز وزیر سال را نیز از ان خود نمود .

وقتیکه در سال ۲۰۰٤ میلادی دوره انتقالی به پایان رسید دوکتور اشرف غنی نخواست که در کابینه دیگر اشتراک نماید و به هدف اصلاحات در نظام تحصیلات عالی کشور و بازسازی پوهنتون کابل رو اورد و به مدت یک سال با محصلین و استادان پوهنتون کابل دیدار و گفتگوهای کاری داشت .

داکتر اشرف غنی در سال ۲۰۰٦ میلادی از طرف رسانه های بین المللی به کاندیداتوری سمت سرمنشی ملل متحد مطرح گردید وبعدا این پیشنهاد رسما از طرف حکومت افغانستان به ملل متحد فرستاده شد .و در سال ۲۰۰۷ میلادی رسانه های جهانی انرا به صفت رٸیس بانک جهانی پیشنهاد کرد. همچنان درماه نومبر سال ۲۰۱۰ ازایشان خواسته شد که رهبری برنامه انتقال مسولیت امنیتی از قوای بین المللی به قوای افغان را به عهده بگیرد که این کار را نیز به خوبی انجام داد.

اشرف غنی در انتخابات ریاست جمهوری سال ۲۰۰۹ اشتراک کرد اما موفقیت بدست آورده نتوانست، به تعقیب آن به موجب نتایج نهائی انتحابات ریاست جمهوری سال ۲۰۱٤م[٦] موصوف با کسب ٥٥,۲۷ فیصد آرآ در مقابل ٤٤,۷۳ فیصد به پیروزی چشمگیر بررقیب انتخاباتی خود عبدالله عبدالله که از محوریت تاجیکها و هزاره ها کاندید بود دست یافت. در جریان شمارش آرآ بعد از آنکه عبدالله عبدالله از شکست فاحش خود مطلع شد، همانند انتخابات سال ۲۰۰۹م، نتایج انتخابات را نه پذیرفته شکست خودرا نتیجه تقلب گستردۀ حریف وانمود ساخت و به مبارزۀ گسترده برای کسب امتیازات به خود، جمعیت اسلامی و شورای نظاروشمولیت در اداره دولت پرداخت.

انتخابات ریاست جمهوری سال ۱۳۹۳ هجری شمسی (۲۰۱۴م)

داکتر اشرف غنی احمدزئ در انتخابات ریاست سال ۲۰۱۴م به حیث کاندید مقام ریاست جمهوری در یک تکت انتخاباتی با جنرال عبدالرشید دوستم (ازبک) در مقام معاونیت اول و سرور دانش (هزاره) در مقام معاونیت دوم اشتراک کرد. شمولیت دوستم با سایۀ تعقیب ممکنه قضائی به اتهامات جنایات جنگی سبب ابراز نارضایتیهای زیادی از جانب هواخواهان اشرف غنی که نامزدی اورا از سنگر مخالفت با مافیای جنگسالار و مافیای فساد اداری و مالی میدیدند گردید. اما مبرهن بود که شهرت دوستم به عنوان بانک رأی بالای تصمیم اشرف غنی اثر مستقیم داشته است.

جدول ۴: نتایج دور اول انتخابات ریاست جمهوری سال ۲۰۱۴ افغانستان

کاندید	قومیت	تعداد آرأ	فیصدی آرأ
عبدالله عبدالله (۱)	تاجیک	۳٬۰۹۷٬۲۷۴	۴۴٬۹٪
اشرف غنی (۲)	پشتون	۲٬۱۷۲٬۹۲۱	۳۱٬۵٪
زلمی رسول	پشتون	۷۹۳٬۲۸۹	۱۱٬۵٪
عبدرب‌الرسول سیاف	پشتون	۴۸۹٬۷۶۹	۷٬۱٪
قطب‌الدین هلال	پشتون	۱۸۶٬۲۵۰	۲٬۷٪
محمدشفیق گل آقا شیرزی	پشتون	۱۱۰٬۳۷۱	۱٬۶٪
داوود سلطان زوی	پشتون	۳۴٬۴۹۱	۰٬۵٪
هدایت امین ارسلا	پشتون	۱۳٬۷۹۶	۰٬۲٪
مجموع آرأ		۶٬۸۹۸٬۱۶۱	۱۰۰٬۰٪
مجموع تاجیک/هزاره		۳٬۰۹۷٬۲۷۴	۴۴٬۹٪
مجموع پشتون/ترکتبار		۳٬۸۰۰٬۸۸۷	۵۵٬۱٪

(١) عبدالله عبدالله آرای هزاره ها را هم نظر به کاندیدی محمد محقق به حیث معاون دوم خود دارد.

(٢) اشرف غنی آرای ترکتبار های افغانستان را نظر به کاندیدی جنرال رشید دوستم به حیث معاون اول با خود دارد. (منبع: بی بی سی ٢٦ آپریل ٢٠١٤ - ٠٦ ثور ١٣٩٣)

عبدالله عبدالله با گرفتن ٤٤,٩ فیصد و اشرف غنی با اخذ ٣١,٥ فیصد به عنوان کاندیدهای پیشتاز که نتوانستند معیار ٥٠+١ را برای پیروزی در دور اول تکمیل کنند به دور دوم انتخابات رفتند.

انتخابات و برجستگی خطوط قومی

با آنکه عبدالله عبدالله، با درک ساختار قومی نفوس کشور، برخلاف انتخابات سال ٢٠٠٩، خود را به عنوان پشتون معرفی کرد[٧]، اما ایشان در طول حیات سیاسی خود عملاً به مثابه محور تجمع خواسته‌های سیاسی و اجتماعی تاجیک‌ها تبارز نموده است. مزید بر آن، داکتر عبدالله نزد جامعه پشتون و غیر پشتون چه در داخل افغانستان و چه در خارج افغانستان یک فرد تاجیک بوده و تجمع چهره‌های شناحته شده ضد پشتون، مانند مجیب رحیمی، به حیث سخنگو، مشاور و همکار دست اول او به این برداشت مشروعیت می‌دهد. از جمله هشت کاندید که در دور اول انتخابات در مرحله رایگیری اشتراک کردند، عبدالله عبدالله یگانه کاندید تاجیک تبار بود و متباقی همه کاندیدان از قوم پشتون بودند.

نتایج دور اول انتخابات ریاست جمهوری سال ٢٠١٤ افغانستان از تقسیم آرا بر اساس خطوط قومی و نژادی حکایت کرد:

1 . ولایاتیکه اکثریت باشنده گان آنها اقوام غیر پشتون هستند به علاوه ولایت وردک (٢٪ آرا) به عبدالله عبدالله رای داده اند. طوریکه دیده میشودآقای محمد محقق در جلب حمایت رای دهنده گان به داکتر عبدالله نقش تعیین کننده داشته است در حالیکه کاندید معاونیت دوم میباشد. در مقایسه کاندید معاونیت اولعبدالله نقش بسیار ناچیزی در گرفتن آرا به نفع او داشته است. طوریکه دیده میشود محمد محقق حتی رای مردم سرپل را از جنرال دوستم گرفته به عبدلله تقدیم کرده است. در حدود چهل وپنج فیصد مجموع آرا به عبدالله عبدالله داده شده است.

2. در ولایاتیکه اکثریت باشنده گانآنها اقوام پشتون هستند، به استثنای ولایت پشتون نشین قندهار، اکثریت رای دهنده گان به داکتر اشرف غنی رای داده اند. به علاوه جنرال دوستم موفق شد ولایات جوزجان و فاریاب را نیزبه اشرف غنی تقدیم کند (پنج فیصد آرا). تنها ولایت پشتون نشین وردک از این جریان مستثنی است که من دلیلی برایش ندارم. قرار معلوم در حدود سی و دو فیصد مجموع آرا به اشرف غنی داده شده است.

. 3 درولایت پشتون نشین قندهار اکثریت رای دهنده گان به داکتر زلمئ رسول رای داده اند که موصوف قادر شد دوازده فیصد مجموع آرا.را بدست آورد.

4. محمدشفیق گل‌آغا شیرزی ۱.۴ فیصد مجموع آرا را به خود جلب کرده است که عمدتاً از ولایات پشتون نشین است.

5. به مقایسۀ سایر ولایات، فیصدی کمتر مردم ولایات پشون نشین شرقی، جنوبی و جنوب غربی که همسرحد با پاکستان هستند نظر به خطر تروریزم طالبان در انتخابات سهم گرفتند.

6. آرای رای دهنده گان پشتون (۴۵ فیصد مجموع آرا بدون پنج فیصد آرا ازبکها و ترکمنهای جوزجان و فاریاب) میان اشرف غنی، زلمئ رسول، گل آقا شیرزئ، رسول سیاف و هدایت ارسلا تقسیم شده اند در حالیکه داکتر عبدالله تمام آرایی را که انتظار داشت از ملیتهای غیر پشتون شامل تاجک، هزاره، بدخشی، ایماق، نورستانی، ازبک و ترکمن (به استثنای پنج فیصد آرای جوزجان و فاریاب) از آن خود ساخته است.

7. بر اساس حساب سادۀ ریاضی در دور دوم باید انتظار داشت که اشرف غنی حد اقل ۵۵ فیصد آرا را از آن خود سازد. و هرگاه قادر شود باشندگان ولایات پشتون نشین را تشویق به سهمگیری بیشتر در دور دوم انتخابات نماید، بدست آوردن بیش از ۶۰ فیصد آرا توسط داکتر اشرف غنی دور از احتمال نیست.

با دانستن این واقعیت حامیان دکتور عبدالله از رفتن انتخابات به دور دوم کاملاً ناراضی بودند. داکتر عبدالله در دور اول تمام آرای ممکنه حامیان خود را بدست‌آورد. با متمرکز شدن آرای هشت کاندید پشتون در دور دوم انتخابات برای داکتر اشرف غنی، پیروزی او حتمی بود. باید توجه داشت که حمایت گل آقا شیرزئ و زلمئ رسول کاندیدان پشتون تبار دور اول از داکتر عبدالله در دور دوم صرف جنبه سمبولیک داشته به معنی انتقال آرای پشتون‌ها به عبدالله نمی‌باشد. یک تحلیل بی‌طرفانه و آگاهانه از نتایج دور اول انتخابات توسط یک

مبصری که به ترکیب قومی نفوس کشور آگاه باشد به سادگی پیروزی اشرف غنی را در دور دوم می‌توانست پیشبینی کند. اتفاقا چنین پیشبینی را این نویسنده بتاریخ ۲۷ اپریل ۲۰۱۴ در یک مقالهٔ در فیسبوک انجام دادم.

نتایج نهایی تفتیش شده دور دوم انتخابات

در حالیکه اقوام پشتون و تاجیک از لحاظ سهم خود فیصدی های بزرگ اول و دوم نفوس کشور را تشکیل می‌دهند، در دور دوم انتخابات ریاست جمهوری سال ۲۰۱۴ افغانستان دو کاندید، یکی از قوم پشتون و دیگری ممثل تمایلات سیاسی تاجیک‌ها، در مقابل همدیگر قرار گرفتند. علاوه بر آن، داکتر اشرف غنی تکنوکرات، متخصص اقتصاد و سیاست بین‌المللی بدون تعلق به کدام تنظیم جهادی با عبدالله عبدالله، سمبول قدرت و ثروت نامشروع جنگسالاران و سمبول تباهی جنگ‌های تنظیمی، مقابل هم قرار گرفتند. برای نسل جوان رایدهنده که خاطره خوشایندی از جنگهای تنظیمی و سیاستهای مافیای تنظیمی نداشتند، انتخاب میان این دو کار ساده بود.

طوریکه بعد از دور اول پیشینی کرده بودم، اشرف غنی در دور دوم انتخابات، در نتیجه تمرکز آرای پشتونها، با اخذ ٥٦,٤٠٪ فیصد آرأ در مقابل ٤٣,٦٠ فیصد آرأ بر عبدالله پیروز شد و به مقامریاست جمهوری رسید.

جدول ٥: نتایج نهایی تفتیش شده دور دوم انتخابات ٢٠١٤ یاست جمهوری افغانستان

کاندید	تعداد آرأ	فیصدی آرأ
عبدالله عبدالله	٣,٢٥٠,٥٠٥	٤٣,٦٠٪
اشَرف غنی	٤,٢٥٨,٧٤٠	٥٦,٤٠٪
مجموع	٧,٥٠٩,٢٤٥	١٠٠,٠٠٪
	تعداد آرأ	فیصدی

منبع: وبسایت کمیسیون مستقل انتخابات

صرف نظر از نتایج انتخابات در مناطق پشتون‌نشین، ولایت کابل آیینه بسیار خوبی است که می‌توان در آن بدون هیاهوی تقلب کاری نتایج آرای مردم را

مشاهده کرد. در دور دوم انتخابات در انتخاب میان داکتر اشرف غنی تکنوکرات، متخصص اقتصاد و سیاست بین‌المللی، داکتر عبدالله، سمبول قدرت و ثروت نامشروع جنگسالاران و سمبول تباهی جنگ‌های تنظیمی، اکثریت مردم کابل به اشرف غنی رای دادند.

اشرف غنی مشروعیت مقام ریاست جمهوری خود را مدیون رای ملت و پیروزی قاطع خود در دور دوم انتخابات سال ٢٠١٤م می‌داند. طوری‌که می‌دانیم این پیروزی با حمایت یک‌پارچه قوم پشتون، روشنفکران ناراضی سائر ملیت‌ها از تداوم استیلای قدرت جنگسالاران و با حمایت ترک‌تباران کشور در حمایت از جنرال دوستم که در تکت انتخاباتی غنی به حیث معاون اول معرفی شده بود صورت پذیرفت.

در حالیکه داکتر عبدالله، حزب جمعیت و جنگسالاران سابق در وجود عطا محمد نور، محقق، سیاف، اسمعیل خان و غیره با احساس خطر از دست دادن موقف برجسته سیاسی، اجتماعی و اقتصادی سیزده ساله خود، این مشروعیت سیاسی را در حقیقت مشروعیت دادن به برگشت دوران تفوق سیاسی پشتون‌ها در جامعه دانسته آن را به رسمیت نمی‌شناسند.

طوری‌که دیدیم در ماه‌های بعد از انتخابات در نتیجه هیاهوی این عوامل که در تمام زوایای دولت افغانستان و رسانه‌های خبری و جامعه مدنی کشور از برکت سیاست‌های سازشکارانه حامد کرزی نقش یکجانبه نا متعادل دارند با تهدید های آشکار به بغاوت و حمله بر ارگ، توهین و بد و بیراه گفتن به رییس جمهور حامد کرزی، تحقیر و تخریب ارکان دولت افغانستان از جمله کمسیون مستقل انتخابات، حتی توهین و بد و بیراه گفتن به سازمان‌های بین‌المللی بعد از انجام تفتیش کامل توسط مفتشین بین‌المللی، سر انجام منجر به ایجاد دولت ائتلافی اشرف غنی و عبدالله عبدالله گردید.

افغانستان یک کشور کثیرالقومی بوده و از لحاظ ساختمان اجتماعی و سیاسی عمیقا یک کشور عنعنوی متکی به وابستگی‌های قومی می‌باشد. بر علاوه، سی و پنج سال جنگ داخلی، فرقه‌یی، تنظیمی و مداخلات اجنبی اختلافات قومی، سمتی و زبانی را در افغانستان عمیق‌تر ساخته است. در یک کشور عنعنوی هرگاه به مردم بصورت دموکراتیک حق انتخاب داده شود آن‌ها بلا درنگ به کاندید قوم مربوطهٔ شان رای می‌دهند. نتایج انتخابات اخیر ریاست جمهوری این حقیقت را برجسته‌تر ساخت. صرف نظر از مشتی روشن‌فکر، پشتون به پشتون رای داد، تاجیک به تاجیک، هزاره به هزاره و اوزبیک به ازبیک. حتی تعداد کثیری از روشنفکران سرشناس از این قاعده مستثنی نشدند.

جدول ٦: انتخابات سال ٢٠١٤م به ترکیب قومیت

تخمین قومیت بر اساس آرای ولایات	مجموع	اشرف غنی	عبدالله عبدالله
مجموع آرآ	٧,٥٠٩,٢٤٥	٤,٢٥٨,٧٤٠	٣,٢٥٠,٥٠٥
مجموع پشتون	٤٣,٢٠٪	٦١,٢٠٪	١٩,٦٠٪
مجموع تاجیک	٢٨,٤٠٪	١٧,٧٠٪	٤٢,٣٠٪
مجموع ترکتبار	١٣,٦٠٪	١٢,٧٠٪	١٤,٩٠٪
مجموع هزاره	٩,٤٠٪	٥,٤٠٪	١٤,٧٠٪
مجموع سایر اقوام	٥,٤٠٪	٣,١٠٪	٨,٥٠٪
مجموع فیصدی	١٠٠,٠٠٪	١٠٠,٠٠٪	١٠٠,٠٠٪

یادداشتها:

ترکیب قومیت بر اساس نفوس ولایات بطور تخمینی توسط نویسنده صورت گرفته است. نتایج انتخابات عملاً نشان داد که مردم افغانستان، صرف نظر از هیاهوی تقلب انتخاباتی، عمدتاً بر مبنای خطوط قومی و نژادی رای دادند. مطابق تخمینهای جدول بالا در حدود ٦١,٢ فیصد آرای غنی را آرای پشتونها، ١٧,٧ فیصد از تاجیکها، ١٢,٧فیصد از ترکتبارها، ٥,٤ فیصد از هزاره ها و ٣,١ فیصد از سایر اقوام تشکیل میدهد. در مقابل ٤٢,٣ فیصد آرای عبدالله را آرای تاجیکها، ١٩,٦ فیصد را آرای پشتونها، ١٤,٩ فیصد را آرای ترکتبارها، ١٤,٧ فیصد را آرای هزاره ها و ٨,٥ فیصد را آرای سائر اقوام تشکیل میدهد. مطلب مهم دیگر این است که در حمایت ازغنی کمی کمتر از ٣٩ فیصد آرای غیر پشتونها شامل است در حالیکه برای عبدالله آرای غیر تاجیکها بیشتر از ٥٧ فیصد مجموع آرای او را میسازد. به بیان دیگر عبدالله بیشتر مدیون حمایت محقق هم تکت هزاره خود است تا اینکه غنی مدیون دوستم باشد. این حقیقت در رفتار غنی در طول ٥ سال ریاست جمهوری دور اول او و در انتخاب همکاران تکتهای انتخاباتی سال ٢٠١٩ مشهود است.

پشتون‌ها و ترکتبارها به اشرف غنی و جنرال دوستم رای دادند در حالی‌که تاجیک‌ها و هزاره‌ها به داکتر عبدالله و محقق رای دادند. حتی یک فرد غیر مسلکی با یک شناخت عامیانه از مردم افغانستان می‌تواند حساب کند که در افغانستان تعداد پشتون‌ها و ترکتبارها به مراتب بیشتر از تعداد تاجیک‌ها و

هزاره‌ها می‌باشند. حتی با ارزیابی نتایج دور اول انتخابات که در آن هشت کاندید پشتون اشتراک داشتند، نتایج دور دوم قابل پیشبینی بود. نویسنده این مقاله در ٢٧ اپریل سال ٢٠١۴ در فیسبوک پیشبینی کرد که با تمرکز آرای رای دهنده‌گان پشتون، اشرف غنی در دور دوم انتخابات با بدست‌آوردن ۵۶ تا ۶٠ درصد آرا پیروز خواهد شد.

قابل توجه است که در رقابت‌های انتخاباتی سال ٢٠١۴م هیچگونه مباحثه از طرف جناح داکتر عبدالله در جهت مخالفت با سیاست‌ها و پلان‌های اجتماعی، اقتصادی، امنیتی و سیاسی داکتر اشرف غنی مطرح نگردید. بر عکس، لبه تیز حملات از جانب حامیان دکتور عبدالله متوجه شخصیت کشی با تمثیل داکتر اشرف غنی به عنوان کوچی، قومپرست، پشتون متعصب، فاشیست، زبانپرست، حامی طالبان و اتهاماتی از این قبیل گردید که نشان می‌دهد حامیان دکتور عبدالله رقابت دور دوم را رقابت بین یک کاندید تاجیک در مقابل یک کاندید پشتون می‌دانستند.

حامیان دکتور عبدالله با شناخت از ساختار قومی نفوس کشور می‌دانستند هرگاه انتخابات دور دوم در فضای دموکراتیک انجام شود و به صندوق‌های آرای مردم دستبرد صورت نگیرد، نتیجه نهایی به نفع داکتر عبدالله نخواهد بود. داکتر عبدالله این واقعیت تلخ را در همان شب ختم دور دوم انتخابات چند ساعت بعد از شروع شمارش آرا در تمام حوزه‌های انتخاباتی دانست. او هرگاه به دموکراسی معتقد می‌بود، با برداشتن گوشی تلیفون موفقیت داکتر اشرف غنی را به او تبریک می‌گفت. اما این کار، با توجه به صلاحیت‌های وسیع رییس جمهور در قانون اساسی، از نظر رهبران حزب جمعیت و حزب وحدت به معنی شروع پروسه انتقال دوباره قدرت سیاسی به اکثریت پشتون بود، قدرت سیاسی که به گفته پروفیسور امین صیقل در سال ٢٠٠١ توسط قوای امریکایی به اقلیت‌های غیر پشتون واگذار شده است. از این جاست که کمپاین بی اعتبار سازی انتخابات و کمسیون‌های انتخاباتی و سائر ارگان‌ها و مقامات دولت افغانستان توسط تیم انتخاباتی داکتر عبدالله و حامیان ایشان در رسانه‌ها آغاز می‌گردد.

افغانستان در نتیجه سی و پنج سال جنگ به حوزه‌های نفوذ جنگسالاران مبدل شده است. برای کمسیون مستقل انتخابات نظارت لازم بالای پروسه اجرای انتخابات در این مناطق یک امر ناممکن است. اکثریت حوزه‌های انتخاباتی ولایت بلخ در اختیار مطلق جنگسالاران محلی وابسته به معلم عطا محمد نور است. در بدخشان فامیل ربانی در حاکمیت کامل حکومت می‌کند و در هرات جنگسالاران وابسته به اسمعیل خان. در پروان، پنجشیرو کاپیسا حاکمیت مطلق

حامیان احمد شاه مسعود و حزب جمعیت استیلای بلا منازع بالای همه امور منجمله امنیتی، سیاسی، اجتماعی و انتخاباتی دارند. مناطق مرکزی کشور منجمله بامیان و دایکندی را حامیان محمد محقق هزارستان می‌نامند و حاکمیت دولت مرکزی را در این مناطق برسمیت نمی‌شناسند. هرگاه کسی نتایج انتخابات در خوست و پکتیا را لکه دار از تقلب می‌خواند چگونه می‌تواند از وجود تقلب مشابه انتخاباتی در پنجشیر، بلخ، بدخشان، هرات، بامیان و دایکندی انکار کند؟ در واقع مفتشین بین‌المللی میزان نسبی تقلب را در تمام مناطق دور افتاده کشور مشابه هم یافتند.

انتخابات سال ۲۰۱۹ ریاست جمهوری و تشدید بحران

کمسیون مستقل انتخابات افغانستان (نوت: که به آرای کاندیدان مقام ریاست جمهوری تعیین شده بودند) به روز سه‌شنبه ۲۹ دلو ۱۳۹۸ مطابق ۱۸ فبروری ۲۰۲۰، محمد اشرف غنی را برندۀ انتخابات ریاست جمهوری ۲۰۱۹ اعلام کرد و وثیقه قانونی مقام ریاست جمهوری را به او اعطأ نمود. متأسفانه رقیب اصلی انتخاباتی او آقای عبدالله، کاندید دسته **ثبات و همگرایی**، به عوض پذیرش مردانه وار نتایج انتخابات و تبریک گفتن به رییس جمهور منتخب مطابق عرف پذیرفته شده در جهان دموکراسی، نتیجه انتخابات را همانند دو شکست قبلی خود "تقلبی" خواند و با شورش آشکار خودش اعلام پیروزی کرده گفت "حکومت همه‌شمول" تشکیل می‌دهد. حدود سه هفته پس از اعلام نتیجه انتخابات ریاست‌جمهوری افغانستان، محمد اشرف غنی رسما به عنوان رئیس‌جمهور در "ارگ" سوگند ادا کرد. در عین حال عبدالله عبدالله، رئیس اجرایی پیشین که خودش را پیروز انتخابات می‌داند، نیز در یک شورش آشکار در برابر پروسه های قانونی به طور جداگانه در قصر سپیدار (محل کارآقای عبدالله) مراسم تحلیف برگزار کرد. شرکای اصلی دستۀ انتخاباتی "ثبات و همگرایی" را احزاب جمعیت به رهبری صلاح الدین ربانی، جنبش به رهبری جنرال عبدالرشید دوستم و حزب وحدت به رهبری محمد محقق تشکیل میدهند. در سال ۲۰۰۱ این گروهها "اتحاد شمال" را ایجاد کرده بودند که برای بر انداختن طالبان از قدرت سیاسی کمکهای هنگفت مالی و نظامی از امریکا دریافت کرده و در نتیجه کنفرانس بن قدرت سیاسی و نظامی در کشور عمدتآ به آنها تفویض گردید.

حقیقت آن است که انتخابات تکمیل شد و برنده مطابق احکام قانون اساسی توسط رییس کمسیون انتخابات اعلام گردید و مراسم تحلیف اشرف غنی رییس جمهور منتخب انجام شد که رییس ولسی جرگه، رییس مشرانوجرگه، قاضی القضات و اعضای ستره محکمه، دیپلوماتهای خارجی بشمول نماینده رییس جمهور امریکا

و قوماندان قوای ناتو در افغانستان در مراسم تحلیف اشتراک داشتند. این که انتقال قدرت مطابق به احکام قانون اساسی از مجرای دموکراسی صورت گرفت نه از طریق معاملات پشت پرده و تحمیلی مانند دولت موقت و یا ادامه حکومت وحدت ملی مطابق منافع ملی کشور است. به این صورت تمامیت نظام محفوظ و احترام شد.عبدالله و گروهش با اجرای مراسم تمردی تحلیف جعلی خلاف قانون خودرا در معرض تعقیب عدلی به جرم خیانت ملی قرار دادند. با تکمیل مراسم تحلیف دولت افغانستان در موقف مستحکم برای مذاکرات صلح باطالبان قرارگرفته است. حالا طالبان چارهٔ بجز مذا بادولت ندارند! هر تصمیمی در مورد ترکیب حکومت بعد از تحلیف توسط رییس جمهور صورت بگیرد معامله گفته نمیشود بلکه صوابدید رییس جمهوربخاطر مصالح ملی مطابق صلاحیتهای شامل قانون اساسی خواهد بود.

گفته میشود رییس جمهور غنی برای تطمیع شورش عبدالله و خواسته های دستهٔ ثبات و همگرایی حتی پست ریاست و رهبری پروسه صلح با امتیازات یک معاون رییس جمهور را به عبدالله پیشنهاد نموده به شرطیکه عبدالله نتیجهء اعلام شده رسمی انتخابات را قبول نماید (هفتم اپریل ۲۰۲۰م). با وجودیکه حامیان رییس جمهور غنی معتقد اند نباید به هیچ قیمتی سه بار نپذیرفتن نتایج انتخابات به بهانه تقلب به يك سنت زورگویی برای باج گیری سیاسی و بدنامی انتخابات مبدل شود، با آنهم این این پیشنهاد رییس جمهور با آنکه به معنی احیای شراکت در قدرت رهبری نیست، یک پیشنهاد بسیار سخاوتمندانه تلقی میشود و تقاضاهای امریکاییها را برای ایجاد یک دولت همه شمول باید مرفوع کرده باشد. اما شورای رهبری ثبات و همگرایی بر لغو نتیجه انتخابات تأکید دارد. در حالیکه به موجب احکام قانون اساسی هیچ مرجع بشمول رییس جمهور صلاحیت ابطال نتایج انتخابات را ندارد. یگانه امکان استعفای رییس جمهور است!

نگرانی اصلی نهفته در این موقف دستهٔ انتخاباتی ثبات و همگرایی و قبول شکست انتخاباتی به معنی به حاشیه رفتن از قدرت سیاسی برای اتحاد شمال (جمعیت-جنبش-وحدت) و کوبیدن آحرین میخ بر تابوت تنظیمهای سیاسی نهفته است. نگرانی آنها در این است که پذیرفتن این شکست آغاز پروسه های قانونی بازپرسی و جواب دادن به اتهامات نقض حقوق بشر، غضب زمینهای دولتی، اختلاس در قرادادهای دولتی، حیف و میل کمکهای خارجی و غیره میباشد.

اصرار عبدالله و تیم او بر ابطال نتایج انتخابات نشان میدهد که اینها در رسیدن به خواسته های خودهیچ احترام و اعتنایی به پروسه های قانونی ندارند! در حالیکه رییس جمهور غنی اقدامات فراقانونی و نادیده گرفتن قانون اساسی را

رد کرده است. باید بخاطر داشت که حتی ریاست اجراییه حکومت وحدت ملی
سابقه نیز در چوکات قانون اساسی با اولین فرمان رییس جمهور غنی بعد از
اجرای مراسم تحلیف به حیث رییس جمهور ایجاد شده بود. اما طوریکه مبرهن
است، با پافشاری بالای ابطال نتیجه انتخابات، گروه عبدالله تمام راههای تفاهم
سیاسی را مسدود کرده و در نتیجه دولت را به مقابله نهایی دعوت کرده است!

در هیاهوی این خیالپردازیهای سکناریستی تجزیه طلبانه؛ نباید روشنفکران
تاجیک، هزاره و ترکتبار فراموش کنند که آینده با عزت مترقی و عادلانه مردم
این کشور در همبستگی آنها با روشنفکران پشتون نهفته است نه در تقابل و
مخاصمت با آنها.

حالا با شکست میانجیگری وزیر خارجه امریکا به وضاحت معلوم گردید که
نظام سیاسی دولت افغانستان با دو خطر جدی مواجه است. خطر مافیای جهادی
جنگسالاران که با جوهر نظام و حاکمیت قانون در تقابل قرار دارند و خطر
سقوط به جهنم امارت اسلامی طالبان.

در این شرایط حساس تاریخی حمایت وطن دوستان که معتقد به حاکمیت قانون
اساسی و دفاع از حقوق اساسی مردم در یک نظام جمهوری میباشند از دولت
متکی به نتایج اعلام شده انتخابات اخیر یک امر ضروری است.

تحول ستراتژیک در بیلانس حاکمیت سیاسی

نتیجهٔ این انتخابات حایز اهمیت زیاد برای کشور بوده یک تحول ستراتژیک در
بیلانس حاکمیت سیاسی محسوب میگردد. در فرجام نسل جوان روشنفکر
توانست با حمایت از یک رهبر هدفمند اکادمیک مافیای قومی جهادی
تفنگسالاران را با آنهمه سرمایه های بی حساب و ملیشه های مسلح مزدور شان
با پشتوانهٔ مردم، قلم ودموکراسی از صحنه سیاسی عقب زند! مافیای قومی
جهادی تفنگسالاران و کاسه لیسان شان از این تحول استراتژیک بسیار ناراضی
هستند. بیجهت نیست که عبدالله در طرح پیشنهادی "مصالحهٔ ملی" خود برگشت
قدرت را به مافیای قومی جهادی تفنگسالاران پیشنهاد میکند "شورای عالی
رهبری دولت همه شمول، متشکل ازرهبران احزاب تاثیرگذار سیاسی و
شخصیت های ملی میباشد". بنابر آن لازم است روشنفکران این پیروزی را
ارج گذارند واجازه ندهند این زراندوزان تاریک اندیش که با حاکمیت قانون و
دموکراسی بیگانه اند دوباره قدرت سیاسی را قبضه کنند!

در کشور ما، به گفتهٔ فرید بهمن "بیشرف ترین نوع اشرافیت سیاسي میراثي" شکل گرفته است (از صفحهٔ فیسبوک فرید بهمن، ششم اپریل ۲۰۲۰م). مهره های جنگسالار تنظیمی مسلح به عشق تبار، دین، مذهب و زبان از سال ۲۰۰۱م بدینسو قشر همیشه حاضر در قدرت سیاسی را تشکیل داده که بخاطر حفظ قدرت سیاسی و ثروتهای چپاول شده قارونی خود از هیچگونه زد و بندها و معامله و قرار و مدار دریغ نمی ورزند.

متآسفانه از آنجاییکه این اشرافیت سیاسی در محوریت عبدالله عبدالله رنگ قومی ضد پشتون دارد از حمایت کورکورانهٔ و بیدریغ پشتون-نفرتان تاجک و هزاره در جامعه و در رسانه های متکی به سرمایگذاری ایرانیها، بشمول رسانه های اجتماعی، مستفید بوده به یک زبان همه پشتونها منجمله رهبران پشتون تبار ارگ را فاشیست، طالب و طالب پرست و طالب پرور میدانند. اتفاقآ همین خصلت پشتون-نفرتی اشرافیت-سیاسی-قومی عبدالله محور، سبب یکپارچگی نامرئی انتخاباتی پشتونها در حمایت از روشنفکران پشتون تبار ضد طالبان حاضر در قدرت سیاسی گردیده عامل اصلی شکستهای چشمگیر انتخاباتی اشرافیت-سیاسی-قومی عبدالله محورمیباشد.

حیرت انگیز است که سایر بازیگران سیاسی داخلی و خارجی افغانستان از جمله امریکاییان، پاکستانیها، روسها و ایرانیها در مخالفت با این قشر روشنفکر پشتون تبار حاضر در قدرت سیاسی افغانستان و حامیان آنها با اشرافیت-سیاسی-تنظیمی-قومی عبدالله محور همدست میباشند. یگانه دلیل مشترک این اتحاد نامقدس برداشت همگون آنها از خصلت جنگ جاری در افغانستان است که آنرا جنگ قومی میان طالبان به نمایندگی از پشتونها و ائتلاف شمال (جمعیت-جنبش-وحدت) به نمایندگی ازغیر پشتونها برای احراز قدرت و برتری سیاسی در افغانستان میدانند. به این حساب، در این مبارزهٔ قدرت، روشنفکران پشتون تبار حاضر در قدرت سیاسی مخالف طالبان و حمایت روشنفکران پشتون تبار خارج از قدرت سیاسی از آنها، همانند انگشت ششم به یک نیروی ارتعاش آور، بطور یکسان برای اتحاد شمال و طالبان و حامیان خارجی آنها منجمله امریکا و پاکستان مبدل شده اند. عدم پذیرش دولت حامد کرزئ و متعاقب او دولت اشرف غنی از طرف طالبان به عنوان یکطرف قضیهٔ افغانستان را باید از همین زاویه ارزیابی کرد.

به دلایل نامعلومی این اشرافیت سیاسی-تنظیمی-قومی با وجود شکستهای چشمگیر انتخاباتی، از کمک و حمایت و تشویق آشکار امریکاییها برخورداراست. شاید با توجه به پشتون محور بودن جنبش طالبان، هدف

استراتژیک به باور امریکا ایجاد یک توازن قومی در زعامت آیندهٔ سیاسی افغانستان با جبران اشتباهات کنفرانس بن بهتر حافظ منافع آنها باشد.

در حالیکه امریکاییها این برتری و تفوق سیاسی را بدون در نظر داشت ترکیب قومی افغانستان و سابقهٔ تاریخی زعامت سیاسی کشور در کنفرانس بن به اتحاد شمال ارزانی کردند، از سال ۲۰۰۹ به اینطرف آشکارا از زدودن پایه ها و اثرات تفوق سیاسی اتحاد شمال در قدرت سیاسی ناراضی اند. در نتیجهٔ پایه گرفتن روند های دموکراسی در کشور واقعیتهای عینی ترکیب قومی نفوس در جامعهٔ سنتی قوم محور افغانستان در نتایج انتخابات منعکس شده سبب شکست پیهم انتخاباتی عبدالله به عنوان کاندید دلخواه اتحاد شمال در سه انتخابات پیهم گردید. امریکاییها آشکارا از این روند ناراضی بوده ناگذیر بر خلاف روحیهٔ حمایت از خصلت دولت پسا طالبان در مخالفت با روند انکشاف دموکراسی در کشور قرار گرفته اند. امریکاییها آشکارا در انتخابات ۲۰۰۹ برای شکست حامد کرزئ سرمایه گذاری و مداخله کردند که این مخالفت آنها در کتب و نوشته های متعدد مقامات مسول و دخیل امریکایی تآیید شده است. امریکاییها این مداخله را در سال ۲۰۱٤ تاسرحد ایجاد حکومت وحدت ملی و شمولیت ۵۰/۵۰ عبدالله در دوره اول ریاست جمهوری اشرف غنی ادامه دادند. اخیرآ با وجود پیروزی آشکار رییس جمهور غنی در انتخابات سال ۲۰۱۹، با پافشاری و ایجاد فشار بالای غنی برای تشکیل دولت همه شمول به معنی شراکت مجدد عبدالله و همراهان در قدرت سیاسی پنجسال آینده بدون در نظر داشت نتایج انتخابات، حمایت آشکار خودرا از اشرافیت-سیاسی-قومی عبدالله محور-پشتون ستیز ابراز میکنند.

بالاخره یکی از تئوری پردازان شورای نظار بنام آصف منصوری در صفحه فیسبوک خود (۲٤ مارچ ۲۰۲۰م) نقاب و فریب "تقلب انتخاباتی" تیم عبدالله را بدور انداخت و واضح و پوست کنده با تکیه به تعصب قومی این گروه نوشت که "رهبران داخلی و جهادی باید از دو دهه ... سیر نزولی عبرت گرفته باشند که در این کشور قدرت از میله تفنگ ... حاصل میشود نه از کار مدنی یا مجرای پارلمان و انتخابات که ما فرسنگ ها از آن فاصله دا.ریم. کسی باید به این آقا یادآوری کند که سیر نزولی سهم اتحاد شمال .در قدرت سیاسی و اداری کشور ناشی از استفاده از تفنگ توسط مخالفین سیاسی آنها نبوده بلکه این سیر نزولی ناشی از انتخابات و آگاهی مردم و نفرت روز افزون از استیلای قدرت مافیایی جنگسالاران در جامعه بوده است.

این برداشتی بود از طرز تفکر عبدالله و شورای نظار که تحلیلگران واقع بین برای توجیه موضع گیریهای غیر دموکراتیک آنها ها بالای آن تاکید میکردند و حالا از زبان خودشان میشنویم. مافیای جهادی و جنگسالار و بخصوص شورای نظار که در بعد از ۲۰۰۱ قدرت سیاسی، اقتصادی، نظامی و اداری را قبضه کرده بودند با وجود شکست فاحش در سه انتخابات پیهم، هرگز راضی به آن نیستند که این قدرت را در پای صندوقهای رای و اراده مردم از دست بدهند با هزار حیله و توطئه همچنان به قدرت چسپیدند در حالیکه جوهر نظام متکی به قانون اساسی موجوده را اراده آزادانه مردم و انتخابات تشکیل میدهد.

پس منظر بغاوت و ستون فقرات دولت تخیلی همه شمول عبدالله را تنظیمهای جمعیت، وحدت و جنبش تشکیل میدهند. بخصوص با فروپاشی جمعیت این ملیشه های وحدت و جنبش اند که با خیالپردازی برگشت به دوران خودکامگی کامل در مناطق نفوذی خود به پشتوانه و تکیه گاه بغاوت عبدالله مبدل شده اند. دلیل اصلی این بغاوت را آصف آشنا یکی از فعالین هزاره چنین خلاصه میکند: "جان گپ این است که اگر در این مرحله‌ای حساس و تاریخی، ایستادگی نشود، دستکم دو تا سه نسل دیگر را باید در ذلت و حقارت زندگی کنیم. پس به هر طریقی و به هر قیمتی که می‌شود بسیج شوید".

در غیاب چهره های مطرح تاجیک مانند احمدشاه مسعود، قسیم فهیم، قانونی و امثالهم این عناصر ستمی سکتاریست اند که با طرح های ضد پشتون و ضد افغانی و مرکز گریز خود زمینه های فکری شورش و بغاوت عبدالله را شکل داده رهبری میکنند. این سه عنصر متشکله بغاوت هرکدام با اهداف مشخص خود که داغها و تجربه جنگهای خانمانسوز برتری طلبی فرقوی میان خودرا هنوز بخاطر دارند برای یک سازش تاریخی با طالبان به قیمت تمامیت دولت افغانستان، آزادیهای مردم، دموکراسی و ترقی آمادگی کامل دارند. بیجهت نیست که قریشی وزیر خارجه پاکستان از نقش مهم عبدالله در آینده افغانستان صحبت میکند.

توافقنامه سیاسی میان رییس جمهور اشرف غنی وعبدالله عبدالله

از آنجاییکه نگرانیها در مورد توافقنامه سیاسی میان رییس جمهور اشرف غنی د عبدالله عبدالله مورخ هفدهم ماه مئ سال جاری ۲۰۲۰ میلادی بصورت عام در میان قشر عظیمی از روشنفکران کشور موجود بود لازم است این موافقتنامه را مورد ارزیابی قرار دهیم. طوریکه قبلاً گفته شد عبدالله حکومت موازی اعلام کرد، خواهان ابطال نتایج انتخابات و محاکمهٔ اعضای کمیسیون مستقل انتخابات شد، سازش خودرا با غنی موکول به گرفتن شصت فیصد قدرت

دولتی و مقام صدراعظم اجرایی نمود. اما بالاخره به تقرر در پست رییس شورای مصالحۀ ملی و سهم ۵۰ فیصد همکاران خود در حکومت و اعطای رتبۀ اعزازی مارشالی به دوستم و شمولیت او در کابینه و شورای امنیت ملی موافقه نمود.

اول – از اینکه با حصول توافق سیاسی میان رییس جمهور غنی و داکتر عبدالله عبدالله بحران ناشی از عدم پذیرش نتایج انتخابات ریاست جمهوری اخیر توسط داکتر عبدالله عبدالله در فضای مسالمت آمیز خاتمه یافت و در نتیجه بعد از این دولت قادر به عطف توجه کامل به وظایف اصلی خویش میگردد موجب تأیید شورای همبستگی افغانهای خارج از کشور میباشد.

دوم – امضای این توافقنامه، و پذیرش مقام اشرف غنی به عنوان رییس جمهور کشور، در حقیقت تأیید نتایج رسمی اعلان شدۀ انتخابات ریاست جمهوری اخیر از جانب داکتر عبدالله عبدالله بوده که طرف تأیید شورای همبستگی افغانهای خارج از کشور میباشد و آنرا برای استحکام نظام جمهوری در افغانستان یک امر مثبت و طرف تأیید تلقی مینماید.

سوم – در عین زمان نگرانی شورای همبستگی افغانهای خارج از کشور آن است که اگر قرار باشد حکومتها بر اساس توافقهای سیاسی ایجاد شوند، اصل انتخابات و مصارف هنگفت آن مورد سوال قرار میگیرند. بنابر آن شورای همبستگی انعقاد این توافقنامه را مخالف اساسات دموکراتیک شامل قانون اساسی که متکی به انتخابات زیر رهبری و مدیریت کمیسیون مستقل انتخابات است میداند.

چهارم – شورای همبستگی افغانهای خارج از کشور انعقاد این توافقنامه را دادن پاداش به شورش و بغاوت برای اشتراک در اداره دولت و حکومت زیر فشار ایجاد یک بحران مصنوعی دانسته و آنرا مخالف پروسه های دموکراسی در کشور و تحکیم حکومت قانون دانسته و ایجاد یک عنعنۀ نا پسند میپندارد.

پنجم – شورای همبستگی افغانهای خارج از کشور سه مادۀ کلیدی مربوط به ایجاد شورای عالی مصالحۀ ملی، تقرری داکتر عبدالله عبدالله به حیث رییس شورای مصالحۀ ملی و مادۀ مربوط به تصامیم و تصاویب شورای عالی مصالحۀ ملی شامل این توافقنامه را خارج از چوکات قانون اساسی کشور پنداشته و بدین وسیله نگرانی عمیق خودرا از عواقب آنها ابراز میدارد.

ششم – در توافقنامه گفته شده که: "با امضاء این سند شورای عالی مصالحه ملی بر اساس توافق سیاسی میان طرف‌ها ایجاد می‌گردد. محترم داکتر داکتر

عبدالله عبدالله به عنوان رئیس شورای عالی مصالحه ملی پروسه صلح را رهبری می‌نماید." به موجب مادهٔ فوق ایجاد "شورای مصالحه ملی" و تقرر عبدالله عبدالله به حیث "رییس شورای مصالحهَ ملی" بدون صدور فرامین مقام ریاست جمهوری صورت میگیرد. در عمل داکتر عبدالله خودش را خود مقرر کرده است. این دو عمل خارج چوکات قانون اساسی بوده اعمال غیر قانونی میباشند. خطر آن موجود است که مقام عالی ستره محکمه افغانستان در هرزمانی با صدور حکم لازم تشکیل این شورا و مقرری داکتر عبدالله را به حیث رییس آن یک عمل غیر قانونی پنداشته این شورا را فسخ نماید.

هفتم – در یک ماده توافقنامه سیاسی آمده است که "تصامیم و تصاویب شورای عالی مصالحه ملی نهایی بوده و در پرتو قانون اساسی کشور عملی نمودن آن الزامی می‌باشد". شورای همبستگی افغانهای خارج از کشور این ماده را نفس خود متضاد دانسته آنرا خارج از چوکات قانون اساسی و غیر قانونی میپندارد. نهایی بودن تصامیم و تصاویب شورای عالی مصالحهٔ ملی در پرتو قانون اساسی کشور نبوده هیچ مقامی بشمول رییس جمهورخلاف قانون اساسی نمیتواند چنین صلاحیتی به یک ارگان دولت که در قانون اساسی موجودیت حکمی ندارد اعطأ نماید.

هشتم – تصامیم و تصاویب شورای عالی مصالحهٔ ملی به امر خطیر ختم جنگ و پیشنهادات لازمه برای تعدیل نظام برای شمولیت طالبان در پروسه سیاسی و اجتماعی کشور سر و کار دارد. اینگونه تصامیم و تصاویب در درجهٔ اول به منظوری رییس جمهور و متعاقب آن به تأیید مجلسین شورای ملی و تصویب آن از طرف لویه جرگه نیاز دارند. این مادهٔ توافقنامهٔ سیاسی نقض واضح صلاحیتهای مقام رییس جمهور بَوده تجرید و نادیده گرفتن شورای ملی کشور در مهمترین مسائل مربوط به ساختار نظام و آیندهٔ کشور است.

نهم – با توجه به توضیحات فوق تشکیل شورای عالی مصالحهٔ ملی درمغایرت با صلاحیتهای مقام ریاست جمهوری و مقام شورای ملی افغانستان بوده خارج از چوکات قانون اساسی و غیر قانونی میباشد.

---

[۱]حامد کرزئ در ارزگان یک گروپ ملیشیه ضد طالبان را ایجاد کرد که از جانب یک تیم قوای خاص امریکائی حمایت، تجهیز و تربیه شده و حمایت هوایی تامین گردید که در نتیجه ارزگان را از دست طالبان بیرون کرده وجانب قندهار سوق داده شدند. در نزدیکی قندهار طالبان با حامد کرزئ برای خروج و تسلیمی شهر مذا و توافق کردند که بر اثر این توافق طالبان از جنگ دست

کشیده حامد کرزیٔ و گل آقا شیرزیٔ که از یک جهت دیگر به کمک امریکاییها بسمت قندهار در حرکت بود شهر قندهار را تسلیم شدند .(نویسنده).

[۲] Supreme Foodservice GmbH, a privately held Swiss company, and Supreme Foodservice FZE, a privately-held United Arab Emirates (UAE) company, pled guilty to a major fraud against the United States and agreed to resolve civil violations of the False Claims Act, in connection with a contract to provide food and water to the U.S. troops serving in Afghanistan. (Corporate Crime Reporter, December ۸th, ۲۰۱٤).

[۳] یکی از سه جزیرهٔ مشهور پالم جمیرا، دیرا و جبل علی در آب های خلیج فارس ساحل دوبیٔ است.

[٤] مهرالدین مشید گرفته شده از سایت "آریایی" زیر عنوان "قصرهای مافیایی از شیرپورتا جمیرا نمادی از فساد واشنگتن در کابل".

[٥] About halfway into the ۱۸-year war, Afghans stopped hiding how corrupt their country had become. Dark money sloshed all around. Afghanistan's largest bank liquefied into a cesspool of fraud. Travelers lugged suitcases loaded with $۱ million, or more, on flights leaving Kabul. By Craig Whitlock Dec. ۹, ۲۰۱۹.

[٦] نتایج نهایی انتخابات سال ۲۰۱٤ بتاریخ ۲٤ فبروری سال ۲۰۱٦ توسط کمسیون مستقل انتخابات اعلام شد.

[۷] هویت قومی عبدالله عبدالله موضوع مورد اختلاف میباشد. بر اساس معلومات منتشره در رسانه های اجتماعی والدین پنجشیری تاجیک موصوف در عنفوان کودکی او از هم رسماً جدا شده و مادر موصوف بعداً با یک فرد صاحب رسوخ قندهاری ازدواج میکند و عبدالله عبدالله زیر قیمومیت پدر خوانده پشتون تبار خود بزرگ میشود.

دلایل سقوط دولت جمهوری

سقوط دولت جمهوری اسلامی نتیجهٔ فروپاشی سیستماتیک نظام در نتیجهٔ عوامل ذیل بود:

١. حمایت دوامدار پولی و سیاسی امریکا از یک قشر طفیلی فاسد مافیایی گروهها و رهبران جهادی و تاکید بر شمولیت این قشر در داخل دولت و ایجاد جزیره های قدرت محلی توسط رهبران جهادی پشتون و غیر پشتون این گروهها و اشاعهٔ فساد در کشور؛

٢. مشروعیت زدائی سیستماتیک حاکمیت دولت توسط امریکا و رهبران فاسد جهادی؛

٣. ضعیف شدن دولت و اردو در نتیجهٔ فعالیتهای ضد قانون اساسی و سایر قوانین و نه پذیرفتن نتایج سه انتخابات پیهم دموکراتیک توسط یک قشر طفیلی فاسد مافیایی در داخل دولت به رهبری و مرکزیت عبدالله عبدالله؛

٤. ایجاد جدائی و نفاق میان اقوام کشور در طول چهل سال گذشته توسط سیاستهای قومگرایانهٔ نفرت آفرین ضد پشتون، ضد افغان، ضد افغانستان و خراسان خواهی گروه شر و فساد شورای نظار که درزها و زخمهای عمیقی در میان روشنفکران کشور بجا گذاشت، دولت و اردو را ضعیف ساخت؛

٥. موجودیت مطبوعات پوشالی متکی به استخبارات بیگانه و غیر مسول؛

٦. امضای توافقنامهٔ امریکا با طالبان بدون شرکت دولت جمهوری اسلامی افغانستان در دوحه وموجودیت تعهد امریکاییها برای ایجاد دولت اسلامی جدید به رهبری طالبان در نتیجهٔ این توافقنامه؛

٧. مشروعیت زدایی از ادامهٔ دولت جمهوری اسلامی توسط امریکا و تقلیل کمک پولی آنکشور؛

٨. ختم حمایت هوایی امریکا از اردوی افغانستان در طول یکسال بعد از امضای توافقنامهٔ دوحه؛

٩. تقلیل قابل ملاحظهٔ قابلیت رزمی اردوی افغانستان با خروج ١٥ هزار قرارداديهای ناتو که وظایف حمایت لوژستیکی اردو و بخصوص قوای هوایی را به عهده داشتند؛

۱۰. از میان رفتن انگیزه های سیاسی و اخلاقی برای مقاومت در میان افراد و فرماندهان اردو و چهره های سیاسی کشور؛

۱۱. انجام معاملات تسلیمی فرماندهان اردو و فرار چهره های سیاسی جهادی از کشور؛

۱۲. دست کم گرفتن قابلیتهای حرکت طالبان در زمینه های سیاسی، نظامی و اقتصادی:

۱۳. عدم علاقمندی طالبان به رسیدن به صلح از طریق یک توافق سیاسی در مذاکرات بین الافغانی صلح دوه؛ و.

۱۴. نقش تخریبی پاکستان.

تمام عوامل بالا به نحوی در سقوط دولت جمهوری اسلامی و به قدرت رسیدن طالبان سهم داشتند.

---

[١] Rhea, Talley Stewart, Fire in Afghanistan, ١٩١٤-١٩٢٩, Faith, Hope and The British Empire, New York, ١٩٧٣., Page vii.

فصل دهم
برگشت حاکمیت شریعت اسلامی

امارت اسلامی طالبان دور دوم

فرصتها و موانع

طوریکه میدانیم طالبان در پانزدهم اگست سال ۲۰۲۱م یکبار دیگر قدرت مطلق را در افغانستان بدست گرفته نظامی را که امارت اسلامی میدانند برای بار دوم تشکیل کردند.

نظام موجودهٔ امارت اسلامی طالبان در جهان امروزی یک رژیم منحصر به فرد بنیاد گرای مذهبی متکی به ارزشهای فرهنگ دهاتی قرون وسطایی است که زیر شعار تطبیق شریعت یک رژیم اپارتاید جنسیتی، انحصاری و تمامیت خواه ملاها را در افغانستان ایجاد کرده کشور را بدون قانون با فرمان یک شخص، که هویت او بر مردم افغانستان مشخص نیست، اداره میکنند.

بی جهت نیست که این رژیم را، با وجود سه سال بودن در قدرت مطلق بالای تمام قلمرو افغانستان، هیچ دولت خارجی و یا سازمان های بین المللی و منطقوی و سازمان همکاریهای ممالک اسلامی به عنوان دولت مشروع قانونی افغانستان برسمیت نشناخته اند.

مردم افغانستان در میان دو سنگ آسیا قرار گرفته اند: از یکطرف رژیم طالبان به هیچگونه حقوق اساسی مردم اعتنا نداشته در کشور یک اپارتاید جنسیتی را برقرار کرده نیم نفوس کشور را از حق کار، حق اشتراک در

جامعه و حق تحصیل محروم کرده اند که نتیجه منطقی آن گسترش بی‌سوادی و بی دانشی و جهالت در کشور است.

از جانب دیگر گروه‌هایی که داد از دموکراسی، برگشت به حکومت قانون و اعاده حقوق مدنی مردم می‌زنند و در این روزها چهارمین اجلاس خودرا در شهر ویانا دایر کرده اند کسانی اند که هر گز به دموکراسی عقیده نداشته اعمال انها سبب سقوط نظام جمهوری گردید. این گروهها در میان ملت افغانستان نفاق ایجاد کردند، دولت را دونیم کردنند، اردوی ملی را دو نیم کردند، پولس را دو نیم کردند و قضا را دونیم کردند، نتایج چهار انتخابات دموکراتیک را در افغانستان قبول نکردند، دست به ایجاد حکومت موازی زدند، دموکراسی را به گندگی کشاندند، و فساد گسترده را در دولت و جامعه ترویج نموده در طول بیست سال حاکمیت خود در دولت به غضب داراییهای عامه، چور و چپاول عواید ملی و بودجه دولت پرداخته، فساد اخلاقی را در داخل نظام ترویج نمودند که در نتیجه در بین مردم عامه نظام دموکراسی و نهادهای دموکراسی را بدنام نمودند. اینها به قدرت چهار دست وپا چسپیدند و در این پروسس به سرمایه های قارونی و قدرت فرعونی دست یافتند که امروز مردم از خلاصی از شر این مفسدین ابراز خرسندی می‌کنند.

علاوه به این دو یک گروه سوم تکنوکرات های غارتگر نیز هستند که در سالهای ۲۰۰۱ تا ۲۰۲۱ با القاب و اسناد تقلبي و هم حقیقی، و تعدادی با ارتباطات استخباراتی بر گرده های ملت تحمیل شدند اما با دزدیهای سیستماتیک و شرکت در فساد اداری آبروی افغانستان را بردند و میلیاردها دالر کمک های جامعه جهانی را غارت کرده و هم به خارج انتقال دادند. اما این گروه دزدان فرار کردند و گم شدند از این سبب شامل دو سنگ آسیا که امروز ملت در بین آن قرار گرفته است نیستند. مشکل امروزی ما آنها نیستند. مشکل امروزی ما این دو گروهی است که امروز هم مدعی حکومت و با مدعی برگشت به حکومت هستند.

برای ملت افغانستان بسیار غم انگیز و مایوس کننده است بخصوص که بعضی مقامات بلند پایه طالبان در صحبت های خصوصی کفته اند که بالاترین رهبران طالبان و بخصوص شخص امیرالمؤمنین تا زنده است به تعلیم و تحصیل دختران اجازه نخواهد داد و همچنان تاکید کرده اند که هشتاد در صد از مجاهدین آنها افراد دهاتی بسیار کم سواد بوده به انفاذ بسیار جدی شریعت مانند دور اول امارت اسلامی تاکید دارند!

چگونه شاهراه تمدن معاصر را در مقابله با کسانیکه کسب علوم معاصر را میاح میدانند و ما آنها را ارتجاع سیاه می شناختیم از دست دادیم؟ اگر پروگرامهای مدنی امان الله خان قبل از عصر خود بود آین مشکل را ما نداشتیم. چه شد؟ گناه کیست؟ گناه کسانیست که ده را فراموش کردند. به ده و انکشاف دهات توجه نکردند. هیج ده ما صاحب سرک اسفالت که آنرا به شهر وصل کند نشد. هیچ ده ما صاحب برق نشد. هیچ ده ما صاحب مکتب ابتدایی نسوان نشد. در حالیکه ٦٦فیصد نفوس کشور نظر به احصاییه های رسمی اداره ملی احصاییه و معلومات هنوز هم در دهات زندگی میکننند.

با این حال هستند کور دلانی که در شرایط ارتحاع سیاه و در شرایط بی وطنی و بی هویتی به عوض پرداختن به مشکل اصلی، به افغان و افغانستان ستیزی مشغولند.

طالبان فرصت طلایی را از دست می دهند!

هرگاه عقل سلیم هدایت کند طالبان فرصت طلایی دارند که افغانستان را بسرعت بسوی پیشرفت اقتصادی و اجتماعی رهنمایی نموده از فقر، تنگدستی، بی‌سوادی و عقب ماندگی نجات داده زندگی مرفه برای همه ملت فر اهم کنند. در شرایط از میان رفتن جزیره های قدرت جنگسالاران جهادی، و در شرایط فراری شدن مفسدین، دزدان و غارتگران، شرط اساسی تحقق این پیشرفت فراهم نمودن زمینه های سهمگیری تمام ملت اعم تمام اقوام، زبانها، مذاهب، زن و مرد در تعلیم و تربیه، کار و اشتراک در جامعه و در اقتصاد و فرهنگ است بدون هرگونه تبعیض. من مطمئن هستم که مردم حاضرند از تعدادی از حقوق و ازادیهای سیاسی خود برای تامین یک دوران ده ساله ثبات سیاسی، امنیت ملی و فردی و استحکام دولت و تضمین تمامیت ارضی فروگذاشت نموده به یک دولت ملی فرصت دهند برای تحقق این آرمان ملی دست باز داشته باشد. اما متاسفانه که پیشرفت اقتصادی و اجتماعی و محو بی‌سوادی در جمله اهداف اساسی امارت اسلامی نیست. در دو بیانیه اساسی امیرالمومنین هبت الله هیچ اشارهً به این اهداف نشده است. در عوض اهداف اساسی امارت اسلامی تطبیق شریعت در هالهً ارزش‌های فرهنگ عقب مانده و بدوی دهاتی و خصومت جاهلانه با فرهنگ و علوم عصری می باشد.

ابتکارات امارت اسلامی در زمینه های اقتصاد و اعمار زیربناهای کشور بدون شک طرف تایید ملت و بخصوص روشنفکران قرار دارد اما این اقدامات در شرایط اپارتاید جنسیتی در نهایت سبب افزایش بیسوادی، جهالت

و بیکاری اکثریت نفوس کشور خواهد شد. متاسفانه اینگونه از دست دادن فرصت ها برای ملت افغانستان غم انگیز است!

فراری شدن عناصر ضد ملی و فاسد زمان جمهوری، ختم تبلیغات ضد ملی و تجزیه طلبی و تفرقهٔ قومی در مطبوعات و رسانه های داخلی به رژیم طالبان مشروعیت داخلی نمی بخشد. بعد از گذشت سه سال رژیم طالبان هیچ کوششی برای کسب مشروعیت از مردم افغانستان از طریق تشکیل یک لویه جرگهٔ عنعنوی به هدف تسوید، مباحثه، تصویب و انفاذ یک قانون اساسی انجام نداده است. در عنعنهٔ نظام دولتی افغانستان، لویه جرگه عالیترین مرجع مذاکرات بین الافغانی محسوب گردیده یگانه مرجع مشروعیت بخشیدن به یک نظام دولتی و زمامدار آن از طریق تصویب یک قانون اساسی است که در آن نوعیت نظام دولتی، وظایف و تشکیلات دولت و حقوق و وجایب اتباع تعریف می گردند. از این رهگذر نظام موجودهٔ امارت اسلامی طالبان همچنان به مثابهٔ یک "رژیم" غیر مشروع باقی مانده است که قدرت را بزور تفنگ بدست آورده از مردم افغانستان کسب مشروعیت نکرده و منافع ملی افغانستان و رفاه مردم افغانستان را تآمین کرده نمیتواند.

در این مباحثه کوشش میشود فرصتها و موانع در مقابل امارت اسلامی طالبان و دورنمای افغانستان با توجه به هدف تامین منافع ملی و رفاه مردم افغانستان در شرایط عوامل داخلی، منطقوی و بین المللی مورد مباحثه قرار بگیرد.

در ادامهٔ حکومتداری بدون قانون، در ادامهٔ محروم کردن نیم نفوس کشور از حق تعلیم، تحصیل و کار و ایجاد یک رژیم اپارتاید جنسیتی؛ در ادامهٔ محروم کردن مردم از حقوق سیاسی، در ادامهٔ انحصار ارگانهای ادارهٔ دولت توسط ملاها و محروم کردن سایر اقشار مردم، احتمال افزایش نارضایتی مردم و مقاومت در برابر رژیم به دور از تصور نیست. فعالیت های تروریستی یکبار دیگر امنیت را تهدید می کنند، و بخصوص با هدف قرار دادن اقلیت های قومی و مذهبی، خطر تفرقه ملی افزایش یافته است.

بنابر آن در شرایط عدم شناخت بین المللی، و عدم کسب مشروعیت داخلی، بی جهت نیست که جنگ سالاران فراری خیال تشکیل یک حکومت در تبعید یا جلای وطن را در سر می پرورانند تا برای حامیان خارجی خود یک بدیل سیاسی در مقابل رژیم طالبان ایجاد کنند. اما لازم به یاد آوری است تا زمانیکه رژیم امارت اسلامی مشروعیت داخلی و شناخت بین المللی

را کسب نکرده باشد، از نظر حقوقی و عرف بین المللی، اشرف غنی احمدزئ همچنان به عنوان رییس جمهور انتخابی مردم افغانستان شناخته می شود به شرط آنکه شخصاً استعفاً نکرده باشد.

ادامهٔ وضع موجود، آیندهٔ ملت افغانستان را با خطر جدی روبرو نموده، خطر عقب ماندگی از جریان تمدن معاصر، عقب ماندگی اقتصادی، تکنولوژیکی، اجتماعی، سیاسی، فرهنگی و فقر را با تجرید از جامعهٔ جهانی در برخواهد داشت. شرایط نا مساعد کنونی به عناصر و جریانهای ضد حاکمیت ملی، ضد تمامیت ارضی و ضد اتحاد ملی مردم افغانستان فرصت داده تا علنا مشروعیت افغانستان را به عنوان یک کشور مورد سوال قرار داده، با انتشار کتابها، مقالات و مصاحبه های تلویزیونی بی شرمانه روایت ایرانی از تاریخ دولت افغانستان را مورد تبلیغ قرار داده، با بلند کردن بیرقهای متعدد و تقاضاهای علنی برای تجزیهٔ کشور علناً تبارز نموده خطرات جدی را متوجه بنیادهای وطن ما، تمامیت ارضی و اتحاد ملی افغانستان نمایند.

در میان روشنفکران کسانی هستند که امید به تغییر طالبان بسته اند و امیدوار اند با بهبود اوضاع اقتصادی کشور در دراز مدت طالبان مبانی مدنیت معاصر را قبول نموده رژیم اپارتاید زن و مرد را در افغانستان خاتمه دهند. در حالیکه ادامهٔ ممنوعیت حقوق تعلیم، تحصیل و کار دختران و زنان در طویل المدت سبب افزایش میزان بیسوادی و بی دانشی در نفوس کشور شده و در نهایت به عمیق شدن و گسترش افکار ارتجاعی در جامعه می افزاید که برگشت از آن روز بروز مشکلتر خواهد شد. طالبان در عمل نشان دادند که در سی سال گذشته هیچ تغییری در افکار و جهان نینی آنها رونما نشده است. مرور زمان نه تنها طالبان را به افراد مدنی مبدل نخواهد کرد بلکه برعکس اکثریت نفوس کشور را با افکار طالبانی مجهز خواهد کرد.

بنابر آن در این مقطع تأریخی محسوس میگردد که وظیفهٔ اساسی، مهم و خطیر تمام بنیادها، ایتلافها، اتحادیه ها و فعالین سیاسی افغانستان است تا در محور اهداف ترقیخواهانه، ارزشها و منافع مشترک در یک ائتلاف ملی برای نجات افغانستان متحد شده با ایجاد یک آدرس مشترک مرجع مراجعه و سنگر دفاع از منافع مردم افغانستان شده و در عین زمان پارتنر خوب و سالم برای جامعهء جهانی شده و در مقابل حاکمیت تمامیت خواه، مرجع انعکاس افکار تمام اقشار ملت افغانستان گردد.

در این بررسی میکوشیم این نظام را ارزیابی نموده کارنامهٔ حکومتداری سه سالهٔ آنها را از عینک منافع ملی مردم افغانستان مورد آزمایش قرار داده وظایف روشنفکران متعهد کشور را در برابر اوضاع و احوال کنونی روشن سازیم.

نظام حکومت داری امارت اسلامی

نظام حکومت داری امارت اسلامی طالبان در هیچ سندی تعریف نشده است. اما طوری که تجربهٔ سه سال اخیر نشان می دهد، این نظام متشکل از دو ارگان است: ارگان اجرایی و ارگان رهبری. مجلس بزرگ ملاها که دو سال قبل در کابل به ظاهر به امیرالمومنین طالبان بیعت خود را اعلام کرد، مقام مشخص و دائمی در نظام سیاسی طالبان ندارد.

ارگان اجرائی رژیم امارت اسلامی طالبان که از ادغام حکومت و قوهٔ قضائیه دولت جمهوری تشکیل شده عبارت است از حکومت مؤقت به ریاست محمد حسن آخوند به عنوان رئیس‌الوزرا، مولوی عبدالکبیر معاون سیاسی رژیم طالبان، عبدالغنی برادر معاون امور اقتصادی و عبدالسلام حنفی معاون دیگر رییس الوزرای حکومت طالبان میباشدد. ذبیح الله مجاهد سخنگوی رژیم طالبان است و حتی گفته میشود که اخیرا دفتر او از کابل به قندهار منتقل شده است.

در اوایل برقراری رژیم امارت اسلامی طالبان پیشنهادات متعددی موجود بود تا طالبان با تشکیل کمیسیون های مشورتی مسلکی متشکل از دانشمندان، متخصصین، و انجنیران کشور در سکتورهای مختلف از اندوخته های علمی کشور استفاده کنند. با گذشت نزدیک به سه سال نه تنها این پیشنهادها اجرا نشد بلکه رژیم طالبان در ملانیزه کردن دستگاه اداری دولت بیش از پیش کوشیدند. مطابق به هدایت هبت الله آخوندزاده امیرالمؤمنین در مجلس بزرگ دو سال قبل ملاها، با سپردن هرچه بیشتر امور حکومتی به ملاها اکنون سهم ملاها در ادارهٔ امور روزمره ادارات دولتی به حد اعظمی خود در تاریخ افغانستان رسیده است و در این امر از دولت جمهوری دموکراتیک خلق و پرچم که تمام بستهای ادارهٔ دولت و ماشینری نظام اداری دولت را به اعضای حزب دموکراتیک خلق سپرده بود، و همچنان از اشغال بستهای دولتی توسط شورای نظاریها در دولت جمهوری اسلامی، نیز سبقت جسته اند. امروز از مدیر مالیه گرفته تا قوماندان پولیس و مدیر زراعت همه ملاها اند.

باید دانست که حکومت ملاها به معنی حکومت اسلامی نیست! حکومت اسلامی نه در قرآن مجید تعریف شده و نه در شریعت محمدی. قاعدتاً حکومتها و رهبران دولت، همانند اشخاص انفرادی، می باید از شریعت به مثابهٔ روش زندگی و ارزشهای معنوی برای رسیدن به رستگاری در بارگاه عدالت خالق یکتا پیروی کنند نه به عنوان دساتیر اجرایی اجباری. اما طالبان با اعلان قانون امر به معروف و نهی از منکر پیروی از روایات احادیث را، که حقانیت بسیاری از آنها تاکنون ثابت نشده، اجباری اعلان کردند.

ارگان رهبری رژیم امارت اسلامی طالبان در هالهٔ از ابهام پیچیده است. تاکنون طالبان از موجودیت یک شورای رهبری یا کمیتهٔ مرکزی تصمیم گیری در مورد پالیسیها اطلاع نداده اند. تمام تصامیم به ظاهر با تصویب و یا خارج از تصویب مجلس وزرأ ، اما با صدور فرمان امیر المؤمنین گرفته میشوند. این امیر المؤ منین که مقر او در قندهار است چه شخصی است، چگونه و توسط کدام مرجع به این پست گمارده میشود، و علاوه بر مجلس وزرأ در کابل یا کدام گروه مشورتی دیگر هم دارد و یا خیر؟ امیرالمؤمنین رژیم طالبان مانند هر دیکتاتور دیگری کشور را با صدور فرمان اداره میکند و به هیچ کس و یا مقامی هم پاسخگو نیست. حتی مجلس بزرگ ملاها که سال گذشته در کابل به ظاهر به امیرالمومنین طالبان بیعت خود را اعلام کرد مقام مشخص و دائمی در نظام سیاسی طالبان ندارد.

نه تنها در سه سال گذشته مردم افغانستان روی مبارک کسی را که بنام هبت الله آخوند زیر عنوان امیر المؤمنین بالای شان حکومت میکند ندیده اند بلکه حتی اعضای دوهزار نفری مجلس بزرگ ملاها در کابل نیز با آنهمه پتو، لنگی و چادر که بر سر مبارکش پیچیده بود و زاویهٔ غیر مستقیم کمره در پشت میز خطابه نتوانستد روی مبارک ایشان را ببینند. همچنان این مبارک در سه سال گذشته روی مبارک خودرا در هیچ نماز جمعه، نماز عید، جشن استقلال، جشن پیروزی و امثالهم به مردم نشان نداده و هیچ بیانیهٔ تلویزیونی ایراد نکرده است.

در سه سال گذشته مقامات طالبان از هیچ جلسهٔ کاری اعضای حکومت مؤقت طالبان با امیرالمؤمنین شان اطلاع نداده اند و امیرالمؤمنین با هیچ مقام خارجی نیز ملاقات نکرده است. اخیرا محمد حسن آخوند رییس الوزرای رژیم طالبان با محمد بن عبدالرحمن آل ثانی، صدراعظم و وزیر خارجه قطر در قندهار دیدار کرد و شایعات اینکه پایتخت سیاسی افغانستان از کابل به قندهار منتقل خواهد شده نیز بیشتر شد. هبت‌الله آخوندزاده، رهبر

طالبان در قندهار مستقر است و بسیاری از هیات‌های خارجی اکنون در سفر به افغانستان به قندهار سفر می‌کنند تا با والی قندهار و دیگر افراد نزدیک به رهبر طالبان دیدار کنند.

مشکلات عمدۀ امارت اسلامی طالبان کدامها اند؟

بزرگترین مشکل امارت اسلامی طالبان کسب مشروعیت داخلی و شناخت خارجی میباشد. کسب مشروعیت داخلی از دو طریق فراهم میگردد:

اول- از طریق تایید مردم از رهبر دولت و از نظام دولتی، و

دوم- از طریق سهمگیری اقشار مختلف مردم در ادارۀ دولت و ایجاد یک دولت با قاعدۀ وسیع که اقشار مختلف مردم خودرا در آن دولت ببینند. این موضوع در کشور کثیر القومی و کثیرالزبانی افغانستان از اهمیت زیادی برخوردار است.

در افغانستان کسب مشروعیت داخلی دولتها و رهبران دولت بطور عنعنوی و تاریخی از طریق تشکیل لویه جرگه های مردم افغانستان که در آن نمایندگان تمام ولسوالیها و نواحی شهری، اعضای حکومت، اعضای شورای ملی، قضات ستره محکمه، جنرالان عالیرتبه اردو، روسای پوهنتونها و موسسات تعلیمات عالی، نمایندگان جوانان، زنان و اقشار اجتماعی مانند اقلیتهای قومی و مذهبی و روحانیون عالی مقام اشتراک می کردند حاصل می گردد.

اما طوری که دیده میشود برای طالبان کسب مشروعیت داخلی با دو عنصر تکمیل گردیده است:

۱. پیروزی در جنگ و فتح کشور و

۲. بیعیت ملاها یا علمای دین.

خارج از این دو عامل در سه سال گذشته طالبان از یکطرف هیچ اقدامی در کسب مشروعیت نظام خود از مردم نکرده اند از جانب دیگر هیچ دولت خارجی و سازمان جهانی، منطقوی و حتی اتحادیۀ کشورهای اسلامی نظام آنها را برسمیت نشناخته اند.

تشکیل مجلس بزرگ ملاها دو سال در کابل، بدون موجودیت خبرنگاران و بدون موجودیت کمره های تلویزیونی، که به ظاهر به امیرالمومنین طالبان بیعت خودرا اعلام کردند؛ نه تنها هیچ کسی را فریب نداد بلکه سوالهای زیادی را به سوالهای قبلی در مورد مشروعیت حاکمیت طالبان افزود.

دست آوردهای طالبان

در مدت کمی بیش از سه سال گذشته، دست آوردهای مهم طالبان را میتوان:

١. تأمین حکمیت دولت مرکزی بالای قدرت‌های محلی و ختم قدرت‌های نیمه مسقل محلی وابسته به جنگسالاران جهادی؛

٢. ختم زورگویی قدرتمدان در نواحی شهری که سبب غضب و فروش زمینهای دولتی، ایجاد ساختمانها خلاف ماسترپلانهای شهری، قطع سرکهای شهری شده بود،

٣. ختم عدم جواب‌دهی اداری و مالی ارگان‌های محلی به دولت مرکزی،

٤. ختم حالت انارشی و بی بند وباری،

٥. ختم فساد گستردهٔ اداری، اخلاقی و مالی و

٦. ختم تبلیغات ضد منافع ملی مانند من افغان نیستم، خراسان طلبی، تجزیه طلبی، فدرال خواهی و تبلیغ اصطلاحات ایرانی در رسانه های داخلی افغانستان.

را از جمله بزرگترین موفقیتهای امارت اسلامی طالبان به حساب آورد.

همچنان در عدم موجودیت عناصر فعال و با نفوذ بازدارنده و مخالف در درون دولت مانند عبد لله عبدالله و دارو دسته اش در دولت غنی، طالبان تطبیق پروگرامهای زیربنایی، انکشاف شهری و مواصلاتی زمان دولت جمهوری را رویدست گرفته و به شدت و سرعت برای تطبیق آنها اقدام کرده اند. این پروگرامها تا کنون شامل:

١. تطبیق پروژه بزرگ آبیاری کانان قوش تیپه از ولسوالی کلدار ولایت بلخ تا ولسوالی اندخوی ولایت

فاریاب به طول ۲۳۰ کیلومتر، عرض ۱۰۵ متر و عمق ۸,٥ متر و احداث پلهای موتر رو و خط آهن بالای این کانال در مسیر مزارشریف و بندر حیرتان،

۲. ترمیم اساسی شاهراه سالنگ،

۳. ترمیم اساسی شاهراه کابل، قندهار،

٤. ترمیم اساسی سرک غزنی پکتیکا،

٥. تمدید سرک جغله در یک قسمت دهلیز واخان تا سرحد چین بطول ٤٠کیلومتر،

٦. آغاز کار تطبیق پروژهٔ کابل جدید در ده سبز،

۷. شروع کار احداث لولهٔ آب انتقال آب دریای پنجشیر به کابل،

۸. احداث سرک جدید اتصالی از کاریز میر در شمال کوتل خیرخانه به چارراهی قمبر در جنوب غرب کابل بطول بیش از هفت کیلومتر که یکی از سرکهای حلقوی شهر میباشد،

۹. شروع کار چندین سرک در نقاط مختلف شهر منجمله سرک جدید کوتل خیرخانه، سرک ناحیهٔ رحمان بابا و غیره،

۱۰. از میان برداشته تمام موانع فزیکی در مسیر جاده های شهر کابل، تخریب منازل ملیون دالری قدرتمندان که در مسیر سرکهای شهری ایجاد شده بودند

از جملهٔ این اقدامات اند که از جانب مردم به شدت مورد حمایت قرار گرفته اند.

باید توجه داشت که تطبیق این پروژه ها توسط متخصصین، انجنیران و کارگران افغان و توسط شرکتهای ساختمانی خصوصی داخلی جریان دارد که این خود به رشد این شرکتها، افزایش ضرفیتهای تولیدی آنها کمک میکند. در عین زمان همه روزه اخبار افتتاح کار موسسات و فابرکات صنعتی مانند دستگاههای پروسس میوه و سبزیجات، روغن کشی و غیره

با سرمایگذاریهای خصوصی بگوش میرسند و موسسات تولیدی سابقه مانند نساجی و سمنت گلبهار دوباره فعال میشوند. بدون شک این انکشافات در افزایش ظرفیتهای تولیدی، افزایش مواد استهلاکی داخلی، کار و استخدام در کشور سهم بارزی دارند.

نکتۀ مورد توجه آن است که تمام این پروژه ها از مدرک عواید داخلی دولت تمویل میگردند. ختم فساد اداری و مالی به حکومت طالبان امکان داده تا از یکطرف عواید دولت را از منابع مختلف داخلی افزایش قابل ملاحظه دهند و از جانب دیگر از حیف و میل و ضیاع این منابع جلوگیری نمایند. تمام پروژه های شهری شامل ماستر پلان شهر کابل اکنون از عواید شاروالی کابل تمویل میشوند.

اقدامات و سیاستهای تخریبی طالبان

در عین زمان در سه سال حاکمیت مجدد طالبان مردم و کشور افغانستان چه قیمتی پرداخته اند؟

۱. اوضاع اقتصادی افغانستان بشدت رو به وخامت گذاشته، تولیدات داخلی تقلیل یافته، ده ها هزار نفر بیکار شده اند، شاخص قیمتها بالا رفته که در نتیجه عواید و قدرت خرید مردم تنزیل یافته، امنیت غذایی مردم به تناسب زمان قبل از طالبان بیشتر از میان رفته بیش ز نیم نفوس کشور در حالت فقر و قحطی قرار گرفته اند و هزاران هزار هموطن افغانستان مجبور به ترک کشور شده اند.

۲. برعلاوه با به قدرت رسیدن مجدد طالبان در افغانستان و انفاذ احکام شریعت مطابق تفسیر متحجر و غیر عقلانی، حقوق مدنی مردم و بخصوص حقوق زنان محدود گردیده، آزادیهای مدنی محدود شده اند، قانون اساسی و سایر قوانین مدنی عملاً به کنار گذاشته شده و نقش مردم در ادارۀ کشور نادیده گرفته شده است.

۳. طالبان مردم افغانستان را از استفاده از فعالیتهای فرهنگی و هنری منجمله موسیقی، سینما، مجسمه سازی و غیره محروم نموده این نوع فعالتها را ممنوع کرده اند،

٤. طالبان بیرق سه رنگ ملی کشور را با بیرق سفید خود تعویض کردند؛

٥. امارت اسلامی طالبان در مقابل مسائل مبرم ملی مانند یک حکومت متمدن برخورد نکرده است.

٦. کدام قانون اساسی نافذ نشده، و سائر قوانین در حالت تعلیق قرار دارند. اولین قانون معرفی شده توسط طالبان قانون امر به معروف و نهی از منکر است که با انفاذ آن تمام توهمات تغییر طالبان به عناصر اصلاح شده مدنیت امروزی از میان رفت و هرگونه توقع بازگشت به کشور را برای هزاران هموطن ما جه در خارج از افغانستان زندگی میکنند منتفی ساخت؛

٧. امارت اسلامی طالبان توسط فرامین اداره میگردد و یکتعداد وزرای طالبان احکام جاهلانه صادر میکنند. یکی به فارغان معارف و تعلیمات عالی که کادر های مسلکی کشور را تشکیل میدهند اهانت نموده آنها را بیفایده میخواند، دیگری آموزش علم را "مباح" میداند، سومی تعلیم زنان را "فحشأ" قلمداد میکند و چهارمی احراز مقامات علمی استادان را به تعداد انفجار ماینها توسط مجاهدین طالب مربوط میداند. حکومت قانون وجود ندارد، شعارهای دیواری طالبان بیان میکند که "قرآن مجید قانون ماست!" در عصر ما حکومتداری بدون موجودیت قانون که حقوق و مکلفیتهای اتباع و دولت را مشخص میکند ووظایف دولت را برای ادارهٔ کشور تعیین میکند ، قابل پذیرش نمیباشد.

٨. بدترین عمل طالبان که اثرات تخریبی آن برای ده ها سال آینده در کشور محسوس خواهد بود سلب حقوق مدنی زنان و دختران و بخصوص منع تعلیمات اناث بالاتر از صنف ششم ابتدایی می باشد. در همین سلسله اقدامات طالبان در سه سال گذشته تمام زنان را ادارات دولتی اخراج نموده و کار زنان را در خارج از منزل، با بعضی استثنآت در سکتوَر صحت عامه

و اشتراک در فعالیتهای توزیع امدادهای بشردوستانه، ممنوع نموده اند.

9. طالبان پرداخت حقوق تقاعد مامورین دولت را متوقف کرده اند.

درنتیجه این اقدامات صدها هزار مغز متفکر و سرمایهٔ ملی کشور از وطن فرار و تعداد زیاد شان به وضع فلاکتبار و شنیع کشته، شهید و أسیر باند های جنایت کار در داخل و خارج شدند. انفجار، انتحار و خود کشی ها با بیکاری و بی معاشی و بی عاید بودن، مردم افغانستان را سخت زبون، دل شکسته و خوار ساخته و این پروسه درحال تعمیق است. زیستن بدون داشتن حقوق مدنی برای ملت قابل قبول نیست.

فصل امارت اسلامی طالبان هنوز ادامه دارد و سیر طبیعی تکامل و انقراض خودرا خواهد پیمود.

فصل یازدهم
افغانستان امروز و دورنمای آینده

مباحثهٔ پیشرفت اقتصادی، اجتماعی و حقوق بشر

وضع موجود و وظایف ما

با آنکه ساختن پل، پلچک، سرک، کانال و امثالهم برای انکشاف کشور و برای خدمت به مردم اهمیت زیاد دارند اما برای کسب مشروعیت حکومت بالای مردم و رضایت مردم کافی نیستند. در عدم موجودیت مشروعیت داخلی، در ادامهٔ حکومت داری بدون قانون، در ادامهٔ محروم کردن نیم نفوس کشور از حق تعلیم، تحصیل و کار؛ در ادامهٔ محروم کردن مردم از حقوق سیاسی، در ادامهٔ انحصار ارگانهای ادارهٔ دولت توسط ملاها و محروم کردن سایر اقشار مردم، احتمال افزایش نارضایتی مردم و مقاومت در برابر رژیم به دور از تصور نیست. فعالیت های تروریستی یکبار دیگر امنیت را تهدید می کنند، و بخصوص با هدف قراردادن اقلیت های قومی و مذهبی، خطر تفرقه ملی افزایش یافته است.

حملات تروریستی در افغانستان و اطراف افغانستان همچنان ادامه داشته از یک طرف طالبان قادر به جلوگیری از آن نیستند و از جانب دیگر خارجیها موجودیت یک رژیم افراطی اسلام گرای طالبان را عامل آن میدانند. کشته شدن ایمان الظواهری رهبر القاعده در کابل مبین ادامهٔ همکاری طالبان با این گروه تروریستی بین المللی میباشد. علاوه بر آن حتی پاکستان موجودیت بعضی رهبران گروههای تروریستی را در افغانستان تایید کرده است.

موجودیت گروه های تروریستی ضد هند، ضد چین، ضد تاجیکستان، ضد ازبکستان، ضد روسیه و حتی ضد پاکستان در افغانستان باعث ادامهٔ جنگ های نیابتی گردیده شرایط زندگی مردم ما را بیشتر خراب میکند. جنبش طالبان نظر به ماهیت و محدودیتهای عقیدتی خود نه تنها نمیتواند جلو پرورش تروریزم و فعالیتهای تروریستی را در منطقه بگیرد بلکه خطر جدی برای ثبات سیاسی دولتهای منطقه نیز محسوب میگردد.

وضعیت بحرانزای کنونی، به رقبای منطقه ای و کشورهایی که در منطقه به دنبال اهداف استراتژیک خود اند فرصت می دهد تا از ناتوانی حاکمیت در افغانستان سواستفاده کنند. خطر یک جنگ نیابتی دیگر هنوز متصور است. اخیرا تشکیل یک سازمان سیاسی-نظامی متشکل از جنرالان عالی رتبه نظام گذشته در امریکا و زمزمه هی تشکیل یک حکومت در تبعید خطر باز کردن روزه های جنگ داخلی را در کشور افزایش داده است.

ادامهٔ وضع موجود، آیندهٔ ملت افغانستان را با خطر جدی روبرو نموده خطر عقب ماندگی از جریان تمدن معاصر، عقب ماندگی اقتصادی، تکنولوژیکی، اجتماعی، سیاسی، فرهنگی و فقر را با تجرید از جامعهٔ جهانی در بر خواهد داشت.

شرایط نامساعد کنونی به عناصر و جریانهای ضد حاکمیت ملی، ضد تمامیت ارضی و ضد اتحاد ملی مردم افغانستان فرصت داده تا با بلند کردن بیرق های متعدد و تقاضاهای علنی برای تجزیهٔ کشور علناً تبارز نموده خطرات جدی را متوجه بنیادهای وطن ما، تمامیت ارضی و اتحاد ملی افغانستان نمایند.

با توجه به وضع اسفبار سیاسی، اجتماعی، اقتصادی و فرهنگی موجوده مردم افغانستان و با توجه به عدم شناخت بین المللی رژیم امارت اسلامی طالبان، فعالین سیاسی افغانستان به ایجاد ایتلافها، اتحادیه ها و جبهه های متعددی دست زده اند. اما مبرهن است که هیچ بنیاد و ائتلافی به تنهایی نمیتواند به نجات افغانستان و مردم ما از وضع موجوده موفق گردد. با ادامهٔ عدم هماهنگی میان فعالین سیاسی، عمر حاکمیت مستبد ارتجاعی، انحصاری تمامیت خواه ملاها در افغانستان طولانی تر خواهد شد.

در این مقطع تأریخی وظیفهٔ اساسی، مهم و خطیر تمام بنیادها، ایتلافها، اتحادیه ها و فعالین سیاسی افغانستان است تا در محور اهداف ترقیخواهانه، ارزشها و منافع مشترک در یک ائتلاف ملی برای نجات افغانستان متحد

شده با ایجاد یک آدرس مشترک مرجع مراجعه و سنگر دفاع از منافع مردم افغانستان شده و در عین زمان پارتنر خوب و سالم برای جامعهء جهانی شده و در مقابل حاکمیت تمامیت خواه، مرجع انعکاس افکار تمام اقشار ملت افغانستان گردد.

طالبان باید بدانند که حاکمیت غیر قانونی انحصاری موجودهٔ امارت اسلامی ملاها مورد قبول مردم افغانستان و جامعهٔ جهانی نیست. زنان افغانستان که نیم نفوس کشور را تشکیل میدهند حق دارند در جامعه شامل باشند. طالبان باید بدانند که با حکومت کردن به موجب تعبیر های ناقص، غیر منطقی و غیر عقلانی از احکام شریعت اسلامی نمیتوان نیازمندیهای مردم و جامعه در عصر حاضر را برآورده ساخت. مملکت به قانون اساسی و سائر قوانین که به تصویب نمایندگان ملت رسیده باشد نیاز دارد. افغانستان یک کشور چند قومی و چند زبانی است که هویت ملی کشور را تشکیل میدهد. این هویت باید در قانون اساسی با تعریف حقوق مدنی، اجتماعی و سیاسی و مکلفیتهای اتباع کشور منعکس گردند.

نظر به ماهیت معضلهٔ کشور، و بخصوص دخیل بودن نهادهای استخباراتی کشورهای منطقه و ابرقدرتها، هرگونه ائتلاف میان گروههای سیاسی افغان برای یافتن راه حل برای بحران افغانستان باید از همکاری بین المللی برخوردار گردد. نجات افغانستان از شرایط نامساعد کنونی، نه تنها وظیفهٔ مبرم ملت و روشنفکران افغانستان است بلکه مکلفیت جامعهٔ جهانی را نیز در بر دارد.

جدال ترقی و ارتجاع در افغانستان

نزدیک به نیم قرن است که افغانستان در نتیجهٔ بی ثباتی سیاسی در تراژیدی حوادث بس ناگوار میسوزد. آنچه در محراق این تراژیدی ملی قرار دارد عقب ماندگی اقتصادی و اجتماعی افغانستان از تمدن و صنعت معاصر است. در شرایطی که نزدیک به هفتاد فیصد نفوس افغانستان در دهات زندگی نموده متکی به اقتصاد زراعتی و مناسبات روستائی اند، نیم قرن بی ثباتی سیاسی، جنگ، بیسوادی و کم سوادی، و استیلای مرتجعین بدوی بالای نفوس دهاتی، این خلای تمدنی را عمیق تر ساخته زمینه رشد عناصر افراطی مذهبی ضد ترقی و حاکمیت آنها را در دهات فراهم نموده است. قربانیان ادامهٔ این تراژیدی نیم قرنه، مردم تمام اقوام و زبانهای افغانستان

و بخصوص ده نشینان مناطق پشتون نشین کشور در همسایگی پاکستان بوده اند. با به قدرت رسیدن مجدد افراطیون بدوی و متحجر طالبان، این حقیقت برای همه آشکار شد که در مجموع مضمون اصلی این کشمکش نیم قرنه در افغانستان مبارزه ایدیولوژیک میان ترقی و ارتجاع بوده است.

تقلیل موضوع محوری بی ثباتی سیاسی افغانستان از عامل اصلی مبارزه میان ترقی و ارتجاع به کشمکش مغرضانهٔ نادرست تاریخی قومی پشتون و تاجیک توسط عناصر ضد ملی افغانستان یک حامی با نفوذ و قدرتمندی در وجود پاکستان یافت و این برداشت نادرست و ضد ملی را به عنوان دلیل اصلی قیام طالبان در میان حامیان بین المللی دولت جمهوری اسلامی اشاعه نمود که در نتیجهٔ آن پروسهٔ انکشاف سالم دولت سازی، دموکراسی و مطبوعات ملی مسول در کشور صدمه دیده به تضعیف دولت منجر شده یکی از عوامل سقوط دولت جمهوری را فراهم ساخت. متاسفانه این نوع برداشت هنوز هم در میان طیفی از فعالان گروه مقاومت ضد طالبان اشاعه داشته مانع عمده در جهت ایجاد یک اتحاد ملی مترقی ضد افراطیت و بدویت طالبانی محسوب میگردد. باید دانست که امر نجات افغانستان از هیولای افراطیت مذهبی و بدویت طالبانی را نمیتوان همزمان با مخالفت با ارزشهای ناموسی ملت افغانستان بشمول نام کشور و ملیت شناخته شدهٔ جهانی "افغان" ادامه داد.

طوریکه میدانیم بعد از بیست سال اقتدار دولت جمهوری اسلامی افغانستان به تاریخ ١٥ اگست سال ٢٠٢١ سقوط کرد و تحریک طالبان افغانستان برای بار دوم دولت امارت اسلامی خودرا بر قرار کردند.

باوجود مشکلات و نارسایيهای زیادی که در ادارهٔ دولت جمهوری موجود بود، مردم افغانستان امیدهای زیادی به یک آیندهٔ درخشان، و یک افغانستان پیشرفته، دموکرات و متمدن در چوکات دولت جمهوری اسلامی و قانون اساسی سال ٢٠٠٤ داشتند.

همچنان با وجود فساد گسترده، و ایجاد شگافهای اجتماعی در نتیجهٔ اعمال سیاستهای قومپرستانه توسط یکتعداد فعالین سیاسی، دست، آوردهای بیست سالهٔ دولت جمهوری اسلامی در زمینه های تضمین حقوق اساسی مردم، تضمین آزادیهای اجتماعی و سیاسی، تعلیم و تربیه، بهبود صحت عامه، تحصیلات عالی، ایجاد بنیادهای دولتی، خطوط مواصلاتی، تسهیلات مخابراتی، اطلاعات و فرهنگ، انکشاف سیستم بانکداری، انکشاف تجارت

خارجی، افزایش عواید داخلی، قانونگذاری، ترانسپورت هوایی، تبارز جامعۀ مدنی و غیره زمینه ها قابل ملاحظه اند.

اما پیروزی طالبان با تکیه بر انفاذ شریعت مطابق تفسیر متحجر و بدوی و انفاذ عنعنات نابرابر و عقب ماندۀ روستایی بر جوامع شهری امروزی این امید ها را به خاک یکسان نمود.

بعد از به قدرت رسیدن طالبان در ۱۲ ماه گذشته اوضاع اقتصادی کشور بشدت و به سرعت رو به وخامت گذاشته است. با بسته شدن سرحدات، بسته شدن بانکها، عدم موجودیت پول نقد در بانکها، منجمد شدن ذخایر پولی د افغانستان بانک در بانکهای خارجی و بخصوص امریکا، وضع تعذیرات بین المللی در مقابل دولت امارت اسلامی، منجمد شدن کمکهای ملیارد دالری شامل صندوق اعمار مجدد افغانستان توسط بانک جهانی، توقف صادرات وواردات کشور و در نتیجه تقلیل عواید گمرکی، مسدود شدن ادارات و دستگاههای تولیدی و خدماتی و جلوگیری از کار زنان در خارج از منزل، خشکسالی، ماشین اقتصادی کشور از چرخش باز مانده است. بلند رفتن میزان انفلاسیون سبب افزایش قیمتها و بخصوص قیمتهای مواد ارتزاقی شده خطر فقر سراسری نیمی از مردم کشور را تهدید مینماید. بر اساس گزارش سازمان ملل، ۱۰ میلیون کودک در خطر گرسنگی هستند و ١٤ میلیون نفر دارای مشکلات جدی در زمینه امنیت غذایی هستند که این معادل یک سوم نفوس افغانستان است.

در این شرایط که مردم در تلاش زنده ماندن و نجات خانواده های خود از خطر فقر قرار دارند، بی اعتنائی و تعرض طالبان بالای حقوق اساسی بشری مردم، حقوق زنان، حقوق مدنی، تعلیم و تربیه و شیوۀ حکومتداری انحصارگرانۀ وخامت اوضاع کشور را بیشتر نموده است.

متاسفانه مقامات امارت اسلامی طالبان مشکلات اقتصادی و رفع مشکلات زندگی مردم را وابسته به مشیت الهی دانسته امارت اسلامی را در این مورد از مسولیت مبرا میدانند! این نوع برداشت در امر بهبود اوضاع امیدوار کننده نبوده است.

تجربۀ دوازده ماه گذشته نشان داد که طالبان از مواضع و افکار افراطی بیست سال قبل خود هرگز عدول نکرده اند. توجه به حقوق زنان و حقوق جامعه در ابعاد مختلف زندگی یکی از مطالبی است که در نزد گروه طالبان تنها در محدودۀ شریعت مطابق تفسیر اسلاف اسلام مطرح است. عنصر

عقلانیت و شرایط تغییر یافته زمان را طالبان قبول ندارند. مطابق تفکر طالبانی مردم باید مطابق به اصول حاکم در جوامع اسلاف اسلام زندگی کنند. قراردادهای اجتماعی مانند قانون اساسی و سائر قوانین مدنی که متضمن حقوق اساسی و مساویانهٔ مردم، مسولیتهای دولت در ضمانت این حقوق، نقش مردم به عنوان بستر و شریک دولت، از بنیاد، نزد طالبان منتفی است. به همین اساس طالبان به موجودیت یک قانون اساسی برای ادارهٔ دولت اهمیتی قائل نیستند.

طالبان "اختلاط زن و مرد" را در جامعه جایز ندانسته به اصل جدایی زنان از مردان (اپارتاید جنسیتی) معتقد اند. بر همین اساس در دوازده ماه گذشته طالبان به تجرید کامل زنان از زندگی اجتماعی، سیاسی و اقتصادی افغانستان اقدام کرده اند. این جدایی را در مکاتب ثانوی، پوهنتونها و موسسات تعلیمات عالی، ادارات و مراکز کار عملی کرده مطابق فیصله های طالبان زنان و مردان در اوقات متفاوت به تحصیل و کار می پردازند.

طالبان دختران و زنان کشور را از حق تعلیم و کار محروم کرده اند. دختران کشور از نعمت تعلیمات ثانوی محروم شدند. این بزرگترین جنایت در مقابل آینده ملت افغانستان محسوب میگردد و به تنهایی هرگونه مشروعیت حکومت کردن رااز طالبان سلب میکند.

با گذشت زمان خطرآن موجود است که محدودیت های وضع شده بالای حقوق انسانی و مدنی مردم وبخصوص بالای اناث بیشتر و شدید تر گردیده اصل جدایی زنان از مردان، یا به عبارهٔ اپرتاید جنسیتی، در زیر حاکمیت طالبان در افغانستان به روش زندگی روزمره مبدل گردد.

این برداشت طالبان نه ریشه در احکام شریعت اسلامی دارد و نه با ارزشهای فرهنگی عنعنوی افغانی سازگاراست بلکه ناشی از اثرات مخرب تعلیمات مدارس بدوی پاکستانی و بخصوص نقش مدارس حقانیهٔ پاکستانی به مثابه مرجع باورهای ایدیولوژیک طالبان میباشد.

در زیر حاکمیت طالبان، در حالیکه مردم از خلع مفسدین، جنگسالاران و تیکه داران قومی از قدرت استقبال میکنند، اما اقدامات لازم از جانب طالبان برای ایجاد یک حکومت فراگیر متشکل از افراد متعلق به اقوام و گروههای مذهبی و زبانی مختلف بعمل نه آمده است. جدائی و نفاق میان اقوام کشور که در طول چهل سال گذشته توسط سیاستهای قومگرایانه تبلیغ شده بود

زخمهای عمیقی در کشور بجا گذاشته است اما طالبان برای ملت سازی و تحکیم وحدت ملی هیچ اقدامی نکرده اند.

شیوه های حکومتداری طالبان نیز با نیازمندیهای عصر ما و شیوه های سائر کشورهای اسلامی مطابقت ندارد. دولتها در عصر امروز شامل سه قوۀ مستقل اجرائیه، مقننه و قضائیه میباشند. موجودیت این سه قوه بطور مستقل سبب ایجاد زمینه های سهمگیری مردم در دولت شده و عدالت اجتماعی را برقرار نموده از دیکتاتوری جلوگیری میکند. طالبان به موجودیت سه قوۀ متشکله مستقل دولتی عقیده ندارند بلکه بشکل دیکتاتوری حکومت میکنند و خواهند کرد.

طالبان حق حکومتداری و سیاست را منحصر به گروه خود دانسته هیچگونه گروه سیاسی و حزب مخالف را برسمیت نشناخته و اجازۀ فعالیت نداده اند و در آینده هم اجازۀ فعالیت نخواهند داد و به انتخابات، پارلمان و حق مردم در تعیین رهبران دولت عقیده ندارند.

تجربۀ حکومتداری طالبان تایید میکند که روش حکومتداری آنها بر اساس تعبیر تحت اللفظی احکام شریعت، کاملاً مخالف ارزشهای مدنی و اجتماعی زندگی شهری در قرن بیست و یکم میباشد. در سالهای اخیر حتی عربستان سعودی تطبیق تحت اللفظی احکام شریعت را کنار گذاشته به ارزشهای مدنی و اجتماعی زندگی شهری در قرن بیست و یکم و قوانین مدنی رو آورده است.

طالبان منبع مشروعیت خودرا بیعت علمای دینی میدانند در حالیکه مطابق عنعنات افغانی منبع مشروعیت دولتها تصامیم شورای ملی و فیصله های لویه جرگه میباشد.

طالبان نه از قوانین گذشته پیروی کرده و نه قوانین جدیدی ساخته‌اند. در حالی که حکومت طالبان شریعت را مبنای قانونی اعمال خود تعریف کرده اند توضیح و تفسیر مورد نظر طالبان از شریعت مشخص نیست.

برداشت از احکام قرآن مجید و سنت محمدی به مثابه منابع اصلی شریعت اسلامی توسط مجتهدین و اِمامان دارای صلاحیت اجتهاد در موارد مشخص متفاوت است. تا حال در این زمینه اجماع واحد مدون موجود نیست که بدون موجودیت یک چنین اجماع برای تدوین قوانین اسلامی در حاکمیت طالب، مرجع مشروع متداول وجود ندارد و نه گروه طالبان به آن متعهد است. ساختار های موجود حاکمیت طالب نه مشروع و نه تعریف شده أند. در

نتیجه در حال حاضر طالبان قانون اساسی دولت جمهوری اسلامی را قبول ندارند در حالیکه سایر قوانین نافذه در کشور از همین قانون اساسی سرچشمه گرفته و در گرو این قانون قرار داشته و بی‌سرنوشت مانده‌اند.

با تعیینات روز افزون ملاها به عنوان قاضیها در محاکم، سیستم مسلکی مستقل قضایی کشور که با مشکلات زیادی در بیست سال گذشته، با حاکمیت قوانین مدنی مصوبهٔ پارلمان تنظیم شده بود، در خطر سقوط به یک نظام حقوقی غیر مسلکی و نابرابر قرون وسطایی قرار دارد.

قابل یادآوری است که در طول بیست سال گذشته طالبان هیچ سندی، اعلامیه و مانیفستی از خط مشی سیاسی، اقتصادی، فرهنگی و اجتماعی خود منتشر نکرده بودند. اکنون بعد از دوازده ماه حاکمیت مجدد دولت امارت اسلامی باز هم طالبان هیچ سندی، اعلامیه و مانیفستی از خط مشی سیاسی، اقتصادی، فرهنگی و اجتماعی خود منتشر نکرده اند.

مولوی هیبت الله، امیرالمومنین طالبان، در بیانیهٔ خود کدام خط مشی سیاسی-اقتصادی و اجتماعی را اعلام نکرد و از تدوین هیچگونه قانون اساسی در آینده نیز وعده نداد. او گفت که که قوانین الهی (طبق تفسیر طالبان) بالای قوانین مدنی ارجحیت دارند. طالبان به حاکمیت قوانین مدنی تدوین شده توسط ملت هُیچ تعهدی ندارند.

طالبان مشروعیت حکومتداری خودرا از بیعت علمای دین کسب میکنند و هیچ تعهدی برای کسب مشروعیت از ملت افغانستان از طریق یک لویه جرگهٔ عنعنوی ملت و یا انتخابات و همه پرسی مطابق تعامل کشورهای غربی ندارند.

با گذشت بیش از سه سال از ایجاد مجدد امارت اسلامی، حکومت طالبان هنوز مشروعیت ملی و بین المللی کسب نکرده است. دوازده ماه میشود جنگ در کشور ختم شده است اما طالبان با مردم افغانستان به کدام توافق صلح نرسیده اند. مردم افغانستان در زیر سایهٔ تفنگ طالبان زیرعنوان دولت "امارت اسلامی افغانستان" در صلح زندگی نمیکنند زیرا شرط اساسی استقرار صلح پایدار رسیدن به یک توافق ملی بالای شکل، ترکیب و ارزشهای دولت آیندهٔ افغانستان در چوکات یک قانون اساسی است که باید توسط یک لویه جرگه قانون اساسی توسط ملت افغانستان تصویب گردد. طالبان تاکنون در این مورد هیچ اقدامی نکرده اند و هیچ نشانهٔ هم موجود

نیست که در مورد کسب مشروعیت ملی برای ادامهٔ دولت خود کدام طرحی داشته باشند.

بعد از سه سال حکومتداری هیچ کشوری، بشمول هیچ کشور اسلامی، دولت طالبان را برسمیت نشناخته اند. همچنان که بیست سال قبل "حقوق زنان" مانع برسمیت شناختن رژیم آنها از جانب جامعهٔ جهانی بود، امروز همچنان "حقوق زنان" مانع اصلی شناخت رسمی رژیم آنها از طرف جامعهٔ جهانی است. علاوه بر رعایت حقوق اساسی مردم و بخصوص حقوق زنان برای تحصیل و کار؛ ایجاد یک دولت همه شمول و جلوگیری از گروههای تروریستی در استفاده از خاک افغانستان برای حمله و نفوذ به سایر کشورها شرایطی اند که جامعهٔ جهانی برای شناخت رسمی در مقابل طالبان قرار داده اند. کشته شدن ایمان الظواهری در کابل توسط امریکاییان ثابت نمود که افغانستان هنوز هم لانهٔ تروریستان بین المللی است و خطر تروریزم از افغانستان برای منطقه و جهان منتفی نشده است. چینایی‌ها با نگرانی از نفوذ گروههای تروریاتی مایل نیستند دهلیز واخان را برای ترانزیت بین المللی باز کنند.

با توجه به این حقایق اوضاع جاری کشور که در واقع حاکمیت دوبارهٔ افراطیت مذهبی و بدویت و سرکوب مظاهر تمدن امروزی و ترقی خواهی در کشور است موجب نگرانی عمیق بوده تداوم وضع موجود برای آیندهٔ ملت و کشور افغانستان غیر قابل پذیرش میباشد.

مباحثهٔ دولت‌ـملت، هویت ملی

مباحثهٔ دولت‌ـملت مدرن

مخالفین افغان و افغانستان با سؤ استفاده از مقولهٔ دولت‌ـملت اروپایی در کوشش اند تا مملکت افغانستان امروزی را با سرحدات موجودهٔ آن از ریشه های باستانی تاریخ آن جدانمایند و ادعا دارند که افغانستان به عنوان یک "واحد سیاسی" قبل از امیر عبدالرحمن خان موجود نبود وایجاد کشور افغانستان را ساخته و پرداختهٔ استعمار انگلستان ثابت میدانند (مجیب الرحمن رحیمی[۱] و عبدالخالق لعلزاد)[۲].

نخست مفاهیم دولت‌ـملت مدرن اروپایی را با واقعیتهای تاریخ افغانستان به مباحثه می گیریم و تفاوتهای مفهوم دولت‌ـملت مدرن اروپایی را با سلسله

های تاریخی آسیایی موشکافی می کنیم. سوال این است که آیا دولت‌های ملی ایجاد شده در شرق را مطابق الگوی دولت-ملت اروپایی می‌توانیم وارثین دولت‌های تاریخی ممالک آسیایی بدانیم؟ باید گفت که در افغانستان هیچ زمامداری الگوی دولت-ملت اروپایی را در مقابل خود قرار نداده تا مطابق آن دولت مدرن افغانستان را پایه ریزی نماید. این آقایانی مانند مجیب رحیمی و خالق لعلزاد هستند که می خواهند دولت افغانستان را که نظر به شرایط وقت و زمان داخلی و خارجی در این کشور شکل گرفته اند در قالب مفهوم انتزاعی دولت-ملت اروپایی تعریف نمایند و چون این تعریف با الگوهای اروپایی سازگاری ندارد منکر پایه ریزی کشور و دولت افغانستان توسط امپراتوری درانی میگردند. این عمل کوششی در جهت جعل کاری و تحریف تاریخ افغانستان که توسط دانشمندان تاریخ در جهان مسجل گردیده می باشد و هدف آن از زوایای قوم گرایی، تیشه زدن به ریشه های تاریخی مملکت و دولت افغانستان است.

آیا دولت‌های ملی مدرن امروزی را می‌توانیم وارثین دولت‌های تاریخی ممالک آسیایی بدانیم؟ این یک پرسش پیچیده و محل بحث است و پاسخ آن به دیدگاه نظری و مورد خاص هر کشور بستگی دارد. اما بررسی تاریخ افغانستان نشان میدهد که بلی میتوان مملکت و دولت معاصر افغانستان را وارث دولتهای تاریخی که از این سرزمین برخاسته اند دانست، بنابر آن افغانستان امروزی به دلایل زیرین ادامهٔ منطقی تاریخ بیش از پنج هزار سالهٔ مردم این سرزمین است:

استمرار سرزمینی و جغرافیایی: مملکت افغانستان کنونی بر روی قلمروهای تاریخی پیشین خود بنا شده. مرزهای امروزی (هرچند با تغییراتی) ریشه در قلمرو های تاریخی یونانو-باختری، کوشانی، یفتلی، غزنوی، غوری، هوتکی و درانی دارند. تغییر نام، کوچک شدن قلمرو جغرافیایی و تغییر سرحدات به استمرار تاریخ کشورها نقطهٔ پایان نمی گذارد. ایران امروزی، ترکیهٔ امروزی، سریلانکا، هندوستان، روسیه و غیره هیچکدام نام های تاریخی، قلمرو تاریخی و سرحدات تاریخی خود را ندارند اما تاریخ دولت های موجودهٔ آنها استمرار تاریخ باستانی این کشور ها است. از جانب دیگر قلمروهای دولت معاصر افغانستان در عصر امپراتوری درانی کاملاً مشخص بود. جورج فورستر که در زمان تیمورشاه در سال ۱۷۸۲م به کابل آمد اسم دولت افغانستان را بکار می گیرد و قلمروهای تحت تابعیت تیمورشاه را منطقی میداند که در آنها در نماز جمعه

خطبه بنام تیموشاه خوانده میشد[۱]. مونت ستیوارت الفونستن قلمرو افغانستان را در عنوان کتاب معروف خود چنین معرفی میکند: "گزارش سلطنت کابل و قلمروهای متبوعهٔ او در هندوستان، فارس و تارتاری"[۲]. در اینجا می بینیم که الفونستون یک آگاهی کامل از قلمرو یا سرحدات اصلی امپراتوری درانی دارد و هم قلمروهای متبوعهٔ آنرا در هندوستان، فارس و تارتاری (دولت بخارا) میداند. اگر قلمروهای متبوعه مانند نیشابور، مشهد، پنجاب، کشمیر، بلوچستان و سند را از قلمرو امپراتوری درانی جدا کنیم قلمرو افغانستان زمان شاه شجاع عبارت از نقشهٔ فعلی افغانستان به علاوه مناطق پشتون نشین غرب دریای سند است که توسط خط دیورند بعدا از افغانستان جدا شدند. بنابر آن سرحدات فعلی افغانستان استمرار قلمروهای تاریخی آن بوده که نظر به مداخلات استعماری تغییر یافته است. این تغییر دلیل ایجاد یک مملکت تازه نبوده بلکه نتیجهٔ منطقی استمرار تاریخی آن می باشد.

---

[۱] جورج فورستر، "یک سفر از بنگال به انگلستان از طریق قسمت‌های شمال هندوستان، کشمیر، افغانستان و فارس به روسیه از طریق بحیرهٔ کسپین، لندن، ۱۷۹۸م."

[۲] مونت استوارت الفنستن:"گزارش پادشاهی کابل و توابع آن در تارتاری، فارس و هندوستان"، در دو جلد به زبان انگلیسی، چاپ لندن، ۱۸٤۲م

Mountstuart Elphinstonen "An Account of the Kingdom of Caubul and Its Dependencies in Persia, Tartary, and India, London, ۱۸٤۲.

---

[۱] مجیب رحیمی، مصاحبه با تلویزیون نور در گفتگوی بازدر سال ۲۰۱۱م

[۲] پژوهشی در گسترهٔ تاریخ و جغرافیای افغانها و افغانستان، پروفیسور دکتور لعلزاد، لندن، میٔ ۲۰۲۴.

درک ملت بودن: افغانستان

۱ ـ ملت چیست؟

ملت مفهومی پیچیده است که با «دولت» (یک نهاد سیاسی با سرحدات و حاکمیت مشخص) یا «کشور» (یک قلمرو جغرافیایی) متمایز است. ملت در درجه اول گروه بزرگی از مردم است که با یک حس هویت مشترک، که اغلب مبتنی بر ترکیبی از موارد زیر است، به هم پیوند خورده‌اند:

- تبار مشترک (واقعی یا فرضی): اعتقاد به تبار یا ریشه‌های قومی مشترک.
- تاریخ مشترک: خاطرات، تجربیات، پیروزی‌ها و آسیب‌های جمعی.
- فرهنگ: زبان، مذهب، آداب و رسوم، سنت‌ها، ارزش‌ها و هنرهای مشترک.
- قلمرو: وابستگی به یک سرزمین جغرافیایی خاص.
- آگاهی مشترک: شناخت متقابل بین اعضا ("احساس ما") و اغلب تمایل به خودمختاری سیاسی.

نکته‌ی بسیار مهم: ملت‌ها به صورت اجتماعی ساخته می‌شوند (همان‌طور که بندیکت اندرسون آن را «جوامع خیالی» نامیده است). این پیوندها در طول زمان از طریق تجربیات مشترک، روایت‌ها، نمادها، آموزش، رسانه‌ها و اغلب تلاش‌های آگاهانه برای دولت‌سازی شکل می‌گیرند. هویت ملی سیال است و می‌تواند تکامل یابد.

منابع نظریه ملت:

اندرسون، بندیکت. جوامع خیالی: تأملاتی در باب منشأ و گسترش ناسیونالیسم. (۱۹۸۳) - اثر برجسته در مورد ناسیونالیسم به عنوان یک پدیده مدرن و ساخته شده.

گلنر، ارنست. ملت‌ها و ملی‌گرایی. (۱۹۸۳) - استدلال می‌کند که ملی‌گرایی از نیازهای جامعه صنعتی ناشی می‌شود.

هابسبام، اریک، و رنجر، ترنس (ویراستاران). اختراع سنت. (۱۹۸۳) - بررسی می‌کند که چگونه سنت‌ها برای تقویت وحدت ملی ایجاد می‌شوند.

اسمیت، آنتونی دی. ریشه‌های قومی ملت‌ها. (۱۹۸۶) - بر نقش هسته‌های قومی پیشامدرن (" قوم‌ها ") در شکل‌گیری ملت تأکید می‌کند.

۲. از کی تا حالا ما ملت افغان داریم؟

تعیین تاریخ دقیق تولد «ملت افغان» بحث‌برانگیز است، زیرا این یک فرآیند است، نه یک رویداد. با این حال، می‌توانیم مراحل کلیدی را شناسایی کنیم:

۱. مبانی پیشامدرن (قرن ۱۸ - اوایل قرن ۱۹):

تأسیس امپراتوری درانی توسط احمدشاه درانی در سال ۱۷۴۷ نقطه شروع بسیار مهمی است. این امر یک نهاد سیاسی متمایز را با محوریت قبایل پشتون (بخصوص کنفدراسیون درانی) ایجاد کرد که بر سرزمینی تقریباً معادل افغانستان مدرن و بخش‌هایی از مناطق همسایه حکومت می‌کرد .

اصطلاح «افغان» به طور فزاینده‌ای با این دولت و حاکمان/رعایای پشتون مسلط آن پیوند خورد. نوعی حس هویت سیاسی متمایز مرتبط با این دولت، عمدتاً در میان نخبگان پشتون، شروع به ظهور کرد.

با این حال: این در درجه اول یک دولت سلسله‌ای و تحت سلطه پشتون‌ها بود، نه یک ملت مدرن که همه گروه‌های قومی متنوع خود (تاجیک‌ها، هزاره‌ها، ازبک‌ها و غیره) را به طور مساوی در بر بگیرد. وفاداری به قبیله، محل، مذهب (اسلام) یا پادشاه بود، نه یک «ملت افغان» واحد.

۲. ظهور ناسیونالیسم افغانی (اواخر قرن نوزدهم - اوایل قرن بیستم):

تجاوزات و رقابت های «بازی بزرگ» بین بریتانیا و روسیه سبب تغییر سرحدات امپراتوری درانی گردید که در نتیجه مرزهای افغانستان کنونی از طریق معاهدات (مثلاً خط دیورند ۱۸۹۳) تثبیت گردید و یک موجودیت ارضی تعریف‌شده ایجاد کرد که نیاز به انسجام داخلی در برابر تهدیدات خارجی داشت.

حاکمانی مانند عبدالرحمن خان (حکومت ۱۹۰۱-۱۸۸۰)، «امیر آهنین»، از نیروی بی‌رحمانه‌ای برای متمرکز کردن دولت و گسترش کنترل آن بر مناطق قومی متنوع استفاده کردند و زمینه‌های اداری را، البته از طریق سرکوب، فراهم کردند.

امان‌الله خان (حکومت ۱۹۲۹-۱۹۱۹) جهش قابل توجهی را رقم زد. او پس از کسب استقلال کامل در سال ۱۹۱۹، نوسازی رادیکال و ملت‌سازی آشکار را آغاز کرد:

نمادهای معرفی شده:

- پرچم ملی، سرود.
- پشتو را در کنار دری تبلیغ کرد.

اصلاحاتی را با هدف ایجاد یک ملت متحد (آموزش، قوانین پوشش، تغییرات قانونی) اجرا کرد. به دنبال القای یک هویت فراقومی "افغانی" بود، اگرچه فرهنگ پشتون همچنان غالب بود. این دوره شاهد ظهور ایدئولوژی ناسیونالیسم افغانی بود که به طور فعال توسط دولت ترویج می‌شد.

۳. ادغام و رقابت (اواسط قرن بیستم - تاکنون):

حاکمان بعدی (ظاهرشاه، داوود خان) پروژه‌های نوسازی دولتی و هویت ملی را ادامه دادند، که اغلب هنوز هم پشتون‌محور بودند. مفهوم «ملت افغان» که شامل همه قومیت‌های درون مرزهای کشور می‌شود، در طول قرن بیستم پذیرش گسترده‌تری پیدا کرد. با این حال، پروژه ملت‌سازی دائماً مورد مناقشه و شکست قرار گرفته است:

- هویت‌های قومی، قبیله‌ای و منطقه‌ای قوی و پایدار.
- دهه‌ها درگیری (تهاجم شوروی، جنگ داخلی، حکومت طالبان، مداخله ایالات متحده) که اغلب از اختلافات قومی سوءاستفاده می‌کرد.
- توسعه نابرابر و نمایندگی سیاسی برای گروه‌های غیرپشتون.
- ظهور هویت‌های جایگزین (اسلام‌گرایی رادیکال، ناسیونالیسم قومی).

نتیجه‌گیری در مورد ظهور: در حالی که یک دولت متمایز افغان از سال
۱۷۴۷ وجود داشته است، مفهوم یک ملت متحد و فراگیر افغان - به عنوان
یک هویت مشترک گسترده که جایگزین وفاداری‌های قدیمی‌تر می‌شود -
عمدتاً یک پدیده قرن بیستمی است که با تلاش‌های متمرکز حاکمانی مانند
عبدالرحمن و اصلاحات صریح ملی‌گرایانه امان‌الله خان به طور قابل
توجهی پیشرفت کرد. این روند همچنان یک روند مداوم، مورد مناقشه و
شکننده است.

منابع برای تشکیل ملت افغانستان:

بارفیلد، توماس. افغانستان: تاریخ فرهنگی و سیاسی. (۲۰۱۰) - مروری
جامع بر شکل‌گیری دولت و هویت ارائه می‌دهد.

حنیفی، شاه محمود. پیوند تاریخ‌ها در افغانستان: روابط بازار و تشکیل
دولت در مرز استعماری. (۲۰۱۱) - بررسی تشکیل و هویت اولیه دولت.

کروز، رابرت دی. افغانستان مدرن: تاریخ یک ملت جهانی. (۲۰۱۵) - بر
تلاش‌های ملت‌سازی در قرن بیستم تمرکز دارد.

رشید، احمد. طالبان: اسلام ستیزه‌جو، نفت و بنیادگرایی در آسیای مرکزی.
(۲۰۰۰) - چالش‌های پیش روی ناسیونالیسم افغانی را مورد بحث قرار
می‌دهد.

گرگوریان، وارطان. ظهور افغانستان مدرن: سیاست اصلاحات و نوسازی،
۱۹۴۶-۱۸۸۰. (۱۹۶۹) - اثر کلاسیک در مورد نوسازی/ملت‌سازی اولیه.

۳. مقایسه ملت افغانستان با همسایگانش

پاکستان:

شباهت: پاکستان ساختار جدیدی است که از تجزیه استعماری (۱۹۴۷) زاده
شده و گروه‌های قومی متنوعی را در بر می‌گیرند (پنجابی‌ها، سندی‌ها،
پشتون‌ها، بلوچ‌ها در پاکستان) را در بر می گیرد. در افغانستان ملت افغان
شامل پشتون‌ها، تاجیک‌ها، هزاره‌ها، ازبک‌ها و غیره می باشد.

تفاوت: ملت بودن پاکستان صراحتاً مبتنی بر هویت مذهبی (اسلام) به عنوان
نیروی متحدکننده برای مسلمانان جنوب آسیا است ("نظریه دو ملت").

هویت افغان بیشتر به قلمرو و تاریخ مشترک گره خورده است، و اسلام به عنوان یک جزء اما نه تنها دلیل وجودی آن است. پاکستان نهادهای مرکزی قوی‌تری (هرچند هنوز مورد مناقشه) داشته است. پروسهٔ ملت‌سازی افغانستان به دلیل درگیری‌های طولانی مدت بسیار بیشتر مختل شده است.

ایران:

شباهت: هر دو اسلام (اسلام شیعه در ایران غالب و اسلام سنی در افغانستان اکثریت) را به عنوان جزء اصلی هویت ملی خود دارند. هر دو تحت تأثیر زبان/فرهنگ فارسی دری هستند.

تفاوت: ایران حس عمیق‌تری از ملیت تاریخی پیوسته ریشه در امپراتوری‌های باستانی ایران، زبان/فرهنگ متمایز فارسی و هویت مذهبی شیعه قدرتمندی دارد که از سال ۱۹۷۹ با دولت ادغام شده است. هویت ملی آن بسیار قدیمی‌تر، منسجم‌تر و از نظر نهادی ریشه‌دارتر از افغانستان است. ملی‌گرایی ایرانی در کنار اسلام شیعه، بر میراث پیش از اسلام تأکید دارد.

ترکمنستان، ازبکستان، تاجیکستان:

شباهت: همه آنها کشورهای پساشوروی هستند که از فروپاشی اتحاد جماهیر شوروی (۱۹۹۱) ایجاد شده‌اند و مرزهای خودسرانه‌ای را به ارث برده‌اند که گروه‌های قومی (مثلاً ازبک‌ها، تاجیک‌ها) را از هم جدا می‌کند. مانند افغانستان، آنها گروه‌های متنوعی را در بر می‌گیرند و با چالش‌های ملت‌سازی روبرو هستند.

تفاوت: این دولت‌ها عمدتاً توسط ملیت‌های قومی اسمی طراحی‌شده توسط شوروی (ترکمن، ازبک، تاجیک) تعریف می‌شوند. هویت‌های ملی مدرن آنها در دوره شوروی به طور فعال ساخته شد و زبان‌ها و تاریخ‌های متمایزی را ترویج داد (هرچند اغلب بر پایه‌های قومی/فرهنگی قدیمی‌تر استوار بود). آنها بسیار دیرتر از دولت افغانستان به عنوان ملت‌های مستقل ظهور کردند. افغانستان، علیرغم انسجام ملی ضعیف‌تر، تاریخ بسیار طولانی‌تری به عنوان یک نهاد سیاسی مستقل دارد. ملیت افغانستان در مقایسه با همسایگان شمالی خود کمتر به یک قومیت اسمی گره خورده است (اگرچه تسلط پشتون‌ها یک مسئله است) .

تضادهای کلی کلیدی برای افغانستان:

شکنندگی: هویت ملی افغانستان مسلماً شکننده‌ترین و مورد مناقشه‌ترین هویت در میان همسایگانش است که دلیل آن دهه‌ها درگیری ویرانگر، نهادهای مرکزی ضعیف و تنش‌های حل‌نشده است.

اساس: کمتر متکی به یک قومیت غالب واحد (در مقایسه با کشورهای آسیای مرکزی) یا یک ایدئولوژی مذهبی متحدکننده که دولت را تعریف می‌کند (در مقایسه با پاکستان یا ایران)، و این امر انسجام را دشوارتر می‌کند.

ظرفیت دولت: از نظر تاریخی، نهادهای دولتی و نفوذ آنها در جامعه در مقایسه با ایران بسیار ضعیف‌تر بوده است.

همسایگانش در دوران مدرن، در معرض مداخله و دستکاری خارجی شدیدتر و طولانی‌تری قرار دارد و این امر مانع از ملت‌سازی ارگانیک می‌شود.

در اصل: ملت افغانستان در حالی که برخی ویژگی‌ها را با همسایگان خود (تنوع، میراث پسااستعماری/شوروی، هویت اسلامی) به اشتراک دارد، در خاستگاه خود (دولت قرن هجدهم در مقابل تجزیه قرن بیستم/فروپاشی شوروی)، اساس خود (قلمرو/تاریخ در مقابل مذهب/قومیت) و به خصوص در شکنندگی شدید و ماهیت مورد مناقشه هویت ملی خود به دلیل درگیری مداوم و نهادهای ضعیف، متمایز است. سفر ملت‌سازی آن به طرز منحصر به فردی پرآشوب بوده است.

مطالعه عمیق‌تر درباره مفهوم ملت و شکل‌گیری ملت افغانستان، مهم‌ترین منابع آکادمیک به زبان‌های انگلیسی و فارسی عبارتند از:

---

۱. منابع کلاسیک درباره نظریه ملت و ملی‌گرایی:

- اندرسون، بندیکت. **جماعت‌های خیالی**: *تأملاتی در باب خاستگاه و گسترش ملی‌گرایی* (۱۹۸۳).

Anderson, Benedict. Imagined Communities:)

Reflections on the Origin and Spread of (Nationalism
→ تحلیل سازه‌گرایانه از ملت به عنوان "جماعت خیالی".

- گلنر، ارنست. *ملت‌ها و ملی‌گرایی* (۱۹۸۳).
(Gellner, Ernest. Nations and Nationalism)
→ نقش مدرنیته و صنعتی‌شدن در شکل‌گیری ملت.

- اسمیت، آنتونی دی. *خاستگاه قومی ملت‌ها* (۱۹۸۶).
Smith, Anthony D. The Ethnic Origins of) (Nations
→ تأکید بر پیوند "هسته‌های قومی پیشامدرن" و ملت‌سازی مدرن.

---

۲. منابع تخصصی درباره افغانستان:

الف) تاریخ کلان و شکل‌گیری هویت ملی:

- بارفیلد، توماس. *افغانستان: تاریخ فرهنگی و سیاسی* (۲۰۱۰).
Barfield, Thomas. Afghanistan: A Cultural) (and Political History
→ تحلیل جامع از تکامل دولت و هویت در افغانستان.

- گریگوریان، وارتان. *ظهور افغانستان مدرن* (۱۹۶۹).
Gregorian, Vartan. The Emergence of) (Modern Afghanistan
→ مرجع کلاسیک در نقش اصلاحات دوره امان‌الله خان در ملت‌سازی.

- هانیفی، شاه محمود. *پیوند تاریخ‌ها در افغانستان* (۲۰۱۱).
Hanifi, Shah Mahmoud. Connecting Histories) (in Afghanistan
→ بررسی رابطه بازار، دولت و هویت در دوره قاجار/دُرانی.

ب) مطالعات جدیدتر:

• کروز، رابرت. *افغانستان مدرن: تاریخ یک ملت جهانی* (۲۰۱۵).
  Crews, Robert D. *Afghan Modern: The)*
  (History of a Global Nation
  ← افغانستان به مثابه "ملت جهانی" در بستر تعاملات بین‌المللی.

• راشید، احمد. *طالبان: اسلام بنیادگرا، نفت و بنیادگرایی در آسیای مرکزی* (۲۰۰۰).
  Rashid, Ahmed. *Taliban: Militant Islam, Oil)*
  (and Fundamentalism in Central Asia
  ← تحلیل چالش‌های هویتی در برابر بنیادگرایی.

---

۳. منابع فارسی/پشتو:

• فرهنگ، میرمحمدصدیق. *افغانستان در پنج قرن اخیر* (۱۳۷۴).
  ← مرجعی معتبر به زبان فارسی در تاریخ افغانستان.

• کهزاد، احمدعلی. *تاریخ افغانستان پس از اسلام* (۱۳۳۴).
  ← نگاه ملی‌گرایانه به تاریخ افغانستان.

• زیار، گلاحمد. *تکوین دولت ملی در افغانستان* (۱۳۹۸).
  ← تحلیل اکادمیک از ملت‌سازی مدرن.

---

۴. منابع تطبیقی با همسایگان:

• هاشمی، سید علی. *هویت ملی در ایران و افغانستان* (۱۳۹۹).
  ← مقایسه روند ملت‌سازی در دو کشور.

• خلیلی، خلیل. *اسلام و هویت در آسیای مرکزی* (۲۰۱۴).
  Khalili, Khalil. *Islam and Identity in Central)*
  (Asia
  ← مقایسه افغانستان با جمهوری‌های آسیای مرکزی.

نکات کلیدی برای پژوهش:

- منابع دست اول: اسناد دوره امان‌الله خان (مثل *سراج‌الاخبار*) و قانون‌اساسی ۱۳۴۳.

- آرشیوها: مرکز اسناد ملی افغانستان (کابل) و آرشیو ملی بریتانیا (مربوط به دوره استعمار).

- پایگاه‌های داده: JSTOR, Project MUSE (برای دسترسی به مقالات آکادمیک).

این منابع توسط پوهنتون‌های معتبر (هاروارد، آکسفورد، دانشگاه کابل) به عنوان مراجع معتبر تدریس می‌شوند و در مجلاتی مثل Journal of Asian Studies و Central Asian Survey مورد ارجاع قرار می‌گیرند. برای تحلیل تطبیقی، آثار Anthony D. Smith و Thomas Barfield توصیه می‌شود.

تلاش‌های زیادی در جریان است که ما را بی‌هویت کنند

دوستی در فیسبوک نوشته بود: "تلاش‌های زیادی در جریان است که ما را بی‌هویت کنند، وقتی قومی بی‌هویت شد دیگر هر بلایی را می‌توان سر او آورد. لکن تا هنوز در این کار شان توفیقی نداشته اند. من وقتی در این موضوع فکر می‌کنم، بلافاصله یک کاریکاتور در نظرم مجسم می‌شود که در جریان جنگ دوم جهانی در مطبوعات بین‌المللی چاپ شد و تا هنوز در منابع تاریخی مربوطه ثبت است. آن کاریکاتور، اینگونه رسم شده بود که جوزف استالین رهبر وقت شوروی را به صورت یک مجسمه‌ی خیلی بزرگ پولادین در آورده بود و سربازان آدولف هیتلر را به صورت مورچه‌های ریزی که دسته دسته از هر طرف به آن مجسمه حمله برده و سر تا پای آن را پوشانیده بودند؛ آن مورچه‌ها هر کاری که می‌کردند، دندان شان به جای از این مجسمه‌ی پولادین کار نمی‌کرد. عاقبت‌الامر همینطور هم شد. هویت ملی مردم افغانستان هم یک مجسمهٔ پولادین است که دندان مورچه‌ها بالای آن کارگر نبوده و نخواهد بود."

در خارج از محدوده هویت سیاسی افغانستان ما هیچکسی نیستیم مگر این که هنوز هم بر انشعاب از قلمرو نادرشاه افشار اشک‌ریزی کنیم و هنوز هم وفادار به ایران بزرگ باشیم یا از حاکمیت فرو ریخته امپراطوری مغولی بابری هند به حسرت یاد کنیم و یا خواب حاکمیت پنجصد سال قبل

زمان تیموریان هرات را بخوریم و یا هنوز هم خواب‌های ما را تخیل کوروش کبیر و افسانه‌های شاهنامه فردوسی رنگین بسازد. وفاداری ما در کجا است؟

متأسفانه این کشور در طول قرن نزدهم در میان بازی بزرگ دو امپراطوری استعماری زمان، یکی هند بریطانوی در شرق و جنوب و دیگری روسیهٔ تزاری در شمال، گیر افتاد، مواجه به لشکر کشی‌های متعدد استعمارگران گردید و سلاطین آن در دام دسایس آن‌ها گیر افتادند. در نتیجه قلمروهای تحت حاکمیت آن قیچی و از پیکرش جدا گردیده و سلاطین آن برای حفاظت نیم باقیمانده از سرزمین‌های تاریخی کشور خود، ناچار به قبولی معاهدات تحمیلی سرحدی دو امپراطوری بزرگ استعماری زمان، یعنی هند بریطانوی و روسیهٔ تزاری شدند. کشور عملاً به یک مملکت حایل مبدل شد.

گذشته از این فراز و نشیب‌های تاریخی، واقعیت پذیرفته شده بین‌المللی آن است که افغانستان امروزی میراث همان امپراطوری احمد شاه ابدالی است که با گذشت زمان اسم افغانستان، که اسم مناطق پشتون‌نشین آن بود، به تمام کشور تعمیم یافته است. طبیعی است که دولت‌ها به اسم بزرگترین قوم آن بخصوص اگر این قوم حاکم هم باشد، نامیده می‌شوند. کشورهای روسیه، قزاقستان، ترکیه، عربستان، تاجیکستان، اوزبکستان، ترکمنستان و ده‌ها کشور دیگر همه به نام‌های بزرگترین اقوام ساکن آن کشورها نامیده شده اند. افغانستان استثنی نیست. مسخ تاریخ درد هیچ‌کسی را دوا نمی‌کند. اسم سریلانکا در سال‌های ۱۹۷۰ بالای کشور سیلون گذاشته شد، اسم ایران در سال ۱۹۳۵ به سطح بین‌المللی بالای فارس گذاشته شد و اسم میانمار در سال‌های ۱۹۸۰ بالای برما گذاشته شد، اما این تغییر نام تغییر دولت نبوده ادامه همان هویت سیاسی دولتی سابق اند. ایران امروزی بازمانده همان دولت فارس تاریخی است و سریلانکا بازمانده همان سیلون است و میانمار ادامهٔ همان دولت برما می‌باشد.

آقای بگرامیان در کامنتی نوشت: "خالدي گرامي، خودت ميداني كه نام كشور ما بحث بر انگيز و چالش‌زا شده است. آيا ممكن است كه ما هم نام كشور خويش را مانند ايران، ميانمار، ايتوپيا. سريلانكا حتي پاكستان كه همه نام‌هاي غير قومي اند، تغيير دهيم و سرزمين خويش را براي هميشه از كشمكش‌هاي امروزي نجات بدهيم؟" پاسخ من آن بود که روشنفکران کشورهای تاجیکستان، ترکمنستان، اوزبکستان، روسیه، قزاقستان،

قرغیزستان، مغولستان، فرانسه، عربستان سعودی، صدها مثال مانند آن‌ها با مسئله ملی برخورد قومگرایانه نکرده اند. این اسم‌ها بصورت طبیعی در طول تاریخ بر این کشورها تعمیم یافته اند، فکر نمی‌کنم که ملت پشتون به این سادگی اجازه دهد مشتی قوم‌پرست اسم کشور آن‌ها را تبدیل کنند. هرگاه این مباحثه تبدیل اسم افغانستان خارج از محدوده قوم‌پرستی، مسخ کردن تاریخ، بی‌حرمتی و توهین به ملت پشتون و فرهنگ آن‌ها؛ خارج از کوشش برای بی‌هویت کردن کشور، خارج از محدوده هجوم فرهنگی ایران و کوشش در جهت تغییر زبان و مصطلحات مروج دری در کشور مطرح می‌شد اولین شخصی که به آن توافق می‌کرد و اسم تاریخی "آریانا" را ترجیح می‌داد من بودم. آنچنانکه زمزمهٔ تغییر نام افغانستان به "آریانا" در زمان لویه جرگهٔ داوود خارج از محدودهٔ قوم‌پرستی به گوش‌ها رسید و من با آن موافق بودم.

تبارز هویت ملی

هویت ملی و احساس تعلق داشتن به یک ملت و یک کشور و احساس غرور وطن پرستی و احساس مباهات به افتخارات یک کشور، به صورت طبیعی و داوطلبانه میان افراد به‌وجود می‌آید. هرگاه افرادی و قومی بعد از زنده‌گی سه صدساله نتوانند موحودیت ملت افغانستان را حس کنند و نتوانند احساس تعلق داشتن به ملت و کشور افغانستان را در خود بیابند چنین افراد و اقوام حیات بی‌هدفی را در این کشور به سر برده روزگار سختی داشته و خواهند داشت، زیرا تاریخ را نمیتوان عوض کرد و آینده را نیز می‌توان بر مبنای روندهای تاریخی، داشته‌های عینی و روند امروزی پیشبینی کرد. سوال این است که ملت افغانستان و کشور افغانستان چگونه تکامل کرد و به مرحلهٔ امروزی رسید که برخی از ساکنان این سرزمین آن‌ها را می‌بینند و لمس می‌کنند و خود را متعلق به آن می‌دانند درحالی‌که تعدادی آن‌ها را نمی‌بینند، خود را به آن‌ها متعلق نمی‌دانند و شاید هم هرگز در جستجویش نبوده و نیستند!

سه صد و شانزده سال قبل، در اوایل قرن هژدهم میلادی وقتی میرویس خان هوتکی در قندهار قیام کرد، سرزمینی را که امروز به نام افغانستان می‌شناسیم اسم مشخصی نداشت و شامل بخش‌هایی از خراسان، ترکستان، بدخشان، کابلستان، افغانستان، سیستان، غرجستان و بلوچستان می‌گردید. درآن سرزمین بیش از شانزده قوم از جمله پشتون، تاجیک، هزاره،

اوزبیک، پشه‌یی، عرب، قرقیز، ترکمن، بلوچ، قزلباش، بیات و غیره زنده‌گی می‌کردند. این سرزمین بعد از تیموریان هرات برای بیش از دوصد سال از غرب، شرق و جنوب و از شمال توسط سلاطینی اداره می‌شد که پایتخت‌های آن‌ها اصفهان، دهلی و بخارا بودند. با قیام میرویس‌خان هوتک بر ضد حاکمیت صفوی فارس در سال ۱۷۰۹م در قندهار و متعاقب آن با قیام ابدالی‌های هرات و اعلان خودمختاری هرات، اولین دولت بومی در این سرزمین‌ها ایجاد گردید که حتی قادر شد امپراطوری صفوی را در سال ۱۷۲۲م ساقط کند. این اولین دولت بومی در این سرزمین بیست سال بعد توسط نادرقلی افشار سرنگون شد. اما بعد از کشته شدن نادر افشار توسط درباریان خودش، دوباره به همت احمد شاه ابدالی و سایر افسران و بزرگان افغان احیا گردیده و تحکیم یافت. احمد شاه ابدالی توسط یک جرگه ملی بعد از مباحثه هشت روزه به حیث پادشاه انتخاب شد و در مراسم تاجگذاری او سران اقوام پشتون، تاجیک، هزاره و قزلباش حضور داشتند (مراجعه شود به کتاب الفنستون، گزارش سلطنت کابل).

در اول این کشور نو تأسیس اسم معین نداشت عدهٔ آن را خراسان، برخی افغانستان و عدهٔ هم پختونخوا (مراجعه شود به کتاب الفنستون، گزارش سلطنت کابل) می‌نامیدند. اما با گذشت زمان اسم افغانستان، که اسم مناطق پشتون‌نشین آن بود، به تمام کشور تعمیم یافت. طبیعی است که دولت‌ها به اسم قومی‌که بیشترین جمعیت را دارد و قوم حاکم است نامیده می‌شوند. کشورهای روسیه، قزاقستان، ترکیه، عربستان، تاجیکستان، اوزبکستان، ترکمنستان و ده‌ها کشور دیگر همه به نام‌های بزرگترین اقوام ساکن آن کشورها نامیده شده اند. افغانستان مستثنی نیست. مورخ انگلیسی جورج فورستر که در سال ۱۷۸۲م یعنی ۲۳۴سال قبل از امروز از طریق کابل، قندهار و هرات از طریق فارس و روسیه به لندن رفت از این کشور به نام "افغانستان" در عنوان کتاب خود و هم چنان باربار در متن کتاب یاد می‌کند و حدود آن را از شرق کشمیر و ملتان، در غرب مشهد و در شمال از پنجده تا دریای آمو و در جنوب بحیره عرب می‌داند. به گفته جورج فورستر در این قلمروها خطبه نماز جمعه به نام تیمورشاه خوانده می‌شد (جورج فورستر، سفر از بنگال به انگلستان از طریق شمال هند، کشمیر، افغانستان، فارس و روسیه، چاپ لندن، ۱۷۸۹م).

موضوع مهم این است که آن دولت مقتدر افغان که دولت انگلستان آن را زمانی خطری برای هند بریتانوی می‌دانست و با تبانی با دولت قاجاری فارس کوشش به تضعیف آن کرد (محمود محمود، تاریخ روابط سیاسی

انگلیس و ایران)، به هر اسم و نامی که قبل از آغاز The Great Game «بازی بزرگ» میان انگلستان و روسیه یاد میگردید، به کشور کوچک، حایل و ضعیفی مبدل گردید. افغانستان در جریان این بازی بزرگ و تا امروز عملاً به عنوان یک کشور حایل باقیمانده است. امروز ما یک کشور حایل میان گروه‌های افراطی مذهبی بین‌المللی مستقر در پاکستان از یکطرف و آسیای میانه هستیم. بالاخره در سال ۱۹۱۹م استقلال در سیاست خارجی دوباره توسط امیر امان‌الله خان اعاده گردید.

تجدد پسندی و اقدامات ترقی‌خواهانه شاه امان‌الله با مقاومت ارتجاع مذهبی به شکست انجامید. در دوران سلطنت نادر خان و متعاقب او پسرش ظاهرشاه از سال ۱۹۲۹م تا سال ۱۹۶۴م انکشاف اجتماعی و سیاسی در کشور بسیار بطی به جلو رفت تا آن که قانون اساسی سال ۱۹۶۴م و متعاقب آن دههٔ دموکراسی چهره سیاسی کشور را بصورت رادیکال عوض کرد، اما متأسفانه سردار محمد داوود با کودتای نافرجام سال ۱۹۷۳م کشور را از مسیر طبیعی تکامل سیاسی و اجتماعی آن خارج کرده ثبات سیاسی و امنیت داخلی۳۴ ساله را برهم زد که با سرنگونی موصوف در سال ۱۹۷۸م افغانستان دستخوش طوفان سیاسی، اجتماعی و جنگ داخلی شد که با گذشت چهل سال هنوز هم ادامه دارد.

بعضی از نویسنده‌گان شرایط موجود در سرزمینی را که امروز کشور افغانستان می‌شناسیم در زمان ایجاد آن کاملاً نادیده گرفته این حقیقت را کتمان می‌کنند که احمد خان ابدالی بنای حکومت را در سرزمینی گذاشت که طی بیشتر از دو قرن قبل از آن فاقد هرگونه حکومت و حاکمیت خودی و باجگاه بیگانگان بود حتی سرزمین خراسان که این نویسنده‌گان سنگ وفاداری به آن را به سینه می‌زنند، در زیر سم اسپ‌های سلاطین غیر خراسانی؛ مغول‌ها، تیموری‌ها، صفوی‌ها و اوزبیک‌ها قرار داشت و مناسبات مستبدانه قبیلوی فیودالی مشخصهٔ تمام این دولت‌ها بود و بخصوص در ایران با تعصب افراط آمیز مذهبی شیعه در زمان صفوی‌ها مدغم گردیده بود. نادرقلی افشار که اخیراً او را بعضی نویسنده‌گان ما به عوض ایرانی "خراسانی" خطاب می‌کنند، در حقیقت آخرین زمامداری بود که از خراسان برخواسته بود، در قوم ترکمن بود که اجداد او از جاهای دیگری به خراسان کوچیده بودند. این شخص آنقدر خشن بود و بر اطرافیان خود ظلم روا داشت که حتی پسر خود را کور کرد تا اینکه محمد خان قاجار یکی از نزدیکترین

رجال او سرش را از تنش جدا کرد و بعدها کریم خان زند میت بی‌سرش را از گور بیرون کرده به دور انداخت.

بعضی نویسنده‌گان با به کار بردن اصطلاحات دولت قبیله، دولت قبیلوی به مفهوم تحقیرآمیز آن‌ها در معرفی دولت‌های افغان، فراموش می‌کنند که تمام دولت‌های قرون هژده و نزده میلادی و ماقبل مانند بابری‌ها، تیموری‌ها، صفوی‌ها، افشاری‌ها، زندی‌ها، قاجاری‌ها و امثالهم، در تمام کشورهای همسایه طوری‌که از نام‌های آن‌ها پیداست، دولت‌های متکی بر مناسبات قومی و قبیلوی بوده اند. حتی اکثر سلاطین کشورهای شمال اروپا باهم روابط فامیلی و قومی داشتند. نزدیک به یکصد سال بعد از احمد شاه ابدالی دولت‌های اروپایی در قبضهٔ یک فامیل بود که اعقاب ملکه ویکتوریای انگلستان (۱۸۳۲-۱۹۰۱م) و کریستیان نهم پادشاه دنمارک (۱۸۱۸-۱۹۰۶م)؛ خانواده‌های سلطنتی انگلستان، بلجیم، دنمارک، لوکزامبورگ، ناروی، سویدن، هسپانیه را تشکیل می‌دهند.

بعضی منتقدین دولت‌های افغان اوایل قرن هژدهم تا شروع قرن بیستم را با معیارهای قرن بیست و یکم ارزیابی کرده فراموش می‌کنند که در آن زمان داشتن اسم معین، حدود اربعهٔ معین و فرهنگ معین مشخصهٔ ایجاد دولت‌ها نبودند. از اصطلاح حقوق بشر، حقوق زنان و دموکراسی در آن زمان خبری نبود. در چنین شرایطی بود که احمدخان ابدالی دولت افغان را تأسیس و آن را به یک امپراطوری بزرگی مبدل می‌کند که از نیشاپور تا کشمیر و سند وسعت داشت.

مبرهن است که اساسات دولت افغان را نظام اجتماعی قبیلوی پشتون که بر مبانی پشتونولی، یا کود مدنی جوامع پشتون‌ها، استوار بود موازی به احکام شریعت اسلامی تشکیل می‌داد. مگر می‌توان انتظار داشت که در سال ۱۷٤۷م احمد شاه ابدالی یک قانون اساسی جفرسونی تدوین می‌کرد که تا انزمان در خود امریکا تدوین نشده بود؟ یا اصول دموکراتیک حاصله از انقلاب کبیر فرانسه را که بیش از سی سال بعد معرفی گردید در سرزمین‌های تحت قیمومیت خود تطبیق می‌کرد؟ در شرایط آن زمان "پشتونولی" یا کود مدنی قبایل پشتون یک نظم اجتماعی منحصر به فرد زمان خود را به جامعه عرضه می‌کرد که در کنار احکام شریعت اسلامی، برای اداره امور دولت به مراتب دموکراتیک‌تر از شرایط حاکم بر کشورهای همسایه بود که بر اساس اراده مطلقانه حکام زمان و شریعت اسلامی اداره می‌شدند. با آنهم افغانستان به مقایسه همسایه های خود و

بخصوص ایران در سه صد سال گذشته دولت‌های مستقر داشته در حالی‌که در طول این زمان در ایران صفوی‌ها، افشاری‌ها، زندی‌ها، قاجاری‌ها، پهلوی‌های بختیاری سلطنت کرده و با روی کار آمدن هرکدام تمام خاندان سلطنتی قبلی را از تیغ کشیده اند.

بعضی‌ها دو هویت را در این جا مغشوش می‌کنند. اول هویت قومی اتباع افغانستان که شامل پشتون، تاجیک، هزاره، اوزبیک، ترکمن، نورستانی، ایماق، بلوچ می‌باشد و به گفتهٔ خدا داد است و دوم هویت ملی اتباع افغانستان که با ایجاد دولت افغانستان به نام ملت واحد "افغان" شکل گرفته در قانون اساسی کشور درج است و چه بخواهیم وچه نخواهیم تا این کشور وجود دارد و نامش افغانستان است ملیت همه باشندگانش"افغان" خواهد بود. جهان خارج همه ما را به نام افغان‌ها می‌شناسد. بطور مثال در ایران هر هزاره یک "افغان" است و مجموع هزاره‌ها به گفته ایرانی‌ها "افاغنه". حالا هر قدر این فرد هزاره بگوید من هزاره هستم و افغان نیستم ایرانی‌ها به رویش خواهند خندید. تمام اقوام افغانستان به جبر تاریخ و جبر موقعیت جغرافیایی ناگزیر شریک روزهای خوب و بد این سرزمین برای ابد خواهند بود. بنابر آن قبول اسم " افغان" به نام ملیت مشترک ما در کشور "افغانستان" یک مطلب اختیاری نبوده لجبار جغرافیا و تاریخ است. بنابر آن این موضوع نباید هرگز مجدداً مورد سوال و مباحثه قرار بگیرد.

تاریخ نشان داد که منافع اقوام این کشور، با وجود تمام اختلافات، در اتحاد ملی شان می‌باشد. افغانستان بنابر پراکندگی محل سکونت اقوام آن و ساختمان طبیعی و جغرافیایی خود قابل تجزیه نبوده و سه صد سال بعد، به گفته ریچارد ارمیتاژ معاون وزارت خارجه امریکا در زمان جورج دبلیو بوش، بازهم افغانستان خواهد بود با همین اقوام و همین حدود جغرافیایی. با آن که در افغانستان شانزده قوم از جمله پشتون، تاجیک، هزاره، اوزبیک، پشه‌ای، عرب، قرقیز، ترکمن، بلوچ و غیره زنده‌گی می‌کنند و شمال و جنوب کشور را کوه‌های صعب‌العبور هندوکش از هم مجزا می‌کنند.

در ۴۷ سال گذشته افغانستان دستخوش بی ثباتی و جنگ است اما از هم فرو نه پاشیده است. در حالیکه با سقوط اتحاد شوروی و فروپاشی جمهوری های آن کشور های یوگوسلاویا و چکوسلواکیا نیز از هم فروپاشیدند. چه عواملی از فروپاشی افغانستان جلوگیری کرده اند؟ فکر نمی‌شود که اعتقاد بدین اسلام به عنوان ارزش کلیدی اجتماعی در حفظ تمامیت ارضی افغانستان نقش اساسی داشته باشد چون تمام گروه‌های متخاصم در افغانستان

مسلمان هستند و این که این جنگ بعد از پیروزی مجاهدین شدیدتر و خانمان‌سوزتر شده است. از جانب دیگر تمام همسایه‌گان ما هم مسلمان اند. پس چه عواملی از فروپاشی این کشور جلوگیری کرده اند؟ به گفته رزاق مامون «سنت‌های درهم آمیخته»، احساسات و حالت روانی همسان در عمق لایه‌های تباری و انزوای اعتیادی به قدامت چندین قرن، عامل اصلی بقای افغانستان بوده است. "بنابر آن در عمل،" درهم آمیزی خونی، اجتماعی، اقتصادی و فرهنگی به عنوان ستون استوار در برابر ضربات جنگ و توطئه"، عمل کرده و با وجود انکار تجزیه طلبان سبب ایجاد ملت افغان گردیده که بر تمام اقوام برادر، با حفظ و احترام به مشخصات فرهنگی آن‌ها در کشور، همانند کشورهای‌که به سیاست‌های چند فرهنگی عقیده دارند، اطلاق می‌گردد.

تعدادی از فعالین سیاسی و مدنی پیوسته شعارهای پشتون‌ستیزی، جدایی طلبی و تجزیه طلبی را سر می‌دهند. می‌گویند "وقت آن است تا با این‌ها (طالب نکتایي‌دار و غیر نکتایي‌دار) و قبیله خانه جدا کرد، ما را راه مان و این‌ها را راه شان". لطیف پدرام گفته بود "تا با این‌ها راه جدا نشود سعادت نخواهیم دید"! از محمد سعیدی در وبلاگ "هزاره پیوند" می‌خوانیم که: "تا کی باید خاموش باشیم تا مبادا دیو از خواب بیدار شود. دیو که بالاخره آخرش از خواب بیدار می‌شه و همان طور که بارها ما را بلعیده بازهم خواهد بلعید. دیگر وفادار ماندن به افغانستان هیچ فایدهٔ ندارد". به گفتهٔ رزاق مامون (کابل پرس جون ٢٠١١) "مشکل بنیادین درین کشور، قومی نیست؛ بی‌عدالتی است. از شمال تا جنوب، از شرق تا غرب و مناطق مرکزی هرآن چه بالای مردم در چهار گوشهٔ افغانستان می‌آید، حاصل ارادهٔ رهبران محلی، فرماندهان و معامله‌گران هم‌تبار خود شان است".

بیایید هزاره‌جات یا با اسم مورد علاقهٔ فعالین هزاره "هزارستان" را بررسی کنیم. از سال ١٧٤٧م یا از تأسیس افغانستان تا زمان حمله امیر عبدالرحمن خان به هزاره‌جات در سال (١٨٩١م) این مناطق عملاً برای ١٤٤ سال از خودمختاری کامل در چوکات دولت مرکزی افغانستان برخوردار بودند. خوانین و رهبران این مناطق بسیاری اوقات حتی از دادن مالیات به دولت مرکزی هم طفره می‌رفتند. از سال‌های ١٩٧٠م تا سقوط حکومت داکتر نجیب‌اله چهره‌های سرشناس هزاره مانند یعقوب لعلی، عبدالواحد سرابی، سلطان علی کشتمند در دولت‌های، ظاهرشاه، داوود خان، ببرک کارمل و داکتر نجیب در مقامات کلیدی وزارت پلان، صدارت عظمی و معاونیت رییس جمهور ایفای وظیفه کرده اند. داکتر سرابی هزاره تبار بود که به

نمایندگی از دولت داکتر نجیب‌الله دولت را رسماً با یک بیانیه غرایی به مجاهدین در رأس صبغت‌الله مجددی در سال ۱۹۹۲م کابل تسلیم کرد. از آن زمان تا امروز، به استثنای زمان حکومت طالبان، هزاره‌جات توسط احزاب و رهبران هزاره مستقلانه اداره می‌شود. طوری‌که می‌بینیم دیر زمانیست که این دیو پشتون به گفته فعالین هزاره در مناطق هزاره‌نشین راه ندارد. حاصل آن چه بوده است؟ آیا این دیو پشتون است که از ترس آن هزاره‌ها در خیابان‌های تهران به گفته سعیدی با سر های پایین راه می‌روند؟ آیا این دیو پشتون است که هزاره‌ها را در گیتوهای کویته در پاکستان و یا حومه‌های اطراف مشهد محصور کرده است؟ واضح است که جواب این سوال‌ها منفی است. مشکل هزاره‌ها درین کشور و در کشورهای همسایه، مطابق گفته رزاق مامون "قومی" نیست؛ "بی‌عدالتی" است، حاصل ارادهٔ رهبران محلی، جامعهٔ مسلط روحانیت شیعه است، فرماندهان و معامله‌گران هم تبارخود شان است، نبودن منابع طبیعی است، نبودن زیربناهای اقتصادی و مواصلاتی است، نبودن زیربناهای تعلیمی و فرهنگی است و در اخیر محصور بودن جغرافیایی آن‌هاست، مشکل متفاوت بودن فیزیکی آن‌هاست و بعضاً هم مسلهٔ متفاوت بودن مذهبی آنهاست در میان محیط بزرگتری که زندگی می‌کنند. آیا این مشکل با قطع وفاداری به افغانستان حل می‌شود؟ معلوم است که جواب منفی است چون اگر حل می‌شد در طول بیست سال جمهوریت که مناطق هزاره‌نشین عملاً با خودمختاری توسط احزاب و رهبران خودشان اداره می‌گردد، حل می‌شد چون به منابع بزرگ کمک‌های جامعهٔ جهانی نیز دسترسی داشتند. اخیراً از محمد محقق شنیدیم که گفت آقای خلیلی برای ۱۲ سال معاون رییس جمهور کرزی بود، اما هزاره‌جات صاحب برق نشد! در این زمینه تمام دست‌آورد خلیلی برای هزاره‌جات چند تا دستگاه برق آفتابی و دیزل جنریتر بود که قیمت فی کیلو وات برق آن ۴۵ افغانی است به مقایسه ۲ افغانی در کابل. حالا آقای خلیلی نباید دولت‌های افغانستان را مقصر بداند.

هویت ملی عبارت است از

- احساس تعلق داشتن به یک کشور؛
- احساس تعلق داشتن به یک مردم به عنوان وطندار؛

- احساس غرور وطن‌پرستی و احساس مباهات به افتخارات تاریخی مشترک؛
- داشتن دین مشترک؛
- داشتن اعتقاد به یک آیندهٔ مشترک؛ و
- احترام به زبانهای قومی، عدم خصومت زبانی و داشتن زبان مفاهمه ملی مشترک است.

حتمی نیست در تمام موارد فوق با هم شریک باشیم، امه بر ماست تا این وجوه مشترک را پیداکنیم. عناصر فوق در میان مردم افغانستان به قوت خود موجود اند و سبب تبارز هویت ملی افغانستان شده است. احساس تعلق داشتن به این هویت بصورت طبیعی و داوطلبانه میان افراد به‌وجود می‌آید. هرگاه افرادی و قومی بعد از زنده‌گی سه‌صد ساله نتوانند چنین احساس تعلق داشتن به ملت افغانستان و کشور افغانستان را در خود بیابند، مبارزات مردم آن در کسب خودمختاری و استقلال برایشان افتخار آفرین نبوده باشد، جنگ‌های میهنی و مقاومت در مقابل استعمارگران انگلیسی غرور وطن‌پرستی را در آن‌ها به شور نیاورده باشد و برعکس این کشور را ساخته و پرداختهٔ استعمار قلمداد کنند و کوروش کبیر را خراسانی بخوانند و در تخیل افتخارات کوروش کبیر و ایران بزرگ و ایران‌زمین در موجودیت دولت موجوده ایران در همسایه‌گی ما زنده‌گی کنند و با حسرت از نادر شاه افشار و امپراطوری صفوی یاد نمایند، کوشش مردم افغانستان را برای حفاظت از زبان فارسی دری متداول در این کشور در مقابل هجوم فرهنگی ایران "پارسی ستیزی" قلمداد کنند، پیوسته استبداد بیش از صدسال قبل امیرعبدالرحمن خان را به رخ بکشند و در عوض جنگ افشار و میخ کوبیدن بر سرها و رقص مرده را فراموش کنند، مانند آن است که این افراد عملاً در یک سرزمین بیگانه زنده‌گی کرده و در راه خطرناکی قدم می‌زنند. این راه به بن بست بر می‌خورد و مقصد دلخواه ندارد.

طالبان یک گروه مذهبی افراطی شریعت طلب اند که آنچه را شریعت محمدی می پندارند بالای تمام مردم افغانستان اعم از اقوام و زبانها تطبیق میکنند و قربانیان این سیاستهای آنان هم تمام اقوام و زبانهای مردم افغانستان است. تمام اقوام افغانستان به جبر تاریخ و جبر موقعیت جغرافیایی ناگزیر شریک روزهای خوب و بد این سرزمین برای ابد خواهند بود.

کشور موجودهٔ افغانستان نظر به شرایط دشوار طبیعی و جغرافیایی آن و پراکندگی محل سکونت اقوام آن قابل تجزیه نیست. اگر چنین تجزیه هم صورت بگیرد باز هم به مفاد قوم تاجیک و هزاره که مدعیان اصلی تجزیه هستند نمی‌باشد و عملاً آن‌ها را به اقلیت‌های کوچکتری در کشورهای "افغانستان" در جنوب و "ترکستان" در شمال هندوکش مبدل خواهد ساخت. جبر زمان و موقعیت طبیعی و جغرافیایی اقوام پشتون، تاجیک، هزاره، اوزبیک و غیره را در این کشور در کنار هم قرار داده و باید راه‌های زنده‌گی باهمی را بیابند.

آقای دستگیر روشنایی در صفحهٔ فیسبوک خود به تاریخ ۱۴ می سال جاری می‌نویسد: "تا هنوز امکانات و ظرفیت‌های جلوگیری از حوادثی که هیچ‌کس وقوع آن را آرزو نمی‌کند و هیچ‌کس نمی‌خواهد آن را ببیند، وجود دارد. قوم و قومیت را سیاست نکنید. این کار نفرت‌انگیز و فاجعه‌آور است. اگر در افغانستان چنین فاجعه‌ای رخ دهد آنانی وارد عمل خواهند شد که تعصب‌ها و نفرت‌های کور قومی و مذهبی را تحریک کنند و آنانی به میدان خواهند آمد که در انسان‌کشی و ریختاندن خون به مرحلهٔ جنون رسیده اند و آماده هستند تا هزارها انسان از جمله کودکان، زنان و مردان را به نام قوم، مذهب، زبان و منطقه بکشند".

نباید پل‌ها را در عقب خود تخریب کنیم. حل مسئلهٔ ملی در افغانستان نه از راه برخورد قوم‌گرایانه، نه از راه تجزیه کشور، بلکه تنها از راه دموکراسی و مردم دوستی، واقع‌بینی، اعتماد و همکاری اقوام، تأمین حکومت قانون، ختم استیلای مافیایی جنگ‌سالاران یا قوماندان‌های جهادی سابق که در مناطق زیر کنترول خود به فرعون‌های زمان مبدل شده اند میسر است. اصلاح سیستم اداره محلی، تجدید نظر بر حدود جغرافیه ادارات محلی بر اساس علایق مشترک قومی، فرهنگی و دادن اختیارات لازم به باشنده‌گان ولایات در انتخاب رهبران خود و پیشبرد امور محلی با حفظ اقتدار و حاکمیت دولت مرکزی در حل مسایل ملی کمک می‌کند.

در این امر شکی نیست که در نزدیک به سه صد سال گذشته اقوام کشور ما زیر سلطهٔ یک دولت واحد و یک بیرق واحد با هم با در صلح زنده‌گی کرده اند و شریک روزهای خوب و بد همدیگر بوده اند. در این امر هم شکی نیست که در این سه صد سال نابرابری‌های ملی وجود داشته است و بعضی اقلیت‌های ملی ما در قدرت دولتی سهم مناسب نداشته اند. در این امر شکی نیست که باید به همدیگر احترام گذاشت و هرکس حق دارد هویت

خود را محفوظ نگهدارد. اما آیا قبول کردن یک هویت ملی طوری‌که بعضی‌ها فکر می‌کنند به معنی از دست دادن هویت قومی است؟ آیا در ملت روسیه هویت اقلیت‌های قومی مانند تاتار، اوکراینی، اوزبیک، تاجیک، قزاق از میان رفته است؟ دشمنان وحدت مرم افغانستان می‌خواهند اینگونه فکر کنیم. می‌خواهند فکر کنیم که ما اتباع افغانستان در پهلوی هویت قومی، تباری، زبانی، مذهبی و سمتی خود دارای هویت مشترک ملی نیستیم! می‌خواهند فکر کنیم که آنچه به عنوان هویت ملی وسمبول‌های ملی معرفی شده در حقیقت هویت یک قوم مشخص و سمبول‌های یک قوم مشخص است! آیا این برداشت درست است؟

هرگاه هویت مشترک ملی نداشته و نداریم پس چه عناصری ما را قادر ساخته در طول نزدیک به سه صد سال باهم مشترکاً در زیر یک بیرق واحد و یک دولت واحد زنده‌گی کنیم و خوشبختانه کدام جنبش جدی جدایی طلبی جدی نداشته باشیم مانند آنچه در کشورهای پاکستان، ترکیه، عراق، سریلانکا و غیره مشاهده شد.

طوری‌که می‌بینیم خلاف آنچه ادعا می‌شود در عمل کشور مشترک و دولت مشترک داشته ایم بنابرآن باید جستجو کنیم که هویت مشترک ملی ما چیست که اقوام ما را قادر ساخته در صلح باهم زنده‌گی کنند؟ قبل از خود ما دیگران متوجه موجودیت این هویت مشترک ملی در این سرزمین‌ها شده بودند. در کتاب تاریخ فرشته که بیش از ٤٠٠ سال قبل در سال ١٦٠٦م در هندوستان توسط ابوالقاسم فرشته به رشتۀ تحریر در آمد از مردم سرزمین‌های امروزی افغانستان به نام افغان‌ها یاد می‌کند. صفوی‌ها مردم ما را افاغنه می‌گفتند بدون در نظر گرفتن خطوط قومی موجود در این سرزمین. حتی یک سند موجود نیست که در زمان حاکمیت صفوی‌ها از اقوام منفرد کشور مانند تاجیک‌ها در آن اسمی برده شده باشد. جورج فورستر انگلیسی که در سال‌های ١٧٨٢-١٧٨٤م، در زمان سلطنت تیمورشاه، از هندوستان از طریق کشمیر، کابل، قندهار و هرات به فارس روسیه و انگلستان سفر کرد از مردم این سرزمین به نام افغان‌ها و از این کشور به نام مملکت افغانستان یاد می‌کند و حدود آن را قلمروهایی می‌داند که در آن در نمازهای جمعه خطبه به نام تیمورشاه خوانده می‌شد. متعاقب او مونت استوارت الفنستون در کتاب گزارش سلطنت کابل از "ملت افغان" و کشور "افغانستان" اسم می‌برد. این هویت در قوانین اساسی صد سال اخیر افغانستان مسجل شده است.

مباحثهٔ مشارکت مردم در سیاست

لویه جرگه

سلیم آزاد در روزنامهٔ هشت صبح چهارشنبه ۴ سنبله ۱۳۹۴ پیشنهاد می‌کند تا عبدالله عبدالله و جناح وی لویه جرگهٔ قانون اساسی را دایر کند تا اسم افغانستان و ملت مردم افغانستان را تبدیل کند. مگر این آقایان همانهایی نبودند که همیشه "لویه جرگه" را یک مجمع، یک عنصر قبیله‌یی پشتون نامیده و دایر کردن آن را در شرایط امروزی بی‌لزوم می‌دانستند؟ حالا که منافع ایشان تقاضا می‌کند چگونه می‌خواهند از لویه جرگه سؤ استفاده کنند؟

در این شکی نیست که جرگه‌ها و لویه جرگه‌ها سنت‌های قبایلی اقوام پشتون هستند. هیچکسی هم ادعا ندارد که این سازمان‌های اجتماعی بر اساس اصول دموکراسی جوامع غربی ایجاد و انکشاف یافته اند. اما در طول تاریخ این جرگه‌ها به اقوام شامل ملت افغانستان فرصت‌های لازم برای تصمیم‌گیری مشترک بالای موضوعات مبرم ملی فراهم کرده اند. مثال‌های سال‌های نزدیک را در نظر بگیریم. تصامیم کنفرانس بن تنها بعد از تصویب آن از طرف یک لویه جرگه مشروعیت یافت و متعاقب آن لویه جرگه سال ۲۰۰۴م قانون اساسی جمهوری اسلامی افغانستان را تصویب نمود. من حتی یکی از رهبران تاجیک و هزاره و اوزبیک را بخاطر ندارم که این دو لویه جرگه را به مثابه سنت‌های عقب افتاده محلی قبایلی تحریم کرده باشند. اما چنین تحریم از طرف داکتر عبدالله عبدالله در سال ۲۰۱۳ در مقابل لویه جرگهٔ مشورتی که از طرف رئیس جمهور حامد کرزی دعوت شده بود صورت گرفت و حامیان او با هیاهو به تحقیر و ذلیل کردن لویه جرگه پرداختند و تشکیل آن را در موجودیت شورای ملی غیر لازم و یک عنعنهٔ مردود قبیلوی خواندند. عبدالله و حامیان آن‌ها فکر می‌کردند که حامد کرزی لویه جرگه را دعوت کرده تا به واسطهٔ آن‌ها معاهدهٔ امنیتی با امریکا را رد کند. با وجود آنکه حامد کرزی چنین توقعی داشت اما خلاف آرزو و نیت او لویه جرگه معاهدهٔ امنیتی با امریکا را تأیید کرد و نشان داد که قادر است مستقلانه از نیت حکمران وقت تصمیم بگیرد. از شگفتی‌های روزگار یکی هم آن است که در سال ۲۰۲۰ این داکتر عبدالله عبدالله و حامیان او بی صبرانه در انتظار تدویر لویه جرگهٔ بعدی بودند چون تنها و تنها یک لویه جرگه می‌تواند قانون اساسی کشور را تعدیل نموده مقام جدید "صدراعظم"

را در تشکیل دولت افغانستان اضافه کند و به نقش او در دولت افغانستان مشروعیت ببخشد.

در کشوری مانند افغانستان که با سیستمهای غربی مشارکت مردم در ادارهٔ و سیاست دولت محروم هستند، لویه جرگه یک نعمت طبیعی است، تبارز مشارکت قومی، منطقوی، زبانی، مذهبی و جنسی است که در مواقع بحران ملی مانند مجلس مؤسسان عمل می کند. در شرایط حاکمیت دور دوم طالبان، پافشاری روشنفکران افغانستان و جامعهٔ بین المللی برای تدویر یک لویه جرگهٔ عنعنوی زمینه های مشارکت مردم را در تعیین سرنوشت آیندهٔ کشور فراهم میکند. مخالفت با این اصل و پافشاری بالای رفراندوم و انتخابات سراسری نا آگاهی سیاسی را نشان میدهد.

در صفحهٔ فیسبوک "حقوق و علوم سیاسی گام به گام" مطلب پر معلوماتی در مورد لویه جرگه نشر شده که مناسب دیده شد در اینجا نقل گردد:

> [لویَه جَرگه یا جرگهٔ بزرگ یا جرگهٔ ملی، به معنی «گردهمایی بزرگ سران قبایل افغانستان» است. لویه جرگه بزرگ‌ترین مجمع بزرگان و شخصیت‌های قومی و اجتماعی کشور افغانستان است و در موارد بحرانی در افغانستان تشکیل می‌شود. در بیشتر موارد از سوی پادشاه یا رئیس جمهور فراخوانده شده اعضای آن می‌توانند هم انتخابی و هم انتصابی باشند. نخستین جرگه در سال ۱۱۶۰ هجری (۱۷۴۷ میلادی) برگزار شد. این جرگه سرنوشت و آینده کشور تازه‌ای به نام افغانستان را رقم زد، پس از کشته شدن نادر شاه افشار، در ماه اکتبر ۱۷۴۷ در مزار شیر سرخ، در داخل قلعه نظامی نادر آباد برگزار شد و ۹ روز به درازا کشید. پس از ۹ روز مباحثه میان سران اقوام غلزایی، پوپلزایی، نورزایی، سدوزایی و دیگران مانند سران ازبک و هزاره، احمدشاه ابدالی از قوم سدوزایی به عنوان پادشاه برگزیده شد.
>
> لویه جرگه اصطلاح پشتو است که در زبان فارسی دری به معنی جرگه بزرگ است. اصطلاح دری جرگه به معنی گروه و صف آمده‌است. جرگه در کاربردهای سیاسی-اجتماعی آن به معنی گردهمایی و نشست است. به عبارت دیگر هر مجلس، جلسه و

اجلاسی که برای تصمیم گیری، نظرخواهی و مشورت دربارهٔ یک امر محلی، ملی و قومی برگزار شود، جرگه‌است. آنچه لویه جرگه را از نشست‌ها و گردهمایی‌های دیگر جدا می‌سازد محتوا، شیوه کار و منظور آن است. محتوای جرگه مردمی است وبرای سنجش آرای عمومی. از این رو برخی آن را نوعی رفراندم یا همه‌پرسی خوانده‌اند. منظور از تشکیل جرگه‌ها چاره جویی، رسیدگی و تصمیم گیری همگانی در مورد یک مسئله سیاسی-اجتماعی است. شیوه کار آن بسیار ساده‌است. معمولاً یک فرد اداره آن را به عهده می‌گیرد موضوع خاصی را به همه‌پرسی می‌گذارد تا شرکت کننده گان روی آن به بحث بپردازند. در پایان با توافق کلی به تصمیم مشترکی می‌رسند. این تصمیم سر انجام به مثابه یک فیصله ملی، محلی و قومی عملی می‌گردد.

جرگه نه زمان معین د رد و نه جای معین. بنابر نیازهای سیاسی و اجتماعی به وجود می‌آید و پس از پایان کار، خود به خود منحل می‌گردد. می‌توان گفت که جرگه هر زمان و هر جایی که یک امر سیاسی یا اجتماعی ایجاب کند تشکیل می‌شود. اعضای جرگه را موی سفیدان، بزرگان اقوام و شخصیت‌های با تجربه و متنفذ می‌سازند.

جرگه، کهن‌ترین نهاد سنتی در ادارهٔ اجتماعی است و ریشه در تاریخ و فرهنگ قبیله‌ای دارد. جرگه به کدام قوم، ملت، محل و فرهنگ خاصی تعلق ندارد و به گونه‌هایی در میان همه جوامع بشری دیده شده‌است. اما در جوامعی که از سازمان و ساختار سیاسی و اجتماعی پیشرفته برخوردارا‌ند و سازمان های سیاسی انتخابی مدرن مانند شورای ملی و مجلس سنا موجود اند نقش آن کمرنگ تر شده کاربرد آن کم‌کم از میان رفته‌است.

در افغانستان هنوز هم جرگه و بحصوص لویه جرگه در نقش مجلس مؤسسان برای تصویب یک قانون اساسی پیشنهادی یک راه گشای سیاسی-اجتماعی شمرده می‌شود و از کار آیی خوبی

برخوردار است. بهره‌برداری سیاسی از جرگه‌ها نیز جای بحث است و در بیشتر موارد وسیله‌ای بوده‌است برای مشروعیت بخشیدن به خواسته‌های از پیش تعیین شده دولت‌های افغان.

لویه جرگه‌های مهمی که تاکنون برگزار شده‌اند عبارتند از:

۱۱۲۶ شمسی جرگهٔ شیر سرخ (اکتبر ۱۷٤۷)

به مدت ۹ روز در قلعه نظامی نادرآباد قندهار تشکیل شد و نتیجه آن تأیید پادشاهی احمدشاه درانی بود.

۱۲۲۰ شمسی (۱۸٤۱)

همایشی ۱۲ نفره در کابل، در خانه عبدالله اچکزایی به ریاست محمد زمان خان، که نتیجه آن فراخوانی مردم در جنگ اول افغان و انگلیس بود.

۱۲۴۴ شمسی (۱۸٦٥)

نشستی دو هزار نفره در کابل به ریاست امیر شیرعلی خان، پادشاه وقت افغانستان، که نتیجه آن حمایت از سلطنت امیر شیرعلی خان و تحکیم پایه سلطنت او در برابر برادرانش بود.

۱۲۷۲ شمسی (۱۸۹۳)

در کابل به ریاست امیر عبدالرحمان خان، پادشاه وقت، تشکیل شد و نتیجه آن تأیید پیمان دیورند دربارهٔ تعیین سرحد میان افغانستان و هند بریتانیایی بود.

۱۲۹۴شمسی (۱۹۱٥)

نشستی با شرکت ۵۴۰ نفر در کابل به ریاست امیر حبیب‌الله خان، پادشاه وقت، که نتیجه آن اعلام بی طرفی افغانستان در جنگ جهانی اول بود.

۱۱ سنبله ۱۳۲۰ (۲ سپتامبر ۱۹۴۱)

نشستی ۸۰۰ نفره در کابل به ریاست محمد هاشم، نخست وزیر و عم محمد ظاهر، پادشاه وقت، که نتیجه آن تأیید بی‌طرفی افغانستان در جنگ دوم جهانی و اخراج اتباع آلمانی و ایتالیایی از کشور بود.

۲۲ عقرب ۱۳۲۸ (۱۴ نوامبر ۱۹۴۹)

همایشی با شرکت ۴۵۲ نفر در کابل به ریاست محمد گل‌خان مهمند، یکی از حامیان عمده قضیه «پشتونستان» در افغانستان. نتیجه آن تأیید سیاست حمایت دولت افغانستان از منطقه پشتون‌نشین (پشتونستان) پاکستان و بی‌اعتبار اعلام کردن معاهده دیورند (۱۸۹۳)، پیمان افغان و انگلیس (۱۹۰۵)، پیمان راولپندی (۱۹۱۹) و پیمان ۱۹۲۱ افغان و انگلیس کابل بود.

زمستان ۱۳۰۱ (۱۹۲۳)

جرگه‌ای ۸۷۲ نفره در جلال‌آباد به ریاست امان‌الله خان، پادشاه وقت افغانستان. نتیجه آن تصویب نخستین قانون اساسی کشور بود.

۱۳۰۳ شمسی (۲۸ سرطان-۹اسد؛ ۱۹۲۴ میلادی)

با شرکت ۱۰۴۶ نفر در پغمان و کابل به ریاست امان‌الله خان، پادشاه وقت. نتیجه آن تعدیل قانون اساسی افغانستان بود.

سنبله ۱۳۰۷ (۱۹۲۸)

با تعداد اعضا ۱۱۰۰ نفر در پغمان کابل به ریاست امان‌الله خان، پادشاه وقت، تشکیل شد. نتیجه آن تشکیل مجلس شورای ملی با ۱۵۰ عضو، اجباری شدن خدمت سربازی، و کشف حجاب بود. در این لوی جرگه، ثریا همسر شاه امان‌الله بدون حجاب سنتی حاضر شد و شاه اعضای جرگه را ملزم به پوشیدن لباس غربی کرد.

۱۳۰۹ (۱۹۳۰)

نشستی با ۳۰۱ عضو به ریاست محمد هاشم، نخست وزیر و برادر محمد نادر خان پادشاه وقت در کابل. نتیجه آن حمایت از پادشاهی نادر خان و تشکیل هیاتی برای تهیه دومین قانون اساسی کشور بود. این جرگه همچنین یک هیئت ۱۰۵ نفری را موظف به تصویب دومین قانون اساسی کشور کرد. دومین قانون اساسی یک سال بعد تحت عنوان «اصولنامه اساسی» به تصویب رسید.

۱۸–۲۹ سنبله ۱۳۴۳ (۱۹۶٤)

این نشست در کابل برگزار شد. تعداد اعضا آن ۴۵۲ نفر، رئیس آن محمد ظاهر پادشاه، و نائب رئیس لوی جرگه دکتر عبدالظاهر رئیس مجلس یازدهم بود. نتیجه آن تصویب نخستین قانون اساسی دموکراتیک کشور بود که بر پایه آن خانواده سلطنتی از دخالت در امور حکومتی و سیاسی ممنوع و قدرت به نخست وزیرانی خارج از خانواده سلطنتی و پارلمان منتخب واگذار شد. تفکیک قوا، آزادی رسانه‌ها و گروه‌های سیاسی و برابری حقوق اتباع از مواد برجسته این قانون بود.

۱۰–۲۵ دلو ۱۳۵۵ (۳۰جنوری-۱۴ فبروری ۱۹۷۷)

با شرکت ۳۴۹ نفر در کابل برگزار شد. رئیس گردهمایی محمد داوود خان، رئیس جمهوری، و نائب رئیس همایش عزیزالله واصفی بود. نتیجه این لویه جرگه تصویب قانون اساسی نظام

جمهوری و انتخاب محمد داوود خان به عنوان رئیس جمهوری بودو

۱۳۶۴ (۱۹۸۵)

با شرکت ۱۷۹۶ نفر در پلی‌تخنیک کابل و به ریاست عبدالرحیم هاتف، و نائب رئیسی عبدالواحد سرابی تشکیل شد که نتیجه آن حمایت از سیاست‌های دولت در مورد مسائل خارجی و داخلی بود. برگزاری این جرگه نخستین اقدام دولت تحت حمایت شوروی سابق برای بازگشت به سنت‌های اجتماعی برای حل مسائل سیاسی بود.

۸–۹ قوس ۱۳۶۶ (۲۹–۳۰ نوامبر ۱۹۸۷)

به ریاست عبدالرحیم هاتف در پلی‌تخنیک کابل تشکیل شد و نتیجه آن تصویب ششمین قانون اساسی و انتخاب دکتر نجیب‌الله به ریاست جمهوری بود. این جرگه همچنین قانون اساسی را تعدیل کرد و در این قانون اسلام به عنوان دین رسمی کشور پذیرفته شد و به مذاهب حنفی و جعفری رسمیت داده شد. پیش از آن تنها مذهب حنفی به رسمیت شناخته می‌شد.

۱۳۸۱ (۲۴حمل- ۱۱جوزا) (۲۰۰۲)

این یک لویه جرگه اضطراری با شرکت ۱۵۵۱ نفر در کابل بود که ریاست آن را اسمعیل قاسمیار برعهده داشت. نتیجه آن انتخاب حامد کرزی به عنوان رئیس دولت انتقالی بود. این «لویه جرگه اضطراری» برای نخستین بار شاهد سهم ۱۱ درصدی زنان بود و همچنین نخستین بار مردم در انتخاب اعضای آن شرکت داشتند.

قوس ۱۳۸۲ (۲۰۰۳)

نام آن لویه جرگه قانون اساسی بود که با شرکت ۵۰۰ نفر و ریاست صبغت‌الله مجددی در کابل تشکیل شد و نتیجه آن تصویب هشتمین قانون اساسی بود.

جوزا ۱۳۸۹ (جون ۲۰۱۰)

جرگه مشورتی صلح که با شرکت ۱۶۰۰ نفر در کابل با ریاست برهان‌الدین ربانی تشکیل شد و نتیجه آن تأیید برنامه صلح حکومت حامد کرزی بود. حامد کرزی در پی این جرگه، شمار زیادی از زندانیان طالبان را آزاد کرد و شورای عالی صلح را هم به ریاست برهان‌الدین ربانی تشکیل کرد، هر چند برهان‌الدین ربانی جان خود را در این راه از دست داد.

۲۵ عقرب ۱۳۹۰ (۲۰۱۱)

نشست چهار روزه این لویه جرگه در کابل به بررسی همکاری استراتژیک با آمریکا و موضوع مصالحه با طالبان پرداخت. طالبان تهدید کرده بود این مجمع را که بیش از دو هزار سرکرده سیاسی و اجتماعی در آن شرکت داشتند مختل خواهد کرد. همزمان با این لویه جرگه راکت‌هایی در کابل شلیک شد.

صبغت‌الله مجددی ریاست این لویه جرگه را برعهده داشت و او نعمت الله شهرانی را به عنوان معاون اول، محمدعارف نورزی را معاون دوم، محمدعلم ایزدیار را منشی اول، حیات الله بلاغی را منشی دوم و صفیه صدیقی را به عنوان سخنگوی جرگه اعلام کرد.].

مباحثهٔ شکل نظام دولتی و اداری

دولت، دموکراسی و اسلام گرایی در افغانستان

نسل ما، بشمول کسانی که ده سال بعد از من تولد شده اند، امروز نسل کهن سال سنین شصت سال به بالای جامعهٔ افغانستان را تشکیل میدهد که اکثریت آنها در داخل افغانستان و یک کتلهٔ عظیم آن در جمع دیاسپورای افغان در ممالک مختلف جهان و بخصوص کشورهای پیشرفتهٔ اقتصادی غربی زندگی میکنند. این نسل شاهد زندهٔ تاریخ معاصر کشور اند بخصوص از عصر دههٔ دموکراسی ۱۹۶۴-۱۹۷۳م دوران سلطنت اعلیحضرت محمد ظاهر شاه به اینطرف شرایط زندگی مردم، روشهای حکومتداری و حوادث و چرخش های تاریخی را بخاطر داشته قادر به ارزیابی عینی این شرایط و حوادت میباشند.

در طول یکصد سال گذشته عناصر متعصب مذهبی که در مخالفت با ترقی خواهی یا مدرنیزم قرار گرفتند شامل بنیادگرایان، اسلام گرایان، و اخیراً گروههای وهابی و تکفیری میباشند. کسانی که با نهضت امانی مخالفت کردند در دههٔ دموکراسی ۱۹۶۴-۱۹۷۳ میلادی با آزادی های فردی و اجتماعی سر مخالفت گشودند. در این دوران تیزاب پاشیدنها بروی دختران مکاتب رواج یافت و عامل شهادت عبدالرحمن در لغمان، عبدالقادر در هرات و سیدال سخندان در پوهنتون کابل گردیدند.

اسلامگرایان متعاقباً بر مبنای فتوای به خطر افتیدن دین اسلام در مقابل جمهوری داوود خان بغوت نموده در سال ۱۹۷۵ به اعزام گروپهای مسلح خرابکار از پاکستان اقدام کردند که ترور علی احمد خرم وزیرپلان در کابل و شورش پنجشیر را میتوان نام برد

بر همین تسلسل کسانیکه با نهضت امانی مخالفت کردند در دهه های ۱۹۸۰ و ۱۹۹۰ میلادی حیات دوباره یافته به عنوان تنظیمهای جهادی بنیاد گرا و اسلامگرا در صفوف قیامهای مردمی رخنه کرده رهبری مقاومت مردم را در برابر حکومتهای خود کامه کودتای هفتم ثور گرفته هزاران مکتب را ویران کردند و آتش زدند وهزاران معلم و متعلم بیگناه را به شهادت رسانیدند.

همانطوریکه تا صد سال قبل استعمار کهن در تقابل با بنیادگرائی مذهبی از روش دوگانهٔ مقابله و حمایت کار میگرفتند، امروز نیز استعمار نوین غربی با روش امپریالستی خود مطابق منافع روز و منافع دراز مدت استراتژیک خود به مقابله و یا حمایت از افراط گرائی میپردازند و در رشد و اشاعهٔ

تروریزم افراط گرای مذهبی نقش مهمی داشته و با سرنوشت ملتها، منجمله سرنوشت ملت ما، به یک بازی بزرگ استعماری نوین مشغول اند.

متاسفانه در نتیجهٔ عدم موجودیت استقرار سیاسی در افغانستان در نیم قرن اخیر، دولتها نتوانستند به مردم خود رفاه اقتصادی و اجتماعی و امنیت را فراهم نماید که این ناکامی مستقیماً مسول سقوط پیهم نظامهای سلطنتی، جمهوری مطلقه، جمهوری دموکراتیک، جمهوری اسلامی مجاهدین، امارت اسلامی طالبان دور اول، جمهوری اسلامی مدل امریکایی بوده است.

تجربهَ دموکراسی در افغانستان

ابتدا باید ببینیم دموکراسی چیست؟

اساساً این اصطلاح از دو کلمه یونانی demo به معنای مردم و cracy به معنای قدرت، حکومت گرفته شده است. در کنار هم، آنها کلمه ای را که امروز می شناسیم، تشکیل می دهند که به معنای قدرت مردم یا حکومت توسط مردم است. دولت های مختلف آن را با معنای متفاوتی می دانند. اما منصفانه است که بگوییم برای بسیاری از غربی ها یک چیز و فقط یک چیز یعنی حق رای دادن مستقیم به انتخاب رهبرشان معنی دارد. بنابراین ناگفته نماند که بسیاری از غربی ها به طور خودکار این برداشت را رد می کنند که چین برای دموکراسی ارزش قائل است بدون اینکه به موضوع عمیق تر توجه نمایند. این نوع برداشت یک اشتباه بزرگ است. در اکثر کشورهای غربی، انتخابات سراسری هر چند سال یکبار برگزار می شود که تعیین می کند چه کسی دولت بعدی را تشکیل خواهد داد. اگر یک حزب سیاسی مورد علاقهٔ خودرا پیدا کردید می توانید رای خود را به آنها بدهید و امیدوار باشید که وقتی نوبت به شکل‌گیری سیاست و وضع قوانین جدید می‌رسد آنها نماینده ارزش های شما باشند. به این دموکراسی نمایندگی می‌گویند، زیرا در واقع رای خود را به یک حزب سیاسی می‌دهید که به آن اعتماد دارید، در هنگام تصمیم گیری در مورد قوانین جدید در پارلمان ممکن است نماینده نظریات شما باشد. اما امکان دارد در مورد برخی مسائل آنطور که شما دوست دارید رای ندهد. البته شایان ذکر است که بسیاری از دموکراسی های غربی در واقع به شهروندان اجازه نمی دهند که مستقیماً به رهبر خود رای دهند. در آسترالیا و نیوزیلند بطور مثال رای دادن فقط برای نامزدان حزب سیاسی منتخب امکان پذیر است. این که چه کسی نقش رهبری در حزب را بر عهده خواهد گرفت و در نهایت رهبر کشور در

صورت پیروزی آن حزب خواهد شد پشت درهای بسته تصمیم گیری می شود. اما جدا از هر چند سال یکبار رای دادن در انتخابات عمومی، برای یک فرد به معنای واقعی کلمه غیرممکن است که در مورد هر موضوعی که در دولت مطرح می شود رای دهد. از این رو اصطلاح دموکراسی نمایندگی بکار برده میشود.

دههٔ دموکراسی در افغانستان (۱۳۴۳ تا ۱۳۵۲ هـ ش)

بعد از سالها حکومتهای دیکتاتوری هاشم خان، شاه محمود خان و محمد داوود خان، مردم افغانستان برای اولین بار با تدوین و انفاذ قانون اساسی سال ۱۹۶۴م (۱۳۴۳ هجری شمسی) به یک سیستم دولتی شاهی مشروطه دست یافتند که به موجب آن آزادی‌های سیاسی، حق بیان فکر و آزادی مطبوعات تضمین گردیده. شاه با کسب موقف غیرمسوول و واجب‌الاحترام در رأس دولت و قدرت اجرائیه، مقننه و قضائیه را به مردم واگذار نمود و اعضای خانواده سلطنتی را مطابق تعامل کشورهای شاهی دموکراتیک اروپایی از احراز کرسی‌های صدارت و وزارت ممنوع نمود. در طول ده سال متعاقب آن که به دههٔ دموکراسی شهرت دارد، همانند هر کشور دارای سیستم دموکراسی تازه پا، سال‌های اوج‌گیری فعالیت‌های سیاسی در کشور به حساب می‌آید. ده‌ها حزب سیاسی و ده‌ها روزنامه و جریده آزاد غیردولتی سیاسی و اجتماعی عرض وجود کرده زمینه‌های تشکل و قوام افکار و جریانات سیاسی را در کشور اعم از چپ افراطی (منجمله خلق، پرچم، شعلهٔ جاوید)، راست افراطی (منجمله سازمان جوانان مسلمان یا اخوان‌المسلمین که بعداً به حزب اسلامی و جمعیت اسلامی مبدل شدند) و جریان‌های میانه‌رو (مانند افغان ملت، مساوات) را فراهم آورد. در این مدت صدراعظمان متعددی آمدند و رفتند (دکتور یوسف، محمد هاشم میوندوال، دکتور عبدالظاهر، نور حمد اعتمادی و محمد موسی شفیق). این دوران با همزمان بود با آزادی بیان افکار سیاسی و اجتماعی در مطبوعات و تظاهرات و اعتصابات مسلسل و پیهم محصلان، استادان و متعلمین و معلمین و کارکنان مؤسسات صنعتی.

متأسفانه کودتای بدفرجام ۲۶ سرطان سال ۱۳۵۲ سردار محمد داوود به سقوط دولت شاهی مشروطه محمد ظاهرشاه، انحلال قانون اساسی دموکراتیک و ختم دههٔ دموکراسی انجامید. این کودتا سر آغاز دوران بی‌ثباتی سیاسی در کشور است که تا امروز ادامه دارد. این کودتا، بدون توجه به شرایط تغییر یافته در کشور، جلو تکامل دموکراسی پارلمانی،

آزادی‌های سیاسی و اجتماعی و مطبوعات آزاد را گرفت و منجر به استقرار یک دولت دیکتاتوری یکنفره گردید. در اخیر داوود با وعده‌های شاه ایران، رییس جمهور مصر و عربستان سعودی کوشید افسران و عناصر چپی را که عامل به قدرت رسیدن او بودند از دولت خارج کرده و حساب خود را با حزب دموکراتیک خلق تصفیه نماید. این عمل موجب سقوط او و به قدرت رسیدن ح.د.خ.ا در کودتای هفت ثور ۱۳۵۷ گردید.

دموکراسی فرصتیست برای تکامل ذهنی و سیاسی جامعه. تمام سیاست‌مداران پنجاه سال اخیر افغانستان در دهۀ دموکراسی ۱۳۴۳ تا ۱۳۵۲ پرورده شدند. اگر به تجربه دموکراسی ظاهرشاه اجازه تکامل داده می‌شد، هرگاه از یکجانب نهادهای دولتی، سیستم اداره دولت (Public Service)، اردو، پولیس، قوۀ مقننه از طریق مسلکی ساختن این نهادها (غیر سیاسی ساختن) آنها، تعلیمات بهتر، تجهیزات بهتر و دادن آگاهی بهتر و با معرفی قوانین لازمه تقویت می‌گردید و از جانب دیگر قانون احزاب نافذ می‌شد و نهادهای دموکراتیک حمایت و تقویت می‌گردید و ترسی از نتایج دموکراسی وجود نمی‌داشت به یقیین دموکراسی با گام‌های استوار به مرور زمان در جامعه به پختگی لازم می‌رسید و به یک نهاد اساسی اخلاق سیاسی جامعه مبدل می‌گردید. هندوستان، تا حدودی هم پاکستان، این راه را انتخاب کردند و منتظر نشدند مردم‌شان همه مرفه و باسواد شوند تا دموکراسی را معرفی کنند و امروز ثمر آن را در نهادینه شدن دموکراسی در تار و پود این کشورها به چشم سر مشاهده می‌کنیم. این راهی بود که اکثریت کشورهای دموکراتیک مانند بریتانیا، فرانسه و امریکا آن را تجربه کردند. آن‌ها منتظر نشدند مردم شان همه مرفه و باسواد شوند تا دموکراسی را معرفی کنند در عوض نهادهای دولت و نهادهای دموکراتیک را تقویت کردند و به نتایج و دست‌آوردهای دموکراسی احترام گذاشتند.

از اینجاست که برای من یک دموکراسی غرق در گل و لای که ضامن آزادی بیان و آزادی سهمگیری مردم در پروسه‌های دموکراتیک گرفتن قدرت دولتیست، هزار بار از یک دیکتاتوری که برای مردم پل و تونل بسازد ارزش دارد. فراموش نکنیم که یک دموکراسی لنگ لنگان هم قادر است امنیت مردم را تأمین کند طوری‌که از همچو امنیت و مصونیت در دهۀ دموکراسی ظاهرخان مستفید بودیم!

نظام سلطنتی مشروطه در دهۀ دموکراسی (۱۹٦٤-۱۹۷۳)

با معرفی اصلاحات در اداره دولت از طریق انفاذ قانون اساسی جدید، تقسیم قدرت دولتی به قوای ثلاثه، سپردن ادارهٔ حکومت به مردم و معرفی صدراعظمهای غیر خانوادانی و تضمین آزادی بیان و مطبوعات، شاه کوشید شرایط لازم سیاسی و جتماعی را برای یک حکومت مسول پاسخ گو به ملت فراهم نموده عوامل سیاسی و اجتماعی بازدارنده در مقابل انکشاف اقتصادی و اجتماعی کشور را از میان بردارد. بعد از سالها حکومتهای دیکتاتوری هاشم خان، شاه محمود خان و محمد داوود خان، که قصه های آنرا از زبان پدران و پدرکلانهای خود شنیده بودیم؛ نسل ما در عنفوان جوانی با تدوین و انفاذ قانون اساسی سال ١٩٦٤م (١٣٤٣ هجری شمسی) به یک سیستم دولت سلطنتی مشروطه دست یافتند که به موجب آن آزادی‌های سیاسی، حق بیان فکر و آزادی مطبوعات تضمین گردید. شاه با کسب موقف غیرمسوول و واجب‌الاحترام در رأس دولت قرار گرفت و قدرت اجرائیه، مقننه و قضائیه را به مردم واگذار نمود و اعضای خانواده سلطنتی را مطابق تعامل کشورهای شاهی دموکراتیک اروپایی از احراز کرسی‌های پر مسولیت دولتی صدارت و وزارت ممنوع نمود.

در ده سال متعاقب آن که به دههٔ دموکراسی شهرت دارد صدراعظمان متعددی آمدند و رفتند (دکتور محمد یوسف، محمد هاشم میوندوال، دکتور عبدالظاهر، نوراحمد اعتمادی و محمد موسی شفیق). این دوران همزمان بود با آزادی بیان افکار سیاسی و اجتماعی در مطبوعات و تظاهرات و اعتصابات مسلسل و پیهم محصلان، استادان و متعلمین و معلمین و کارکنان مؤسسات صنعتی به تحریک چپیهای افراطی و راستیهای افراطی.

در دههٔ دموکراسی، همانند هر کشور دارای سیستم دموکراسی تازه پا، سال‌های بیداری و اوجگیری فعالیت‌های سیاسی درافغانستان به حساب می‌آید. ده‌ها جریان فکری و حزب سیاسی و ده‌ها روزنامه و جریده سیاسی و اجتماعی آزاد غیردولتی عرض وجود کرده زمینه‌های تشکل و قوام افکار و جریانات سیاسی را در کشور اعم از چپ افراطی (منجمله خلق، پرچم، شعلهٔ جاوید)، راست افراطی (منجمله سازمان جوانان مسلمان یا اخوان‌المسلمین که بعداً به حزب اسلامی و جمعیت اسلامی مبدل شدند) و جریان‌های میانه‌رو ملی گرا (مانند افغان ملت، مساوات یا دموکرات مترقی) را فراهم آورد.

در این زمان بود که در حلقه های روشنفکری کشور الگوهای مختلف انکشاف اقتصادی-اجتماعی در چوکات جهان بینی های متفاوت و متخاصم جهانی وسیعآ مورد مباحثه بود.

دموکراسی غربی

دو مشکل عمیق در مفهوم غربی دموکراسی وجود دارد. اولی فقدان بستر جدی تاریخی و دوم عدم درک و احترام به تفاوتهای فرهنگی ملت ها.

فقدان بستر جدی تاریخی

در ذهن غربیها، دموکراسی از شکل سیاسی خاص زمان و مکان خود به شکل جهانی برای همه زمان ها و در همه کشورها ارتقا یافته است. با انجام این کار، هرگونه حس بافت تاریخی از بین رفته است. چنین طرز فکری عمیقاً ناقص است. هیچ شکل سیاسی ابدی نیست. همه محصول زمان و شرایط خود هستند. دموکراسی غربی نیز از این قاعده مستثنی نیست. آینده دموکراسی حتی در خود غرب، نه قطعی است و نه تضمین شده است.

این برداشت که دموکراسی به سبک غربی یک پدیدهٔ دائمی است بر این باور استوار است که شرایط اساسی که آن را در غرب طی ۷۰ سال گذشته حفظ کرده است، بخصوص در مورد ایالات متحده و انگلیس، به طور نامحدود ادامه خواهد داشت. اما اخیرآ به طور فزاینده ای روشن می شود که نمی توان دوام این حالت را فرض کرد. دموکراسی در طیفی از کشورهای غربی از سلامت خوبی برخوردار نیست. این وضعیت بدتر از هر زمان دیگری از دهه ۱۹۳۰ به این طرف است. قابل یادآوری است که اجلاس رئیس جمهور بایدن برای دموکراسی که توسط ایالات متحده به منظور ترویج دموکراسی به سبک غربی در امریکای مرکزی و جنوبی در دسمبر ۲۰۲۱ برگزار شد، چیزی بسیار خنده دار وجود داشت. این در زمانی اتفاق افتاد که دموکراسی در خود ایالات متحده هرگز ضعیف‌تر یا بیشتر در معرض تهدید نبوده است، البته نه از زمان جنگ داخلی به اینطرف. تقریباً چنین وانمود شد که گویا شورش در کاپیتول هیل در اوایل سال ۲۰۲۱ هرگز رخ نداده بلکه فقط یک رویای بد بوده است.

باید به خود یادآوری کنیم که دموکراسی تنها از سال ۱۹۴۵ به این سو در غرب حاکم بوده است. در طول دوره بین دو جنگ، دموکراسی، حداقل در اروپا، به تعداد بسیار کمی از کشورها محدود بود. تنها کشورهای اروپایی که دارای نهادهای سیاسی دموکراتیک فعال بودند که توانستند در تمام دوره

بین سال‌های ۱۹۱۸ و ۱۹۳۹ دوام بیاورند، انگلستان، فنلند، دولت آزاد آیرلند، سویدن و سوئیس بودند. این کشورها دارای اقلیت بسیار کمی از جمعیت اروپا هستند. اکثریت بزرگ تحت اشکال مختلف دیکتاتوری زندگی می کردند. تا حدودی، بیشتر یا تمام آن دوره، دلایل زیادی وجود داشت که چرا دموکراسی پراکنده بود، اما مهمترین آنها اثرات و پیامدهای فاجعه بار رکود بزرگ بود که شرایط را برای فاشیسم ایجاد کرد و شرایط دموکراسی را تضعیف کرد. در مقابل، دلیل اصلی موفقیت دموکراسی غربی پس از جنگ جهانی دوم، رشد اقتصادی طولانی مدت از سال ۱۹۴۵ تا اواسط دهه ۷۰ بود که پس از آن رشد ادامه یافت، اما تا سال ۲۰۰۷ با سرعت بسیار پایین‌تری. اما بحران مالی سال ۲۰۰۸ یک نقطه عطف بزرگ محسوب میگردد که این امر منجر به ناامیدی فزاینده در میان نخبگان و نهادهای حاکم در بسیاری از کشورهای غربی از جمله ایالات متحده گردید. انگلستان، ایتالیا، فرانسه و یونان. اما دراماتیک ترین نمونه خود ایالات متحده بود. با ظهور دونالد ترمپ، اختلافات افزایش یافت، مواضع قطبی شدند، ظهور پوپولیسم و ناسیونالیسم و دشمنی با نخبگان مستقر در قدرت افزایش یافت. بر اساس مطالعات انستیتوت سیاست عمومی بنت در کمبریج، بحران فزاینده دموکراسی در کشورهای آنگلوساکسون موجود است به طوری که نارضایتی از عملکرد دموکراسی از سال ۱۹۹۵ تاکنون دو برابر شده است. به احتمال زیاد چنین نارضایتی همچنان افزایش خواهد یافت. حتی آینده دموکراسی ایالات متحده، که مدتها سنگر دموکراسی غربی بود، اکنون به دور از قطعیت است.

حکومت در خدمت مردم

در نهایت امر وظیفهٔ اساسی و ابتدایی حکومت، از هرنوع، محتوا وشکلی که باشد، باید به مردم خود رفاه اقتصادی و اجتماعی و امنیت را فراهم نماید. این نتیجه نهایی است. اگر نتواند فراهم کند، دیر یا زود جایگزین خواهد شد. این مشکل اساسی است که اکنون دموکراسی های غربی با آن مواجه هستند. آنها به طور فزاینده ای قادر به فراهم کردن رفاه اجتماعی و اقتصادی به مردم خود نیستند. هر قدر در مورد مزایای دموکراسی صحبت شود، آزمون حیاتی توانایی یک نظام سیاسی در ارائه رفاه اجتماعی، ارتقای استانداردهای زندگی مردم است. این دقیقا همان جایی است که دموکراسی های غربی اکنون در حال شکست هستند. بیایید مثال امریکا را در نظر

بگیریم. ایالات متحده آمریکا از نظر اقتصادی تقریباً درتمام دوران موجودیت خود در حال انکشاف بوده است که یک واقعیت خارق العاده محسوب میگردد. این امر به نظام حکومتی امریکا اعتبار و اقتدار زیادی بخشیده است. اما وقتی حالت بر عکس باشد چه اتفاقی می افتد؟ وقتی نظام امریکا نتواند در خدمت مردم خود باشد چه واقع خواهد شد؟ زمانی که ایالات متحده خود را در یک روند بی پایان افول و ِکساد نسبی می بیند؟ زیرا این چیزی است که آینده در انتظار آن است. آیا دموکراسی آمریکایی در شرایط بسیار بدتر زنده خواهد ماند؟ علائم اولیه چندان دلگرم کننده نیستند.

ایالات متحدۀ امریکا و چین هردو در ٤٠ سال گذشته از پروسۀ جهانی شدن اقتصاد و تجارت به حد اعظم مستفید شدند. عواید هنگفت ایکه به امریکا سرازیر گردید به عوض آنکه به بهبود سطح زندگی اکثریت مردم امریکا به انجامد به جیب چند نفر محدود ابر سرمایداران افتاد. به گفته برنی ساندرز کاندید مقام ریاست جمهوری چند سال قبل، در سال جاری ٢٠٢٢ دارایی های سه نفر مولتی بلیونر در امریکا بیشتر ازتمام داراییهای نصف پایانی تمام نفوس امریکا یا ١٦٠ ملیون نفر میباشد. امروز ٤٥٪ عواید جدید در امریکا به جیب ١٪ ثروتمند جامعه در بالای هرم عاید سرازیر میگردد و روسای شرکتهای بزرگ امریکایی ٣٥٠ برابرعواید کارکنان شان درآمد دارند. عجب آن است که با وجود افزایش موثریت کاردر امریکا، بعد از در نظر گرفتن افزایش قیمتها (انفلاسیون)، امروز میزان مزد و معاش در امریکا کمتر از ٥٠ سال قبل میباشد[١]. در عین زمان عواید عظیم دولت امریکا در ٤٠ سال گذشته به عوض آنکه به بهبود زیربناهای مواصلاتی، مخابراتی، راههای آهن، شاهراهها، شفاخانه ها و غیره برسد به تقویت صنایع نظامی، جنگهای تجاوزکارانه و استخباراتی مصرف شدند. چنانکه دوایت آیزنهاور در بیانیۀ ختم دورۀ ریاست جمهوری خود بعد از ختم جنگ جهانی دوم، هشدار داده بود، امروز اقتصاد امریکا درست در همان وضعیت خطرناک در گرو مجموعۀ صنعتی و نظامی قرار دارد که دموکراسی امریکا را به خطر بزرگی مواجه کرده است.

در عوض، چین در این مدت از یک اقتصاد در حال انکشاف به یک کشور صنعتی عظیم مبدل گردید که از نظر تولید صنعتی امروز مقام اول را در جهان دارد و ١٧ در صد تمام تجارت دنیا از چین ناشی میشود. همچنان در تضاد کامل با آنچه در امریکا واقع شد، دولت چین در حال ارائه و فراهم کردن رفاه برای مردم خود است. در این مدت عواید مردم چین چندین بار

افزایش یافت و چین قادر شد هفتصد ملیون نفر را از سطح فقر نجات دهد. دولت چین با استفاده از عواید هبگفت تجارت جهانی، به بهبود زیربناهای مواصلاتی، مخابراتی، راههای آهن، شاهراهها، شفاخانه ها، مسسات تحصیلی و غیره پرداخت که در نتیجه امروز چین صاحب پیشرفته ترین سیستم خط آهن، درجهان است. همچنان با تمدید هزاران کیلومتر شاهرها دور افتاده ترین دهات به مناطق شهری وصل شدند که در نتیجه دهاقین امروز قادر هستند تولیدات زراعتی و مالداری خودرا به سرعت به بازارها برسانند. بنابر آن طوریکه می بینیم، نظام حکومتی چین در ارائه نتایج به مردم خود در ۴۰ سال گذشته بسیار برتر از نظام های دموکراتیک به سبک غربی بوده است.

در آستانهٔ دههٔ دموکراسی، یعنی ۵۵ سال قبل از امروز، با وجود تکمیل پلانهای پنجسالهٔ اول، دوم و سوم انکشاف اقتصادی-اجتماعی، افغانستان هنوز هم در قطار چند کشورکمترین انکشاف یافته جهان با اقتصاد دهقانی فرسوده و حد اقل زیربناهای ترانسپورتی، مواصلاتی، تولید انرژی برق و خدمات اجتماعی مانند معارف عصری و خدمات صحی اساسی و فاقد صنایع تولیدی قرار داشت. مردم در تمام دهات کشور که تعداد آن به ۳۸ هزار میرسید با نور اریکین و لمپه شب ها را سپری میکردند و از انرژی دوامدار برق بجز از شهرهای کابل، قندهار، هرات، مزارشریف و جلال آباد در سایر شهرها خبری نبود. در اکثریت علاقه داریها و ولسوالیهای کشور مکاتب ابتدائی، بخصوص برای دختران، موجود نبود و مکاتب ثانوی یا لیسه ها که تعداد مجموعی آنها از شمار انگشتان دو دست بیشتر نبودند صرف در شهرهای بزرگ موجود بودند. بطور مثال در شهر هرات که سومین شهر بزرگ کشور بعد از کابل و قندهار شمرده میشد در سال ۱۹۶۵م تنها دو لیسه عمومی برای پسر ها (لیسهٔ سلطان و لیسهٔ جامی) یک لیسهٔ دخترانه (لیسهٔ مهری) و یک دارالمعلمین و یک مدرسهٔ دینی فخرالمدارس فعال بودند. جای تعجب نبود که در آنزمان تعداد باسوادان در جامعه کمتر از ده فیصد، خدمات صحی عصری بجز از چند شفاخانه و کلینیک در شهرهای بزرگ در سطح ولسوالیها و دهات اصلاً موجود نبودند. در نتیجه با موجودیت میزان بلند وفیات، بخصوص در میان کودکان، و شاخص بلند میزان وفیات نوزادان قبل از رسیدن به یکسالگی به ۲۰۰ نوزاد در هر هزار تولد، طول متوسط عمر در افغانستان ۳۸ سال و در پایان ترین سطح خود در جهان قرار داشت.

دست‌آورد غم انگیز و فاجعه بار دولت ربانی-مسعود (۱۹۹۲-۱۹۹۶) درهم شکستن ساختمان دولت افغانستان و خلع اردوی مسلح و مسلکی کشور، آغاز جنگ‌های تنظیمی و جنگ ضد قوم هزاره آن‌ها بود که هنوزهم بیاد ملت افغانستان است. شورای نظاریها به دموکراسی و حکومت قانون احترام و پا بندی ندارند. شورای نظاریها و در رأس عبدالله عبدالله، نتایج سه انتخابات پیهم ریاست جمهوری را قبول نکردند، زمزمه اغتشاش، کودتا و ایجاد حکومت موازی را چندبار سر دادند و بعد از انتخابات سال ۲۰۱۹ اجرا کردند.

تأمین حاکمیت دولت مرکزی بالای قدرت‌های محلی، ختم قدرت‌های نیمه مسقل محلی وابسته به جنگ‌سالاران گذشته، جواب‌دهی اداری و مالی ارگان‌های محلی به دولت مرکزی و غیره ابتکارات مورد نیاز ضرورت دارد این ابتکارات در بسیاری موارد با منافع حامیان رییس اجراییه در تناقض واقع شده با مقاومت شدید رییس اجراییه در نطفه کشته می‌شدند. بطور مثال عطا محمد نور سرپرست ولایت بلخ که در طول یازده سال با خود مختاری کامل والی ولایت بلخ بود آشکارا از تقرر شخص دیگری به این مقام جلوگیری کرده و داکتر عبدالله از این موقف تمردی او حمایت کرد.

تزلزل ائتلاف سیاسی میان اشرف غنی و عبدالله عبدالله در هردو دور ریاست جمهوری اشرف غنی ناشی از بی موازنگی ساختمان سیاسی دولت ائتلافی آنهاست. در یک قطب داکتر عبدالله رییس اجراییه/رییس شورای عالی مصالحهٔ ملی از حمایت یک سازمان متشکل سیاسی-نظامی در وجود حزب جمعیت و حزب وحدت وحامیان جهادی آن‌ها در داخل ساختمان دولتی، در رسانه‌های وابسته، جامعه مدنی وابسته، در وجود وکلای وابسته در پارلمان و تمام عناصریکه در بیست سال اخیر با استفاده از قدرت دولتی به جاه و منال رسیده اند بر خوردار بود. در قطب دیگر داکتر اشرف غنی بدون برخورداری از حمایت یک سازمان متشکل سیاسی حزبی به حمایت روشنفکران و سازمان‌های خورد و ریزه غیر جهادی و افراد عامهٔ ملت که از استیلای جنگ‌سالاران در ۲۰ سال اخیر به ستوه رسیده اند، دل بسته است.

مضاعف بر آن، امتیاز دهی‌های سخاوت‌مندانه اشرف غنی به داکتر عبدالله در توافقنامه های سیاسی و دادن سهم پنجاه - پنجاه در دولت سبب نارضایتی عمومی پشتون‌ها شد و اشرف غنی را از حمایت مورد نیاز بسیار نزدیک

بسیاری از سیاست‌مداران پشتون محروم ساخت. این امتیاز دهی‌ها عملاً حکومت او را فلج نموده و در گروگان داکتر عبدالله قرار داده بود.

اخطار نماینده ملل متحد در جلوگیری از نشر نتایج تفتیش شده انتخابات سال ۲۰۱۴ قبل از توافق سیاسی باید به اشرف غنی از متزلزل بودن موقف حامیان خارجی کشور و نقش سازش‌کارانه آن‌ها هیچ شکی باقی نمی‌گذاشت. در نهایت طوری‌که دیدیم با وجود پیروزی قاطع اشرف غنی که بزرگترین تفتیش انتخاباتی در جهان آن را تأیید نمود، موقف متزلزل و سازشکارانه امریکا سبب تحمیل ائتلاف ۵۰-۵۰ بالای اشرف غنی شد که نتایج نامیمون آن در بی اعتباری و ضعف دولت در کشور مشاهده گردید.

بدین ترتیب تنظیمهای جهادی دوباره در نتیجه کانفرانس بن به کمک امریکا و متحدین آن در افغانستان به قدرت رسیدند. در طول بیست سال متعاقب با سرازیر شدن ملیاردها دالر کمک نظامی، اداری وانکشافی به افغانستان و تطبیق و اجرای آن توسط شرکتهای خصوصی امریکایی-غربی و قراردادیهای داخلی آنها و سازمانهای (تصدیهای) تازه ایجاد شدهٔ غیر دولتی (ان، جی، اوNGOs) ها زمینه های فساد بزرگ در کشور فراهم گردید. در همچو یک فضایی، رهبران تنظیمهای جهادی و تازه به قدرت رسیده های وارداتی امریکاییها به سرعت به غارت ثروتهای کشور پرداخته با سؤ استفاده از قدرت دولتی، تولید و قاچاق مواد مخدر یک اقتصاد مافیایی را درکشور ایجاد کرده یک قشر فوق العاده ثروتمند، بخصوص در محور اتحاد شمال، ایجاد گردید که به انحصار قدرت دولتی دست زده و از پذیرفتن هرگونه شکست انتخاباتی بدست مردم، به کمک امریکا، ابأ ورزیدند. علاوه بر آن این گروه زمینه های گسترش هجوم فرهنگی "ایران بزرگ!" را در کشور فراهم کردند که هدف آن حذف هرگونه اشاره به ملت افغانستان و بی هویت ساختن مردم و دولت افغانستان است.

در کشور ما، به گفتهٔ فرید بهمن "بیشرف ترین نوع اشرافیت سیاسي میراثي" شکل گرفت (از صفحهٔ فیسبوک فرید بهمن، ششم اپریل ۲۰۲۰م). مهره های جنگسالار تنظیمی مسلح به عشق تبار، دین، مذهب و زبان از سال ۲۰۰۱م بدینسو قشر همیشه حاضر در قدرت سیاسی را تشکیل داده که بخاطر حفظ قدرت سیاسی و ثروتهای چپاول شده قارونی خود از هیچگونه زد و بندها و معامله و قرار و مدار دریغ نمی ورزند.

متآسفانه از آنجاییکه این اشرافیت سیاسی در محوریت عبدالله عبدالله رنگ قومی ضد پشتون دارد از حمایت کورکورانهٔ و بیدریغ پشتون-نفرتان تاجک

و هزاره در جامعه و در رسانه های متکی به سرمایگذاری ایرانیها، بشمول رسانه های اجتماعی، مستفید بوده به یک زبان همه پشتونها منجمله رهبران پشتون تبار ارگ را فاشیست، طالب و طالب پرست و طالب پرور میدانند. اتفاقاً همین خصلت پشتون-نفرتی اشرافیت-سیاسی-قومی عبدالله محور، سبب یکپارچگی نامرئی انتخاباتی پشتونها در حمایت از روشنفکران پشتون تبار ضد طالبان حاضر در قدرت سیاسی گردیده عامل اصلی شکستهای چشمگیر انتخاباتی اشرافیت-سیاسی-قومی عبدالله محورمیباشد.

حیرت انگیز است که سایر بازیگران سیاسی داخلی و خارجی افغانستان از جمله امریکاییان، پاکستانیها، روسها و ایرانیها در مخالفت با این قشر روشنفکر پشتون تبار حاضر در قدرت سیاسی افغانستان و حامیان آنها با اشرافیت-سیاسی-تنظیمی-قومی عبدالله محور همدست میباشند. به دلایل نامعلومی این اشرافیت سیاسی-تنظیمی-قومی با وجود شکستهای چشمگیر انتخاباتی، از کمک و حمایت و تشویق آشکار امریکاییها برخورداربود. شاید با توجه به پشتون محور بودن جنبش طالبان، هدف استراتژیک به باور امریکا ایجاد یک توازن قومی در زعامت آیندهٔ سیاسی افغانستان با جبران اشتباهات کنفرانس بن بهتر حافظ منافع آنها باشد. علاوه بر آن طوریکه قبلاً توضیح شد بی ثبات سازی چین هدف استراتژیک امروزی امریکا و استفاده از موقف اسلام گرایی افراطی طالبان برای کمک به جنبش اسلامی ترکستان شرقی میباشد. برای رسیدن به این مقصد، امریکاییان موقف طالبان را ارتقا داده و در عمل به تضعیف سیاسی موقف دولت افغانستان پرداختند. در این زمان هدف امریکا در افغانستان ایجاد یک دولت اشتراکی به رهبری طالبان و شرکت رهبران سابقه جهادی در کابل بود که با موجودیت دراز مدت یک پایگاه محرمانه سی آی ای در افغانستان موافقه نماید تا برعلاوه ایالت سینکیانگ چین که همسرحد افغانستان است، ناظر فعالیتهای القاعده در جنوب آسیا و افغانستان هم باشد.

این شرایط رقت بار و انحصار قدرت سیاسی توسط مافیای سیاسی-اقتصادی به زعامت رهبران تنظیمهای جهادی و گسترش فساد اداری توسط این گروه زمینه های عینی را برای مداخلهٔ مجدد پاکستان در افغانستان از طریق تنظیم و تجهیز مجدد تحریک طالبان، که اکثریت رهبران و فعالان طراز اول آنها بعد از سال ۲۰۰۱ در پاکستان پناه برده بودند، فراهم نمود. از سال ۲۰۰۵ به این طرف حملات تروریستی تحریک طالبان در افغانستان مجدداً آغاز گردید که امروز قدرت را در افغانستان بدست دارد.

ایجاد بحرانهای مصنوعی سیاسی و مدیریت این بحرانها برای تضعیف دولت اشرف غنی به سیاست رسمی مخالفان شورای نظاری او مبدل گردیده بود. عدم قبولی نتایج سه انتخابات پیهم از جانب عبدالله عبدالله و حامیان شورای نظار او به وضاحت معلوم گردید که نظام سیاسی دولت افغانستان با دو خطر جدی مواجه بود. خطر مافیای جهادی جنگسالاران که با جوهر نظام و حاکمیت قانون در تقابل قرار دارند وبا تضعیف بنیادهای دولت در نتیجه سبب سقوط کشور به امارت اسلامی طالبان شدند. بی جهت نیست که بسیاریها در افغانستان از پیروزی طالبان صرف به آن جهت استقبال میکنند که به انحصار قدرت سیاسی و مافیایی توسط آنچه آنها "لندغران" می نامند پایان داده اند.

امروز امارت اسلامی طالبان دور دوم نیز ناگذیر با همین سرنوشت مقابل است. طالبان اگر نتوانند به مردم خود رفاه اقتصادی و اجتماعی و امنیت را فراهم نماید محکوم به ذوال خواهند بود.

دموکراسی و موضوع تفاوتهای فرهنگی ملتها

موضوع مهم دیگر مباحثه در امر دموکراسی توجه به تفاوتهای فرهنگی ملتها است. غرب همواره الگوی حکمرانی خود را در هر کشور و با هر تاریخ و فرهنگش قابل اجرا دانسته است. یک سایز مناسب همه نمونه کلاسیک آن حمله به عراق در سال ۲۰۰۳ بود. تحمیل یک شکل کاملاً بیگانه از حکومت بر کشوری که از نظر فرهنگی و تاریخی عمیقاً متفاوت بود. اما این ماموریت سقط شده یک امر تصادفی یا یک حادثه منفرد بخود نبوده است. همین فلسفه اساس فکری امپراتوری های استعماری بریتانیا، فرانسه، هالند و دیگر قدرت های اروپایی را در قرن نزده و قبل از آن تشکیل میداد. قدرت های اروپایی به دنبال این بودند که اراده، مذهب، آداب و رسوم و ایمان خود را در هر سرزمینی که تسخیر می کردند، از جمله چین، به نام تمدن تحمیل کنند. تهاجم و مداخله غیرمتمدنانه به نام دموکراسی، آخرین نمونه است. اگر دولتی، از نظر ایالات متحده، دارای شکل غیرمشروع حکومتداری باشد، امریکا معتقد است که حق مداخله برای تحمیل نسخه خود از دموکراسی را دارد.

بنابراین، حق حاکمیت هر کشور و حق انتخاب آن از دید آمریکا مشروط به انتخاب شکل حکومتداری آن است. همچنین به یاد داشته باشیم که تصور غربی از دموکراسی تنها به دولت ملی محدود می شود. به عنوان مثال، در خارج از دولت ملی، به طور اساسی در عرصه بین المللی کاربرد ندارد.

به همین دلیل است که غرب هرگز از اصطلاح دموکراسی در چارچوب نظام بین المللی استفاده نمی کند و به همین دلیل است که نظام بین المللی خالی از دموکراسی است. ایالات متحده معمار و حافظ نظام بین المللی موجوده است و معتقد است که این حق را دارد که هر زمان و هر کجا که بخواهد یکجانبه عمل کند.

غرب در حال حاضر کمتر از ۱۵ درصد از جمعیت جهان را تشکیل می دهد، و با این حال، به مراتب بازیگر حاکم در سیستم بین المللی است. هر مفهومی از دموکراسی برای نظام بین‌المللی بی‌ربط و غیرقابل اجرا تلقی می‌شود. اجازه دهید به دولت ملی برگردیم و رویکرد حکومتداری یکسانی که غرب تجویز کرده انتظار دارد کشورها با هنجارهای غربی حاکمیت مطابقت داشته باشند. البته در واقع، جهان دارای تنوع عظیمی از تاریخ‌ها، فرهنگ‌ها و اشکال مختلف حکومتداری است. عدم شناخت و احترام به این امر به بسیاری از کشورها آسیب بزرگی وارد کرده است. حکمرانی موفق به معنای انتقال مجموعه ای انتزاعی از قوانین و رویه ها از یک کشور و اعمال آن در محیط و مجموعه شرایط کاملاً متفاوت در جای دیگر نیست. دموکراسی یعنی احترام به فرهنگ و سنت های یک کشور، اجازه دادن به دولت ها برای رشد و شکوفایی در شرایط بومی خودمیباشد.

اشکال گوناگون دموکراسی

"دموکراسی همه جانبهٔ مردمی" (whole-process people's democracy[۲]) چین به چه معناست؟ چه تفاوتی با دموکراسی در غرب دارد؟ و این مفهوم چگونه عملی می شود؟ چین پروسهٔ سهمگیری مردم را در تصامیم سطوح مختلف خود را "دموکراسی همه جانبهٔ مردمی" می‌نامد که عبارتی مرموز برای غربی‌هایی میباشد که تصور می‌کنند نظام سیاسی چین به هیچ وجه نمی‌تواند دموکراتیک باشد. با این حال، هنگامی که رئیس جمهور شی جین پینگ احیای مجدد بزرگ چین را توضیح می دهد، از شش صفت امیدوارکننده استفاده می کند که یکی از آنها دموکراتیک است. او دموکراسی را ارزش مشترک انسانی و یک اصل کلیدی می‌داند که حزب و مردم چین برای حل مشکلات می‌خواهند از آن استفاده کنند. نظریه پردازان حزب کمونیست چین، "دموکراسی همه جانبهٔ مردمی" را به عنوان یک دموکراسی زنجیره ای همه جانبه و کامل توصیف می کنند که شامل اجزای آتی میباشد:

.۱دموکراسی درعملکرد؛

.۲دموکراسی در نتایج؛

.۳دموکراسی در طرزالعمل؛

.٤دموکراسی در ماهیت؛ و

.٥دموکراسی مستقیم و غیر مستقیم.

آنها تاکید می کنند که دموکراسی مردمی و اراده دولت باهم در اتحاد قرار دارند. البته که این در تئوری است، اما عمل چیست؟ فراخوان حزب عبارت است از گسترش مشارکت سیاسی منظم مردم، تقویت حمایت از حقوق بشر و حاکمیت قانون و تضمین برخورداری مردم از حقوق و آزادی های گسترده مطابق با قانون. این جریان شامل استفاده از حق رای دادن توسط مردم به منظورانتخاب دموکراتیک نمایندگان برای کنگره‌های (شوراهای) مردمی، و اطمینان از اینکه مردم مطلع باشند، در کار شوراها مشارکت نمایند، نظریات خودرا بیان کنند و بر کار شوراهای مردمی که هنوز تحت رهبری حزب هستند، نظارت نمایند. البته، دموکراسی در سیستمیکه تحت رهبری حزب عمل میکند شامل دانستن افکار عمومی از طریق مکانیسم‌های همه پرسی، مانند نظرسنجی، برای تشخیص اینکه مردم چه فکر می‌کنند میباشد، مثلاً در مورد سیاست‌های پیشنهادی جدید، فرآیندی است که حزب آن را "ادغام خرد مردم" می‌نامد. بنابراین اگرچه در این سیستم انتخابات به معنای غربی آن وجود ندارد، اما تعامل خوبی برای سهم دادن اقشار مختلف مردم در تصامیم و نظارت بر عملکرد ها موجود است.

مثال دیگر عبارت از معرفی نامزدان برای پست های جدید میباشد. این جریان شامل یک دوره زمانی برای دانستن صادقانه و محرمانهٔ نظریات همکاران، زیردستان و همچنین از مافوقان در مورد نامزدان است.

رئیس‌جمهور شی در تقویت دموکراسی همه جانبهٔ مردمی، بر حمایت و بهبود سیستم کنگره خلق تأکید می‌کند و بر اعمال صحیح و مؤثر قدرت نظارتی کنگرهٔ خلق تأکید می‌کند. علاوه بر این، گزارش های کاری رهبری حزب در کنگره حزب هر پنج سال یکبار و گزارش های کاری دولت در کنگره ملی خلق هر سال منعکس کننده مقدار زیادی نظرات و پیشنهادات همه مقامات مربوطه، کارشناسان و حوزه های انتخابیه است. این گزارش‌های کاری فقط آن چیزی نیست که رهبری ارشد مطرح می‌کند، این اسناد محوری توسط تیم‌های مختلف، با نظرات مقامات و کارشناسان متعدد تهیه می‌شوند. اسناد به طور مکرر در طی شش تا هشت ماه یا بیشتر بارها

در گردش هستند. رئیس جمهور شی بر نقش مهم کنفرانس مشورتی سیاسی خلق چین CPPCC در توسعه آزادی و دموکراسی مشورتی تاکید می کند. اگرچه CPPCC هیچ قدرت رسمی ندارد، اما از قدرت اجتماعی فزاینده ای مانند تخصص، نفوذ و فشار عمومی برخوردار است. سوال در این است که چرا جهان حزب کمونیست چین را اشتباه می‌فهمد؟ این امرتا حدی مشکل معنایی است، زیرا کلمه انگلیسی Party پارتی در سیستم های سیاسی دموکراتیک به یک حزب سیاسی اشاره می کند که در انتخابات آزاد چند حزبی رقابت می کند، اما وقتی یک حزب حاکم در مقابل چند حزب آزاد و باز رقابت نمی کند، آن نظام سیاسی دموکراتیک تلقی نمی شود. به این اساس این پرتره سیستم چین را که بر یک اصل متفاوت استوار است، جایی که حزب سازمان حاکم است، نه یک حزب سیاسی رقیب اشتباهاً غیر دموکراتیک می خواند. در حالیکه حزب در عملکرد چینایی آن مشتمل بر یک نخبه اختصاصی از همه بخش‌های جامعه است که کمتر از ۷ درصد جمعیت را تشکیل می‌دهد، اما وظیفه دارد از صد درصد جمعیت نمایندگی کند. بنابراین، حزب به عنوان سازمان حاکم، معادل یک حزب سیاسی حاکم به مفهوم غربی آن نیست. در نظام‌های غربی احزاب سیاسی تنها گروه معینی از رای دهندگان را در دوره‌های معین انتخاباتی نمایندگی می‌کنند. به همین دلیل، حزب کمونیست چین، CPC، تعهد بالاتر و گسترده‌تری برای ارتقای استانداردهای زندگی و رفاه شخصی همه شهروندان چینی دارد. این تعهدات شامل انجام اصلاحات، تحکیم حاکمیت قانون، شفافیت در اعمال دولت، مشارکت عمومی در حکومت، افزایش دموکراسی، و آزادی های مختلف از جمله حق بیان و حقوق بشر است. اینها همه چلنج های واقعی هستند.

مسوده قانون اساسی فدرال خواهان

اخیرا مسودهٔ قانون اساسی پیشنهادی فدرال خواهان از طرف محترم سرور دانش در اختیار اینجانب قرار گرفته بود. خلاصهٔ نگرانیهای من در مورد مسودهٔ مذکور عبارت اند از:

فدرالیزم ازنظر تاریخی، با توجه به مثالهای امریکا، آسترالیا و امثالهم، یکجا کردن داوطلبانه واحدهای مستقل زیر یک پرچم به عنوان یک ملت واحد است به منظور حصول اهداف مشترک ملی نه جدا کردن یک کتله به واحد های خودمختار برای تعقیب اهداف جداگانه و خودمختار. از نظر من مشکل اساسی فدرالیزم خواهی در افغانستان تقاضاها و خطرات

"خودمختاری" و "تجزیه طلبی" است که ظهور مجدد "ملوک الطوایفی" زورگویان محلی جهادی را در بر دارد. مخالفت با تقاضاهای فدرال خواهی در افغانستان از همین خطرات سرچشمه می گیرد ورنه سهم دادن بیشتر مردم ولایات در ادارهٔ امور خود زیر ادارهٔ یک دولت ملی مقتدر، که تاحدودی در قانون اساسی جمهوری اسلامی هم رعایت شده بود، همواره مورد حمایت من بوده است.

کمبودهای مسوده قانون اساسی فدرال خواهان:

• نادیده گرفتن هویت ملی: من معتقدم که مسودهٔ پیشنهادی قانون اساسی به هویت مستقل ملی افغانستان بی‌توجهی کرده و در مواردی مانند استفاده از اصطلاحات ایرانی به جای اصطلاحات متداول در افغانستان، حذف نام "دری" به عنوان زبان ملی، و استفاده از اصطلاح "افغانستانی" به جای "افغان" در رابطه با تابعیت، به زدودن هویت ملی این کشور کمک می‌کند.

• خطر تجزیه‌طلبی و نفاق ملی: نگرانی اصلی آن است که مسودهٔ پیشنهادی ضمانت‌های کافی برای جلوگیری از تجزیه‌طلبی و نفاق ملی ارائه نمی‌دهد. به طور خاص به نبودِ سازوکارهای نظارتی قوی برای جلوگیری از خودسری مقامات مرکزی و ایالتی باید اشاره کرد.

• نقص در ساختار اجرایی: به استدلال من ساختار اجرایی پیشنهادی قانون اساسی دارای نقص‌هایی است که می‌تواند منجر به بی‌ثباتی سیاسی و اغتشاش شود. در مقایسه با نظام فدرالی دوصد سالهٔ آسترالیا، در مسوده پیشنهادی باید ضرورت وجود سازوکارهایی برای نظارت بر تطبیق قانون اساسی و حفظ وحدت ملی تأکید کرد.

پیشنهادات:

• حفظ و تقویت هویت ملی افغانستان: بازنگری در موادی که به زبان مسوده، اصطلاحات و هویت ملی مرتبط هستند.

• ایجاد ضمانتهای قوی برای جلوگیری از تجزیه‌طلبی و نفاق ملی: گنجاندن ضمانت‌های اجرایی مؤثر برای نظارت بر تطبیق قانون اساسی و جلوگیری از خودسری مقامات در تمام سطوح اداری.

• اصلاح ساختار اجرایی قانون اساسی: الگوبرداری از سیستم‌های موفق فدرالی مانند آسترالیا برای ایجاد توازن قدرت و جلوگیری از بی‌ثباتی سیاسی.

نتایج:

مسودهٔ قانون اساسی پیشنهادی، با توجه به کمبودهای ذکر شده، نمی‌تواند مورد تأیید و حمایت اکثریت مردم افغانستان قرار گیرد. این مسوده نیازمند بازنگری جدی است.

در مورد نویسنده

دوکتور نوراحمد خالدی

دکتور نوراحمد خالدی، اقتصاددان، دموگرافر و
پژوهشگر ارشد تاریخ افغانستان است. وی با
سابقه‌ی دهه‌ها فعالیت در سطوح عالی مدیریتی و
مشورتی در افغانستان و آسترالیا، اکنون ریاست
انجمن تاریخ افغانستان را بر عهده دارد. تخصص
ایشان در تحلیل داده‌های احصاییوی و اجتماعی،
به نوشته‌های تاریخی‌شان دقتی ریاضی‌گونه و
مستند بخشیده است. دکتور خالدی با تالیف این
مجموعه‌ی دوجلدی، یکی از کامل‌ترین و

مستندترین منابع تاریخ معاصر و باستان افغانستان را به جامعه‌ی علمی
تقدیم کرده است.

فهرست کامل منابع و مأخذ هردو جلد

۱. اداره‌ء پناهنده گان ملل متحد UNHCR، احصاییه های بیجا شدگان داخلی افغانستان.

۲. حسن کاکر. "تاریخ معاصر افغانستان"

۳. لودویگ آدامک (پژوهشگر غربی). "امان‌الله خان و جنبش مشروطیت"

۴. تلک خرس یا حقایق پشت پردهٔ جهاد در افغانستان، تألیف دگروال یوسف افسر متقاعد آی. اس. آی. اردوی پاکستان و آقای مارک ادکین امریکایی، ترجمه محمد قاسم آسمایی، نشر الکترونیکی:۲۰۱۵م The Bear Trap: Afghanistan's Untold Story

۵. احزاب سیاسی افغانستان،جلد دوم، چاپ اول، زمستان ۱۳۸۴ ، کابل، وزارت عدلیه جمهوری اسلامی افغانستان.

۶. احمد رشید، طالبان، Taliban, Yale, USA, Ahmad Rashid ۲۰۰۱

۷. احمد رشید، طالبان، اسلام نظامیگر، نفت و بنیاد گرائی در آسیای مرکزی، چاپ مطبعه‌ء پوهنتون یل، ایالات متحده‌ء امریکا، ۲۰۰۰ (بزبان انگلیسی).

٨. احمد رشید، طالبان، ترجمهء عبدالودود ظفری، المیدا کلیفورنیا، ٢٠٠٢.

٩. ادامک، لودویگ Ludwig W. Adamec .Historical Dictionary of Afghanistan (برای اطلاعات فشرده و مرجع دربارهٔ شخصیت‌ها و رویدادها).

١٠. استاد صباح، «مستنداتی برسه و نیم دهه جنایت و آدم کشی در کشور»، مجلهء انترنتی "اصالت" تاریخی ١٤ اکتوبر٢٠١٣

١١. استیو کال (Steve Coll): جنگ اشباح " Ghost Wars: The Secret History of the CIA, Afghanistan, and Bin Laden, from the Soviet Invasion to September ١٠, ٢٠٠١" (جنگ اشباح) نقش: تحلیل مستند و دقیق نقش سازمان سیا، پاکستان و بازیگران منطقه‌ای در جریان جنگ اشغال شوروی و پیامدهای آن تا قبل از ١١ سپتامبر.

١٢. اسلام کوست نت، ١٣٩١ ه ش

١٣. اسناد آرشیف ملی بریتانیا (از جمله گزارشهای نظامی ١٨٤٢)

١٤. اسناد لویه جرگه ١٩٢٨ (آرشیو ملی افغانستان)

١٥. اشرف غنی، زندگینامه از صفحه انترنتی پژواک افغان نیوز.

١٦. افغانستان در پنج قرن اخیر - میر محمد صدیق فرهنگ، موسسه انتشارات عرفان، ١٣٨٠، تهران.

١٧. الفنستون، مونت‌استوارت (Mountstuart Elphinstone): An Account of the Kingdom of Caubul and Its Dependencies in Persia, Tartary, and .India

۱۸. اولیور روی، اسلام و مقاومت در افغانستان، متن انگلیسی، چاپ دوم، یونیورستی کمبرج، ۱۹۹۰م

۱۹. اولیور روی اسلام و نوگرایی سیاسی در افغانستان، ترجمه ابوالحسن سروقد، سال۱۳۶۹،ص۳۱

۲۰. آرتمی کالینوسکی Artemy Kalinovsky , A Long Goodbye:The Soviet Withdrawal from Afghanistan, Harvard University Press, Cambridge, ۲۰۱۱

۲۱. بابرنامه، خاطرات ظهیرالدین محمد بابر پادشاه غازی، ترجمه انگلیسی از روی متن ترکی توسط انت سوزانا بیوریج، لندن سال ۱۹۲۲م.

۲۲. باسورث، کلیفورد ادموند (:C.E. Bosworth): The Islamic Dynasties. (مختصر و مفید در مورد سلسله‌ها).

۲۳. بصیراحمد حسین زاده وبسایت بی بی سی فارسی

۲۴. بن مک‌این‌تایر (Ben Macintyre): کتاب: "Operation Mincemeat" (البته برای افغانستان، تجربیاتش در گزارش‌گری و کتاب‌هایی مانند "Afgantsy" در مورد سربازان شوروی مورد توجه است، ولی در این متن بیشتر به تجربه عملیاتی مانند "افیک" اشاره ضمنی شد). نقش: ارائه روایت‌های جذاب و مبتنی بر اسناد از عملیات‌ها و جنبه‌های انسانی جنگ‌های معاصر.

۲۵. بنجامین هاپکینز (Benjamin Hopkins): کتاب: "The Making of Modern Afghanistan" نقش: تحلیل نقش محوری عبدالرحمان خان در شکل‌دهی به دولت متمرکز مدرن افغانستان و تعامل آن با امپراتوری بریتانیا.

۲۶. بی بی سی فارسی، میزگرد پرگار درباره آریایی‌ها

۲۷. پایگاه اطلاع رسانی پیام آفتاب، انترنت

۲۸. پرویز مشرف، ۲۰۱۳م، به نقل از آلِشبیا وتمیر، What Went Wrong in Afghanistan، ژورنال فارن پالیسی.

۲۹. پولادی، حسن: هزاره‌ها: تاریخ، فرهنگ، سیاست. (برای درک سرکوب هزاره‌ها در زمان عبدالرحمن خان).

۳۰. پوهاند دوکتور حبیب پنجشیری: "خاستگاه مشروطیت در افغانستان" روزنامه هشت صبح تاریخ ۳ اسد ۱۳۹۸ مطابق ۲۵ جولای ۲۰۱۹ .

۳۱. تاج، سلطان محمد: تاریخ احمدشاهی (یا تاریخ درانیان) - از منابع اولیه در دورهٔ احمدشاه درانی.

۳۲. نتایج نهایی انتخابات سال ۲۰۱۴ بتاریخ ۲۴ فبروری سال ۲۰۱۶ توسط کمسیون مستقل انتخابات اعلام شد.

۳۳. توماس بارفیلد "تاریخ فرهنگی و سیاسی افغانستان"، چاپ یونیورستی پرنستون، ۲۰۱۰م.

۳۴. توماس بارفیلد (Thomas Barfield): کتاب: " Afghanistan: A Cultural and Political History" "تاریخ فرهنگی و سیاسی افغانستان"، چاپ یونیورستی پرنستون، ۲۰۱۰م. نقش: چارچوب نظری کلیدی برای تحلیل "دولت قبیله‌ای"، ساختارهای اجتماعی، تداوم تاریخی چالش‌های حکمرانی و تحولات سیاسی-فرهنگی در طول تاریخ افغانستان.

۳۵. جاناتان ستیل، ، کتاب ارواح میدانهای جنگ افغانستان، چاپ لندن سال ۲۰۱۲م: (بزبان انگلیسی)

۳۶. جاناتان لی (Jonathan Lee): کتاب: " Afghanistan: A History from ۱۲۶۰ to the Present" نقش: منبع جامع و پایه برای ارائه تصویر کلی و پیوسته از تاریخ افغانستان از دوره تیموریان تا زمان حاضر، با تأکید بر تحولات سیاسی، اجتماعی و فرهنگی.

۳۷. جریده انترنتی پیام آفتاب، ۸ ثور ۱۳۹۵

۳۸. جریده اینترنتی کابل پرس " غارت دارایی های مردم در جنگهای تنظیمی افغانستان" ششم اپریل ۲۰۰۶م

۳۹. جریده اینترنتی کابل پرس، مقالهء زیر عنوان " غارت دارایی های مردم در جنگهای تنظیمی افغانستان" تاریخ ششم اپریل ۲۰۰۶م

۴۰. جلال بایانی .Larawbar.com ۲۰۱۵-۰۸-۲۵

۴۱. جمال احمد خاشقجی، روزنامه "الوطن" چاپ ریاض ۹ مئ ۲۰۰۶م، ترجمه عبدالاحد هادف، جیو هزاره Geo Hazara October۰ ۲۰۱۸م.

۴۲. جنگ و وحشت تنظیمی کابل بر اساس گزارش رسانه‌های جهان، حزب همبستگی افغانستان سه شنبه، ۰۸ ثور ۱۳۹۴

۴۳. جورج پاتنگر" The First Anglo-Afghan War" –

۴۴. جورج فورستر، "یک سفر از بنگال به انگلستان از طریق قسمت‌های شمال هندوستان، کشمیر، افغانستان و فارس به روسیه از طریق بحیرۀ کسپین، لندن، ۱۷۹۸م. (George Forster): سفرنامه: " A Journey from Bengal to England"

۴۵. چنگیز پهلوان، کتاب "شعرای معاصر افغانستان" چاپ تهران. ۱۳۷۱.

۴۶. حامد نوید، آریانا افغانستان آنلاین، ریشه یابی کلمه افغان، ۲۰۱۸/۲/۲۷م

۴۷. خاطرات دکتر ویلیام برایدن (تناز بازمانده عقب نشینی کابل)

۴۸. خاطرات سیاسی جنرال عبدالقادر، چاپ دوم، زمستان ۱۳۹۲، هامبورگ.

۴۹.خبرنگار ایرانی محمد حسین جعفریان " جریدهء انترنتی "مشرق" ، اسفند سال ۱۳۷۳

۵۰.خطابهٔ احمد شاه مسعود به شاگردان خود (ویدیو کلپ بدون تاریخ)

۵۱.دایرة المعارف بریتانیکا، ۱۹۱۴م

۵۲. دالریمپل، ویلیام (William Dalrymple): بازگشت شاه: جنگ اول افغان و انگلیس ۱۸۳۹-۱۸۴۲ (Return of a King: The Battle for Afghanistan ۱۸۳۹-۴۲). (اثری جدید و بسیار جامع و پرفروش دربارهٔ جنگ اول و نقش دوست‌محمد خان).

۵۳.دانشنامه ایرانیکا (Encyclopædia Iranica): مدخل‌های تخصصی در مورد "Dōst Moḥammad Khān", "Anglo-Afghan Wars", "Barakzay", و "Great Game".

۵۴.دویچه ویلی دری؛

۵۵.دویچه ویلی یا صدای آلمان، ۲۰۱۱

۵۶.رزاق مامون." کابل پرس" یکشنبه ۲۶ جون ۲۰۱۱م.

۵۷.رزاق مأمون، "تقدیم به حبیب الله، نخستین خط شکن پس از هزار سال"، شنبه ۱۳ سنبله ۱۳۹۵ هجری شمسی سایت انترنتی "گزارش نامهء افغانستان".

۵۸.روری استوارت (Rory Stewart): کتاب: "The Places In Between" (مکان‌های میان راه) نقش: مشاهدات دست اول و درک ظریف از جامعه افغانستان و چالش‌های حکمرانی بلافاصله پس از سقوط طالبان در ۲۰۰۱.

۵۹.روزنامه هشت صبح چهارشنبه ۴ سنبله ۱۳۹۴

۶۰.روزنامه اکسپرس تریبیون پاکستان

٦١. ری، تالی ستیوارت، Rhea, Talley Stewart, Fire in Afghanistan, ١٩١٤-١٩٢٩, Faith, Hope and The British Empire, New York, ١٩٧٣., Page vii

٦٢. ریچارد ارمیتاژ معاون وزارت خارجه امریکا در زمان جورج دبلیو بوش، مصاحبه، یوتویب، FP, ١٨ Sep ٢٠١٣ انترویو

٦٣. زلمیٔ خلیل زاد فرستاده، The Envoy: From Kabul to the White House, My Journey Through a Turbulent World Hardcover – ١٢ April ٢٠١٦

٦٤.

٦٥. زندگینامه حامد کرزیٔ، جریده انترنتی حقیقت؟

٦٦. ژورنال پلوس یل، Plus One دانشمندان پوهنتون پورت سموث انگلستان، هشتم مارچ سال ۲۰۱۲م

٦٧. سپنتا رنگین دادفر در کتاب "روایتی از درون، "

٦٨. بینظیر بوتو سخنان در مانیلا پایتخت فلیپین، خبر نگار بی بی سی

٦٩. سر جان ملکم، تاریخ ایران لندن، ١٨١٥م، جلد اول

٧٠. سفرنامه ابن بطوطه (که در سال ۷۵۴ هجری قمری پایان یافت و درمجموع ۲۹ سال و نیم به طول انجامید. این سفرنامه به ۴۰ زبان ترجمه شده است)

٧١. سلطان علی کشتمند، یادداشتهای سیاسی و رویدادهای تاریخی، ناشر نجیب کبیر، سال ۲۰۰۲.

٧٢. سید محمد علی جاوید، جریده انترنتی "جمهوری خراسان" تاریخی ۲ دلو ۱۳۹۴

٧٣. سید محمدباقر مصباحزاده (پیام آفتاب، ۱۳۹۶)

٧٤. سید احمد موثقی- جنبشهای اسلامی معاصر

۷۵. سیف فضل (فیسبوک) ۲۰۱۸م.
۷۶. صاحبنظر مرادی جریده انترنتی "خراسان زمین چاپ ۲۸ قوس ۱۳۹۰ ه.ش
۷۷. صباح الدین کشککی، دههء قانون اساسی، ناشر مرکز نشراتی میوند، چاپ سوم، ۱۳۷۷، پشاور
۷۸. صدیق وفا، مباحثات فیسبوکی.
۷۹. صفحهٔ فیسبوک "حقوق و علوم سیاسی گام به گام " معلومات در مورد لویه جرگه
۸۰. عبدالحمید مبارز، مصاحبه با تلویزیون نور در گفتگوی باز، ۲۰۱۱م
۸۱. عبدالحي حبيبي، تاریخ مختصر افغانستان، چ. سوم ۱۳۷۷ هـ.ش دانش کتابخانه پیشاور
۸۲. عبدالحی خراسانی (مقالات نشر شده در فیسبوک)
۸۳. عبدالرحمن خان: تاج‌التواریخ (خود زندگی‌نامه عبدالرحمن خان).
۸۴. عبدالله نایبی وبسایت "حزب نوین مردم افغانستان" عنوان مقالهء "انحطاط جامعهء افغانی"
۸۵. غبار، میر غلام محمد: افغانستان در مسیر تاریخ. چاپ کابل، نشر شده در سال ۱۳۵۷.
۸۶. غیاث آبادی، مرادی رادیو فرانسه بخش فارسی.
۸۷. فرای، ریچارد نلسون (Richard N. Frye): The Heritage of Central Asia. (به تحلیل کلی تاریخ منطقه می‌پردازد).
۸۸. فرهنگ، میر محمد صدیق: افغانستان در پنج قرن اخیر. (یکی از جامع‌ترین و معتبرترین منابع به زبان فارسی دربارهٔ تاریخ معاصر افغانستان).
۸۹. فرید مزدک، مصاحبه با بی بی سی فارسی.

٩٠. فیض محمد کاتب، سراج التواریخ: ١٣٣١شمسي، طبع دارالسلطنه کابل.

٩١. قیس اکبر عمر (Qais Akbar Omar): کتاب: "A Fort of Nine Towers" (قلعه نه برج) نقش: ارائه روایت تکان‌دهنده و انسانی از تجربه زندگی یک کودک/نوجوان افغان در دوران جنگ‌های داخلی دهه ١٩٩٠ کابل.

٩٢. کابل پرس، تجزیه افغانستان، جون ٢٠١١.

٩٣. کابل پرس، نتایج پرسش در مورد تجزیۀ افغانستان، ٢٠ سپتمبر ٢٠١٣م.

٩٤. کتاب "افغانستان در بازی بزرگ" – پیتر هوپکرک

٩٥. کلونل رالف پیتر. نقشه شرق میانه نو، MAP OF THE NEW MIDDLE EAST Lit-Colonel Ralph Peters ٢٠٠٦

٩٦. کی، سر ویلیام جان (Sir John William Kaye): History of the War in Afghanistan. (منبع مهم دربارۀ جنگ‌های افغان و انگلیس و سیاست‌های بریتانیا).

٩٧. گرانت، کریستینا (Christina Grant): The Afghan Wars: The Second Anglo-Afghan War and the Rise of Abdur Rahman Khan.

٩٨. گروگانهای تاریخ، بخش دوم، مزوروف، فارسی روwww.farsi.ru.

٩٩. لطیف پدرام مصاحبه ویدیویی بعد از واقعة سقوط شهر قندز-٢٠١٥م

١٠٠. لطیف پدرام، مصاحبه با بی بی سی فارسی، میزگرد پرگار تلویزیون فارسی بی بی سی درباره ایرانیان و افغانی‌ها ٢٠١٣م.

۱۰۱. لهکارت، انقراض سلسله صفویه نوشته لکهارت

۱۰۲. لوموند دیپلوماتیک، بازنگری تجربه کمونیستی در افغانستان، ۲۰۱۲م

۱۰۳. لویی دوپری (Louis Dupree): کتاب: "Afghanistan" (و سایر آثار) نقش: منبع انسان‌شناختی و تاریخی کلاسیک برای درک ساختارهای عمیق اجتماعی، فرهنگی و سیاسی افغانستان.

۱۰۴. مجیب الرحمن رحیمی، مصاحبه با تلویزیون نور در گفتگوی باز، ۲۰۱۱م

۱۰۵. مجیب مهرداد، روزنامهٔ هشت صبح، پنجشنبه, ۱۹ جدی ۱۳۹۸.

۱۰۶. محبوب الله کوشانی به نقل از دستگیر پنجشیری، وبسایت آریائی، هفتم ثور ۱۳۸۲ مطابق ۲۷ اپریل ۲۰۰۳ میلادی.

۱۰۷. محبوب الله کوشانی، سخنرانی ایکه بمناسبت بیستمین سال‌گرد شهادت م ط بدخشی در دوشنبه مرکز تاجیکستان

۱۰۸. محمد ابراهیم عطايي، نگاهي به تاريخ معاصر افغانستان، مترجم: جمیل الرحمن کامگار بنگاه انتشارات میوند، چ. اول ۱۳۸۳ هـ.ش.

۱۰۹. محمد احمد پناهی سمنانی. شاه سلطان حسین صفوی تراژدی ناتوانی حکومت. چاپ اول. انتشارات کتاب نمونه، ۱۳۷۴.

۱۱۰. محمد اکرام اندیشمند، " کابل پرس"، تاجیک‌ها و زبان فارسی دری؛ بازندهٔ اصلی نظام فدرالی در افغانستان پانزدهم مارچ سال ۲۰۱۲م

۱۱۱. محمد اکرم عارفی، مقالهٔ "مبانی مذهبی و قومی طالبان" سایت انترنتی "الوهابیت".

۱۱۲. محمد سعیدی در وبلاگ "هزاره پیوند

۱۱۳. محمد سعیدی، هزارستان از اقتدار تا افتخار، (سایت انترنتی -http://urozgan.org/fa
.(/۸۲۸٤/AF/article

۱۱٤. محمد محقق، شفقنا، دوشنبه, ۱۸ اسفند ۱۳۹۳ (.www.shafaqna.com/persian)

۱۱۵. محمد مهدی، دانشنامهٔ آریانا، انترنت (http://database-aryana-encyclopaedia.blogspot.com.au/p/blog-page_۱۰.html)

۱۱٦. محمد نظیف شهرانی، خراسان زمین، ۲۱ جدی ۱۳۹۲.

۱۱۷. محمدحسن کاکر (Mohammad Hassan Kakar): کتاب: " A Political And Diplomatic History of Afghanistan, ۱۸٦۳-۱۹۰۱"نقش: منبع اصلی برای تحولات داخلی، دیپلماسی و حکومت‌داری در نیمه دوم قرن نوزدهم به خصوص دوران امیر شیرعلی خان و عبدالرحمان خان.

۱۱۸. محمدحسین جعفریان، جریدهء انترنتی "مشرق"؛

۱۱۹. محمود طرزی: سراج‌الاخبار افغانیه. (نوشته‌ها و مقالات او دیدگاه‌های روشنفکران زمانه را نشان می‌دهد).

۱۲۰. محمود محمود، تاریخ روابط سیاسی ایران و انگلیس در قرن نزدهم میلادی، چاپ چهارم، تهران ۱۳۵۳ه. ش.

۱۲۱. مصاحبه جنرال پرویز مشرف رییس جمهور اسبق پاکستان با تلویزیون طلوع، ۲۰۱۶م.

۱۲۲. مصاحبه ویدیویی لطیف پدرام با تلویزیون فارسی بی بی سی-۲۰۱۴م

۱۲۳. مقایسة تاریخ هندوستان و اندونیزیا. مجموعة مقالات، بلوسه و ان بوت، نیویارک ۱۹۷۸، ص

۱۲٤. مهرالدین مشید گرفته شذه از سایت "آریایی" زیر عنوان "قصرهای مافیایی از شیرپورتا جمیرا نمادی از فساد واشنگتن در کابل".

۱۲۵. موهن لال کشمیری: زندگی امیر دوست‌محمد خان، امیر کابل. (نوشتهٔ یک جاسوس و دیپلمات بریتانیایی، حاوی اطلاعات دست اول و چشم‌انداز بریتانیایی).

۱۲٦. مونت استوارت الفنستن (Mountstuart Elphinstone): کتاب: " An Account of the Kingdom of Caubul" "گزارش پادشاهی کابل و توابع آن در تارتاری، فارس و هندوستان"، در دو جلد به زبان انگلیسی، چاپ لندن، ۱۸٤۲م

۱۲۷. میرغلام محمد غبار، افغانستان در مسیر تاریخ، جلد اول، صحافي احساني، قم ۱۳۷۵شمسي

۱۲۸. میرغلام محمد غبار، احمدشاه بابا، دانش کتاب‌خانه، چاپ دوم، پیشاور ۱۳۷٦شمسي

۱۲۹. میر محمد صدیق فرهنگ، افغانستان در پنج قرن اخیر، جلد اول، انتشارات محمدوفایي، چاپ دوم قم ۱۳۷٤شمسي.

۱۳۰. نادر شاه افشار، وبسایت تمدن ما (tamadonema.ir/)

١٣١. نتایج نهائی تصدیق شده انتخابات ریاست جمهوری، کمسیون مستقل انتخابات چهارشنبه ۲۹ میزان ۱۳۸۸ ۲۰۰۹

١٣٢. نصیر مهرین – صدای آلمان

١٣٣. نک کلگ رهبر حزب لیبرال دموکرات و معاون صدراعظم بریتانیا سپتمبر سال ۲۰۰۹ در روزنامه گاردین، پلان B

١٣٤. نوراحمد خالدی، "نتایج انتخابات دور اول ریاست جمهوری از تقسیم آرأ بر اساس خطوط قومی حکایت می‌کند" فیسبوک، ۲۷ اپریل ۲۰۱۴م.

١٣٥. نوراحمد خالدی، عواقب دموگرافیکی جنگ در افغانستان، مجلهٔ سروی آسیای مرکزی، انجمن مطالعات آسیای مرکزی، جلد ۱۰، شماره ۳ سال ۱۹۹۱، آکسفورد. (بزبان انگلیسی).

١٣٦. نوراحمد خالدی، افغانستان، مردم، تاریخ، سیاست، برزبن، ۲۰۲۰.

١٣٧. هاول، پاتریک (Patrick Howarth): The Great Game: On Secret Service in High Asia. (برای درک رقابت استعماری).

١٣٨. هوشنگ مهدوی، تاریخ روابط خارجی ایران، ۱۳۷۵ تهران ص ۶۳.

١٣٩. وب سایت خبری آریانا نیوز،

١٤٠. وبسایت باشگاه خبرنگاران جوان،

١٤١. وبسایت مشعل Karim Popal, Mashal.org, http://mashal.org/blog/نژاد-وملی های-افغانستان/

١٤٢. وب‌سایت‌های تاریخی معتبر مانند History.com و دانشنامه ١٩١٤-١٩١٨ Online

برای جزئیات مربوط به جنگ جهانی اول و سیاست‌های حبیب‌الله خان.

۱۴۳. وبسیات انگلیسی گندهارا تاریخ ۱۱اپریل ۲۰۱۸

۱۴۴. ویکی‌پدیا فارسی و انگلیسی: مقالات مرتبط با "دوست‌محمد خان" و "جنگ اول افغان و انگلیس".

۱۴۵. ویلیام دالریمپل (William Dalrymple): کتاب: " Return of a King: The Battle for Afghanistan, ۱۸۳۹– نقش: منبع اصلی و روایی عمیق برای جنگ اول افغانستان و اشغال کابل توسط بریتانیا، مبتنی بر اسناد و روایات دست اول.

۱۴۶. ی ای بوسورث، دایرة المعارف ایرانیکا، ۲۰۱۲

۱۴۷. یاسین رسولی دیپلمات پیشین افغانستان در لندن / بی‌بی‌سی، / برژینسکی؛ چه چیزی در تاریخ مهمتر است؟ وجود طالبان یا فروپاشی شوروی؟، سه شنبه ۲۳ جوزا ۱۳۹۶.

۱۴۸. ونسی، غلامرضا: تاریخ روابط سیاسی ایران و افغانستان. (برای درک روابط منطقه‌ای و جایگاه دوست‌محمد خان).

۱۴۹. ۱۵۲. آندری Andrei DNA, Feb ۶, ۲۰۲۲ YouTube

۱۵۰. دایره المعارف تاریخ جهان:
NordNordWest. (۲۰۱۷, May ۰۹). Map of Homo Sapiens Migration. World History Encyclopedia. Retrieved from

۱۵۱. مهاجرت انسان نماهای هومو ساپین،
https://www.worldhistory.org/image/۶۶۰۵/map-of-homo-sapiens-migration

۱۵۲. اداره‌ٔ نفوس ملل متحد Population Division World Population Prospects: The ۲۰۲٤ Revision - United Nations

۱۵۳. وبسایت اداره‌ٔ ملی احصاییه و معلومات: http://nsia.gov.af/home

۱۵٤. استاد ملایری، سخنرانی ویدیویی در یوتیوب در مورد زبان فارسی.

۱۵۵. ضیا صدر اشرافی در برنامه پرکار تلویزیون بی بی سی فارسی ۳ جون ۲۰۱۸ یوتیوب.

۱۵٦. محمد امینی پژوهشگر تاریخ ایران، برنامهٔ پرکار تلویزیون فارسی بی بی سی تاریخ سوم جون ۲۰۱۸، یوتوب

۱۵۷. پرویز ناتل خانلری، کتاب «تاریخ زبان فارسی» (جلد ۱ و ۲)

۱۵۸. محمد معین، "برهان قاطع"، دیباچه صفحه بیست و هفت جلد اول-۱۳۳۰ تهران

۱۵۹. تاریخ افغانستان - ویکی پدیا_ / https://en.wikipedia.org /wiki تاریخ_افغانستان

۱٦۰. اهمیت ژئوپلیتیکی و ژئواکونومیکی افغانستان در اتصال و توسعه منطقه‌ای_ https://www.acityajournal.com/index.php/jpls/article/download/۸٦/٤۹۹

۱٦۱. بورسیه تحقیقاتی موسسه آمریکایی مطالعات افغانستان (_، AIAS) - UChicagoGRAD https://grad.uchicago.edu/fellowship/american-institute-of-afghanistan-studies-research-fellowship/

۱۶۲. موسسه آمریکایی مطالعات افغانستان | دفتر تحقیقات - دانشگاه بوستون،_
https://www.bu.edu/research/centers-institutes/american-institute-of-afghanistan-studies/

۱۶۳. افغانستان ... - مجلات انتشارات دانشگاه ادینبورگ - صفحه اصلی مجله ،،_
https://www.euppublishing.com /journal / afg

۱۶٤. تاریخ افغانستان HIST ۳۷۲: تاریخ افغانستان: یافتن مقالات - راهنماهای پژوهشی_
https://guides.lib.jmu.edu / afghanistan_history / articles

۱۶۵. شبکه تحقیقات افغانستان - _،LSE
https://www.lse.ac.uk/ideas/projects/conflict-and-civicness-research-group/projects/afghanistan-research-network

۱۶۶. مرکز مطالعات افغانستان و منطقه | دانشگاه ...، ،_
https://www.unomaha.edu/international-studies-and-programs/center-for-afghanistan-and-regional-studies/index.php

۱۶۷. مرکز مطالعات افغانستان (CAS) - دانشگاه جهانی جیندال ،_
https://jgu.edu.in/jsia/research/centre-for-afghanistan-studies-cas

۱۶۸. مرکز آسیای مرکزی و قفقاز معاصر | SOAS، ،_
https://www.soas.ac.uk/research/centre

s-and-institutes/centre-contemporary-central-asia-and-caucasus

١٦٩. بنیاد تاریخ کاکر – جمع‌آوری، حفظ و به اشتراک گذاشتن ... ، ،_ https://kakarfoundation.com/

١٧٠. گروه‌های قومی افغانستان میراث کروموزوم Y مشترکی دارند که توسط رویدادهای تاریخی ساختار یافته است - _PubMed Central https://pmc.ncbi.nlm.nih.gov /articles / PMC٣٣١٤٥٠١ /

١٧١. افغانستان باستان و قرون وسطی - انتشارات دانشگاه ادینبورگ ،_ https://edinburghuniversitypress.com/series-ancient-and-medieval-afghanistan/

١٧٢. تاریخ افغان‌ها. | کتابخانه کنگره ،،_ https://hdl.loc.gov/loc.wdl/wdl.٣٠٣٤

١٧٣. بهترین کتاب‌ها در مورد افغانستان - پنج کتاب پیشنهادی کارشناسان https://fivebooks.com /best-books/ afghanistan-thomas-barfield /

١٧٤. تاریخ سیاسی و دیپلماتیک افغانستان، ١٨٦٣-١٩٠١ | بریل ، ،_ https://brill.com/display/title/١٢٣٣٣

١٧٥. اهمیت ژئوپلیتیکی و ژئواستراتژیکی افغانستان برای امنیت بین‌المللی: تحلیل نقش آن بر اساس نظریه بازی بزرگ، https://dspace.cuni.cz/bitstream/handle/٢٠,٥٠٠,١١٩٥٦/١٩١٣٥٢/١٢٠٤٧٤٤٧٦.pdf?sequence=١

۱۷۶. تاریخ سیاسی و دیپلماتیک افغانستان، ۱۸۶۳-۱۹۰۱ (کتابخانه داخلی آسیایی بریل، ۱۷)،_ https://www.amazon.com/Political-Diplomatic-History-Afghanistan-۱۸۶۳-۱۹۰۱/dp/۹۰۰۴۱۵۱۸۵۰

۱۷۷. پیوند تاریخ‌ها در افغانستان | انتشارات دانشگاه استنفورد ،_ https://www.sup.org/books/middle-east-studies/connecting-histories-afghanistan

۱۷۸. نقد کتاب: افغانستان: تاریخ سیاسی و فرهنگی نوشته توماس بارفیلد - وبلاگ‌های _،LSE https://blogs.lse.ac.uk/lsereviewofbooks/۲۰۱۲/۰۸/۱۵/book-review-afghanistan-a-political-and-cultural-history/

۱۷۹. افغانستان: تاریخ فرهنگی و سیاسی - دانشگاه هوایی،_ https://www.airuniversity.af.edu/SSQ/Book-Reviews/Article/۱۲۹۳۴۳۵/afghanistan-a-cultural-and-political-history/

۱۸۰. نزول منطقه به سمت اشوب www.blinkist.com ، ،_ https://www.blinkist.com/en/books/descent-into-chaos-en:~:text=Brief%۲۰summary، نزول منطقه به سمت آشوب.

۱۸۱. نزول به سوی هرج و مرج - انتشارات ونگارد ،_ https://www.vanguardbooks.com/book/descent-into-chaos-۲/

۱۸۲. افغانستان: دوپری، لوئیس: ۹۷۸۰۱۹۵۷۷۶۳۴۸ - _، ، Amazon.com https://www.amazon.com/Afghanistan-Louis-Dupree/ dp / ۰۱۹۵۷۷۶۳۴۸

۱۸۳. افغانستان - (کتابخانه میراث پرینستون) نوشته لویی دوپری (جلد شومیز) - تارگت، ،_ https://www.target.com/p/afghanistan-princeton-legacy-library-by-louis-dupree-paperback/-/A-۱۰۰۲۷۱۲۰۳۲

۱۸۴. پیوند تاریخ‌ها در افغانستان، روابط اقتصادی افغانستان با هند بریتانیایی را در قرن نوزدهم بررسی می‌کند و به یک تناقض ظاهری می‌پردازد - H-Net Reviews ، ، https://www.h-net.org /reviews/ showrev.php ? id =۳۲۹۷٤

۱۸۵. منابع طبیعی در افغانستان: دیدگاه‌های جغرافیایی و زمین‌شناسی در مورد قرن‌ها درگیری - ResearchGate، ،_ https://www.researchgate.net/publication/۲۸۹٤۱۸۹۹۶_Natural_Resources_in_Afghanistan_Geographic_and_Geologic_Perspectives_on_Centuries_of_Conflict

۱۸۶. بررسی بآب و هوای افغانستان _ https://www.tandfonline.com/doi/full/۱۰.۱۰۸۰/۰۲٦۲٦٦٦۷,۲۰۲۲,۲۱۵۹٤۱۱

۱۸۷. آب وای افغانستان https://jns.edu.af / jns /article/view/ ۱۳۳

۱۸۸. شکل‌دهی استراتژی منابع طبیعی افغانستان - ALNAP_ https://alnap.org/documents/۱٤٦۵۰/Shaping-Afghanistans-Natural-Resources-Strategy.pdf

۱۸۹. قومیت در افغانستان - توماس بارفیلد - یوتیوب_ https://www.youtube.com/watch?v = UCVll۶_۹jz۸

۱۹۰. پیامدهای اقتصادی تغییرات اقلیمی برای افغانستان: زیان‌ها، پیش‌بینی‌ها ... و مسیرهای کاهش،_ https://www.afghanistan-analysts.org/en/themed-reports/economy-development-environment-themed-reports/the-economic-consequences-of-climate-change-for-afghanistan-losses-projections-and-pathways-to-mitigation/

۱۹۱. اطلاعاتی در مورد جامعه افغان ما - دانشکده پزشکی دانشگاه ایندیانا_ https://medicine.iu.edu/blogs/uncategorized/information-about-our-afghan-community

۱۹۲. الزامات ساختاری در قوانین اساسی افغانستان - مجله بین‌المللی تفاهم چندفرهنگی و چندمذهبی ،_ https://ijmmu.com / index.php / ijmmu /article/download/۶۲۰۶/ ۵۰۱۰

۱۹۳. انسان‌شناسی افغانستان: رویارویی‌های استعماری و پسااستعماری - _، ResearchGate، https://www.researchgate.net/publication/۲۷۰۶۹۲۳۶۸_Anthropologizing_Afghanistan_Colonial_and_Postcolonial_Encounters

۱۹۴. سلامت روان و رفاه روانی-اجتماعی افغانستان: بررسی موضوعی چهار دهه تحقیق و

مداخلات https://pmc.ncbi.nlm.nih.gov/articles / PMC۱۰۳۷۵۸۹۰ /

۱۹۵. انسان‌شناسی در مطالعات افغانستان - توماس بارفیلد - یوتیوب_ https://www.youtube.com/watch?v = ۱kmjgjmxG -E

۱۹۶. تجزیه و تحلیل DNA نشان می‌دهد که افغان‌ها میراث ژنتیکی منحصر به فردی دارند - ScienceDaily_ https://www.sciencedaily.com/releases/ ۲۰۱۲/۰۳/ ۱۲۰۳۲۷۲۲۰۰۳۷.htm

۱۹۷. هندوکش افغانستان: جایی که جریان‌های ژنی شبه قاره اوراسیا به هم می‌رسند - PMC - PubMed Central_ https://pmc.ncbi.nlm.nih.gov /articles / PMC۳۷۹۹۹۹۵ /

۱۹۸. افغانستان از دیدگاه کروموزوم Y - PMC - PubMed Central_ https://pmc.ncbi.nlm.nih.gov /articles / PMC۳۴۴۹۰٦۵ /

۱۹۹. افزایش پتانسیل میکروهاپلوتایپ‌ها برای کاربردهای پزشکی قانونی: بینش‌هایی از جمعیت‌های افغان و سومالیایی - MDPI_ https://www.mdpi.com/۲۰۷۳-٤٤۲۵/۱٦/۵/۵۳۲

۲۰۰. زبان‌های افغانستان - ویکی‌پدیا ، ،_ /https://en.wikipedia.org / wiki زبان‌های_افغانستان

۲۰۱. داده‌های زبان برای افغانستان - مترجمان بدون مرز_

https://translatorswithoutborders.org/language-data-for-afghanistan

۲۰۲. تحلیلی از تضاد میان زبان‌های پشتو و دری افغانستان_ https://nja.pastic.gov.pk/CA/index.php/CA/article/download/۲٦۷/۲٦٤/۲٦٤

۲۰۳. راهنمای کتابخانه دانشگاه ایلینوی ،_ https://guides.library.illinois.edu / c.php ? g = ۳٤۷٥۷۰&p =۲۳٤۹٦٤۲

۲۰٤. دری | انجمن آسیا_ https://asiasociety.org /education / dari

۲۰٥. دری - ویکی پدیا https:// en.wikipedia.org /wiki/Dari

۲۰٦. پشتو_ ، pu.edu.pk https://pu.edu.pk/images/journal/english/PDF/۹.%۲۰Origins%۲۰of%۲۰Pashto_v_LII_jan_۲۰۱٦.pdf

۲۰۷. زبان‌های ترکی | جغرافیا، تاریخ و مقایسه - بریتانیکا_ https://www.britannica.com/topic/Turkic-languages

۲۰۸. افغانستان - دری، پشتو، ترکی - بریتانیکا ،_ https://www.britannica.com/place/Afghanistan/Languages

۲۰۹. زبان‌های پامیری : میان گذشته و آینده - دانشگاه آسیای میانه https:// ucentralasia.org /media/ xplfefam / chhu - rp -٥- eng.pdf

۲۱۰. زبان‌های پامیری و مشکلات زبان نوشتاری_ https://concall.indiana.edu / ۲۰۱٤/proceedings/ Ilolov.pdf

۲۱۱. زبان‌های پامیری_
/https://www.elalliance.org/projects
زبان‌های پامیری

۲۱۲. آریانا - ویکی‌پدیا، دانشنامهٔ آزاد ، ,_
https://fa.wikipedia.org/wiki/%D٨٪A٢٪D
٨٪B١٪DB%٨C%D٨٪A٧٪D٩٪٨٦٪D٨٪A٧

۲۱۳. یونانی-رومی آسیا رودخانه سند، .
en.wikipedia.org ، ،_
https://en.wikipedia.org/wiki/Ariana:~:te
xt=در جهان یونانی-رومی، آسیا و رودخانه سند.

۲۱٤. آریانا - ویکی پدیا_
https://en.wikipedia.org / wiki /Ariana

۲۱۵. آریایی - ویکی پدیا_
https://en.wikipedia.org /wiki/ Aryan

۲۱٦. آیا آریانا یک نام فارسی است؟ - _Quora
https:// www.quora.com/ آیا-آریانا-یک-نام-فارسی-است؟

۲۱۷. نژاد آریایی - ویکی پدیا_
https://en.wikipedia.org / wiki/ نژاد_آریایی

۲۱۸. نگاهی به تاریخ آریانا/ میر عنایت الله سادات
Howd, , https:// www.howd.org / -likene /٣٠٤٤- negahe - ba-tarikhe-ariana.html

۲۱۹. فرهنگ جغرافیای یونان و روم (۱۸۵۴)،
ABACAENUM ، ARIACA، ARIA´NA ،_
https://www.perseus.tufts.edu/hopper/text?doc=Perseus%٣Atext%٣A١٩٩٩,٠٤.
٠٠٦٤٪٣Aalphabetic+letter%٣DA%٣Aentry+group%٣D١٦٪٣Aentry%٣Dariana-geo

٢٢٠. نام های افغانستان در گستره تاریخ ,_
https:// af.shafaqna.com /FA/١٣٨٧٩٧

٢٢١. آریانا. باختر. کابل. افغانستان. - میراث، تاریخ ،-https://www.heritage-history.com/index.php?c=read&author=delmar&book=ancient&story=ariana

٢٢٢. مردم آراخوزیا و آریانا: پلینی بزرگ درباره مردم بین باختر و هند (قرن اول میلادی) | روابط قومی و مهاجرت در جهان باستان،_
https://www.philipharland.com/Blog/٢٠٢٣/٠٦/peoples-of-arachosia-and-ariana-pliny-the-elder-on-peoples-between-baktria-and-india-first-century-ce/

٢٢٣. فصل دوم: آسیای علیا، از جغرافیای کلاسیک، نوشته اچ. اف. توزر، مجموعه مقدماتی ادبیات، متن آنلاین. تاریخ دانش جغرافیای سیاره، از دیدگاه جهان باستان. - الفینسپِل ، ،_
https://elfinspell.com/ClassicalTexts/TozerClassicalGeography/Chapter٢.html

٢٢٤. باختر - منطقه‌ی پربار و پرطرفدار تاریخ باستان-https://www.ancient-origins.net/ancient-places-asia/bactria-٠٠١٥٨٩٢

٢٢٥. آریا (منطقه) - ویکی پدیا_
https://en.wikipedia.org /wiki/Aria_(region)

٢٢٦. الکساندریا آریانا - ویکی پدیا_
/ https://en.wikipedia.org /wiki
اسکندریه_آریانا

۲۲۷. آریایی - ویکی‌پدیا، دانشنامهٔ آزاد ، ,_
https://fa.wikipedia.org/wiki/%D۸٪A۲٪D۸٪B۱٪DB%۸C%D۸٪A۷٪DB%۸C%DB%۸C

۲۲۸. تاریخ باستان افغانستان - ویکی پدیا_
/ https://en.wikipedia.org /wiki
تاریخ_باستانی_افغانستان

۲۲۹. تمدن آریایی - گاهشمار تاریخ ،،_
/https://historytimelines.co / timeline
تمدن آریایی

۲۳۰. مهاجرت های هند و آریایی - ویکی پدیا ،_
/ https://en.wikipedia.org /wiki
مهاجرت‌های_آریایی_هندو-

۲۳۱. مردم مجموعه باستان‌شناسی باختر- مرو به چه زبانی صحبت می‌کردند ؟ : r/ IndoEuropean - Reddit، ،_
https://www.reddit.com/r/IndoEuropean/comments/jhkqyi/what_language_was_spoken_by_the_people_of_the/

۲۳۲. باکتریا - ویکی پدیا_
https://en.wikipedia.org /wiki/ Bactria

۲۳۳. آریا (ایران) - ویکی پدیا_
https://en.wikipedia.org / wiki/Arya_(ایران)

۲۳۴. یفتلیها_، ، en.wikipedia.org
https://en.wikipedia.org/wiki/Ariana:~:text=the%۲۰Kushans%۲۰and%۲۰the%۲۰India,the%۲۰Kidariates%۲۰and%۲۰the%۲۰Hephthalites).

٢٣٥. آریانای دیروز و خراسان پس از آن و افغانستان امروز در گذرگاهٔ تاریخ - - Mashal.org
, ,_
https://mashal.org/blog/%D٨٪A٢٪D٨٪B١٪DB%٨C%D٨٪A٧٪D٩٪٨٦٪D٨٪A٧٪DB%٨C-%D٨٪AF%DB%٨C%D٨٪B١٪D٩٪٨٨٪D٨%B٢-%D٩٪٨٨-%D٨٪A%D٨٪B١٪D٨٪A٧٪D٨٪B٣٪D٨٪A٧٪D٩٪٨٦-%D٩٪BE%D٨٪B٣-%D٨٪A٧٪D٨٪B٢-%D٨٪A٢٪D٩٪٨٦-%D٩٪٨٨-%D٨٪A٧٪D٩٪٨١٪D٨٪B%D٨٪D٨٪D٨٪B%D٨٪D٨٪A

٢٣٦. نگاهی گذرا – فکت ١ , ,_
https://www.factbook١.com/%D٩٪٨٦٪DA%AF%D٨٪A٧٪D٩٪٨٧٪DB%٨C-%DA%AF%D٨٪B٠٪D٨٪B١٪D٨٪A٧/

٢٣٧. زبانهای هند و اروپایی | سازمان کتابخانه ها،موزه ها و مرکز اسناد آستان قدس رضوی , ,_
https://library.razavi.ir/literature/fa/٤٧١٣٧/%D٨٪B٢٪D٨٪A٨٪D٨٪A٧٪D٩٪٨٦٪D٩٪٨٧٪D ٨٪A٧٪DB%٨C-%D٩٪٨٧٪D٩٪٨٦٪D٨٪AF-%D٩٪٨٨-%D٨٪A٧٪D٨٪B١٪D٩٪٨٨٪D٩٪BE%D٨٪A٧٪DB%٨C%DB%٨C

٢٣٨. زبان‌های ایرانی - ویکی‌پدیا_
/ https://en.wikipedia.org /wiki
زبان‌های_ایرانی

٢٣٩. پیدایش و روند تغییر زبان فارسی دری_
https://www.allstudyjournal.com/article/
٥٤٢/٣-٢-٨- ١٢٩.pdf

۲۴۰. زبان‌های هندوآریایی - ویکی‌پدیا_
/https://en.wikipedia.org / wiki
زبان‌های_آریایی_هندی

۲۴۱. کتیبهٔ بیستون_، fa.wikipedia.org .
/https://en.wikipedia.org / wiki
کتیبه_بهیستون

۲۴۲. کتیبه بیستون ، «سنگ روزتا» به خط میخی - تاریخچه اطلاعات_
https://www.historyofinformation.com/detail.php?id = ۲۴۱۷

۲۴۳. دوره اوستایی - ویکی پدیا ، https://
/en.wikipedia.org /wiki دوره_اوستایی

۲۴۴. اوستا - ویکی پدیا https://
/en.wikipedia.org /wikiاوستا

۲۴۵. نقشه زبان‌های هندوایرانی (که قبلاً آریایی نامیده می‌شدند) در هزاره اول پیش از میلاد. همه زبان‌های روی این نقشه یا مستقیماً تأیید شده‌اند، یا برای زبان‌هایی که با علامت سؤال مشخص شده‌اند، فرض بر این است که بر اساس اشارات نویسندگان باستانی، وام‌واژه‌ها به زبان‌های نزدیک یا باستان‌شناسی وجود داشته‌اند . : - r/ MapPorn
Reddit، ،_
https://www.reddit.com/r/MapPorn/comments/۱bemiqu/map_of_indoiranian_formerly_known_as_aryan/

۲۴۶. تاریخچه زبان های ایران از پارسی باستان تا فارسی امروز , , https:// iranhamsafar.com
/culture-and-history/۵۰۴۵/

۲۴۷. سیستم‌های نوشتاری اولیه: خط میخی، هیروگلیف و الفبای فنیقی_

https://www.studentsofhistory.com/early-writing-systems

۲۴۸. نوشته‌های باستانی – مجموعه‌ها - موزه هنرهای زیبای ویرجینیا_ https://vmfa.museum/learn/resources/ancient-writing/

۲۴۹. ایران و آریا - آسمانه ایران کهن The Heaven of Ancient Iran, , https:// oldiranian.blogsky.com /۱۳۸۷/۰۳/۱۰/post-۴/

۲۵۰. پادشاهی‌های آسیای مرکزی - آریا / هرات / آریانا - پرونده‌های تاریخ_ https://www.historyfiles.co.uk / KingListsFarEast / AsiaAria.htm

۲۵۱. ایران: ایران باستان و جهان کلاسیک - موزه گتی_ https://www.getty.edu/art/exhibitions/ persia / explor.html

۲۵۲. امپراتوری پارس - نقشه، گاهشمار و بنیانگذار | تاریخ https://www.history.com / articles / امپراتوری پارسی

۲۵۳. نام افغانستان - ویکی‌پدیا، دانشنامهٔ آزاد ،_ https://fa.wikipedia.org/wiki/%D۹٪۸۶٪D۸٪A۷٪D۹٪۸۵ %D۸٪A۷٪D۹٪۸۱٪D۸٪BA%D۸٪A۷٪D۹٪۸۶٪D۸٪B۳٪D۸٪AA%D۹٪۸%A۷

۲۵۴. اقتصادهای ایرانی | _TOTA https://www.tota.world/article/۹۲۷/

٢٥٥. فرهنگ ایران باستان - دانشنامه تاریخ جهان_
/ https://www.worldhistory.org
فرهنگ_ایرانی_باستانی /

٢٥٦. فهرست شهرهای یونان باستان - ویکی‌پدیا ،
/ https://en.wikipedia.org / wiki،
فهرست_شهرهای_یونان_باستانی

٢٥٧. تمدن دره سند چگونه بر آریایی‌ها تأثیر گذاشت؟ - کورا_
https://www.quora.com/How-did-the-Indus-Valley-civilization-influence-the-Aryans

٢٥٨. آریایی‌ها ، دره سند و یوگا - سومیتس یوگا_
https://www.sumitsyoga.com/post/the-aryans-the-indus-valley-and-yoga

٢٥٩. تبادل فرهنگی در امتداد جاده ابریشم - (مقدمه‌ای بر علوم انسانی) - _، ، Fiveable
https://library.fiveable.me/key-terms/introduction-humanities/cultural-exchange-along-the-silk-road

٢٦٠. تفسیر اقتصاد در خراسان در قرن یازدهم تا سیزدهم میلادی از طریق منابع مستند | دایره المعارف تحقیقاتی آکسفورد در مورد تاریخ آسیا،_
https://oxfordre.com/asianhistory/view/١٠,١٠٩٣/acrefore/٩٧٨٠١٩٠٢٧٧٧٢٧,٠٠١,٠٠٠١/acrefore-٩٧٨٠١٩٠٢٧٧٧٢٧-e-٤٧٧

٢٦١. آیین کهن آریایی‌ها - ویکی‌پدیا، دانشنامهٔ آزاد
،_
https://fa.wikipedia.org/wiki/%D٨٪A٢٪DB%٨C%DB%٨C%D٩٪٨٦_%DA%A٩٪D٩٪٨٧٪D٩٪٨٦_%D٨٪A٢٪D٨٪B١٪DB%٨C

%D۸٪A۷٪DB%۸C%DB%۸C%DB%۸C
%DB%۸C%E۲٪

۲۶۲. آریایی‌ها که بودند و چه رابطه‌ای با زرتشتیان داشتند؟ - _ ، ، VedKaBhed.Com
https://vedkabhed.com/index.php/۲۰۱۵/۰۶/۲۲/who-were-the-aryans-what-were-their-relation-with-zoroastrians

۲۶۳. خراسان | نقشه، منطقه و تاریخ | بریتانیکا، _
https://www.britannica.com/place/Khorasan-historical-region-Asia

۲۶۴. خراسان بزرگ: تاریخ، جغرافیا، باستان‌شناسی و فرهنگ مادی (مطالعات تاریخ و فرهنگ خاورمیانه، ۲۹)، _
https://www.amazon.com/Greater-Khorasan-Studien-Geschichte-Islamischen/dp/۳۱۱۰۳۳۱۵۵۱

۲۶۵. خراسان بزرگ ویکی‌پدیا، _
https://en.wikipedia.org/wiki/Greater_Khorasan

۲۶۶. خراسان بزرگ: تاریخ، جغرافیا، باستان‌شناسی و فرهنگ مادی - دانشکده هنر دانشگاه کارولینای شمالی، _
http://librarysearch.uncsa.edu/discovery/fulldisplay/alma۹۹۱۰۰۱۶۴۶۶۴۳۹۰۶۶۳۱/۰۱UNCSA_INST:UNCSA

۲۶۷. تفسیر اقتصاد در خراسان در قرن یازدهم تا سیزدهم میلادی از طریق منابع مستند | دایره

۲۶۸. المعارف تحقیقاتی آکسفورد در مورد تاریخ آسیا، _
https://oxfordre.com/asianhistory/view/۱

۰,۱۰۹۳/acrefore/۹۷۸۰۱۹۰۲۷۷۷۲۷,۰۰۱,۰۰۰۱/acrefore-۹۷۸۰۱۹۰۲۷۷۷۲۷-e-۴۷۷

۲۶۹. خراسان: میدان نبرد ابدی... و قلب خونین آسیا - فصل ۲، https://english.almayadeen.net/articles/analysis/khorasan:-the-eternal-battlefield-and-the-bleeding-heart-۲

۲۷۰. مفهوم سکولار خراسان بزرگ - آسیای باز، https://openasia.org/en/۲۰۱۷/۱۲/the-secular-conception-of-greater-khorasan/

۲۷۱. سورة الارض ویکی‌پدیا، https://en.wikipedia.org/wiki/Surat_Al-Ard

۲۷۲. یاقوت الحماوی - ویکی پدیا، https://en.wikipedia.org/wiki/Yaqut_al-Hamawi

۲۷۳. ابن خردادبه ویکی‌پدیا، https://en.wikipedia.org/wiki/Ibn_Khordadbeh

۲۷۴. نمادگرایی در اسلام شیعه و ارتباط آن با دیدگاه دکتر عاصم - بینش‌های پاکستان، ایران و

۲۷۵. ۲۸۴.مطالعات قفقاز خراسان، http://ipics.rmrpublishers.org/index.php/primarycontent/article/download/۴۶/۴۵/۱۰۴

۲۷۶. البلدهری -ویکی پدیا، https://en.wikipedia.org/wiki/Al-Baladhuri

۲۷۷. اصطخری -ویکی پدیا،_
https://en.wikipedia.org/wiki/Istakhri

۲۷۸. فرهنگ لغت کشورها. | کتابخانه کنگره،_
https://www.loc.gov/item/۲۰۲۱٦٦٦۱٦۷/موضوع فارسی مطالب کلاس آنلاین طبقات نصیری دکتر اسک، دکتر حفیجور - کالج LS،

۲۷۹. مظفرپور،_
http://www.lscollege.ac.in/sites/default/files/e-content/E%۲۰-%۲۰Content%۲۰of%۲۰Persian%۲۰M.A.-IVth%۲۰Sem.%۲۰Tabqat-i-Nasiri.pdf

۲۸۰. خواندمیر -ویکی‌پدیا،_
https://en.wikipedia.org/wiki/Khvandamir

۲۸۱. اکبرنما -ویکی پدیا، دسترسی به ۲۵ مه ۲۰۲۵،_
https://en.wikipedia.org/wiki/Akbarnama

۲۸۲. دوره سامانیان - دوران طلایی تاریخ مردم پارسی-تاجیک | کلینیک‌سرچ،_
https://www.clinicsearchonline.org/article/samanid-epoch--golden-erain-history-of-persian-tajik-people

۲۸۳. ابن سینا (۹۸۰ - ۱۰۳۷) - زندگینامه - مک‌تیوتر، تاریخ ریاضیات،_
https://mathshistory.st-andrews.ac.uk/Biographies/Avicenna/

۲۸٤. الخوارزمی -ویکی پدیا،_
https://en.wikipedia.org/wiki/Al-Khwarizmi

۲۸۵. ضیاءالدین بارانی - ویکی پدیا، ه
https://en.wikipedia.org/wiki/Ziauddin_Barani

۲۸۶. خراسان: نشانه‌های آخرالزمان - بنیاد تحقیقات اسلامی،_
https://www.irfi.org/articles۳/articles_۴۴۰۱_۴۵۰۰/khurasan%۲۰-%۲۰signs%۲۰of%۲۰the%۲۰end%۲۰of%۲۰timeshtml.htm

۲۸۷. ترانسکسیاناویکی‌پدیا،_
https://en.wikipedia.org/wiki/Transoxiana

۲۸۸. خراسان بزرگ،_
https://api.pageplace.de/preview/DT۰۴۰۰,۹۷۸۳۱۱۰۳۳۱۷۰۷_A۲۱۳۸۳۹۹۱/preview-۹۷۸۳۱۱۰۳۳۱۷۰۷_A۲۱۳۸۳۹۹۱.pdf

۲۸۹. زندگی در خراسان قرون وسطی. جنیزه از کتابخانه ملی اسرائیل،_
https://www.hermitagemuseum.org/what-s-on/۶c۴۶۸fae۰c۸۲۲۲fa۵e۹۶۴۱۵c۶cd۷۱۸ab?lng=en

۲۹۰. افغانستان: دوولایت دزدیده شده خراسان - فیر آبزرور،_
https://www.fairobserver.com/region/central_south_asia/afghanistan-khorasan-islam-poetry-culture-news-۶۶۳۸۲/

۲۹۱. تاریخ خراسان قرون وسطی - سرامیک‌های اسلامی آنلاین،_

https://islamicceramics.ashmolean.org/Samanids/history.htm

۲۹۲. فتوح البلدان - ویکی پدیا،_ https://en.wikipedia.org/wiki/Futuh_al-Buldan

۲۹۳. تاریخ تهاجم اعراب: فتح سرزمین‌ها: ترجمه جدیدی از فتوح البلدان بلاذری – انتشارات بلومزبری،_ https://www.bloomsbury.com/uk/history-of-the-arab-invasions-the-conquest-of-the-lands-۹۷۸۰۷۵۵۶۳۷۴۴۷/

۲۹۴. تاریخ تهاجم اعراب: فتح سرزمین‌ها: ترجمه جدیدی از فتوح البلدان بلاذری – SOAS Research Online، _ https://eprints.soas.ac.uk/۴۱۵۰۳

۲۹۵. فتوح البلدان آل بلاذری: تاریخ بشری قرن سوم هجری، مشاهده شده در ۲۵ مه ۲۰۲۵،_ https://journals.lib.uth.gr/index.php/tovima/article/download/۳۹۱/۳۷۱/۳۷۸

۲۹۶. کتاب راه‌ها و پادشاهی‌ها (ابن خردادبه) - ویکی‌پدیا،_ https://en.wikipedia.org/wiki/Book_of_Roads_and_Kingdoms_(Ibn_Khordadbeh)

۲۹۷. بررسی نسخه خطی: کتاب مسیرها و پادشاهی‌ها، نوشته ابن ...،_ https://muslimheritage.com/book-of-routes-and-kingdoms/

۲۹۸. ابن خردادبه ویکی‌وند،_
https://www.wikiwand.com/en/articles/Ibn_Khordadbeh

۲۹۹. االمسعودی |مورخ و جغرافیه دان عرب - بریتانیکا،_
https://www.britannica.com/biography/al-Masudi

۳۰۰. مروج الذهب و معادین الجواهر | اثر مسعودی | بریتانیکا،_
https://www.britannica.com/topic/Muruj-al-dhahab-wa-maadin-al-jawahir

۳۰۱. المسعودی_ ،Research Starters
https://www.ebsco.com/research-starters/biography/al-masudi

۳۰۲. هنر اسلامی | کتاب المسالک والممالک اصطخری - مجموعه خلیلی،_
https://www.khalilicollections.org/collections/islamic-art/khalili-collection-islamic-art-kitab-al-masalik-wal-maalmsakhri/ ۲۵ مه ۲۰۲۵.

۳۰۳. کتاب المسالک والممالک الاصطخری - ،Google Arts & Culture
https://artsandculture.google.com/asset/kitab-al-masalik-wa-l-mamalik-of-al-istakhri/JAFdG۰qk٦g٨xAg ?

۳۰۴. .۳۱۵نقشه جهان ابن حوقل شماره ۲۱۳ - تصاویر نقشه‌برداری،

۳۰۵. https://www.myoldmaps.com/early-medieval-monographs/۲۱۳-ibn-hawqals-world-map/۲۱۳-ibn-hawqal.pdf

٣٠٦. ابن حوقل -ویکی‌پدیا،_
https://en.wikipedia.org/wiki/Ibn_Hawqal

٣٠٧. تأثیر اسلام بر،_
https://journals.ku.edu.kw/ajh/index.php/ajh/article/download/٨٨١/٣١٥/٦٣٨١

٣٠٨. بهترین تقسیمات برای شناخت اقلیم‌ها: ترجمه‌ای از احسن ال - کتاب‌های گوگل،_
https://books.google.com/books/about/The_Best_Divisions_for_Knowledge_of_the.html?id=IjCdAAAAMAAJ

٣٠٩. المقدسی: جغرافیه دان اهل فلسطین - میراث اسلامی،-https://muslimheritage.com/al-muqaddasi-the-geographer-from-palestine/

٣١٠. المقدسی وجغرافیای انسانی: سهمی اولیه در ...،https://muslimheritage.com/al-muqaddasi-human-geo/

٣١١. متونی از کتاب العین در معجم البلدان نوشته یاقوت حموی «فرهنگ لغت»، دسترسی در ٢٥ مه ٢٠٢٥- https://awej-tls.org/wp-content/uploads/٢٠٢٣/٠٢/٥.pdf ،

٣١٢. یاقوت | EBSCO Research Starters، _
https://www.ebsco.com/research-starters/biography/yaqut

٣١٣. خوارزم -ویکی‌پدیا،_
https://en.wikipedia.org/wiki/Khwarazm

٣١٤. خراسان، خوارزمی خراسان، خوارزمی ، دسترسی به ٢٥ می ٢٠٢٥،_

https://www.khorasanzameen.net/archive/pers/khwarizmi.html

۳۱۵. چگونه خوارزمی ریاضیات، نجوم و جغرافیای مدرن را شکل داد - AnyTopic،

۳۱٦. https://www.anytopic.io/podcast/۵۱۹۰۸۰e۲-d۳۹b-٤۷e۷-bb۸۱-fcb۲e۳e۰۰۰۵

۳۱۷. چشم‌انداز اسلامی جهان و جغرافیا - بریل،_ https://brill.com/downloadpdf/display/book/۹۷۸۹۰۰٤٤٦٤۷۲۸/BP۰۰۰۰٤۳.pdf

۳۱۸. سهم خوارزمی در توسعه رنسانس شرقی - سازمان علوم اروپا،_ https://europeanscience.org/index.php/۱/article/download/۱۱۰۲/۱۰٦٦/۲۱٤۲

۳۱۹. مدرسه فارابی،_ https://farabisoft.com/Default.aspx?lang=en_درباره ابونصر فارابی و رساله او «کتاب الموسیقی الکبیر» - دامنه تغییر کرده است،_ https://cajssh.centralasianstudies.org/index.php/CAJSSH/article/download/۱۱۷۸/۱۱۹۸/

۳۲۰. الفارابی -ویکی پدیا،_ https://en.wikipedia.org/wiki/Al-Farabi

۳۲۱. نظریه موسیقی فارابی - گلف آبزرور،_ https://thegulfobserver.com/music-theory-of-al-farabi/

۳۲۲. موسیقی عربی عود،_ https://www.oud.gr/arabic_music.html

٣٢٣. الشیندگاه آنلاین،_
https://www.alshindagah.com/janfeb٢٠٠٤/albiruni.html

٣٢٤. القانون المسعودی | اثر البیرونی - بریتانیکا،_
https://www.britannica.com/topic/Al-Qanun-al-Masudi

٣٢٥. مشارکت‌های جغرافی‌دان عرب، البیرونی - Toppers Domain، _
https://toppersdomain.com/contribution-of-al-biruni/

٣٢٦. بیرونی |آغازگرهای پژوهشی ابسکو،_
https://www.ebsco.com/research-starters/biography/al-biruni

٣٢٧. هند (البیرونی) - ویکی پدیا،_
https://en.wikipedia.org/wiki/India_(Al-بیرونی)

٣٢٨. هندِ البیرونی - _ ،Shunya.net
https://www.shunya.net/Text/Blog/AlBeruniIndia.htm

٣٢٩. هندی‌ها |نامیت آرورا | آلبیرونی و مارکو پولو در هند،_
https://namitarora.com/IndiansSeries/Ep٧.html

٣٣٠. کتاب فی تحقیق ما للعماد، یا هند بیرونی (به عربی: تورب) - گوگل بوکس،_
https://books.google.com/books/about/Kitab_fi_Tahqiq_i_Ma_li_l_Amd_or_al_Biru.html?id=١١lpnQEACAAJ

٣٣١. هند از نگاه آلبیرونی، نوشته وینود کومار - بنیاد اینفینیتی، _
https://www.infinityfoundation.com/mandala/h_es/h_es_kumar-v_alber.htm

٣٣٢. کاوشی در میراث البیرونی: بررسی انتقادی «کتاب الهند»، _
https://remittancesreview.com/menu-script/index.php/remittances/article/download/١٥٧٠/٩٨٦/٣٠٧٤

٣٣٣. ابن سینا -ویکی‌پدیا، _
https://en.wikipedia.org/wiki/Avicenna

٣٣٤. ابن سینا -دانشکده دندانپزشکی دانشگاه نیویورک، _
https://dental.nyu.edu/aboutus/rare-book-collection/١٦-c/avicenn-ibn-sina.html

٣٣٥. ابن سینا بلخی (اب سینا بلخ) - خراسان، سرزمین خورشید خراسان، سرزمین خورشید ، دسترسی به کتاب شفا -ویکی‌پدیا، _
https://en.wikipedia.org/wiki/The_Book_of_Healing

٣٣٦. مقدمه‌ای بر زندگی و دوران منهاج سراج الدین | پی‌دی‌اف، _
https://www.scribd.com/document/٨١٧٥٨٦٦٤٥/An-Introduction-to-the-life-and-times-of-Minhaj-Siraj-al-Din

٣٣٧. طبقات ناصری ویکی پدیا، _
https://en.wikipedia.org/wiki/Tabaqat-i_Nasiri

٣٣٨. طبقات ناصری، جلد ١: عمیر میرزا: دانلود، امانت و پخش رایگان - بایگانی اینترنت، _

https://archive.org/details/tabaqat-i-nasiri-volume-١

۳۳۹. طبقات ناصری نسخه خطی در کتابخانه بودلیان (به فارسی) | شرق نامرئی، _https://invisibleeast.web.ox.ac.uk/article/the-abakat-i-nasiri-manuscript-at-oxford-university

۳٤٠. حسن نظامی -ویکی‌پدیا، _https://en.wikipedia.org/wiki/Hasan_Nizami

۳٤١. سلطنت دهلی یادداشت‌های UPSC تاریخ قرون وسطی - LotusArise، https://lotusarise.com/delhi-sultanate-upsc/

۳٤٢. امیر خسرو -ویکی‌پدیا، _https://en.wikipedia.org/wiki/Amir_Khusrau

۳٤۳. مؤلفه‌های زبان هنداوی در شعر امیرخسرو - مجلات _ AIOU، https://ojs.aiou.edu.pk/index.php/jssh/article/download/٢٢١٠/١٧٦٠

۳٤٤. امیر خسرو-پیشینه، آثار، مشارکت‌ها و حقایق مربوط به UPSC - کتاب تست، _https://testbook.com/ias-preparation/amir-khusrau

۳٤٥. تحلیل تطبیقی روایت‌های فریشتا و بارانی درباره میوس و میوات: کشف دیدگاه‌های تاریخی و - _ ijrpr، https://ijrpr.com/uploads/V٤ISSUE١٢/IJRPR٢٠٤٦٥.pdf

.٣٤٦ تاریخ فیروزشاهی: ترجمه انگلیسی توسط ضیاءالدین برنی | Goodreads، https://www.goodreads.com/book/show/٢٦٧١٩٨٠٢/

.٣٤٧ .٣٦٢کاوشی در حمایت، ژانر و دیوان‌سالاری علمی: حرفه فراامپراتوری Ḫvāndamīr (متوفی ١٥٣۴) - ادیان درهم‌تنیده،

.٣٤٨ .٣٦٤اکبرنامه جلد ١ - پایگاه داده قحطی و گرسنگی -دانشگاه اکستر، https://famineanddearth.exeter.ac.uk/displayhtml.html?id=fp_٠٠١٢٣_en_akbarnama_vol٠١

.٣٤٩ ابوالفضل علامی | بیوگرافی، کتاب و اکبرنما - بریتانیکا، https://www.britannica.com/biography/Abu-al-Fadl-Allami

.٣٥٠ اکبرنامه ابوالفضل: تاریخ سلطنت اکبر به انضمام و شرح احوال اسلاف او، جلد اول، https://www.amazon.com/AKBAR-NAMA-ABU-L-FAZL-INCLUDING-PREDECESSORS/dp/٨١٢١٢٣٠٠٤٧

.٣٥١ آیین اکبری -ویکی‌پدیا، https://en.wikipedia.org/wiki/Ain-i-Akbari

.٣٥٢ خاطرات بابر، http://depts.washington.edu/silkroad/texts/babur/babur١.html

.٣٥٣ بابرنامه: خاطرات بابر، شاهزاده و امپراتور نوشته ظهیرالدین ...، https://www.goodreads.com/book/show/١٣٩٦٧٣.The_Baburnama/

٣٥٤. بابر نامه: خاطرات امپراتور بابر - انجمن مطالعات آسیایی،_ https://www.asianstudies.org/publications/eaa/archives/babur-nama-journal-of-emperor-babur/

٣٥٥. حضرت خواجه معین الدین چشتی، اجمیر شریف، هند ۶۳۳ هجری قمری/۱۲۳۰ میلادی،_ https://ihsan.center/٢٠٢٢/٠٢/٠٧/٦-rajab-urs-hazrat-khwaja-muin-al-din-chishti-٦٣٣١٢٣٠/

٣٥٦. خواجه معین الدین چشتی (رح) - نماینده عشق و صلح جهانی،_ https://thekashmirimages.com/٢٠٢٣/٠٢/٠١/khwaja-moinuddin-chishti-ra-exponent-of-universal-love-and-peace

٣٥٧. حضرت خواجه معین الدین چیستی (ره) | اولیا، مشاهده در ٢٥ مه ٢٠٢٥،_ https://www.awliyah.com/awliyah/hazrat-khwaja-moinuddin-chisty/

٣٥٨. چشتیه |عرفان، شعر و موسیقی | بریتانیکا،_ https://www.britannica.com/topic/Chishtiyah

٣٥٩. تاریخ عملی دوازدهم - فرقه چشتیه در هند - سایت‌های گوگل،_ https://sites.google.com/view/history-practicals-xii/the-sufi-movement-in-india/the-chishti-order-in-india

٣٦٠. نقش-صوفی-در-گسترش-اسلام-در-شبه قاره.pdf اسلایدشیر،_ https://www.slideshare.net/slideshow/٦

٤٧٨٨٣٣٨٥roleofsufiinthespreadofislamin
subcontinentpdf/٢٦٧٢٩٨٠٢٩

٣٦١. تصوف در هند ویکی‌پدیا،_
https://en.wikipedia.org/wiki/Sufism_in_
India

٣٦٢. ادبیات صوفیانه: منبعی مهم برای تاریخ
اجتماعی هند قرون وسطی - JHS - BZU

٣٦٣. ملتان،_
https://jhs.bzu.edu.pk/upload/Vol-II-
٢١_article%٢٠١٨٪٢٠v٧-٢.pdf_٢٦.pdf

٣٦٤. تصوف در آسیای مرکزی - آرشیو سیاست،_
https://www.policyarchive.org/download
/٦٤٥٠

٣٦٥. تصوف در هند، خاستگاه، خصوصیات کلیدی
و تأثیر آن بر هند،_
https://www.studyiq.com/articles/sufism
-in-india/

٣٦٦. تاجیک ها -ویکی پدیا،_
https://en.wikipedia.org/wiki/Tajiks

٣٦٧. تاجیکستان مدرن | دایره‌المعارف تحقیقاتی
آکسفورد در مورد تاریخ آسیا،_
https://oxfordre.com/asianhistory/displa
y/١٠,١٠٩٣/acrefore/٩٧٨٠١٩٠٢٧٧٧٢٧,٠٠١.
٠٠٠١/acrefore-٩٧٨٠١٩٠٢٧٧٧٢٧-e-
٢٤٦?d=%٢F١٠,١٠٩٣٪٢Facrefore%٢F٩٧
٨٠١٩٠٢٧٧٧٢٧,٠٠١,٠٠٠١٪٢Facrefore-
٩٧٨٠١٩٠٢٧٧٧٢٧-e-
٢٤٦&p=emailAkSBB٦٥c٦٦OpU

٣٦٨. تاجیکستان مدرن | دایره‌المعارف تحقیقاتی
آکسفورد در مورد تاریخ آسیا،_

https://oxfordre.com/asianhistory/display/١٠,١٠٩٣/acrefore/٩٧٨٠١٩٠٢٧٧٧٢٧,٠٠١.٠٠٠١/acrefore-٩٧٨٠١٩٠٢٧٧٧٢٧-e-٢٤٦?p=emailAkSBB٦٥c٦٦OpU&d=/١٠,١٠٩٣/acrefore/٩٧٨٠١٩٠٢٧٧٧٢٧,٠٠١,٠٠٠١/acrefore-٩٧٨٠١٩٠٢٧٧٧٢٧-e-٢٤٦

٣٦٩. فهرست سلسله‌های تاجیک - ویکی‌پدیا، https://en.wikipedia.org/wiki/List_of_Tajik_dynasties

٣٧٠. تاریخ تاجیکستان - ویکی‌پدیا، https://en.wikipedia.org/wiki/History_of_Tajikistan

٣٧١. فراتر ازملی‌گرایی از راه دور: خراسان و بازآفرینی افغانستان | مطالعات تطبیقی در جامعه و تاریخ، https://www.cambridge.org/core/journals/comparative-studies-in-society-and-history/article/beyond-longdistance-nationalism-khorasan-and-the-reimagination-of-afghanistan/F٠١A٥C٢E٣٢٤٤٠٨٨٢٢٥٢٣A٠CA٨٢F٤٧١FD

٣٧٢. تاریخ -ازبکستان: پورتال دولت، https://gov.uz/en/mfa/sections/view/١٤٥٠٨

٣٧٣. ازبک‌ها -ویکی‌پدیا، https://en.wikipedia.org/wiki/Uzbeks

٣٧٤. ازبک‌های مدرن: از قرن چهاردهم تا به امروز: یک تاریخ فرهنگی، https://www.everand.com/book/١٦٥٢٤٧٨٦٤/The-Modern-Uzbeks-From-the-

Fourteenth-Century-to-the-Present-A-Cultural-History

۳۷۵. ادبیات ازبک | تاریخ، شعر و نثر | بریتانیکا، _ https://www.britannica.com/art/Uzbek-literature

۳۷۶. مطالعه تاریخ‌نگاری معاصران قرون وسطی در ازبکستان مستقل | آکومن: مجله بین‌المللی

۳۷۷. تحقیقات چند رشته‌ای - _ inLIBRARY، https://inlibrary.uz/index.php/aijmr/article/view/۶۳۶۳۷

۳۷۸. جهانی شدن و مدرنیته | مقدمه‌ای بر ازبکستان - U.OSU،

۳۷۹. https://u.osu.edu/uzbekistan/history/part-three-globalization-and-modernity/

۳۸۰. تاریخ ازبکستان - ورود اسلام، _ https://uzbek-travel.com/about-uzbekistan/history/arrival-of-islam/

۳۸۱. دوره سامانیان - عصر طلایی در تاریخ مردم پارسی-تاجیک - انتشارات _ MK Science Set، https://mkscienceset.com/articles_file/۵۲۰-_article۱۷۰۶۵۹۰۵۱۷.pdf

۳۸۲. تاریخ ترکمنستان - ویکی‌پدیا، _ https://en.wikipedia.org/wiki/History_of_Turkmenistan

۳۸۳. مرو - ویکی‌پدیا، https://en.wikipedia.org/wiki/Merv

٣٨٤. محاصره مرو(١٢٢١) - ویکی‌پدیا، https://en.wikipedia.org/wiki/Siege_of_Merv_(١٢٢١)

٣٨٥. ترکمن‌ها -ویکی‌پدیا، https://en.wikipedia.org/wiki/Turkmens

٣٨٦. ترکمن‌های عراق: پیشینه سکونت، https://turkmeniya.tripod.com/id٢١.html

٣٨٧. dergipark.org.tr، https://dergipark.org.tr/tr/download/article-file/٤٤٢٤٤٠٩

٣٨٨. تاریخ وتمدن سلامی، http://www.proyectos.cchs.csic.es/diverging_paths/sites/proyectos.cchs.csic.es.diverging_paths/files/introduccion_Khurasan.pdf

٣٨٩. مجله فلایتیو، ۲۴ مهر ۱۴۰۰ https://flightio.com/blog/travel-/tips/greater-khorasan-travel-guide
خراسان | نقشه، منطقه و تاریخ | بریتانیکا_ https://www.britannica.com/place/Khorasan-historical-region-Asia

٣٩٠. خراسان بزرگ: تاریخ، جغرافیا، باستان‌شناسی و منابع ..._ https://www.amazon.com/Greater-Khorasan-Studien-Geschichte-Islamischen/dp/٣١١٠٣٣١٥٥١

٣٩١. بازی بزرگ – ویکی پدیا_ https://en.wikipedia.org / wiki /بازی_بزرگ

٣٩٢. جزئیات برای: روایت سفری به خراسان، در سال‌های ۱۸۲۱ ... ، ،_ https://archive.af/bib/٤١٤٩٠

٣٩٣. نگاهی ایرانی به سفر جی.بی. فریزر به خراسان در دهه ۱۸۲۰ میلادی ،_ https://www.cambridge.org/core/journals/iranian-studies/article/an-iranian-perspective-of-jb-frasers-trip-to-khorasan-in-the-١٨٢٠s/٧٠CC٩٠٤٨D٦٧٧٠٨٣ACC٨١٧F٧٢٣٣٠C٩C٧١

٣٩٤. سفرهایی به بلوچستان و سند؛ همراه با شرح جغرافیایی و تاریخی آن کشورها | کتابخانه کنگره،_ https://www.loc.gov/item/١٤٠١٩٥٣٢/

٣٩٥. سفرهایی دربلوچستان و سند: همراه با شرح جغرافیایی و تاریخی آن کشورها [جلد سخت]: ستوان هنری پاتینجر - _، ، Amazon.com https://www.amazon.com/Travels-Beloochistan-Sinde-Accompanied-Geographical/dp/٨١٢١٢٥٩٨٠٠

٣٩٦. فرمان کمپانی هند شرقی ، ۱۶۲۲-۱۷۴۷ | مطالعات ایرانی | کمبریج کور، ،_ https://www.cambridge.org/core/journals/iranian-studies/article/east-india-companys-farman-١٦٢٢١٧٤٧/AE٥٣٠FCF٢٥٤١٠٦٦٥٩٨٦AD٨A٧١EFE٨F١D

٣٩٧. مطالعات ایرانشناسی - ویکی پدیا_ /https://en.wikipedia.org / wiki مطالعات_ایرانی

۳۹۸.   اولین محقق غربی که کتاب مقدس ما را ترجمه کرد - ابراهیم هایاسینت دوپرون - اوستا -- بایگانی

۳۹۹.   زرتشتیان
https://www.avesta.org/wzse/wzse۳۹۳.pdf

۴۰۰.   قبل از ایندیانا جونز آبراهام هیاسینت آنکتیل- دوپرون | ایده های آئون ،
https://aeon.co/ideas/before-indiana-jones-came-abraham-hyacinthe-anquetil-duperron

۴۰۱.   اوستا - ویکی پدیا https:// en.wikipedia.org /wiki/اوستا

۴۰۲.   حذف اجداد: یادبود گزینشی هخامنشیان در ایران ساسانی - _ ، ، history@princeton.edu
https://history.princeton.edu/undergraduate/princeton-historical-review/issue-۲۲-۲۳/culling-ancestors

۴۰۳.   یزد و زرتشتیان آن - انتشارات دانشگاه کمبریج،
https://www.cambridge.org/core/services/aop-cambridge-core/content/view/۵DF۲۷ED۰۱CE۸A۵BFBE۰A۱F۵۶۹۰۰۵۲B۱C/S۰۰۲۱۰۸۶۲۲۳۰۰۰٤٤۰a.pdf/yazd_and_its_zoroastrians.pdf

۴۰۴.   دویمه سقاوی، سمسور افغان، ۱۳۷۹، ۲۰۰۱م
https://www.ketabton.com/book/۱۲۸۸۹

٤٠٥. گئورگ فریدریش گروتفند - ویکی‌پدیا ، ،_
/https://en.wikipedia.org / wiki
گئورگ_فردریش_گروتفند

٤٠٦. صداها، نمادها، خط - گئورگ فریدریش
گروتفند، ،_
https://mediengeschichte.dnb.de/DBSMZBN/Content/EN/SoundsSymbolsScript/٠١-grotefend-georg-friedrich-en.html

٤٠٧. گئورگ فریدریش گروتفند - دانشنامه جهانی
جدید_
https://www.newworldencyclopedia.org/entry/Georg_Friedrich_Grotefend

٤٠٨. گئورگ فریدریش گروتفند | آلمانی میانه علیا، کتیبه‌شناسی، رمزگشایی | بریتانیکا_
https://www.britannica.com/biography/Georg-Friedrich-Grotefend

٤٠٩. واسیلی بارتولد -ویکی پدیا ،_
/https://en.wikipedia.org /wiki واسیلی
بارتولد

٤١٠. ترکستان تا حمله مغول - انتشارات دانشگاه
ادینبورگ ،_
https://edinburghuniversitypress.com/book-turkestan-down-to-the-mongol-invasion.html

٤١١. ترکستان تا حمله مغول اثر واسیلی
ولادیمیرویچ بارتولد - گودریدز ،_
https://www.goodreads.com/book/show/١٨٢٦٥٨٠.Turkestan_Down_to_the_Mongol_Invasion

٤١٢. شرق‌شناسی و ملی‌گرایی شوروی در آسیای مرکزی: دیدگاه الکساندر سمنوف درباره هویت ملی تاجیک | مطالعات

٤١٣. ایرانی - انتشارات دانشگاه کمبریج، _
https://www.cambridge.org/core/journals/iranian-studies/article/soviet-orientalism-and-nationalism-in-central-asia-aleksandr-semenovs-vision-of-tajik-national-identity/٩٨٥C٤D١FD٢١٧٦٤٢ED٢٤٣٤١٢٣EDE٨٨٨١٣

٤١٤. شرق‌شناسی و ملی‌گرایی شوروی در آسیای مرکزی: دیدگاه الکساندر سمنوف درباره هویت ملی تاجیک: مطالعات

٤١٥. ایرانی - تیلور و فرانسیس آنلاین: مجلات بررسی‌شده توسط همتا، _
https://www.tandfonline.com/doi/abs/١٠.١٠٨٠/٠٠٢١٠٨٦٢,٢٠١٥,١٠٥٨٦٣٢.

٤١٦. شرق‌شناسی و ملی‌گرایی شوروی در آسیای مرکزی: دیدگاه الکساندر سمنوف درباره هویت ملی تاجیک - UCL

٤١٧. میراث غنی آنائوتورهای ازبکستان و آسیای مرکزی - اوراسیا.سفر ،، _
https://eurasia.travel / the-rich-heritage-of- anau /

٤١٨. خاستگاه فرهنگ آنائو - اخبار آسیای میانه (nCa) ، ، _
https://www.newscentralasia.net/٢٠٢٣/٠٤/١٩/the-origin-of-the-anau-culture/

٤١٩. بحران و تطبیق دولت اسلامی در خراسان - LSE،_
https://www.lse.ac.uk/ideas/Assets/Documents/reports/٢٠٢٤-٠٢-٠١-SpecialReport-Giustozzi-Khorasan-FINAL.pdf

٤٢٠. درک ظهور و بقای دولت اسلامی خراسان در آسیای جنوبی و مرکزی،_
https://news.clemson.edu/understanding-islamic-state-khorasans-rise-survival-in-south-central-asia/

٤٢١. مروارید خراسان |انتشارات هرست_
https://www.hurstpublishers.com/book/the-pearl-of - khorasan /

٤٢٢. تفسیر اقتصاد درخراسان در قرن یازدهم تا سیزدهم میلادی ...، ،_
https://oxfordre.com/asianhistory/view/١٠,١٠٩٣/acrefore/٩٧٨٠١٩٠٢٧٧٧٢٧,٠٠١,٠٠٠١/acrefore-٩٧٨٠١٩٠٢٧٧٧٢٧-e-٤٧٧

٤٢٣. هنر صحافی درخراسان قرن پانزدهم – زبان فرانسه - SHARPweb https:// sharpweb.org / linguafranca /issue-٩-٢٠٢٣/٢٠٢٣- amirkhani /

٤٢٤. فراتر از ناسیونالیسم از راه دور: خراسان و بازآفرینی افغانستان - انتشارات و ارزیابی

٤٢٥. دانشگاه کمبریج،_
https://www.cambridge.org/core/services/aop-cambridge-core/content/view/F٠١A٥C٢E٣٢٤٤٠٨٨٢٢٥٢٣A٠CA٨٢F٤٧١FD/S٠٠١٠٤١٧٥٢٤٠٠٠٣١٨a.pdf/beyond-long-distance-

nationalism-khorasan-and-the-re-imagination-of-afghanistan.pdf

٤٢٦. خوارج در خراسان (بر اساس تاریخ مواد سیستان) - مطالعات اروپای غربی، ،_ https://westerneuropeanstudies.com/index.php/٤/article/view/١٤٨٩?articlesBySameAuthorPage=٣٤

٤٢٧. زرتشتیان (کتابخانه باورها و اعمال مذهبی): ٩٧٨٠٤١٥٢٣٩٠٣٥: بویس، مری: کتاب‌ها - Amazon.com ، ،_ https://www.amazon.com/Zoroastrians-Religious-Beliefs-Practices-Library/dp/٠٤١٥٢٣٩٠٣٦

٤٢٨. زرتشتیان: باورها و اعمال مذهبی آنها (کتابخانه باورها و اعمال مذهبی): بویس، مری: ٩٧٨٠٧١٠٢٠١٥٦٠: Amazon.com : کتاب‌ها، ،_ https://www.amazon.com/Zoroastrians-Religious-Beliefs-Practices-Library/dp/٠٧١٠٢٠١٥٦٧

٤٢٩. ریچارد ان. فرای ویکی پدیا ،_ /https://en.wikipedia.org / wiki ریچارد_ان._فرای

٤٣٠. بخارا: دستاوردقرون وسطی. - انتشارات مزدا ،_ /http://www.mazdapublishers.com/book بخارا

٤٣١. رومن گیرشمن -ویکی پدیا_ /https://en.wikipedia.org / wiki رومن_گیرشمن

٤٣٢. گیرشمن |موزه بریتانیا_ https://www.britishmuseum.org/collection/term/ BIOG٦٢٢٣٩

٤٣٣. ٤٥٦.مقبره‌های صخره‌ای. جزیره خارک : بینش‌های تاریخی و ارتباط با خراسان ،_ https://www.researchgate.net/publication/٣٧٧٢٠٦٤٦٣_The_Rock-cut_Tombs_of_Kharg_Island_Historical_Insights_and_Connections_to_Characene

٤٣٤. خراسان | نقشه، منطقه و تاریخ | بریتانیکا،_ https://www.britannica.com/place/Khorasan-historical-region-Asia

٤٣٥. خراسان بزرگ: تاریخ، جغرافیا، باستان‌شناسی و فرهنگ مادی (مطالعات تاریخ و فرهنگ

٤٣٦. خاورمیانه،_ https://www.amazon.com/Greater-Khorasan-Studien-Geschichte-Islamischen/dp/٣١١٠٣٣١٥٥١

٤٣٧. ویکی‌پدیا، https://en.wikipedia.org / wiki/ خراسان_بزرگ

٤٣٨. خراسان: یک دیدگاه تاریخی - بهترین منابع مطالعاتی برای آمادگی آزمون _CSS، https://issp.edu.pk/٢٠٢٥/٠٣/٢٧/khurasan-a-historical-perspective/

٤٣٩. مفهوم سکولار خراسان بزرگ - آسیای باز،_ https://openasia.org/en/٢٠١٧/١٢/the-secular-conception-of-greater-khorasan/

٤٤٠. خراسان بزرگ: تاریخ، جغرافیا، باستان‌شناسی و فرهنگ مادی - ResearchGate،_ https://www.researchgate.net/publication/٢٩٧٧٦٦٨٩١_Greater_Khorasan_History_geography_archaeology_and_material_culture

٤٤١. تفسیر اقتصاد در خراسان در قرن یازدهم تا سیزدهم میلادی از طریق منابع مستند | دایره

٤٤٢. دایره المعارف تحقیقاتی آکسفورد در مورد تاریخ آسیا،_ https://oxfordre.com/asianhistory/view/١٠,١٠٩٣/acrefore/٩٧٨٠١٩٠٢٧٧٧٢٧,٠٠١,٠٠٠١/acrefore-٩٧٨٠١٩٠٢٧٧٧٢٧-e-٤٧٧

٤٤٣. تاریخ سیاسی و اجتماعی خراسان تحت حکومت عباسیان، ٧۴٧ ...،_ https://dokumen.pub/the-political-and-social-history-of-khurasan-under-abbasid-rule-٧٤٧-٨٢٠-٩٧٨٠٨٨٢٩٧٠٢٥٧.html

٤٤٤. تاریخ خراسان قرون وسطی - سرامیک‌های اسلامی آنلاین،_ https://islamicceramics.ashmolean.org/Samanids/history.htm

٤٤٥. مروارید خراسان | انتشارات هرست،_ https://www.hurstpublishers.com/book/the-pearl-of-khorasan/

٤٤٦. فراتر ازناسیونالیسم از راه دور: خراسان و بازآفرینی افغانستان - انتشارات و ارزیابی

٤٤٧. دانشگاه کمبریج،_ https://www.cambridge.org/core/service

s/aop-cambridge-core/content/view/F۰۱A۵C۲E۳۲۴۴۰۸۸۲۲۵۲۳A۰CA۸۲F۴۷۱FD/S۰۰۱۰۴۱۷۵۲۴۰۰۰۳۱۸a.pdf/beyond-long-distance-nationalism-khorasan-and-the-re-imagination-of-afghanistan.pdf

۴۴۸. کتاب العین در معجم البلدان نوشته یاقوت حموی» فرهنگ لغت» ، / https://awej-tls.org wp -content/uploads / ۲۰۲۳/۰۲/ ۵.pdf

۴۴۹. یاقوت الحماوی - ویکی پدیا، https :// en.wikipedia.org /wiki/ یاقوت_الحماوی

۴۵۰. المقدسی -ویکی پدیا، https :// en.wikipedia.org /wiki/Al-Maqdisi

۴۵۱. لغت کشورها. | کتابخانه کنگره ، https://www.loc.gov/item/۲۰۲۱۶۶۶۱۶۷/

۴۵۲. خوارزم -ویکی پدیا، https :// en.wikipedia.org/wiki/Khwarazm

۴۵۳. بهترین تقسیمات برای شناخت اقلیم‌ها: ترجمه‌ای از احسن ال - کتاب‌های گوگل،_ https://books.google.com/books/about/The_Best_Divisions_for_Knowledge_of_the.html?id=IjCdAAAAMAAJ

۴۵۴. شناخت اقلیم‌ها: ترجمه‌ای از احسن التقاسیم فی معرفة الاقالیم - _، SearchWorks https://searchworks.stanford.edu /

۴۵۵. المقدسی: جغرافیه دان اهل فلسطین - میراث اسلامی، https://muslimheritage.com/al-muqaddasi-the-geographer-from-palestine/

٤٥٦. المقدسی وجغرافیای انسانی: مشارکت اولیه در ...، https:// muslimheritage.com /al-muqaddasi -human-geo/

٤٥٧. سوره الارض ویکی پدیا، https :// en.wikipedia.org /wiki/ سوره الارض

٤٥٨. نقشه جهان ابن حوقل شماره ۲۱۳ - تصاویر نقشه‌برداری، https://www.myoldmaps.com/early-medieval-monographs/۲۱۳-ibn-hawqals-world-map/۲۱۳-ibn-hawqal.pdf

٤٥٩. ابن حوقل - ویکی پدیا، https :// en.wikipedia.org /wiki/ ابن_حوقل

٤٦٠. خراسان بزرگ، https://api.pageplace.de/preview/DT۰٤۰۰,۹۷۸۳۱۱۰۳۳۱۷۰۷_A۲۱۳۸۳۹۹۱/preview-۹۷۸۳۱۱۰۳۳۱۷۰۷_A۲۱۳۸۳۹۹۱.pdf

٤٦١. نمادگرایی در اسلام شیعه و ارتباط آن با دیدگاه دکتر عاصم - بینش‌های پاکستان، ایران و

٤٦٢. مطالعات قفقاز خراسان، http://ipics.rmrpublishers.org/index.php/primarycontent/article/download/٤٦/٤٥/١٠٤

٤٦٣. هنر اسلامی | کتاب المسالک والممالک الاصطخری - مجموعه خلیلی، https://www.khalilicollections.org/collections/islamic-art/khalili-collection-islamic-art-kitab-al-masalik-wal-mamalik-of-al-istakhri-mss۹۷۲/

٤٦٤. کتاب المسالک والممالک الاصطخری - Google Arts & Culture,_ https://artsandculture.google.com/asset/kitab-al-masalik-wa-l-mamalik-of-al-istakhri/JAFdG۰qk۶g۸xAg?hl=fa

۴۶۵. المسالک والممالک اصطخری | هنر انگلستان،_ https://artuk.org/discover/artworks/kitab-al-masalik-wal-mamalik-of-al-istakhri-۳۲۹۹۷۱

۴۶۶. امیرخسرو - ویکی‌پدیا ، https://en.wikipedia.org / wiki/ امیر_خسرو

۴۶۷. زندگینامه به خاطرات در بابرنامه - مجلات IIUM ،_ https://journals.iium.edu.my/asiatic/index.php/ajell/article/download/۳۴۲۶/۱۲۱۲/۵۲۶۸

۴۶۸. بابر نامه:خاطرات امپراتور بابر - انجمن مطالعات آسیایی،_ https://www.asianstudies.org/publications/eaa/archives/babur-nama-journal-of-emperor-babur/

۴۶۹. خراسان: نشانه‌های آخرالزمان - بنیاد تحقیقات اسلامی،_ https://www.irfi.org/articles۳/articles_۴۴۰۱_۴۵۰۰/khurasan%۲۰-%۲۰signs%۲۰of%۲۰the%۲۰end%۲۰of%۲۰timeshtml.htm

۴۷۰. خوندامیر - ویکی پدیا،_ https :// en.wikipedia.org /wiki/

۴۷۱. حبیب السیارجلد سوم | غیاث الدین محمد خواندمیر ،خواندمیر،_ https://www.alexandremaps.com/pages

/books/B٥٥٣٠/ghiyas-ad-din-muhammad-khwandamir-khvandamir/habib-ul-siyar-volume-iii

٤٧٢. وقایع‌نگاران و وقایع‌نامه‌ها (پیوست) - فارسی ...، https://www.cambridge.org/core/books/persian-historiography-across-empires/chroniclers-and-the-chronicles/C٧٨٤E٩٣C٨FC٧٤٧B٦D٥FD٩٥EC٥D٦١F٠٨٧

٤٧٣. حبیب‌السیر (محبوب فضایل) نوشته غیاث‌الدین بن همام‌الدین محمد خواندمیر (متوفی حدود ۱۵۳۴-۱۵۳۷)، موزه ملی هنر آسیایی اسمیتسونیان ، https://asia-archive.si.edu / object / S١٩٨٦,٤٧ /

٤٧٤. خواند امیر (متوفی ۱۵۳۴)، حبیب‌السیار، جلد ۲.۳ (تاریخ تیموریان و نوادگان آنها)، هند یا آسیای مرکزی، مورخ ۹۷۸ هجری/۱۵۷۰ میلادی، با یادداشت‌های حاشیه‌ای به خط امپراتور مغول، شاه جهان | هنرهای جهان

٤٧٥. اسلام و هند شامل فرش‌های نفیس و، https://www.sothebys.com/en/buy/auction/٢٠٢٠/arts-of-the-islamic-world-india-including-fine-rugs-and-carpets/khwand-amir-d-١٥٣٤-habib-al-siyar-vol-٣-٢-a

٤٧٦. کاوشی در حمایت، ژانر ادبی و دیوان‌سالاری علمی: دوران فراامپراتوری خواندامیر (متوفی ۱۵۳۴) - ادیان درهم‌تنیده، https://er.ceres.rub.de/index.php/ER/article/download/٩٦٢٩/٩٢٨٣/٨٢٧٠

٤٧٧. حبیب‌السیر (محبوب فضایل) نوشته محمد خواندمیر (وفات حدود ۱۵۳۳-۱۵۳۷) ،_ https://asia.si.edu/explore-art-culture/collections/search/edanmdm:fsg_S١٩٨٦,٥٧/

٤٧٨. فهرست مورخان مشهور ایرانی دوره مغول - جگران جاش،_ https://www.jagranjosh.com/general-knowledge/list-of-famous-persian-historians-of-the-mughal-period-١٥٣٦٥٧٣٢٦٣-١

٤٧٩. تاریخ‌نگاری مغول | پی‌دی‌اف - اسکریبد،_ https://www.scribd.com/document/٥٨٥٦٣٠٣٩٣/Mughal-Historiography

٤٨٠. پایگاه داده قحطی و گرسنگی -دانشگاه اکستر،_ ps://famineanddearth.exeter.ac.uk/displayhtml.html?id=fp_٠٠١٢٣_en_akbarnama_vol٠١

٤٨١. ابوالفضل علامی بیوگرافی، کتاب و اکبرنما - بریتانیکا،_ https://www.britannica.com/biography/Abu-al-Fadl-Allami

٤٨٢. اکبرنامه ابوالفضل: تاریخ سلطنت اکبر به همراه شرح احوال اسلاف او، جلد اول،_ https://www.amazon.com/AKBAR-NAMA-ABU-L-FAZL-INCLUDING-PREDECESSORS/dp/٨١٢١٢٣٠٠٤٧

٤٨٣. اکبرنما -ویکی پدیا، https :// en.wikipedia.org /wiki/ اکبرنما

٤٨٤. آیین اکبری ویکی‌پدیا،_
https://en.wikipedia.org / wiki / عین اکبری

٤٨٥. حضرت خواجه معین الدین چشتی، عجم شریف، هند ٦٣٣ هجری قمری/١٢٣٠ م._
https://ihsan.center/٢٠٢٢/٠٢/٠٧/٦-rejab-urs-hazrat-khwaja-moin-al-din-chishti-٦٣/٦٣

٤٨٦. خواجه معین الدین چشتی - Drishti CUET،_
https://www.drishticuet.com/current-affairs/khwaja-monuddin-chishti

٤٨٧. خواجه معین الدین چشتی (رح) - نماینده عشق و صلح جهانی،_
https://thekashmirimages.com/٢٠٢٣/٠٢/٠١/khwaja-moinuddin-chishti-ra-exponent-of-universal-love-and-peace/

٤٨٨. نور معنوی: میراث ماندگار خواجه معین الدین چشتی از هماهنگی و خدمت - ResearchGate،_
https://www.researchgate.net/profile/Kulsoom-Farhat/publication/٣٧٨٤٨٨٠٥٠_Spiritual_Luminary_Khwaja_Moinuddin_Chishti's_Enduring_Legacy_of_Harmony_and_Service/links/٦٥dcab٧ce٧٦٧٠d٣٦abe٢٧a٠d/Spiritual-Luminary-Khwaja-Moinuddin-Chishtis-Enduring-Legacy-of-Harmony-and-Service.pdf

٤٨٩. عرفان، شعر و موسیقی |

٤٩٠. بریتانیکا ،_
https://www.britannica.com/topic/Chishtiyah

۴۹۱. تاریخ عملی دوازدهم - فرقه چشتیه در هند - سایت‌های گوگل،_
https://sites.google.com/view/history-practicals-xii/the-sufi-movement-in-india/the-chishti-order-in-india

۴۹۲. فرقه‌های صوفی در جنوب آسیا در قرن ۱۸ و ۱۹ - دایره‌المعارف

۴۹۳. تحقیقاتی آکسفورد،_
https://oxfordre.com/asianhistory/display/۱۰,۱۰۹۳/acrefore/۹۷۸۰۱۹۰۲۷۷۷۲۷,۰۰۱.۰۰۰۱/acrefore-۹۷۸۰۱۹۰۲۷۷۷۲۷-e-۳۶۴?d=%۲F۱۰,۱۰۹۳٪۲Facrefore%۲F۹۷۸۰۱۹۰۲۷۷۷۲۷,۰۰۱,۰۰۰۱٪۲Facrefore-۹۷۸۰۱۹۰۲۷۷۷۲۷-e-۳۶۴&p=emailAqwA۷.K۰ANd۵k

۴۹۴. مهاجرت جهانی اسلام صوفی به جنوب آسیا و فراتر از آن، نوشته روبینا رامجی - بریل،_
https://brill.com/downloadpdf/book/edcoll/۹۷۸۹۰۴۷۴۲۲۷۱۶/Bej.۹۷۸۹۰۰۴۱۵۴۰۷۰.i-۶۰۸_۰۲۴.pdf

۴۹۵. جنبش صوفیان در هند ، یادداشت‌های UPSC - واجیرام و راوی ،_
https://vajiramandravi.com/upsc-exam/the-sufi-movement/

۴۹۶. پیوندهای مذهبی آسیای مرکزی با شبه قاره هند؟ جماعت التبلیغ،_
https://carnegieendowment.org/posts/۲۰۱۵/۰۳/reviving-central-asias-religious-ties-with-the-indian-subcontinent-the-jamaat-al-tabligh?lang=en

٤٩٧. پیوندهای نقشبندی آسیای مرکزی با امپراتوران مغول - آکسفورد آکادمیک،_ https://academic.oup.com/jis/article-pdf/٧/٢/٢٢٩/٩٨٣٩٦٥٣/٢٢٩.pdf

٤٩٨. تاریخچه و مهاجرت نقشبندیه از آسیای مرکزی به اورنگ آباد دکن،_ https://www.taylorfrancis.com/chapters/edit/١٠,٤٣٢٤/٩٧٨١٠٠٣٤٠٠٢١٩-٥/history-migration-naqshbandiya-central-asia-aurangabad-deccan-shaikh-musak-rajjak

٤٩٩. آسیای مرکزی _ آرشیو سیاست‌ها ، https://www.policyarchive.org/download/٦٤٥٠

٥٠٠. نقش-صوفی-در-گسترش-اسلام-در-شبه قاره.pdf

٥٠١. اسلایدشیر،_ https://www.slideshare.net/slideshow/٦٤٧٨٨٣٣٨٥roleofsufiinthespreadofislaminsubcontinentpdf/٢٦٧٢٩٨٠٢٩

٥٠٢. تصوف در هند ویکی‌پدیا ،_ https://en.wikipedia.org

٥٠٣. تصوف در هند ، خاستگاه، خصوصیات کلیدی و تأثیر آن بر هند ،_ https://www.studyiq.com/articles/sufism-in-india/

٥٠٤. خراسان چه زمانی ظهور کرد؟ | پروژه «میراث فرهنگی ازبکستان در مجموعه‌های جهانی»،_ https://legacy.uz/en/when-did-the-khorasan-school-of-sufism-appear/

٥٠٥. تصوف در هند و آسیای مرکزی ،_ https://dokumen.pub/sufism-in-india-and-central-asia-٩٧٨١٠٣٢٣٧٣٥٨٤-٩٧٨١٠٣٢٣٧٣٥٩١-٩٧٨١٠٠٣٣٣٦٦١٧.html

٥٠٦. صوفیانه: منبعی مهم برای تاریخ اجتماعی هند قرون وسطی - JHS - BZU

٥٠٧. عطاملک جوینی، علاءالدین: تاریخ جهانگشای. (مهمترین و معتبرترین منبع معاصر دربارهٔ حمله مغول به ایران و آسیای مرکزی).

٥٠٨. منهاج‌السراج جوزجانی، عثمان بن سراج‌الدین: طبقات ناصری. (منبع مهم دیگر که جزئیات زیادی از مقاومت‌ها و ویرانی‌ها در مناطق افغانستان امروزی را ارائه می‌دهد).

٥٠٩. رشیدالدین فضل‌الله همدانی: جامع‌التواریخ. (تاریخ جامع مغولان و رویدادهای پس از آن).

٥١٠. فرهنگ، سید محمد صدیق: افغانستان در پنج قرن اخیر. (تحلیل جامع و دقیق از تأثیرات حمله مغول بر افغانستان).

٥١١. غبار، میر غلام محمد: افغانستان در مسیر تاریخ. (نگاهی گسترده به تاریخ افغانستان).

٥١٢. بارتولد، واسیلی ولادیمیروویچ (W. Barthold): ترکستان تا هجوم مغول (Turkestan Down to the Mongol Invasion). (اثر کلاسیک و بی‌بدیل دربارهٔ تاریخ آسیای مرکزی پیش از مغول و تأثیر حمله).

٥١٣. بوویل، ژ. (J.A. Boyle): The Mongol World Empire, ١٢٠٦–١٣٧٠. (مجموعه مقالات و تحقیقات دربارهٔ جنبه‌های مختلف امپراتوری مغول).

٥١٤.   لمب، هرولد (Harold Lamb): چنگیزخان
فاتح جهان (Genghis Khan: Emperor of All
Men). (روایتی از زندگی چنگیزخان).

٥١٥.   پی‌یر بریان (Pierre Briant): A
History of the Persian Empire. (برای
پیش‌زمینه تاریخی منطقه).

٥١٦.   دانشنامه ایرانیکا (Encyclopædia
Iranica): مدخل‌های تخصصی در مورد
"Afghanistan" (بخش‌های مربوط به دوره مغول),
"Mongols", "Ilkhanids", "
"Chaghatayids", "Timur", "Herat",
"Balkh", "Bamian", "Ghazni"" و دیگر
شهرهای مهم.

٥١٧.   کمبریج هیستوری آو ایران (Cambridge
History of Iran): جلد پنجم (The Saljuq and
Mongol Periods).

٥١٨.   سیفی هروی، فصیح احمد بن جلال‌الدین
یحیی: تاریخ‌نامهٔ هرات. (مهمترین و اصلی‌ترین منبع
اطلاعات دربارهٔ آل کرت).

٥١٩.   اسفزاری، کمال‌الدین عبدالرزاق سمرقندی:
روضات الجنات فی اوصاف مدینة هرات. (منبع مهم
دیگر برای تاریخ هرات و آل کرت).

٥٢٠.   جوینی، عطاملک: تاریخ جهانگشای. (برای
پیش‌زمینهٔ حمله مغول و اوضاع اولیه).

٥٢١.   رشیدالدین فضل‌الله همدانی: جامع‌التواریخ.
(برای روابط ایلخانان با حاکمان محلی).

٥٢٢.   فرهنگ، میر محمد صدیق: افغانستان در پنج
قرن اخیر. (بخش مربوط به دورهٔ مغول و آل کرت).

٥٢٣.   غبار، میر غلام محمد: افغانستان در مسیر
تاریخ. (بخش مربوط به دورهٔ مغول و آل کرت).

۵۲٤. بارتولد، واسیلی ولادیمیروویچ (W. Barthold): ترکستان تا هجوم مغول. (مفید برای درک جغرافیای سیاسی و تاریخی منطقه).

۵۲۵. علی‌محمد زهما، پرفیسور: ملوک گرت هرات. (یک تحقیق گسترده در مورد این سلسله).

۵۲٦. لارنس گودارد پاتر (Lawrence Goddard Potter): دودمان کرت هرات (دین و سیاست در ایران سده‌های میانه). (پژوهشی آکادمیک و جامع).

۵۲۷. دانشنامه ایرانیکا (Encyclopædia Iranica): مدخل‌های تخصصی در مورد " Kurts of Herat" یا " Āl-e Kart", "Herat", "Ilkhanids", "Chaghatayids"" و سایر مفاهیم مرتبط.

۵۲۸. اقبال آشتیانی، عباس: تاریخ مغول. (تحلیل جامع از تاریخ مغولان در ایران و مناطق وابسته).

۵۲۹. شرف‌الدین علی یزدی: ظفرنامه. (دربارهٔ فتوحات تیمور).

۵۳۰. عبدالرزاق سمرقندی: مطلع سعدین و مجمع بحرین. (تاریخ دورهٔ شاهرخ و جانشینان او).

۵۳۱. میرخواند: روضة‌الصفا.

۵۳۲. خواندمیر: حبیب‌السیر.

۵۳۳. حافظ ابرو، عبدالله بن لطف الله: زبدة التواریخ.

۵۳٤. فرهنگ، میر محمد صدیق: افغانستان در پنج قرن اخیر. (تحلیل جامع و دقیق از دورهٔ تیموری و پیامدهای آن برای افغانستان).

٥٣٥. شیمِل، آنه ماری (Annemarie Schimmel): ابعاد عرفانی اسلام. (برای جنبه‌های فرهنگی و تصوف در دوره تیموری).

٥٣٦. فرای، ریچارد نلسون (Richard N. Frye): میراث ایران (The Heritage of Persia).

٥٣٧. دانشنامه ایرانیکا (Encyclopædia Iranica): مدخل‌های تخصصی در مورد "Timurids", "Timur", "Shahrokh", "Husayn Bayqara", "Herat", "Balkh", "Kabul"" و سایر مفاهیم و شهرهای مرتبط.

٥٣٨. کمبریج هیستوری آو ایران (Cambridge History of Iran): جلد ششم (The Timurid and Safavid Periods). (یک منبع آکادمیک و جامع).

٥٣٩. پروفسور عبدالباقی: تاریخ افغانستان در دوره تیمور و تیموریان (اوضاع سیاسی، اجتماعی، اقتصادی و فرهنگی). (اثر تخصصی بر روی نقش تیموریان در افغانستان).

٥٤٠. دکتر عبدالغفور آرزو: دریچه‌ای چند به قلمرو تیموریان هرات. (یکی از جدیدترین پژوهش‌ها در این زمینه).

٥٤١. شهسوار سنگروال، افغانستان د معاصر تاریخ په رنا کی، ١٣٩٥ ه ش، نوی مستقبل خپرندویه تولنه، کابل.

٥٤٢. سید حمیدالله روغ، ماکی هستیم، کتاب اول مباحثه با تاریخ، سال ٢٠٢١م، چاپ دوم، بوکس فکتوری، برلین.

٥٤٣. محمد نسیم ارغندیوال، هویت،فرهنگ و تمدن: آریانا دیروز یا افغانستان امروز، مارچ ۲۰۲۱م، سدنی، آسترالیا.World of Print ،

٥٤٤. تاریخ فرشته، محمد قاسم فرشته، ١٦٠٦م John Briggs, Adam Publishers & Distributors, New Delhi.

٥٤٥. پیتر هاپکرک، بازی بزرگ، Peter Hopkirk, The Great Game, UK ٢٠١٦.

٥٤٦. هنری والتر بیلیو، افغانستان و افغانها، Afghanistan and the Afghans, ١٨٧٩, Reprinted in Australia.

٥٤٧. مارتین ایوانز، افغانستان، یک تاریخ کوتاه مردم و سیاست آن، Martin Ewans, Afghanistan, A Short History of Its People and Politics, ٢٠٠٢, New York.

٥٤٨. سفرنامه و خاطرات امیر عبدالرحمن خان و تاریخ افغانستان از ۱۷۴۷ تا ۱۹۰۰م، به کوشش ایرج افشارسیستانی، تابستان ۱۳۶۹ چاپ هما، تهران.

٥٤٩. تاریخ و تمدن افغانستان، مجلۀ علمی انجمن تاریخ افغانستان، شمارۀ اول فلپ بوک:
https://www.flipbookpdf.net/web/site/٥٣١fd٧f٥٧f٦٧٠a٨eba٣٧e٨a٣b٧fc١٣ac٧٨١٩c٦١٠FBP٣٤٥٧٠١٧٠.pdf.html#pa

٥٥٠. تاریخ و تمدن افغانستان، مجلۀ علمی انجمن تاریخ افغانستان، شمارۀ دوم فلپ بوک:
https://www.flipbookpdf.net/web/site/٣٦٨٧٢a٢٩ab٧d٣٧a٦٦٣١facc٠٩٣be٣٩ec٧d٣fa٢e٤FBP٣٤٥٧٠١٧٠.pdf.html#pa

٥٥١. تاریخ و تمدن افغانستان، مجلۀ علمی انجمن تاریخ افغانستان، شمارۀ سوم فلپ بوک:

https://www.flipbookpdf.net/web/site/۳daade۹۶b۶fed۰f۰d۶d۳۱۱c۴۳۱b۰۸۲۶۸۶۰eb۹۷c۷FBP۳۴۵۷۰۱۷۰.pdf.html

۵۵۲. افغان-جرمن آنلاین- آرشیف نویسندگان- داکتر نوراحمد خالدی: http://www.afghan-german.com/tahLiLha/EditAutor.aspx?۳۱

۵۵۳. خالدی، داکتر نوراحمد- مجموعهٔ ۲۲۰ مقاله، آرشیف نویسندگان- افغان-جرمن آنلاین: http://www.afghan-german.com/tahLiLha/EditAutor.aspx?۳۱

۵۵۴. نوراحمد خالدی، مجموعهٔ ۲۲۰ مقاله، آرشیف نویسندگان- افغان-جرمن آنلاین: http://www.afghan-german.com/tahLiLha/EditAutor.aspx?۳۱

۵۵۵. نوراحمد خالدی، فصلی از تاریخ افغانستان: سلسلهٔ آل یحیی https://www.howd.org/pdf/selsele-zemamdari-ale.yahyaa.pdf